Rainer Hattenhauer

Informatik für Schule und Ausbildung

ein Imprint von Pearson Education

München • Boston • San Francisco • Harlow, England
Don Mills, Ontario • Sydney • Mexico City
Madrid • Amsterdam

Bibliografische Information der Deutschen Nationalbibliothek

Die Deutsche Nationalbibliothek verzeichnet diese Publikation in der Deutschen Nationalbibliografie;
detaillierte bibliografische Daten sind im Internet über *http://dnb.d-nb.de* abrufbar.

10 9 8 7 6 5 4 3 2

12   11

ISBN 978-3-86894-901-8

© 2010 Pearson Schule
ein Imprint der Pearson Education Deutschland GmbH,
Martin-Kollar-Straße 10-12, D-81829 München/Germany
Alle Rechte vorbehalten
www.pearson-schule.de
Lektorat: Birgit Ellissen, bellissen@pearson.de
Fachlektorat: Christian Wenz
Korrektorat: Marita Böhm, München
Einbandgestaltung: Thomas Arlt, tarlt@adesso21.net
Herstellung: Monika Weiher, mweiher@pearson.de
Satz: mediaService, Siegen (www.media-service.tv)
Druck und Verarbeitung: Neografia, Martin

Printed in Slovakia

Inhaltsverzeichnis

Einleitung

ÜBERBLICK

1

》 Die Informatik hat sich zur Schlüsselwissenschaft unserer Gesellschaft entwickelt. Das vorliegende Buch soll dem Leser helfen, sich in die Welt der Bits und Bytes, LANs und WANs, Compiler und Parser einzuarbeiten. Das geschieht praxisbezogen ohne allzu viel theoretischen Ballast. 《

1.1   Ein Lern- und Lehrbuch zur Informatik

Laptop, iPod und Handy sind aus unserem Alltag nicht mehr wegzudenken. Jeder moderne Mensch benutzt digitale Geräte, ohne sich darüber Gedanken zu machen, welche Technik dahintersteckt.

Die Informatik ist eine relativ junge Wissenschaft und beschäftigt sich mit den Grundlagen informationsverarbeitender Systeme. Das müssen nicht unbedingt Computer sein, auch im Parkscheinautomat um die Ecke steckt mehr Informatik, als es deren selbstverständliche Bedienung vermuten lässt.

Das vorliegende Buch entstand aus der Notwendigkeit heraus, technisch interessierten Menschen ein solides Fundament der modernen Informatik ohne allzu viel theoretischen Ballast zu vermitteln. Beim Sichten der Unterrichtsmaterialien, die bis dato den Markt bevölkerten, fiel Folgendes auf:

- Ein Großteil der Informatiklehrbücher hat es sich zum Ziel gesetzt, den Leser bzw. Lernenden zum Programmierspezialisten auszubilden. Dieses kühne Vorhaben geht oft einher mit der Verwendung veralteter Programmiersprachen.

- Andere Werke sind mit umfassenden theoretischen Abhandlungen gefüllt, die zwar von historischem Interesse sein mögen, den praktisch Arbeitenden aber weniger interessieren. Praxis wird dem Lernenden in Form von sporadischen Übungen bzw. Arbeitsaufträgen portionsweise zugeteilt und ist selten das zentrale Anliegen der gängigen Lehrwerke.

- Das Internet bietet eine Fülle von Informationen, die gerade auf dem Gebiet der Informatik erstklassig sind und gedruckte Lehrwerke eigentlich überflüssig machen würden. Leider vermag es der fachlich ungenügend vorgebildete Leser nicht ohne Weiteres, die Perlen im Ozean der Informationen zu finden.

- Die Lehrpläne für die allgemeinbildenden Schulen und Fach(hoch)schulen sind so offen gehalten, dass der Unterrichtende oft nicht weiß, welche Schwerpunkte er sinnvollerweise mit den Schülern bearbeiten soll, um ihnen ein solides Fundament der informatischen Bildung zu vermitteln.

Das vorliegende Buch nimmt den Leser an die Hand und begleitet ihn auf einem Rundgang durch die wichtigsten Teilgebiete und Aspekte der modernen Informatik. Dabei soll die Praxis nicht zu kurz kommen: Alle Übungen, die im Buch vorgestellt werden, können in einer virtuellen Lernumgebung nachvollzogen werden, die sich im Handumdrehen im gewohnten Betriebssystem, in der Regel Microsoft Windows, installieren lässt.

Die Auswahl der Themen trägt dem Umstand Rechnung, dass sich die Generation Web 2.0 heute eher für die Technik interessiert, die dafür sorgt, dass Zehntausende von Musikstücken und Videos Platz auf ihrem mobilen Medienplayern finden, und sich weniger für das Programm *Hello World* bzw. die boolesche Algebra begeistern kann – wobei Letzteres natürlich auch Erwähnung finden muss, wenngleich in verdaulichen Portionen. Das Motto zur Vermittlung des Stoffes lautet „So viel Theorie wie nötig, so viel Praxis wie möglich".

1.2 Für wen eignet sich das Buch?

Kurz gesagt: für jeden, der sich einen Wissensgrundstock der modernen Informatik verschaffen möchte. Das kann der Oberstufenschüler des Gymnasiums sein, der ein Informatikstudium in Erwägung zieht und/oder einen Informatikkurs belegt hat, der Student, der einen Informatikschein bestehen muss, aber auch der Fachinformatiker, der vertieftes Praxiswissen erlangen möchte.

Der Lehrende schließlich findet ein Curriculum und Anregungen, um den Unterricht im Fach Informatik spannend(er) zu gestalten. Zusätzlich kann er auch Begleitmaterial zum Informatikkurs, passend zum Buch, erwerben.

1.3 Elemente des Buches

Das Auge isst mit. Das gilt umso mehr bei vermeintlich trockener Lesekost: Es wurde nicht an Bildern gespart, um komplizierte Sachverhalte klarzumachen – ein Bild sagt bekanntlich mehr als tausend Worte.

Darüber hinaus finden Sie die folgenden ständig wiederkehrenden Strukturelemente:

Wichtige Begriffe

... werden in Form eines Glossareintrags erklärt, sodass der Leser schon einmal grob weiß, um was es sich im Folgenden dreht.

An vielen Stellen finden Sie Anregungen zum Weiterarbeiten oder Übungen, um das Gelernte zu vertiefen. Das sieht dann folgendermaßen aus:

Zum Weiterarbeiten

1. Besorgen Sie sich einen Zettel und einen Stift.

2. Führen Sie einen Schreibtischtest zum Quicksort-Algorithmus mit folgenden Zahlen durch: 1, 5, 7, 3, 5, 8, 11, 2, 13, 15.

Etliche Listings und Lösungen zu Arbeitsaufträgen sind zur Erläuterung direkt im Buch abgedruckt, wie z.B. das folgende Beispiel eines Sortieralgorithmus:

Lösungen

Das nachfolgende Listing zeigt die Realisierung des Algorithmus *Sortieren durch Auswahl* in der Programmiersprache Java.

```java
public void sortiere()
  {
     int grenze, letztes;
     letztes = n-1;
     for (grenze=0; grenze<letztes; grenze++)
     {
        int j = letztes;
        while (j>grenze)
        {
           if (aus[j-1]>aus[j]) tausche(j,j-1);
           j--;
        }
     }
  }
```

Listing 1.1: Sortieren durch Auswahl

Praktische Beispiele

Viele Beispiele wurden als Schritt-für-Schritt-Anleitungen umgesetzt, die Sie bequem in der virtuellen Lernumgebung nachvollziehen können. Was aber genau ist die virtuelle Lernumgebung?

1.4   Beispiele, Übungen und Begleitmaterial

Ein wesentlicher Aspekt des vorliegenden Buches ist die Möglichkeit, mithilfe der auf der Begleit-DVD enthaltenen Software sämtliche Übungen und Beispiele praktisch nachzuvollziehen, getreu nach dem Motto *Learning by Doing*.

Die Begleit-DVD enthält das komplette Betriebssystem Ubuntu Linux nebst Anwendungssoftware, die im Buch besprochen und verwendet wird, in Form einer *virtuellen Maschine*. Diese gestattet dem Leser unter Verwendung der *VMware Player Software*, sämtliche praktischen Beispiele sofort in einer dem Buch angepassten Lernumgebung auszuprobieren und nach Lust und Laune zu vertiefen. Die wichtigsten Eigenschaften des virtuellen Systems und dessen Installation und Konfiguration werden im *Anhang* vorgestellt. Es ist daher sinnvoll, diesen zunächst zurate zu ziehen, um das virtuelle Lernsystem auf einen Computer Ihrer Wahl zu befördern.

Auf der Companion-Website finden Sie wichtiges Begleitmaterial zum Buch und weitere Ergänzungen.

Informatik einst und jetzt

2

ÜBERBLICK

» Die Grundsteine des Gebäudes unserer heutigen, modernen Informationstechnologie wurden lange vor dem Bau des ersten funktionsfähigen Computers gelegt. Blaise Pascal, Gottfried Leibniz und George Boole lieferten das theoretische Fundament; Konrad Zuse, Howard Aiken und John von Neumann zimmerten das technische Gerüst. Steve Jobs, Bill Gates, Larry Page und Mark Zuckerberg richteten schließlich das digitale Heim so wohnlich ein, dass der multimediale, vernetzte PC aus den Haushalten der Gegenwart nicht mehr wegzudenken ist. «

2.1   Kleine Geschichte der Informatik

Eine Maschine, die den Menschen vom stupiden Rechnen befreit: Das war das Ziel, das die Pioniere der Informatik vor Augen hatten.

Die meisten Computeranwender sind der Meinung, dass die Informatik eine relativ junge Wissenschaft sei – weit gefehlt! Die Grundlagen wurden schon weit vor der Entwicklung der ersten elektronischen Rechenmaschinen gelegt. Begleiten Sie mich im folgenden Abschnitt auf einer kleinen Zeitreise durch die wichtigsten Stationen, die die Informatik zu der Schlüsseltechnologie gemacht haben, die sie heute ist ...

Binärsystem

Jede beliebige Information lässt sich als Sequenz von Nullen und Einsen darstellen. Das dieser Codierung zugrunde liegende Zahlensystem wird Dual- oder Binärsystem genannt.

Turingmaschine

Die von Alan Turing erdachte universelle Maschine soll, sofern sie mit einem einfachen Programm gefüttert wird, prinzipiell in der Lage sein, alle *berechenbaren* Probleme zu lösen. Berechenbar heißt in diesem Fall, dass die Maschine mit endlichen Schritten durch eine Folge eindeutiger, ausführbarer Anweisungen zum Ziel gelangt.

2.1.1 Die Anfänge

Die Wurzeln der Informatik reichen weit bis ins letzte Jahrtausend. Folgende Persönlichkeiten haben einen besonderen Beitrag zur Entwicklung der automatischen Informationsverarbeitung geleistet:

- BLAISE PASCAL (1623 – 1662) entwickelte eine Rechenmaschine (▶Abbildung 2.1), die bis zur Zahl 100.000 rechnen konnte. Pascal gilt somit als Pionier der neuzeitlichen Rechenautomaten. Darüber hinaus ist er Namensgeber der Programmiersprache PASCAL, die NIKLAUS WIRTH 1970 an der ETH Zürich entwickelte.

Abbildung 2.1: Die pascalsche Rechenmaschine „Pascaline" war der erste ernstzunehmende Vertreter der Rechenautomaten. Pascal erfand die Maschine, um seinem Vater, einem königlichen Steuereintreiber, die mühsame Rechenarbeit zu erleichtern. Die Maschine konnte anfangs nur Additions-, später aber auch Subtraktionsaufgaben erledigen.

- GOTTFRIED LEIBNIZ (1646 – 1716) entwickelte das binäre Zahlensystem, welches die Grundlage der theoretischen Informatik bilden sollte. Das System verwendet zur Darstellung von Informationen nur die Ziffern 0 und 1 und ist somit bestens geeignet, Zahlen mit Schaltelementen zu verarbeiten, die sich nur auf zwei Zustände verstehen („Strom an – Strom aus").

- CHARLES BABBAGE (1791 – 1871) erfand den ersten Programm- bzw. Datenspeicher: Die von ihm erdachte *Analytical Engine* ließ sich mit Lochkarten füttern, in die die Programme eingestanzt wurden. Er griff dabei die Idee der damals verbreiteten lochkartengesteuerten Webstühle auf. Leider erlebte er die Realisierung seiner Idee nicht mehr.

- AUGUSTA ADA BYRON (1815 – 1852) gilt als erste Programmiererin: Sie entwarf die Programme zur Analytical Engine von Charles Babbage und hauchte dieser dadurch erstmalig digitales Leben ein.

- GEORGE BOOLE (1815 – 1864) schuf mit der BOOLEschen Algebra ein mathematisches Regelwerk, das das Rechnen mit Dualzahlen bzw. Wahrheitswerten erst ermöglichte.

- ALAN TURING (1912 – 1954) stellte mit dem Konzept der *universellen Turingmaschine* eine Maschine vor, die zugleich die Grenzen der Berechenbarkeit von Problemen durch Maschinen vorgab. Turing gelang es schließlich, Logik mit mechanischen Vorgängen zu verknüpfen.

Die praktischen und theoretischen Vorarbeiten der oben genannten Persönlichkeiten ermöglichten die Konstruktion einiger einfacher Rechenmaschinen, die aufgrund ihrer mechanischen Konstruktion allerdings sehr sperrig und träge waren. Dieser Nachteil konnte am Anfang des 20. Jahrhunderts durch die Verwendung elektrischer bzw. elektromechanischer Bauteile kompensiert werden.

Zum Weiterarbeiten

Informieren Sie sich über altertümliche Rechenmaschinen wie den Abakus auf *wikipedia.de*.

2.1.2 Die frühen Computer

Wie so manche Erfindung in der Geschichte der Menschheit wurden auch die ersten Computer im militärischen Umfeld entwickelt bzw. wurde die Forschung an den Rechenautomaten in Zeiten des Krieges vorangetrieben.

- Im Jahr 1939 wurde eine Entschlüsselungsmaschine namens *Bomba* von polnischen Mathematikern eingesetzt, um den Code der von der deutschen Wehrmacht verwendeten legendären Verschlüsselungsmaschine *Enigma* zu knacken. Die Entschlüsselungsmaschine Bomba verwendete eine Kombination aus elektrischen und mechanischen Bauteilen.

- ALAN TURING entwickelte nach 1940 mit der *Colossus* eine elektronische Variante der Bomba-Entschlüsselungsmaschine. Diese enthielt nicht weniger als 1500 Elektronenröhren und war schließlich in der Lage, den aktuellen Enigma-Code innerhalb weniger Stunden zu knacken. Dadurch waren unter anderem die Positionen der deutschen U-Boot-Kampfverbände kein Geheimnis mehr, wodurch der Zweite Weltkrieg eine entscheidende Wende zugunsten der Alliierten bekam.

- Bereits einige Jahre früher beschäftigte sich der deutsche Erfinder KONRAD ZUSE ebenfalls mit dem Bau eines Rechenautomaten mit Programmspeicher. Der erste Computer deutscher Herkunft, die Zuse Z1, entstand fernab jeder wissenschaftlichen Hochburg im Wohnzimmer der Eltern. Das Gerät war rein mechanisch konstruiert und arbeitete noch nicht zuverlässig. In der nachfolgenden Z2 setzte Konrad Zuse erstmalig auf Relaistechnik. Die Maschine konnte jedoch nicht vollendet werden, da Zuse zwischenzeitlich zum Militärdienst einberufen wurde. Erst die 1941 fertiggestellte Z3 funktionierte wunschgemäß.

- HOWARD AIKEN entwickelt von 1939 bis 1944 an der Harvard-Universität die Großrechenanlage Mark I, welche eine Weiterentwicklung der von HERMANN HOLLERITH am selben Institut eingeführten Rechenmaschine war. GRACE HOPPER erstellt für die Mark-Serie die Programme. Ihr haben wir den Ausdruck „Debuggen" („Entwanzen") für die Fehlersuche bei Programmen zu verdanken: Brachte sie doch die Mark II dadurch wieder zum Laufen, dass sie ein Insekt mit einer Pinzette aus den Schaltkreisen des Rechners entfernte.

- JOHN MAUCHLY und JOHN ECKERT konstruierten den Elektronenrechner *ENIAC* (*Electronic Numerical Integrator and Computer*), der 1946 in Betrieb genommen wurde. Das Gerät erregte schließlich die Aufmerksamkeit von JOHN VON NEUMANN, der das bestehende Konzept ausbaute und unter anderem einen Laufzeitspeicher für Programme integrierte.

Abbildung 2.2: Nachbau des ersten bipolaren Transistors, der 1947 an den Bell Labs entwickelt wurde.

Alle frühen Computer, die aus Elektronenröhren zusammengesetzt wurden, litten an der großen Empfindlichkeit des Bauteils gegenüber Störungen sowie den trägen Schaltzeiten.

- Einen Quantensprung im Bereich der Computerhardware brachte der *Transistor* (►Abbildung 2.2), für dessen Entwicklung W. SHOCKLEY, J. BARDEEN und W. BRATTAIN 1956 den Nobelpreis für Physik erhielten. Der erste vollständig auf Transistorbasis gestützte Computer, der Siemens 2002, wurde im Jahr 1959 von der Firma Siemens & Halske ausgeliefert.

Es folgten Jahre des schleppenden Fortschritts: Noch immer füllten Rechenanlagen, die heutigen Taschenrechnern nicht ansatzweise das Wasser reichen konnten, ganze Gebäude, und deren Abwärme musste durch mächtige Klimaanlagen gebändigt werden.

- Eine entscheidende Wende in puncto Baugröße brachte schließlich die *integrierte Fertigungstechnik* (*IC = integrated circuits*). Mit der medium-scale integration (MSI) fanden einige Hundert Transistoren, bei der large-scale integration (LSI) Anfang der 1970er einige Tausend Transistoren Platz auf einem Chip. Diese Technik ermöglichte nun auch den Bau platzsparender Computer und leitete den Einzug der Rechentechnik in die privaten Haushalte ein.

Zum Weiterarbeiten

Informieren Sie sich über aktuelle Integrationsdichten von ICs. Wie viele Transistoren sind in einer aktuellen CPU enthalten?

2.1.3 Die ersten Personal Computer

■ STEVE JOBS und STEVE WOZNIAK wuchsen im legendären kalifornischen Silicon Valley auf. Wozniak schraubte seinen ersten Computer 1971 in der elterlichen Garage zusammen. Im Jahre 1976 gründeten Jobs und Wozniak mit einem Startkapital von 1300 Dollar die Firma *Apple*. Ein Verkaufsschlager war der Apple II, der erste richtige Personal Computer.

■ Parallel zu Jobs und Wozniak fand sich in den 70er-Jahren ein weiteres Dreamteam der Pionierzeit: BILL GATES und PAUL ALLEN gründeten im Jahr 1975 die Firma *Microsoft*. Im Gegensatz zu den Apple-Eignern konzentrierten sich Gates und Allen aber hauptsächlich auf den Verkauf von Betriebssystemen. Durch einen Deal mit dem Computergiganten IBM, der sich im Jahr 1980 anschickte, in den Heimcomputermarkt einzutreten, gelang es Bill Gates, mit dem Verkauf des Betriebssystems MS-DOS (Microsoft Disk Operating System) den Fuß in die Tür zum Zukunftsmarkt der PCs zu bekommen.

Abbildung 2.3: Der IBM-PC 5150 erscheint blass ...

■ Der *IBM-PC* wurde in den folgenden Jahren zum Industriestandard, obwohl er Konkurrenzprodukten in puncto Benutzerfreundlichkeit z.T. hoffnungslos hinterherhinkte. So brachte Apple 1984 mit dem ersten Macintosh (▶Abbildung 2.4) die erste mit der Maus steuerbare grafische Benutzeroberfläche auf den Markt.

Abbildung 2.4: ... gegenüber dem stylischen Apple Macintosh der 80er-Jahre.

■ Nachahmer wie der *Atari ST* oder der *Commodore Amiga* griffen Ende der 80er-Jahre das neue Konzept begeistert auf. Diese lösten schließlich im Heimanwenderbereich beliebte Geräte wie den *Commodore C64* (▶Abbildung 2.5) oder den *Atari 800 XL* ab.

Abbildung 2.5: Der C64 – in Insiderkreisen auch liebevoll „Brotkasten" genannt.

Der Trend zu Beginn der 90er-Jahre wendet sich trotz der technischen Unterlegenheit der Hardware zur PC-Technik: Microsoft bringt mit Windows 3.0 endlich eine benutzbare grafische Oberfläche für den mittlerweile antiquierten DOS-Unterbau auf den Markt, und aufgrund der unüberschaubaren Anzahl der für dieses System zur Verfügung stehenden Software wird Windows zur marktbeherrschenden Plattform. Der Beginn der 90er-Jahre verändert die Computerszene aber noch in einer ganz anderen Beziehung: Die Verbindung von Computern in Form von Netzwerken wird vorangetrieben und findet schließlich ihren Höhepunkt in der Konzeption des *World Wide Web*.

Zum Weiterarbeiten

Diskutieren Sie, welche Geräte heute im Begriff sind, den Personal Computer abzulösen. Auf welchen Gebieten sind diese dem klassischen PC überlegen?

2.1.4 Die Geburt des WWW

Fälschlicherweise wird der Begriff *Internet* oft synonym für das World Wide Web eingesetzt. Das Internet fasst als Netzwerkstruktur eine Fülle von Diensten, die z.B. das Versenden von Mails, den Austausch von Dateien oder die Möglichkeit, spezielle (HTML-)Dokumente mit einer Browsersoftware zu betrachten, gestattet. Es entstand aus dem militärischen *ARPANET*, welches 1969 größtenteils schon mit den Diensten des heutigen Internets ausgestattet war.

Das *World Wide Web* (WWW) ist der komplexe, untereinander verlinkte Verbund eben dieser HTML(*Hypertext Markup Language*)-Dokumente. Das WWW wurde im Jahr 1989 am Kernforschungszentrum CERN in Genf von TIM BERNERS-LEE entwickelt mit dem Ziel, wissenschaftliche Informationen in einer speziellen Dokumentenstruktur besser zu vernetzen. Wer sich schon einmal mit wissenschaftlicher Literatur beschäftigt hat, der kennt die endlosen Sekundärliteraturlisten am Ende eines jeden Aufsatzes. Die Beschaffung der zum Verständnis notwendigen Sekundärliteratur geschieht nach der Erfindung des HTML-Dokumentenstandards per Mausklick auf das nächste Dokument – eine immense Zeitersparnis im Vergleich zu den bislang üblichen langwierigen Suchorgien in den Universitätsbibliotheken.

Abbildung 2.6: Der erste Webserver, ein NeXT Cube Computer.

2.1.5 Das Web wird universell

Parallel zur Entwicklung des World Wide Web schritt auch die Netzwerktechnik voran. Erste Datendienstleister wie *CompuServe* oder *America Online (AOL)* brachten das globale Netz in die Privathaushalte. Die von den Telekommunikationsunternehmen zur Verfügung gestellten Bandbreiten zur Datenübertragung wuchsen stetig, und die Anfang der 90er-Jahre verbreiteten langsamen Modems wichen zunächst der zuverlässigeren ISDN-Technik und wurden später durch Breitbandtechnik in Form von DSL und Co. ersetzt.

Mit zunehmender Datenübertragungskapazität wurde die Idee der gemeinsamen Nutzung von Informationen von der Übermittlung reiner Textinformation auch auf multimediale Inhalte ausgedehnt. Das geschah sehr zum Leidwesen derjenigen, die damit Geld verdienten: Insbesondere der Musikindustrie war der Tausch von Musiktiteln in Form von komprimierten MP3-Dateien ein Dorn im Auge. Die Problematik setzte sich fort, als Anfang des 21. Jahrhunderts Bandbreiten zur Realität wurden, die nun auch den Tausch von relativ großen Filmdateien ermöglichten. Damit gingen neue kriminelle Aktivitäten einher: Hollywood-Blockbuster erschienen nun bereits vor dem offiziellen Kinorelease als Raubkopien im Netz in den Tauschbörsen. Die Gesetzgeber der meisten Länder reagierten prompt und stellten derartige Tauschaktivitäten unter Strafe.

2.1.6 Das Web wird dynamisch und sozial

Das Web wächst in den 90er-Jahren exponentiell, und die zunehmenden Datenfluten wollen gebändigt werden. Am 7. September 1998 geht eine Testversion der Suchmaschine *Google* online. Google, ein Wortspiel auf die größte, mit einem Synonym versehene Zahl (ein Googol ist 10^{100}, d.h. eine Zahl mit 100 Nullen), entwickelt sich unter der Führung von Larry Page und Sergey Brin zu einem Marktgiganten. Durch geschickte Verknüpfung der Suchergebnisse mit kontextsensitiver Werbung (dem *Google AdSense*) entwickelt sich rasch ein profitables Geschäft.

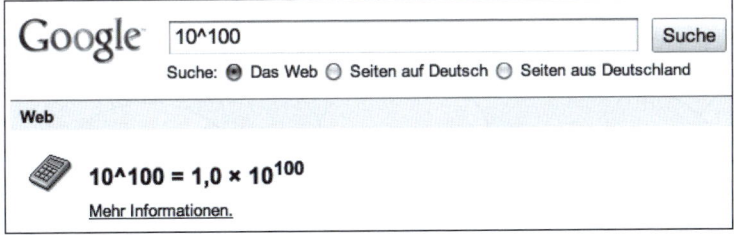

Abbildung 2.7: Google kann wesentlich mehr, als „nur" suchen: Der Suchmaschinenprimus lässt sich auch als Taschenrechner nutzen.

Zu Beginn des neuen Jahrtausends ändert sich die vormals statische Struktur des globalen Datennetzes: Erste browserbasierte Anwendungen tauchen auf, die die Grenze zwischen lokalen bzw. auf einem Internetserver installierten Applikationen verwischen lassen. Parallel bilden sich soziale Netzwerke, die regen Gebrauch von den neuen Technologien machen. *Facebook*, *Xing* und Co. bieten neue Kommunikationsplattformen, *Twitter* wird zum Synonym der „Always on"-Generation: jener Menschen, die ständig online sind und ihre Befindlichkeiten der Netzgemeinde unablässig mitteilen. Der Trend geht weg von den traditionellen Internetnewsgroups hin zu Foren und sozialen Gemeinschaften.

Im kommerziellen Bereich blüht der Onlinehandel. Es gibt kaum ein Unternehmen, dass es sich noch leisten kann, keine Webpräsenz nebst Onlineshop zu pflegen. Wer wie das traditionsreiche Versandhaus Quelle den Online-Zug verpasst, geht unter. Nebenbei eröffnen sich neue Geschäftsformen und Möglichkeiten: Auktionsplattformen wie z.B. eBay schießen wie Pilze aus dem Boden.

Zum Weiterarbeiten

Stellen Sie die Dienste und Anwendungsgebiete des modernen Internets zusammen. Erläutern Sie, welche Medien mittlerweile vom Internet abgelöst wurden bzw. auf dem Weg dahin sind.

2.1.7 Was die Zukunft bringt

Die Tage des Personal Computers sind gezählt: Der moderne Datennomade möchte unabhängig von Raum und Zeit die Dienste des modernen Web und darüber hinaus beliebige Anwendungen an beliebigen Orten einsetzen. Das mittlerweile flächendeckend zur Verfügung stehende *mobile Internet* gestattet den Zugriff auf das Internet aus nahezu jedem Winkel Deutschlands. Techniken wie das *Cloud Computing* verlagern die bevorzugten Anwendungen des Nutzers auf eine Wolke aus Rechnern im Internet (▶Abbildung 2.8). Infolge des breitbandigen Zugriffs auf die Infrastruktur merkt der Anwender nicht, dass das momentan verwendete Programm auf einem Rechner der Cloud läuft. Der Branchenriese Google steht mit dem Chrome-Betriebssystem, das für diese Art des Arbeitens optimiert wurde, in den Startlöchern.

Auch auf dem Gebiet der Nutzerschnittstellen stehen größere Veränderungen bevor: Dreidimensionale Desktops optimieren die Interaktion zwischen Mensch und Maschine ebenso wie neuartige Eingabegeräte. Die klassischen Kommunikationsstränge wie Telefon, Radio und Fernsehen werden zunehmend vom alles durchdringenden Internet absorbiert.

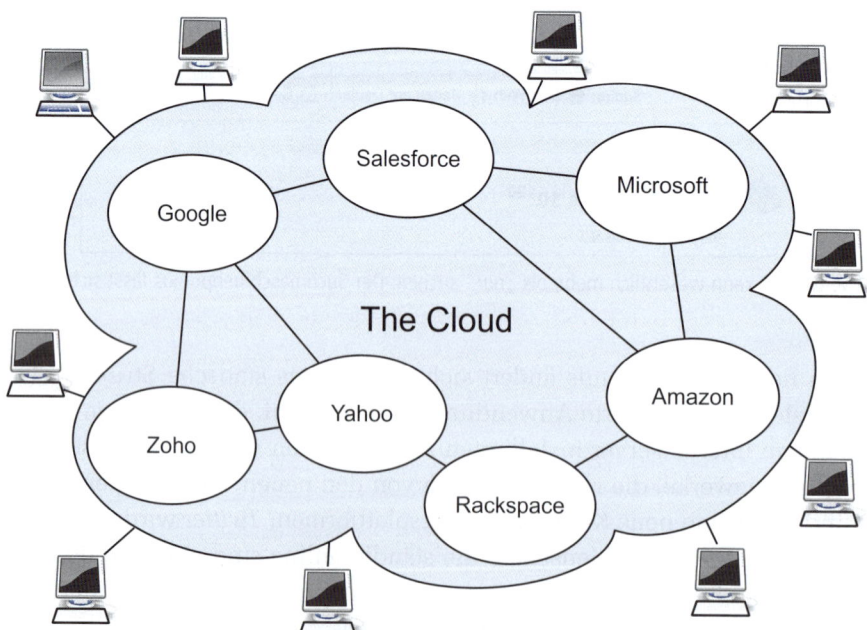

Abbildung 2.8: Skizze einer Cloud-Computing-Umgebung.

Bezüglich der Entwicklung der Hardware stellt sich die Frage, ob das berühmte mooresche Gesetz weiterhin seine Gültigkeit behält: GORDON E. MOORE, der Mitgründer der Firma Intel, formulierte 1965 einen empirischen Erfahrungssatz, der besagt, dass sich die Packungsdichte der Transistoren auf einem Mikroprozessor ca. alle 18 Monate verdoppelt. Daraus resultiert eine Vervierfachung der Speicherkapazitäten und eine Verzehnfachung der Geschwindigkeit der Rechnersysteme in einem Zeitraum von ca. drei Jahren (▶Abbildung 2.9).

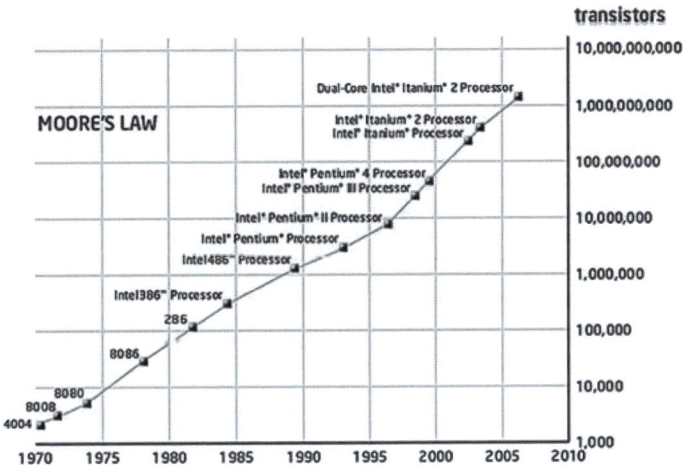

Abbildung 2.9: 40 Jahre nach der Formulierung des Gesetzes von Moore ist noch kein Ende der rasanten Entwicklung im Bereich der Halbleiter abzusehen.

Die zunehmende Dichte der Transistoren in modernen CPUs führt zu Problemen, die mit der modernen Quantenphysik zu erklären sind: Der Informationszustand „0" bzw. „1" wird im Extremfall durch das (Nicht)-Vorhandensein eines einzelnen Elektrons in einem lokalisierten Bereich, einem sogenannten Potenzialtopf, generiert. Eine zunehmende Ortseinengung des Elektrons geht aber einher mit einer Erhöhung seiner Energie, kurz: Das Elektron lässt sich nicht so ohne Weiteres „einsperren", die fortwährende Verkleinerung integrierter Schaltkreise stößt auf Grenzen. Es müssen folglich Alternativen gesucht werden, die unter anderem in den Bereich der Quantencomputer führen.

Zum Weiterarbeiten

Recherchieren Sie, welche Faktoren dagegen sprechen, dass das mooresche Gesetz auch in Zukunft seine Gültigkeit behalten wird.

2.2 Aufgaben und Teilgebiete der Informatik

Handys, Autos, Waschmaschinen – die Grundlagen der Informatik findet man mittlerweile nicht nur in Computern, sondern in jedem technischen Gerät.

Die Informatik hat sich von einer Randdisziplin der Mathematik zu einer „vollwertigen" Wissenschaft entwickelt. Im folgenden Abschnitt sollen die einzelnen Teilgebiete und Einsatzbereiche kurz vorgestellt werden.

2.2.1 Einsatzbereiche von Computern bzw. Informatiksystemen

Die Einsatzgebiete digitaler Rechner sind vielfältig. Grob lässt sich folgende Unterteilung nach Anwendungszweck vornehmen:

- Im heimischen Bereich findet man den PC (*Personal Computer*) vor, der einfache Aufgaben wie Textverarbeitung, Tabellenkalkulation, Internetanbindung oder auch Multimediaaufgaben erledigt.

- Professionelle Anwender wie z.B. Grafiker oder Tontechniker verwenden eine *Workstation*, die leistungsfähige Hardware bereitstellt und darüber hinaus meist auch als Mehrbenutzersystem ausgelegt ist.

- *Server* dienen in Unternehmen zur Bereitstellung von Ressourcen für eine größere Anwenderschar. Auf diesen speziellen Computersystemen können Dokumente oder Medien abgelegt werden (*Dateiserver*). Server können aber auch Netzwerkverbindungen im LAN und zum Internet bereitstellen und kontrollieren (*Kommunikationsserver*). Das gesamte Internet besteht aus einem Zusammenschluss unzähliger *Webserver*.

- Im wissenschaftlichen Bereich oder in Großunternehmen findet man *Serverparks* oder *Großrechenanlagen*. Besonders beliebt sind Rechnerverbunde, sogenannte *Cluster*, die aus einem Zusammenschluss vieler Rechner bestehen. Zum effizienten Betrieb werden spezielle Clusterbetriebssysteme verwendet.

- Auch im Bereich der technischen Kleingeräte findet man Computertechnik wieder: Moderne Handys, die sogenannten *Smartphones*, werden mit einem Mikrobetriebssystem versehen, um den Anforderungen der modernen Kommunikation zu genügen (▶Abbildung 2.10). Ein derartiges Mikrobetriebssystem wird *Embedded System* (eingebettetes System) genannt. Diese eingebetteten Systeme werden stets an die speziell verwendete Hardware angepasst.

Abbildung 2.10: Smartphones oder mobile Medienplayer werden mit vollwertigen Betriebssystemen ausgestattet.

- Im Bereich der Messtechnik verwendet man *Prozess- bzw. Echtzeitrechner*, die anstehende Messaufträge in schnellstmöglicher Zeit (idealerweise Echtzeit) erledigen können. In derartigen Fällen wird die verwendete Software ebenfalls optimal an die zur Verfügung stehende Hardware angepasst.

2.2.2 Teilgebiete der Informatik

Die Informatik wird in vier Kernbereiche unterteilt (▶Abbildung 2.11):

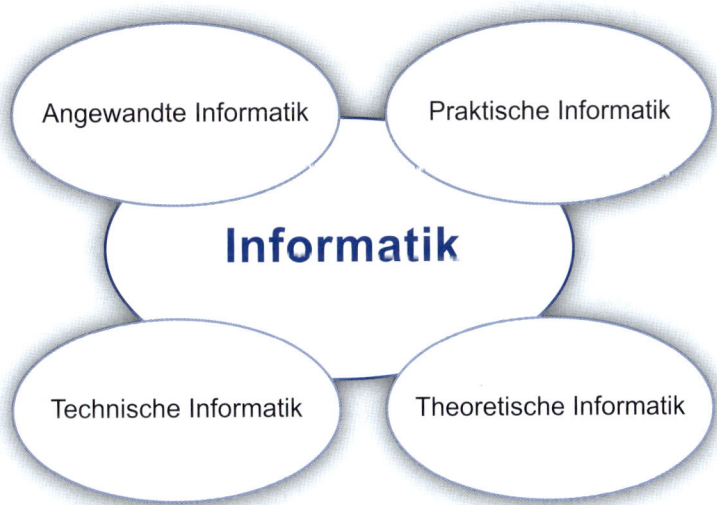

Abbildung 2.11: Die Kerngebiete der Informatik

In den einzelnen Teilgebieten werden folgende Aspekte behandelt:

Angewandte Informatik

Die angewandte Informatik befasst sich mit den praktischen Aspekten im Umgang mit dem Computer, also insbesondere auch den Dingen, mit denen der durchschnittliche Anwender konfrontiert wird. Beispiele sind:

- *Anwendungssoftware*: Als Beispiel sei der Umgang mit Betriebssystemen oder Bürosoftware wie Excel, Word und PowerPoint genannt.
- Die Entwicklung *technisch-wissenschaftlicher Anwendungen* wie z.B. *Simulationssoftware* (▶Abbildung 2.12).
- Die Realisierung *spezieller Hardware-/Softwarelösungen* für vorgegebene Probleme.

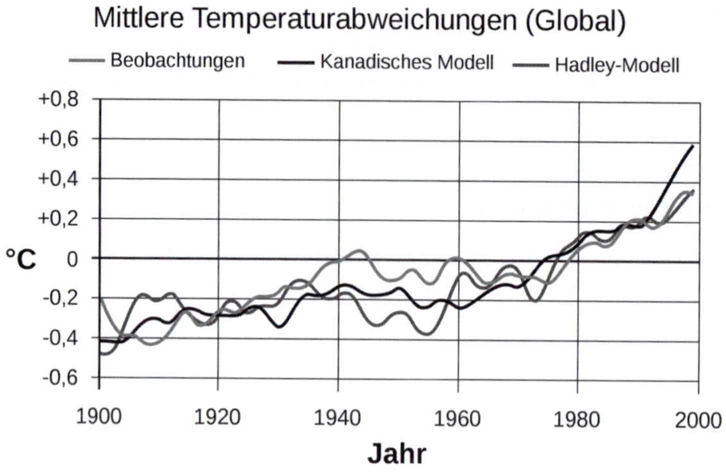

Mittlere Temperaturabweichungen (Global)

—— Beobachtungen —— Kanadisches Modell —— Hadley-Modell

Abbildung 2.12: Die Berechnung von Klimamodellen gehört zur angewandten Informatik.

Technische Informatik

Die technische Informatik beschäftigt sich mit den hardwaretechnischen Grundlagen der Informatik. Dazu gehören:

- *Mikroprozessortechnik*: Diese befasst sich mit der Konzeption von Rechnern, Speicherbausteinen, aber auch der Konstruktion von Sekundärhardware wie Festplatten, Bildschirmen und Druckern.

- *Rechnerarchitektur*: Hier stehen der Aufbau und die Konzeption des Kernbauteils eines Computers, der CPU (*Central Processing Unit*), im Fokus. Unter anderem wird erläutert, wie Informationen auf Bitebene verarbeitet und gespeichert werden (▶Abbildung 2.13).

- *Rechnerkommunikation*: Immer wichtiger wird die Technik, mit deren Hilfe Daten über Netzwerke zwischen Computern ausgetauscht werden. Router, Switches und Firewalls werden in diesem Themenkomplex konzipiert und erläutert.

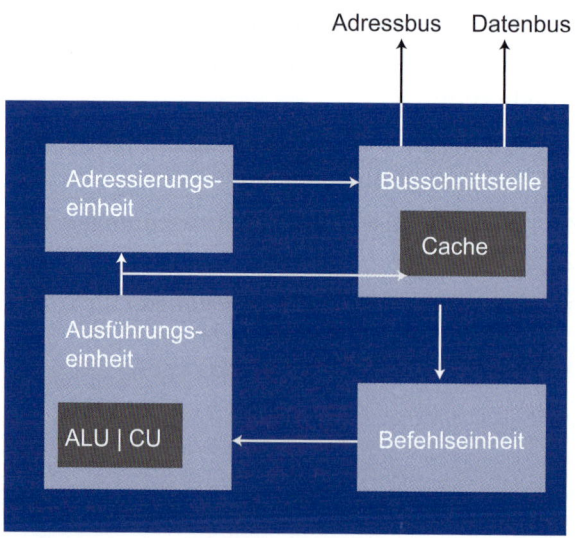

Abbildung 2.13: Der schematische Aufbau einer CPU wird in der technischen Informatik besprochen.

Praktische Informatik

Auch wenn der Name anderes verheißt: Auf dem Gebiet der praktischen Informatik wird es zunehmend theoretisch. Hier befasst man sich unter anderem mit:

- *Programmierung*: Die Welt der Programmiersprachen ist wesentlicher Inhalt der praktischen Informatik. Hier lernen Sie, was ein Compiler und ein Interpreter ist.

- *Algorithmen und Datenstrukturen*: Die Umsetzung eines konkreten Problems über einen informatischen Lösungsweg ist der Inhalt dieses Teilbereiches. Durch den geschickten Einsatz angepasster Datenstrukturen wird die Lösung schließlich optimiert.

- *Betriebssysteme*: Die zentrale Software, welche die Kommunikationsschnittstelle zwischen Anwender und Hardware bildet, ist das Betriebssystem, z.B. Microsoft Windows, Apple Mac OS oder Linux. Dabei geht es weniger um die praktische Arbeit mit derartigen Systemen, sondern vielmehr um die technischen Strukturen, auf denen Betriebssysteme basieren.

```
static int ggt(int m, int n) {
    if (m == n)
        return m;
    int gr = (m > n) ? m : n;
    int kl = (m < n) ? m : n;
    for (int i = gr / 2; i >= gr / kl; i--) {
        if (gr % i == 0 && kl % i == 0)
            return i;
    }
    return 1;
}
```

Listing 2.1: Bei der praktischen Informatik dreht sich alles ums Programmieren. Das obige Beispiel zeigt einen Algorithmus, formuliert in der Programmiersprache Java, der den größten gemeinsamen Teiler (ggT) zweier natürlicher Zahlen ermittelt. Beispiel: Der ggT von 18 und 24 ist 6.[1]

Theoretische Informatik

Die Grundlagen, auf denen die vorher genannten Gebiete aufsetzen, liefert die theoretische Informatik. Ohne solide mathematische Vorbildung dringt man hier nur selten in die Tiefen vor. Im Rahmen der theoretischen Informatik werden unter anderem behandelt:

- *Automatentheorie*: Das abstrakte Modell des endlichen Automaten bildet die Grundlage, um die Prozesse zu verstehen, die sich im Rechenwerk eines Computers abspielen (▶Abbildung 2.14). Unter anderem lernen Sie in diesem Bereich, wie man mit dem Binärsystem rechnen kann und dies technisch konkret umsetzt.

- *Formale Sprachen*: Diese früher oftmals auch „Compilerbau" genannte Disziplin beschäftigt sich damit, wie eine Programmiersprache aufgebaut sein muss, um die Umsetzung eines Programms in maschinenlesbare Form zu gestatten.

- *Berechenbarkeitstheorie*: Nicht alles, was als Problem formuliert werden kann, lässt sich mit einem Computer berechnen. Die Berechenbarkeitstheorie zeigt diese Grenzen auf.

---

1   Keine Angst, wenn Ihnen das Beispiel an dieser Stelle noch etwas „spanisch" vorkommt – mit den Grundlagen der Programmierung und der Umsetzung von Algorithmen werden wir uns noch in den *Kapiteln 7* bis *9* ausführlich beschäftigen.

- *Komplexitätstheorie*: Hier dreht sich alles um die Optimierung von Algorithmen, z.B. hinsichtlich ihres Speicherbedarfs und ihres Laufzeitverhaltens. Beides spart bei optimalem Ansatz Geld.

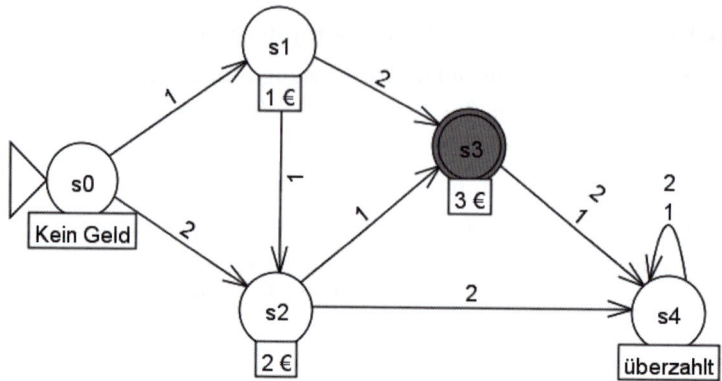

Abbildung 2.14: Ein Klassiker der theoretischen Informatik: der endliche Automat, hier demonstriert am Beispiel eines Fahrkartenautomaten, vgl. *Kapitel 12*

Spezialgebiete

Neben den genannten Hauptdisziplinen haben sich einige weitere spezielle Bereiche der Informatik herauskristallisiert:

- *Wirtschaftsinformatik*: Diese Disziplin behandelt den Entwurf, die Entwicklung und die Anwendung von Informations- und Kommunikationssystemen in Wirtschaftsunternehmen und verknüpft die Informatik mit der Betriebswirtschaftslehre.

- *Künstliche Intelligenz*: Die künstliche Intelligenz (kurz: *KI*) beschäftigt sich mit der Simulation und Umsetzung menschlicher Denkstrukturen auf Computern. Besonders Computerspielfans kommen heute in den Genuss ausgefeilter KI-Charaktere in aktuellen Spieltiteln, die dem menschlichen Gegenüber sehr gut Paroli bieten können.

- *Computervisualistik*: In diesem Bereich werden Bilderzeugung, Bildverarbeitung und Bildanalyse mit den Methoden der Informatik behandelt. Darüber hinaus beschäftigt man sich mit der Realisierung dreidimensionaler virtueller Welten (*Virtual Reality*) oder der visuellen Integration von Informationen in Livebilder (*Augmented Reality*, ▶Abbildung 2.15).

- *Computerlinguistik*: Diese Disziplin beschäftigt sich mit dem Problem, natürliche Sprachen mit dem Computer zu verarbeiten. Der Anwender profitiert in Form von Spracherkennungs- bzw. Sprachsyntheseprogrammen von den Forschungsergebnissen.

Abbildung 2.15: Beispiel einer Augmented-Reality-Anwendung: Über das Realbild der Handykamera werden Informationen gelegt, die aus Wikipedia-Einträgen stammen.

- *Bioinformatik*: Die Bioinformatik wendet Methoden der Informatik in lebenswissenschaftlichen Bereichen (Biologie, Biochemie, Biophysik) an. Die größte Leistung, die bislang auf diesem Gebiet erbracht wurde, ist die Entschlüsselung des menschlichen Genoms (Humangenomprojekt, ▶Abbildung 2.16).

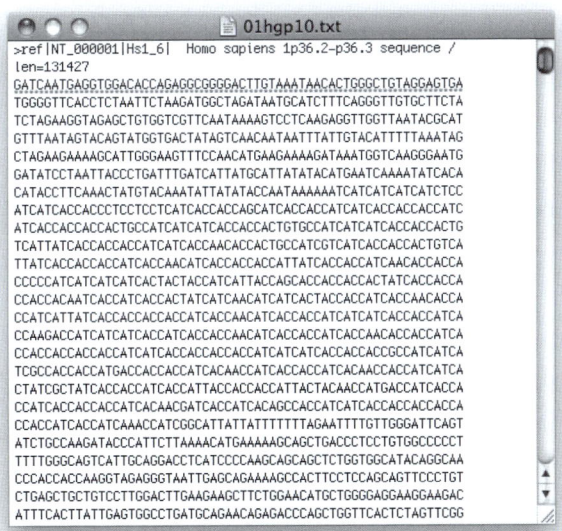

Abbildung 2.16: Struktur eines Teils des menschlichen Genoms, entschlüsselt im Rahmen des Humangenomprojekts.

ZUSAMMENFASSUNG

- Die Ursprünge der Informatik reichen bis ins 17. Jahrhundert zurück. BLAISE PASCAL konstruierte die erste **mechanische Rechenmaschine**, und GOTTFRIED LEIBNIZ entwickelte das **binäre Zahlensystem**.

- Mitte des 20. Jahrhunderts werden von KONRAD ZUSE und HOWARD AIKEN die ersten **elektrischen Computer** entwickelt. Die Maschinen sind aufgrund der Röhrentechnik riesig und verschlingen Unmengen an Energie.

- Eine Wende bringt die **Erfindung des Transistors**, dessen Entwicklung in den 50er-Jahren des letzten Jahrhunderts maßgeblich vorangetrieben wurde.

- Anfang der 60er-Jahre tauchen erste serienreife **integrierte Schaltkreise** auf, die erstmals den Bau kompakter Computer ermöglichen.

- In den 70er- und 80er-Jahren hält der Computer Einzug in die Haushalte. Apple und Microsoft treiben die Entwicklung des **Heimcomputers** im Software- und Hardwarebereich voran.

- Die 90er-Jahre sind geprägt von der Dominanz des **PCs** und der Etablierung von **Microsoft Windows** im heimischen Bereich. Parallel schreitet die Vernetzung der Computer voran: Das Internet wird zur zentralen Datenplattform.

- Das neue Millennium beginnt mit der Sozialisierung des Internets: Im Rahmen des **Web-2.0-Konzepts** entstehen soziale Plattformen, auf denen sich Gleichgesinnte austauschen.

- **Medien** werden omnipräsent: Audio- und Videoinhalte gelangen über das Internet in die Haushalte.

- Die Informatik wird grob in folgende Teilgebiete unterteilt:
  - **Angewandte Informatik**
  - **Praktische Informatik**
  - **Theoretische Informatik**
  - **Technische Informatik**

ZUSAMMENFASSUNG

Grundlagen der Computertechnik

3

ÜBERBLICK

» RAM, ROM, Terabyte und Gigahertz, BIOS und Betriebssystem – spätestens bei der Auswahl und dem Kauf eines neuen PCs wird man von technischen Begriffen überrollt. Gut, wenn man den grundsätzlichen Aufbau eines Computersystems verstanden hat. Das folgende Kapitel beschäftigt sich mit den grundlegenden Komponenten, eine Vertiefung der theoretischen Grundlagen folgt in den *Kapiteln 11 und 12*. «

3.1 Hardware

Hardware – zu dieser Kategorie zählt man alles, was man am Computer „anfassen" kann. Trotz fortschreitender Modularisierung und Miniaturisierung hat sich an den wesentlichen Prinzipien des Rechneraufbaus seit den Pionierzeiten der Informatik wenig geändert.

Im folgenden Teilkapitel beschäftigen wir uns zunächst mit dem Aufbau eines PCs und teilen die Bauteile in logische Gruppen ein, deren theoretische Grundlagen anschließend erläutert werden.

EVA-Prinzip

Eingabe – Verarbeitung – Ausgabe: Jeder Rechner muss diese drei wichtigen Aufgaben erfüllen und mit entsprechenden Komponenten ausgestattet sein

Von-Neumann-Rechner

Der interne Aufbau eines Rechners folgt dem *Von-Neumann-Prinzip.* Danach besteht der Kern eines jeden Rechners aus den Gruppen *Rechenwerk, Leitwerk, Speicher* sowie den *Ein- und Ausgabewerken.*

3.1.1 Die Hardwarekomponenten eines Computers

Hertz

Die Einheit des Prozessortakts wurde nach dem deutschen Physiker HEINRICH RUDOLF HERTZ benannt. Ein Hertz entspricht dabei einem Takt pro Sekunde. Moderne Prozessoren werden mit Taktfrequenzen von bis zu 3 Gigahertz betrieben, was folglich 3 Milliarden Schaltzyklen pro Sekunde entspricht.

Bit und Byte

Ein Bit enthält die Information „0" (kein Signal) oder „1" (ein Signal liegt an). Acht Bits werden zur Informationsgruppe Byte zusammengefasst. Die Umrechnung in die höheren Einheiten ist etwas ungewöhnlich, zwischen den Einheiten Kilo, Mega, Giga und Tera vermittelt nicht etwa der Faktor „1000", sondern der Faktor 1024. Beispiel: 1 Kilobyte = 1024 Byte, 1 Megabyte = 1024 Kilobyte = 1048576 Byte.

Zentraleinheit

Legen Sie – sofern Sie kein Notebook haben – ruhig einmal selbst Hand an Ihren PC und entfernen Sie die Gehäuseblende. Folgende Baugruppen sind im Inneren zu finden (▶Abbildung 3.1):

Grafik-/Erweiterungskarten

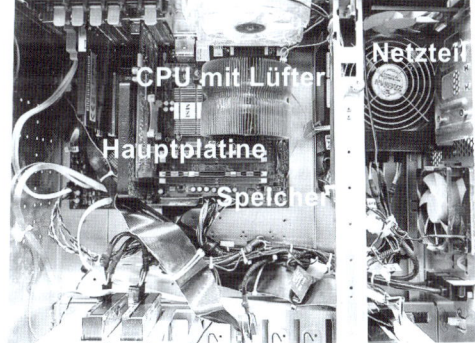

CD-/DVD-Laufwerke   Festplatten

Abbildung 3.1: Die wichtigsten Komponenten im Gehäuse eines PCs

- **Motherboard/Hauptplatine**: Die Hauptplatine ist das Herz des Rechners. Durch sie werden alle Komponenten miteinander verbunden.

- **CPU (Central Processing Unit/Mikroprozessor)**: Die CPU ist das Rechen-, Steuer- und Leitwerk des Systems. Sie übernimmt die anfallenden Steuer- und Rechenaufgaben und ist mit einem flüchtigen, schnellen Speicher, dem Cache, ausgestattet. Moderne CPUs sind als Mehrkernsysteme (Dualcore, Quadcore, …) ausgelegt. Die Taktfrequenz derartiger Systeme liegt im Gigahertzbereich.

- **RAM (Random Access Memory)**: Der flüchtige Hauptspeicher des Systems dient dem temporären Speichern von Daten. In modernen Systemen sind aktuell bis zu 16 GByte RAM verbaut.

- **Massenspeicher**: Festplatten, CD-/DVD- oder Blu-ray-Laufwerke/Brenner dienen als stationäre oder portable Datenspeicher.

- **Grafikkarte oder integrierter Grafikchip**: Die Grafikhardware versorgt den Bildschirm mit Signalen. Mittlerweile sind die verbauten GPU-Rechenchips so leistungsfähig, dass sie in Verbindung mit speziellen Grafikkartentreibern in der Lage sind, die CPU bei Rechenaufgaben zu unterstützen. Das macht sich insbesondere dann bemerkbar, wenn Sie hochaufgelöstes Videomaterial auf einem System mit behäbiger CPU-Leistung wiedergeben möchten.

- **Erweiterungskarten**: Spezielle Funktionen wie der Empfang von TV-Programmen oder die hochwertige Tonausgabe bedingen den Einbau von PCI- oder PCIe-Erweiterungskarten, die das Gewünschte leisten.

Für die eigentliche Computerfunktionalität zwar nicht verantwortlich, aber nichtsdestotrotz unabdingbar:

- **Netzteil**: Der zentrale Energielieferant des PCs arbeitet mittlerweile in Leistungsbereichen, die an Staubsauger, Geschirrspüler und Waschautomaten herankommen: 600 Watt und mehr sind heutzutage keine Seltenheit.

- **Lüfter**: Durch die zunehmende Integrationsdichte moderner CPUs wird eine ausgewogene Kühlung zum Muss: Eine moderne CPU produziert bis zu 100 Watt Verlustleistung in Form von Abwärme.

Mit der Zentraleinheit allein lässt es sich noch nicht arbeiten: Die zu verarbeitenden Daten müssen von Menschen eingegeben werden können und nach der Verarbeitung auch wieder dargestellt werden. Dazu benötigt man weitere Peripherie. Die folgende ▶Abbildung 3.2 zeigt die wichtigsten Komponenten.

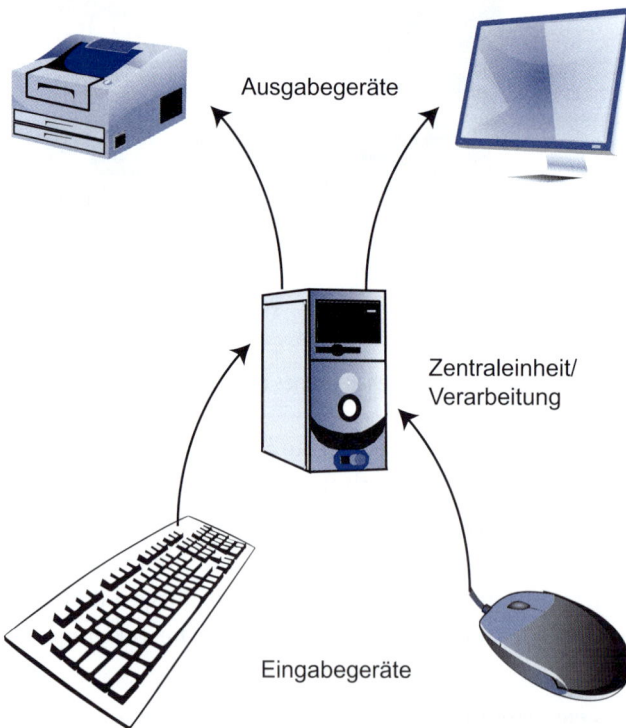

Abbildung 3.2: Das Prinzip Eingabe – Verarbeitung – Ausgabe gilt sowohl bei Software- als auch bei Hardwarekomponenten.

Zum Weiterarbeiten

Nehmen Sie einmal (sofern vorhanden) die Gehäuseabdeckung Ihres PCs ab und versuchen Sie, die beschriebenen Baugruppen zu identifizieren. *Hinweis*: Achten Sie dabei aber stets darauf, dass beim Öffnen des PCs keine Siegel beschädigt werden um nicht den Verlust von Garantieansprüchen zu riskieren.

Eingabegeräte

- **Tastatur**: Seit Zeiten des Ur-PCs kommuniziert der Computeranwender in der Regel zunächst mit einer Standardtastatur mit der Zentraleinheit. Die einzelnen Tasten sind in Form einer Matrix angeordnet. Die 104 Tasten der Standard-PC-Tastatur bilden dabei 13 Spalten und 8 Reihen.[1] Wird eine Taste gedrückt, so registriert der Tastaturcontroller, an welchem Schnittpunkt sich die Taste befindet, und übermittelt die Information an die Zentraleinheit zur Weiterverarbeitung.

- **Maus**: Der Vorgänger der ersten Computermaus, das „x-y-Zeigegerät", wurde bereits im Jahr 1963/64 von Douglas C. Engelbart und William English am Stanford Research Institute entwickelt. Es dauerte allerdings fast 10 Jahre, bis die uns bekannte Computermaus mit Rollkugel das Licht der Welt am Xerox Alto erblickte.

- **Touchscreen**: Der berührungsempfindliche Bildschirm setzt sich mehr und mehr durch. Die direkte Eingabe durch Fingerkontakt mit der Bildschirmfläche findet man insbesondere bei modernen Notebooks, aber auch viele moderne Smartphones wie das iPhone setzen auf die einfache haptische Bedienung.

- **Grafiktablett**: Insbesondere Künstler schätzen die Möglichkeit, mit einem speziellen Stift über ein berührungsempfindliches Tablett Grafiken zu erstellen.

- **Mikrofon**: Headsets mit integriertem Mikrofon werden verwendet, um per Internet zu kommunizieren oder den PC per Sprache zu steuern.

- **Webcam**: Mittlerweile haben auch Webcams mit integriertem Mikrofon Einzug ins Büro des Durchschnittshaushalts gehalten: Damit lassen sich bequem Videokonferenzen über das Internet durchführen.

Ausgabegeräte

- **Bildschirm**: Immer mehr PC-Systeme kommen in integraler Form auf den Markt, so z.B. der iMac von Apple. In diesem Fall ist die Zentraleinheit im Bildschirm integriert.

- **Drucker**: Was man schwarz auf weiß (oder auch in Farbe) besitzt: Auch im Zeitalter der elektronischen Bücher mag so mancher auf den Ausdruck seiner Dokumente nicht verzichten.

---

1 Die Tastatur eines Apple Mac hat gegenüber der PC-Tastatur ein verändertes Layout.

Externe Speichermedien

- **USB-Memorystick**: Die gute alte Diskette ist mittlerweile „out"; heute transportiert man seine Daten am Schlüsselbund – mit einem mobilen Speicherstick (▶Abbildung 3.3).

Abbildung 3.3: Der USB-Memorystick ist der Brot- und Butterdatenträger des 21. Jahrhunderts.

Dieser enthält einen Flash-RAM-Chip, welcher bis zu 100.000-mal wiederbeschrieben werden kann. Er ist damit wesentlich umweltfreundlicher als die

- **DVD/CD-RW**: Die beschreibbare CD/DVD fasst zwischen 700 MByte (CD-RW) bis 8,4 GByte (DVD-RW/DL) an Daten. Lediglich bei Verwendung mit einem handelsüblichen DVD-Player werden heute noch DVDs gebrannt, die Mehrzahl von Audio-/Videodateien lässt sich auf Festplatten oder Flashsticks speichern.

- **Externe Festplatte:** Im Vergleich zu beschreibbaren DVD- oder gar Blu-ray-Medien bieten externe Platten das bessere Preis-Speicherplatz-Verhältnis. Mit modernen Schnittstellen wie USB 3 ausgestattet, lassen sich die Daten auch sehr schnell tauschen.

Exkurs   ## Haltbarkeit von Daten

Nichts ist für die Ewigkeit – auch im Computerbereich hat die „digitale Demenz" Einzug gehalten. Darunter versteht man den schleichenden Verfall wertvoller persönlicher Daten, je nachdem, welchem Speichermedium man diese anvertraut hat. Folgende Haltbarkeitszyklen gelten für die unterschiedlichen Medien:

- Disketten, CD/DVD, Festplatte, USB-Stick, Flash-Speicher: 5 bis 10 Jahre
- MiniDV-Band: 10 bis 15 Jahre
- Magnetband, DVD-RAM (ein wiederbeschreibbares DVD-Format): 20 bis 30 Jahre

---

 ## Zum Weiterarbeiten

Führen Sie eine Google-Recherche zum Thema Speichermedien der Zukunft durch. Welche Trends werden sich Ihrer Meinung nach durchsetzen?

3.1.2 Erscheinungsformen einst und jetzt

Computersysteme sind heute von Form und Funktion her äußerst wandlungsfähig. Je nach Einsatzzweck findet man, von klein nach groß geordnet, die folgenden Bau- bzw. System-formen:

- **Nanocomputer**: Was zurzeit noch Zukunftsmusik ist, wird in absehbarer Zeit Realität sein: Computer, deren fundamentale Bauteile nur wenige Nanometer messen (zum Vergleich: Ein menschliches Haar ist 1000-mal dicker).

- **Embedded System**: Ein „eingebettetes System" ist heute in jedem Handy/Smartphone bzw. in jedem halbwegs intelligenten Haushaltsgerät enthalten, die Computerisierung macht auch vor Kühlschrank und Waschmaschine nicht halt. Bei diesen Systemen han-delt es sich um vollwertige Computer, die für bestimmte Zwecke optimiert wurden und meist kleine Baugrößen aufweisen.

- **Mikrocomputer**: Dieser Begriff ist seit den 80er-Jahren mehr oder weniger aus dem Sprach-gebrauch verschwunden und wurde durch den Sammelbegriff PC verdrängt. Den Mikro-computer finden Sie heute in Form eines Desktoprechners oder eines Notebooks wieder.

- **Minicomputer**: Diese Geräte waren historisch gesehen die Vertreter der sogenannten mittleren Datentechnik. „Mini" bedeutete in den 70er- und 80er-Jahren, dass die Geräte nicht mehr ganze Säle füllten.

- **Großrechner**: Diese im Englischen auch *Mainframe* genannten Anlagen sind komplexe Computersysteme, die weit über die Kapazitäten von Personal Computern, aber auch Ser-versystemen hinausgehen. Derartige Anlagen sind in erster Linie auf Zuverlässigkeit und hohen Datensatz ausgelegt.

- **Supercomputer**: Zu dieser Spezies zählen Hochleistungsrechner, die den State of the Art der aktuellen Leistungsfähigkeit markieren.

- **Cluster, Grid**: Wenn das Geld für einen Supercomputer nicht reicht, lässt sich auch han-delsübliche Hardware durch Zusammenschluss zu einem Cluster zu beachtlicher Rechen-leistung bewegen. So befindet sich in der aktuellen Top Ten der Supercomputer ein Linux-Cluster, welches in der ehemaligen Kernforschungsanlage Jülich seinen Dienst verrichtet.

- **Cloud**: Die Zukunft des Computings findet in der Cloud, zu Deutsch Wolke, statt: Auch hierbei handelt es sich um einen Zusammenschluss von Rechnern, der aber im Gegensatz zu Cluster global realisiert wird und somit nicht an einen einzelnen Ort gebunden ist.

3.1.3 Das Von-Neumann-Prinzip

Der grundsätzliche Aufbau eines Computersystems folgt noch heute einem Prinzip, das der Amerikaner JOHN VON NEUMANN im Jahr 1947 erstmals vorstellte:

- Hauptbauteile eines Rechners sind **Speicher**, **Rechenwerk**, **Ein- und Ausgabewerk** sowie ein **Steuerwerk**, das für den Transport der Daten sorgt.

- Ein Rechner besitzt stets denselben strukturellen Aufbau, unabhängig davon, welches Problem durch ein Programm zu lösen ist.

- Programm und Daten befinden sich während des Programmablaufs im Speicher und werden bei Bedarf vom Steuerwerk abgerufen.

▶Abbildung 3.4 skizziert den typischen Von-Neumann-Rechner und demonstriert seine Funktionsweise anhand eines Beispiels: Es soll die Summe der beiden Zahlen 2 und 3 berechnet werden. Das geschieht folgendermaßen:

- Zunächst werden die beiden zu addierenden Zahlen 2 und 3 vom Eingabewerk erfasst.

- Das Steuerwerk leitet die Zahlen weiter in den Speicher. Dort stehen sie zusammen mit dem Programm bereit zur weiteren Verarbeitung.

- Das Steuerprogramm schickt nun die Programmsequenz sowie die Daten an die CPU. Dort werden Programmschritt und Daten auf einem sogenannten *Stack* (auf Deutsch *Stapel*) abgelegt und verarbeitet. Dies geschieht in der skizzierten Reihenfolge: Zunächst werden die Daten abgelegt, und erst zum Schluss wird die Rechenoperation „+" ausgeführt. Das Ergebnis der Rechnung wird ebenfalls auf dem Stack abgelegt.

- Das Steuerwerk transportiert schließlich das Ergebnis zum Ausgabewerk.

Eine zentrale Funktion bei der Berechnung nehmen somit das Steuerwerk, welches den Transport der Daten koordiniert, sowie der Datenbus, der als Transportweg der Daten dient, ein.

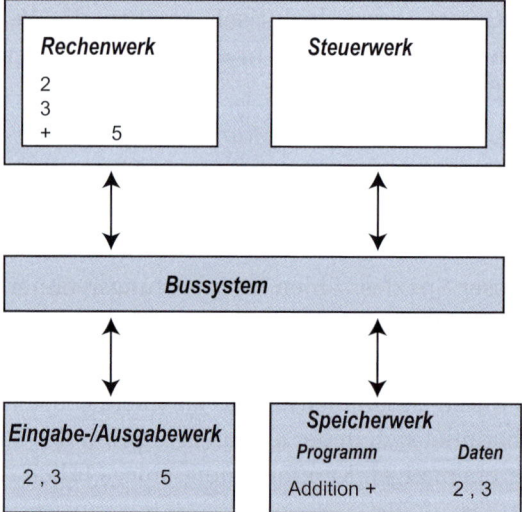

Abbildung 3.4: Der Von-Neumann-Rechner löst die einfache Additionsaufgabe 2 + 3.

In der Realität werden Rechen- und Steuerwerk durch die CPU realisiert bzw. in diese integriert. Das Bussystem wird durch das Board bzw. die Kabelverbindungen im PC bereitgestellt.

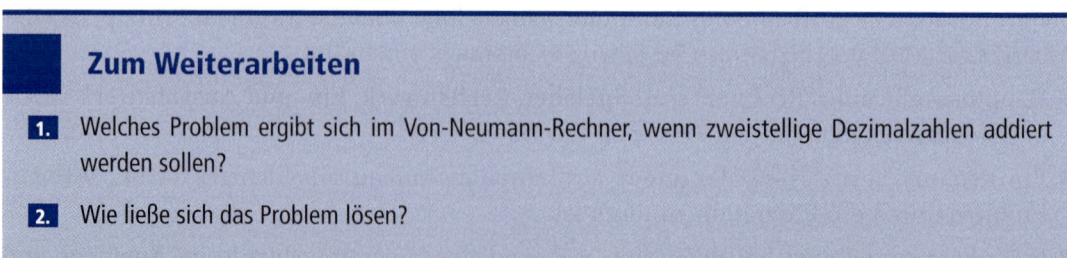

Zum Weiterarbeiten

1. Welches Problem ergibt sich im Von-Neumann-Rechner, wenn zweistellige Dezimalzahlen addiert werden sollen?

2. Wie ließe sich das Problem lösen?

3.1.4 Eingabe – Verarbeitung – Ausgabe

Sowohl im Hardware- als auch im Softwarebereich gilt für die Verarbeitung jeglicher Daten das Prinzip *Eingabe – Verarbeitung – Ausgabe* (kurz: EVA). Das bedeutet, dass zur Berechnung eines Ergebnisses zunächst die zu verarbeitenden Daten eingelesen und anschließend durch eine Hardwarekomponente oder auch ein Programm verarbeitet werden. Zu guter Letzt wird das Resultat der Berechnung ausgegeben.

Die Verarbeitung der Daten erfordert oft einen Zwischenspeicher. Stellen Sie sich vor, Sie müssen eine schriftliche Addition vornehmen. Dabei taucht oft ein Übertrag auf, der zwischengespeichert werden muss. ▶Abbildung 3.5 zeigt das EVA-Prinzip am Beispiel der Addition der Zahlen 9 und 5.

Bei der Addition der beiden Zahlen entsteht der Übertrag 1, der zwischengespeichert werden muss.

Das EVA-Prinzip gilt auch bei der Programmierung. Obwohl moderne Systeme den Eindruck des parallelen Rechnens vermitteln, läuft auch hier auf Prozessorebene alles Schritt für Schritt ab. Das scheinbar parallele Abarbeiten wird dadurch erreicht, dass der Prozessor sich im Nanosekundentakt den verschiedenen parallelen Befehlsfolgen widmet und zwischen ihnen hin und her springt. So entsteht der Eindruck der Gleichzeitigkeit. Moderne Multitasking-Betriebssysteme erledigen somit mehrere Aufgaben („Tasks") scheinbar parallel, indem sie die Prozessorzeit geschickt verteilen.

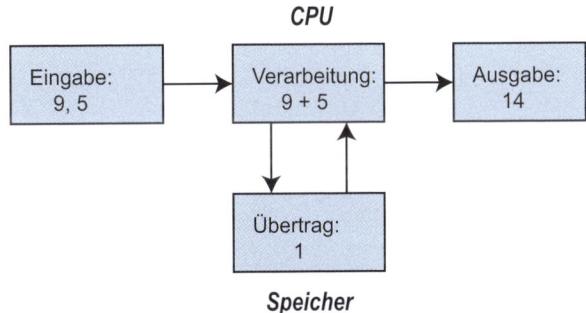

Abbildung 3.5: Das EVA-Prinzip, demonstriert an der Additionsaufgabe 9 + 5

3.1.5 Codierung von Daten

Dualzahlen

Leider kann der Computer auf Hardwareebene nicht mit Zahlen aus den natürlichen, „menschlichen" Zahlenräumen umgehen. Vielmehr versteht er sich nur auf die Zustände bzw. Signale 0 (Strom aus) oder 1 (Strom an). Gottfried Wilhelm Leibniz stellte bereits Anfang des 18. Jahrhunderts das duale Zahlensystem vor, welches lediglich die Ziffern 0 und 1 verwendet. Damit addiert man folgendermaßen:

$0 + 0 = 0$

$0 + 1 = 1$

$1 + 1 = 0$, Übertrag 1, d.h.: $1 + 1 = 10$

Während also beim konventionellen Dezimalsystem der Übertrag bei der Addition erst beim Überschreiten der Zahl 10 erreicht wird, findet dies beim Dualsystem schon nach Überschreiten der Dezimalzahl 2 statt. Damit ergibt sich folgende Tabelle zur Codierung der Zahlen:

Dezimal	Dual	Hexadezimal
0	0	00
1	1	01
2	10	02
3	11	03
4	100	04
5	101	05
6	110	06
7	111	07
8	1000	08
9	1001	09
10	1010	0A
11	1011	0B
12	1100	0C
13	1101	0D
14	1110	0E
15	1111	0F
16	10000	10

Tabelle 3.1: Umrechnung von Dezimalzahlen in Dualzahlen bzw. Hexadezimalzahlen

Zusätzlich wurde die hexadezimale Codierung in der Tabelle aufgeführt, welche im Computerbereich ebenfalls von großer Bedeutung ist. Dieses Zahlensystem verwendet 16 Ziffern bzw. Buchstaben von 0, 1, 2 ... über A, B, C bis F.

Zum Weiterarbeiten

Stellen Sie die folgenden Zahlen in dualer und in hexadezimaler Schreibweise dar:

21, 76, 254, 1024

ASCI-Code

Informationen bestehen nicht unbedingt nur aus Zahlen. Das Buch, das Sie gerade in Ihren Händen halten, besteht vielmehr auch aus Buchstaben. Diese werden nach dem *ASCII-Code* (ASCII = *American Standard Code for Information Interchange*) verschlüsselt und ebenfalls in Form von Zahlen weitererarbeitet. Dabei wird jedem Buchstaben und jedem Sonderzeichen eine Zahl zugeordnet. Die folgende Tabelle zeigt einen Auszug aus der ASCII-Zuordnung:

Zeichen unter Windows	ASCII-Code
A	65
B	66
C	67
...	...
X	88
Y	89
Z	90
...	...
a	97
b	98
c	99
...	...
x	120
y	121
z	122
{	123
...	...

Tabelle 3.2: Codierung von Buchstaben und Zeichen mit dem ASCII-Code

Somit können dem Rechenwerk sämtliche Informationen mithilfe der vorgestellten Codes bitweise zugeführt werden. Wie aber rechnet die Hardware mit diesen Informationshäppchen?

3.1.6 Rechnen mit Bits

Das Rechenwerk einer modernen CPU ist aus Milliarden kleiner, berührungsloser Schalter, den Transistoren, zusammengesetzt. Diese Transistoren können wie gewöhnliche Schalter eingeschaltet (Signal „1") oder ausgeschaltet (Signal „0") werden. Durch geschickte Kombination einer Vielzahl von Schaltern können beispielsweise einfache Additionen realisiert werden. Dies wird in *Kapitel 11* noch detailliert besprochen werden. An dieser Stelle genügt ein kleines Beispiel, um das Rechnen mit Schaltelementen zu demonstrieren:

Zwei Bits sollen addiert werden. Während der Addition soll zunächst angezeigt werden, ob bei der weiteren Rechnung ein Übertrag berücksichtigt werden muss. Das ist offenbar genau dann der Fall, wenn beide zu addierenden Bits den Wert „1" haben. ▶Tabelle 3.3 verdeutlicht die entsprechenden Möglichkeiten:

Bit 1	Bit 2	Summe	Übertrag
0	0	0	0
1	0	1	0
0	1	1	0
1	1	0	1

Tabelle 3.3: Addition zweier Bits

Die Übertragfunktion ist einfach zu realisieren. Dies geschieht mithilfe zweier Schalter (▶Abbildung 3.6):

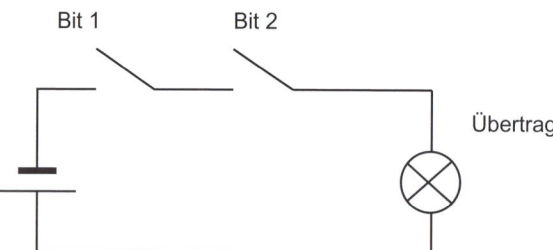

Abbildung 3.6: Der Übertrag der Addition zweier Bits kann mithilfe einer einfachen UND-Schaltung ermittelt werden.

Die Lampe (in diesem Fall der Übertrag) leuchtet und bekommt das Signal „1", wenn beide Schalter geschlossen (also auf „1" gesetzt) sind.

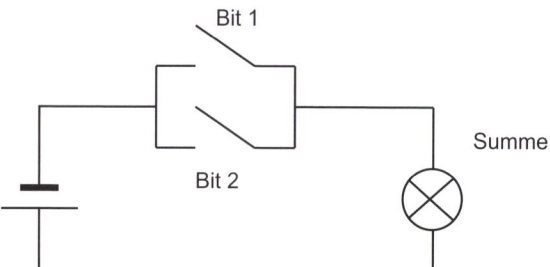

Abbildung 3.7: Die ODER-Schaltung realisiert die Summenfunktion schon fast richtig.

Die ersten drei Zeilen der Tabelle 3.3 werden mit der Schaltung aus ►Abbildung 3.7 sehr gut wiedergegeben. Lediglich die Addition von 1 und 1 produziert nicht wie gewünscht das Summensignal 1. Hier ist eine komplexere Schaltung erforderlich, die in *Kapitel 11* entwickelt und besprochen wird.

Zum Weiterarbeiten

Überlegen Sie, wie man das Problem mit der Summe der Zahlen 1 und 1 prinzipiell lösen könnte.

3.2 Software

Mit der Hardware allein kann man noch nicht viel anfangen, ebenso wie ein Klavier allein noch keine Musik von sich gibt: Was beim Klavier die Noten bzw. der Pianist sind, das ist im Computersystem die Software: Programme, die dem Rechner sagen, was er zu tun hat.

BIOS

Das Basic Input Output System (BIOS) ist fest in einem Chip auf dem Motherboard integriert. Es sorgt dafür, dass der PC nach dem Einschalten mit Basisfunktionen wie z.B. dem Erkennen von Hardware wie Festplatte, Grafikkarte und Hauptspeicher ausgestattet wird.

Betriebssystem

Das Betriebssystem stellt Funktionen bereit, die für die Arbeit mit dem PC erforderlich sind. Das Kopieren von Dateien, Erstellen von Ordnern oder die Konfiguration der Internetverbindung erfolgt über das Betriebssystem.

Das Softwaresystem moderner PCs ist wie ein Schichtsystem aufgebaut (►Abbildung 3.8). Beim Start des Rechners werden die verschiedenen Stufen von innen nach außen durchlaufen.

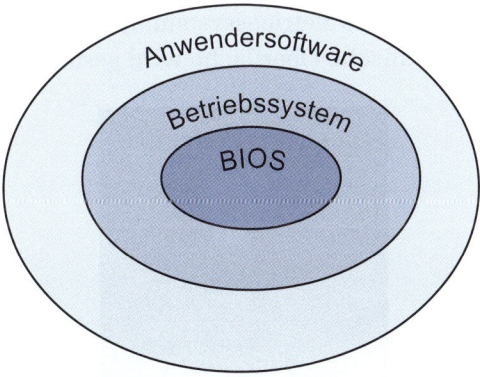

Abbildung 3.8: Das Zwiebelschalensystem der Software

Das BIOS

Das Herz eines jeden Computers macht sich unmittelbar nach dem Einschalten bemerkbar: Erste Meldungen laufen in heller Schrift vor schwarzem Hintergrund über den Bildschirm, bevor der Bootloader das eigentliche Betriebssystem startet (▶Abbildung 3.9). Möchten Sie in den Konfigurationsbereich des BIOS vordringen, so muss während des Startens eine bestimmte Taste gedrückt werden. In der Regel ist das die Taste [Entf] oder [F2].

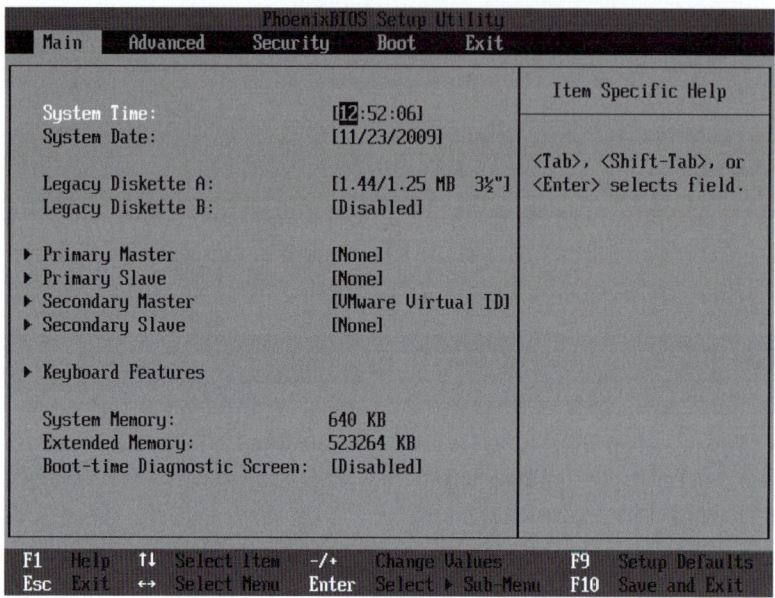

Abbildung 3.9: Das BIOS ermöglicht die hardwarenahe Konfiguration. Konsultieren Sie das Handbuch Ihres Mainboards, um den „Magic Key" herauszufinden, mit dem man ins BIOS gelangt.

Das BIOS erkennt die am Motherboard angeschlossene Hardware und erlaubt die Konfiguration verschiedener mehr oder weniger kritischer Systemparameter. Wer das letzte Quäntchen Leistung aus seinem System herauskitzeln möchte, der ist hier an der richtigen Adresse: Beispielsweise kann der Systemtakt im BIOS heraufgesetzt werden, um dem Prozessor einen kleinen Leistungsvorsprung zu verschaffen. Das Ganze ist jedoch kritisch zu betrachten: Auf diese Weise steigt auch die Prozessortemperatur, was nicht selten zu einer Zerstörung der CPU führt, wenn nicht für ausreichende Kühlung gesorgt wird.

Nachdem das BIOS die Hardwarekomponenten beim Start miteinander bekannt gemacht hat, beginnt der Ladevorgang für das Betriebssystem, das *Booten*. Dabei werden die Hardwaretreiber geladen, und die grafische Oberfläche wird gestartet (▶Abbildung 3.10).

Abbildung 3.10: Das Booten von Windows 7 wird durch ein grafisches Logo angezeigt.

Das Betriebssystem

Aktuell buhlen die drei folgenden wichtigen Betriebssysteme um die Gunst der Anwender:

- **Microsoft Windows**: Der Quasi-Industriestandard hat eine Marktpräsenz von über 90 %. Dadurch steht das System leider auch im Fokus der Autoren von Viren, Trojanern und digitalem Ungeziefer jeglicher Art. Nach den Versionen XP und Vista ist aktuell *Windows 7* im Normalanwenderbereich der State of the Art.

- **Mac OS X**: Das Betriebssystem der Firma Apple (aktuelle Version: *10.6 Snow Leopard*) verrichtet auf den schicken iMacs, MacBooks und in abgespeckter Form auch auf dem beliebten iPhone seinen Dienst. Der Vorteil des Systems ist eine perfekte Symbiose mit der Hardware aus dem eigenen Haus.

- **Linux**: Das freie Betriebssystem, dessen Kern der finnische Student Linus Torvalds entwickelte, findet man in großer Mannigfaltigkeit auf dem Markt vor. Bekannteste Vertreter sind *Ubuntu Linux* und Googles *Chrome OS*. Im Gegensatz zu Windows und Mac OS ist Linux völlig offen und wird von einer Vielzahl weltweit agierender Programmierer weiterentwickelt und gepflegt.

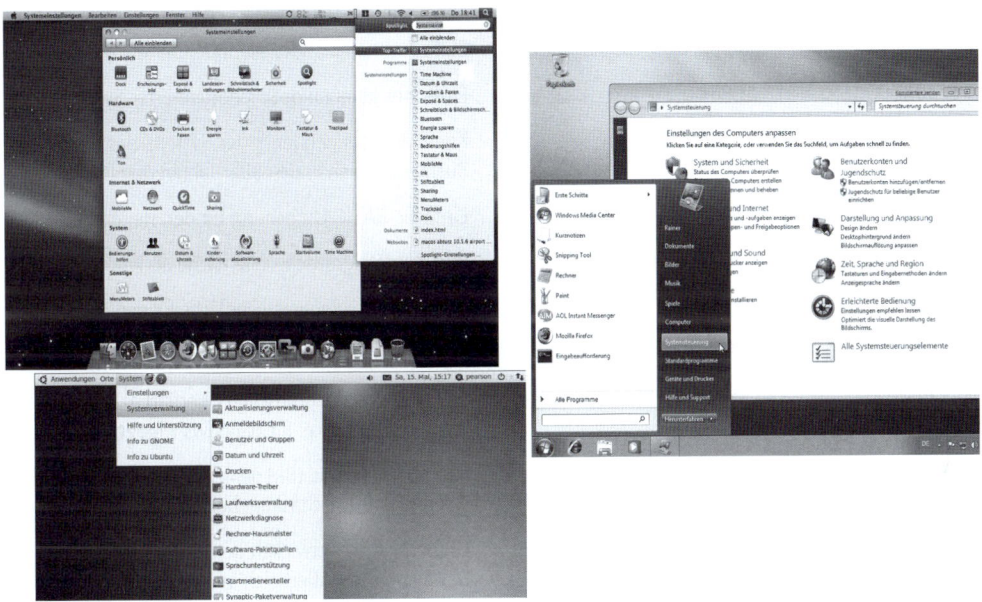

Abbildung 3.11: Aktuelle Betriebssysteme: oben links: Mac OS X, rechts: Windows 7, unten links: Ubuntu Linux

Ein Betriebssystem hat folgende Aufgaben zu erfüllen:

- Es stellt eine *anwenderfreundliche Schnittstelle* zur Bedienung des Systems bereit. In modernen Betriebssystemen wird dies durch eine Fensteroberfläche, die mit Tastatur und Maus bedient wird, erreicht. Moderne Systeme wie Windows 7 und Mac OS X besitzen auch Berührungs- bzw. Touchscreenfunktionalitäten: Bilder z.B. können auf berührungsempfindlichen Bildschirmen durch Spreizen der Finger vergrößert werden.

- Es gewährt dem Anwender den *Zugriff auf externe Speichermedien* wie z.B. Festplatten, USB-Sticks oder CDs/DVDs.

- Es *verwaltet Anwenderprogramme*, die nachträglich installiert wurden, bzw. gestattet überhaupt erst die Installation von weiteren Programmen.

- Es *steuert die Ein- und Ausgabegeräte* und die Abarbeitung von Aufgaben, die an die CPU weitergeleitet werden.

> | Exkurs | **Entwicklung der Heimbetriebssysteme** |
>
> Warum dauert eigentlich der Start eines Betriebssystems so lange? In den guten alten Zeiten des Commodore C64 war der Rechner sofort nach dem Einschalten betriebsbereit – begründet durch die Tatsache, dass das BIOS sowie ein einfaches BASIC-System in einem ROM-Baustein untergebracht waren. Diese oft nur wenige Kilobyte umfassende Basissoftware konnte sehr schnell geladen werden. Alle anderen wesentlichen Funktionen wie z.B. das Laden und Speichern von Dateien auf Diskette mussten dem Computer durch umständliche kryptische Befehle übermittelt werden. Es hat sich eine Menge getan, seitdem der erste Heimcomputer die Wohnzimmer bevölkert hat. Die folgende Tabelle gibt die wichtigsten Stationen bis zum heutigen, aktuellen PC wieder.

Jahr	Hardware	Betriebssystem/ Software	Eigenschaften
1977	Apple 2	Apple DOS, später ProDOS	Einfaches kommandozeilenorientiertes System
1981	IBM-PC	CP/M	Einfaches kommandozeilenorientiertes System
1981	IBM-PC	MS-DOS	Kommandozeilenorientiertes System, das den Businessbereich in den 80er-Jahren dominierte
1982	Commodore C64	Basic V2 Interpreter	Einfache BASIC-Umgebung für den Heimbereich
1983	IBM-PC	Windows 1.0	Rudimentäre grafische Oberfläche als Frontend für DOS
1984	Apple Macintosh	128-KByte-System	Erste grafische Benutzeroberfläche für den Massenmarkt
1985	Atari ST	196-KByte-System TOS	Gelungener Klon der Macintosh-Oberfläche, Name: GEM
1987	IBM-PC	Windows 2.0	Verbesserung der grafischen Oberfläche, erste Versionen von Word und Excel für Windows werden verkauft
1987	IBM-PC	OS/2	Von Microsoft und IBM gemeinsam entwickeltes System, das erstmals Multitasking beherrscht
1991	PC	Linux	Linux Torvalds entwickelt den Linux-Kernel. Das System orientiert sich an UNIX.
1992	PC	Windows 3.1	Erste kommerziell erfolgreiche Version von Windows
1995	PC	Windows 95 (später 98)	Window-Systeme mit Multitasking-Fähigkeiten
2000	PC	Windows 2000	Betriebssystem für den Businessbereich als Nachfolger von Windows NT
2001	PC	Windows XP	System für den Heimanwender (XP Home) und Businessbereich (XP Professional)
2001	Apple Mac	Mac OS X	Erste Generation des modernen Systems für Apple-Hardware
2006	PC	Windows Vista	Grafische Benutzeroberfläche mit Transparenzeffekten
2009	PC	Windows 7	Weiterentwicklung von Windows Vista
2010	Netbook	Google Chrome 05	Googles Cloud-Betriebssystem

Tabelle 3.4: Entwicklung der Betriebssysteme im Heim- und Bürobereich

Zum Weiterarbeiten

1. Informieren Sie sich über neuartige Ansätze für Betriebssysteme wie z.B. Googles Chrome OS.

2. Welche Gefahren bergen Betriebssysteme, deren Hauptfunktionalität bzw. deren Datenspeicherung ins Internet verlagert werden?

Anwendersoftware

Mit dem Betriebssystem allein kann der durchschnittliche Anwender lediglich grundlegende Aufgaben wie z.B. das Kopieren und Löschen von Dateien vornehmen. Für die praktische Arbeit ist weitere Software erforderlich. Diese muss zusätzlich erworben werden, sodass auf den Anwender zusätzliche Kosten zukommen, es sei denn, er greift auf Open-Source-Software zurück.

Einsatzgebiete von Anwenderprogrammen sind unter anderem:

■ **Büro- bzw. Officesoftware**: Dazu gehören alle Programme, die für typische Büroarbeiten eingesetzt werden, z.B.

– die *Textverarbeitung* zum Erfassen von Texten. Beispiele sind Microsoft Word oder Open Office.org Writer

– die *Tabellenkalkulation* zur Durchführung von Rechnungen, für die nicht eigens Programme erstellt werden sollen. Beispiel: Microsoft Excel und Open Office.org Calc

– das *Präsentationsprogramm*, welches bei der Gestaltung moderner Vorträge nicht wegzudenken ist. Typische Repräsentanten: Microsoft PowerPoint und Open Office.org Impress

■ **Grafiksoftware**: Zur Bearbeitung der selbst erstellten Digitalfotos oder zum Anfertigen von professionellen Grafiken verwendet man

– *pixelorientierte Software* wie Photoshop oder The Gimp, die zur Fotoretusche eingesetzt wird

– *vektorbasierte Programme* wie z.B. Corel Draw, Adobe Illustrator, Open Office.org Draw, die verlustfrei skalierbare Grafiken produzieren

■ **Internetprogramme**: E-Mails schreiben oder im Netz surfen: Die Basisfunktionalität wird zwar oft vom Betriebssystem zur Verfügung gestellt, dennoch lohnt sich ein Blick auf die Software von Drittanbietern. Typisches Beispiel ist der Firefox-Browser, der mittlerweile dem Internet Explorer aus dem Hause Microsoft den Rang abläuft.

■ **Multimediasoftware**: Den selbst gedrehten Urlaubsfilm schneiden, einen eigenen CD-Sampler zusammenstellen oder hochauflösendes Fernsehen am PC schauen: Die Programme dieser Kategorie sorgen für Unterhaltung in den eigenen vier Wänden oder auch mobil auf dem iPod.

Die verschiedenen Anwendersoftwarekategorien werden noch ausführlich in *Kapitel 4* und *5* besprochen.

3.3 Schnittstellen

Die einzelnen Hardwarekomponenten eines Computers kommunizieren über definierte Schnittstellen miteinander. Aber auch Programmierer kennen Schnittstellen im Softwarebereich: Durch sie wird die Kommunikation einzelner Softwaremodule festgelegt.

Schnittstelle

Eine Schnittstelle (engl.: *interface*) ist ein Teil eines Informationssystems, welches der Kommunikation dient. Über Schnittstellen werden Daten zwischen Hardwarekomponenten oder Softwaremodulen ausgetauscht.

Bus

Analog zum Vorbild im Straßenverkehr werden über das Bussystem des Computers Passagiere befördert. Diese bestehen allerdings nicht aus Fleisch und Blut, sondern aus Nullen und Einsen: Es sind digitale Daten. Die Übertragung dieser Daten kann dabei seriell (d.h. nacheinander auf einer einzelnen Leitung) oder parallel (d.h. gleichzeitig auf mehreren parallelen Leitungen) erfolgen.

3.3.1 Hardwareschnittstellen

Externe Schnittstellen

Den ersten Kontakt zu Schnittstellen erhalten Sie, wenn Sie einen neu gekauften Computer auspacken und zusammenstöpseln. Auf der Rückseite des Gehäuses findet man eine Vielzahl von Anschlüssen, sogenannte *externe Schnittstellen* (▶Abbildung 3.12).

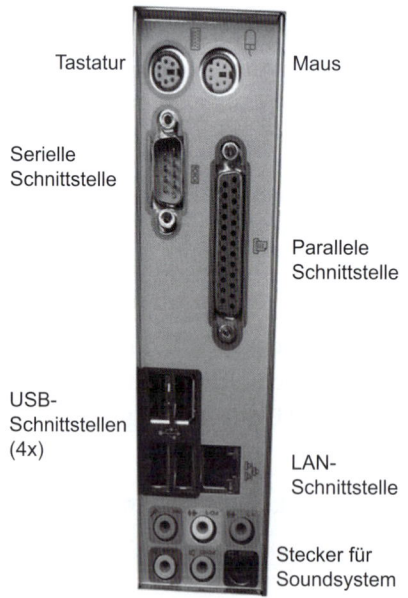

Abbildung 3.12: Übliche Schnittstellen auf der Rückseite eines modernen PCs. Nicht abgebildet: der Monitoranschluss an der separaten Grafikkarte

Die Mehrzahl heutiger moderner Geräte wie Drucker, Scanner oder externe Festplatten wird dabei über den USB-Bus angeschlossen. Die USB-Schnittstelle verdrängt mittlerweile auch zunehmend den bei Videoprofis beliebten FireWire-Anschluss, der zur schnellen Übertragung von Videomaterial vom Camcorder zum PC eingesetzt wird. Insbesondere USB 3.0 wird in absehbarer Zeit aufgrund der gegenüber USB 2.0 wesentlich höheren Geschwindigkeit den Markt dominieren.

Man unterscheidet folgende Schnittstellentypen:

- **Digitale Schnittstellen**: Über diese werden die Daten digital, d.h. codiert in Folgen von Nullen und Einsen, übertragen. Beispiele sind die USB-, die Netzwerk-, die serielle und die parallele Schnittstelle des PCs.

- **Analoge Schnittstellen**: Hier werden Informationen in Form von kontinuierlichen Signalunterschieden übertragen. Ein Beispiel hierfür sind die Soundaus- und -eingänge in Abbildung 3.12: Für laute Töne wird eine größere, für leise Töne eine kleinere Spannung über die Klinkenstecker übertragen.

Bei der digitalen Datenübertragung unterscheidet man:

- **Serielle Schnittstellen**: Hier werden die Daten nacheinander über eine einzelne Leitung geschickt. Ein Beispiel ist die in Abbildung 3.12 markierte serielle Schnittstelle. Aber auch die PS2-Anschlüsse für Tastatur und Maus zählen zur Gattung der seriellen Schnittstellen, ebenso die USB-Schnittstelle (USB steht für *Universal Serial Bus*).

$$1 \; 0 \; 1 \; 1 \; 0 \; 1 \longrightarrow$$

Abbildung 3.13: Bei der seriellen Datenübertragung werden die Daten nacheinander über eine einzelne Leitung geschickt, ...

- **Parallele Schnittstellen**: Dieser Schnittstellentyp wird heute im Wesentlichen für den Anschluss von Druckern verwendet, und selbst hier gerät er nach und nach durch die Ausstattung moderner Geräte mit USB- bzw. Netzwerkschnittstelle in den Hintergrund. Die SCSI-Schnittstelle, die ebenfalls parallel arbeitet und im Serverbereich zum Anschluss von Festplatten verwendet wurde, wird zunehmend von S-ATA-Lösungen verdrängt.

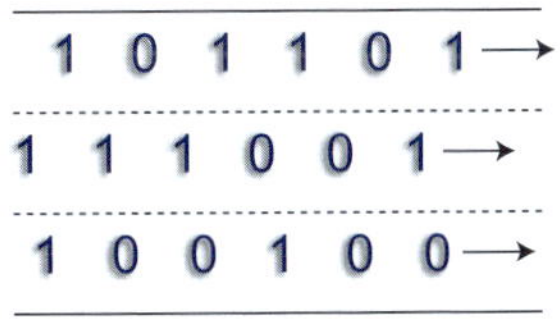

$$1 \; 0 \; 1 \; 1 \; 0 \; 1 \longrightarrow$$
$$1 \; 1 \; 1 \; 0 \; 0 \; 1 \longrightarrow$$
$$1 \; 0 \; 0 \; 1 \; 0 \; 0 \longrightarrow$$

Abbildung 3.14: ... während bei der parallelen Datenübertragung mehrere Leitungen genutzt werden. Diese Übertragungsform erfordert eine exakte Koordination der Pakete aufseiten des Empfängers.

Zum Weiterarbeiten

Recherchieren Sie, aus welchem Grund sich die SCSI-Schnittstelle nicht im heimischen Bereich durchgesetzt hat.

Interne Schnittstellen

Im Inneren eines Computers müssen die Daten zwischen den Ein-/Ausgabegeräten (z.B. Tastatur und Monitor), der zentralen Recheneinheit (CPU) sowie den Speichergeräten (Festplatte, CD/DVD) transportiert werden. Zu diesem Zweck sind alle Geräte an das Mainboard angeschlossen. Dieses stellt damit das zentrale Bussystem zur Verfügung.

Die Leistungsfähigkeit des Bussystems wird durch folgende Kenngrößen bestimmt:

- Die Anzahl der zur Verfügung stehenden Daten, Adress- und Steuerleitungen. Diese legt fest, wie viel Daten gleichzeitig übertragen werden können. Auf 32-Bit-Bussystemen findet man beispielsweise 32 parallele Signalleitungen vor.

- Die Taktfrequenz des Bussystems: Der Takt gibt an, in welchen zeitlichen Abständen neue Daten auf die Reise geschickt werden. Auf modernen Systemen liegt der Bustakt im Bereich mehrerer hundert Megahertz.

Weiterhin spielt die spezielle Art der Datenübertragung eine Rolle. Hier unterscheidet man folgende Varianten:

- Bei der **unidirektionalen Übertragung** werden die Datenpakete nur in eine Richtung übertragen.

- Bei der **bidirektionalen Übertragung** findet Datenaustausch in beiden Richtungen statt.

Das Bussystem wird in folgende Komponenten unterteilt (▶Abbildung 3.15):

- Über den **Datenbus** werden die Daten zwischen den Einheiten in beiden Richtungen, also bidirektional übertragen. Er verbindet Prozessor, Arbeitsspeicher und die Eingabe-/Ausgabeeinheiten.

- Der **Adressbus** übermittelt die Adressen der einzelnen Speicherzellen, in denen sich die Daten befinden, stets in einer Richtung und arbeitet somit unidirektional.

- Schließlich werden über den Steuerbus die Zugriffe auf Daten- und **Adressbus** koordiniert. Er übernimmt sozusagen die Oberaufsicht über den Datentransport.

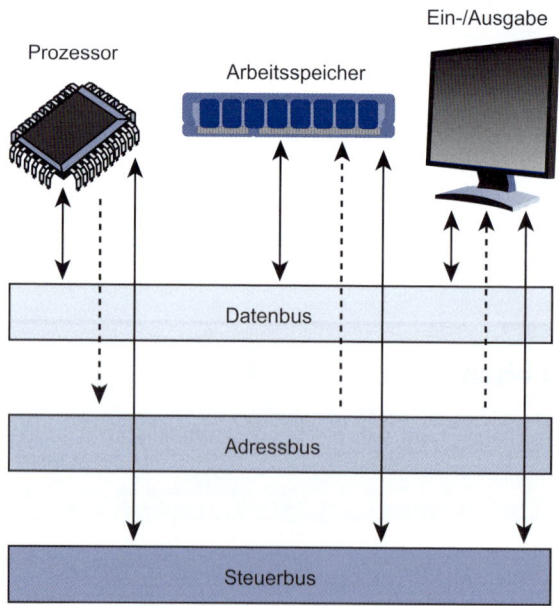

Abbildung 3.15: Kommunikation im Bussystem. Unidirektionale Datenflüsse sind gestrichelt dargestellt.

3.3.2 Softwareschnittstellen

Auch beim Ablauf von Programmen müssen klar definierte Schnittstellen existieren. Immer dann, wenn Daten oder Kommandos zwischen Programmteilen oder Modulen ausgetauscht werden, muss klar sein, in welcher Form der Austausch geschehen soll. Die genaue Vereinbarung definierter Schnittstellen ist bei großangelegten Softwareprojekten geradezu überlebenswichtig.

Im englischen Sprachgebrauch werden Softwareschnittstellen auch API (*application programming interface*) genannt. Ein bekanntes Beispiel ist die in den Microsoft Windows-Systemen integrierte DirectX-Grafikschnittstelle: Diese erspart dem Programmierer eines grafisch aufwendigen Computerspiels, das Rad neu zu erfinden und für die Realisierung seiner virtuellen Welten jedes Bild pixelweise selbst zu generieren. Stattdessen kann er auf die Grafik-API mit ihren fertigen Funktionen zurückgreifen (▶Abbildung 3.16).

Abbildung 3.16: Die meisten modernen grafikbasierten Spiele verfügen über eine API, die es auch engagierten Hobbyprogrammierern ermöglicht, Erweiterungen zu schreiben.

3.4 Vernetzte Computer

In unserer modernen Informationsgesellschaft spielt die Vernetzung von Informationen eine wichtige Rolle. Ein Computersystem, das nicht in der Lage ist, mit anderen Systemen im Netzwerkverbund zu kommunizieren, ist nutzlos (es sei denn, es verrichtet in Form einer Armbanduhr am Handgelenk seinen Dienst). In diesem Abschnitt werden Grundbegriffe der Netzwerktechnik behandelt. Eine tiefergehende Behandlung des Themas „Netzwerke" erfolgt in *Kapitel 6*.

3.4.1 Netzwerktypen

Eine erste Klassifizierung der Netzwerktypen erfolgt aufgrund der räumlichen Distanz, die mit dem entsprechenden Netz überbrückt wird:

- Im **LAN** (*Local Area Network*) werden PCs vernetzt, die sich im gleichen Zimmer, Haus, maximal im benachbarten Gebäude befinden.

- Ein **MAN** (*Metropolitan Area Network*) wird in städtischen Regionen eingesetzt. Beispiele sind die mittlerweile zahlreich auftretenden kommunalen Netze.

- Ein **WAN** (*Wide Area Network*) überbrückt Distanzen über mehrere Hundert Kilometer. Einsatzbereich kann hier ein geschlossenes Netz für eine Firma und deren Filialen sein.

- Sollen die Daten auf Weltreise geschickt werden, so bedient man sich schließlich des weltumspannenden **Internet**s.

Die zweite Kategorisierung berücksichtigt die Existenz bzw. Nichtexistenz eines **Servers**. Dieser spezielle Rechner hat die Aufgabe, Daten zentral zu verwalten und ggf. auch Kommunikationswege für die einzelnen Rechner des Netzes (**Clients** genannt) zur Verfügung zu stellen.

- Das **serverbasierte Netzwerk** hat den Vorteil, dass man alle Daten an einem zentralen Ort, dem Dateiserver, lagert. Auf diese Daten können die am Netz angeschlossenen Clients zugreifen. Soll beispielsweise der Bestand einer Lagerverwaltung auf allen Rechnern eines Firmennetzes abrufbar sein, so speichert man diese Daten auf dem Server und nicht auf jedem einzelnen Rechner. Das spart Speicherplatz und hat außerdem den Vorteil, dass der Datenbestand an einer zentralen Stelle gepflegt werden kann. ▶Abbildung 3.17 zeigt ein serverbasiertes Netzwerk.

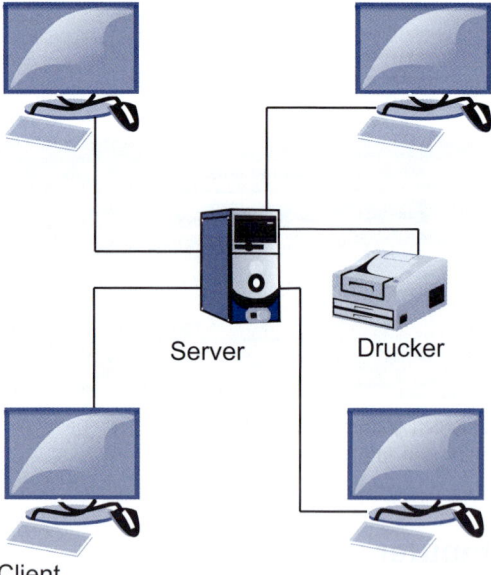

Server   Drucker

Client

Abbildung 3.17: Im serverbasierten Netz werden alle Daten auf dem Server gelagert. Dieser kann den Clients auch weitere Peripherie wie z.B. einen Drucker zur Verfügung stellen. Im Falle eines Terminalservers benötigen die Clients lediglich einen Monitor, eine Tastatur und eine Maus. Das Betriebssystem wird dann direkt vom Server geladen.

- Im heimischen Bereich findet man häufiger das **Peer-to-Peer-Netzwerk** vor (▶Abbildung 3.18). Hier sind alle Rechner mehr oder weniger gleichberechtigt miteinander verbunden. Dies geschieht in der Regel über einen Router, der auch die Internetverbindung herstellt.

Abbildung 3.18: Im heimischen Bereich kommunizieren die Endgeräte über ein Peer-to-Peer Netzwerk. Zentraler Punkt ist hier meist ein WLAN-fähiger Router, der die Verbindung zum Internet herstellt und dem Netz Sekundärgeräte wie z.B. Drucker oder eine externe Festplatte zur Verfügung stellt.

Ein weiteres Kriterium zur Unterscheidung von Netzwerken ist deren Verkabelung. Man spricht in diesem Fall auch von der *Topologie* des Netzwerks. Es wird unterschieden zwischen der

- **Bustopologie**: Die Rechner sind jeweils nacheinander an einem einzigen Strang angeschlossen. An jedem Rechner sitzt ein T-Stück, und von Rechner zu Rechner verläuft jeweils ein Kabel. An den Enden des Busses sitzt jeweils ein Abschlusswiderstand, der die umlaufenden Datenpakete reflektiert. Nachteil dieser Verkabelungsart: Fällt eine Verbindung aus, so bricht das ganze Netzwerk zusammen. Vorteil: Diese Netzwerkvariante ist recht preiswert zu realisieren.

- **Sterntopologie**: Diese Topologie dominiert heute den Markt. Die Rechner sind sternförmig über einen Knoten, den sogenannten *Hub*, verbunden. Fällt ein Rechner bzw. eine Leitung aus, so bleibt das Netzwerk dennoch intakt. Nachteil: Man benötigt zusätzliche Hardware in Form eines Hubs.

- **Ringtopologie**: Ähnlich wie bei der Bustopologie sind die Rechner direkt mit einem Netzwerkkabel über T-Stücke verbunden. Der Unterschied besteht darin, dass man keine offenen Seiten hat, sondern die Rechner im Kreis anordnet. Mit dieser Technik lassen sich große Strecken überbrücken. Der Nachteil: Auch hier kommt es zu Problemen, sobald ein Rechner des Netzes ausfällt.

▶Abbildung 3.19 zeigt die drei unterschiedlichen Topologiestrukturen im Vergleich.

Zum Weiterarbeiten

1. Welche Vorteile bieten serverbasierte Netzwerke gegenüber Peer-to-Peer-Netzwerken?

2. Vergleichen Sie die drei oben beschriebenen Topologien bezüglich ihrer Ausfallsicherheit.

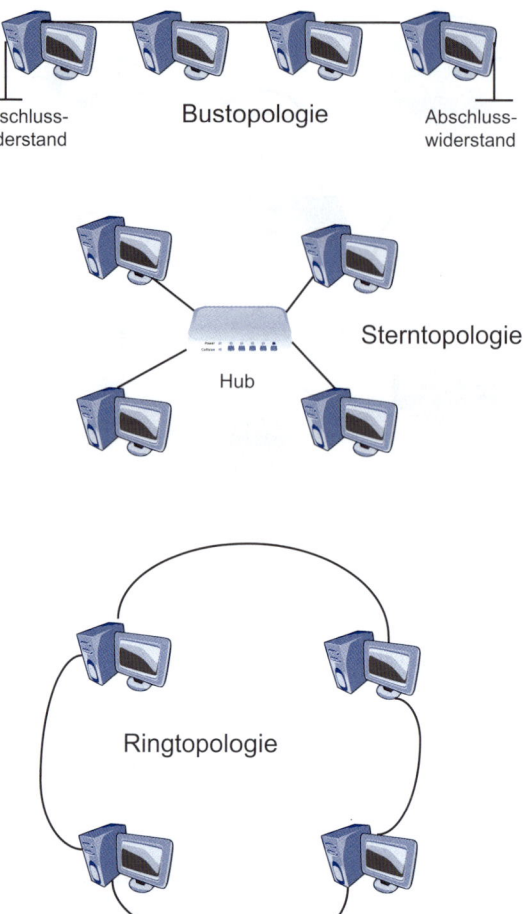

Abbildung 3.19: Drei unterschiedliche Verkabelungsarten von Netzwerken

3.4.2 Netzwerkhardware

Nahezu jeder aktuelle Computer verfügt über eine Netzwerkschnittstelle. Folgende Komponenten werden üblicherweise verwendet, um ein kleines Heimnetzwerk einzurichten:

- Einen **Ethernet-Anschluss** am Computer: Kaum ein modernes Gerät kommt heute noch ohne Netzwerkschnittstelle daher (▶Abbildung 3.20). Standard ist mittlerweile der Gigabit-Ethernet-Anschluss. Das bedeutet, dass pro Sekunde eine Milliarde Bits durch die Schnittstelle laufen können, d.h., der Inhalt einer kompletten CD (ca. 700 Megabyte) kann in knapp 6 Sekunden im Netz übertragen werden. Man beachte aber, dass derartige Übertragungsraten nur selten optimal ausgeschöpft werden.

Abbildung 3.20: Netzwerkschnittstelle an einem handelsüblichen PC

■ Einen **Hardwarerouter**: Diese Geräte verfügen mittlerweile über die Funktionen eines kleinen Servers. Der gewöhnliche Router wird direkt an die DSL-Hardware angeschlossen und stellt nach der Konfiguration die Verbindung zum Internet her. Die bestehende Verbindung wird dann an die Clients im Netz weitergereicht. Der Vorteil ist, dass die angeschlossenen Clients automatisch vom Router konfiguriert werden und somit automatisch über eine Internetverbindung verfügen. Die meisten aktuellen Router stellen auch eine drahtlose Verbindung per WLAN zur Verfügung (▶Abbildung 3.21).

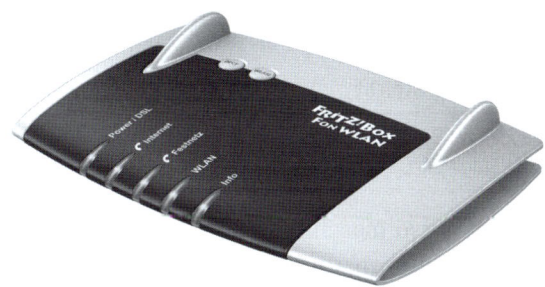

Abbildung 3.21: Ein Universalrouter arbeitet in der Regel auch als WLAN-Zugangspunkt (Access Point).

■ Die direkte Verbindung eines PCs mit dem Router erfolgt über ein Netzwerk- oder Patchkabel. Die drahtgebundene Verbindung ist gegenüber einer drahtlosen Verbindung stabiler gegenüber Störungen von außen und bietet zudem einen höheren Durchsatz.

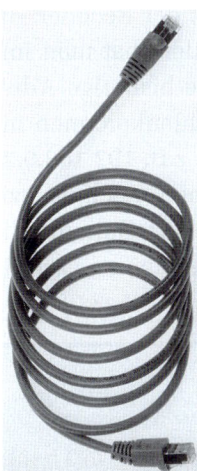

Abbildung 3.22: Die physikalischen Verbindungen werden im Netzwerk mithilfe eines Ethernet-Patchkabels hergestellt.

3.4.3 Netzwerkprotokolle

Der Transfer von Daten in Netzwerken erfordert strenge Regeln. Insbesondere muss vereinbart werden, wann der Sender Daten senden und der Empfänger diese entgegennehmen kann. Im Zeitalter des Internets gelangen die Datenpakete einer einzelnen Internetseite unter Umständen auf unterschiedlichen Wegen zum Empfänger. Dieser muss die Pakete dann, ähnlich wie ein Puzzle, in der richtigen Reihenfolge wieder zusammensetzen. Der öffentliche Datenaustausch folgt dem sogenannten OSI-Schichtenmodell. Dieses teilt den Datenverkehr auf unterschiedliche Schichten (engl.: *Layer*) auf, die folgendermaßen definiert sind:

Schichtnummer	Name	Beispiel für Protokolle/Programme
1	Bitübertragungsschicht	ATM, V.100
2	Sicherungsschicht	PPP, X.75
3	Vermittlungsschicht	IP, IPX
4	Transportschicht	TCP
5	Steuerungsschicht	HTTP, POP3
6	Darstellungsschicht	HTML, ASCII
7	Anwendungsschicht	Webbrowser, E-Mail-Programm

Tabelle 3.5: Das OSI-Schichtenmodell zur Datenübertragung im Netz. Einige Beispielprotokolle zu den einzelnen Schichten sind in der rechten Spalte aufgeführt.

Je kleiner die Schichtnummer, umso maschinennäher ist dabei die Information: Während auf der niedrigsten Schichtebene die Information nur aus einer Sequenz von Nullen und Einsen besteht, wird die Information spätestens in der Darstellungsschicht in Form des HTML-Codes menschenlesbar. Die Anwendungsschicht wandelt schließlich den HTML-Code per Browser in konkrete Informationen um.

In lokalen Netzen hat sich mittlerweile die TCP/IP-Protokollfamilie (*Transmission Control Protocol/Internet Protocol*), welches auch für den Datenverkehr im Internet verwendet wird, durchgesetzt. Jeder Rechner im TCP/IP-Netz wird dabei anhand seiner eindeutigen IP-Adresse identifiziert. Während die IPs der Rechner, die an das Internet angeschlossen sind, vom Internetanbieter vorgegeben werden, hat man im privaten Bereich mehr oder weniger freie Hand bei der Adressvergabe. Die bisherige Adressierung folgte dem *IPv4-Schema*, in welchem eine IP-Adresse aus vier Zahlenkolonnen mit jeweils einer Zahl zwischen 0 und 255 besteht. Eine gültige Adresse wäre z.B. 192.168.0.254. Aufgrund der Vielzahl der mittlerweile an das Internet angeschlossenen Rechner wird die Anzahl der IP-Adressen im IPv4-Schema knapp, sodass in nächster Zukunft die Namenskonvention komplett dem *IPv6-Schema* folgen wird. Dieses bietet einen wesentlich größeren Adressraum. Eine gültige IPv6-Adresse hat z.B. die Form 2001:0db8:85a3:08d3:1319:8a2e:0370:7347.

Zum Weiterarbeiten

Informieren Sie sich über den neuen IPv6-Standard und recherchieren Sie, wie viele Computer man hier im Vergleich zu einem IPv4-Netzwerk adressieren kann.

Drahtlos ins Netz

WLAN

Immer mehr Anwender nutzen den drahtlosen Zugang zu einem Computernetz per WLAN (*Wireless Local Area Network*). Die Datenübertragung kann hier im besten Fall mit einer Geschwindigkeit von bis zu 100 MBit/s erfolgen. WLAN wird in einigen Ländern (USA, Frankreich, Italien) auch als *WiFi* bezeichnet. Ein öffentlicher WLAN-Zugangspunkt wird *Hotspot* genannt.

GPRS und EDGE

Der erste paketorientierte Datenübertragungsdienst im Mobilfunkbereich war der *General Packet Radio Service*. In Verbindung mit der EDGE-Technik (*Enhanced Data Rates for GSM Evolution*) lassen sich Übertragungsraten von bis zu 220 kBit/s erzielen, vorausgesetzt, ein entsprechend ausgerüstetes Mobilfunknetz steht zur Verfügung.

UMTS und HSDPA

Im Zeitalter des mobilen Internets setzt der moderne Datennomade auf den schnellstmöglichen Zugang, der per Mobilfunk genutzt werden kann. UMTS steht dabei für *Universal Mobile Telecommunications System*. Mit dem UMTS-Turbo HSDPA (*High Speed Downlink Packet Access*) können Downloadraten von bis zu 7,2 MBit/s erzielt werden. Moderne Smartphones wie Apples iPhone nutzen die HDSPA-Datenübertragungsverfahren.

Der Anschluss an ein Netzwerk bzw. das Internet lässt sich mittlerweile auch ohne große Verkabelungen erreichen:

- Im heimischen Bereich oder als Zugang zu öffentlichen Netzen hat sich die **WLAN**-Technik durchgesetzt. Dazu benötigt man lediglich einen in die Hardware integrierten WLAN-Chip. Dieser befindet sich mittlerweile in jedem Notebook, aber auch Mittelklassehandys verfügen zunehmend über WLAN-Funktionalität. Desktop-PCs können mithilfe eines WLAN-USB-Sticks funknetztauglich gemacht werden.

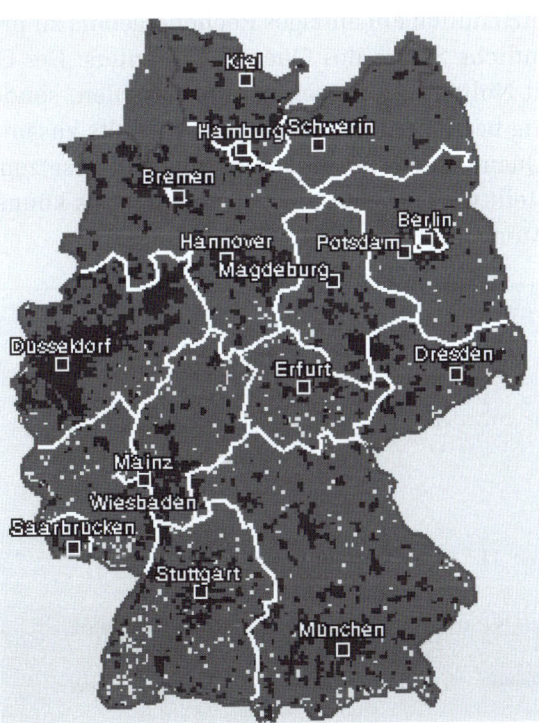

Abbildung 3.23: Die UMTS-Netze sind bislang nur in Ballungsgebieten zufriedenstellend ausgebaut (dunkel markierte Bereiche). Im Gegensatz dazu ist GPRS/EDGE in Deutschland flächendeckend nutzbar.

- Wer wirklich überall online gehen und nicht auf die Existenz eines WLAN-Hotspots angewiesen sein möchte, der verwendet einen USB-Surfstick, mit dem man sich in Verbindung mit einer SIM-Handykarte per **GPRS/EDGE** bzw. **UMTS** in die Netze der Mobilfunkprovider einbuchen kann. Die Netzabdeckung mit dem schnellen UMTS/HSDPA ist allerdings bislang nur in Ballungszentren durchgehend realisiert (▶Abbildung 3.23).

3.5   Die Zukunft der Informatiksysteme

Die Idee, mit nur zwei Signalzuständen aufwendige Computer zu bauen, ist nicht allein auf elektronische Bauelemente beschränkt. In der Tat setzt die Physik der fortschreitenden Miniaturisierung der Elektronik deutliche Grenzen. Diese sollen durch neue Schaltelemente überwunden werden, die der Quantenphysik oder Biologie entstammen.

3.5.1   Quantencomputer

Wie im gewöhnlichen, aus elektronischen Elementen bestehenden, klassischen Computer verwenden auch Quantencomputer Zustände, um Informationen zu speichern. Im einfachsten Fall gibt es auch beim Quantencomputer die Zustände „0" und „1". Ein einzelner Zustand im Quantencomputer wird als *Quantenbit* oder *QuBit* bezeichnet. Im Gegensatz zu seinem klassischen Vetter, dem Bit, kann sich ein Quantenbit aber auch in einem Mischzustand aus den Zuständen „0" oder „1" befinden. Naiv gesprochen, kann ein QuBit „ein bisschen Null" bzw. „ein bisschen Eins" sein. Die Mischungsanteile des Quantenzustands bestimmen schließlich das Endergebnis der Rechnung, die in der Sprache der Quantenmechanik *Messung* genannt wird.

Zur Berechnung im Quantencomputer werden nun viele Quantenzustände parallel erzeugt und abgearbeitet, um letztendlich ein einziges Rechenergebnis zu produzieren. Diese Parallelisierung ist die eigentliche Stärke des Quantencomputers: Der Quantencomputer muss nicht nacheinander mit Nullen und Einsen gefüttert werden, sondern kann die Eingaben parallel bzw. gleichzeitig bearbeiten. Fasst man Quantenbits zusammen, so kann man beispielsweise mit zwei Quantenbits vier herkömmliche Bits ersetzen, mit drei Quantenbits können 8 Werte dargestellt werden, und mit 250 Quantenbits können bereits mehr Zahlen erfasst werden, als es Atome im Universum gibt.

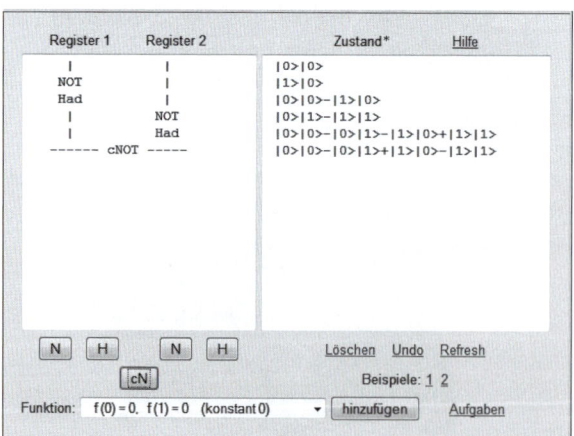

Abbildung 3.24: Franz Embacher bietet auf seiner Homepage im Bereich der Universität Wien einen Quantencomputer-simulator zum Ausprobieren an. Den notwendigen theoretischen Background holen Sie sich ebenfalls dort.

Was auf den ersten Blick faszinierend erscheint, lässt sich in der Realität nicht einfach herstellen. Insbesondere die Tatsache, dass der Quantencomputer nur so lange korrekt arbeitet, bis er mit seiner Umwelt wechselwirkt, bereitet den Forschern großes Kopfzerbrechen: Schließlich möchte man ja das Ergebnis der Rechnung irgendwann einmal aus dem System auskoppeln, und genau hierfür ist eine Wechselwirkung mit dem System zwingend erforderlich. Einige Kritiker zweifeln sogar daran, dass Quantencomputer je realisiert werden können.

Mehr Informationen zum Thema Quantencomputer finden Sie unter folgenden Links:

- *http://de.wikipedia.org/wiki/Quantencomputer*
- *http://www.quantencomputer.de/*
- *http://homepage.univie.ac.at/~embachf3/Quantencomputer*

3.5.2 DNS-Computer

Computer, die auf der Basis unserer Erbsubstanz arbeiten – Frankenstein lässt grüßen. Die ersten Anstöße zu diesem, was Speicherkapazität und Rechengeschwindigkeit anbelangt, wahrhaft monströsen Informatiksystem lieferte der amerikanische Nobelpreisträger Richard Feynman Ende der 50er-Jahre des letzten Jahrhunderts.

Erste praktikable Ansätze zur Durchführung von Berechnungen mit DNS(DNA)-Molekülen (deutsch: *Desoxyribonukleinsäure*, englisch: *deoxyribonucleic acid*) präsentierte LEONARD ADLEMAN im Jahr 1994. Der erste Prototyp eines DNA-Computers in Form eines Reagenzglases mit 100 Mikrolitern DNA-Lösung war in der Lage, durch chemische Reaktion der DNA einfache mathematische Probleme zu lösen.

Heute erhofft man sich durch den Einsatz von DNA-Computern in der Kryptoanalyse, verschlüsselte Daten aufgrund der enormen Speicherkapazität und Parallelisierungsfähigkeit von biologischen Rechnern in kürzester Zeit zu dechiffrieren. Zum Vergleich: Ein typisches DNA-System, welches sechs Gramm DNA enthält, ist in der Lage, theoretisch 3072 Exabyte zu speichern. Pro Sekunde könnte das System etwa 1 Million Tera-Operationen durchführen, während die leistungsfähigsten Computer heute lediglich eine Tera-Operation pro Sekunde erreichen.

3.5.3 Neuronale Netzwerke

Das Vorbild für die Konzeption sogenannter neuronaler Netzwerke ist unser Gehirn. *Neuronen* sind die Rechenzellen im menschlichen Gehirn, die durch die *Synapsen* verbunden sind. Die Signalübertragung läuft dabei auf elektrochemischem Weg ab: Die Ausschüttung von *Neurotransmitter*, welcher aus Ionen, also geladenen Atomen, besteht, bewirkt eine Zustandsänderung der Neuronen.

Die Analyse der Funktionsweise unseres Gehirns hilft unter anderem, das menschliche Denken zu verstehen und auf Computer zu übertragen. Dadurch lassen sich elektronische Systeme mit hoher KI (künstlicher Intelligenz) realisieren. Informatiker sind außerdem daran interessiert, auf Basis der Theorie der neuronalen Netzwerke lernfähige, fehlertolerante Informatiksysteme zu erschaffen.

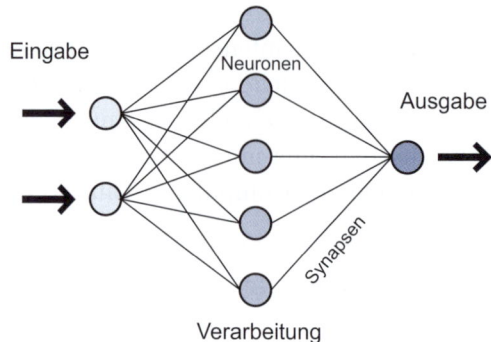

Abbildung 3.25: Modell eines neuronalen Netzwerks. Auch hier gilt das EVA-Prinzip.

Zum Weiterarbeiten

Vergleichen Sie unter Zuhilfenahme von Sekundärquellen den Quantencomputer, den DNA-Computer und neuronale Netzwerke miteinander und erörtern Sie, welche Technik sich in absehbarer Zeit am ehesten praktisch durchsetzen wird.

Z U S A M M E N F A S S U N G

- Der Aufbau eines Computersystems folgt dem von JOHN VON NEUMANN formulierten Prinzip. Danach besteht der Kern eines jeden Rechners aus den Gruppen **Rechenwerk**, **Leitwerk**, **Speicher** sowie den **Ein- und Ausgabewerken**.

- Die Verarbeitung von Daten erfolgt sowohl im Software- als auch im Hardwarebereich nach dem Prinzip **Eingabe – Verarbeitung – Ausgabe (EVA)**.

- Daten müssen zur Verarbeitung in einem Informatiksystem üblicherweise **codiert** werden. Für Zahlen verwendet man das **duale Zahlensystem**, Buchstaben und Zeichen folgen der ASCII-Konvention.

- Die Addition von Bits erfolgt im Prozessor mit **UND**- bzw. **ODER**-Schaltungen.

- Das Softwaresystem eines PCs besteht aus mehreren Schichten. Deren Reihenfolge ist üblicherweise **BIOS**, **Betriebssystem**, **Anwendung**.

- Der **Datenbus** dient im PC der Datenübertragung. An den Datenbus sind **Schnittstellen** angeschlossen.

- Die Vernetzung von PCs erfolgt im heimischen Bereich per Ethernet-Schnittstelle im **LAN** oder auch per **WLAN**-Funknetz.

- Der Transfer von Daten im Netzwerk wird über **Netzwerkprotokolle** geregelt.

- Die Netzwerkprotokolle sind Bestandteile des **OSI-Schichtenmodells**.

- Die Datenübertragung im Mobilfunk folgt dem **GPRS/EDGE**- bzw. **UMTS**-Standard.

Z U S A M M E N F A S S U N G

Software

4

ÜBERBLICK

> » Die Software ist der Treibstoff eines jeden Computersystems. Ohne das Betriebssystem und die Anwendungsprogramme ist jeder Computer nur ein nutzloser Haufen aus Metall und Plastik. Das folgende Kapitel stellt die wichtigsten Vertreter aus der Kategorie Software vor und gewährt zusätzlich Einblick in die theoretischen Grundlagen. «

4.1 Das Betriebssystem

Die grundsätzlichen Aufgaben eines Betriebssystems wurden in *Kapitel 3*, Abschnitt 3.2 genannt. Das folgende Teilkapitel geht genauer auf die einzelnen Bausteine des Betriebssystems ein und verdeutlicht dies anhand praktischer Übungen.

 Die folgenden Beispiele und Übungen beziehen sich auf das Betriebssystem Ubuntu Linux. Installieren Sie vor den Übungen die auf der Begleit-DVD befindliche virtuelle Maschine auf Ihrem Rechner. Eine Anleitung hierzu finden Sie im *Anhang*. Selbstverständlich können Sie auch in Ihrem gewohnten Betriebssystem, z.B. Windows, auf Entdeckungsreise gehen und Ausschau nach den besprochenen Punkten bzw. Programmen halten. An einigen Stellen werden im folgenden Kapitel auch Screenshots eines Tools oder einer Anwendung unter Windows zu finden sein.

4.1.1 Der Bootloader

Bootloader und Bootmanager

Ein Bootloader ist eine spezielle Software, die gewöhnlich durch das BIOS des Rechners von einem bootfähigen Medium geladen und anschließend ausgeführt wird. Der Bootloader lädt dann weitere Teile des Betriebssystems, z.B. den Kernel.

Der Bootloader befindet sich in fast jeder Architektur im ersten Block des bootfähigen Mediums. Im PC-Bereich wird dieser Block auch *Master Boot Record* genannt.

Ein *Bootmanager* ist ein Tool des Betriebssystems, das im Fall mehrerer parallel installierter Systeme die Auswahl des zu startenden Betriebssystems ermöglicht.

Der Kernel

Der Kernel ist der Softwarekern des Betriebssystems. Im Kernel wird die Prozess- und Datenorganisation festgelegt, auf der alle weiteren Softwarebestandteile des Betriebssystems aufbauen. Er bildet die unterste Softwareschicht des Systems und hat direkten Zugriff auf die Hardware.

Nach dem Einschalten eines Computers testet das BIOS zunächst die angeschlossene Hardware und überprüft, ob sich auf einem angeschlossenen Medium (Festplatte, DVD, USB-Stick) ein lauffähiges Betriebssystem befindet. Dies erkennt das BIOS am sogenannten Bootsektor, der sich auf dem Medium oder einem Teilbereich des Mediums (einer Partition) befinden muss.

Im Bootsektor wird bei der Installation eines Betriebssystems ein Programm abgelegt, welches den Startvorgang des Betriebssystems steuert: der Bootloader. In unserem Mustersystem erreichen Sie die Oberfläche des Bootmanagers GRUB, indem Sie unmittelbar nach dem Start des Systems die ⇧-Taste drücken. Nach kurzer Zeit präsentiert sich das Menü des Bootmanagers GRUB (▶Abbildung 4.1).

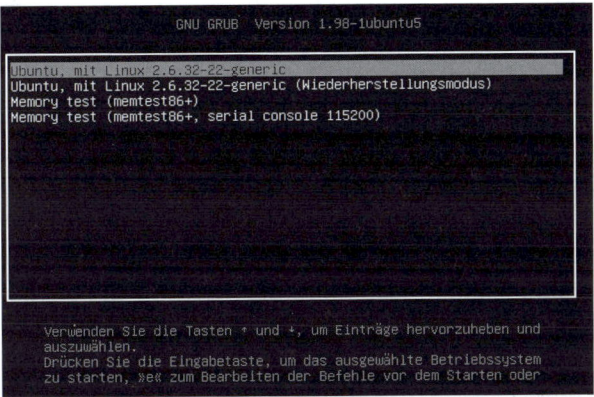

Abbildung 4.1: Der GRUB-Bootmanager bietet eine Auswahl verschiedener Betriebssystemkerne für den Bootvorgang. Sollte sich auf dem Rechner ein weiteres System wie z.B. Windows befinden, so erscheint im Menü ein entsprechender Eintrag.

Der Bootmanager dient zur Auswahl des zu startenden Betriebssystems. Es können auf ein und derselben Maschine durchaus auch mehrere Betriebssysteme parallel installiert werden, z.B. Windows neben Linux, Windows neben Mac OS usw.

Nach Auswahl des zu startenden Systems beginnt der Bootvorgang.

4.1.2 Der Bootvorgang

Beim Bootvorgang wird zunächst der Betriebssystemkernel mit den für den Systemstart wichtigen Treibern geladen, die den Zugriff auf die angeschlossene Hardware sicherstellen. Der Bootvorgang wird bei den meisten modernen Betriebssystemen durch einen sogenannten *Bootsplashscreen* kaschiert. Dieser kann im Übungssystem deaktiviert werden, indem man im Bootmenü den Booteintrag durch Betätigen der Taste E editiert und den Eintrag *quiet splash* löscht. Nach der Änderung wird mit der Tastenkombination Strg+X gebootet.

```
[    1.461868] Bluetooth: RFCOMM TTY layer initialized
[    1.462829] Bluetooth: RFCOMM socket layer initialized
[    1.463804] Bluetooth: RFCOMM ver 1.11
[    1.464736] Using IPI No-Shortcut mode
[    1.465992] registered taskstats version 1
[    1.466952]   Magic number: 5:651:444
[    1.468040] rtc_cmos rtc_cmos: setting system clock to 2009-12-03 19:25:11 UT
C (1259868311)
[    1.469737] BIOS EDD facility v0.16 2004-Jun-25, 0 devices found
[    1.470775] EDD information not available.
[    1.471765] Freeing unused kernel memory: 540k freed
[    1.484414] Write protecting the kernel text: 4568k
[    1.489295] Write protecting the kernel read-only data: 1836k
Loading, please wait...
[    9.044052] pcnet32.c:v1.35 21.Apr.2008 tsbogend@alpha.franken.de
[    3.046011] pcnet32 0000:00:03.0: PCI INT A -> Link[LNKC] -> GSI 10 (level, 1
ow) -> IRQ 10
[    3.047861] pcnet32: PCnet/FAST III 79C973 at 0xd020, 08:00:27:5e:03:09 assig
ned IRQ 10.
[    3.050054] pcnet32: Found PHY 0022:561b at address 0.
[    3.229929] eth0: registered as PCnet/FAST III 79C973
[    3.230985] pcnet32: 1 cards_found.
[    3.419182] Floppy drive(s): fd0 is 1.44M
[    3.506036] FDC 0 is a S82078B
```

Abbildung 4.2: Der Bootvorgang auf einem Linux-System: Im vorliegenden Bild werden zunächst Bluetooth-Treiber geladen (oberer Bildteil) und anschließend die Module für die Netzwerkschnittstelle eth0 initialisiert.

Unter Windows kommen Sie erst dann in den Genuss eines ausführlich kommentierten Boot-vorgangs, wenn Sie beim Start die Taste [F8] betätigen und den Rechner im abgesicherten Modus booten.

Auf unserem Mustersystem haben Sie auch jederzeit nach dem Start Gelegenheit, das Boot-protokoll einzusehen. Sie finden es im gestarteten System unter *System/Systemverwaltung/ Systemprotokollbetrachter* unter dem Punkt bzw. Protokoll **syslog**.

4.1.3 Der Login-Manager

Ein wesentlicher Aspekt moderner Betriebssysteme ist die Möglichkeit, mehrere Benutzer auf eigenen abgeschirmten Bereichen am gleichen Gerät arbeiten zu lassen. Diese Funktion wird *Multiuser-Betrieb* genannt. Beim Start des Betriebssystems haben Sie Gelegenheit, über den *Login-Manager* des Systems auszuwählen, welches Benutzerkonto (engl.: *Account*) Sie für Ihre Arbeit verwenden möchten. Auch im Mustersystem gibt es die Möglichkeit, weitere Benutzer (Accounts) anzulegen.

Aufgaben

1. Erstellen Sie über das Administrationsmenü *System/Systemverwaltung/Benutzer und Gruppen* einen neuen Benutzer *testnutzer* auf Ihrem System. Dazu benötigen Sie das Administratorpasswort, vgl. *Anhang*.

2. Loggen Sie sich aus dem System aus und loggen Sie sich anschließend per Login-Manager als neuer Benutzer ein.

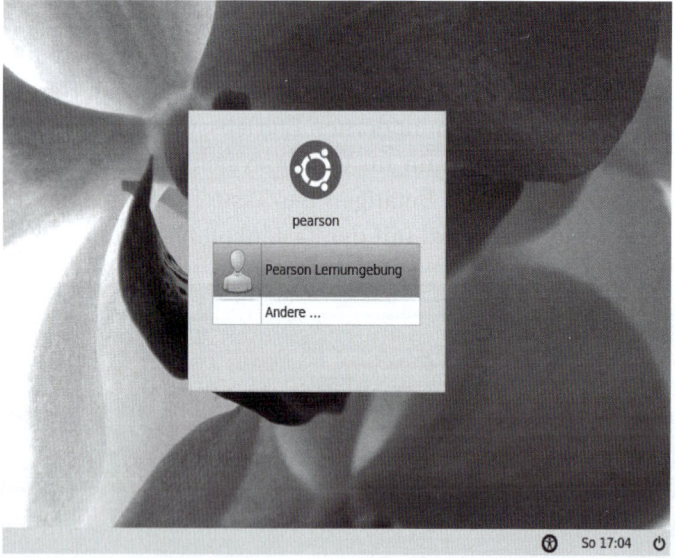

Abbildung 4.3: Mithilfe des Login-Managers eines Betriebssystems werden verschiedene Benutzer bzw. Arbeitskonten ausgewählt.

4.1.4 Die grafische Oberfläche

Desktop

Der Desktop bzw. Schreibtisch ist der zentrale Anlaufpunkt einer jeden grafischen Benutzeroberfläche. Die Oberfläche wurde einer typischen Büroumgebung nachempfunden. Häufig benutzte Objekte wie z.B. Programme und Dateien können auf dieser Oberfläche abgelegt werden. Nicht mehr benutzte Dinge werden per *Drag&Drop* (Ziehen und Fallenlassen) einfach in den Papierkorb gezogen. Zentrales Steuergerät auf modernen Desktops ist die Maus oder der berührungsempfindliche Bildschirm (Touchscreen).

Nach dem manuellen oder auch automatischen Login durch den Login-Manager gelangen Sie auf die grafische Oberfläche des Betriebssystems. Diese gliedert sich in folgende Bereiche:

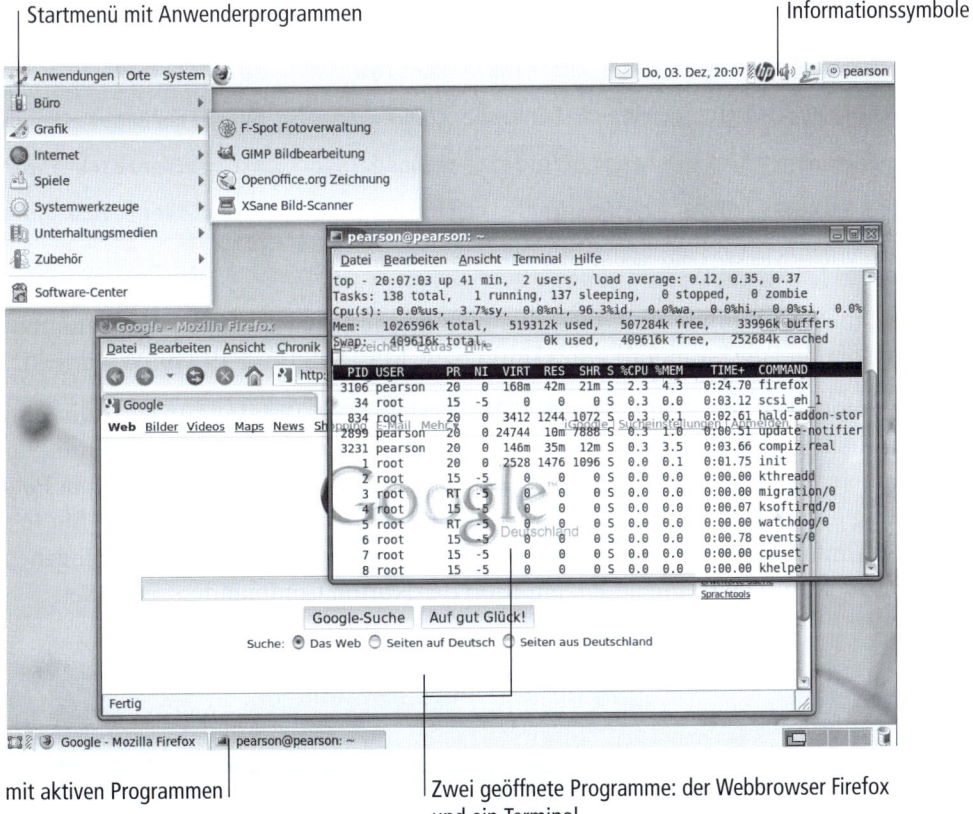

Die oben sichtbare prinzipielle Aufteilung des Desktops in Startmenü, Desktopfläche und Taskleiste ist allen aktuellen grafisch orientierten Betriebssystemen gemein. Lediglich die Form und Anordnung der Funktionsleisten variiert von System zu System.

4.1.5 Nicht grafische Benutzerschnittstellen

Insbesondere Computerprofis schätzen die direkte Interaktion mit dem Betriebssystem über die Tastatur. In der virtuellen Lernumgebung können Sie dies jederzeit selbst ausprobieren, indem Sie ein Terminal öffnen (*Anwendungen/Zubehör/Terminal*). Unter Windows öffnen Sie eine Textkonsole durch Eingeben des Befehls cmd in das Suchfeld des Startmenüs und Betätigen der Eingabetaste.

Die folgende Tabelle stellt die wichtigsten Befehle zum Arbeiten in der Konsole unter Linux und Windows gegenüber.

Funktion	Befehl Windows-Konsole	Befehl Linux-Konsole
Verzeichnisinhalt anzeigen	dir <Verzeichnisname>	ls <Verzeichnisname>
Verzeichnis wechseln	cd <Verzeichnisname>	cd <Verzeichnisname>
Datei löschen	del <Dateiname>	rm <Dateiname>
Datei kopieren	copy <Original> <Kopie>	cp <Original> <Kopie>
Datei umbenennen	ren <AlterName> <NeuerName>	mv <AlterName> <NeuerName>
Verzeichnis erstellen	mkdir <Verzeichnisname>	mkdir <Verzeichnisname>
Verzeichnis löschen	rmdir <Verzeichnisname>	rmdir <Verzeichnisname>

Tabelle 4.1: Vergleich einiger Linux- und Windows-Konsolenbefehle

Die in ▶Tabelle 4.1 aufgeführten Befehle haben eine lange Tradition, entstammen sie doch den Ursystemen UNIX (im Fall von Linux) bzw. MS-DOS (im Fall von Windows).

Historisch folgte auf die Bedienung des Dateisystems per Tastatur zunächst die Entwicklung von terminalbasierten Dateimanagern. Ein Quantensprung war die Entwicklung des Norton Commanders, der vom Physikstudenten John Socha im Jahr 1986 für die Firma Peter Norton Computing entwickelt wurde. Einen Ausflug in diese Vergangenheit können Sie in der Lernumgebung unternehmen, indem Sie in einem Terminalfenster den Befehl mc eingeben. Daraufhin wird der Midnight Commander, ein Klon des Norton Commanders, gestartet.

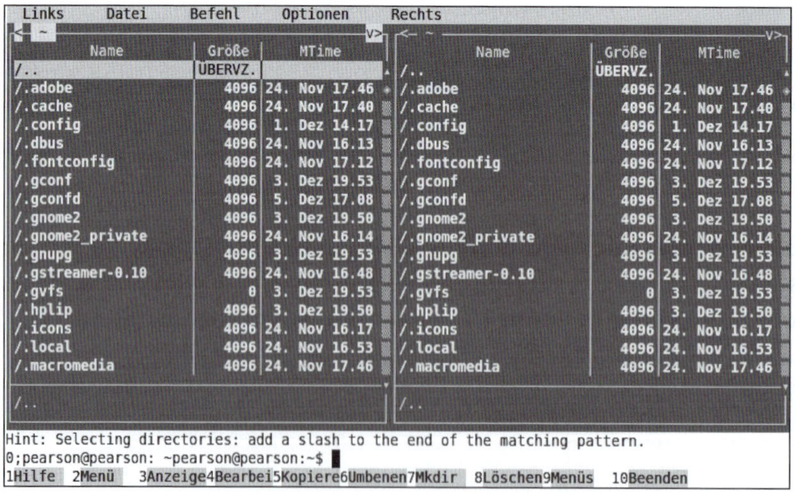

Abbildung 4.4: Auch auf der Kommandozeile kann man komfortable Dateimanager einsetzen. Hier: der Midnight Commander, ein Klon des legendären Norton Commanders.

4.1.6 Partitionen

> **Partition**
>
> Eine Partition ist ein zusammenhängender Speicherbereich auf einer Festplatte. Erfahrene Computeranwender teilen ihre am System angeschlossene(n) Festplatte(n) in mehrere Bereiche auf, um die Datenspeicherung zu strukturieren und nach einem Systemcrash persönliche Daten möglicherweise noch retten zu können.

In der Regel erfährt der Endanwender nichts von der Aufteilung der Festplatte während der Installation. Das zu installierende Betriebssystem reserviert meist automatisch den kompletten zur Verfügung stehenden Festplattenplatz. Sollen später aber weitere Festplatten in das System integriert werden, so muss der Anwender selbst Hand anlegen, um die Platte in sinnvolle Häppchen aufzuteilen. Dies geschieht mit einem Partitionierungswerkzeug. Unter Windows finden Sie das Werkzeug zur Partitionierung in der *Computerverwaltung* im Bereich *Datenträgerverwaltung* (▶Abbildung 4.5). In den modernen Windows-Varianten gelangen Sie am schnellsten zum Partitionierungswerkzeug, wenn Sie in das Suchfeld des Startmenüs *partition* eingeben.

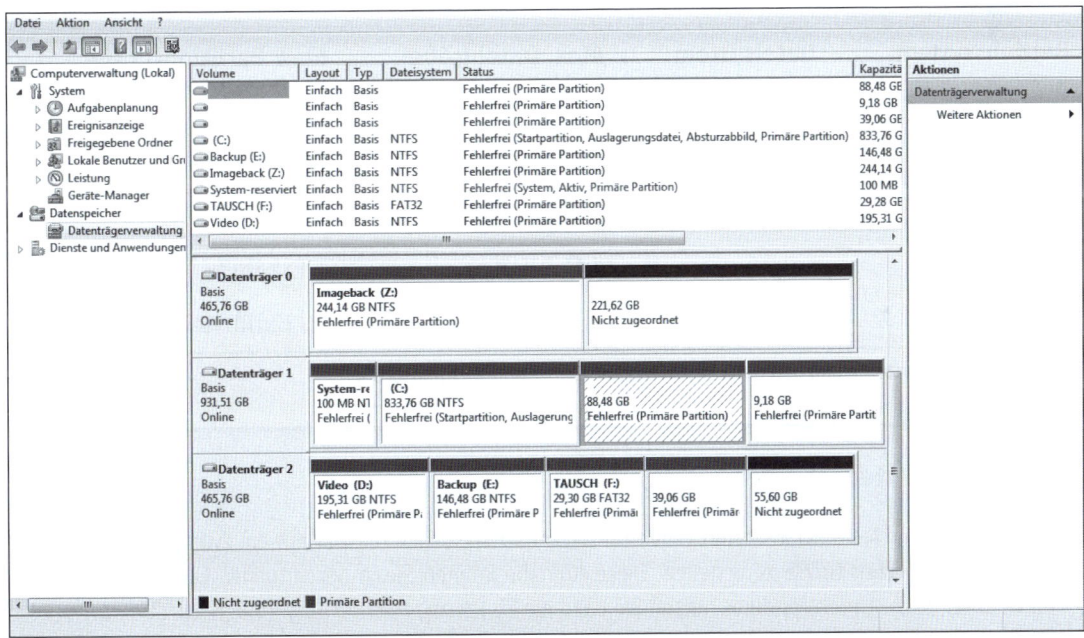

Abbildung 4.5: Ein Partitionierungswerkzeug (hier die Datenträgerverwaltung unter Windows 7) ermöglicht das Erstellen, Löschen, Vergrößern und Verkleinern von Partitionen. Bei modernen Betriebssystemen lassen sich das Vergrößern und das Verkleinern in der Regel auch ohne Datenverlust durchführen, wer sichergehen will, fertigt aber in jedem Fall eine Sicherung der persönlichen Daten an.

Auch unsere Lernumgebung besitzt ein Partitionierungswerkzeug: Dieses befindet sich im Systemmenü/Systemverwaltung und heißt *GParted*. Mithilfe des Partitionierungswerkzeugs lassen sich neue Partitionen anlegen.

Wozu sollte man überhaupt mehrere Partitionen anlegen? Zum Beispiel ist es sinnvoll, eine extra Datenpartition vorzusehen. Wird das Betriebssystem aufgrund eines schweren Anwenderfehlers unbrauchbar gemacht, dann kann dieses neu installiert werden, ohne dass die Daten einer gesonderten Datenpartition davon betroffen sind. Einige Betriebssysteme legen auch eigene Bootpartitionen an, um den Bootvorgang zu beschleunigen.

Partitionstypen

In der Partitionstabelle einer Festplatte finden maximal vier Partitionen Platz. Es gibt allerdings einen Trick, wie man zu mehr Bereiche aufteilen kann. Dazu betrachten wir zunächst die grundlegenden Typen der Partitionierung:

- **Primäre Partition**: Eine primäre Partition ist ein abgeschlossener Speicherbereich auf der Platte, der keine weitere Aufteilung gestattet. Eine Festplatte kann also wie bereits beschrieben lediglich in vier primäre Partitionen unterteilt werden. Es sei denn, man bedient sich eines Tricks und erstellt anstelle der vierten primären Partition mindestens eine erweiterte Partition.

- **Erweiterte Partition**: Innerhalb einer erweiterten Partition kann man nahezu beliebig viele logische Laufwerke erstellen, die dann quasi als virtuelle Partitionen genutzt werden können.

Weiterhin ist das verwendete Dateisystem von Interesse. Die folgende Tabelle gibt einen Überblick über die am weitesten verbreiteten Dateisysteme:

Betriebssystem	Dateisystem	Max. Dateigröße	Max. Partitionsgröße
Windows	FAT32	4 Gigabyte	8 Terabyte
Windows	NTFS	16 Tebibyte[1]	16 Tebibyte
Linux	ext3	2 Terabyte	32 Terabyte
Linux	ext4	1 Exbibyte	1 Exbibyte
Mac OS X	HFS+	8 Exbibyte	16 Exbibyte

Tabelle 4.2: Dateisysteme und deren maximal nutzbare Datei- und Partitionsgrößen

---

Zum Weiterarbeiten

Nehmen Sie einen leeren USB-Memorystick zur Hand und versuchen Sie, auf diesem zwei FAT32-Partitionen unterschiedlicher Größe zu erstellen. Diese Aufgabe können Sie in der virtuellen Ubuntu-Maschine mit GParted lösen. Unter Windows nutzen Sie dazu die *Datenträgerverwaltung* im Bereich *Computerverwaltung*.

4.1.7 Das Dateisystem

Die Dateien werden im Betriebssystem bestimmten Strukturen folgend abgelegt. Folgende ▶Abbildung 4.6 zeigt die prinzipielle Form der Dateisystemstruktur unter Windows, Linux und Mac OS:

---

1   1 Tebibyte = 2^{40} Byte, 1 Exbibyte = 2^{60} Byte

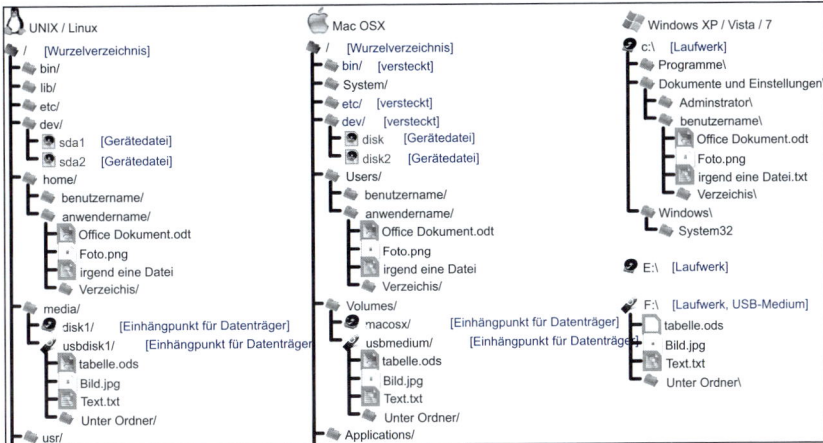

Abbildung 4.6: Die Dateisystemstruktur von Linux, Mac OS und Windows im Vergleich: Deutlich sichtbar sind die Ähnlichkeiten der beiden UNIX-artigen Systeme Linux und Mac OS X.

In der UNIX-Welt kennt man prinzipiell nur Dateien, die sich dem Wurzelverzeichnis, der sogenannten *root* (Symbol „/"), unterordnen, d.h., auch Hardwareelemente wie eine Festplatte erscheinen dort als Verzeichnis. Im Windows-System werden Geräte wie Festplatte, Memorystick, DVD-Laufwerk oder auch Netzwerkfreigaben über Laufwerksbuchstaben (C:\, D:\, ...) in das System eingebunden. Das Laufwerk C:\ ist dabei in der Regel mit der Systemplatte, auf der sich das Betriebssystem befindet, verknüpft.

4.1.8 Arbeiten mit Dateien und Verzeichnissen

Eine der wichtigsten Aufgaben in einem Betriebssystem ist die Arbeit mit Dateien und Ordnern. Stellen Sie sich die Anordnung von Daten einfach wie die Organisation eines kleinen Büros vor: Die Festplatte ist der Aktenschrank, in dem sich die Sammelordner für Dokumente befinden. Jeder Ordner selbst enthält wiederum darin abgeheftete Dokumente, die Dateien. ▶Abbildung 4.7 zeigt das Schema dieser Organisationsstruktur:

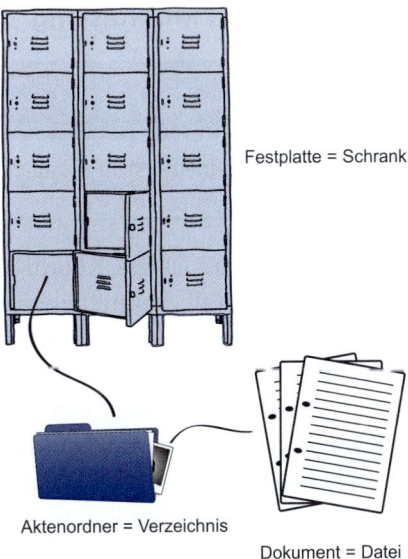

Festplatte = Schrank

Aktenordner = Verzeichnis

Dokument = Datei

Abbildung 4.7: Die Ordnungsstruktur von Daten auf einem PC kann mit einem kleinen Büro verglichen werden.

Zentraler Anlaufpunkt zur Arbeit mit Dateien ist der Dateimanager des Betriebssystems. Unter Windows ist dies der *Windows-Explorer*, in unserer virtuellen Lernumgebung Ubuntu Linux übernimmt der *Nautilus*-Dateimanager diese Arbeit. Den Umgang mit dem Dateimanager lernt man am einfachsten durch folgende Übungen:

Übungen

1. Erstellen Sie mithilfe des Dateimanagers zwei Verzeichnisse: *verzeichnis1* und *verzeichnis2*.

2. Erstellen Sie innerhalb der Verzeichnisse je eine Textdatei (*datei1.txt* und *datei2.txt*).

3. Vertauschen Sie beide Dateien, sodass sich am Ende *datei1.text* in *verzeichnis2* und *datei2.txt* in *verzeichnis1* befindet.

4. Führen Sie die Aufgaben 1 bis 3 in einem Terminal mit Konsolenbefehlen durch (vgl. dazu Tabelle 4.1).

 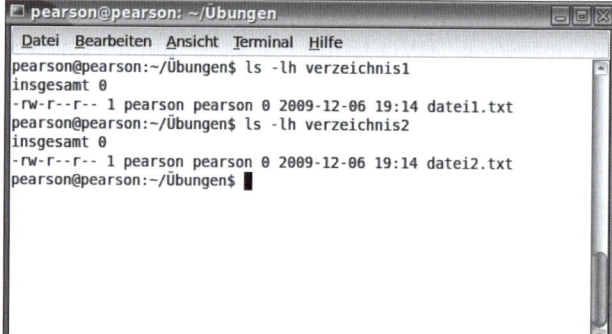

Abbildung 4.8: Vergleich des Dateimanagements per Browser bzw. über Konsolenbefehle

4.1.9 Prozesse, Prozessverwaltung und Multitasking

Prozesse

Programme oder Programmteile, die unter einem Betriebssystem ablaufen, werden als Prozesse bezeichnet.

Die wichtigste Aufgabe eines Betriebssystems ist die Koordination aller Prozesse, die vom System oder vom Anwender an den Prozessor übermittelt werden. Darüber hinaus übernimmt das Betriebssystem die Aufgabe, die Systemressourcen (Rechenzeit und Speicherzuteilung) auf die Prozesse aufzuteilen. In der Regel sind in einem laufenden System sehr viele Prozesse aktiv, die vom Prozessor scheinbar parallel abgearbeitet werden. Im virtuellen Übungssystem können Sie sich einen Eindruck von den aktuell laufenden Prozessen verschaffen, indem Sie in einem Terminal den Befehl `ps ax` eingeben. Dadurch werden alle laufenden Prozesse aufgelistet. Die Ausgabe des Befehls in einem Terminal hat in etwa folgende Gestalt:

```
PID TTY       STAT    TIME COMMAND
  1 ?         Ss      0:01 /sbin/init
  2 ?         S<      0:00 [kthreadd]
  3 ?         S<      0:00 [migration/0]
  4 ?         S<      0:00 [ksoftirqd/0]
  5 ?         S<      0:00 [watchdog/0]
  6 ?         S<      0:00 [events/0]
  7 ?         S<      0:00 [cpuset]
...
 7830 ?       Sl      0:00 gnome-terminal
 7831 ?       S       0:00 gnome-pty-helper
 7832 pts/0   Ss      0:00 bash
 7852 pts/0   R+      0:00 ps ax
```

Listing 4.1: Alle aktuell laufenden Prozesse im Linux-System werden mit dem Befehl `ps ax` aufgelistet.

Wie man deutlich erkennt, laufen auf dem vorliegenden System knapp 8000 Prozesse, die jeweils nach ihrer Startreihenfolge durchnummeriert wurden. Die Mutter aller Prozesse ist auf dem vorliegenden Linux-System der *init*-Prozess, welcher die darauf folgenden betriebssystemrelevanten Prozesse anwirft. Am Ende der Prozessreihe stehen die Prozesse wie das aktuelle Terminal *gnome-terminal*, die Shell *bash* (das ist der eigentliche Befehl zur Bereitstellung einer Konsole) sowie der letzte abgeschickte Befehl `ps ax`.

Die Prozesse auf einem Betriebssystem folgen einer Baumstruktur: Mutterprozesse verzweigen sich in Tochterprozesse. Das Programm *gnome-terminal* im obigen Beispiel löst beispielsweise den Shellprozess *bash* aus. Eine schöne Darstellung der Prozessbaumstruktur bietet unter Linux der Befehl `pstree`:

```
init──┬─NetworkManager──┬─dhclient
      │                  └─{NetworkManager}
      ├─acpid
...   │
      ├─gnome-terminal──┬─bash──pstree
      │                 ├─gnome-pty-helpe
      │                 └─2*[{gnome-terminal}]
...   │
```

Listing 4.2: `pstree` liefert die Baumansicht von Prozessen und zeigt auf, welche Mutter- und Tochterprozesse sind.

Möchten Sie sich darüber informieren, welcher Prozess derzeit die meisten Ressourcen in Anspruch nimmt, dann sollten Sie den Kommandozeilenbefehl `top` eingeben. Dieser zeigt sowohl die aktuelle Speicher- als auch die CPU-Auslastung an:

```
pearson@pearson:~$ top
top - 10:52:08 up 21:28,  2 users,  load average: 0.00, 0.00, 0.00
Tasks: 135 total,   2 running, 133 sleeping,   0 stopped,   0 zombie
Cpu(s):  1.0%us,  4.0%sy,  0.0%ni, 94.9%id,  0.0%wa,  0.0%hi,  0.0%si,  0.0%st
Mem:   1026596k total,   920504k used,   106092k free,    34960k buffers
Swap:   409616k total,     4468k used,   405148k free,   649744k cached

  PID USER      PR  NI  VIRT  RES  SHR S %CPU %MEM    TIME+  COMMAND
30432 pearson   20   0 38352  13m  10m S  2.7  1.4  0:00.58 terminal
13478 root      20   0  115m  31m  12m R  1.7  3.1  4:19.33 Xorg
13715 pearson   20   0  132m  44m  27m S  0.3  4.5  0:48.54 nautilus
30453 pearson   20   0  2468 1172  884 R  0.3  0.1  0:00.05 top
```

Listing 4.3: `top` zeigt die aktuell laufenden Prozesse sowie deren Ressourcenverbrauch an.

Exkurs   **Prozesse und Prioritäten**

Die laufenden Prozesse können vom Prozessor unmöglich streng parallel bearbeitet werden. Vielmehr teilt ein genauer Terminplaner, der *Scheduler*, jedem Prozess sein „Häppchen" Prozessorzeit zu. Im Nanosekundentakt springt der Prozessor dann zwischen den einzelnen Prozessen hin und her, sodass für den Anwender der Eindruck der Gleichzeitigkeit entsteht.

Der Anwender kann allerdings bestimmen, ob einem Prozess mehr oder weniger Prozessorzeit zugeteilt wird. Unter Linux geschieht dies per Konsole mit den Befehlen `nice` bzw. `renice`. Noch einfacher geht das manuelle Scheduling mithilfe eines grafischen Tools wie der Systemüberwachung in der virtuellen Lernumgebung (*System/Systemverwaltung/Systemüberwachung*). Unter Windows verwenden Sie für diesen Zweck den Task-Manager.

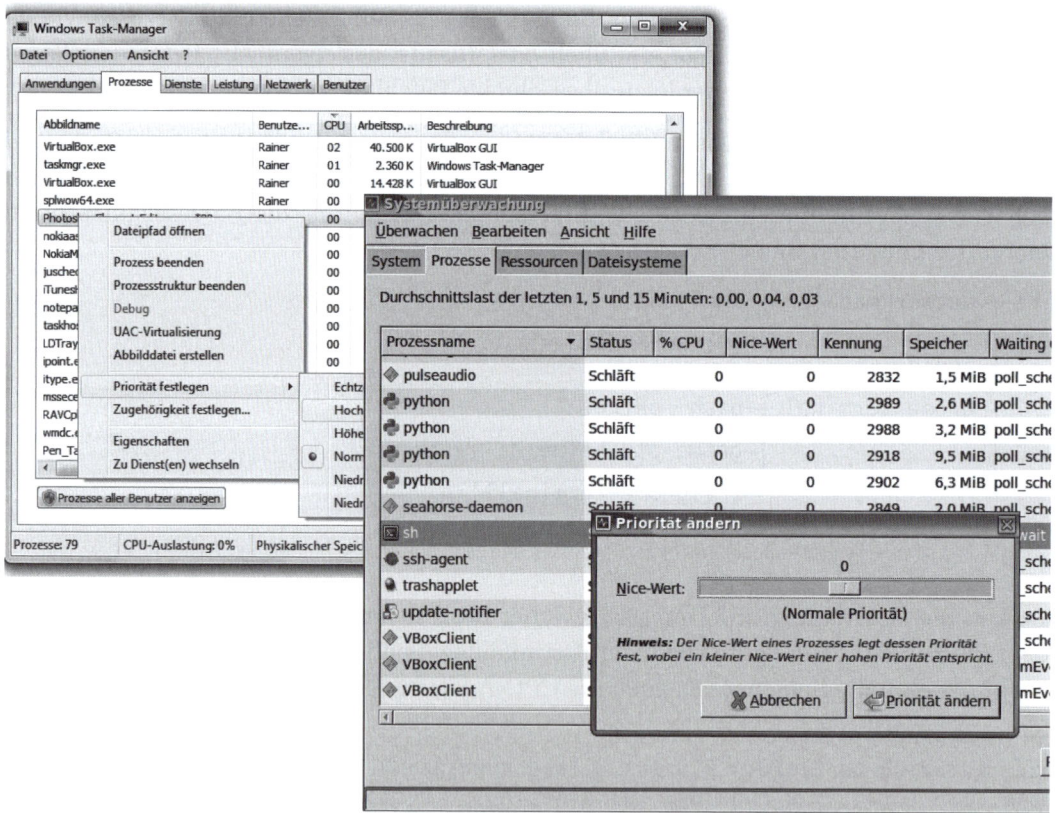

Abbildung 4.9: Grafische Frontends wie der Windows-Taskmanager oder die Linux-Systemverwaltung ermöglichen ein einfaches Setzen der Prioritäten von Prozessen.

In den „guten alten Zeiten" der IT konnte man schon einmal graue Haare bekommen, wenn man parallel zum Druck eines Dokuments weiterarbeiten wollte: Der Druckvorgang blockierte das ganze System. Die damaligen Betriebssysteme beherrschten das Multitasking-Verfahren nicht, bei dem die Systemressourcen auf nebenläufige Prozesse aufgeteilt werden. Sie können leicht selbst einmal die Multitasking-Fähigkeiten Ihres Betriebssystems unter die Lupe nehmen:

> ## Zum Weiterarbeiten
>
> **1.** Starten Sie in der virtuellen Lernumgebung zwei Konsolen und geben Sie dort jeweils den Befehl `glxgears` ein. Beobachten Sie die beiden Instanzen der OpenGL-Zahnräder. Aufgrund der Multitasking-Eigenschaften des Systems laufen beide Anwendungen mit der gleichen Bildwiederholungsrate, wovon man sich anhand der Zahlenangaben im Terminal überzeugen kann.
>
> **2.** Ordnen Sie nun einem der beiden *glxgears*-Prozesse mithilfe des `renice`-Kommandos (siehe ▶Tabelle 4.3) eine geringe Priorität zu und bewegen Sie darauf das andere *glxgears*-Fenster. Die Framerate der ersten Instanz geht nun leicht herunter, da dieser Prozess in der Priorität herabgestuft wurde.

Die folgende Tabelle fasst die wichtigsten Befehle zur Prozessverwaltung innerhalb einer Linux-Konsole zusammen:

Funktion	Befehl
Prozess starten	`<Prozessname>` + ⏎
Prozess stoppen	Strg + z
Prozess in den Hintergrund schicken	`bg`
Prozess direkt als Hintergrundprozess starten	`<Prozessname> &`
Prozesspriorität heraufsetzen	`renice <Prozessnummer> -n <Priorität>`
Prozess mit bestimmter Priorität starten	`nice -n <Priorität> <Prozessname>`
Liste aller Prozesse inkl. deren Nummer anzeigen	`top`
Prozess mit <Prozessnummer> beenden	`kill <Prozessnummer>`
Prozess mit <Prozessname> beenden	`killall <Prozessname>`

Tabelle 4.3: Linux-Konsolenbefehle zum Prozessmanagement auf der Konsole

Interrupts

Jedem Prozess werden vom Scheduler Zeitfenster zugeordnet, in denen Prozessorzeit reserviert wird. Es gibt aber auch Situationen, in denen sich der Prozessor sofort um eine anstehende Aufgabe kümmern muss, z.B. beim Anschluss eines externen Geräts (USB-Stick) oder wenn ein Programmmodul eine Berechnung fertiggestellt hat, die an anderer Stelle weiterverarbeitet werden soll. Wodurch „merkt" der Prozessor, wann er sich einer anderen, dringenderen Aufgabe zuwenden soll? In der Regel signalisiert die Hardwarekomponente oder das Softwaremodul dies durch ein Signal, das in der Fachsprache *Interrupt* (deutsch: Unterbrechung) genannt wird. Im Softwarebereich können Interrupts z.B. bei Programmfehlern auftreten. Im Hardwarebereich kann dies bei Hardwarefehlfunktionen der Fall sein. Durch einen Interrupt wird der Normalbetrieb unterbrochen. Der Interrupthandler regelt im Betriebssystem dann die Reaktion auf die entsprechende Störung.

4.2   Officesoftware

Der Siegeszug des PCs wurde nicht zuletzt durch die Digitalisierung des Büroalltags eingeleitet: Tipp-Ex und Co. wurden aus den Schreibstuben verbannt. Moderne *Textverarbeitungen* mit umfangreichen Formatierungs- und Korrekturfunktionen ersetzten in den 80er-Jahren die bislang übliche Schreibmaschine. Die Kassenkladde im kaufmännischen Bereich wurde durch das *Tabellenkalkulationsprogramm* ersetzt, und zum Büromeeting wagt man sich heute nur noch mit ausgefeilten Präsentationen, die man akribisch am PC mit einem *Präsentationsprogramm* zusammenstellt.

Das folgende Teilkapitel stellt die wichtigsten Anwendungsbereiche von Officesoftware anhand einiger selektiver Beispiele vor. Basis ist das freie *OpenOffice.org*-Büropaket, welches auch in der virtuellen Lernumgebung installiert ist. Nutzer anderer Betriebssysteme können sich auf *http://de.openoffice.org/* die aktuelle Version von OpenOffice.org herunterladen. Die Beispiele lassen sich natürlich in ähnlicher Form auch mit anderen Officepaketen nachvollziehen.

4.2.1   Textverarbeitung

Makro

Ein Makro ist ein Programm, welches der Automatisierung von bestimmten Befehlsschritten innerhalb eines Officeprogramms wie der Textverarbeitung oder Tabellenkalkulation dient.

Serienbrief

Serienbriefe enthalten den gleichen Textkörper, sind aber an unterschiedliche Empfänger gerichtet. In einer Textverarbeitung werden Serienbriefe mit einem Serienbriefassistenten erstellt.

Assistent

Ein Assistent ist ein Programm, das den Benutzer durch die notwendigen Schritte zum Erledigen einer bestimmten Aufgabe führt.

Ein modernes Textverarbeitungsprogramm erfüllt in jedem Fall folgende Anforderungen:

■ Die eingegebenen Texte werden schon während der Eingabe vom Programm auf *Rechtschreib- und Grammatikfehler* untersucht.

■ Sämtliche Formatierungen werden vom Programm anhand von *Formatvorlagen* bzw. -zuweisungen korrigiert.

- Sekundärmedien wie *Bilder oder Tabellen* können problemlos eingebunden werden.

- Die automatische Erstellung von Inhaltsverzeichnissen oder Indizes ist jederzeit mithilfe von *Makros* möglich.

- In Verbindung mit einer einfachen Datenbank können *Serienbriefe* erstellt werden.

Das folgende Beispiel macht Sie mit den wesentlichen Funktionselementen einer Textverarbeitung vertraut. Dazu werden Sie einige Übungen durchführen.

Übung

Erstellen Sie mithilfe der Textverarbeitung *OpenOffice.org Writer* ein Dokument mit folgenden Eigenschaften:

- Randbreite links und rechts: 2,5 cm, Randbreite oben und unten: 3 cm

- Seitennummerierung: oben auf jeder Seite

- Drei Überschriftsebenen

- Inhalt: Ein beliebiger Blindtext. Die Schriftart soll Arial mit einer Größe von 11 Punkten sein. Installieren Sie dazu in der Lernumgebung (falls noch nicht vorhanden) das Paket *ttf-mscorefonts-installer*. Das geschieht über das Werkzeug Synaptic (*System/Systemverwaltung/Synaptic-Paketverwaltung*). Das Paket befördert dann die beliebten Microsoft Schriftarten auf das Ubuntu-System.

ANLEITUNG

1. Starten Sie OpenOffice.org Writer in der virtuellen Modellumgebung (*Büro/Textverarbeitung*).

2. Stellen Sie die Ränder gemäß der Vorgaben über den Menüpunkt *Format/Seite/Seite* ein. Sie können die geänderten Einstellungen anhand des Lineals im Fenster kontrollieren.

3. Strukturieren Sie Ihr Dokument mit Überschriften. Schreiben Sie mehrere Überschriften in unterschiedlichen Ebenen und weisen Sie ihnen mittels *Format/Formatvorlagen* (bzw. F11) die entsprechende Hierarchieebene zu. Hierzu bietet sich der Farbeimermodus an.

4. Erstellen Sie einen beliebigen Blindtext in der angegebenen Schriftart.

5. Die Seitennummerierung wird folgendermaßen eingefügt: Wählen Sie *Einfügen/Kopfzeile/Standard*. Sie können nun in die Kopfzeile des Dokuments wechseln und dort die Seitennummerierung über *Einfügen/Feldbefehl/Seitennummer* platzieren. Diese kann mit den üblichen Befehlen (z.B. mit dem Absatzformat *Zentrieren*) auch noch feinformatiert werden.

Das fertige Ergebnis zeigt die folgende Abbildung. Darin werden auch noch einmal die wesentlichen Strukturelemente der Textverarbeitungsoberfläche erläutert.

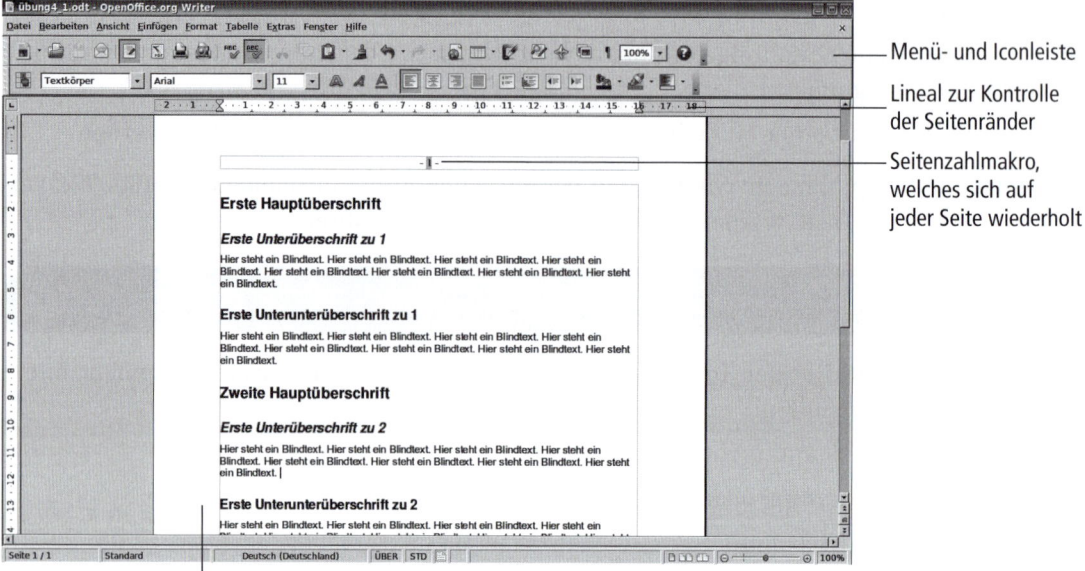

Menü- und Iconleiste

Lineal zur Kontrolle der Seitenränder

Seitenzahlmakro, welches sich auf jeder Seite wiederholt

Aktuell zu bearbeitendes Dokument

Die Struktur des Menüs der aktuellen Office-Software aus dem Hause Microsoft unterscheidet sich in der Optik dadurch, dass die Befehle zu funktionellen Gruppen, den sogenannten *Ribbons*, zusammengefasst wurden (▶Abbildung 4.10). Dadurch hat man zwar die wichtigsten Befehle unmittelbar zur Verfügung, schwierig wird es aber dann, wenn spezielle Funktionen gesucht werden: Dazu muss man sich durch die Tiefen des Menübaums hangeln.

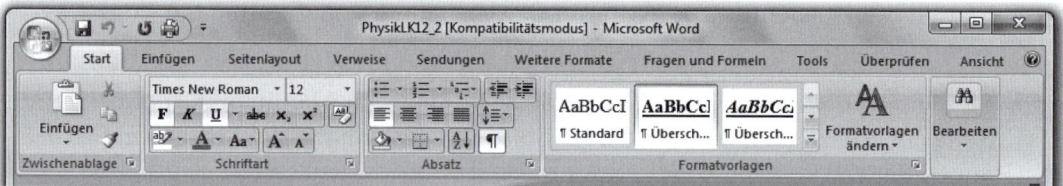

Abbildung 4.10: Microsofts Ansatz der funktionellen Gruppierung durch Ribbons

Auf der Basis des erstellten Probedokuments sollen weitere Ergänzungen vorgenommen werden:

Übung

Erweitern Sie das Dokument wie folgt:

- Fügen Sie eine Abbildung ein, die vom laufenden Text umflossen wird.
- Erstellen Sie auf der Basis der Gliederung durch die Überschriften ein Inhaltsverzeichnis.
- Erstellen Sie einen kleinen Index.

ANLEITUNG

1. Platzieren Sie den Cursor an die Stelle, an die die Grafik bzw. das Bild eingefügt werden soll. Wählen Sie nun den Punkt *Einfügen/Bild/Aus Datei* und wählen Sie ein Bild aus dem System.

Das Bild wird in das Dokument platziert und kann nun mithilfe der Anfasser skaliert werden. Die endgültige Formatierung des Bildes geschieht mithilfe des Kontextmenüs (rechter Mausklick über dem Bild) über die Punkte *Ausrichtung, Verankerung* bzw. *Umlauf.*

2. Das Inhaltverzeichnis wird folgendermaßen erstellt: Begeben Sie sich an den Anfang des Dokuments und wählen Sie dort *Einfügen/Verzeichnisse/Verzeichnisse.* Hier haben Sie die Möglichkeit, zwischen verschiedenen Verzeichnistypen zu wählen.

Das so erstellte Verzeichnis kann leicht angepasst werden, wenn eine Überschrift geändert wird. Dazu führen Sie einen rechten Mausklick auf das Verzeichnis durch und wählen den Kontextmenüpunkt *Verzeichnis aktualisieren.*

3. Zur Erstellung eines Index sollten zuerst einige Begriffe für den Index definiert werden. Wählen Sie ein Stichwort aus dem Fließtext mit der Maus aus und fügen Sie dieses über *Einfügen/Verzeichnisse/Eintrag* dem Index hinzu. Der eigentliche Index wird am Ende des Dokuments erstellt; dazu gehen Sie über *Einfügen/Verzeichnisse/Verzeichnisse* und wählen dort den Typ *Stichwortverzeichnis.*

4.2.2 Tabellenkalkulation

Nicht alle mathematischen Probleme erfordern das Erstellen eines eigenständigen Programms. Mit den gängigen Tabellenkalkulationsprogrammen lässt sich ein Großteil der Probleme aus Mathematik, Naturwissenschaften und Wirtschaft mit wenigen Klicks lösen. Eine Tabellenkalkulation arbeitet nach folgenden Regeln:

- Das Kalkulationsblatt wird in *Zeilen* und *Spalten* unterteilt. Die Zeilen sind mit Zahlen, die Spalten mit Buchstaben gekennzeichnet.
- Einen Kreuzungspunkt aus Zeile und Spalte bezeichnet man als *Zelle*. Die Position einer Zelle wird durch ein aus Zahl und Buchstabe bestehendes Paar bestimmt, z.B. *B3*.
- In eine Zelle kann Text, eine Zahl oder eine Formel eingetragen werden.
- Berechnungen bzw. Formeln beginnen mit einem Gleichheitszeichen und erfolgen unter Angabe von Zellenkoordinaten.
- Das Tabellenkalkulationsprogramm stellt über die gewöhnlichen Grundrechenarten hinaus etliche hundert Funktionen aus allen wissenschaftlichen Disziplinen zur Verfügung.

Die folgende Abbildung zeigt die prinzipielle Struktur eines Tabellenkalkulationsblatts (engl.: *Spreadsheet*) mit einer Musterrechnung. Es wurden Summe, Differenz, Produkt und Quotient von zwei Zahlen gebildet.

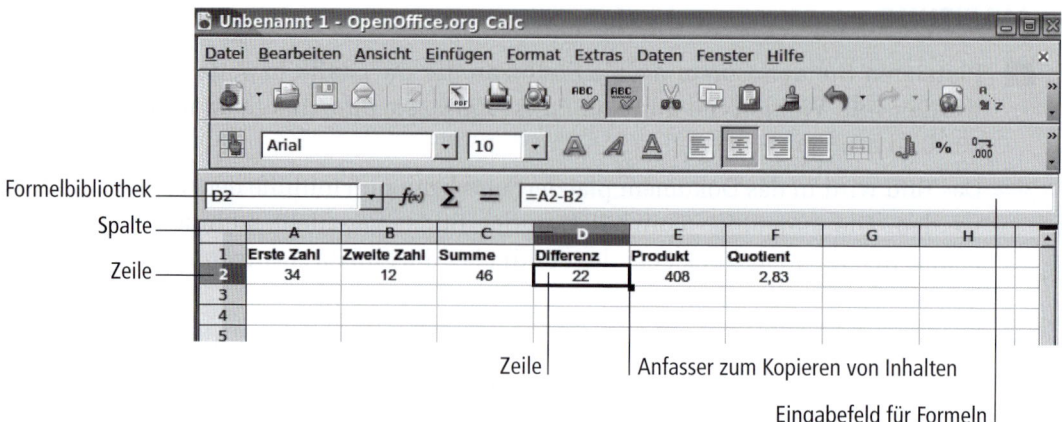

Formelbibliothek —
Spalte —
Zeile —

Zeile | Anfasser zum Kopieren von Inhalten

Eingabefeld für Formeln |

Eine herausragende Eigenschaft der Tabellenkalkulation besteht darin, dass Änderungen der unabhängigen Zahlen (im obigen Beispiel der ersten und zweiten Zahl) unmittelbar eine Neuberechnung der Formel im Kalkulationsblatt auslösen. Dadurch können Zahlenplanspiele ohne großen Aufwand durchgeführt werden.

Die Tabellenkalkulation erkennt die Struktur von Formeln und gestattet es, diese durch Markieren und Herunter-/Herüberziehen auf benachbarte Felder zu kopieren. Das verdeutlicht die folgende Übung:

Übung

Erstellen Sie eine Tabelle, die die Quadratwurzeln der Zahlen von 0 bis 20 anzeigt.

ANLEITUNG

1. Erstellen Sie zunächst die Überschriften *Zahl* und *Wurzel* in den Zellen A1 und B1.

2. Geben Sie die Zahlen 0 und 1 in die Zellen A2 und A3 ein.

   Nun kann man die Funktion zum automatischen Ausfüllen nutzen:

3. Markieren Sie die beiden Zellen A2 und A3 mit der Maus und ziehen Sie die Markierung am kleinen schwarzen Kästchen (dem sogenannten Anfasser) am rechten unteren Zellenrand herunter.

   Auf diese Weise können Sie die Zahlenreihe von 0 bis 20 automatisch ausfüllen, ohne die Zahlen einzeln eingeben zu müssen.

   Geben Sie nun in das Feld B2 den Formelbefehl = wurzel(a2) ein. Groß- bzw. Kleinschreibung spielt dabei keine Rolle.

   Dadurch wird die Wurzel der Zahl, die sich im Feld A2 befindet, berechnet. Nun muss die Berechnung lediglich auf die darunter befindlichen Zellen kopiert werden.

5. Markieren Sie das Feld B2 und ziehen Sie die Markierung am Anfasser über die darunter befindlichen Zellen.

Auf diese Weise wird die Berechnung auf die restlichen Zellen übertragen. Das fertige Ergebnis zeigt ▶Abbildung 4.11.

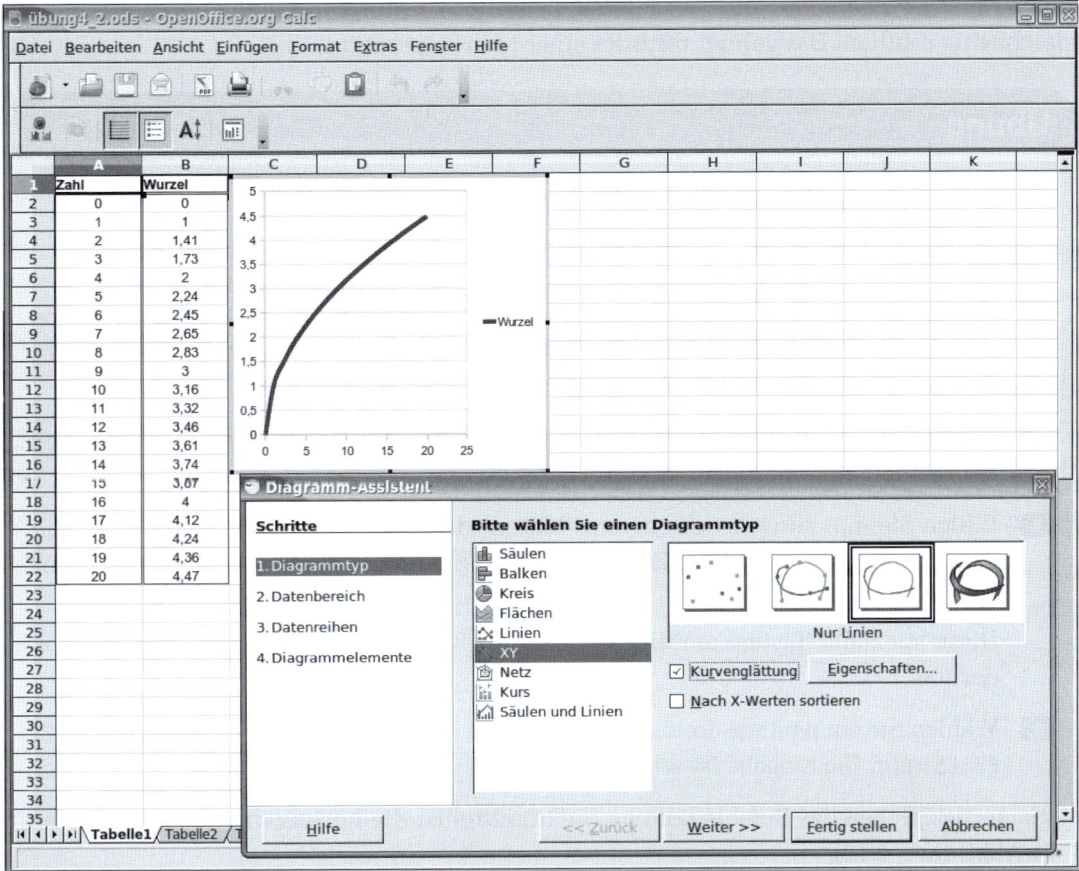

Abbildung 4.11: Berechnung und Darstellung der Wurzelfunktion

In der Abbildung finden Sie zusätzlich eine grafische Darstellung der Wurzelfunktion. Diese ist schnell erstellt: Markieren Sie sämtliche Daten des Kalkulationsblatts inklusive der Überschrift mit der Maus und rufen Sie den Diagrammassistenten auf (*Einfügen/Diagramm*). Dieser führt Sie in wenigen Schritten zum fertigen Diagramm. Wichtig ist hierbei, als Diagrammtyp das *xy-Liniendiagramm* auszuwählen.

Zum Weiterarbeiten

Verändern Sie die zu berechnende Funktion und beobachten Sie, wie sich die grafische Darstellung ändert.

Verwenden einer Feldfunktion

Tabellenkalkulationsprogramme verfügen über einen riesigen Bestand von Funktionen. Diese gestatten die Berechnung recht komplexer Sachverhalte wie z.B. des linearen Gleichungssystems. Betrachten Sie die folgenden vier Gleichungen mit vier Unbekannten:

$$
\begin{aligned}
a + 2b + 2c + 5d &= 64 \\
2a + 3b + 4c + d &= 69 \\
2a + 3b + 2c + 3d &= 67 \\
5a + b + c + 3d &= 80
\end{aligned}
\tag{4.1}
$$

Ziel ist es, vier Zahlen für die Variablen a, b, c und d zu finden, die alle vier Gleichungen gleichzeitig erfüllen. Das gelingt mithilfe einer Matrixoperation.

Übung

Lösen Sie das lineare Gleichungssystem (4.1).

ANLEITUNG

1. Erstellen Sie in den Spalten A bis E jeweils Überschriften für die Koeffizienten (voranstehenden Zahlen) der Variablen a, b, c, und d sowie für die konstanten Zahlen auf der rechten Seite der Gleichung.

2. Geben Sie die Koeffizienten des linearen Gleichungssystems sowie die Zahlen auf der rechten Seite in die Tabellenkalkulation ein.

3. Bilden Sie nun zunächst die inverse Matrix[2] der Koeffizienten mithilfe des Befehls `MINV`: Wählen Sie eine freie Zelle und geben Sie dort `MINV(A2:D5)` ein, gefolgt von der Tastenkombination ⌂ + Strg + ↵ .

Diese spezielle Tastenkombination ist zur Übernahme von Matrixformeln erforderlich.

4. Wählen Sie ein weiteres freies Feld und geben Sie dort den Befehl = `MMult(A9:D12; E2:E5)` ein. Die Eingabe ist wieder mit ⌂ + Strg + ↵ zu quittieren.

Nach Abschicken des Befehls können Sie unmittelbar die Lösung des Systems ablesen (▶Abbildung 4.12).

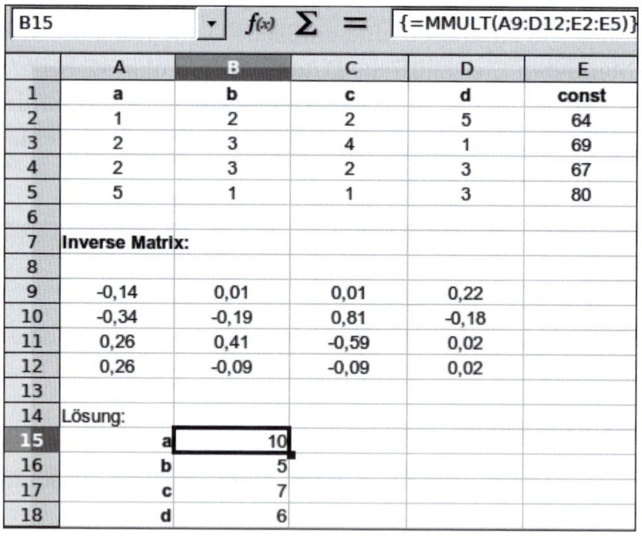

	A	B	C	D	E
	B15	▾	$f(x)$ Σ =		{=MMULT(A9:D12;E2:E5)}
1	a	b	c	d	const
2	1	2	2	5	64
3	2	3	4	1	69
4	2	3	2	3	67
5	5	1	1	3	80
6					
7	Inverse Matrix:				
8					
9	-0,14	0,01	0,01	0,22	
10	-0,34	-0,19	0,81	-0,18	
11	0,26	0,41	-0,59	0,02	
12	0,26	-0,09	-0,09	0,02	
13					
14	Lösung:				
15		a	10		
16		b	5		
17		c	7		
18		d	6		

Abbildung 4.12: Mithilfe von Matrixfunktionen lassen sich auch komplexe lineare Gleichungssysteme lösen.

---

2 Für Experten: Zur Lösung eines linearen Gleichungssystems wird zunächst die inverse Koeffizientenmatrix gebildet und diese anschließend mit dem Konstantenvektor, d.h. der rechten Seite des Gleichungssystems, multipliziert. Das Ergebnis ist der Lösungsvektor des Systems.

Exkurs	**Absolute und relative Zellbezüge**

Das automatische Ausfüllen von Formeln hat nicht nur Vorteile. Manchmal werden Zellkoordinaten geändert, obwohl man die Rechnung immer auf eine feste Zelle beziehen möchte. Ein Beispiel ist der Bezug auf einen fixen Steuersatz, der in ein Feld (z.B. E3) eingegeben wurde. Um sich beim Kopieren der Formel stets auf dieselbe Zelle zu beziehen, verwendet man bei der Referenz das $-Zeichen. E3 bedeutet beispielsweise, dass sich der Zellbezug auch beim Kopieren nicht ändert. Möchte man hingegen nur die Spaltenbezeichnung beim Kopieren unverändert lassen, so wäre die zugehörige Referenz $E3.

4.2.3 Präsentationsprogramme

Ein Bild sagt mehr als tausend Worte – diese Binsenweisheit gilt insbesondere dann, wenn es darum geht, einem breiten Publikum öde Geschäftszahlen schmackhaft zu machen oder das inhaltsarme Referat zumindest optisch etwas aufzupeppen. Eine gelungene Präsentation bindet multimediale Elemente ein, ohne den Betrachter zu überfordern. ▶Abbildung 4.13 zeigt den Aufbau einer Präsentation, die verschiedene Medien vermischt:

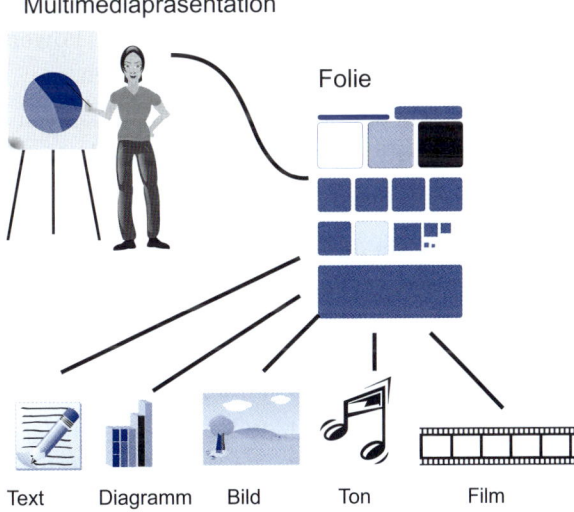

Abbildung 4.13: Die Elemente einer multimedialen Präsentation

Eine Präsentation besitzt folgende Eigenschaften:

- Die Präsentation besteht aus einzelnen *Folien*.
- Das Foliendesign wird durch eine *Masterfolie* bestimmt, um einen einheitlichen Gesamteindruck zu gewährleisten.
- Der Übergang zwischen den Folien kann per *Animation* erfolgen. Auch einzelne Textblöcke oder Vortragspunkte können auf Tastendruck während der Präsentation „einschweben".
- Die Präsentation selbst kann auch in Sekundärformate wie *PDF* oder *Flash* exportiert werden.

Die folgende Übung macht Sie mit den elementaren Techniken zur Erstellung einer Präsentation vertraut.

Übung

Erstellen Sie eine Präsentation über ein Thema Ihrer Wahl mit folgenden Eigenschaften:

- Verwenden Sie zur Erstellung der Präsentation den Präsentationsassistenten.
- Erstellen Sie mindestens vier Folien: eine Titelseite sowie drei Inhaltsseiten.
- Jede Inhaltsseite soll drei bis vier Thesenpunkte enthalten.
- Die Thesenpunkte sollen nach Tastendruck animiert einschweben.
- Der Seitenwechsel erfolgt ebenfalls animiert.

ANLEITUNG

1. Starten Sie OpenOffice.org Impress in der Lernumgebung über das Menü *Anwendungen/Büro/OpenOffice.org Präsentation*.

Normalerweise startet nun unmittelbar der Office-Assistent. Ist das nicht der Fall, so öffnen Sie ein neues Dokument über *Datei/Assistenten/Präsentation*.

2. Wählen Sie den Präsentationstyp *Aus Vorlage*. Hier können Sie zwischen verschiedenen Designs auswählen.

In der Standardeinstellung steht Ihnen nur eine begrenzte Auswahl zur Verfügung. Selbstverständlich können Sie weitere Vorlagen (auch PowerPoint-Vorlagen) aus dem Internet laden und diese für Ihre Zwecke verwenden.

Entscheiden Sie sich im nächsten Schritt für einen Präsentationshintergrund. Dieser kann, falls gewünscht, später durch ein eigenes Bild ersetzt werden.

Der Präsentationshintergrund erscheint auf jeder Folie.

4. Im nächsten Schritt wählen Sie den Typ der Folienübergangsanimation aus. Stellen Sie als Effekt z.B. *Von links rollen* ein.

5. Anschließend folgt die Definition des Präsentationstitels.

6. Beenden Sie den Assistenten mit der Schaltfläche *Fertig stellen*.

Füllen Sie nun Ihre Präsentation mit Inhalt. Eine neue Seite lässt sich schnell durch Anklicken des Symbols *Seite +* erstellen. Achten Sie darauf, dass auf jeder Folie nicht zu viel Text steht, da der Zuhörer/Zuschauer sonst vom Informationsüberfluss erschlagen wird.

Die Animation von Spiegelpunkten auf einer Folienseite geschieht folgendermaßen:

7. Markieren Sie einen Absatz mit Spiegelpunkt, der animiert werden soll. Wählen Sie nun den Menüpunkt *Bildschirmpräsentation/Benutzerdefinierte Animation* und ergänzen Sie einen Effekt über *Hinzufügen*, z.B. *Einfliegen*. Wiederholen Sie dies für die nachfolgenden Absätze.

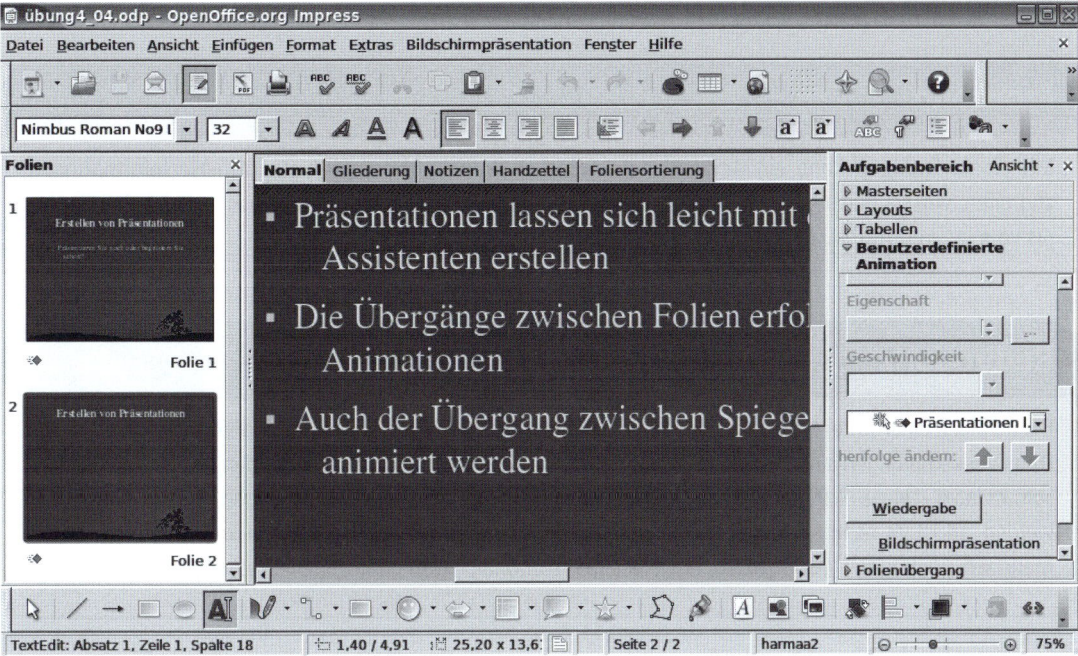

Abbildung 4.14: Halten Sie beim Erstellen einer Präsentation die Optik möglichst schlicht und gehen Sie mit Effekten sparsam um.

Export in Fremdformate

OpenOffice.org bietet eine Vielzahl von Möglichkeiten, die Publikation zu exportieren. Folgende Formate bieten sich dazu an:

- **Export als PDF**: Das beliebte *Portable Document Format* kann auf jedem Windows-Rechner, der über den Adobe Reader verfügt, gelesen werden. Unter Linux und Mac OS unterstützt das Betriebssystem direkt das Lesen von PDF-Dokumenten.

- **Export als Flash-Animation**: Macromedia Flash-Dateien können in jedem Browser, der über das Flash-Plug-in verfügt, wiedergegeben werden.

- **Export als PowerPoint-Präsentation**: Der gegenseitige Austausch zwischen Microsofts Präsentationsprogramm und der freien Lösung funktioniert in beiden Richtungen recht ordentlich. Es empfiehlt sich aber stets, die Präsentation im Fremdformat vor dem Vortrag noch einmal zu prüfen. Insbesondere fehlende Systemschriftarten können den vormals guten Eindruck einer Präsentation trüben.

Zum Weiterarbeiten

Exportieren Sie Ihre Präsentation in das PDF-, Flash- und PowerPoint-Format. Testen Sie, inwiefern Animationselemente beim Export erhalten bleiben und ob die Schriftarten naturgetreu übernommen werden.

4.2.4 Datenbanken

Frontend

Mit einem Frontend kann ein Anwender in einfacher Weise auf komplex strukturierte Informationen zugreifen, wie sie beispielsweise Datenbanken anbieten. Der Anwender muss in diesem Fall keine Kenntnis vom inneren Aufbau der Datenbank besitzen.

Redundanz

Beim Planen einer Datenbank ist darauf zu achten, dass die gespeicherten Informationen möglichst frei von Datenwiederholungen sind. Soll beispielsweise eine Kundendatenbank erstellt werden, in der die Kundenstammdaten (Name, Adresse …) sowie die Bestellungen der Kunden (Bestellnummer, Posten …) erfasst werden, so ist es nicht sinnvoll, alle Informationen in eine einzelne Tabelle zu packen: Hierdurch treten Mehrfachnennungen (*Redundanzen*) auf. Ziel einer relationalen Datenbank ist die *Redundanzverminderung*.

Eine Datenbank dient der strukturierten, redundanzfreien Sammlung von Informationen. Der Anwender kommt meist nur in Verbindung mit einem Frontend in Kontakt mit einer Datenbank, sodass in diesem Abschnitt lediglich Datenbanksoftware aus Anwendersicht besprochen wird. Mehr zum theoretischen Unterbau einer Datenbank finden Sie in *Kapitel 10*. An dieser Stelle genügt es, Folgendes zu wissen:

■ Eine Datenbank besteht aus mehreren *Tabellen* (*Datensätzen*), die im Fall einer *relationalen Datenbank* zueinander in Beziehung stehen. Typische Datensätze können beispielsweise Kundenstammdaten oder Rechnungen sein.

■ Jeder Datensatz besitzt *Datenfelder*. Im Fall der Kundenstammdaten wären dies z.B. Name, Vorname, Adresse usw.

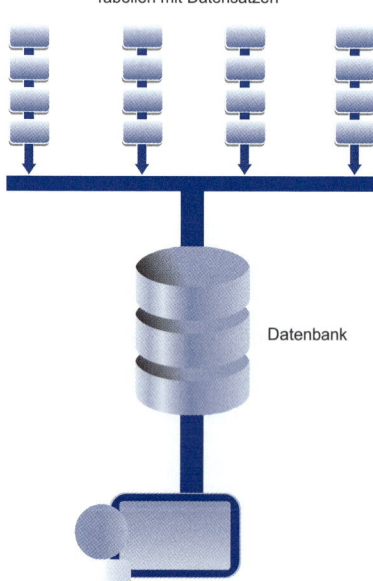

Tabellen mit Datensätzen

Datenbank

Benutzerfrontend

Abbildung 4.15: Prinzipieller Aufbau einer Datenbank; die Datensätze der einzelnen Tabellen können durch Relationen miteinander verknüpft werden.

Übung

Erstellen Sie mithilfe des Datenbankmoduls *OpenOffice.org Base* eine Rechnungsdatenbank mit folgenden Eigenschaften:

- Die Datenbank enthält drei Tabellen: Die erste Tabelle enthält die Namen der Kunden nebst deren Anschriften, die zweite Tabelle enthält Bestellungen und die dritte Tabelle bestellbare Produkte.

- Den Bestellungen sind die dazugehörigen Kunden und Produkte über eine eindeutige Kunden- bzw. Produktnummer (kurz: *ID*) zugeordnet.

Verwenden Sie zur Erstellung der Datenbank den Datenbankassistenten.

ANLEITUNG

1. Starten Sie OpenOffice.org Base in der virtuellen Lernumgebung über das Menü *Anwendungen/Büro/OpenOffice.org Datenbank*.

Der Office-Assistent zum Erstellen einer Datenbank öffnet sich.

2. Wählen Sie den Punkt *Neue Datenbank erstellen*.

3. Im nächsten Schritt sind die Punkte *Anmelden der Datenbank in OpenOffice.org* sowie *Die Datenbank zum Bearbeiten öffnen* und *Eine Tabelle mit Hilfe des Datenbank-Assistenten erstellen* auszuwählen.

4. Beenden Sie den Assistenten mit der Schaltfläche *Fertig stellen*.

Abschließend ist noch ein Name für die Datenbank einzugeben, unter welchem diese vom OpenOffice.org-System erkannt wird.

Erstellen Sie nun die Tabellen, aus denen Ihre Datenbank bestehen soll. Das geschieht wiederum mithilfe eines Assistenten:

5. Erstellen Sie die erste Tabelle für den Kundenstamm. Dazu wählen Sie die Kategorie *Geschäftlich* und die Beispieltabelle *Kunden* aus. Wählen Sie die Datenfelder aus, die in der Tabelle enthalten sein sollen.

Achten Sie an dieser Stelle darauf, dass das Feld *KundenID* angewählt wird. Es handelt sich hierbei um einen eindeutigen Schlüssel, anhand dessen der Kunde eindeutig im System identifiziert werden kann.

6. Über die Schaltfläche *Weiter* gelangen Sie zu einem Dialog, in welchem der Datentyp für die einzelnen Felder ausgewählt wird.

7. Im nächsten Schritt wählen Sie den Primärschlüssel aus. Das ist das Datenfeld, anhand dessen der Datensatz eindeutig identifiziert wird, in unserem Fall die *KundenID*. Durch Auswahl von *AutoWert* wird sichergestellt, dass jedem neuen Kunden automatisch eine Nummer zugeordnet wird.

Schließen Sie die Bearbeitung der Tabelle ab und geben Sie einige Datensätze ein.

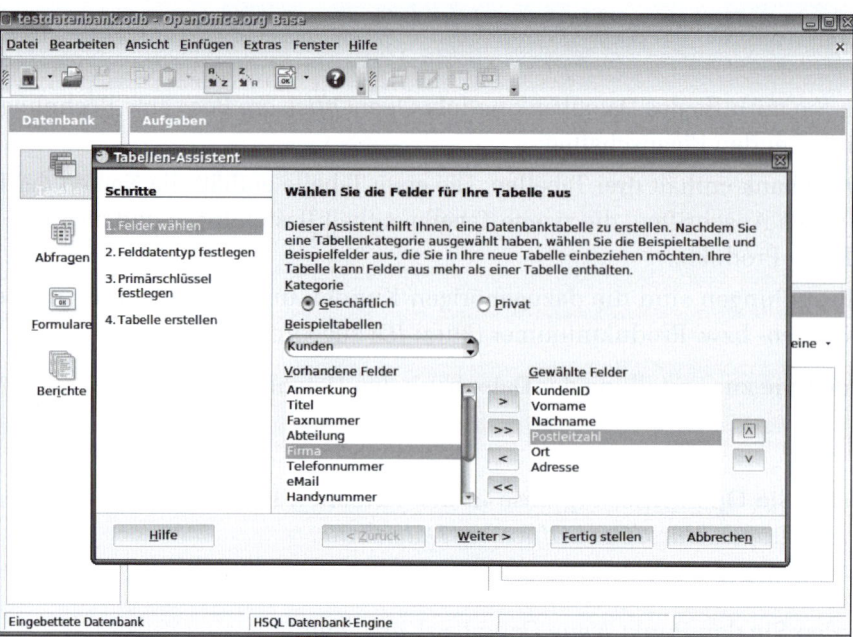

Abbildung 4.16: Mithilfe des Datenbank-Assistenten lassen sich gängige Datenbanken im Handumdrehen erstellen.

8. Erstellen Sie auf die gleiche Weise mithilfe des Tabellen-Assistenten eine Tabelle für die Bestellungen und Produkte und füllen Sie diese aus. Diese sollte in jedem Fall das Feld *KundenID* bzw. *ProduktID* enthalten, um mit dem Kundenstamm verknüpft werden zu können.

Die Beziehung zwischen den Tabellen kann über *Extras/Beziehungen* hergestellt werden: Wählen Sie im nun erscheinenden Fenster zunächst die Tabellen über *Hinzufügen* aus. Die Beziehungen selbst werden wie in einem Malprogramm durch Ziehen einer Verbindung zwischen den Tabellenblöcken und den entsprechenden Schlüsseln hergestellt (▶Abbildung 4.17).

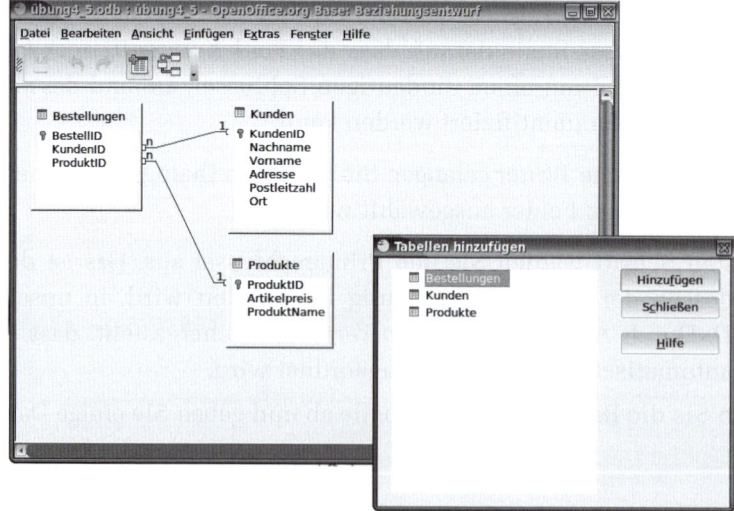

Abbildung 4.17: Relationale Datenbanken sind durch die Beziehungen zwischen Tabellen gekennzeichnet. Dadurch wird vermieden, dass identische Informationen mehrfach eingegeben werden (Redundanzverminderung).

Damit wären die Datensätze im Sinne einer relationalen Datenbank miteinander verknüpft. Sie können nun Ihre Datenbank testen, indem Sie z.B. mithilfe des *Berichts-assistenten* einen Bericht erstellen. Dazu durchlaufen Sie einfach den Berichtsassistenten in der Datenbankrubrik *Berichte*. Im Bericht können beliebige Tabellenfelder und deren Beziehungen zueinander sichtbar gemacht werden.

Eine andere Möglichkeit ist die Erstellung einer Abfrage mithilfe des Abfrageassistenten: Hier können Sie gezielt nach Objekten in der Datenbank suchen.

Zum Weiterarbeiten

Erstellen Sie für Ihre CD- oder DVD-Sammlung eine Datenbank. Überlegen Sie im Vorfeld, welche Typen und welche Anzahl von Tabellen Sie benötigen, um den Eingabeaufwand zu reduzieren.

4.2.5 Personal Information Management

Aus dem digitalen Alltag kaum wegzudenken sind Softwarewerkzeuge, die dem Anwender dabei helfen, sein berufliches und privates Leben zu organisieren und zu strukturieren. Derartige Programme gehören zur Kategorie *Personal Information Management* (kurz: *PIM*). Zu ihren gehören:

- **Terminverwaltung**: In Form eines frei konfigurierbaren Kalenders werden wichtige Termine auf dem PC abgelegt.
- **Aufgabenverwaltung**: Ähnlich einer Einkaufsliste werden aktuell anstehende Aufgaben angezeigt und deren Erledigungsgrad markiert.
- **Kontaktverwaltung**: Sämtliche Adressen werden hier zur Weiterverarbeitung im E-Mail-Programm oder in der Textverarbeitung bereitgehalten.

Wesentlich ist die Möglichkeit, die PIM-Software auf dem PC mit einem mobilen Endgerät wie z.B. einem Handy oder einem kleinen mobilen Computer zu synchronisieren. Hier unterscheidet man zwei Ansätze:

- **Offlinesynchronisation**: Darunter versteht man den Abgleich von Inhalten durch direkte Verbindung mit einem PC, auf dem sich eine mit dem Mobilgerät kompatible PIM-Software befindet.
- **Onlinesynchronisation**: Dazu benötigt man einen Zugang zu einem System, das es gestattet, Termine, Aufgaben und Kontakte auf einem zentralen Server abzulegen. Bekannte Beispiele hierfür sind *Microsoft Exchange Server* für Firmennetzwerke oder Apples *MobileMe* sowie ein Account beim Suchmaschinenriesen *Google*. Der Vorteil: Diese Synchronisation kann von jedem Punkt der Welt erfolgen, vorausgesetzt, man hat einen Onlinezugang zum Speichersystem.[3]

Ein Großteil der auf dem Markt befindlichen PIM-Software wird mit integriertem E-Mail-Client ausgeliefert, als wichtigstes Beispiel sei *Microsoft Outlook* genannt. Das folgende Beispiel demonstriert die wichtigsten Funktionen von PIM-Software anhand des Open-Source-

---

3 Für viele Computeranwender kommt das Ablegen persönlicher Daten auf einem Webserver aus Sicherheitsgründen nicht infrage.

Gespanns *Thunderbird* (E-Mail-Client) und *Lightning* (PIM-Add-on für Thunderbird). Beide Programme bieten zusammen eine ähnliche Funktionalität wie das kommerzielle Outlook. Die folgende Abbildung zeigt den prinzipiellen Aufbau der PIM-Software *Thunderbird/Lightning*. Der E-Mail-Client Thunderbird wird weiter unten besprochen.

Kalenderübersicht ——

Tageskalender ——

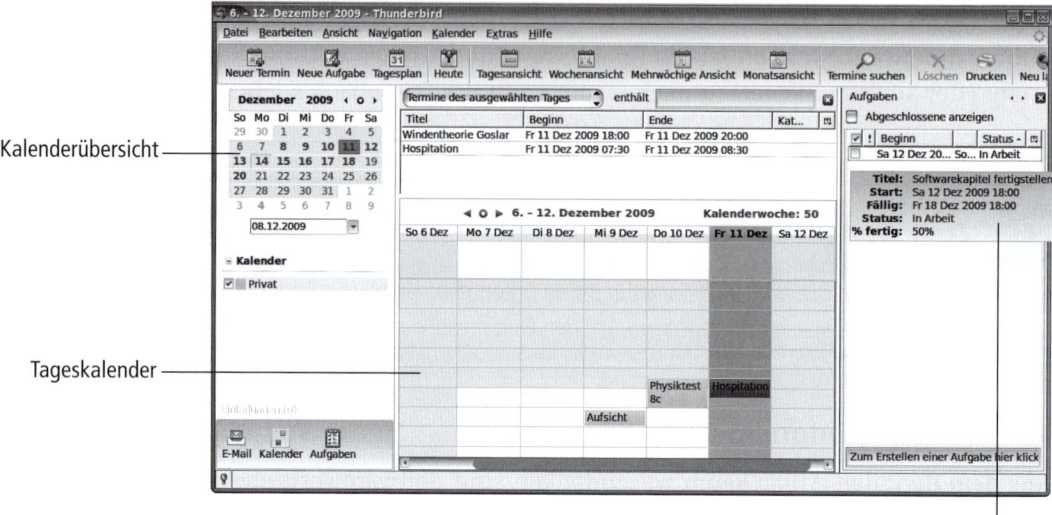

Aufgabenplanung

Zum Weiterarbeiten

■ Erstellen Sie mithilfe der beiden Softwarepakete *Mozilla Thunderbird/Lightning* einen persönlichen Terminkalender nebst Aufgabenplanung.

■ Legen Sie (falls noch nicht vorhanden) ein Benutzerkonto bei Google an und synchronisieren Sie Ihren Kalender mit dem Google-Kalender. Sie können dadurch an jedem Ort der Welt auf Ihren Kalender zurückgreifen.

Hinweis: Die benötigten Programme befinden sich bereits in Ihrer Lernumgebung. Zur Erledigung der Aufgabe starten Sie Thunderbird über *Anwendungen/Internet/Mozilla Thunderbird Mail/News*. Die Nachfrage zur Errichtung eines Mailkontos kann an dieser Stelle zunächst ignoriert werden.

Abbildung 4.18: Eine wichtige Anwendung von PIM-Software ist die Synchronisation mit mobilen Geräten wie z.B. einem iPhone.

4.2.6 Desktop-Publishing und Satzprogramme

Wenn es nicht nur um die reine Texterfassung, sondern auch um professionelles Layout geht, verwendet man Desktop-Publishing-Programme oder auch Satzsysteme.

Desktop-Publishing (DTP)

Zur Erstellung von Hochglanzprospekten, Broschüren oder kleineren Zeitschriften sind konventionelle Textverarbeitungen oft zu unflexibel. Insbesondere wenn es darum geht, Text auf alle erdenklichen Arten um Bildmaterial fließen zu lassen, schlägt die Stunde der DTP-Programme. Bekannte Vertreter dieser Softwarespezies sind *QuarkXPress*, *Adobe InDesign*, *Microsoft Publisher* oder das freie DTP-Programm *Scribus*. Letzteres ist Grundlage der folgenden Übung.

Übung

Erstellen Sie mithilfe des Open-Source-DTP-Programms *Scribus* ein Vereinsrundschreiben unter Verwendung der *Newsletter*-Vorlage.

Das Programm Scribus befindet sich bereits in der virtuellen Lernumgebung.

ANLEITUNG

1. Starten Sie Scribus in der Lernumgebung über das Menü *Anwendungen/Grafik/Scribus*.

2. Brechen Sie den Scribus-Assistenten ab und beginnen Sie ein neues Dokument über *Datei/Neu von Vorlage*.

3. Wählen Sie aus den angebotenen Layouts das *Newsletter*-Layout aus.

4. Verändern Sie den vorgegebenen Text nach Ihren Vorstellungen (▶Abbildung 4.19).

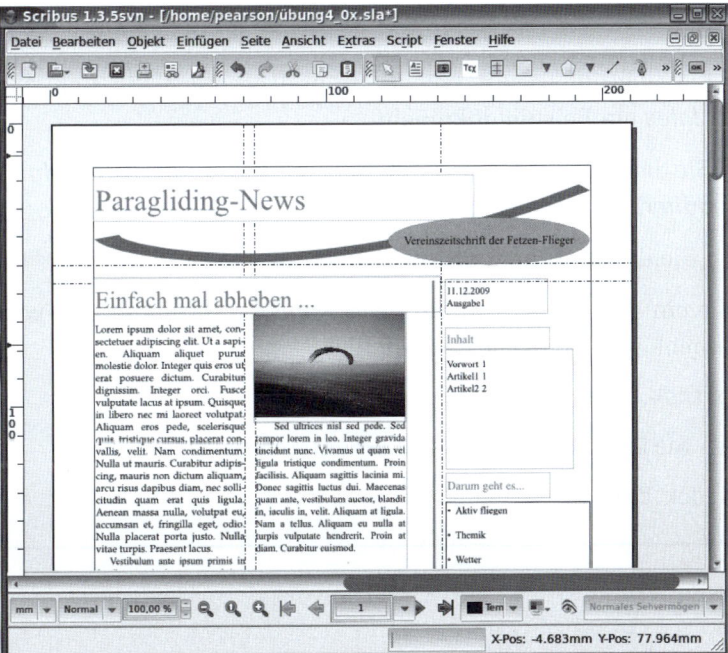

Abbildung 4.19: Das Open-Source-Programm Scribus bietet Desktop-Publishing zum Nulltarif.

Komplexer Textsatz mit LaTeX

Geht es darum, mehrere hundert Seiten umfassende Bücher mit professionellem Layout zu erstellen, so ist ein Textsatzsystem das Mittel der Wahl. Dieses unterscheidet sich von einer gewöhnlichen Textverarbeitung in folgenden Punkten:

- Das Design der Seite sowie die Anordnung der verschiedenen Elemente werden mit einer *Beschreibungssprache* festgelegt. Diese steuert das Textlayout. Da die Beschreibungssprache stets unabhängig vom lokalen Zeichensatz des Systems arbeitet, werden die Dokumente in ASCII-Dateien abgespeichert und sind somit *sehr robust* gegenüber Störungen.

- Im Gegensatz von *WYSIWYG* (*what you see is what you get* = was du siehst, ist das, was du bekommst) bei Textverarbeitungen spricht man bei Satzsystemen von *WYSIWYM* (*what you see is what you mean* = was du siehst, ist das, was du meinst).

- WYSIWYM bedeutet, dass *das Satzsystem das Layout selbst gestaltet*, also auch die Anordnung der Bilder im Text.

Als Textsatzsystem besitzt insbesondere in wissenschaftlichen Kreisen LaTeX einen sehr guten Ruf. Mathematische Formeln lassen sich damit besonders gut setzen, da sich das System um das Layout kümmert, ohne dass sich der Anwender darüber Gedanken machen muss. Die folgende Übung macht Sie mit LaTeX bekannt.

Übung

Erstellen Sie ein LaTeX-Dokument, welches auch einige Formeln enthält.

ANLEITUNG

1. Aus Platzgründen wurde das LaTeX-System nicht in der virtuellen Lernumgebung vorinstalliert. Installieren Sie das System durch Auswahl der folgenden Pakete mit dem Paketmanager Synaptic (vgl. *Anhang*) nach: *texlive, texlive-latex-extra, texlive-math-extra.*

2. Begeben Sie sich auf *www.wikipedia.de* und besorgen Sie sich dort unter dem Stichwort *latex* ein Beispieldokument.

3. Kopieren Sie den Text per Copy&Paste in den Editor *gedit* (*Anwendungen/Zubehör/ gedit Texteditor*).

4. Speichern Sie das Dokument als *testdok.tex* ab.

5. Öffnen Sie ein Terminal (*Anwendungen/Zubehör/Terminal*) und kompilieren Sie das Dokument durch Eingabe des Befehls:

   ```
   latex testdok.tex
   ```

6. Betrachten Sie anschließend das Dokument mittels:

   ```
   xdvi testdok.dvi
   ```

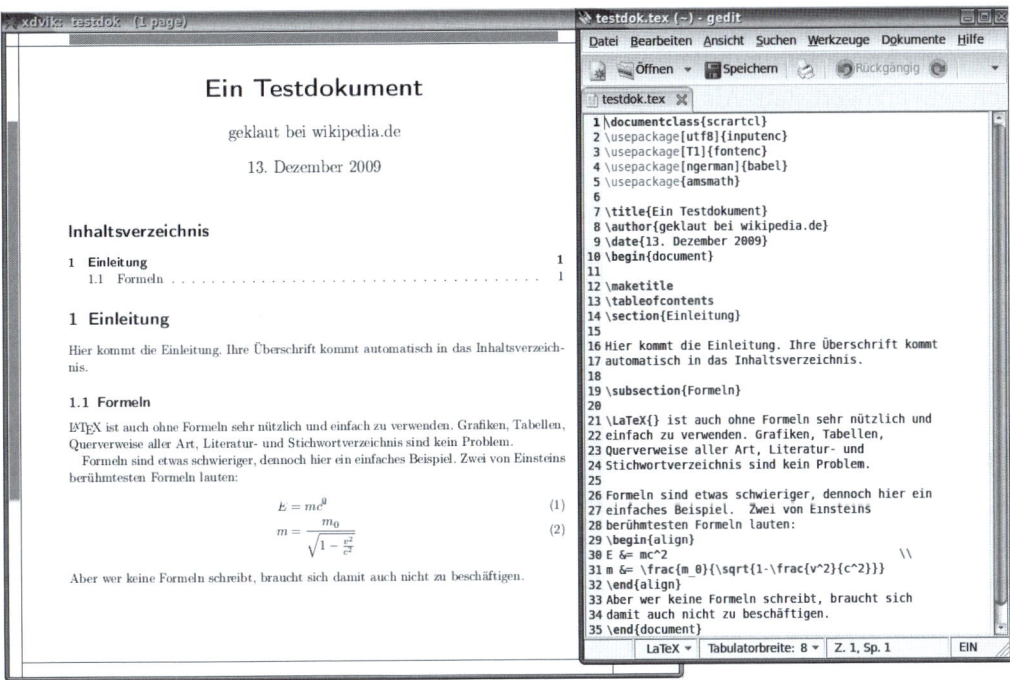

Abbildung 4.20: Professioneller Satz in LaTeX: rechts das Rohdokument in Beschreibungssprache, links das fertig gesetzte Ergebnis

4.3 Kommunikation

Das Internet hat die klassischen Kommunikationsmedien weitgehend abgelöst bzw. integriert. Die folgende Abbildung gibt einen Überblick über die meistgenutzten internetgebundenen Kommunikationsarten:

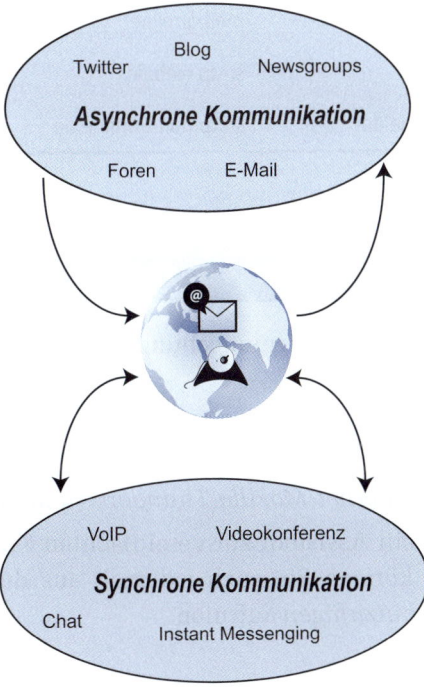

Abbildung 4.21: Das Internet bietet eine Vielzahl von Kommunikationsmöglichkeiten.

Hauptsächlich unterscheidet man zwei Kommunikationstypen:

- Die *asynchrone Kommunikation* zwischen zwei Kommunikationspartnern findet deutlich zeitverzögert statt. Als Beispiel sei die Kommunikation per E-Mail genannt. Der Sender einer E-Mail muss eine gewisse Zeit warten, bis der Empfänger reagiert und er eine Antwort erhält.

- Die *synchrone Kommunikation* ermöglicht den (nahezu) zeitgleichen Informationsaustausch zwischen den Kommunikationspartnern. Die Reaktionszeit des Kommunikationspartners reicht von einigen Sekunden (Chat) bis zu wenigen Millisekunden im Falle der Internettelefonie bzw. der Videokonferenzen.

Im Folgenden werden Programme aus beiden Rubriken kurz vorgestellt.

4.3.1 E-Mail-Programme

Zur Nutzung eines E-Mail-Programms bzw. Clients ist es erforderlich, vom Internetdienstleister seines Vertrauens (T-Online, 1&1, Alice, Kabel Deutschland, ...) Informationen über die Namen/Adressen der verwendeten Mailserver einzuholen. Benötigt werden Angaben zu:

- **POP3- bzw. IMAP-Server**: Auf diesen Servern „lagert" die eingehende Mail und liegt dort zum Abruf bereit. Im Gegensatz zum POP3-Server bietet ein IMAP-Server die Möglichkeit, auf dem Server eine Verzeichnisstruktur für die eingehende bzw. zu bearbeitende Post zu erstellen. IMAP wird mittlerweile von allen großen Providern unterstützt.

- **SMTP-Server**: Zum Verschicken der elektronischen Post wird das SMTP-Protokoll verwendet. Dieses kann auch per *Secure SMTP* verschlüsselt erfolgen, um unliebsame „Mitleser" außen vor zu lassen.

Provider	Maileingangsserver (POP)	Maileingangsserver (IMAP)	Mailausgangsserver (SMTP)
GMX	pop.gmx.net	imap.gmx.net	mail.gmx.net
web.de	pop3.web.de	imap.web.de	smtp.web.de
T-Online	popmail.t-online.de	imapmail.t-online.de	smtpmail.t-online.de

Tabelle 4.4: Die Mailserver einiger der wichtigsten Provider

Übung

Konfigurieren Sie den E-Mail-Client *Thunderbird* in der Lernumgebung und verschicken Sie eine Testmail an sich selbst.

ANLEITUNG

1. Starten Sie Thunderbird über *Anwendungen/Internet/Mozilla Thunderbird Mail*.

Beim ersten Start des Programms öffnet sich ein Assistent zur vereinfachten Konfiguration des Programms. Den Assistenten können Sie auch jederzeit aus dem Programm heraus über *Extras/Konten/Konto hinzufügen* aufrufen.

2. Tragen Sie beim Durchlaufen des Assistenten Ihren Namen, Ihre E-Mail-Adresse sowie die entsprechenden Mailserver Ihres Providers in die Dialoge ein.

In der Regel wird die E-Mail-Adresse als Benutzername für den Postausgangs-/Posteingangsserver verwendet. Für den Abruf bzw. das Senden der E-Mail wird für die Autorisierung außerdem Ihr Mail-Passwort benötigt. Dieses können Sie für die spätere Verwendung im Mailprogramm abspeichern lassen.

3. Testen Sie den Mailaccount, indem Sie sich eine E-Mail an Ihre eigene Adresse schicken (▶Abbildung 4.22). Beantworten Sie diese Mail nach Empfang. Dadurch stellen Sie sicher, dass die Kommunikation in beiden Richtungen funktioniert.

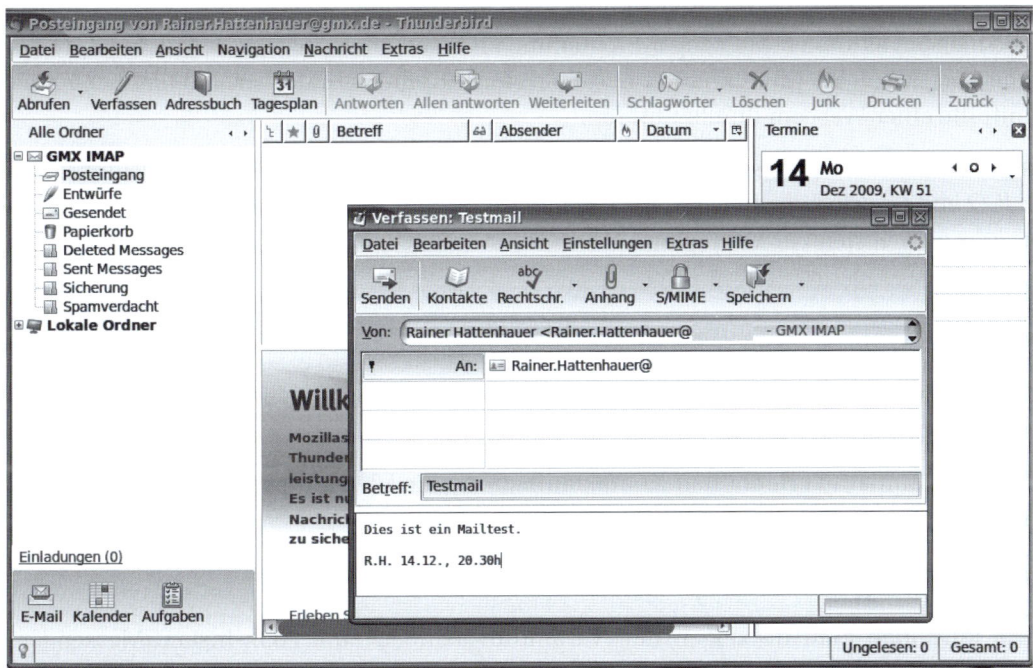

Abbildung 4.22: Zum Test der E-Mail-Konfiguration verschickt man am besten eine E-Mail an die eigene Adresse.

Exkurs ## Newsgroups

Die Newsgroups (Nachrichtengruppen) des Internets sind in Zeiten, in denen man sich per Blog oder in Foren über gleiche Interessengebiete austauscht, ein wenig aus der Mode gekommen. Lohnenswert ist ein Blick in das sogenannte *Usenet* allemal. Dies kann mithilfe eines klassischen Mailclients wie Thunderbird geschehen. Sie benötigen hierzu lediglich einen Newsserver, der das NNTP(*Network News Transfer Protocol*)-Protokoll beherrscht. Diesen stellt in der Regel Ihr Provider bereit.

Im Thunderbird können Sie dann über *Neu/Konto/Newsgruppenkonto* ein Konto für den Newsserver einrichten und Nachrichtengruppen je nach Interessenlage abonnieren. Auch Google bietet einen Zugang zum Usenet per Browser an.

4.3.2 Sofortnachrichtendienst (Instant Messaging)

Im Always-on-Zeitalter sind Kommunikationsmöglichkeiten gefragt, die schnell eine direkte Verbindung zum Gegenüber herstellen. Dazu bieten sich *Instant-Messaging*-Programme an. Diese oft auch *Messenger* genannte Software besitzt folgende Eigenschaften:

- Direkt nach dem Start des Betriebssystems und dem Aufbau der Internetverbindung verbindet sich der Messenger mit einem *speziellen Server* und signalisiert den anderen Teilnehmern am Dienst, dass man online ist.

- Anhand der eigenen Freundes- bzw. *Buddy*-Liste erfährt man sofort, welche Kontakte ebenfalls online sind.

- Man kann Kontakten, die online sind, eine kurze Sofortnachricht (*Instant Message*, vergleichbar mit einer SMS) schicken oder auch direkt einen Chat einleiten.

- Die meisten aktuellen Messenger-Programme verfügen auch über die Möglichkeit, *Gespräche* über Headsets (Kombination aus Mikrofon/Kopfhörer) oder sogar *Videokonferenzen* mithilfe einer Webcam durchzuführen.

Die bekanntesten Messenger-Programme sind *Windows Live Messenger*, *AOL Instant Messenger*, *ICQ* und *Google Talk*. In der Lernumgebung steht Ihnen das Instant-Messaging-Programm *Empathy* zum Testen zur Verfügung.

Übung

Konfigurieren Sie das Instant-Messaging-Programm *Empathy* und führen Sie einen Testchat mit einem Freund durch.

Hinweis: Empathy erlaubt den Kontaktaufbau in eine Vielzahl proprietärer Kommunikationsnetze.

ANLEITUNG

Die folgenden Schritte zeigen den Verbindungsaufbau zum AOL-Instant-Messenger-Netz. Die Einrichtung des Messengers für andere Protokolle verläuft analog. Richten Sie (falls noch nicht vorhanden) vor der Konfiguration auf *http://www.aol.de/AIM/* ein AOL-Messenger-Konto ein. Sie erhalten dabei einen AOL-Namen sowie ein Passwort, das für die folgenden Schritte benötigt wird.

1. Starten Sie Empathy über *Anwendungen/Internet/Empathy*.

Beim ersten Start des Programms führt Sie ein Assistent durch die Konfiguration des Programms.

2. Wählen Sie im ersten Dialog den Punkt *Kontodetails eingeben* und geben Sie den Typ und die Login-Daten Ihres Messenger-Kontos ein.

Sie können nun auch weitere Messenger-Konten für andere Dienste wie z.B. ICQ oder Google Talk erstellen.

3. Testen Sie schließlich das Konto, indem Sie mit einem Freund, der gerade online ist, kommunizieren.

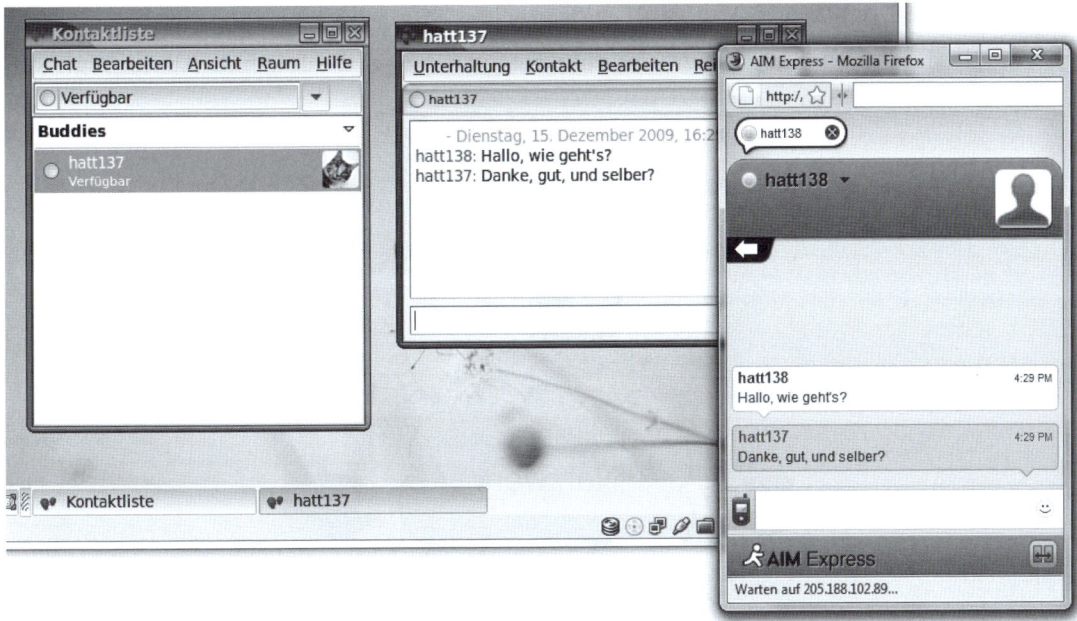

Abbildung 4.23: Instant-Messenger-Programme erlauben eine schnelle, sofortige Kommunikation. Im vorliegenden Beispiel kommunizieren die AOL-Accounts hatt137 und hatt138 über Empathy sowie einen AIM-Client, der direkt in einem Firefox-Webbrowser-Fenster läuft (rechter Bildteil).

4.3.3 Voice over IP und Videokonferenzen

VoIP

Unter *Voice over Internet Protocol* (kurz: VoIP) versteht man die Übertragung von Sprachinformationen über Internetdatenpakete. Fast jeder Internetprovider bietet mittlerweile auch Telefoniepakete an, die auf VoIP basieren.

Codec

Das Kunstwort Codec ist zusammengesetzt aus Coder und Decoder. Unter einem Codec versteht man eine Software, die in der Lage ist, Audio- oder Videoinformationen auf den Bruchteil ihrer Größe zu komprimieren (Coder) und an anderer Stelle zur Wiedergabe wieder zu dekomprimieren (Decoder). Bekanntester Vertreter eines Codecs ist der MP3-Audiocodec, der den Siegeszug des Vertriebs von Musik über das Internet ermöglichte. Mehr zum Thema Codecs finden Sie in *Kapitel 5*.

Voice over IP

Das Prinzip des Telefonierens über Computernetzwerke zeigt die folgende Abbildung:

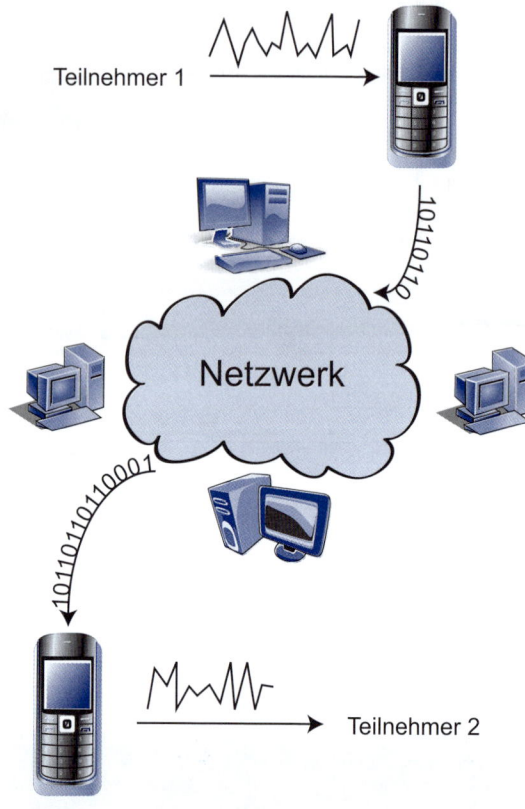

Abbildung 4.24: Das Prinzip von Voice over IP: Teilnehmer 1 wandelt per VoIP-Telefon oder -Headset analoge Sprachsignale mithilfe eines Codecs in digitale Datenpakete um. Diese werden mithilfe eines öffentlichen oder privaten Netzwerks übertragen und vom Telefon des Teilnehmers 2 per Codec wieder in Sprache gewandelt.

Um per Computer und Headset mittels VoIP kostengünstig zu telefonieren, benötigen Sie geeignete Software. Besonders beliebt ist der Skype-Client (*http://www.skype.com/*). Aber auch etliche Smartphones verfügen mittlerweile über einen VoIP-Client, der im In- und Ausland kostengünstige Telefonate über WLAN-Hotspots ermöglicht.

Die Einrichtung des Skype-Clients ist Gegenstand der folgenden Übung. Besorgen Sie sich zunächst die für Ihr Betriebssystem passende Software[4] auf *www.skype.com*.

---

4 Selbstverständlich können Sie Skype auch in der virtuellen Lernumgebung testen. Aus lizenzrechtlichen Gründen konnte die Software leider nicht in die virtuelle Maschine integriert werden, Sie finden aber auch für das Ubuntu-System Pakete auf *skype.com*.

Übung

Führen Sie ein Internettelefongespräch mithilfe der Skype-Software.

ANLEITUNG

1. Laden Sie die Skype-Software von *www.skype.com* herunter.

2. Starten Sie das Programm *Skype*. Nach der Installation in der Lernumgebung finden Sie Skype unter *Anwendungen/Internet/Skype*.

3. Loggen Sie sich auf dem Skype-Server mit Ihrer Benutzerkennung/Passwortkombination ein.

Sollten Sie noch kein Konto bei Skype haben, so können Sie aus der Softwareumgebung heraus direkt ein neues Konto anlegen. Klicken Sie dazu einfach auf den Link *Sie haben noch keinen Skype-Namen?*.

4. Nach dem Login können Sie Skype testen, indem Sie den Skype-Testcall-Service anrufen. Dort haben Sie nach Aufbau der Verbindung Gelegenheit, eine Nachricht auf einen Soundrecorder aufzusprechen, die Ihnen anschließend vorgelesen wird. So stellen Sie sicher, dass die Audiokommunikation in beiden Richtungen funktioniert.

Rufen Sie nun einen Freund an, der ebenfalls die Skype-Software installiert hat und online ist. Telefonate über Skype sind grundsätzlich kostenlos, solange Sie nicht einen Festnetzanschluss kontaktieren wollen (was gegen eine geringe Gebühr ebenfalls möglich ist).

Abbildung 4.25: Skype hat sich als Quasistandard im Bereich VoIP am PC durchgesetzt. Im Bild sieht man die Linux-Variante links und die Windows-Variante rechts im Vergleich.

Videokonferenzen

Zur Durchführung von Videokonferenzen bzw. Videotelefonaten wird eine Webcam benötigt. Entsprechende Kameras erhält man für 30 bis 50 Euro bei jedem Computerhändler. Die gängigen Webcams verfügen über ein integriertes Mikrofon und werden einfach per USB an den PC angeschlossen.

Das im vorangegangenen Abschnitt besprochene Programm Skype eignet sich gut zur Durchführung von Videokonferenzen. Dazu wählen Sie für das Videotelefonat einfach die Option *Videogespräch*, die sich nach dem Anschluss der Hardware im Kontextmenü per rechten Mausklick über einem Kontakt anbietet.

Abbildung 4.26: Auch Videotelefonate lassen sich problemlos mit aktueller VoIP-Software durchführen.

4.4 Systemwerkzeuge

In die Rubrik *Systemwerkzeuge* gehören alle kleinen Helferlein, die im alltäglichen Betrieb nicht auffallen, dennoch aber für eine produktive Arbeit unerlässlich sind.

4.4.1 Dateimanager

Das Kopieren, Umbenennen und Löschen von Dateien, aber auch das Erstellen von Verzeichnissen erledigt man mit dem Dateimanager des Betriebssystems. Sie haben die Grundzüge eines Dateimanagers schon in Abschnitt *Arbeiten mit Dateien und Verzeichnissen* kennengelernt, das Wissen soll an dieser Stelle noch einmal aufgegriffen werden.

Unter Windows ist das der *Windows-Explorer*, in Mac OS leistet der *Finder* wertvolle Dienste und in unserer Ubuntu Linux-Lernumgebung finden Sie im *Nautilus*-Systembrowser einen leistungsfähigen Dateimanager. Der Umgang mit einem Dateimanager ist intuitiv: Dateien werden per Drag&Drop von einem Verzeichnis in ein anderes verschoben. Soll das zu kopierende Objekt auf einen anderen Datenträger befördert werden, dann agiert der Dateimanager intelligent und erstellt dort eine Kopie von der Originaldatei. Wollen Sie eine Datei zwischen zwei Verzeichnissen kopieren, die sich auf derselben Festplatte befinden, dann muss die Strg-Taste beim Bewegen der Datei gedrückt werden.

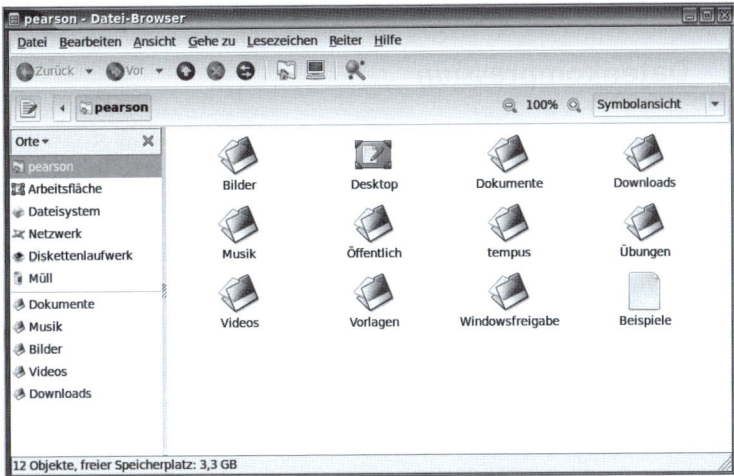

Abbildung 4.27: Ein Dateimanager ermöglicht in der grafischen Umgebung die intuitive Arbeit per Maus. In der Regel ist der Dateimanager in zwei Bereiche aufgeteilt: Der Dateibaum auf der linken Seite erlaubt die schnelle Navigation zu häufig besuchten Orten, die eigentlichen Dateioperationen finden im Hauptfenster rechts statt.

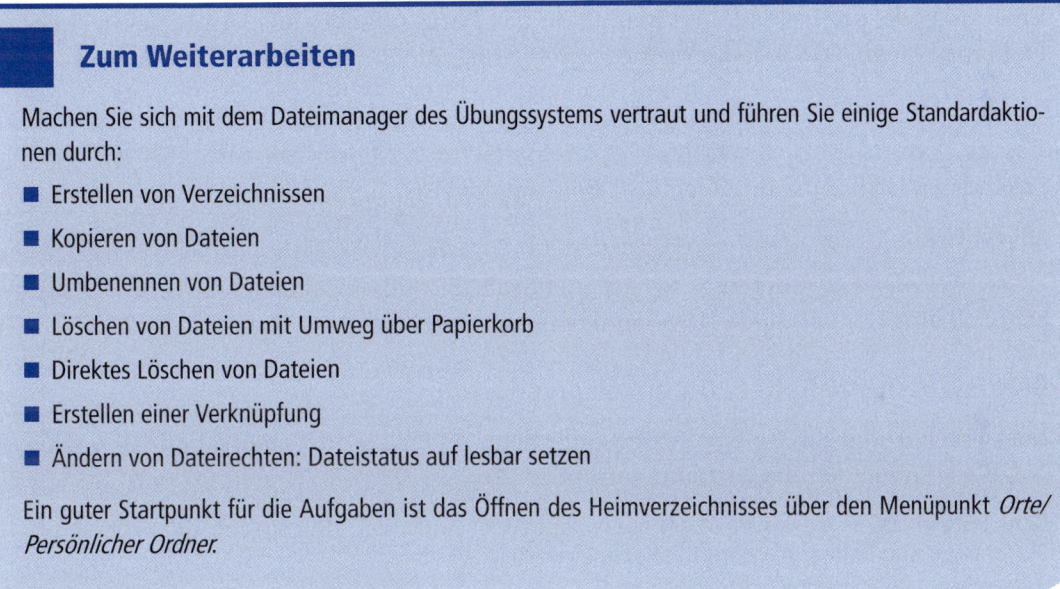

Zum Weiterarbeiten

Machen Sie sich mit dem Dateimanager des Übungssystems vertraut und führen Sie einige Standardaktionen durch:

- Erstellen von Verzeichnissen
- Kopieren von Dateien
- Umbenennen von Dateien
- Löschen von Dateien mit Umweg über Papierkorb
- Direktes Löschen von Dateien
- Erstellen einer Verknüpfung
- Ändern von Dateirechten: Dateistatus auf lesbar setzen

Ein guter Startpunkt für die Aufgaben ist das Öffnen des Heimverzeichnisses über den Menüpunkt *Orte/ Persönlicher Ordner.*

4.4.2 Kompressionsprogramme

Spätestens dann, wenn Sie Ihren Kollegen oder Freunden große Dateien per E-Mail verschicken möchten, werden diese dankbar sein, wenn Sie die Datenmengen (sofern möglich) vor dem Versenden komprimieren.

Exkurs ## Datenkompression

Datenkompression wird dann angewendet, wenn man entweder Speicherplatz sparen oder Daten schneller übertragen möchte. In beiden Fällen darf die Kompression der Daten nicht zu Informationsverlust führen. Die Datenmenge wird durch ein Kompressionsverfahren reduziert und anschließend gespeichert bzw. übertragen. Zur Verwendung beim Empfänger müssen die Daten wieder dekomprimiert werden.

Man unterscheidet zwischen *verlustfreier Datenkompression* und *verlustbehafteter Datenkompression*. Im ersten Fall wird bei der Dekomprimierung die Originaldatei wieder 1:1 hergestellt. Ein Beispiel hierfür wäre die ZIP-Kompression. Im zweiten Fall werden Bestandteile, die nicht unbedingt für die eigentliche Information wichtig sind, weggelassen. Unter diese Kategorie fallen Audio- und Videokompressionsverfahren (MP3, DivX).

Beispiel: Verlustfreie Datenkompression

Eine Methode zur verlustfreien Reduktion des Datenaufkommens ist die Laufweitencodierung (engl.: *RLE = run length encoding*). Betrachten Sie folgende Zeichenfolge:

```
ABCCCCCCCCDEFGGG
```

Das Zeichen C tritt hier acht Mal hintereinander auf. Man vereinbart, dies mit einer besonderen Codierung (im folgenden Beispiel das Ausrufezeichen) zu kennzeichnen:

```
ABC!8DEFGGG
```

Dieses Verfahren wendet man ab vier identisch folgenden Zeichen an, da nur in diesem Fall eine Reduktion des Datenaufkommens erzielt wird.

Beispiel: Verlustbehaftete Datenkompression

Man erkennt den Sinn eines Textes auch dann wieder, wenn man sämtliche Vokale weglässt. Betrachten Sie dazu den folgenden Text:

```
Dtnkmprssn st s dr mdrnn Dtnvrrbtng ncht mhr wgzdnkn. S rmglcht ds pltzsprnd
Spchrn vn Dtn nd d bschlngt brtrgng vn Dtn.
```

Hier das Original:

```
Datenkompression ist aus der modernen Datenverarbeitung nicht mehr
wegzudenken. Sie ermöglicht das platzsparende Speichern von Daten und die
beschleunigte Übertragung von Daten.
```

Mit ein wenig Fantasie identifiziert man zumindest die Substantive und entnimmt den groben Sinn des Textes.

In der Lernumgebung lässt sich die Wirkung einer Datenkompression leicht anhand folgender Übung verdeutlichen:

Übung

Erstellen Sie mithilfe des Grafikprogramms *Gimp* einen Screenshot der Arbeitsfläche, speichern Sie diesen im Bitmap-Format ab und komprimieren Sie die Datei auf verschiedene Arten.

ANLEITUNG

1. Starten Sie Gimp über *Anwendungen/Grafik/Gimp Bildbearbeitung*.

2. Erstellen Sie mithilfe des Programms einen Screenshot über *Datei/Erstellen/Bildschirmfoto*.

3. Speichern Sie das Foto mit der Endung *.bmp* ab. Dadurch wird automatisch eine Bitmap-Datei erzeugt.

Bitmap-Dateien speichern Bildinformationen im Vergleich zu *.jpg-* oder *.gif*-Dateien unkomprimiert ab.

4. Kopieren Sie die Datei mithilfe des Dateimanagers in ein beliebiges Verzeichnis. Führen Sie einen rechten Mausklick auf die kopierte Datei durch und komprimieren Sie die Datei mithilfe des Kontextmenüs *Komprimieren*.

Sie haben an dieser Stelle die Möglichkeit, zwischen verschiedenen Kompressionsformaten zu wählen. Führen Sie die Kompression mit dem *.zip-*, *.tar.gz-* und *.bz2*-Format durch. Vergleichen Sie die Größe der entstandenen Dateien. Das geht am einfachsten in der Listenansicht des Browsers oder mit dem Befehl `ls -lh` in einem Terminal.

```
pearson@pearson:~/Screenshots$ ls -lh
insgesamt 3,0M
-rw-r--r-- 1 pearson pearson 2,4M 2009-12-16 18:41 screen.bmp
-rw-r--r-- 1 pearson pearson 203K 2009-12-16 18:43 screen.bmp.bz2
-rw-r--r-- 1 pearson pearson 234K 2009-12-16 18:42 screen.bmp.tar.gz
-rw-r--r-- 1 pearson pearson 234K 2009-12-16 18:44 screen.bmp.zip
```

Listing 4.4: Vergleich der Dateigrößen verschiedener Kompressionsverfahren

Man sieht deutlich, dass die Originalgröße der Dateien durch die Kompression um den Faktor 10 „eingedampft" wurde. Am effektivsten arbeitet im vorliegenden Fall die BZip2-Kompression. Zur Kompression von Bildern sei an dieser Stelle auf *Kapitel 5* verwiesen.

4.4.3 Erstellen von Prüfsummen

Werden große Datenmengen über Netzwerke übertragen, so stellt sich die Frage nach der korrekten Übertragung. Schon ein einziges falsch übertragenes Bit kann die gesamte Dateikonsistenz infrage stellen. Daher ist es üblich, große Dateien wie z.B. ISO-Abbilder von CDs oder DVDs mit *Prüfsummen* zu versehen. Diese werden vom Vertreiber einer Datei erstellt und nach dem gleichen Verfahren vom Empfänger der Datei nochmals erzeugt und mit der Originalprüfsumme verglichen. Ein einziges geändertes Bit führt dabei zu einer vollständig unterschiedlichen Prüfsumme.

Übung

- Erstellen Sie eine einfache Textdatei, die einen kurzen Text enthält.
- Erzeugen Sie die MD5-Prüfsumme der Datei.
- Ändern Sie den Text um ein einziges Zeichen und erzeugen Sie erneut die MD5-Prüfsumme.

ANLEITUNG

1. Starten Sie den Systemeditor über *Anwendungen/Zubehör/gedit Texteditor*. Schreiben Sie einen kurzen Text und speichern Sie den Text unter dem Namen *test.txt* in Ihrem Persönlichen Ordner ab.

2. Starten Sie ein Terminal über *Anwendungen/Zubehör/Terminal* und generieren Sie die MD5-Prüfsumme der Datei mit dem Befehl `md5sum`:

```
pearson@pearson:~$ md5sum test.txt
274ab24fcda928fd7a28ced8bd9fb928  test.txt
```

3. Öffnen Sie die Datei *test.txt* erneut, ergänzen Sie am Ende des Textes ein einziges Zeichen und speichern Sie die Änderung ab. Erstellen Sie erneut die Prüfsumme:

```
pearson@pearson:~$ md5sum test.txt
7a263074bddb8d56238892992932930d  test.txt
```

Wenn Sie die Änderung am Text wieder rückgängig machen und die Datei erneut abspeichern, dann erhalten Sie die Originalprüfsumme. Auf diese Weise können Sie auch sicherstellen, ob große E-Mail-Attachments korrekt beim Empfänger angekommen sind. Windows-Nutzer können als MD5-Tool das Kommandozeilenwerkzeug md5sums verwenden *(www.pc-tools.net/win32/md5sums)*, unter Mac OS haben Sie in einem Terminal direkten Zugriff auf den Befehl `md5sum`.

4.5   Mathematiksoftware

Mithilfe geeigneter Software wird höhere Mathematik zum Kinderspiel. Die nachfolgend vorgestellten Programme haben neben ihren mathematischen Fähigkeiten noch zwei weitere herausragende Eigenschaften: Sie demonstrieren zwei fundamentale informatische Strukturen: das Parsen von Eingaben und das Prinzip der Objektorientierung.

4.5.1   Computeralgebrasysteme (CAS)

Stellen Sie sich vor, Sie hätten die folgende Gleichung mithilfe eines Rechners zu lösen:

$$2x + 5 = 13$$

Für geübte Kopfrechner kein sonderlich schweres Problem, für einen Standardtaschenrechner oder eine Tabellenkalkulation allerdings in der vorliegenden Form nicht direkt lösbar.

Hier schlägt die Stunde der *Computeralgebrasysteme* (kurz: *CAS*): Diese sind in der Lage, Gleichungen mit Variablen und Parametern ähnlich wie ein Mensch unter Zuhilfenahme bestimmter Umformungsalgorithmen gezielt zu lösen. In Ihrer Lernumgebung finden Sie mit *Maxima* bzw. dessen Frontend *wxMaxima* ein leistungsfähiges Computeralgebrasystem.

Übung

Arbeiten Sie sich in das Computeralgebrasystem *wxMaxima* ein und lösen Sie die folgenden Aufgaben (für den Fall, dass Sie sich mit höherer Mathematik nicht auskennen, genügen die beiden ersten Teilaufgaben):

- Berechnen Sie die folgenden nummerischen Ausdrücke:

$$2 \cdot 5; \; \frac{1}{3}; \; \sqrt{2}$$

- Lösen Sie die folgende Gleichung:

$$2x + 5 = 13$$

- Zeichnen Sie die Funktionen $\sin(x)$ und $\cos(x)$ auf dem Intervall von 0 bis 2π.
- Zeichnen Sie den 3D-Plot der Funktion $f(x) = exp(-x^2 - y^2); -2 \leq x, y \leq 2$. Dabei ist $\exp(x)$ die Exponentialfunktion mit der Basis e (eulersche Zahl).
- Berechnen Sie das unbestimmte Integral der Funktion $\sin(x)$.
- Berechnen Sie das bestimmte Integral der Funktion $f(x) = \sqrt{1 - x^2}$ über dem Intervall [-1 ; 1].
- Bilden Sie die Ableitung der Funktion $f(x) = \sin\left(\sqrt{1 - x^2}\right)$.

ANLEITUNG

1. Starten Sie das Programm *wxMaxima* in der Lernumgebung über *Anwendungen/Wissenschaft/wxmaxima*.

Zur Arbeit mit dem Programm genügt es, sich zwei Faustregeln zu merken:

– Jeder einzelne Befehl wird mit einem Semikolon abgeschlossen.

– Die Übernahme eines Befehls geschieht mit der Tastenkombination ⇧+↵ .

Lösen Sie nun die obigen Aufgaben wie folgt:

2. Einfache nummerische Rechnungen: Geben Sie die folgenden Befehle ein und schließen Sie diese mit ⇧+↵ ab:

```
(%i1)  2*5;
       1/3;
       sqrt(2);
(%o1)  10
(%o2)  1
       ─
       3
(%o3)  √2

(%i4)  float(%);
(%o4)  1.414213562373095
```

Wie alle CAS-Systeme versucht auch wxMaxima, solange es geht, exakt zu rechnen. Einen Näherungswert erhält man durch Eingabe von `float(%)`. `%` bezieht sich dabei auf die letzte Ausgabe des Programms. Die Zeilen mit vorangestelltem `i` (input) sind Eingabezeilen, Zeilen mit vorangestelltem `o` (output) sind Ausgabezeilen. Man kann sich bei der Eingabe von Rechentermen auch direkt auf bisherige Ein- bzw. Ausgaben beziehen. `%i5` verweist z.B. auf die Eingabe Nr. 5.

3. Das Lösen einer Gleichung erfolgt entweder durch eine Abfolge von Äquivalenzoperationen (das sind Umformungen, die am Inhalt der Gleichung nichts ändern) oder direkt über den Befehl `solve`:

```
(%i5)  2*x+5=13;
(%o5)  2 x+5=13

(%i6)  %-5;
(%o6)  2 x=8

(%i7)  %/2;
(%o7)  x=4

(%i8)  solve(%i5,x);
(%o8)  [x=4]
```

Beachten Sie: Malpunkte bzw. das Zeichen * dürfen entgegen der allgemeinen Konvention in der Mathematik bei der Eingabe der Rechenterme nicht weggelassen werden.

4. 2D- und 3D-Plots lassen sich direkt aus der wxMaxima-Umgebung heraus anfertigen:

```
(%i9) wxplot2d([sin(x), cos(x)], [x,0, 2*%pi]);
      wxplot3d( exp(-x^2 - y^2), [x,-2,2],[y,-2,2]);
```

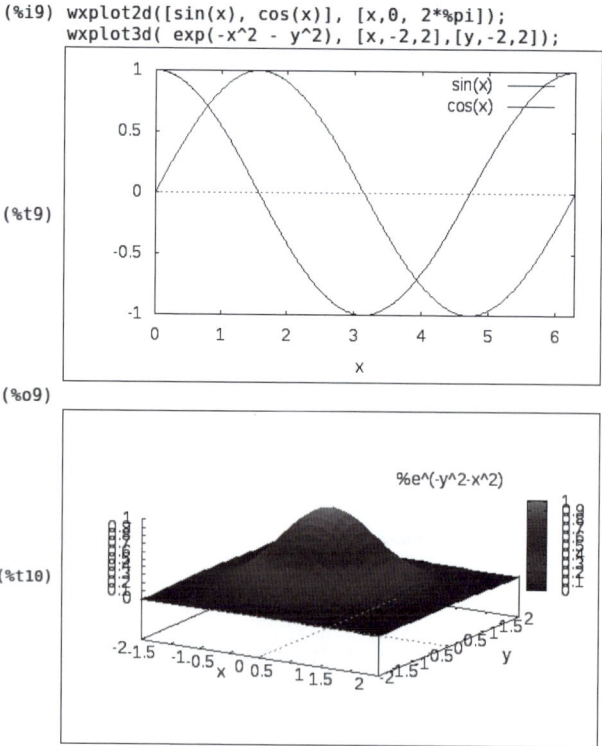

5. Auch die höhere Mathematik in Form der Differential- bzw. Integralrechnung wird sicher beherrscht:

```
(%i11) integrate(sin(x),x);
(%o11) -cos(x)
```

```
(%i12) integrate(sqrt(1-x^2),x,-1,1);
(%o12) π/2
```

```
(%i13) f(x):=sin(sqrt(1-x^2));
       diff(f(x),x);
(%o13) f(x):=sin(√(1-x²))
(%o14) -x cos(√(1-x²)) / √(1-x²)
```

Nun sollten Sie genügend Erfahrungen gesammelt haben, um selbst auf Entdeckungsreise im Bereich der Computeralgebra zu gehen.

4.5.2 Dynamische Geometriesysteme

Das Gegenstück zur Computeralgebra stellen im Bereich der darstellenden Geometrie *dynamische Geometriesysteme* (kurz: *DGS*) dar. Diese bieten die Möglichkeit, eine Zeichnung zu erstellen, deren Elemente durch Anfassen mit der Maus und nachfolgendem Verzerren bzw. Verschieben dynamisch geändert werden können.

Ein prominentes Beispiel für ein derartiges DGS ist das Programm *GeoGebra* (*www.geogebra.org*). Die folgende Übung gibt Ihnen einen kleinen Eindruck von der Leistungsfähigkeit des Systems.

Übung

- Zeigen Sie, dass sich in einem beliebigen spitzwinkligen Dreieck die Mittelsenkrechten der Seiten in einem beliebigen Punkt schneiden.
- Zeigen Sie, dass es sich dabei um den Umkreismittelpunkt handelt.
- Verändern Sie das Dreieck hin zu einem stumpfwinkligen Dreieck. Wie verändert sich die Lage des Umkreismittelpunkts?

ANLEITUNG

1. Laden Sie GeoGebra von *http//www.geogebra.org/* herunter und installieren Sie das Programm gemäß Anleitung. *Hinweis*: Sie können das Programm per Webstart auch direkt im Browser ausführen.

2. Zeichnen Sie ein Dreieck mit dem Vieleckwerkzeug aus der Symbolleiste, indem Sie drei Punkte durch Anklicken der Zeichenfläche erstellen und den letzten Punkt noch einmal anklicken.

3. Wählen Sie aus dem Menü das Werkzeug für Mittelsenkrechten und klicken Sie eine Dreiecksseite an.

Sofort wird die Mittelsenkrechte gezeichnet. Verfahren Sie analog mit den restlichen Seiten.

4. Wählen Sie das Punktwerkzeug *Schneide zwei Objekte* und erstellen Sie damit den Schnittpunkt zweier Mittelsenkrechten durch Anklicken der entsprechenden Geraden.

5. Zeichnen Sie schließlich einen Kreis, der den Schnittpunkt der Mittelsenkrechten als Mittelpunkt und einen der Eckpunkte als Kreisrandpunkt besitzt.

Sie können nun das Bewegungswerkzeug (gekennzeichnet durch einen Mauspfeil) auswählen, den Kreis an einem Eckpunkt anfassen und nach Belieben verzerren. Sie werden feststellen, dass sich zwar die Lage des Schnittpunkts ändert, dieser aber stets Mittelpunkt des Umkreises ist (▶Abbildung 4.28). Im Falle eines stumpfwinkligen Dreiecks liegt der Mittelpunkt außerhalb des Dreiecks.

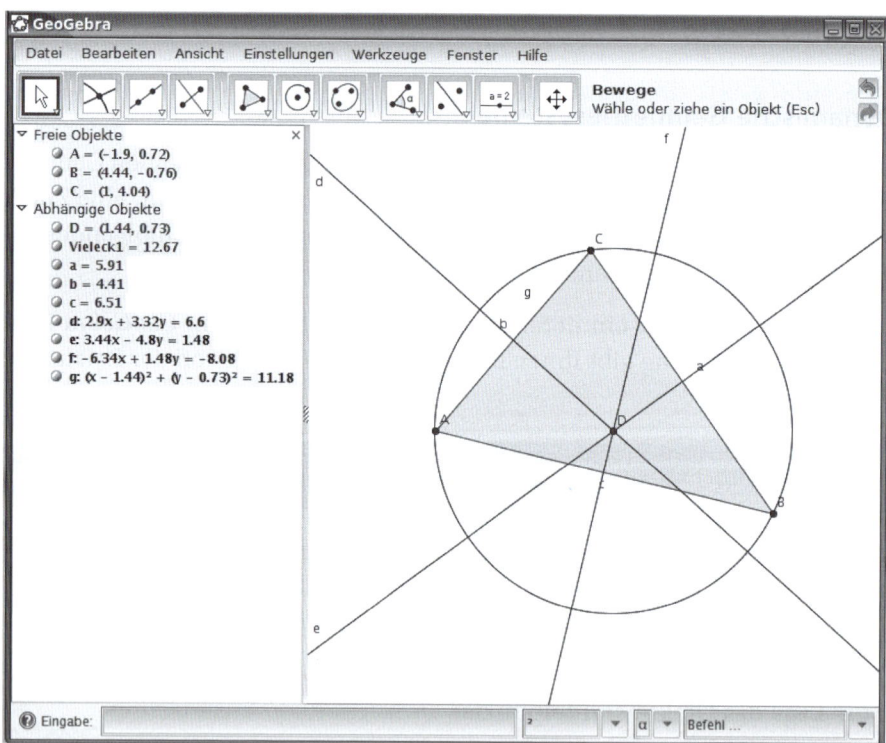

Abbildung 4.28: Das dynamische Geometriesystem GeoGebra ermöglicht das intuitive und interaktive Erforschen geometrischer Zusammenhänge.

4.6 Zertifizierungen

In der heutigen Arbeitswelt genügt es nicht, perfekt mit Software umgehen zu können, man muss dieses spezielle Wissen auch dokumentieren können. Je nach Softwareumfeld bieten sich die folgenden Zertifizierungen als Nachweis besonderer Fähigkeiten an.

4.6.1 ECDL

Der Europäische Computerführerschein (*ECDL/ICDL = European (International) Computer Driving License*) bescheinigt seinem Inhaber, dass er in der Lage ist, mit dem Großteil der auf dem Markt befindlichen Bürosoftware umzugehen. Der *ECDL-Syllabus* beschreibt dabei die zum Erhalt des Führerscheins zu erwerbenden Fähigkeiten in detaillierter Form. Der aktuelle Syllabus 5 beinhaltet die folgenden Module (Themenbereiche):

- **Modul 1 – Grundlagen der Informationstechnologie (IT)**: In diesem Modul wird das Grundwissen zu Computerhardware und -software überprüft. Dazu gehört der Aufbau eines Computersystems ebenso wie Grundlagen der Netzwerktechnik oder Aspekte der Computersicherheit.

  Das Wissen, welches zum erfolgreichen Bestehen des Moduls erforderlich ist, kann unabhängig von speziell eingesetzten Betriebssystemen oder Programmen erworben werden.

- **Modul 2 – Betriebssysteme**: Dieses Modul behandelt die wesentlichen Funktionen eines Betriebssystems wie z.B. Dateihandling oder Drucken und Erstellen kleinerer Dokumente mit Bordmitteln. Auch die Orientierung und Navigation auf dem Desktop ist ein Thema.

  Dieses Modul setzt zum Erlernen zwingend das Vorhandensein eines Microsoft-Betriebssystems voraus. Aufgrund der (aktuell) geringen Akzeptanz gibt es derzeit keine Erwägungen, auch Mac OS oder Linux in die Prüfungen zu integrieren.

- **Modul 3 – Textverarbeitung**: In diesem Bereich werden Standardaufgaben, die mit einer Textverarbeitung zu erledigen sind, abgeprüft. Beispiele sind das Formatieren von Dokumenten, das Erstellen von Serienbriefen und das Einfügen von Bildern, Tabellen und anderen Objekten in Textdokumente.

  Hier haben Sie die Wahl, ob Sie Ihr Wissen entweder anhand von Microsoft Word bzw. OpenOffice.org Writer unter Beweis stellen möchten. Die Tests beziehen sich auf die jeweils aktuelle Version oder eine Vorgängerversion der Software.

- **Modul 4 – Tabellenkalkulation**: Im Bereich Tabellenkalkulation stehen die wichtigsten Arbeiten mit dem zentralen Rechenwerkzeug der Office-Software im Vordergrund. Zellberechnungen und Formeln werden ebenso behandelt wie das Anfertigen von Diagrammen.

  Bei diesem Modul können Sie entscheiden, ob die Prüfung das Microsoft-Produkt Excel oder die freie Software OpenOffice.org Calc behandelt.

- **Modul 5 – Datenbanken**: Das wohl schwierigste Modul behandelt relationale Datenbanken in Theorie und Praxis. Dabei werden Grundbegriffe wie Datenbanken, Datensätze und Tabellen, aber auch Beziehungen (Relationen) zwischen Tabellen abgeprüft.

  Im Test haben Sie die Wahl zwischen Microsoft Access und der relativ jungen Datenbank OpenOffice.org Base.

- **Modul 6 Präsentationen**: Das Modul beschäftigt sich mit dem Erstellen anspruchsvoller animierter Präsentationen. Auch der „gute Stil" einer Präsentation wird hier vermittelt.

  Neben Microsoft PowerPoint können Sie Ihr Wissen zu OpenOffice.org Impress abprüfen lassen.

- **Modul 7 – Internet und Kommunikation**: Dieser wieder etwas allgemeiner gehaltene Bereich stellt die wesentlichen Bausteine der modernen Internet- und Kommunikationstechnik in den Fokus. Informationsbeschaffung per Suchmaschine, aber auch das Verschicken von E-Mails, das Herunterladen von Dateien aus dem Netz oder Web 2.0-Anwendungen stehen hier im Vordergrund.

Die Alternativen zum Duo Internet Explorer/Outlook (Express) sind in diesem Modul der Browser Firefox und der Mailclient Thunderbird.

Weiterführende Informationen zum ECDL finden Sie unter *www.dlgi.de/ecdl*.

Zum Training für den ECDL bieten sich die folgenden Seiten an: *www.ecdl-moodle.de* sowie *www.klickdichschlau.at*.

4.6.2 MCSE

Das Prädikat *Microsoft Certified Systems Engineer* (*MCSE*) wird von Microsoft vergeben und dokumentiert überdurchschnittliches administratives Wissen im Bereich der Microsoft-Betriebssystemwelt. Die Prüfung besteht aus sieben MCP(Microsoft Certified Professional)-Einzelprüfungen, die sich hauptsächlich um die Themen Client, Server und Netzwerk drehen. Die aktuellen Fragen befassen sich mit dem Betriebssystem Microsoft Server 2008.

Mehr Informationen zum MCSE finden Sie unter *www.microsoft.com/germany/learning/mcse/default.mspx*.

4.6.3 LPIC

Auch im Bereich des freien Betriebssystems Linux haben Sie die Möglichkeit, sich zu zertifizieren. Das *Linux Professional Institute* (*LPI*) ist das führende professionelle Zertifizierungsprogramm der Linux-Gemeinschaft. Die Zertifizierung *LPIC* (*Linux Professional Institute Certification*) ist distributionsunabhängig und richtet sich speziell an künftige Linux-Administratoren. Über weitere Zertifizierungsprogramme, z.B. für Anwender und Entwickler, wird nachgedacht.

Weitere Informationen zum LPIC finden Sie unter *www.lpi-german.de*.

4.6.4 Apple Zertifizierung

Zertifizierungen im Bereich der Marke mit dem Apfellogo bietet der Hersteller höchstpersönlich an. Mehr Informationen zu den angebotenen Fortbildungsbausteinen finden Sie unter *http://www.apple.com/de/training/*.

> ## Z U S A M M E N F A S S U N G
>
> - Ein **Betriebssystem** wird mithilfe eines **Bootloaders**, der sich im **Master Boot Record** befindet, gestartet. Der **Bootmanager** erlaubt die Auswahl des zu startenden Betriebssystems, wenn sich mehrere Systeme auf der Festplatte befinden. Die grafische Oberfläche des Betriebssystems wird **Desktop** genannt.
>
> - Eine Aufteilung von Festplatten erfolgt in Form von **Partitionen**. Bei vorkonfigurierten Systemen belegt das Betriebssystem in der Regel die gesamte Festplatte. Sinnvoller ist die Trennung von Betriebssystem und Daten in Form einer **System**- und einer **Datenpartition**.
>
> - Jeder Partition muss ein **Dateisystem** zugeordnet werden. Im Falle von Windows verwendet man das NTFS-Dateisystem, Linux-Anwender erstellen ext3- oder ext4-Partitionen, und Mac OS-Anwender greifen auf HFS+ zurück.

- Das Betriebssystem verwaltet Tausende parallel laufender **Prozesse**. Die Fähigkeit, Programme scheinbar nebenläufig zu betreiben, nennt man **Multitasking**. Die **Priorität von Prozessen** kann herauf- bzw. herabgesetzt werden. Unter Linux verwendet man hierfür die Befehle `nice` bzw. `renice`.

- Zur Kategorie der **Office- bzw. Bürosoftware** zählt man **Textverarbeitung, Tabellenkalkulation** und **Präsentationssoftware**. Mithilfe einer Textverarbeitung lassen sich umfangreiche Dokumente in übersichtlicher Form erstellen. Tabellenkalkulationen gestatten komplexe Berechnungen von mathematischen und betriebswirtschaftlichen Fragestellungen. Präsentationsprogramme werden zur Gestaltung ansprechender Vorträge eingesetzt.

- **Datenbanken** werden zur Erfassung und Organisation von Datenbeständen verwendet. Eine Datenbank besteht aus mehreren **Tabellen**, die über **Relationen** (Beziehungen) miteinander verknüpft sind. Beim Design einer Datenbank ist darauf zu achten, dass die Datenbestände konsistent (d.h. nicht widersprüchlich) sind. Sie sollten möglichst wenige Mehrfachnennungen aufweisen, d.h. frei von **Redundanzen** sein.

- **PIM(Personal Information Management)**-Software besteht aus den folgenden Modulen: einem **Kalender**, einer **Aufgabenanwendung** und einem **Adress-** bzw. **Kontaktmodul**. In der Regel ist PIM-Software auch an ein **Mailprogramm** angebunden.

- Im Bereich **Desktop-Publishing (DTP)** werden Dokumente hauptsächlich nach Kriterien des Drucksatzes erstellt. Die Software ist in der Lage, Texte entlang von Pfaden auszurichten, und einer Standardtextverarbeitung vom visuellen Standpunkt her überlegen.

- Das **Internet** hat mittlerweile die klassischen **Kommunikationskanäle** wie das Telefon verdrängt. Eine Vielzahl von Kommunikationsvarianten steht mit dem neuen Medium zur Verfügung. Man unterscheidet zwischen **asynchroner und synchroner Kommunikation**. Zur ersten Gattung gehören **E-Mail** und der Austausch in **Webforen**, zur zweiten **Internettelefonie (Voice over IP)** sowie die **Videokonferenz**.

- Im Bereich der Datenübertragung via Internet ist man darauf bedacht, möglichst wenig **Bandbreite** für die Übertragung von Daten in Anspruch zu nehmen. Idealerweise werden Daten vor dem Versenden komprimiert. **Kompressionsprogramme** wie z.B. ein **Zip-Tool** findet man in allen aktuellen Betriebssystemen.

- Im Bereich der computergestützten Mathematik haben **Computeralgebrasysteme (CAS)** und **dynamische Geometriesysteme (DGS)** einen festen Platz eingenommen. Mithilfe der Computeralgebra lassen sich komplexe Gleichungen und Gleichungssysteme symbolisch lösen. DGS-Programme ermöglichen einen spielerischen, interaktiven Zugang zur Geometrie.

- Bei der beruflichen Zusatzqualifikation spielen **Zertifikate**, die dem Anwender Schlüsselqualifikationen im Computerbereich bescheinigen, eine zunehmende Rolle. Insbesondere der **Europäische Computerführerschein (ECDL)** erhöht die Chancen, zu einem Vorstellungsgespräch eingeladen zu werden.

Z U S A M M E N F A S S U N G

Grafik & Multimedia

5

ÜBERBLICK

>> Im Grafik- und Multimediabereich sind Computer nicht mehr wegzudenken. Kaum ein aktueller Kinofilm kommt ohne Animationen aus, die in komplexen Serverparks berechnet werden. Und auch der Heimanwender verwendet Bildbearbeitungs- und Videoschnittsoftware ebenso selbstverständlich wie Vektorgrafikprogramme. Das folgende Kapitel gibt einen Überblick und eine Einführung in die wichtigsten Anwendungen. <<

5.1 Computergrafik

5.1.1 Grundlagen

Bei grafischen Arbeiten mit dem Computer unterscheidet man grundsätzlich zwei Varianten:

- Im Bereich der *pixelbasierten Grafik* wird ein Bild in einem Raster von Bildpunkten beschrieben. Jeder einzelne Bildpunkt trägt eine Farbinformation. Die Farbinformation wird in einem Farbraum codiert. Beispiele für eine pixelorientierte Grafik sind Bilder einer digitalen Fotokamera. Der Vorteil der pixelorientierten Grafik ist ihre *fotorealistische Abbildungstreue.* Der Nachteil ist der große Speicherbedarf, den derartige Bilder beanspruchen.

- Die *vektorbasierte Grafik* arbeitet mit Bildern, die aus Strecken, Linien, Polygonen oder einer überschaubaren Anzahl von Punkten zusammengesetzt sind. Jedes dieser Objekte lässt sich durch eindeutige Koordinatenangaben beschreiben. Der Vorteil der vektororientierten Grafik ist die Möglichkeit der unbegrenzten *Skalierbarkeit*: Durch eine Koordinatentransformation kann ein Bild beliebig vergrößert oder verkleinert werden, ohne dass sich an der Bildinformation etwas ändert. Der Speicherbedarf derartiger Grafiken ist in der Regel gering.

▶Abbildung 5.1 verdeutlicht die oben beschriebenen Eigenschaften von Vektor- und Pixelgrafik.

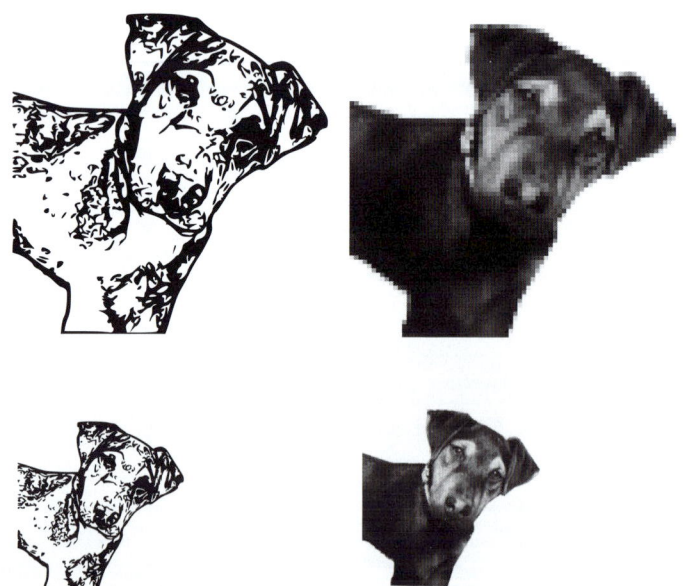

Abbildung 5.1: Skalierungs- und Abbildungstreue von Vektor- und Pixelgrafik: Während die Pixelgrafik auf der linken Bildseite im Kleinformat ein naturgetreues Bild liefert, kann man bei der Vektorgrafik das Objekt nur einigermaßen gut erkennen. Andererseits skaliert die Vektorgrafik verlustfrei.

Farben, Farbtiefe, Farbräume

Die Darstellung von Bildern auf einem Computermonitor folgt einem anderen Prinzip als die Darstellung von Bildern auf einem Farbausdruck. Man unterscheidet:

- **Additive Farbmischung**: Auf dem Monitor werden Farben durch die Überlagerung der drei Grundfarben **R**ot, **G**rün und **B**lau dargestellt. Basis der additiven Farbmischung ist daher der sogenannte **RGB**-Farbraum. Aus dem Physikunterricht kennen Sie vielleicht das Beispiel, in dem sich ein Rad, das die drei Grundfarben Rot, Grün und Blau in drei gleich großen Sektoren enthält, schnell dreht: Der Beobachter nimmt als Summe die Farbe Weiß wahr.

- **Subtraktive Farbmischung**: Das ist die klassische Farbmischung, die Sie auch aus der Kunst kennen: Blau und Gelb ergeben, übereinandergezeichnet, Grün. Basis des subtraktiven Farbraums sind die Farben **C**yan (Blau), **M**agenta (Purpur) und **Y**ellow (Gelb). Der Farbraum wird **CMY** genannt. Das zugehörige Farbmodell wird beim Drucken angewendet, hier ergänzt man allerdings noch die Farbe Schwarz durch eine Extrapatrone, um beim reinen Schriftdruck nicht ausschließlich Farbe zu verwenden.

Auch am Computer können Sie die additive und subtraktive Farbmischung nachvollziehen:

Übung

Erforschen Sie die additive und subtraktive Farbmischung mithilfe des Bildbearbeitungsprogramms *Gimp*.

ANLEITUNG

Additive Farbmischung

1. Starten Sie das Pixelzeichenprogramm Gimp (*Anwendungen/Grafik/Gimp Bildbearbeitung*).

2. Führen Sie einen Doppelklick auf das Farbauswahlfeld für Vordergrund-/ Hintergrundfarbe durch und erstellen Sie eine neue Farbe durch Eingabe von drei Zahlenwerten für Rot, Grün und Blau. Alternativ können Sie die Werte auch mithilfe der Schieberegler einstellen. Die Werte liegen im Bereich von 0 bis 255, wobei 255 dem Maximalanteil der entsprechenden Farbkomponente entspricht.

Abbildung 5.2: Additive Farbmischung lässt sich am einfachsten mit Gimp oder einem beliebigen anderen pixelorientierten Grafikprogramm erfahren.

Eine andere Möglichkeit, die Farben zu mischen, bieten die Regler *H* (*hue*, Farbton), *S* (*saturation*, Sättigung) und *V* (*value*, Helligkeitsstufe). Testen Sie auch hier einmal einige Möglichkeiten durch Verstellen der Schieberegler.

Subtraktive Farbmischung

Die Demonstration der subtraktiven Farbmischung ist auf einem Monitor ein wenig trickreicher.

1. Starten Sie das Pixelzeichenprogramm Gimp (*Anwendungen/Grafik/Gimp Bildbearbeitung*) und erstellen Sie eine neue Zeichnung.

2. Zeichnen Sie eine elliptische oder rechteckige Auswahl und öffnen Sie anschließend das Farbauswahlfeld per Doppelklick. Zur Wahl einer Füllfarbe klicken Sie auf den rechten Reiter, der alle Basisfarben bereitstellt. Wählen Sie als erste Füllfarbe Magenta aus und füllen Sie die Ellipse mit dem Füllwerkzeug. Wichtig: Wählen Sie als Werkzeugmodus *Multiplikation*.

3. Erstellen Sie nun zwei weitere elliptische Auswahlen und füllen Sie diese mit Zyan und Gelb. Wichtig: Alle zu füllenden Bereiche müssen separat angeklickt werden.

Das fertige Ergebnis zeigt ▶Abbildung 5.3 (in Farbe siehe eBook-Kapitel auf der DVD).

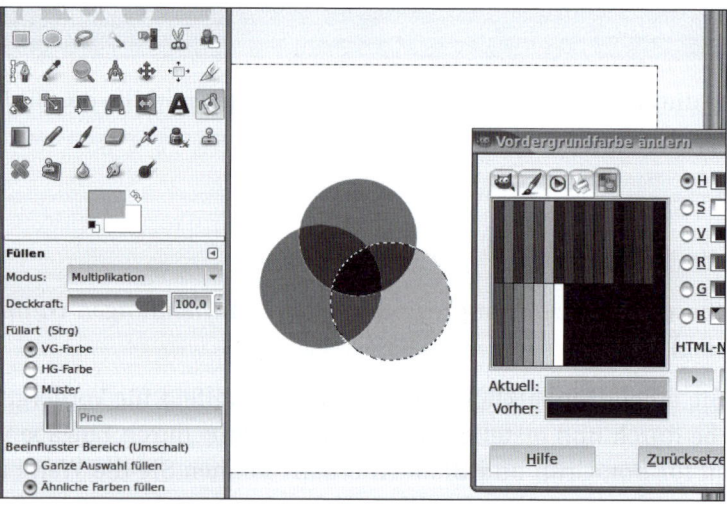

Abbildung 5.3: Die Demonstration der subtraktiven Farbmischung mit Gimp ist ein wenig trickreich.

Zum Weiterarbeiten

1. Wie viele verschiedene Farbtöne lassen sich mit dem RGB-Farbmodell erzeugen?

2. Demonstrieren Sie die additive Farbmischung mithilfe von Gimp mit drei Ellipsen analog zur Vorgehensweise bei der subtraktiven Farbmischung. Welchen Modus müssen Sie hier für das Werkzeug wählen?

3. Eine Sammlung verschiedener Videotutorials zu Gimp hat Axel Pratzner online gestellt. Sie finden diese auf *http://www.gimp-tutorials.de/*.

Auflösung und Farbtiefe

Bei Pixelformaten spielt die Anzahl der Bildpunkte im Hinblick auf die Qualität eines Bildes eine entscheidende Rolle. Jedes Bild ist in Form eines Rasters in *Pixel* (*Picture Elements*) unterteilt. Je mehr Pixel zur Verfügung stehen, umso detailreicher erscheint ein Bild. Die Auflösung von Computerdisplays beginnt heute bei 1024 x 600 Bildpunkten (Netbooks) und endet im oberen Bereich bei 2560 x 1440 Pixel (iMac 27"). Bei digitalen Fotoapparaten hat man längst die 10-Megapixel-Marke geknackt: Typische Kamerasensoren erfassen 3648 x 2736 Bildpunkte = 9,98 Megapixel.

Im Druckbereich findet man eine andere Auflösungseinheit: *dpi* steht hier für *dots per inch* und bedeutet Punkte pro Zoll bzw. Pixel pro Zoll.

Eine wichtige Größe zur Darstellung fotorealistischer Bilder ist die Farbtiefe: Diese gibt an, wie viele Farbabstufungswerte für die Farbdarstellung bei einem einzigen Bildpunkt zur Verfügung stehen. ▶Tabelle 5.1 gibt Aufschluss über die wichtigsten Farbtiefen. Beachten Sie, dass die Anzahl der darstellbaren Farben stets Zweierpotenzen sind.

Farbtiefe	Name/Verwendung	Anzahl darstellbarer Farben
1	monochrom	$2 = 2^1$
4	EGA-Grafik	$16 = 2^4$
6	Amiga-Grafik	$64 = 2^6$
8	MSX2-Grafik	$256 = 2^8$
12	NeXT Workstation	$4096 = 2^{12}$
15	Real Color	$32.768 = 2^{15}$
16	High Color	$65.536 = 2^{16}$
24	True Color	$16.777.216 = 2^{24}$

Tabelle 5.1: Farbtiefen im Endanwenderbereich. Heute üblich ist die Farbtiefe True Color.

Anhand der obigen Ausführungen wird deutlich, dass bei hochaufgelösten Bildern ein gesteigerter Bedarf zur komprimierten Abspeicherung der Bildinformationen besteht. Dazu zwei Beispiele: Ein Bild für einen geringauflösenden Bildschirm mit 1024 x 768 Bildpunkten beansprucht bei einer Farbtiefe von 24 Bit (True Color) bereits 2,3 Megabyte Speicherplatz, das Bild einer 10-Megapixel-Digitalkamera würde ca. 30 Megabyte Speicher einnehmen. Dieser Speicherbedarf kann allerdings durch leistungsfähige Kompressionsalgorithmen gesenkt werden: Diese reduzieren den Platzbedarf für ein Bild auf einen Bruchteil des Werts ohne Kompression: Ein 10-Megapixel-Bild beansprucht mit modernen Kompressionsverfahren ca. 5 Megabyte Speicherplatz.

Bildkompression und Bilddateiformate

Ein wesentliches Prinzip der Kompression von Digitalfotos offenbart sich, wenn ein Foto bis zur Erkennung der Pixelstruktur stark vergrößert wird (▶Abbildung 5.4):

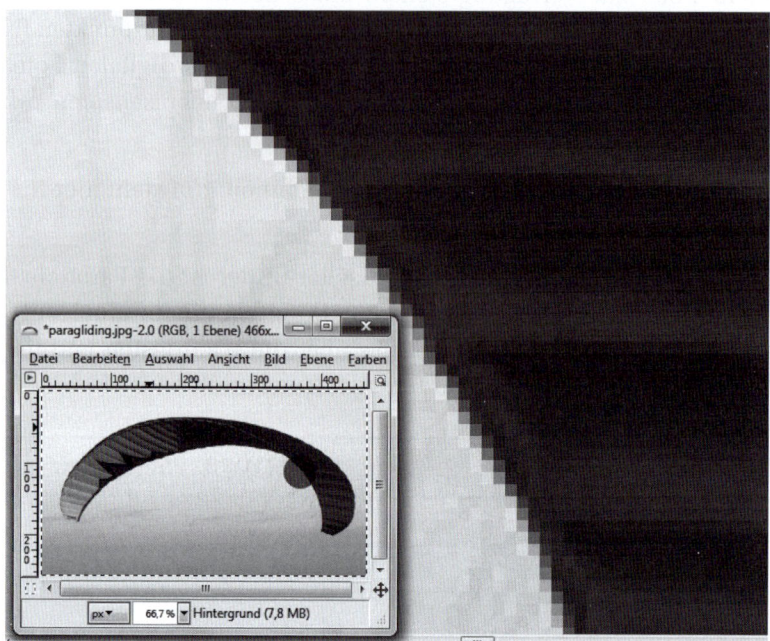

Abbildung 5.4: Große benachbarte Bereiche besitzen oft nahezu gleiche Farbwerte (unten links Originalbild mit kreisförmig markiertem Ausschnitt).

In der Abbildung sieht man im Wesentlichen nur zwei Hauptfarb- bzw. Helligkeitstöne. Zum Abspeichern eines derartigen Bilds *ohne Informationsverlust* geht man folgendermaßen vor:

- Gleiche Farbwerte von Nachbarpixeln werden in Form einer *Lauflängencodierung* abgespeichert (vgl. *Kapitel 8*).

- Ändern sich Farbwerte, so werden nur die *Änderungswerte zwischen den benachbarten Pixeln* gespeichert, was ebenfalls den erforderlichen Speicherplatz reduziert. Ein Beispiel: Die Änderung um bis zu vier Farbstufen lässt sich mit zwei Bit beschreiben (Kombinationsmöglichkeiten: 00, 01, 10, 11). Sollen die Farbwerte hingegen direkt gespeichert werden, so sind pro Farbwert mindestens 8 Bit notwendig.

Bei der *verlustbehafteten Kompression* geht man einen Schritt weiter, indem man sich spezifische Schwächen des menschlichen Sehens zunutze macht: Bestimmte Kontrastunterschiede können vom Auge nicht mehr getrennt werden, sodass man derartige Informationen auch beim Speichern weglassen kann. Das Bild wird auf diese Weise allerdings aktiv verändert und verliert je nach Kompressionsgrad an Qualität. Dazu folgende Übung:

Übung

Öffnen Sie ein Beispielbild in der Lernumgebung und speichern Sie dieses im *JPEG*-Format mit unterschiedlichen Kompressionsgraden ab.

ANLEITUNG

Kompression von Bildern

1. Starten Sie das Pixelzeichenprogramm Gimp (*Anwendungen/Grafik/Gimp Bildbearbeitung*) und öffnen Sie das Beispielbild im *TIF*-Format aus dem Begleitmaterial.

2. Speichern Sie das Bild im *JPEG*-Format ab: Wählen Sie den Menüpunkt *Speichern unter* und geben Sie als Dateiendung *.jpg* ein. Gimp speichert das Bild automatisch in dem Format, das die Endung vorgibt.

Es erscheint das JPEG-Optionsmenü.

3. Wählen Sie hier die Option *Vorschau im Bildfenster anzeigen* und verändern Sie den Schieberegler *Qualität*.

Bei einstelligen Werten müssen Sie deutliche Qualitätseinbußen hinnehmen. Andererseits wird dadurch die Dateigröße auch deutlich reduziert. Angehende Experten können sich an dieser Stelle auch einmal die *Erweiterten Optionen* anschauen.

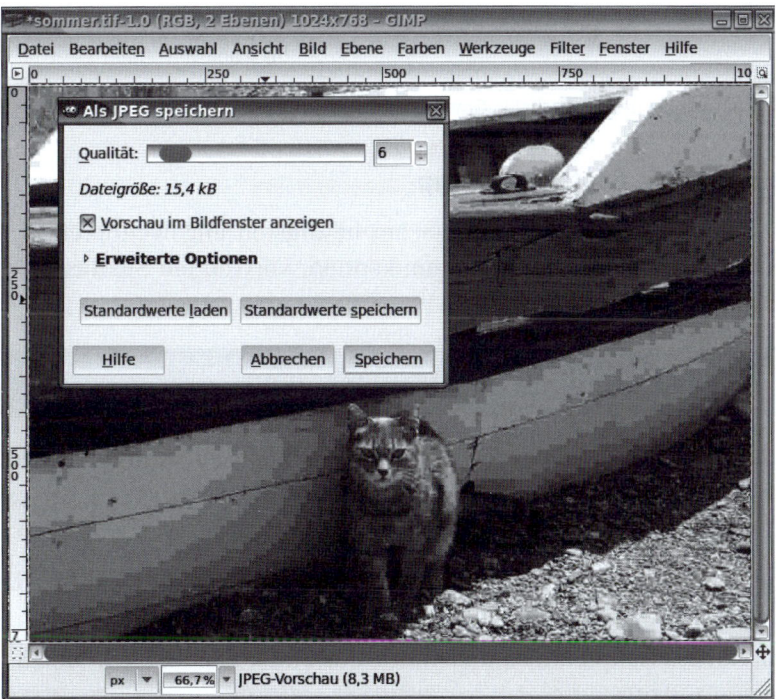

Abbildung 5.5: Durch Kompression von Bilddateien handelt man sich bei Verringerung der Qualität deutliche Bildartefakte ein. Andererseits verkleinert sich die Dateigröße. Hier gilt es, den goldenen Mittelweg zu finden.

Tabelle 5.2 stellt die wichtigsten Bilddateiformate zusammen. Es werden sowohl Pixel- als auch Vektorgrafikformate aufgeführt.

Grafiktyp	Kürzel	Name	Anwendungsbereich
Pixelgrafik	BMP	Windows Bitmap	Unkomprimierte Grafik/Screenshots unter Windows
	TIFF	Tagged Image File Format	Containerformat für unkomprimierte oder komprimierte Grafik
	GIF	Graphics Interchange Format	Komprimierte Grafik, kleine Bilder für die Veröffentlichung im Internet
	PNG	Portable Network Graphics	Verlustfreie Bildkompression für Webgrafiken
	JPEG	Joint Photographic Experts Group	Verlustbehaftetes Format, Speicherung von Digitalfotos
Vektorgrafik	EPS	Encapsulated Postscript	Standardformat für Vektorgrafiken
	EMF	Windows Enhanced Metafile	Vektorgrafikformat unter Windows
	AI	Adobe Illustrator	Format von Adobes Vektorzeichenprogramm
	CDR	Corel Draw	Format des Zeichenprogramms Corel
	CGM	Computer Graphics Metafile	ISO-Standard für Vektorgrafiken
	SVG	Scalable Vector Graphics	Standardformat, wird unter anderem von Inkscape verwendet

Tabelle 5.2: Übersicht über die gebräuchlichsten Grafikdateiformate

5.1.2 Pixelorientierte Grafik mit Gimp

In diesem Abschnitt lernen Sie einige der am häufigsten angewendeten Bildoperationen mit einem pixelorientierten Grafikprogramm kennen. Verwenden Sie für die Übung das auf der DVD beiliegende Übungsmaterial.

Übung

Öffnen Sie das Beispielbild *motorrad.jpg* und führen Sie folgende Arbeiten am Bild durch:

- Verkleinern Sie das Bild auf 50 % seiner ursprünglichen Größe.
- Schärfen Sie das Bild nach.
- Der Hintergrund bzw. die hintere Kulisse ist überbelichtet, der Vordergrund ist etwas zu dunkel. Korrigieren Sie die Helligkeit.
- Schneiden Sie das Hauptmotiv auf dem Bild aus und kopieren Sie es in ein neues Bild.
- Wandeln Sie das Bild mithilfe eines Filters in ein Ölgemälde aus der Epoche des Kubismus um.

ANLEITUNG

Elementare Bildbearbeitung

1. Öffnen Sie das Beispielbild mit Gimp (rechter Mausklick auf das Bild und dann Kontextbefehle *Öffnen mit/Gimp Bildbearbeitung*).

2. Zur Skalierung wählen Sie *Bild/Bild skalieren*. Stellen Sie als Maßstabsgrundlage *Prozent* ein und wählen Sie 50 %.

Das Bild wurde verkleinert. Vergrößern Sie die Darstellungsgröße im Fenster über das Auswahlfeld auf ca. 50 %.

Durch eine Skalierung verliert ein Bild üblicherweise an Schärfe. Das korrigiert man folgendermaßen:

3. Wählen Sie das Menü *Filtern/Verbessern/Schärfen*. Anhand der Vorschau gewinnen Sie einen Eindruck, wie sich das Bild nach der Operation ändern wird. Führen Sie die Operation durch, wenn Sie mit der Vorschau zufrieden sind.

Zur Korrektur des überbelichteten Hintergrunds wird dieser zunächst markiert. Da der überbelichtete Bereich unregelmäßig ist, geht das am einfachsten mit dem *Lassowerkzeug*:

4. Markieren Sie den überbelichteten Bereich mit dem Lassowerkzeug. Wählen Sie anschließend das Menü *Farben/Helligkeit und Kontrast* und passen Sie beide Werte mit den Schiebereglern nach Ihren Vorstellungen an.

Nun kommt der handwerklich schwierigste Part, das Freistellen eines Motivs. Dazu verwenden Sie die *magnetische Schere*:

5. Klicken Sie mit der magnetischen Schere großzügig entlang des Objekts, bis Sie es einmal umrundet haben. Klicken Sie als Letztes noch einmal mitten auf das Objekt, und es erscheint die Auswahl.

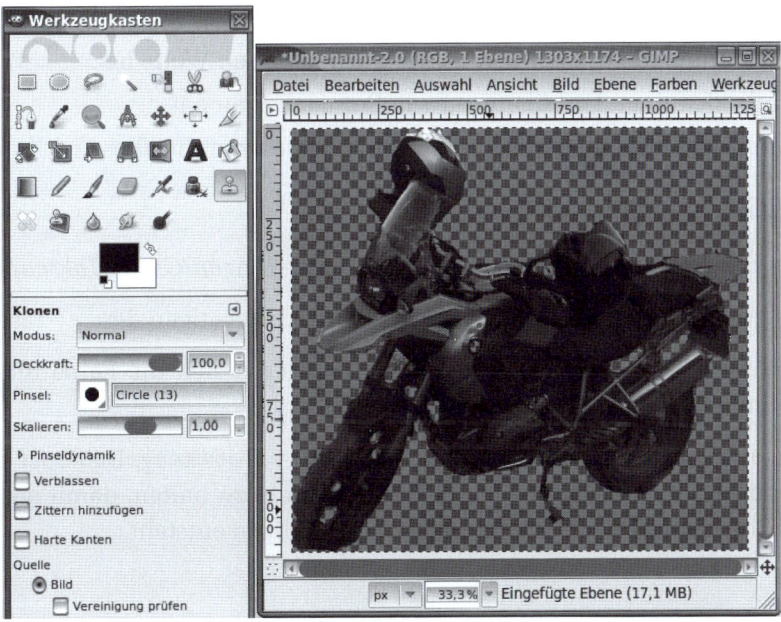

Abbildung 5.6: Das Freistellen von Objekten erfordert viel Fingerspitzengefühl.

6. Wählen Sie das Menü *Bearbeiten/Kopieren* und kopieren Sie die Auswahl über *Datei/Erstellen/Aus Zwischenablage* in ein neues Bild.

7. Nun sind noch einige Feinarbeiten erforderlich. Fehlende Teile am Motiv erstellen Sie mit dem *Klonwerkzeug* (Stempelsymbol), überzählige Details werden mit dem *Radiergummi* entfernt. Informieren Sie sich über die beiden Befehle anhand der Gimp-Hilfe.

Jetzt können Sie sich auch einmal an Ihre eigenen Bilder wagen.

Künstlerisch interessant sind die *Skript-Fu-Filter* von Gimp. Öffnen Sie noch einmal das Originalbild und skalieren Sie es auf ca. 30 % seiner ursprünglichen Größe.

8. Wenden Sie den Impressionismusfilter (*Filter/Künstlerisch/Kubismus*) an.

Das Ergebnis erinnert an die Werke der kubistischen Künstler.

5.1.3 Vektorgrafik mit Inkscape

Zum Zeichnen professioneller Vektorgrafiken stehen Ihnen in der Lernumgebung zwei Programme zur Verfügung: *Inkscape* und *OpenOffice.org Draw*. Sie finden beide Zeichenprogramme im Menü *Anwendungen/Grafik*.

Aufgrund seiner Vielseitigkeit ist Inkscape bei vielen Anwendern äußerst beliebt. Die folgende Übung führt Sie durch die ersten Schritte mit Inkscape.

Übung

Erstellen Sie mit Inkscape eine Zeichnung, die folgende Elemente enthält:

- Ein rotes Quadrat über einem blauen Kreis unter einem gelben Stern.
- Einen kalligrafischen Schriftzug „Inkscape".
- Eine Bézierkurve, die die Form einer spitz zulaufenden Welle hat.
- Einen Kreis, der einen Farbübergang von Rot nach Blau hat.
- Gruppieren Sie schließlich alle Objekte und verkleinern Sie alles.

ANLEITUNG

1. Starten Sie das Programm Inkscape über *Anwendungen/Grafik/Inkscape*.

2. Vergrößern Sie zunächst die Zeichenfläche durch Betätigen der $\boxed{+}$-Taste.

3. Wählen Sie in der Farbleiste im unteren Fensterbereich die Farbe Blau aus. Dadurch ändert sich die Füllfarbe der Objekte.

4. Zeichnen Sie einen Kreis mit dem *Kreis-/Ellipsenwerkzeug*. Dabei ist es wichtig, während des Zeichnens die $\boxed{\text{Strg}}$-Taste gedrückt zu halten, damit der Kreis isometrisch verändert wird und nicht etwa eine Ellipse entsteht.

5. Fahren Sie auf die gleiche Weise mit dem roten Quadrat und dem gelben Stern fort. Die drei Objekte sollen sich wie gefordert überlappen.

Sie können die Objekte beliebig umgruppieren: `Bild ↓` senkt das aktuelle Objekt ab, `Bild ↑` befördert es schrittweise nach oben. Über die Eigenschaft der Opazität (erkennbar am Feld *O* unter der Füllfarbenleiste) können Sie auch die Transparenz der Objekte variieren.

6. Wählen Sie das Werkzeug *Kalligrafisch zeichnen* aus und erstellen Sie den Schriftzug „Inkscape" durch Zeichnen mit der Maus.[1]

Nun lernen Sie ein wichtiges Werkzeug kennen: das Bézier-Tool.

7. Klicken Sie auf das Werkzeug *Bézier-Kurven und glatte Linien zeichnen* und erstellen Sie damit zunächst eine Zickzacklinie. Diese Linie wird mithilfe des *Bearbeiten*-Werkzeugs zur Welle verformt: Greifen Sie einfach mit der Maus die einzelnen Segmente und verbiegen Sie diese, bis eine Welle entsteht.

8. Zeichnen Sie noch einen Kreis. Diesem soll ein Farbübergang zugeordnet werden. Dazu wählen Sie im Menü den Punkt *Objekt/Füllung und Kontur* und passen den Farbverlauf Ihren Vorstellungen an.

Abbildung 5.7: Vektorgrafik mit Inkscape: Im obigen Bild wurde das *Bearbeiten*-Werkzeug aktiviert, um die Bézierkurve der Aufgabenstellung anzupassen. Mit den Anfassern lassen sich die Ankerpunkte verschieben, ein Klick auf die Segmente gestattet das Verbiegen der geraden Strecken.

Klicken Sie schließlich das *Auswahl*-Werkzeug an, markieren Sie alle Objekte im Bild und wählen Sie *Objekt/Gruppieren*. Nun können Sie alle Objekte gemeinsam skalieren. Soll das gleichmäßig geschehen, ist wieder die `Strg`-Taste zu betätigen.

---

1 Hierfür bietet sich natürlich auch ein USB-Grafiktablett an. Dieses lässt sich auch gut in der virtuellen Lernumgebung nutzen. Das Tablett wird nach Anstecken an einen freien USB-Anschluss automatisch erkannt und kann danach sofort genutzt werden.

Bézierkurven

Eine Bézierkurve verbindet mehrere Punkte durch gekrümmte Liniensegmente. Dazu werden zunächst Stützstellen (sogenannte Ankerpunkte) erstellt. Die dazwischen befindlichen Segmente können mit Griffpunkten beliebig gekrümmt werden (▶Abbildung 5.8).

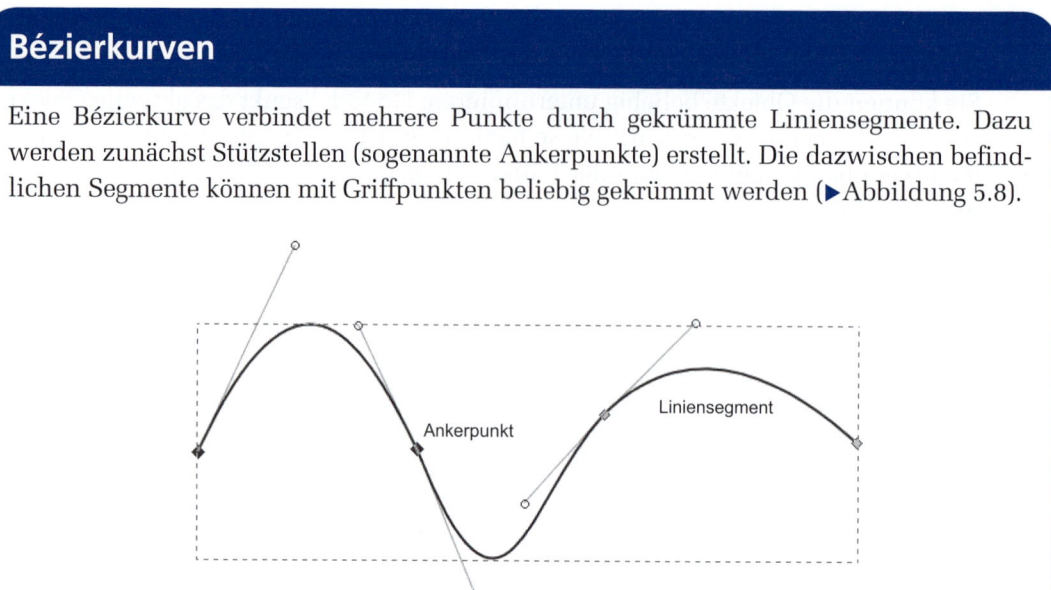

Abbildung 5.8: Wesentliche Elemente einer Bézierkurve

5.2   Digitales Audio

Analoge Tonträger wie Schallplatte und Kompaktkassette sind mittlerweile nahezu ausgestorben. Tondaten werden heute ausschließlich in digitaler Form erstellt, bearbeitet und weitergegeben. Das folgende Teilkapitel erläutert die wichtigsten Grundlagen.

5.2.1   Grundlagen der digitalen Tontechnik

Wie gelangen die Stimme eines Menschen oder die Töne eines Instruments in den Computer? ▶Abbildung 5.9 skizziert die prinzipiellen Schritte, die zur Umwandlung der akustischen Informationen durchlaufen werden:

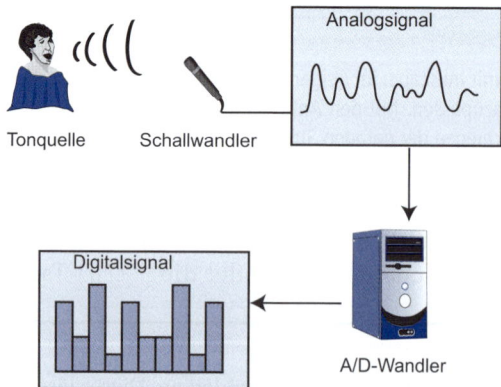

Abbildung 5.9: Der Weg eines Tonsignals von der Schallquelle zur digitalen Darstellung. Als A/D(Analog/Digital)-Wandler wird im Heimbereich üblicherweise der PC eingesetzt.

Der wesentliche Schritt zur Digitalisierung des ursprünglich analogen Signals, dessen Signalhöhe der Lautstärke entspricht, ist der Vorgang des *Sampelns*: Das analoge Signal wird schrittweise abgetastet, und den jeweiligen Signalhöhen wird ein digitaler Wert zugeordnet.

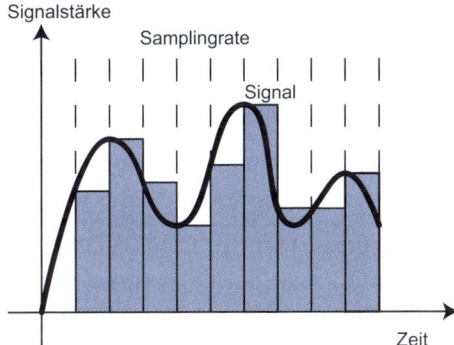

Abbildung 5.10: Zur Digitalisierung wird ein Signal in regelmäßigen Abständen abgetastet und die an diesen Stellen ermittelten Analogwerte in Digitalwerte umgerechnet. Im vorliegenden Beispiel wird dazu immer der Wert an der linken Flanke des Sampleintervalls verwendet.

Wesentliche Parameter, die die Qualität der digitalisierten Aufnahme bestimmen, sind:

- Die **Abtastfrequenz oder Samplingrate**: Diese bestimmt, in welchen Zeitabschnitten das analoge Signal erfasst und digitalisiert wird. Üblich sind Abtastfrequenzen von 44 bis 48 Kilohertz, d.h., pro Sekunde werden 44.000 bis 48.000 Samples registriert.

- Die **Datenbandbreite**, die zur Digitalisierung eines Samplingimpulses zur Verfügung steht: Mit 8 Bit können beispielsweise 255 Impulsunterschiede erfasst werden.

- Die **Bitrate**: Diese gibt an, welche Datenmenge in einem bestimmten Zeitintervall erfasst wird.

Die Bitrate ist insbesondere bei der verlustbehafteten Audiodatenspeicherung von Interesse, wie der folgende Abschnitt zeigen wird.

5.2.2 Audiodatenkompression

Moderne Medienwiedergabegeräte wie Apples iPod sind auf die Wiedergabe komprimierter Musikdateien abgestimmt, da unkomprimierte Daten, wie sie beispielsweise auf einer CD abgespeichert werden, sehr viel Speicherplatz beanspruchen.

MP3-Kompressionsverfahren

Geradezu bahnbrechend auf dem Gebiet des platzsparenden Speicherns von Audiodaten war die Erfindung des *MP3 (MPEG-1 Audio Layer 3)*-Kompressionsverfahrens durch die Forschungsgruppe um Karlheinz Brandenburg. Die MP3-Kompression basiert auf einem *psychoakustischen Hörmodell*: Dieses besagt, dass der Mensch gewisse Teile einer Audiodatei nicht wahrnehmen kann, wenn sie gemischt mit anderen Toninformationen abgespeichert wurden. Die überflüssigen Informationen können gezielt weggelassen werden, ohne dass sich an dem vom Menschen wahrnehmbaren akustischen Informationsgehalt etwas ändert.

Dazu ein Beispiel: Das menschliche Gehirn verfügt über ein dem MP3-Verfahren recht ähnlichen Informationsfilter: Wenn Sie sich in einer Diskothek mit Ihrem Gegenüber unterhalten, gelingt es Ihnen unbewusst, den Schallpegel der Umgebung herauszufiltern und sich nur auf das Gespräch zu konzentrieren.

Die folgende Übung führt Sie in die Grundlagen der Audiodatenkompression am PC ein. Dabei lernen Sie sowohl Encodiersoftware als auch einen Audioeditor als zentrales Werkzeug zur Bearbeitung von Tondateien kennen.

Übung

Wandeln Sie ein Musikstück einer Audio-CD in eine Ogg-Vorbis-Datei um. Verwenden Sie unterschiedliche Bitraten und vergleichen Sie die Ergebnisse.

ANLEITUNG

1. Legen Sie zunächst eine Audio-CD in Ihr CD-/DVD-Laufwerk ein.[2] Zunächst wird das entsprechende Musikstück von der CD auf das Dateisystem befördert. Diesen Vorgang nennt man auch *Rippen*. Dies geschieht mit dem Befehl `cdparanoia`:

```
cdparanoia <Titelnummer> titel_nr.wav
```

Im vorliegenden Fall wird der Titel mit der Nummer *<Titelnummer>* einer CD gerippt und das Ergebnis in eine unkomprimierte *.wav*-Datei geschrieben.

2. Die Kompression der Audiodaten in das *Ogg-Vorbis*-Format erfolgt durch den `oggenc`-Befehl:

```
pearson@pearson:~/Musik$ oggenc titel_nr.wav -b 192 -o titel_nr.ogg
Skipping chunk of type "LIST", length 208
Opening with wav module: WAV file reader
Encoding "titel_nr.wav" to
        "titel_nr.ogg"
at approximate bitrate 192 kbps (VBR encoding enabled)
    [100,0%] [ 0m00s remaining] |

Done encoding file "titel_nr.ogg"

    File length:  5m 02,0s
    Elapsed time: 0m 15,4s
    Rate:         19,5821
    Average bitrate: 179,3 kb/s
```

Im vorliegenden Fall wurde der Encoder angewiesen, für die Encodierung eine durchschnittliche Bitrate von 192 Kilobit pro Sekunde (kb/s) anzustreben, tatsächlich wurden 179,3 kb/s erreicht. Vergleicht man Originaldatei und encodierte Datei mit dem Kommandozeilenbefehl `ls`, so wird der Größenunterschied deutlich:

```
pearson@pearson:~/Musik$ ls -lh
insgesamt 58M
-rw-r--r-- 1 pearson pearson 6,5M 2009-12-24 10:39 titel_nr.ogg
-rwxrwxrwx 1 pearson pearson  51M 2009-12-23 16:19 titel_nr.wav
```

Die Originaldatei wurde auf ein Achtel ihrer ursprünglichen Größe komprimiert. Sie können sich das komprimierte Stück nach der Encodierung direkt über den folgenden Kommandozeilenbefehl anhören:

```
ogg123 titel_nr.ogg
```

---

2 Zur Durchführung der Übung in der Lernumgebung muss das entsprechende Laufwerk im VMware Player zunächst freigegeben werden, siehe *Anhang*. Sollte die Freigabe des CD-Laufwerks in der virtuellen Lernumgebung nicht funktionieren, so können Sie den Track auch einfach per Drag&Drop aus dem Wirtssystem in die Lernumgebung kopieren.

(Ogg-)Vorbis

Die Verwendung des MP3-Codecs für den privaten Gebrauch beschränkt sich zumeist auf das Codieren/ Decodieren in Verbindung mit kommerzieller Software wie z.B. Apples iTunes. Als Äquivalent zum MP3-Codec hat die Open-Source-Gemeinschaft den freien Audiocodec *Vorbis* entwickelt, der qualitativ hochwertige Audiodateien bei geringer Dateigröße produziert. Die komprimierten Audiodateien werden in das Containerformat *Ogg* verpackt, sodass man oft auch von *Ogg-Vorbis-Dateien* spricht. Leider hat sich das *Ogg-Vorbis*-Format im Privatanwenderbereich bislang nicht durchsetzen können.

Die Verwendung von MP3 im Open-Source-Umfeld ist rechtlich nicht ganz geklärt, sodass in der folgenden Übung der freie Vorbis-Codec verwendet wird. Wer dennoch nach den Möglichkeiten der Encodierung in das *MP3*-Format Ausschau hält, wird mit dem *Lame*-Paket fündig werden.

Zum Weiterarbeiten

Encodieren Sie dasselbe Musikstück mit unterschiedlichen Bitraten. Ab welcher Bitrate nehmen Sie deutliche Qualitätsverluste wahr?

5.2.3 Bearbeiten von Audiodateien

Audiodateien, die in digitalisierter Form auf dem PC vorliegen, können bequem mithilfe eines Audioeditors am PC bearbeitet und umgewandelt werden. Als Softwarelösung bietet sich hier der Open-Source-Audioeditor *Audacity* an.

Übung

- Schneiden Sie aus einer *.wav*-Datei ein Stück heraus.
- Blenden Sie den Anfang des Stücks ein.
- Blenden Sie das Ende des Stücks aus.
- Spielen Sie mit einigen Effekten des Programms (*Rückwärts abspielen*, *Geschwindigkeit ändern …*).
- Speichern Sie das bearbeitete Stück schließlich im *Ogg-Vorbis*-Dateiformat ab.

ANLEITUNG

1. Starten Sie den Audioeditor *Audacity* über *Anwendungen/Unterhaltungsmedien/ Audacity*. Öffnen Sie eine *.wav*-Datei in Audacity über *Datei/Öffnen*.

Darauf erscheint die Audiodatei in Form einer Signalhüllkurve im Editor. Die goldene Regel zur Bearbeitung von Dateien in Audacity lautet: Erst einen Bereich markieren, dann die Aktion/den Effekt anwenden.

2. Markieren Sie einen Bereich in der Mitte des Musikstücks mit der Maus und extrahieren Sie diesen über *Bearbeiten/Trimmen* (Shortcut: Strg+T).

Anmerkung: Mittels *Bearbeiten/Entfernen* werden markierte Bereiche entfernt.

3. Passen Sie den verbliebenen Rest über *Ansicht/Auswahl ins Fenster einpassen* in das Bearbeitungsfenster ein.

4. Markieren Sie vom Anfang des Stücks ca. 10 Sekunden und wählen Sie den Effekt *Einblenden*. Darauf wird die Hüllkurve in eine Keilform gebracht.

Sie können jederzeit die Wirkung des Effekts kontrollieren, indem Sie den Play-Knopf des Programms betätigen.

5. Verfahren Sie analog am Ende des Stücks, um dieses auszublenden (▶Abbildung 5.11).

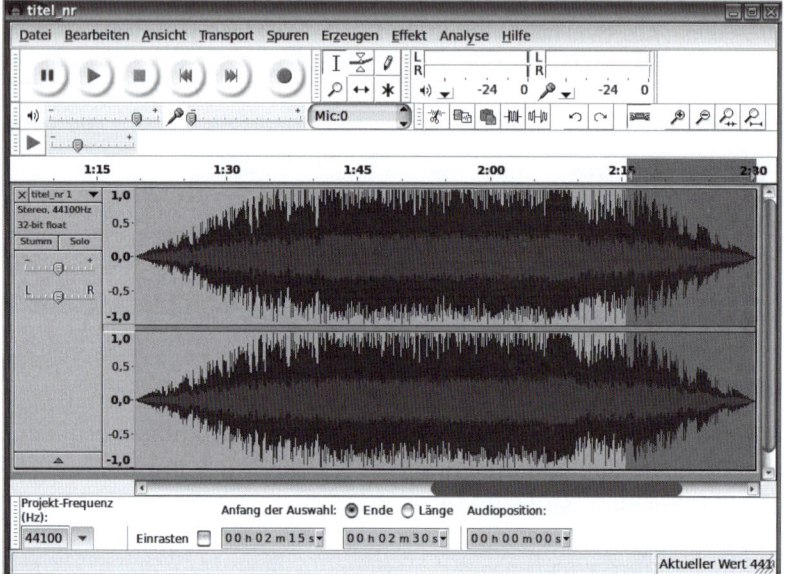

Abbildung 5.11: Audacity ermöglicht die einfache Bearbeitung von Audiodateien. Der grau markierte Bereich auf der rechten Seite wurde gerade ausgeblendet.

6. Testen Sie nun einige Effekte, indem Sie das komplette Stück mit `Strg`+`A` markieren und das Menü *Effekte* inspizieren.

7. Exportieren Sie das Stück schließlich ins *Ogg-Vorbis*-Format *(Datei/Exportieren)*.

▶Tabelle 5.3 fasst abschließend noch einmal die wichtigsten Audiodateiformate zusammen und nennt deren Anwendungsbereiche.

Kürzel	Name	Anwendungsbereich
WAV	RIFF Wave	Containerformat, das unter Microsoft Windows verwendet wird und PCM-Rohdaten enthält
MP2	MPEG-1 Audio Layer 2	Komprimiertes Format, Vorgänger von MP3
MP3	MPEG-1 Audio Layer 3	Bekanntestes Kompressionsformat, Anwendung in mobilen Audioplayern

Tabelle 5.3: Die wichtigsten Audioformate

Kürzel	Name	Anwendungsbereich
OGM	Ogg-Vorbis	Open-Source-Kompressionsformat, in die meisten freien Betriebssysteme integriert
AAC	Advanced Audio Coding	Weiterentwicklung des MP3-Codecs, wird als Standard-encoder in Apples iTunes verwendet
AC3	Dolby Digital AC-3 Bitstream Format	Format zur separaten Ausgabe von 6 Kanälen (5 Lautsprecher + Subwoofer)
RM/RA	Real Media Audio Codec	Streamingformat, das von RealMedia für den Transport von Audiostreams (z.B. Webradio) verwendet wird
FLAC	Free Lossless Audio Codec	Verlustfreier Codec, der frei verfügbar und nicht durch Softwarepatente beschränkt ist

Tabelle 5.3: Die wichtigsten Audioformate *(Forts.)*

5.3 Digitales Video

Digitale Videotechnik gehört längst zum Mainstream: Selbst einfache Digitalfotokameras oder Handys verfügen über die Möglichkeit, bewegte Bilder aufzuzeichnen. Was im Falle der digitalen Audiodateien wichtig war, gilt umso mehr bei Videos: Ohne Kompression der Daten geht es nicht.

5.3.1 Grundlagen der digitalen Videotechnik

Bei der Erzeugung bewegter Bilder auf einer Leinwand oder einem Monitor wird eine Schwäche des menschlichen Sehvermögens ausgenutzt: Ab einer Zahl von 20 Einzelbildern pro Sekunde nimmt das menschliche Auge die Bildsequenz als kontinuierlichen Film wahr. Sie kennen diesen Effekt von einem Daumenkino.

Folgende Parameter sind zur Beurteilung der Qualität von bewegten Bildern interessant:

- **Die Bildwiederholungsrate**: Diese reicht von 50 Hz bei der klassischen PAL-Analogfernsehtechnik bis zu 200 Hz bei modernen LCD-Fernsehgeräten. Als Faustregel gilt: Je höher die Bildwiederholungsrate, desto ruhiger und flimmerfreier erscheint dem Betrachter das Bild. Die Bildwiederholungsrate wird in der Regel (z.B. beim PAL-Verfahren) auf zwei Gruppen von Halbbildern gesplittet, sodass sich mit Teilfrequenzen von 25 Hz (PAL) bzw. 100 Hz (HDTV) je zwei Halbbilder zu einem Gesamtbild vereinen. Im HDTV-Bereich wurde bei aktuellen Modellen auch schon die 200-Hz-Marke überschritten.

- **Die Einzelbildauflösung**: Beim konventionellen PAL-Fernsehverfahren und bei DVDs beträgt die Bildauflösung 720 x 576 Pixel. Im Bereich des hochauflösenden Fernsehens und bei Blu-ray-Disks wird die Bildauflösung auf bis zu 1920 x 1080 Bildpunkten gesteigert.

- **Die Bitrate**, die bei der Kompression von digitalem Videomaterial eingesetzt wird, ist aufgrund der abzuspeichernden Mehrinformation wesentlich höher als im Audiobereich und bewegt sich in der Größenordnung Megabit/Sekunde: Je nach Kompressionsvermögen des Codecs reicht sie von 1 Mbit/s (typische DivX-Kompression) bis zu 6 MBit/s (HDTV-Übertragung).

Moderne Videoaufzeichnungsgeräte speichern das Bildmaterial bereits beim Filmen in komprimierter Form ab. Zur Kompression des Videomaterials werden die Methoden, die schon beim Abspeichern einzelner Bilder angewendet wurden, so verfeinert, dass sie die Bewegungskomponente der gefilmten Objekte berücksichtigen.

Der Urvater der Kompressionsverfahren für digitale Bewegtbilder ist das *M-JPEG*-Verfahren. M-JPEG steht dabei für *Motion JPEG*. Diese Technik speichert alle Einzelbilder des Films als JPEG-komprimierte Standbilder ab, sodass hier stets ein bildgenauer Schnitt des Originalmaterials möglich ist.

Moderne Videokompressionsverfahren arbeiten so, dass beim Abspeichern des Materials nur die Unterschiede von einem Bild zum nächsten gespeichert werden. Eine Videosequenz, in der sich ein Fahrzeug in einer Landschaft bewegt, wird somit in zwei Teile zerlegt und gespeichert: Der eine Teil ist die Landschaft selbst, der andere ist die Bildänderung, die durch die Bewegung des Fahrzeugs entsteht (▶Abbildung 5.12).

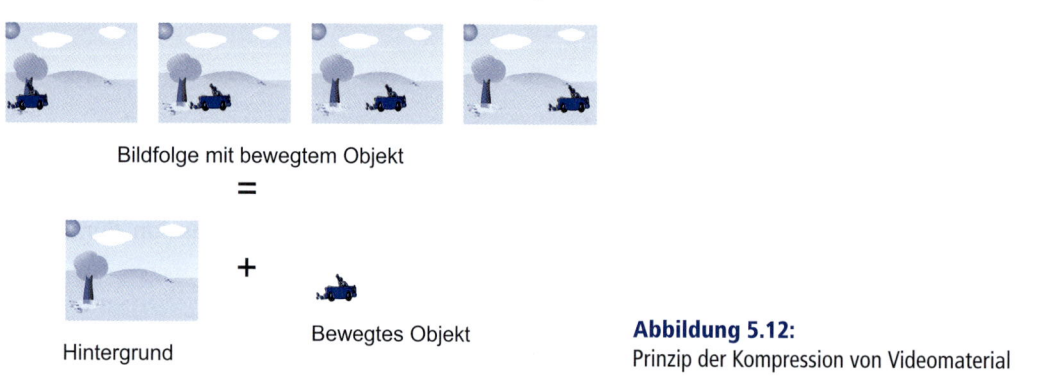

Bildfolge mit bewegtem Objekt

=

Hintergrund   +   Bewegtes Objekt

Abbildung 5.12:
Prinzip der Kompression von Videomaterial

Auf die beschriebene Weise wäre jedes Bild mit dem vorangehenden Bild verbunden. Das ist ungünstig, wenn man das Material schneiden möchte, da durch Entfernen von Material auch Informationen in benachbarten Abschnitten verloren gehen würden. Aus diesem Grund setzt man in regelmäßigen Abständen Schlüsselbilder (*Keyframes*), in welchen noch einmal die komplette Bildinformation gespeichert wird. An den Stellen, an denen sich Keyframes befinden, lassen sich somit saubere Schnitte setzen.

Tabelle 5.4 gibt einen Überblick über gebräuchliche Videocodecs:

Kürzel/Familie	Name	Anwendungsbereich
MPEG-2/H262	Moving Picture Experts Group MPEG-2	Standardcodec für DVD und DVB
MPEG-4: DivX, XviD, WMP9	Moving Picture Experts Group MPEG-2	Verbreitung von Spielfilmen und Serien über Internetplattformen (z.B. über iTunes)
M-JPEG	Motion JPEG	Früher bei digitalen Videokameras häufig zu finden, gut zu schneiden
QT	Apple Quicktime	Apples Videocontainer, der meist auch MPEG-4-codiertes Material enthält
RM	Real Media	Verbreitetes Streamingformat von RealMedia
AVCHD	Advanced Video Codec High Definition	Codec zum Speichern hochauflösenden Filmmaterials, in aktuellen Videokameras zu finden

Tabelle 5.4: Verbreitete Videocodecs

5.3.2 Umwandlung von Videomaterial

Die folgende Übung macht Sie mit den praktischen Grundlagen der Kompression von Videomaterial vertraut. Da die Filme in der Regel schon in einem komprimierten Format vorliegen, spricht man auch von *Transcodierung*. Sie finden auf der Begleit-DVD entsprechendes Übungsmaterial.

Übung

Transcodieren Sie in der Lernumgebung mithilfe des ffmpeg-Pakets die M-JPEG-Videosequenz des Begleitmaterials. Beachten Sie: Das Paket muss zunächst noch per Synaptic nachinstalliert werden. Das umgewandelte Material soll folgende Eigenschaften haben:

- Videocodec: XviD
- Audiocodec: MP3
- Seitenverhältnis: 16:9
- Videobitrate: 1800 kbit/s
- Audiobitrate: 128 kbit/s

ANLEITUNG

Die Kompression des Materials erfolgt unter Zuhilfenahme der ffmpeg-Tools auf der Kommandozeile. Diese sollten zunächst installiert werden, vgl. *Anhang*.

Geben Sie das folgende Kommando in einem Terminal in dem Verzeichnis ein, in welchem sich Ihr Videobeispiel befindet:

```
ffmpeg -i film.mov -f mov -b 1.8k -vcodec libxvid -qmin 3 -qmax 5 -aspect
16:9 -acodec libmp3lame -ab 128k ausgabe.mov
```

Die Befehle müssen in eine Zeile geschrieben werden. Die Parameter `qmin` und `qmax` geben den Bereich an, in dem der Videoquantisierer arbeiten soll. Die übrigen Parameter entsprechen den Vorgaben der Aufgabenstellung. Die Namen von Ein- und Ausgabedatei sind entsprechend anzupassen. Der Encodiervorgang kann auf der Kommandozeile verfolgt werden:

```
Input #0, mov,mp4,m4a,3gp,3g2,mj2, from 'film.mov':
  Duration: 00:00:28.50, start: 0.000000, bitrate: 21708 kb/s
    Stream #0.0(eng): Video: mjpeg, yuvj420p, 1280x720, 30 tbr, 30 tbn,
30 tbc
    Stream #0.1(eng): Audio: pcm_s16be, 16000 Hz, stereo, s16, 512 kb/s
Output #0, mov, to 'ausgabe.mov':
    Stream #0.0(eng): Video: libxvid, yuv420p, 1280x720 [PAR 1:1 DAR 16:9],
q=3-5, 1 kb/s, 90k tbn, 30 tbc
    Stream #0.1(eng): Audio: libmp3lame, 16000 Hz, stereo, s16, 128 kb/s
Stream mapping:
  Stream #0.0 -> #0.0
  Stream #0.1 -> #0.1
Press [q] to stop encoding
frame=  414 fps= 28 q=5.0 size=    4528kB time=13.80 bitrate=2688.0kbits/s
...
```

Das Resultat können Sie sich durch Anklicken der Videodatei im Dateibrowser bzw. Videoplayer anschauen:

Abbildung 5.13: Begutachten des Ergebnisses der Transcodierung im integrierten Videoplayer

5.3.3 Nicht linearer Videoschnitt

Eine wichtige Anwendung des Computers im Filmbereich ist der Einsatz als Schnitt- und Effektstudio. Das Material kann in beliebiger Form vorliegen und in beliebiger Reihenfolge zusammengesetzt werden. Der Begriff „nicht linear" beschreibt die Eigenschaft, dass im Vergleich zum klassischen Videoschnitt von Magnetbändern das ursprüngliche Material an beliebigen Stellen ergänzt und verkürzt werden kann, ohne dass der komplette Film erneut kopiert werden muss. Sehr wohl muss man allerdings den fertig bearbeiteten Film am Ende des Prozesses in ein finales Format exportieren.

In der Lernumgebung finden Sie den nicht linearen Videoeditor *Kino*[3], der im Zentrum der folgenden Übung steht. Leider wurde das Programmmenü noch nicht in die deutsche Sprache übersetzt, sodass wir im Folgenden mit dem englischen Menü vorliebnehmen müssen. Das Programm muss zunächst über Synaptic im System nachinstalliert werden.

---

3   Ubuntu setzt seit Version 10.04 auf den Videoeditor *Pitivi*. Sie können die Übungen alternativ mit dieser Software nachvollziehen.

Übung

Schneiden Sie das Übungsmaterial (siehe Begleit-DVD) mit dem Videoeditor Kino. Führen Sie insbesondere folgende Schritte durch.

- Teilen Sie den Film in drei Teile auf. Der mittlere Teil soll kürzer als die beiden übrigen Teile sein, da er als Überblendungsbereich verwendet wird.
- Fügen Sie in den mittleren Filmteil einen Überblendungseffekt ein.

ANLEITUNG

1. Starten Sie Kino über *Anwendungen/Unterhaltungsmedien/Kino*. Ziehen Sie das Beispielmaterial per Drag&Drop aus dem Dateimanager in das Programm. Bestätigen Sie die Nachfrage, ob der Film importiert werden soll. Das Programm Kino arbeitet normalerweise mit DV(Digital Video)-codiertem Material. Für die Bearbeitung wird das Material daher beim Import in das *DV*-Format gewandelt.

2. Wählen Sie, falls nicht schon geschehen, den *Edit-Modus* in der senkrechten Auswahlleiste am Fensterrand. Im Edit-Modus können Sie mit der Schaltfläche *Split scene* (schwarzer Doppelpfeil in der Iconleiste, vgl. die folgende Abbildung) das Material an beliebigen Stellen, zu denen Sie zuvor mit dem Schieberegler navigieren, trennen. Führen Sie die Trennung so durch, dass das mittlere Filmsegment klein ist als die anderen beiden Segmente.

In der Realität orientiert man sich beim Trennen von Filmmaterial natürlich an Schlüsselszenen. Die geteilten Szenen erscheinen nun im Storyboard auf der linken Seite.

Abbildung 5.14: Die wichtigsten Elemente des Videoschnittprogramms Kino

Schließlich wird die mittlere Szene mit Übergangseffekten versehen. Dazu verfahren Sie wie folgt:

3. Wählen Sie die mittlere Szene durch Anklicken im Storyboard an. Begeben Sie sich in das *FX*-Menü durch Auswahl am rechten Fensterrand und wählen Sie den Effekt *Video Transition/Dissolve*. Betätigen Sie den Knopf *Render*, um den Übergang zu berechnen.

Auf die gleiche Weise können Sie nun spielerisch weitere Effekte in Ihr Video einbauen. Nach Fertigstellen aller Arbeiten kann das Material schließlich über das *Export*-Menü als fertiges Produkt exportiert werden. Hier bietet sich zunächst als Zwischenformat *DV* an. Dieses Format kann dann, wie oben beschrieben, mit ffmpeg in jedes beliebige Format Ihrer Wahl exportiert werden.

5.3.4 DVD-Authoring

Nach dem Export des fertig geschnittenen Materials kann man das Video auf eine DVD bringen, welche in einem handelsüblichen DVD-Player wiedergegeben werden kann. Dabei helfen DVD-Authoring-Programme. In der Lernumgebung lässt sich mit *qdvdauthor* ein solches Programm installieren, mit dem Sie den Film in ein umfangreiches DVD-Menü einbetten können.

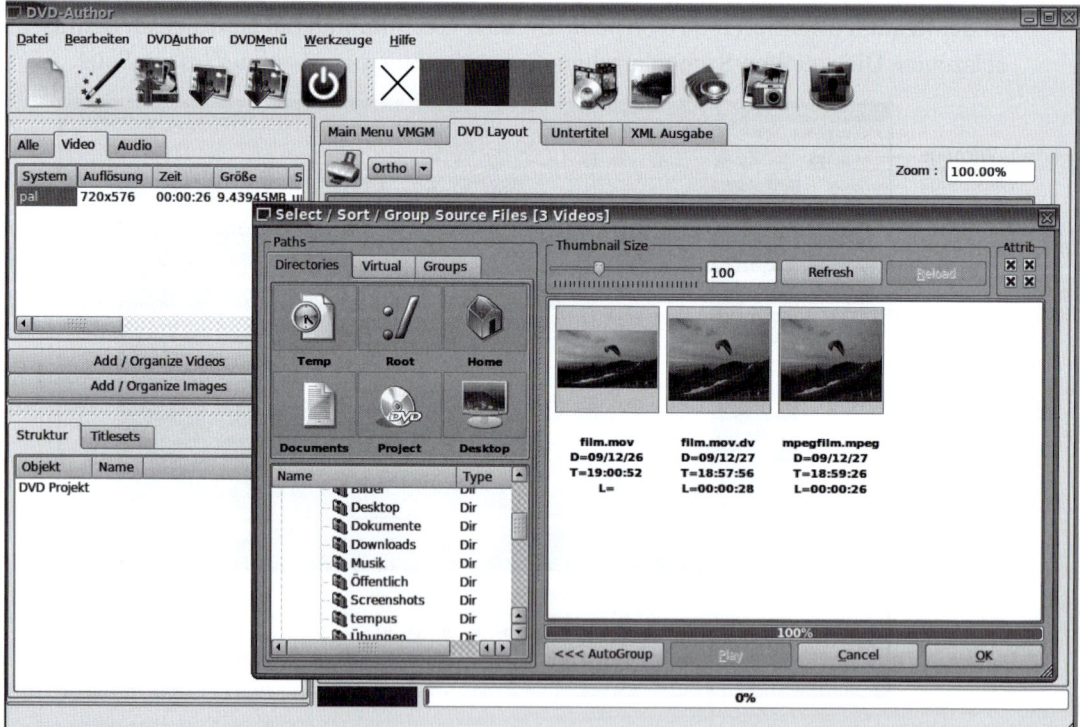

Abbildung 5.15: Mithilfe von DVD-Authoring-Programmen erstellt man Video-DVDs mit ausgefeilten Menüs.

5.4 Multimedia-Autorensysteme

Kaum eine aktuelle Website kommt ohne sie aus: Animationen und aufwendige interaktive Anwendungen, die mit dem Autorensystem Adobe Flash erstellt wurden. Derartige Multimedia-Autorensysteme gestatten es dem Programmierer, trickfilmartige Sequenzen selbst herzustellen. Der folgende Abschnitt gibt einen groben Überblick über die Möglichkeiten, die derartige Systeme bieten.

5.4.1 Adobe Flash

Adobe Flash ist ein Entwicklungssystem für multimediale Inhalte, die im Browser mithilfe des Flash-Plug-ins wiedergegeben werden können. Die Palette der Anwendungen reicht dabei vom Videoplayer in YouTube bis zur animierten Wetterkarte bei *wetter.de*.

Abbildung 5.16: Flash-Anwendungen finden man allerorts im World Wide Web. Diese werden im Browser mithilfe des Flash-Plug-ins bzw. Players dargestellt. Ein rechter Mausklick auf den Flash-Inhalt führt zu den erweiterten Konfigurationsoptionen des Flash Players.

Flash-Inhalte werden als *SWF* (Shockwave Flash)-Dateien auf dem Webserver abgelegt und in HTML-Seiten eingebunden. Nachdem Adobe im Jahr 2008 die Spezifikation für das *Flash*-Format offengelegt hat, können derartige Inhalte prinzipiell sogar mit Suchmaschinen wie z.B. Google erfasst und durchsucht werden.

Flash war ursprünglich als reines Animationswerkzeug für sogenannte Intros (Einstiegsfilme) auf Webseiten konzipiert. Seit der Version 4 wurde aber die Programmiersprache Action-Script eingeführt, sodass nun auch die Gestaltung interaktiver Elemente in den Fokus der Flash-Programmierer rückte. Darüber hinaus konnten richtige browserbasierte Anwendungen erstellt werden, die ihren vorläufigen Höhepunkt in der Gattung der browsergestützten Spiele haben: Diese bilden mittlerweile einen lukrativen Industriezweig.

5.4.2 Alternativen

Da das Adobe Flash-Vollprodukt mehrere hundert Euro kostet[4], ist es für Privatanwender sinnvoll, nach Alternativen zu suchen. Diese findet man unter anderem mit der Software *SwishMax*, die eine preiswerte Alternative zu Adobe Flash darstellt. Sie finden eine Testversion des Programms auf *www.swishzone.com*. Technisch erreicht SwishMax allerdings nur bedingt die Perfektion einer Flash-Animation.

Für eine einfache Übung zur Erstellung einer Animation verwenden wir nachfolgend das Programm *KToon*, das in der Lernumgebung installiert wurde.

Übung

Erstellen Sie mit KToon eine Animation, die einen farbigen Kreis einmal durch das Bild bewegt.

ANLEITUNG

1. Starten Sie KToon über *Anwendungen/Grafik/KToon*.

Das Programm ist leider nur in englischer Sprache lokalisiert und bietet rudimentäre Funktionalität. Zum Erstellen einer einfachen Animation reicht es aber allemal aus.

2. Starten Sie ein Projekt über *File/New/New Projekt* und geben Sie im Dialog den Namen des Projekts und des Autors ein. Darauf öffnet sich die eigentliche Zeichenfläche.

Die Idee eines Animations- bzw. Authoring-Programms besteht darin, eine Abfolge von Einzelbildern zu zeichnen, die anschließend als kleiner Film wiedergegeben werden.

3. Zeichnen Sie einen Kreis mit dem Ellipsenwerkzeug. Füllen Sie den Kreis mit dem Füllwerkzeug in einer beliebigen Farbe.

4. Markieren Sie den ausgefüllten Kreis mit der Maus und kopieren Sie das Objekt über `Strg`+`C`.

5. Wählen Sie auf der rechten Seite des Fensters den *Exposure Sheet Manager*. Damit können Sie neue Einzelbilder für eine Szene erzeugen, indem Sie auf eine freie Fläche im Layermenü klicken. Fügen Sie das zuvor kopierte Kreisobjekt über `Strg`+`V` in das neue Bildelement ein und verschieben Sie es mithilfe der Pfeiltasten ein kleines Stückchen.

6. Wiederholen Sie das Verfahren, bis Sie auf diese Weise ca. 15 Einzelbilder erhalten.

7. Die komplette Animation können Sie über den Reiter *Animation* wiedergeben.

---

4 Für Bildungseinrichtungen gibt es stets Schulversionen zu stark reduzierten Preisen.

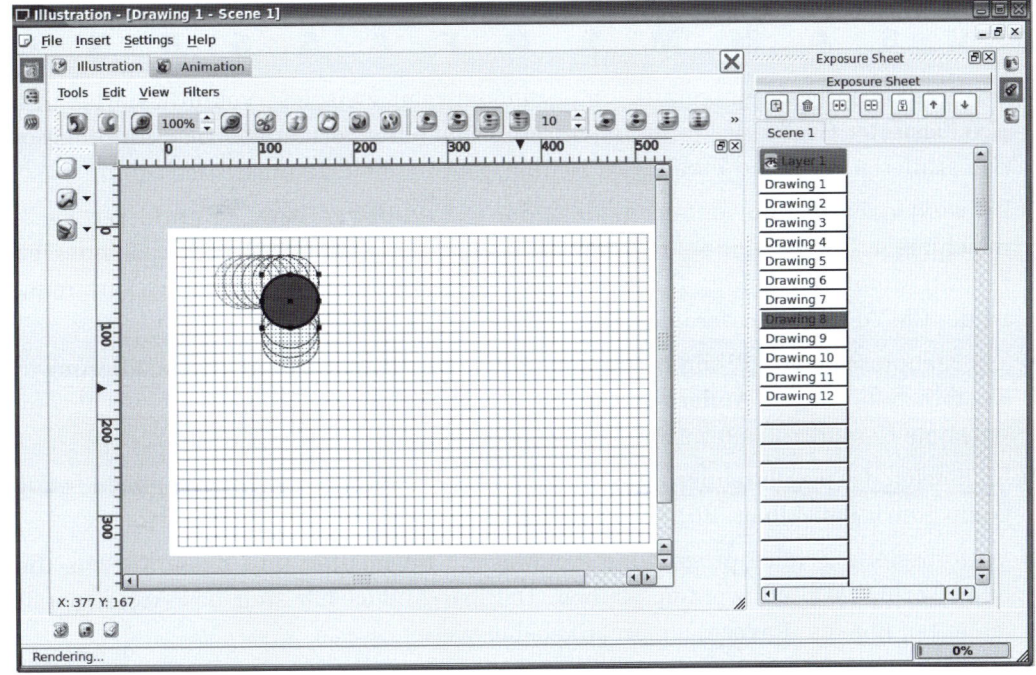

Abbildung 5.17: Einfache Animationen lassen sich in der Lernumgebung mit KToon erzeugen. Im Zwiebelschalenmodus kann man sich an den vorangehenden und nachfolgenden Bildern orientieren: Diese erscheinen stets gestrichelt.

Exkurs   **Pfadanimation, Tweening, ActionScript**

Das im vorangegangenen Abschnitt besprochene Verfahren erfordert vor allen Dingen eines: jede Menge Geduld! Moderne Werkzeuge wie Adobe Flash bieten Automatismen an, welche den Arbeitsaufwand für eine Animation stark reduzieren. So erfolgt die Verschiebung von Objekten vollautomatisch, wenn man einen Pfad definiert, entlang dem sich die Objekte bewegen sollen.

Die automatische Umwandlung von zwei Objekten ineinander erfolgt durch den Tweening-Prozess: Es wird lediglich das Start- und das Zielobjekt definiert, die Zwischenbilder berechnet die Software automatisch.

Die komplette Leistungsfähigkeit erschließt sich dem Flash-Programmierer erst durch die Verwendung der Programmiersprache ActionScript: Diese gestattet die Programmierung interaktiver Anwendungen, indem z.B. Knöpfe und andere manipulierbare Elemente abgefragt werden.

ZUSAMMENFASSUNG

■ Im Bereich der Computergrafik unterscheidet man zwischen **vektorbasierter** und **pixelbasierter Grafik**. Vektorgrafiken lassen sich ohne Verlust von Detailinformationen skalieren, während Pixelbilder realitätsgetreuer bzw. fotorealistisch sind.

■ Es werden Farbräume unterschieden, die auf **additiver bzw. subtraktiver Farbmischung** aufbauen. Zur ersten Kategorie gehört das **RGB**-Farbmodell, nach dessen Prinzip Monitore arbeiten. Ein Beispiel für einen subtraktiv orientierten Farbtraum ist der **CMY**-Farbraum, der beim Druck Anwendung findet.

■ Zur Kompression von Bildinformationen verwendet man die **Lauflängencodierung** in Kombination mit der **Änderungsrate des Farbwerts** zwischen benachbarten Pixeln. Bekannte Kompressionsformate sind das **JPEG**-, das **GIF**- und das **PNG**-Format.

■ Im Bereich der pixelorientierten Bildprogramme erfreut sich die Open-Source-Lösung **Gimp** großer Beliebtheit. Bildmanipulationen erfolgen hier stets auf Pixelebene.

■ Vektorbasierte Zeichenprogramme arbeiten mit **Segmenten und Bézierkurven**, die ohne Verlust skaliert werden können. Darüber hinaus hat sich das Arbeiten mit mehreren **Ebenen (Layern)** als praktikabel erwiesen.

■ Zur Verarbeitung von analogen Tonsignalen müssen diese zunächst über einen **A/D-Wandler** digitalisiert werden. Wichtige Parameter sind hierbei die **Abtastfrequenz (Samplingrate)** sowie die Bitrate.

■ Zur Kompression von Audiodaten verwendet man ein **psychoakustisches Modell**. Bekannte Kompressionsformate sind **MP3** und **AAC**.

■ Digitales Videomaterial wird ebenfalls in komprimierter Form gespeichert und weiterverarbeitet. Die Kompressionsalgorithmen arbeiten mit Verfahren, die benachbarte Bilder (Frames) auf gemeinsame Details hin untersuchen und die Information in reduzierter Form abspeichern. Geschnitten werden kann derartig komprimiertes Material ohne Informationsverlust nur an Stellen, an denen sich **Keyframes** befinden. Bekannte Kompressionsformate sind **DivX/XviD** sowie **MPEG-2** und **MPEG-4**.

■ **Multimedia-Autorensysteme** ermöglichen das Erstellen kleiner Trickfilme im **Flash**-Format. Durch die Erweiterung mit der Programmiersprache **ActionScript** sind ausgefeilte Menüs und Animationen für Webseiten realisierbar.

ZUSAMMENFASSUNG

Netzwerke

6

ÜBERBLICK

» Die Vernetzung von Computern nimmt eine Schlüsselrolle in der Informationstechnik ein. Ob PDA, Spielkonsole oder Handy: Kein digitales Unterhaltungsgerät kommt mehr in den Handel, das nicht über umfangreiche Möglichkeiten zur Einbindung in lokale oder globale Netze verfügt. Die in *Kapitel 3* besprochenen Grundlagen der Netzwerktechnik werden im vorliegenden Kapitel vertieft und durch praktische Übungen in der Lernumgebung verdeutlicht. «

6.1 Netzwerktheorie

6.1.1 Netzwerktypen

Nachfolgend werden die folgenden Netzwerktypen näher betrachtet (▶Abbildung 6.1):

- Das **LAN** (*Local Area Nework*), welches im häuslichen Bereich sowie in Form von lokalen Firmennetzen zu finden ist. Per Definition ist das LAN ein Computernetz, das innerhalb eines Gebäudes oder zwischen mehr oder weniger benachbarten Gebäuden vermittelt.

- Mithilfe eines **WLAN** (*Wireless LAN*) lassen sich über kurze Entfernungen drahtlos Informationen austauschen. Da diese mit jedem Endgerät, das über einen WLAN-Chip und eine Antenne verfügt, genutzt werden können, stellt sich die Frage nach der Absicherung derartiger Netzwerke gegenüber Unbefugten.

- Das **WAN** (*Wide Area Network*), das uns in Gestalt des globalen Netzwerks namens *Internet* täglich begegnet. WANs unterscheiden sich von LANs dadurch, dass sie Reichweiten überbrücken, die x Kilometer betragen: Die Zahl x kann hierbei von zehn bis zehntausend reichen.

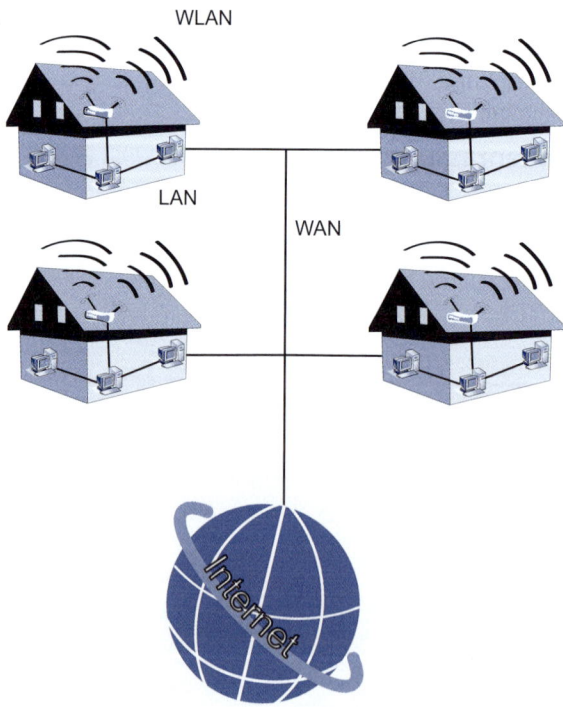

Abbildung 6.1: Die grundlegenden Netzwerktypen

Die folgende Tabelle stellt die wesentlichen Eigenschaften von LAN und WAN einander gegenüber.

Eigenschaft	LAN	WAN
Ausdehnung	einige 10 m, meist auf ein Gebäude beschränkt	mehrere Hundert oder Tausend Kilometer
Übertragungsrate	100 Mbit/s bis 1 Gbit/s	bis 50 Mbit/s
Mögliche Dienste	Nutzung gemeinsamer Ressourcen (Dateien, Drucker, Medieninhalte)	Informationsaustausch per WWW, E-Mail, Datenaustausch per FTP
Besitzverhältnisse	in der Regel private Netze	meist öffentliche Netze
Kosten	kostenlos	providerabhängige Anschluss- und Nutzungsgebühren
Struktur	basiert auf Freigaben (Verzeichnisse, Geräte)	Punkt-zu-Punkt(Peer to Peer)-Struktur: Jeder Client ist gleichwertig

Tabelle 6.1: Gegenüberstellung wesentlicher Eigenschaften von WAN und LAN

6.1.2 Netzwerkhardware

In der Praxis findet man im Bereich der Heimvernetzung fast ausschließlich Netzwerke in *Sterntopologie* (vgl. *Kapitel 3*) vor. Generell wird im Bereich der Netzhardware unterschieden zwischen:

- **passive Komponenten**: Dazu zählen Hardwarekomponenten, die keine separate Stromversorgung benötigen. Beispiele sind Netzwerkkabel und Stecker.

- **aktive Komponenten**: Diese Bauteile benötigen eine Spannungsversorgung. Zu den aktiven Komponenten zählen der Rechner, die eingebaute Netzwerkkarte sowie Router/Switches/Repeater des Netzwerks.

Verbindungskabel

Im heimischen Bereich findet man fast ausschließlich Ethernet-Technik vor. Die Verkabelung erfolgt ausschließlich über *Ethernet-Twisted-Pair-Kabel* der Kategorie 5: Diese Kabel sind geeignet für Signalfrequenzen bis 100 MHz. Die Kabel sind über RJ-45- oder RJ-48-Steckverbindungen mit den aktiven Komponenten verbunden. Die Verdrillung (*Twist*) der Kabel bietet ähnlich wie die Abschirmung Schutz vor äußeren Einflüssen, z.B. durch magnetische Wechselfelder oder elektrostatische Felder.

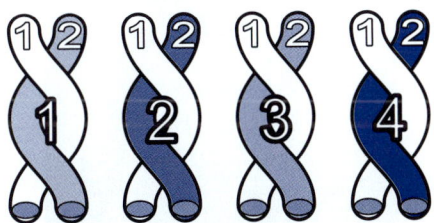

Abbildung 6.2: Innerer Aufbau eines Ethernet-Kabels mit vier Adernpaaren (1 bis 4). Jedes Adernpaar besteht aus zwei verdrillten Leitungen.

Die Verkabelung über Ethernet-Technik hat den Vorteil, relativ kostengünstig zu sein. Im professionellen Umfeld, wo es auf hohe Bandbreiten ankommt, findet man hingegen in der Regel die *Lichtwellenleitertechnik* (*LWL*) vor. Dabei werden Informationen nahezu verlustfrei über Glasfaserkabel übertragen. Nachteil dieser Technik ist, dass über LWL keine Energie übertragen werden kann. Dies findet man beispielsweise bei Power-over-Ethernet-Geräten vor, bei denen z.B. eine Webcam über die Ethernet-Verbindung mit Spannung versorgt werden kann.

Router, Switch, Repeater

Die Verteilung von Netzwerkressourcen und die Regelung des Datenverkehrs übernimmt ein spezialisiertes Gerät in Form eines Routers oder Switches. Während ein Switch auf der Schicht 2 (Sicherungsschicht) des OSI-Schichtenmodells (vgl. *Kapitel 3*) arbeitet, agiert ein Router auf Schicht 3, der Netzwerkebene, und ist in der Lage, Datenpakete gezielt in bestimmte Subnetze oder Rechner, die durch *IP-Adressen* gekennzeichnet sind, weiterzuleiten. Darüber hinaus beherrscht ein Router im Gegensatz zum Switch verschiedene Protokolle. Der Router ist somit das perfekte Bindeglied zwischen Internet und heimischem LAN.

Die sogenannten *SOHO-Router* (*SOHO = Small Office/Home Office*) haben auf breiter Front Einzug in Haushalte oder Kleinbüros gehalten: Sie stellen einerseits die Internetverbindung her und routen andererseits den Datenverkehr zwischen den PCs, Laptops oder Druckern des Haushalts.

Ein *Repeater* hat die Aufgabe, ein Netzwerk über die physikalisch-räumlichen Grenzen, die ein einzelner Router abdecken kann, auszudehnen. Typischer Anwendungsfall im Home-Office-Bereich ist der *WLAN-Repeater*, der die Ausdehnung eines drahtlosen Netzwerks über größere Distanzen ermöglicht. Der Repeater fängt das Signal der Basisstation auf, verstärkt es und leitet es an einen weiter entfernt liegenden WLAN-Client weiter. Infolge ungünstiger Bausubstanz (Stahlbetondecken, Lehmschlag) kann die Vernetzung per WLAN aber auch scheitern.

Eine praktische Alternative bietet in derartigen Fällen die Netzwerkverbindung über *D-LAN* oder *PowerLAN*: Mithilfe von Adaptern, die auf eine herkömmliche Netzsteckdose gesetzt werden, lassen sich Computernetzwerkverbindungen über das herkömmliche Hausstromnetz herstellen. Die Netzwerksignale werden zu diesem Zweck auf den Netzwechselstrom moduliert.

Abbildung 6.3: Reduziert die Strahlenbelastung durch WLAN und versorgt PCs im ganzen Haus: der PowerLAN-Adapter

6.1.3 Übertragungstechniken

Zur Übertragung der Netzwerkdaten greift man auf folgende Techniken zurück:

- **Ethernet**: Diese weit verbreitete Technik geht auf die Entwicklung von Digital, Intel und Xerox zurück. Mit Übertragungsraten von bis zu 1000 Mbit/s (Gigabit-LAN) steht genügend Bandbreite für die Übertragung datenintensiver Inhalte wie z.B. Multimediainhalte zur Verfügung.

- **ATM**: Der *Asynchronous Transfer Mode* wird bevorzugt im WAN-Bereich eingesetzt und bietet Bandbreiten bis 622 Mbit/s. Doch selbst große Telekommunikationsdienstleister wie die Telekom planen, ihre bestehenden ATM-Netze nicht weiter auszubauen und diese in Zukunft durch Ethernet-basierte Technologien wie das Gigabit-Ethernet (IEEE 802.3) zu ersetzen.

- **Token Ring**: Das Token-Ring-Verfahren wurde im Wesentlichen von IBM vorangetrieben, basiert auf der Ringtopologie und gestattet Bandbreiten bis zu 16 Mbit/s. Diese reichen im Multimediazeitalter jedoch kaum mehr aus, sodass Token Ring allenfalls noch historische Bedeutung zukommt.

Von praktischer Relevanz im heimischen Bereich ist im Grunde nur die Ethernet-Technik. Diese arbeitet nach dem Verfahren der *Mediumzugriffskontrolle*, welches *CSMA/CD (Carrier Sense/Multiple Access with Collision Detection)* genannt wird.

Man kann sich die Datenübertragung nach dem CSMA/CD-Verfahren wie eine Diskussion verschiedener Personen (in unserem Fall Computer) ohne Diskussionsleiter vorstellen. Damit die Teilnehmer nicht wild durcheinanderreden, müssen Regeln vereinbart werden, die wie folgt aussehen:

- Jeder Teilnehmer darf nur dann reden, wenn kein anderer redet.

- Sollten mehrere Teilnehmer zufällig gleichzeitig in einer Gesprächspause anfangen zu reden, so haben sie alle sofort ihren Beitrag abzubrechen.

- Durch die Verzögerungen ergibt sich, wer als Nächster reden darf.

In der Ethernet-Praxis sieht das vereinfacht folgendermaßen aus:

- Sendewillige Stationen hören die Leitung (das Medium) ab und warten, bis es frei ist. Dieses Vorgehen nennt man *Carrier Sense*.

- Ist das Medium frei, so kann jede sendewillige Station nach einer kurzen Pause ihren Sendevorgang beginnen. Da dies prinzipiell von allen Stationen ausgehen kann, spricht man von *Multiple Access*.

- Während des Sendens überprüft jede Station, ob andere Stationen gleichzeitig senden, es also zu einer Kollision kommt (*Collison Detection*). Kollisionen werden an der Überlagerung von Signalen in Form überhöhter Signalpegel erkannt.

- Nach dem Erkennen einer Kollision werden noch einige weitere Daten gesendet, damit alle Stationen genügend Zeit haben, die Kollision zu erkennen.

- Nach dem Ende aller Übertragungen während eines Kollisionsvorgangs warten alle Stationen eine definierte Zeitspanne. Die kollisionserzeugenden Stationen warten zusätzlich ein Vielfaches dieser Zeit. Dadurch werden die „Störstellen" zeitweilig aus dem Verkehr genommen.

- Nach Ablauf der Wartezeit beginnt der Algorithmus von vorn.
- Sollte bei dem Versuch, ein bestimmtes Paket zu senden, eine mehrfache Kollision auftreten, so wird ein Fehler (*Excessive Collision*) gemeldet und der Übertragungsversuch abgebrochen.

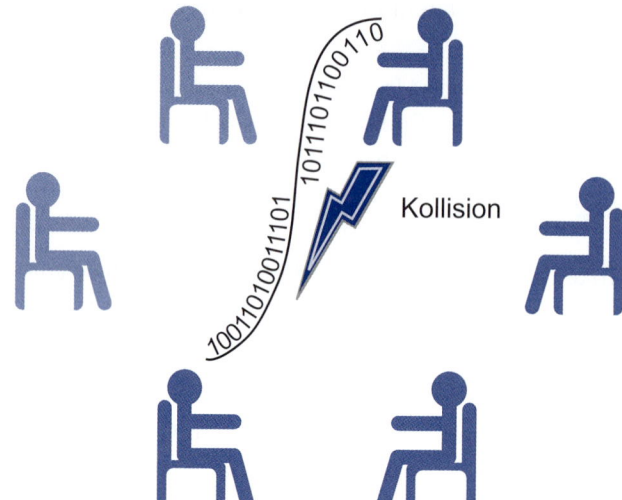

Abbildung 6.4: Das Ethernet-Datenübertragungsverfahren gleicht einer Gesprächsrunde ohne Moderator: Kommt es zu einer Gesprächsüberschneidung (Datenkollision), so wird die Kommunikation unterbrochen und das Gespräch wird nach einer kurzen Verschnaufpause fortgesetzt. Die „Störenfriede", die für die Datenkollision gesorgt haben, müssen länger schweigen als die übrigen Diskussionsteilnehmer.

Aus dem obigen Prinzip der Datenverkehrskontrolle wird ersichtlich: Nehmen zu viele Teilnehmer (Clients) am Datenverkehr teil oder werden insgesamt zu viele Daten übertragen, verringert sich die Datentransferrate.

6.1.4 Netzwerkdienste

Computernetze werden unter anderem eingesetzt, um Aufgaben zu verteilen oder Ressourcen von spezialisierten Rechnern netzweit zur Verfügung zu stellen. Zur diesbezüglichen Kommunikation im Rechnernetz werden folgende Modelle eingesetzt:

Kommunikationsmodelle

- **Client-Server-Modell**: In diesem Modell stellen ein oder mehrere spezielle Netzwerkknoten (die *Server*) bestimmte Dienste zur Verfügung. Ein *Dateiserver* bietet beispielsweise Speicherplatz an, der von allen Rechnern des Netzes genutzt werden kann. Ein *Medienserver* bietet Bild- und Tondateien an, die per Streaming über das Netz verteilt werden können. Ein *Kommunikationsserver* stellt eine Verbindung zum Internet oder anderen speziellen Netzen her. Die *Clients* können auf die von den Servern vorgehaltenen Ressourcen oder Dienste zugreifen.

Das Client-Server-Prinzip findet man auch im Softwarebereich: So greift der Desktop unserer Lernumgebung als Client auf den *X-Window-Server* zu. Mithilfe des X-Window-Servers können Sie mit einem entfernten Client sogar über das Netzwerk eine grafische Sitzung aufbauen (▶Abbildung 6.5).

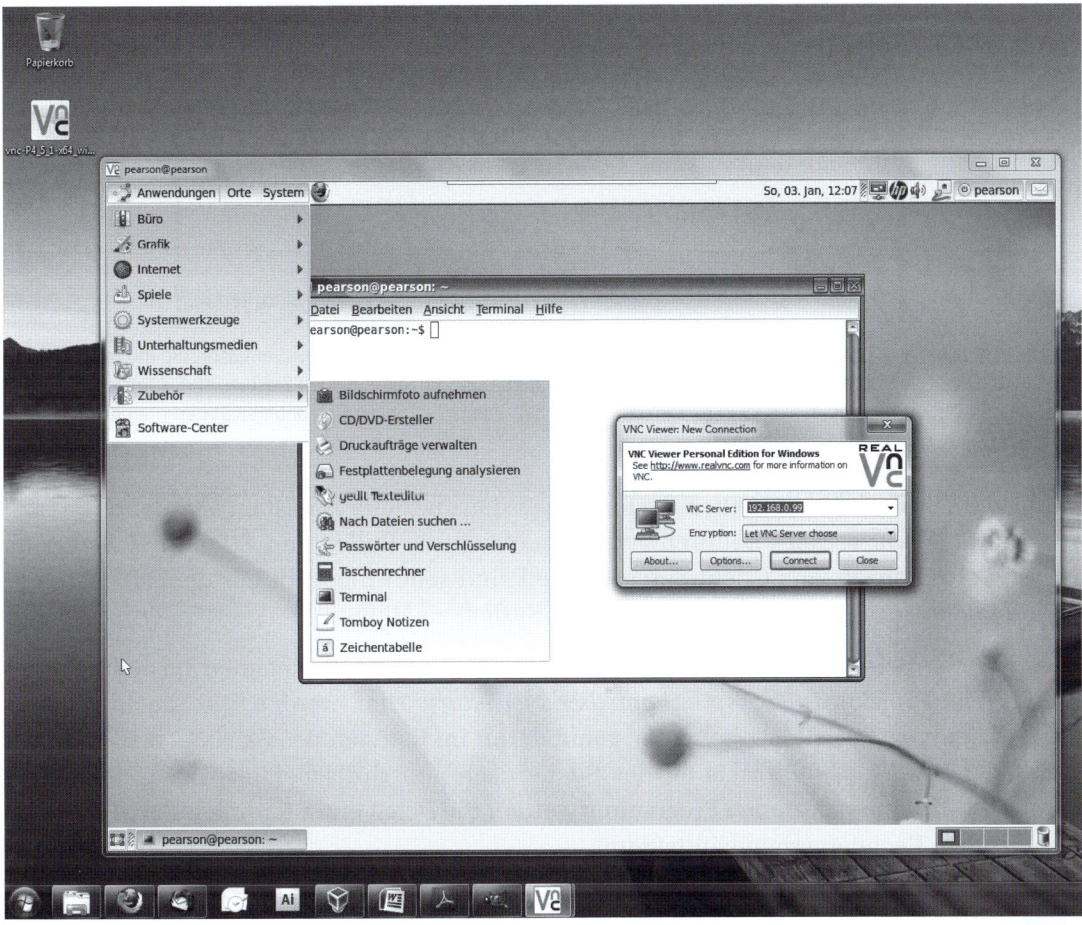

Abbildung 6.5: Eine typische Client-Server-Anwendung im Softwarebereich ist die Fernsteuerung von Desktops: Im vorliegenden Fall wird ein Linux-Desktop von Windows aus mit dem VNC-Client (*http://www.realvnc.com*) ferngesteuert. Dabei läuft im Linux-System ein VNC-Grafikserver, der den Client bedient.

■ **Peer-to-Peer-Netzwerke**: Hierbei handelt es sich um einen Netzwerkverbund aus gleichberechtigten Rechnern. Alle am Netz angeschlossenen Rechner bieten Dienste an, die auch von allen Rechnern genutzt werden. Ein solches Netz ist preiswert zu realisieren, da kein spezieller Server benötigt wird. Andererseits stößt man hier schnell an Leistungsgrenzen, und die Absicherung eines solchen Systems ist ebenfalls problematisch.

Ein typisches Beispiel für ein Peer-to-Peer-Netzwerk ist der Zusammenschluss von Rechnern über das *BitTorrent*-Netzwerk. BitTorrent wird zum Austausch von großen Dateien wie z.B. CD-oder DVD-Iso-Abbildern[1] genutzt, um Server zu entlasten. Die Ubuntu Linux-Lernumgebung verfügt über einen integrierten Torrent-Client (▶Abbildung 6.6).

---

1 An dieser Stelle sollte nicht verschwiegen werden, dass BitTorrent hauptsächlich zum Tausch von illegalem Material wie z.B. Filmen oder Musikstücken eingesetzt wird.

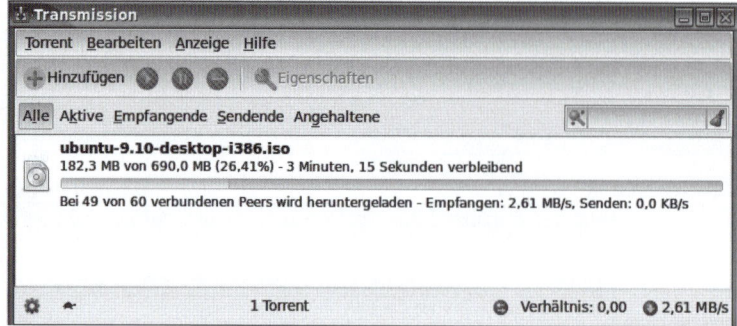

Abbildung 6.6: Der Download großer Dateien über das Peer-to-Peer-Netzwerk BitTorrent entlastet die Internetserver, da der Datenverkehr nun über ein Netz aus privaten Knotenrechnern läuft. Im vorliegenden Beispiel ist der Torrent-Client mit 60 Rechnern verbunden, von denen 49 aktiv zum Download beitragen. Der eigene Computer stellt heruntergeladene Fragmente der Datei zum Upload zur Verfügung.

- **Verteilte Systeme**: In verteilten Systemen werden spezielle Aufgaben auf mehrere spezialisierte Server verteilt. Dadurch vermischen sich die Rollen von Client und Server im Netz, die Grenzen zum Client-Server-Modell sind somit fließend. Für den außenstehenden Benutzer präsentiert sich das verteilte System als Einheit.

Das typische Beispiel eines verteilten Systems ist das verteilte Rechnen im Rahmen des *SETI@home*-Projekts (*http://setiathome.berkeley.edu/*): Hier werden die brachliegenden Kapazitäten von Einzelplatzrechnern[2] genutzt, um im Rahmen des SETI(*Search for Extraterrestrial Intelligence*)-Projekts an der Suche nach außerirdischer Intelligenz teilzunehmen. Mithilfe eines speziellen Programms werden die Daten eines Radioteleskops in einem gigantischen Rechnerverbund aufbereitet.

Zum Weiterarbeiten

1. Suchen Sie im Internet nach weiteren Beispielen für Client-Server-Anwendungen, Peer-to-Peer-Netzwerke und verteilte Systeme.

2. Was versteht man unter Cloud Computing? Nennen Sie Einsatzbereiche.

3. Stellen Sie mithilfe des VNC-Clients von *realvnc.com* eine Verbindung zur Lernumgebung her. *Hinweis*: Konfigurieren Sie dazu die Lernumgebung so, dass das Netzwerkinterface mit einer statischen IP-Adresse arbeitet, siehe Abschnitt *Adressierung im Netzwerk*. Erlauben Sie den Zugriff auf die Lernumgebung (*System/Einstellungen/Entfernter Bildschirm*). Greifen Sie dann mit dem Client auf diese IP zu.

---

2   In der Tat ist ein für Büroarbeiten eingesetzter PC zu 99 % seiner Betriebszeit unbelastet.

Beispiele für Netzwerkdienste

Mit den im vorangegangenen Abschnitt vorgestellten Kommunikationsmodellen ergeben sich folgende Anwendungen:

- **Mehrfachnutzung von Ressourcen**:
  - *Massenspeichernutzung*: Hier stehen an erster Stelle *Fileserver* (engl.: file = Datei), die dem gesamten Netz Dateien zur Verfügung stellen. Das können Textdokumente oder Tabellen sein, aber auch Anmeldungsdaten können auf einem Fileserver abgelegt werden. Zum Datentransfer werden die Protokolle *FTP*, *NFS* oder *SMB* eingesetzt.
  - *Softwarenutzung*: Im Rahmen des Client-Server-Modells werden auf einem *Applikationsserver* Programme installiert, die auf jedem Client genutzt werden können. Derartige Software muss allerdings speziell auf die Nutzung im Netzwerk angepasst sein. Der Vorteil der serverbasierten Software ist die Möglichkeit der zentralen Pflege sowie die Sicherheit und Robustheit der Arbeitsumgebung durch die Verwendung von festplattenfreien Clients (sogenannten *dummen Terminals*).
  - *CPU-Nutzung*: Die Rechenleistung von brachliegenden Rechnern kann über das Netz an andere Stationen vermittelt werden (vgl. das SETI@home-Projekt).
  - *Bereitstellung von Peripherie*: Drucker, Plotter, optische Laufwerke oder Spezialausgabegeräte können den am Netz angeschlossenen Rechnern über spezielle *Gerätefreigaben* zur Verfügung gestellt werden.

- **Verteilte Systeme**:
  - *Verteilte Datenbanken*: Der Inhalt von Datenbanken kann auf mehrere Server verteilt werden.
  - *Verteilte Anwendungen/Parallelverarbeitung*: Eine anstehende Berechnung wird auf mehrere Rechner verteilt. Auch hier muss die Software für derartige Rechentechniken optimiert werden. Beispiel ist die Konzeption eines Clusters.

- **Kommunikationsdienste**:
  - *Gateway für Internetzugang*: Ein Server stellt die Verbindung zum Internet oder WANs her. Streng genommen ist jeder Router wie z.B. die weit verbreitete FritzBox! ein Kommunikationsserver.
  - *E-Mail*: Der gesamte E-Mail-Verkehr eines Firmennetzwerks wird von einem Mailserver geregelt. Ein Beispiel wäre der *Microsoft Exchange Server*.
  - *Informationsdienste*: Das *World Wide Web (WWW)* ist nicht nur ein Synonym für einen Dienst im Internet, WWW kann auch in einem lokalen Netz mithilfe des Apache-Webservers oder von Windows-/Apple-Serversoftware realisiert werden, man spricht in diesem Fall von einem *Intranet*. Dadurch lassen sich firmeninterne Dokumentationsstrukturen aufbauen.
  - *Multimediadienste*: Die Bereitstellung von Multimediamaterial auf Medienservern wird insbesondere bei zentralen Bildungseinrichtungen vorangetrieben. Prominentestes Beispiel eines Mediendienstes ist das Filmarchiv von *YouTube* (*http://www.youtube.de/*).

6.1.5 Adressierung im Netzwerk

IP-Adresse, Subnetze und Netzwerkmasken

Eine IP-Adresse bezeichnet eine Adresse in Computernetzen, die – wie z.B. das Internet – auf dem Internetprotokoll (IP) basieren. Eine IP-Adresse kann einen einzelnen Empfänger oder eine Gruppe von Empfängern bezeichnen. So wird mit 192.168.1.98 ein einzelner Rechner angesprochen; 192.168.1.0 bezieht sich auf das Subnetz aller Rechner, deren IP mit 192.168.1 beginnt. Eine Subnetzmaske beschränkt den Datenverkehr auf ein Teilnetz. So bedeutet die Subnetzmaske 255.255.255.0, dass zwar die Rechner 192.168.1.98 und 192.168.1.99 kommunizieren können, der Rechner mit der IP 192.168.0.98 ist aber nicht erreichbar. Umgekehrt können einem Computer auch mehrere IP-Adressen zugeordnet sein. Dies findet bei Routern Anwendung, die zwischen zwei Netzwerken vermitteln.

Ein Briefträger, der einen Brief oder ein Paket abliefern soll, muss die Adresse des Empfängers kennen, der Brief/das Paket muss mit einer eindeutigen Adresse versehen sein. In gleicher Weise muss jedes Datenpaket, das zu einem bestimmten Netzwerkinterface gesendet werden soll, mit einer eindeutigen Adresse versehen werden.

Die WWW-Adressen, die Sie in die Adresszeile des Browsers eingeben, werden zur Übermittlung in eine Zahlenkombination nach dem IP-Standard umgewandelt. Jede permanent an das Internet angeschlossene Computereinheit verfügt über eine eindeutige IP. Mithilfe der Lernumgebung können Sie die IP-Adresse einer Internetpräsenz (z.B. Google) rasch über ein Terminal mit dem Ping-Befehl herausfinden. Geben Sie dazu Folgendes im Terminal ein:

```
pearson@pearson:~$ ping www.google.de
PING www.l.google.com (209.85.135.99) 56(84) bytes of data.
64 bytes from mu-in-f99.1e100.net (209.85.135.99): icmp_seq=1 ttl=53 time=32.8 ms
```

Listing 6.1: Ermitteln der IP-Adresse von Google

Der Ping-Befehl zeigt, dass sich hinter der Adresse *www.google.de* unter anderem die IP-Adresse *209.85.135.99* verbirgt. Sie können sich davon überzeugen, indem Sie die Zahlenkombination in das Adressfeld Ihres Browsers eingeben. Wodurch sind nun aber die Zahlenkombinationen bestimmt? Die folgenden Abschnitte geben Aufschluss darüber.

IPv4-Adressierung

Dieser Adressierungstyp ist derzeit noch am weitesten verbreitet. Die Adressierung nach dem IPv4-Standard erfolgt nach dem folgenden Schema:

- Eine IPv4-Adresse besteht aus *32 Bits*, also 4 Bytes.
- Die Anzahl der damit darstellbaren Adressen beträgt 2^{32} = 4.294.967.296.
- Zur Darstellung der Adressen verwendet man die *dotted decimal notation*, in welcher die 4 Bytes (auch Oktetts genannt) als vier durch Punkte voneinander getrennte ganze Zahlen in Dezimaldarstellung im Bereich von 0 bis 255 geschrieben werden.

Ein Beispiel wäre die oben ermittelte IP von Google (*209.85.135.99*).

Die IP-Bereiche wurden in der Vergangenheit in Netzwerkklassen eingeteilt, in denen bestimmte IP-Bereiche für bestimmte Zwecke reserviert wurden. So verwendete man den Bereich von *192.0.0.0* bis *223.255.255.255* für *Klasse-C-Netze*. Diese Netzwerke wurden dann im privaten Bereich eingesetzt. Zur effizienteren Nutzung des 32-Bit-Adressraums wird heute jedoch das CIDR-Verfahren (*Classless Inter-Domain Routing*) eingesetzt.

Die oben berechnete Anzahl von ca. 4 Milliarden zur Verfügung stehender Adressen wirft die Frage auf, wie lange der Adresspool bei dem rasanten Wachstum der an das globale Netz angeschlossenen Einheiten noch ausreicht. Aus diesem Grund wird die IPv4-Adressierung nach und nach abgelöst durch die IPv6-Adressierung.

IPv6-Adressierung

Diese Adressierungsart ist durch folgende Eigenschaften gekennzeichnet:

- Eine IPv6-Adresse wird aus *128 Bits* gebildet, wodurch sich der Adressraum gegenüber IPv4 um den Faktor 2^{96} vergrößert.

- Mithilfe einer *automatischen Konfiguration* kann ein am Netz angeschlossener Rechner (ein Host) eine Verbindung zum Netzwerk aufbauen, ohne dass ein spezieller DHCP-Server (s.u.) benötigt wird.

- IPv6-Adressen werden in hexadezimaler Schreibweise notiert, wobei die Zahl in acht Blöcke zu jeweils 16 Bit unterteilt wird. Die Blöcke werden durch Doppelpunkte getrennt notiert.

Beispiel einer IPv6-Adresse wäre *2001:471:1f11:251:290:27ff:fee0:2093*.

- In einer URL wird die IPv6-Adresse in eckige Klammern eingeschlossen, z.B.:
  http://[2001:471:1f11:251:290:27ff:fee0:2093]

Auch Ihre Ubuntu GNU/Linux Lernumgebung ist bereits auf die Verwendung von IPv6-Adressen vorbereitet. Sie können sich leicht durch Eingabe des Befehls `ifconfig`[3] auf einer Kommandozeile davon überzeugen:

```
pearson@pearson:~$ ifconfig
eth0      Link encap:Ethernet  Hardware Adresse 08:00:27:5e:03:09
          inet Adresse:10.0.2.15  Bcast:10.0.2.255  Maske:255.255.255.0
          inet6-Adresse: fe80::a00:27ff:fe5e:309/64 Gültigkeitsbereich:Verbindung
```

Listing 6.2: Mittlerweile bieten alle aktuellen Betriebssysteme Unterstützung für IPv6.

Bei der obigen IPv6-Adresse wurde eine Kurzschreibweise verwendet, sodass nicht alle acht Blöcke aufgeführt wurden.

Die MAC-Adresse

Während IPv4- oder IPv6-Adressen beliebig manipuliert werden können, ist jede Netzwerkkarte bzw. jedes Netzwerkinterface mit einer eindeutigen Hardwareadresse versehen. Diese Adresse wird *MAC-Adresse* genannt (*MAC = Media Access Control*). Die MAC-Adresse des virtuellen Netzadapters der Lernumgebung liefert ebenfalls der Befehl `ifconfig`, vgl. Listing 6.2. Diese wird hinter dem Schlüsselwort *Hardwareadresse* ausgegeben.

---

3 Der entsprechende Befehl unter Windows lautet `ipconfig`.

Die MAC-Adresse ist dann interessant, wenn man nur ganz bestimmten Geräten den Zugang zum Netz gewähren möchte. In diesem Fall richtet man auf dem Router des Netzwerks einen MAC-Adressen-Filter ein.[4] Das Verfahren wird häufig bei WLAN-Routern angewendet.

Routing

Zur Übermittlung von Datenpaketen zwischen verschiedenen Netzwerken werden Router verwendet. Dabei handelt es sich um spezielle Hardware oder Rechner, die mit entsprechender Routingsoftware laufen.

Man unterscheidet zwischen *Routing* und *Forwarding*: Das Routing bestimmt den gesamten Weg eines Datenstroms durch das Netzwerk, das Forwarding beschreibt den Entscheidungsprozess eines einzelnen Netzknotens, über welchen Nachbarn Daten weitergeleitet werden sollen. In der Regel werden beide Prozesse von aktuellen Routern beherrscht und angewendet.

Eine Standardsituation beim Routing zeigt ▶Abbildung 6.7. Ein Client greift über das Internet auf einen Webserver zu. Dabei wird der Aufruf einer Webseite per Browser eingeleitet: Die HTTP-Adresse wird im Browser des Clients eingegeben und per TCP/IP über die Netzwerkschnittstelle an den ersten Router weitergereicht. Die Datenpakete werden in das Internet weitergeleitet und gelangen zu einem zweiten Router, der dem Webserver vorgeschaltet ist. Der Webserver beantwortet schließlich die Anfrage des Clients.

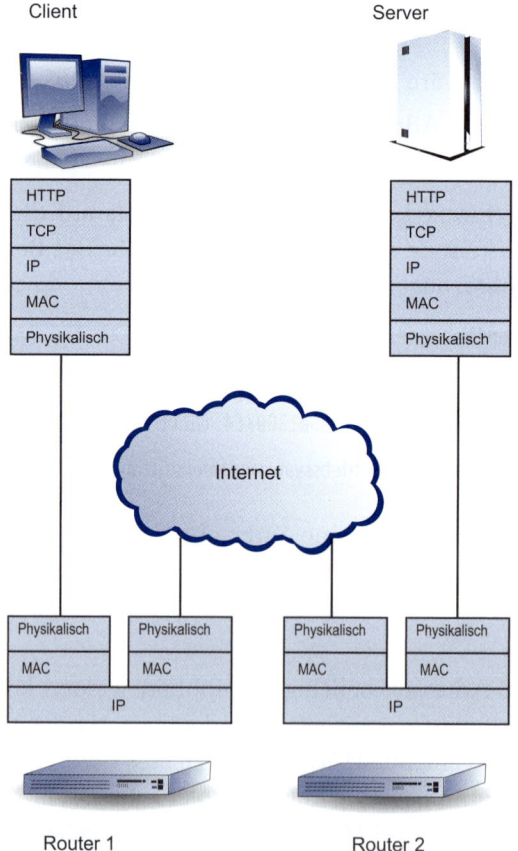

Abbildung 6.7: Routing zwischen Client und Server im Internet

---

4   Achtung: Mit ein wenig technischem Know-how lassen sich auch MAC-Adressen fälschen.

Möchten Sie den Weg eines Datenpakets einmal selbst verfolgen, dann können Sie das mit dem Befehl traceroute[5] in Ihrer Lernumgebung tun. Voraussetzung hierfür ist allerdings, dass die virtuelle Netzwerkschnittstelle im Bridged-Modus mit statischer IP betrieben wird, vgl. Abschnitt *Netzwerkpraxis*.

```
pearson@pearson:~$ traceroute www.google.de
traceroute to www.google.de (74.125.39.106), 30 hops max, 60 byte packets
 1  * * *
 2  83-169-154-126-isp.superkabel.de (83.169.154.126)  25.032 ms  25.286

...
10  209.85.254.134 (209.85.254.134)  58.992 ms 209.85.249.162 (209.85.249.162)
57.984 ms  38.094 ms
11  fx-in-f106.1e100.net (74.125.39.106)  34.266 ms  38.386 ms  39.717 ms
```

Listing 6.3: Mit dem Befehl traceroute kann der Weg eines Datenpakets verfolgt werden.

Der Weg zu Google führt also in unserem Beispiel über nicht weniger als 11 Stationen.

6.2 Netzwerkpraxis

Die folgenden Beispiele sind grundlegende Schritte zur Einrichtung eines Netzwerks. Dabei werden weitere wichtige Begriffe erklärt.

6.2.1 Konfiguration über DHCP

> **DHCP**
>
> Mithilfe eines DHCP-Servers wird einem Client automatisch eine IP-Adresse zugewiesen. DHCP steht für *Dynamic Host Configuration Protocol*. Ein solcher Server befindet sich in allen Heimroutern.

Die physikalische Verbindung des Rechners zur Netzaußenwelt erfolgt über die Ethernet-fähige Netzwerkkarte oder den Netzwerkchip. In einem realen Linux-System bekommen Sie über den Befehl dmesg nähere Informationen zur verwendeten Netzwerkschnittstelle:

```
pearson@pearson:~$ dmesg | grep eth
[    2.745080] eth0: registered as PCnet/FAST III 79C973
[   23.059086] eth0: link up, 100Mbps, full-duplex
[   33.340058] eth0: no IPv6 routers present
[ 3397.012051] eth0: link up, 100Mbps, full-duplex
[ 3407.416036] eth0: no IPv6 routers present
```

Listing 6.4: Der Befehl dmesg gibt die beim Booten vom Kernel generierten Meldungen wieder. Dabei wird auch die im System verbaute Hardware analysiert. Mittels grep können bestimmte Informationen gezielt gesucht werden.

Im obigen Fall findet man eine den Ethernet-Controller PCnet/FAST III 79C973. Dieser Schnittstelle muss nun eine IP zugewiesen werden. Dies geschieht in der Regel über einen DHCP-Server. In der Lernumgebung verbindet sich die virtuelle Schnittstelle über *NAT* (*Network Address Translation*) mit dem Netz des gastgebenden Systems.[6]

---

5 Der entsprechende Windows-Befehl lautet pathping. Möglicherweise wird hier ein Verfolgen der Route durch die Firewall aktueller Windows-Systeme erschwert.

Um sich im virtuellen System über DHCP mit einem Netzwerk zu verbinden, wird ein Rechtsklick über dem Netzwerksymbol durchgeführt. Im Kontextmenü wählen Sie dann den Punkt *Verbindungen bearbeiten* und wählen dort DHCP aus (▶Abbildung 6.8).

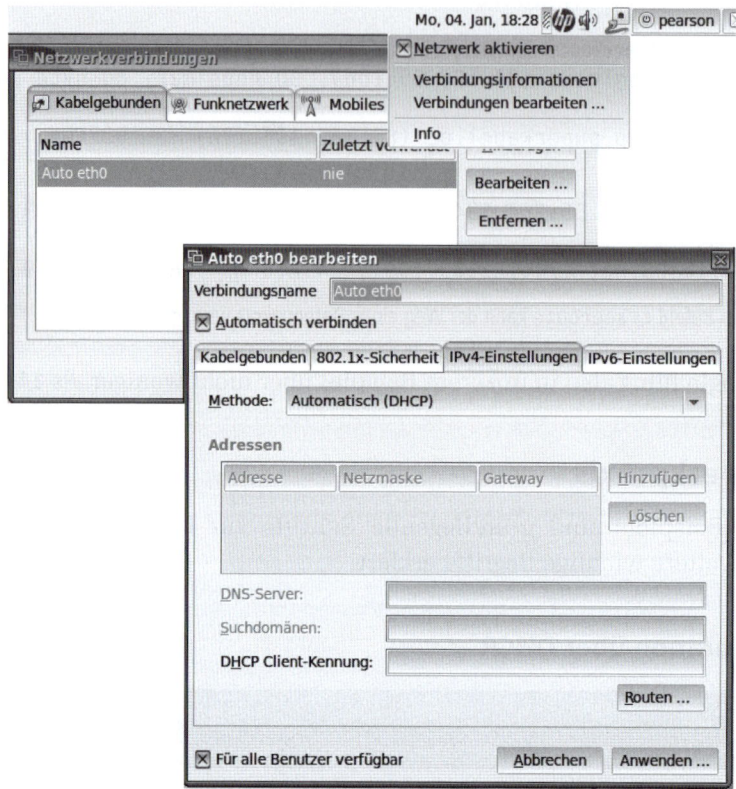

Abbildung 6.8: Die Konfiguration der Netzwerkeigenschaften erfolgt in der Lernumgebung im Kontextmenü des Netzwerksymbols. Nach Auswahl der Verbindung (in der Regel eth0) können Sie über die Schaltfläche *Bearbeiten* Änderungen bezüglich der Adress- und Routingkonfiguration vornehmen.

Zum Testen der Konfiguration rufen Sie eine Konsole auf und überprüfen die Ethernet-Schnittstelle mit dem Befehl `ifconfig`:

```
pearson@pearson:~$ ifconfig
eth0      Link encap:Ethernet  Hardware Adresse 08:00:27:5e:03:09
          inet Adresse:10.0.3.15  Bcast:10.0.3.255  Maske:255.255.255.0
          inet6-Adresse: fe80::a00:27ff:fe5e:309/64 Gültigkeitsbereich:Verbindung
          UP BROADCAST RUNNING MULTICAST  MTU:1500  Metrik:1
          RX packets:230121 errors:19 dropped:0 overruns:0 frame:0
          TX packets:136954 errors:0 dropped:0 overruns:0 carrier:0
          Kollisionen:0 Sendewarteschlangenlänge:1000
          RX bytes:319118297 (319.1 MB)  TX bytes:17777488 (17.7 MB)
          Interrupt:10 Basisadresse:0xd020
```

Listing 6.5: Überprüfung der IP-Adresse mit `ifconfig`. Vom DHCP-Server der Lernumgebung wurde der Schnittstelle die IP *10.0.3.15* zugewiesen. Erkennbar sind außerdem die Parameter der Schnittstelle sowie die Anzahl der übertragenen (TX) und empfangenen (RX) Bytes.

---

6 Dieses Verhalten lässt sich jederzeit über *VM/Settings/Network Adapter* in den Eigenschaften des VMware Players ändern. Hier können Sie beispielsweise den Bridged-Modus auswählen, bei dem die virtuelle Maschine zum vollwertigen Mitglied Ihres LANs wird.

Wird die Netzwerkadresse über DHCP bezogen, so ist sicherzustellen, dass ein entsprechender Server auf dem Router läuft. Die meisten Router lassen sich über ein Webinterface bedienen, welches direkt aus dem Browserfenster aufgerufen werden kann. Dazu gibt man die IP-Adresse des Routers (siehe Bedienungsanleitung) in die Adresszeile des Browsers ein, und nach dem Login erscheint das Konfigurationsmenü (▶Abbildung 6.9).

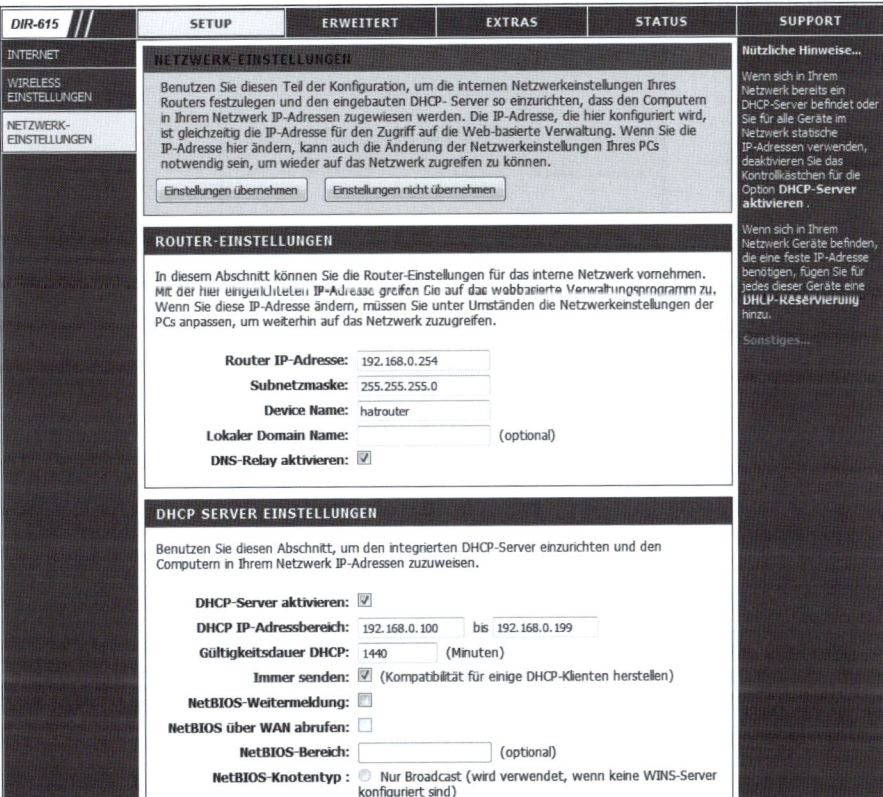

Abbildung 6.9: Aktuelle Router werden über ein Webinterface konfiguriert. Im vorliegenden Fall lassen sich die Router-IP (hier: *192.168.0.254*) und die Subnetzmaske (hier: *255.255.255.0*) definieren. Die IPs der Rechner des Netzwerks beginnen mit *192.168.0.* Im unteren Teil des Menüs werden die Einstellungen für den DHCP-Server vorgenommen. Dieser verteilt IP-Adressen aus dem Zahlenbereich *192.168.0.100* bis *192.168.0.199.* Die Gültigkeitsdauer (der sogenannte *Lease*) dieser dynamisch vergebenen Adressen beträgt 1440 Minuten = 24 Stunden. Meldet sich innerhalb dieser Zeitspanne ein Client mit der gleichen MAC-Adresse noch einmal an, so erhält er die gleiche IP-Adresse.

Über die DHCP-Anbindung wird dem Client automatisch auch ein Nameserver (genauer: *DNS = Domain Name Server*) zugeordnet. Dieser sorgt für die Umsetzung der Internet-URL im Stil von *www.google.de* in IPv4- bzw. IPv6-Adressen. Die Namensauflösung kann in der Lernumgebung mit dem Befehl ping getestet werden, vgl. Listing 6.1.

6.2.2 Statische Konfiguration

In kleineren Netzwerken bietet sich eine direkte Zuweisung von IP-Adressen zu den einzelnen Geräten an. Dadurch entfällt das mitunter störanfällige und zeitaufwendige Beziehen der IPs über DHCP. Andererseits benötigt der Administrator zur Konfiguration nun mehr Informationen (▶Abbildung 6.10):

- Die zuzuweisende *IP-Adresse für den Client*. Diese muss im gleichen Subnetz wie die IP des Routers liegen.

- Die *IP des Internetgateways*. Dies ist in der Regel die IP des Routers.

- Die *IP eines Nameservers*. Verwendet man hierfür die IP des Routers, so reicht dieser die IP des vom Provider zugewiesenen Nameservers automatisch an den Client durch. Andererseits kann man auch direkt die IP freier Nameserver angeben.

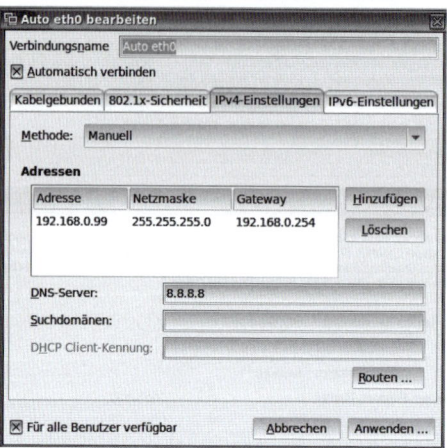

Abbildung 6.10: Statische Konfiguration eines Internetdevices. Als DNS-Server wurde einer der öffentlich verfügbaren Google-Nameserver mit der IP 8.8.8.8 eingetragen.

Zum Weiterarbeiten

1. Konfigurieren Sie die Netzwerkschnittstelle der Lernumgebung mit einer statischen IP. Dazu ist zunächst die virtuelle Hardware über *Virtual Machine/Virtual Machine Settings/Network Adapter* als *Netzwerkbrücke* (*Bridge*) *Netzwerkbrücke* zu definieren.

2. Erforschen Sie das grafische Netzwerkdiagnose-Tool in der Lernumgebung (*System/Systemverwaltung/Netzwerkdiagnose,* ▶Abbildung 6.11). Welche Möglichkeiten bieten die einzelnen Untermenüs?

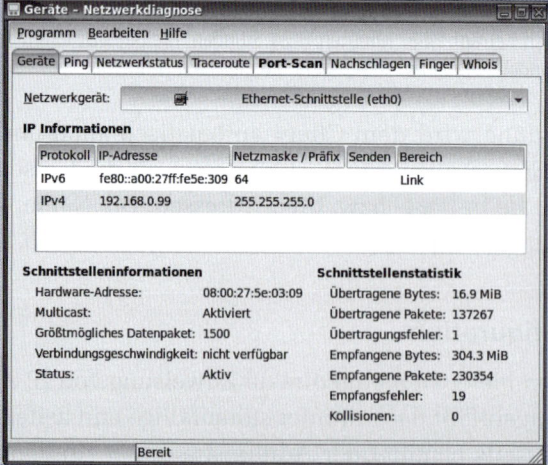

Abbildung 6.11: Das Netzwerkdiagnose-Tool ist ein grafisches Frontend für die Vielzahl an netzwerkspezifischen Kommandos der Linux/Unix- Lernumgebung. Jeder einzelne Reiter bietet Zugriff auf einen speziellen Unix-Befehl.

6.2.3 Netzwerkfreigaben

Eine wichtige Anwendung in heimischen Netzwerken ist der Datenaustausch über spezielle freigegebene Verzeichnisse (*Netzwerkfreigaben*). Folgende Protokolle haben sich als praktikabel erwiesen:

- **NFS**: Das *Network File System* entstammt der Unix-Welt und ist das Mittel der Wahl, wenn man Daten ausschließlich zwischen Linux-/Unix-Rechnern austauschen möchte.

- **SMB**: Möchte man Daten in heterogenen Umgebungen zur Verfügung stellen, dann wird in der Regel auf das *Server Message Block*-Kommunikationsprotokoll zurückgegriffen. Dieses Protokoll wird gleichermaßen von Unix-, Linux-, Mac- und Windows-Rechnern verstanden. Unter Unix/Linux ist zur Nutzung allerdings die Installation der Samba-Software erforderlich.

Übung

Erstellen Sie in der virtuellen Maschine der Lernumgebung ein Verzeichnis, mit dessen Hilfe Sie Dateien mit dem Wirtssystem austauschen können.

Anmerkung: Der VMware Player bietet zwar in Form der gemeinsamen Ordner (*VM/Settings/Options/Shared Folders*) eine vorstrukturierte Lösung an, Ziel der Übung ist allerdings die manuelle Konfiguration einer Freigabe mithilfe der Samba-Software.

LÖSUNG

Die zur Erstellung einer Samba-Freigabe notwendige Samba-Software wurde in der virtuellen Lernumgebung bereits installiert. Gehen Sie folgendermaßen vor:

1. Stellen Sie sicher, dass die Lernumgebung mit einer statischen IP konfiguriert wurde, in deren Subnetz sich auch das Wirtssystem bzw. die Rechner befinden, die auf die Freigabe zugreifen wollen (vgl. letzten Abschnitt).

2. Definieren Sie einen Samba-Benutzer, der auf die Freigabe zugreifen darf. Wählen Sie dazu den Standardbenutzer pearson der Lernumgebung:

```
sudo smbpasswd -a pearson
```

Nach Eingabe des Befehls sind drei Passworteingaben erforderlich: Zunächst muss das Administratorpasswort des Systems (pearson) eingegeben werden, anschließend wird ein Samba-Passwort definiert und bestätigt. Später können Sie mit der Kombination pearson/pearson auf die Freigabe zugreifen.

3. Erstellen Sie in Ihrem Heimverzeichnis ein Tauschverzeichnis namens tausch:

```
mkdir /home/pearson/tausch
```

4. Sichern Sie die Originalkonfigurationsdatei in Ihrem Heimverzeichnis, falls etwas schiefläuft:

```
sudo cp /etc/samba/smb.conf ~
```

5. Bearbeiten Sie nun die Samba-Konfigurationsdatei:

```
sudo gedit /etc/samba/smb.conf
```

6. Ergänzen Sie am Ende der Datei folgende Zeilen:

```
[tausch]
path = /home/pearson/tausch
available = yes
valid users = pearson
read only = no
browsable = yes
public = yes
writable = yes
```

7. Starten Sie den Samba-Daemon neu:

```
sudo /etc/init.d/samba restart
```

Nun können Sie mit einem Netzwerkbrowser von einem anderen PC oder dem Wirts-system aus das Netzwerk durchsuchen und die Freigabe ausfindig machen. Für den Zugriff benötigen Sie die oben definierte Login/Passwort-Kombination.

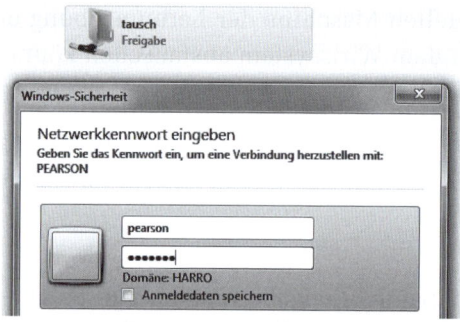

Abbildung 6.12: Für den Zugriff auf die Freigabe ist eine Login/Passwort-Kombination erforderlich.

6.3   Drahtlose Netzanbindung

Im Zuge des Web-2.0-Konzepts wächst der Bedarf der Anwender, an jedem beliebigen Ort online zu gehen. Dazu bieten sich drahtlose Netzwerke in Gestalt von WLAN-Hotspots oder Mobilfunknetzen an.

6.3.1   WLAN

Prinzipiell erfolgt die Vernetzung über WLAN in gleicher Weise wie die in Abschnitt *Adressierung im Netzwerk* beschriebene kabelgebundene Vernetzung über Ethernet-Devices. Die Übertragungsstandards im WLAN-Bereich werden in der Normenfamilie 802.11 definiert. ▶Tabelle 6.2 zeigt die wichtigsten Implementierungen.

Name	Verabschiedet	Frequenzband	Transferrate	Verbreitung
802.11	1997	2,4 bis 2,485 GHz	2 MBit/s	gering
802.11a	1999	5 GHz	54 MBit/s	gering
802.11b	1999	2,4 bis 2,4835 GHz	11 MBits/	relativ weit verbreitet
802.11g	2003	2,4 bis 2,4835 GHz	54 MBit/s	weit verbreitet
802.11g++	2005/proprietär	2,4 bis 2,4835 GHz	bis zu 125 MBit/s	mittel (AVM Fritz!Box)
802.11n	2009	2,4 bis 2,4835 GHz, optional 5 GHz	600 MBit/s	noch gering

Tabelle 6.2: Vergleich der WLAN-Standards. Bei 802.11g++ handelt es sich um ein proprietäres Format, das einige Hersteller selbst entwickelt haben. Die Werte der Transferraten sind Bruttowerte. In der Realität kann der Anwender lediglich 30 bis 50 % der angegebenen theoretischen Bandbreite nutzen.

Ein wesentlicher Unterschied zum konventionellen LAN besteht in der Notwendigkeit, den drahtlosen Datenverkehr zu verschlüsseln: Schließlich möchte niemand, dass der Nachbar oder ein Passant vor dem Haus „mitlauscht" oder sich kostenlos in den teuer bezahlten Internetzugang einklinkt.

Zu diesem Zweck wurden Verfahren zur WLAN-Verschlüsselung entwickelt, die in ▶Tabelle 6.3 aufgeführt sind.

Kürzel	Name	Art der Verschlüsselung	Sicherheit
WEP	Wired Equivalent Privacy	Verschlüsselung mit Prüfbitfolge, 24-Bit-Initialisierungsvektor	gering
WPA	Wi-Fi Protected Access	Zusätzlich zu WEP Verwendung von dynamischen Schlüsseln, 48-Bit-Initialisierungsvektor	mittel
WPA2	Wi-Fi Protected Access 2	Implementierung des Verschlüsselungsalgorithmus AES (Advanced Encryption Standard)	hoch

Tabelle 6.3: Übersicht über die wichtigsten WLAN-Verschlüsselungstypen

Zur Einrichtung eines WLAN müssen folgende Informationen vorliegen:

- Die **SSID**: Der *Service Set Identifier* bezeichnet den frei wählbaren Namen eines Funknetzes.

- Die **Art der Verschlüsselung**: Hier empfiehlt sich die Auswahl der bestmöglichen Verschlüsselung, die der verwendete Router anbietet, also in der Regel *WPA2*.

- Der **Pre-Shared Key (PSK)** oder ein **Hexadezimalschlüssel**: Bei einem symmetrischen Verschlüsselungsverfahren verwenden Anwender und Router denselben PSK. Dabei handelt es sich um eine Passphrase, d.h. ein längeres Passwort. Aus dem PSK wird schließlich der eigentliche Schlüssel generiert, der in Hexadezimalform notiert wird.

- **DHCP-Server**: Schließlich ist zu kontrollieren, ob auf dem Router ein DHCP-Server läuft, der die WLAN-Geräte automatisch mit einer IP-Adresse versorgt. Anderenfalls benötigt man eine statische Adresse aus dem gleichen Subnetz des Routers.

Beispiel: WLAN-Router-Client-Konfiguration

Das folgende Beispiel zeigt die Konfiguration eines handelsüblichen WLAN-Routers sowie die Verbindung eines WLAN-fähigen Endgeräts zum Router. Auch wenn Sie nicht über entsprechende Hardware verfügen, ist das Beispiel interessant, um etwas über die Verschlüsselungsmechanismen, die in aktuellen Geräten verwendet werden, zu lernen.

Routerseitige Konfiguration

1. Greifen Sie über einen Browser auf Ihren Router zu und suchen Sie den Konfigurationsbereich für das WLAN. Aktivieren Sie dort (falls noch nicht geschehen) das Funknetz und geben Sie dem Netz einen aussagekräftigen Namen. Zu Testzwecken sollte das Netz zunächst als sichtbar markiert werden (▶Abbildung 6.13).

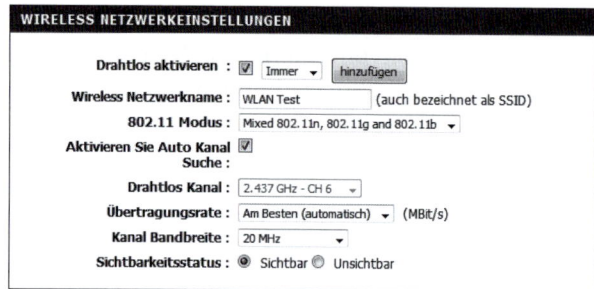

Abbildung 6.13: Aktivieren des WLAN und Definition der SSID. Diese lautet im vorliegenden Beispiel *WLAN Test*.

2. Im nächsten Schritt wird der Verschlüsselungstyp definiert. Hier ist nach Möglichkeit WPA/WPA2 zu wählen (▶Abbildung 6.14).

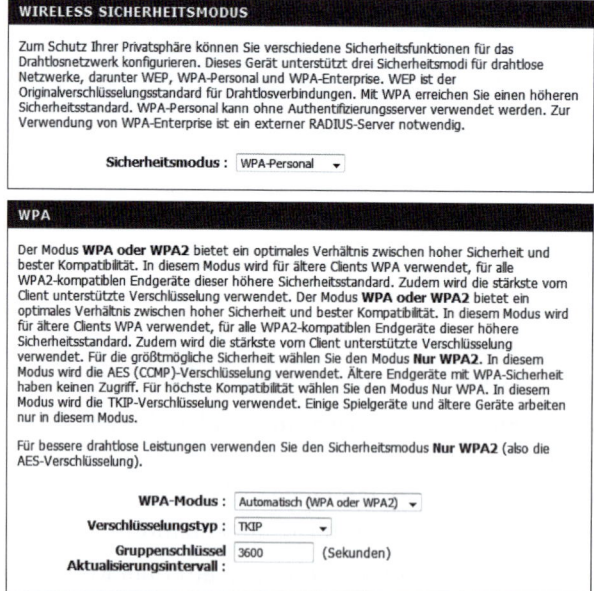

Abbildung 6.14: Wird der WLAN-Router im Mischbetrieb (WPA oder WPA2) betrieben, so können auch ältere Geräte als Clients verwendet werden. Im professionellen Umfeld verwendet man den Sicherheitsmodus WPA-Enterprise: In diesem Fall wird ein Extraserver (ein sogenannter RADIUS-Server) zur Authentifizierung der Clients eingesetzt.

Nun muss noch der PSK in Form eines längeren Passworts oder einer Passphrase eingegeben werden.

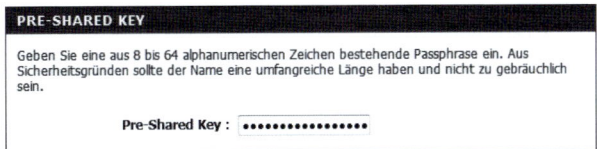

Abbildung 6.15: Definition des Pre-Shared Keys: Dieser kann ein einfaches Wort oder ein einfacher Satz sein, geschickter ist aber die Gestaltung durch eine willkürliche Folge von Buchstaben, Ziffern und Sonderzeichen. Etliche Crack-Tools verfügen über Wörterbücher, in denen Standardphrasen enthalten sind.

Kontrollieren Sie abschließend, ob auf dem WLAN-Router ein DHCP-Server läuft, vgl. dazu Abbildung 6.9.

Clientseitige Konfiguration

Die Konfiguration des Clients ist wesentlich einfacher. Schalten Sie die WLAN-Funktion auf dem Client ein und suchen Sie nach Netzen in der Umgebung. Dabei sollte der Name des soeben eingerichteten WLAN auftauchen. Geben Sie auf Nachfrage den Pre-Shared Key ein, und schon können Sie mit dem mobilen Endgerät im Netz surfen.

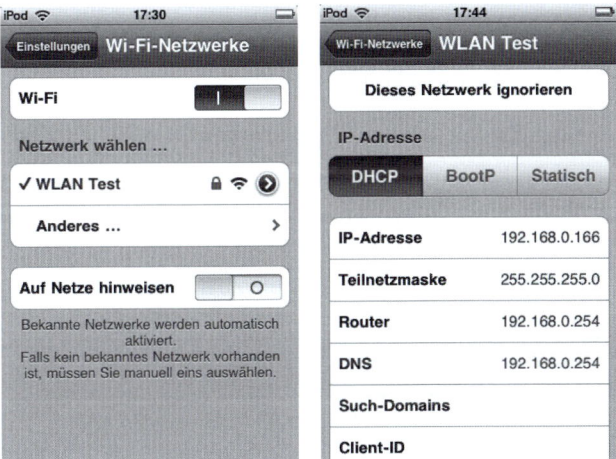

Abbildung 6.16: Mittlerweile verfügen auch Multimediaplayer wie Apples iPod über eingebaute WLAN-Fähigkeiten. Das obige Gerät wurde per DHCP vom Router mit der IP-Adresse 192.168.0.166 versehen. Die IP des Routers gibt gleichzeitig die IP des Nameservers vor.

6.3.2 GSM und UMTS

Smartphone

Ein Smartphone vereint die Fähigkeiten eines Handys mit denen eines PDAs: Neben der Verwaltung von Terminen, Aufgaben und Kontakten bieten Smartphones Zugänge zu Netzwerken aller Art (WLAN, UMTS) und können dank integriertem GPS-Chip auch als Navigationssysteme eingesetzt werden.

Das klassische Handy gerät in Form des *Smartphones* zur universellen Kommunikationszentrale. Die intelligenten Alleskönner unterstützen die Anbindung an eine Vielzahl von Netzwerkdiensten und -protokollen.

Der bislang weltweit genutzte Mobilfunkstandard GSM (*Global System for Mobile Communications*) wird nach und nach ersetzt durch UMTS (*Universal Mobile Telecommunication System*). Dieser Mobilfunkstandard der 3. Generation wird im Handydisplay durch das Symbol 3G gekennzeichnet. Er bietet erweiterte Dienste wie z.B. Videotelefonie und breitbandigen Zugang zum Internet. Dabei sind mittlerweile Geschwindigkeiten realisierbar, die bislang den kabelgebundenen Netzwerken vorbehalten waren, siehe ▶Tabelle 6.4.

Mobilfunktechnik	Max. Downloadrate	Theoretische Zeit für einen 5-MByte-Download
GPRS	54 Kbps	760 Sekunden
EDGE	217 Kbps	190 Sekunden
UMTS	384 Kbps	105 Sekunden
HSDPA (1. Ausbaustufe)	1800 Kbps	20 Sekunden
HSDPA (2. Ausbaustufe)	3600 Kbps	10 Sekunden
HSDPA (3. Ausbaustufe)	7200 Kbps	5 Sekunden

Tabelle 6.4: Vergleich von Übertragungsraten im Mobilfunkbereich

Die Konfiguration des Internetzugangs per GPRS/EDGE (vgl. *Kapitel 3*) oder UMTS verläuft ähnlich wie die weiter oben beschriebene Nutzung eines Routers. Der Unterschied besteht darin, dass die Verbindung zum Internetrouter des Handyproviders über das Handynetz hergestellt werden muss. Die folgende Tabelle zeigt als Beispiel die Einstellungen, die für die Nutzung des T-Mobile-Netzes in das Handy einzutragen sind.[7]

Menüpunkt	Einstellung
Verbindungsname	z.B. *T-Mobile Internet*
Datenträger	Paketdaten
Name v. Zugangspunkt	internet.t-mobile
Benutzername	t-mobile
Passwort abfragen	nein
Passwort	t-d1
Authentifizierung	normal
Startseite	beliebig, z.B. *www.google.de*

Tabelle 6.5: Konfiguration eines Internetzugangs per GPRS/EDGE oder UMTS über das T-D1-Netz

---

7   An welcher Stelle des umfangreichen Menüs dies zu erfolgen hat, ist der Bedienungsanleitung des speziellen Geräts zu entnehmen.

Damit lässt sich das Handy an jedem Ort als mobile Surfstation einsetzen (▶Abbildung 6.17).

Abbildung 6.17: Mit einem mobilen Browser (hier: Opera mini) kann man mittlerweile auch per Handy komfortabel im Internet surfen.

6.4 Das Internet und seine Dienste

Das Internet

Der Begriff *Internet* setzt sich aus den englischen Wörtern *interconnected networks* (deutsch: verbundene Netzwerke) zusammen. Das Internet basiert auf dem Forschungsprojekt *ARPANET* (*Advanced Research Project Agengy Network*), das im Jahr 1969 mitten im Kalten Krieg vom US-Verteidigungsministerium entwickelt wurde. Bis zu diesem Zeitpunkt war es üblich, Waffensysteme durch wenige Leitrechner zentral zu steuern. Die neue Idee war, ein Rechnernetz zu schaffen, das nicht durch den Ausfall eben jener Leitrechner lahmgelegt werden konnte. Am Prinzip hat sich bis heute nichts geändert: Fällt ein Knoten des Internets aus, so findet ein Datenpaket den Weg über andere Zwischenstationen zum Ziel.

In der Praxis ist das Internet der Zusammenschluss einer Vielzahl kleiner Einzelnetzwerke, die über sogenannte *Gateways* (Rechner, die als Schnittstellen der Teilnetze fungieren) und *Backbones* (breitbandige, leistungsstarke Verbindungen) miteinander verknüpft sind. Interessant ist dabei der heterogene Charakter des Netzes: Auf den Rechnern arbeiten beliebige Betriebssysteme auf beliebiger Hardwarebasis. Grundlegendes Kommunikationsprotokoll des Internets ist das *TCP/IP-Protokoll* (*Transmission Control Protocol/Internet Protocol*).

Im folgenden Teil des Netzwerkkapitels dreht sich alles um das Internet und dessen Möglichkeiten. Das Internet hat sich seit seinen Anfängen vom reinen Kommunikationswerkzeug zunehmend zur Multimedia- und Wissensspeicherplattform gewandelt. Die wichtigsten Dienste des Internets arbeiten nach dem Client-Server-Prinzip, es gibt jedoch auch Peer-to-Peer-Anwendungen bzw. Strukturen, vgl. Abschnitt *Netzwerkdienste*.

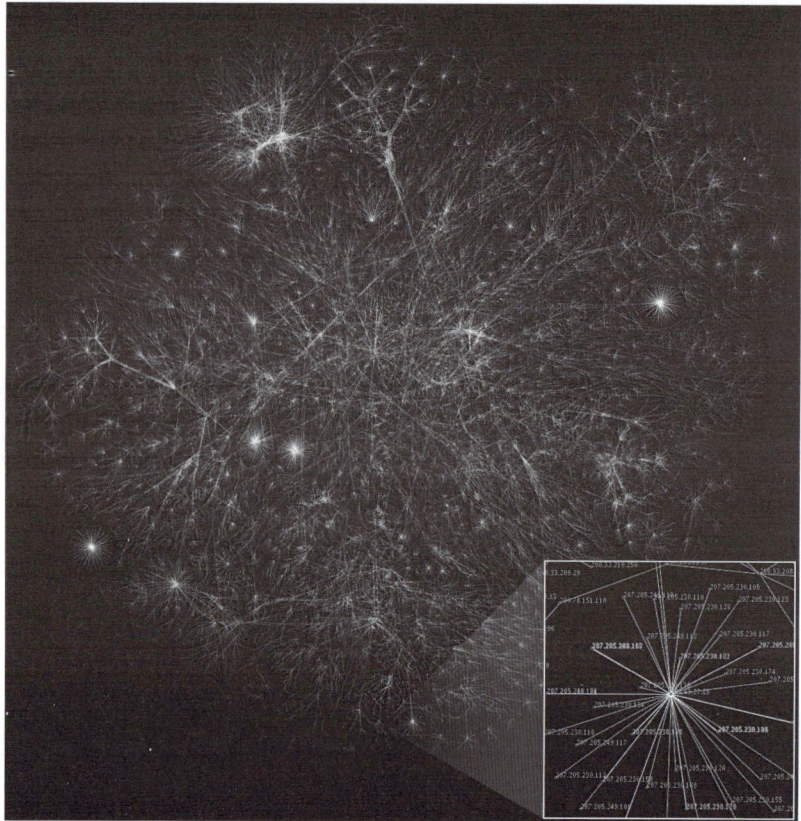

Abbildung 6.18: Versuch einer Visualisierung des Internets. Die verästelte Struktur erinnert an ein neuronales Netzwerk, welches die Denkstruktur in unserem Gehirn bildet.

6.4.1 World Wide Web

Die meisten Menschen identifizieren das Internet mit seinem bekanntesten Dienst, dem World Wide Web (WWW), kurz *Web* genannt. Das Web ist ein weltweites Hypertextsystem, d.h., dass man durch Anklicken von *Links* (Verbindungen) auf einer Seite unmittelbar zu einem anderen Dokument gelangt. Dadurch entsteht eine global vernetzte Dokumentenstruktur.

Die Webseiten werden durch die HTML(*Hypertext Markup Language*)-Sprache beschrieben. HTML-Seiten können mit einem *Browser* dargestellt werden. HTML ist eine *Auszeichnungssprache*, d.h., der Browser erhält über spezielle Auszeichnungen (*Tags*) Anweisungen, wie bestimmte Teile eines Dokuments darzustellen sind.

Der Aufruf einer Internetadresse im Browser setzt in der Regel die Angabe des verwendeten Protokolls voraus. Dies erfolgt im Fall einer HTML-Seite durch Voranstellen von *http://* (▶Abbildung 6.19). Die komplette Adresse der Seite wird *URL* (*Uniform Resource Locator*) genannt. Ein Beispiel einer kompletten URL wäre *http://www.pearson-studium.de/*.

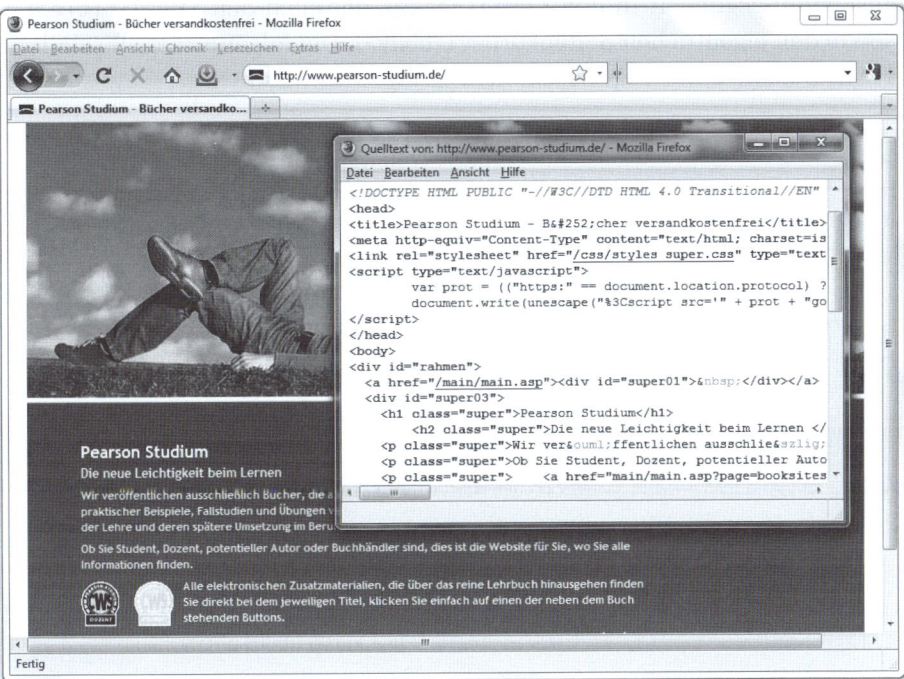

Abbildung 6.19: Das Gerüst einer jeden Webseite, die im Browser dargestellt wird, baut auf HTML auf.

HTML-Grundlagen

Sie können recht schnell eigene HTML-Seiten erstellen, wenn Sie sich mit einigen grundlegenden Auszeichnungsmöglichkeiten und Prinzipien vertraut machen:

- Ein HTML-Dokument kann in einem beliebigen *Texteditor* erstellt werden. Das Dokument muss lediglich mit der Endung *.html* abgespeichert werden.

- Der Kopf des Dokuments enthält die *Deklaration des HTML-Dokumententyps*.

- Jeder HTML-Tag `<Tag>` muss mit einem entsprechenden abschließenden Tag `</Tag>`, der durch den Slash `/` gekennzeichnet ist, beendet werden. Groß- und Kleinschreibung muss bei den HTML-Tags nicht beachtet werden. Spätestens seit XHTML, der *Extensible HyperText Markup Language*, geht man zur Kleinschreibung über.

Ein typisches HTML-Seitengerüst hat folgende Struktur:

```
<!DOCTYPE HTML PUBLIC "-//W3C//DTD HTML 4.01//EN" "http://www.w3.org/TR/html4/
strict.dtd">
<html>
  <head>
    <title>
      Titel der Webseite
    </title>

    <!-- Evtl. weitere Kopfinformationen -->
  </head>

  <body>
    Inhalt der Webseite
  </body>
</html>
```

Die Seite ist somit gegliedert in den Kopf (`<head>`), der auch den Titel (`<title>`) der Seite enthält, sowie den eigentlichen Seitenkörper (`<body>`). Die folgende Tabelle stellt die wichtigsten HTML-Befehle bzw. -Tags zusammen.

HTML-Tag	Bedeutung
Strukturierung des Dokuments	
`<html> … </html>`	Definition Seitenanfang/Seitenende
`<head> … </head>`	Definition Seitenkopf
`<title> … </title>`	Definition Seitentitel
Formatierung und Auszeichnung	
`<p> … </p>`	Absatz definieren
`</br>`	Zeilenumbruch einfügen
`<b> … </b>`	Text fett (bold) auszeichnen
`<i> … </i>`	Text kursiv (italic) auszeichnen
`<u> … </u>`	Text unterstrichen (underline) auszeichnen
Tabellen	
`<table> … </table>`	Tabelle einfügen
`<tr> … </tr>`	Zeile in Tabelle einfügen
`<td> … </td>`	Zelle in Tabellenzeile einfügen
Grafiken	
`<img src = "bild.jpg">`	Grafik bild.jpg einfügen[8]
Verweise (Hyperlinks)	
`<a href "URL"> Text </a>`	Link zur URL mit Verknüpfungstext einfügen
`<a href "URL"><img src = "bild.jpg"></a>`	Link zur URL über anklickbare Grafik bild.jpg einfügen

Tabelle 6.6: Die wichtigsten HTML-Tags zur Erstellung einfacher Webseiten

---

Tipp°

Wenn Sie sich intensiver mit dem Erstellen von HTML-Dokumenten beschäftigen möchten, so finden Sie auf *http://de.selfhtml.org* das kostenlose HTML-Tutorial von Stefan Münz.

---

8 Die Grafik muss im selben Verzeichnis wie das Dokument liegen, ansonsten sind relative Pfadangaben zu ergänzen.

Zum Weiterarbeiten

1. Erstellen Sie mithilfe des Editors *gedit* in der Lernumgebung (*Anwendungen/Zubehör/gedit Texteditor*) eine einfache Webseite.

2. Erstellen Sie eine weitere Seite und verknüpfen Sie diese so, dass sie von der ersten Seite über einen Textlink zu erreichen ist.

3. Binden Sie in die zweite Seite eine anklickbare Grafik ein, die zur ersten Seite führt.

Erweiterungen

HTML-Seiten lassen sich durch die Verwendung der folgenden Techniken mit beliebigen Funktionalitäten versehen:

- **Cascading Style Sheets (CSS)**: Diese Technik ermöglicht eine besondere Form der Seitenstrukturierung. Insbesondere können damit verschiedene Endgeräte (PDA, PC-Großbildschirm, Drucker) zur Ausgabe der Information gesondert behandelt werden. Grob gesagt, lassen sich mithilfe von CSS die optische Gestaltung und der Inhalt einer Webseite trennen.

- **PHP: Hypertext Preprocessor[9] (PHP)**: Mithilfe der Skriptsprache PHP werden dynamische Webinhalte realisiert, d.h., dass sich der HTML-Code einer Seite durch die Interaktion mit dem Benutzer ändern kann. Dadurch können auch kleine Programme in die Webseite eingebunden werden. Mithilfe von PHP lassen sich serverseitige Programme bzw. Berechnungen steuern, was insbesondere auch bei der Realisierung serverbasierter Datenbanken angewendet wird, vgl. *Kapitel 10*.

- **Adobe Flash**: Wer es richtig interaktiv und multimedial mag, der hübscht seine Seiten mit Adobe Flash-Filmen auf. Mit Flash lassen sich auch anspruchsvolle Anwendungen gestalten.

- **JavaScript**: Diese Skriptsprache, deren Befehlssatz Ähnlichkeit zur Programmiersprache Java besitzt, ermöglicht die Ergänzung dynamischer Elemente in den HTML-Code. Anwendungsbeispiele sind Plausibilitätsprüfungen beim Ausfüllen von Formularen, Banner oder Laufschriften. JavaScript bildet außerdem die Basis von Ajax.

- **Ajax (Asynchronous JavaScript and XML)**: Der Begriff Ajax umschreibt ein System zur asynchronen Datenübertragung zwischen Webserver und Browser, durch das desktopähnliche Anwendungen wie z.B. Textverarbeitung oder Tabellenkalkulation im Browser realisiert werden können. Dabei bleiben große Teile der HTML-Ansicht im Browser während der Abarbeitung von Aufgaben auf dem Server bestehen, sodass der Anwender nichts von den Hintergrundaktivitäten mitbekommt.

Ajax-Anwendungen haben im Rahmen des Web-2.0-Konzepts der interaktiven browsergestützten Anwendungen eine große Bedeutung erlangt. Twitter, Facebook und Co. setzen auf Ajax auf.

---

9 Bei der Bezeichnung zeigt sich die Vorliebe von Namensgebern im IT-Bereich, sogenannte rekursive Akronyme zu verwenden. PHP bedeutete ursprünglich Personal Home Page Tools.

6.4.2 E-Mail

Die Kommunikation über die elektronische Post (kurz: *E-Mail*) gehört zu den ältesten Diensten, die das Internet bereitstellt. Trotz neuer Trends wie z.B. Google Wave[10] behält die E-Mail auch im aktuellen Jahrzehnt ihre Daseinsberechtigung.

Die Kommunikation per E-Mail läuft über spezielle Mailserver. Diese empfangen die Mails von den Clients und leiten sie an den Empfänger der Mail weiter. Zur Übertragung der Mail vom Client zum Mailserver wird das *SMTP-Protokoll* (*Simple Mail Transfer Protocol*) verwendet. Der Empfang der Mails wird vom Server, der sich entweder im LAN oder Internet befindet, über das *POP3*(*Post Office Protocol Version 3*)- oder *IMAP*(*Internet Message Access Protocol*)-Protokoll geregelt, vgl. dazu auch *Kapitel 4*, Abschnitt über E-Mail-Programme.

Die Adressierung eines E-Mail-Empfängers erfolgt nach dem Schema *<E-Mail Name>@domain .topleveldomain*, z.B. *Max.Mustermann@gmx.de*.

Das Bindezeichen @ zwischen Name und Domain, der sogenannte *Klammeraffe*, wird englisch „at" (von *at sign*) ausgesprochen. Das Zeichen wurde im Jahr 1972 von dem Amerikaner RAY TOMLINSON als Trennzeichen für Adressen im E-Mail-Verkehr eingeführt.

Eine E-Mail ist folgendermaßen aufgebaut:

- **Kopf der E-Mail (Head)**: Dieser enthält die *E-Mail-Adresse des Empfängers* sowie den Betreff der E-Mail. Über die Felder *CC* (**Carbon Copy**) bzw. *BCC* (*Blind Carbon Copy*) können weitere Empfänger ergänzt werden. Bei der Verwendung von BCC erfahren die Empfänger beim Erhalt der E-Mail nichts voneinander.

- **Rumpf der E-Mail (Body)**: Hier steht der eigentliche Nachrichtentext.

- **Attachment**: Optional kann man an eine E-Mail Dokumente beliebiger Art, sogenannte Attachments (*Dateianhänge*), anfügen. Es ist allerdings zu beachten, dass einige Provider ein Limit bezüglich der Größe von Attachments setzen.

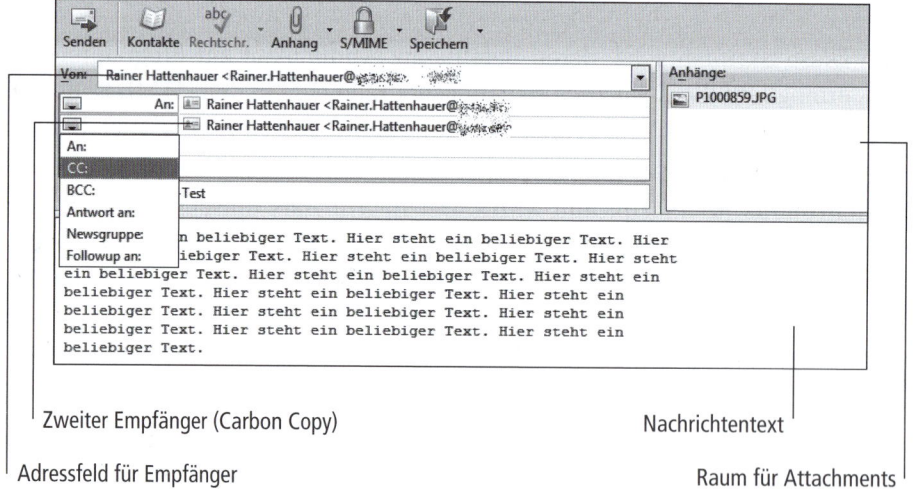

---

10 Im Gegensatz zur klassischen E-Mail ist Google Wave ein Echtzeit-Kommunikationswerkzeug. Auf der Google Wave-Plattform kann in Echtzeit kommuniziert, an Dokumenten gearbeitet und Multimediamaterial getauscht werden.

Tiefergehende Informationen über die Herkunft einer Mail, insbesondere auch über den Weg, den die Mail durch das Internet genommen hat, bietet die Option *Vollständigen Header anzeigen* bzw. *Nachrichtenquelltext anzeigen*, der bei den meisten Mailclients vorhanden ist. Dort erfahren Sie unter anderem, welches Mailprogramm und welches Betriebssystem Ihr Kommunikationspartner verwendet hat.

```
From - Fri Jan 08 18:36:43 2010
X-Account-Key: account5
X-UIDL: 242ee66413b80168cd1eaf0a4894de8a
X-Mozilla-Status: 0001
X-Mozilla-Status2: 10000000
X-Mozilla-Keys:
Return-Path: <Rainer.Hattenhauer@xyz.domain>
X-Flags: 0000
Delivered-To: GMX delivery to rainer.hattenhauer@xyz.domain
Received: (qmail invoked by alias); 08 Jan 2010 17:36:02 -0000
Received: from 95-88-200-207-dynip.superkabel.de (EHLO [192.168.0.192]) [95.88.200.207]
  by mail.gmx.net (mp025) with SMTP; 08 Jan 2010 18:36:02 +0100
X-Authenticated: #27333589
X-Provags-ID: V01U2FsdGVkX1+L/ssiSbKLjpxngP5r1VAlf0/J8ILnTOlqflXnYt
Q16cazm4T7nQvf
Message-ID: <4B476CDC.1040906@gmx.de>
Date: Fri, 08 Jan 2010 18:35:24 +0100
From: Rainer Hattenhauer <Rainer.Hattenhauer@xyz.domain>
User-Agent: Thunderbird 2.0.0.23 (Windows/20090812)
MIME-Version: 1.0
To: Rainer Hattenhauer <Rainer.Hattenhauer@xyz.domain>
CC: Rainer Hattenhauer <Rainer.Hattenhauer@abc.domain>
Subject: Ein E-Mail-Test
Content-Type: multipart/mixed;
 boundary="------------070800040205040107090401"
X-FuHaFi: 0.00
X-GMX-Antivirus: 0 (no virus found)
X-GMX-Antispam: 0 (Mail was not recognized as spam);
```

Listing 6.6: Der Quelltext einer E-Mail offenbart einiges über Sender und Empfänger: Im vorliegenden Fall verwendet der Sender den Thunderbird-Mailclient auf einem Windows 7-System. Die Mail stammt von einem GMX-Server, die Mail wurde über einen Server der Domäne superkabel.de (Kabel Deutschland) weitergeleitet.

Aufgrund der Tatsache, dass Mails, die über einen SMTP- bzw. POP3- oder IMAP-Server in der Regel im Klartext laufen, mit einem einfachen Paketanalysewerkzeug wie z.B. *Wireshark* belauscht und mitgelesen werden können, empfiehlt es sich, die E-Mail entweder über einen sicheren Server (*Secure SMTP*) zu verschicken oder aber zu verschlüsseln. Hierfür bieten sich Werkzeuge wie *PGP* (*Pretty Good Privacy*) an.

6.4.3 FTP

> ## Port
>
> Ein Port ist allgemein ein Ein- oder Ausgang einer Einheit. Die Einheit kann dabei ein Bestandteil der Hardware oder Software sein. Im Bereich der Netzwerkprotokolle verwenden unterschiedliche Protokolle meist unterschiedliche Ports. Die folgende Tabelle gibt die wichtigsten verwendeten Ports wieder.
>
> | Portnummer | Dienst | Bedeutung |
> |---|---|---|
> | 20 | FTP-Data | Datentransfer vom Server zum Client im Rahmen des FTP-Protokolls |
> | 21 | FTP | Steuerung einer FTP-Sitzung durch den Client |
> | 22 | SSH | Secure Shell |
> | 23 | Telnet | Terminalemulation |
> | 25 | SMTP | E-Mail-Versand |
> | 53 | DNS | Namensauflösung |
> | 80 | HTTP | Webserver |
> | 110 | POP3 | Clientzugriff auf E-Mail-Server (POP3-Protokoll) |
> | 143 | IMAP | Clientzugriff auf E-Mail-Server (IMAP-Protokoll) |
> | 443 | HTTPS | sicherer Webserver |
> | 6667 | IRC | Chatserver |
>
> **Tabelle 6.7:** Bekannte Ports, die verschiedene Protokolle nutzen

Zum Austausch größerer Daten verwendet man im Internet das *File Transfer Protokoll* (*FTP*). Damit lassen sich Daten bequem auf einen Server hoch- bzw. herunterladen.

FTP verwendet für die Steuerung und Datenübertragung zwei unterschiedliche Verbindungen: Die FTP-Sitzung beginnt nach Aufforderung des Clients über den Kontrollport des Servers. Standard-FTP-Ports sind Port 21 und Port 22, vgl. ▶Tabelle 6.7. Durch die Aufforderung wird eine TCP-Verbindung aufgebaut, über welche dann Befehle zum Server gesendet werden. Der Server antwortet auf jeden Befehl mit einem Statuscode. Die meisten FTP-Befehle sind allerdings erst nach einer erfolgreichen Authentifizierung per Login/Passwort zulässig, um den Up- bzw. Downloadbereich vor unbefugten Zugriffen zu schützen.

In der Regel greift man heute über FTP-Programme wie z.B. *Filezilla* (*http://filezilla-project.org*) oder den Systembrowser auf den FTP-Server zu. In der Lernumgebung finden Sie ein Kommandozeilenwerkzeug, mit dem Sie ebenfalls eine FTP-Verbindung herstellen können. Das folgende Listing zeigt ein Beispiel einer FTP-Sitzung.

```
01 pearson@pearson:~$ ftp ftp.pearson.de
02 Connected to ftp.pearson.de.
03 220 FTP server ready.
04 Name (ftp.pearson.de:pearson): <Benutzername>
```

```
05 331 User <Benutzername> OK. Password required
06 Password:
07 230-User <Benutzername> has group access to:   adm
08 230 OK. Current restricted directory is /
09 Remote system type is UNIX.
10 Using binary mode to transfer files.
11 ftp> put test.txt
12 local: test.txt remote: test.txt
13 200 PORT command successful
14 150 Connecting to port 38902
15 226-133768.2 Mbytes free disk space
16 226-File successfully transferred
17 226 0.063 seconds (measured here), 365.85 bytes per second
18 23 bytes sent in 0.00 secs (288.0 kB/s)
19 ftp> bye
```

Listing 6.7: FTP-Sitzung auf einer Kommandozeile: Alle eingegebenen Befehle sind fett markiert. Zunächst wird die Verbindung aufgebaut (Zeile 01) und der Benutzername (Zeile 04) sowie das Passwort (Zeile 06) werden eingegeben. Der eigentliche Datentransfer erfolgt in Zeile 11 mit dem Befehl put. Die FTP-Verbindung wird in Zeile 19 durch Eingabe von bye schließlich beendet.

Zum Weiterarbeiten

Bauen Sie eine FTP-Verbindung zu einem privaten FTP-Server Ihrer Wahl aus der Lernumgebung heraus auf. Dazu bietet sich das Menü *Orte/Verbindung zu Server* an.

Hinweis: Falls Sie keinen Zugang zu einem privaten FTP-Server haben, so können Sie es mit einem öffentlichen FTP-Server versuchen. Der Server *ftp.gwdg.de* bietet beispielsweise Linux-ISO-Abbilder zum freien Download an (▶Abbildung 6.20). Allerdings können Sie auf öffentliche FTP-Server keine Dateien hochladen.

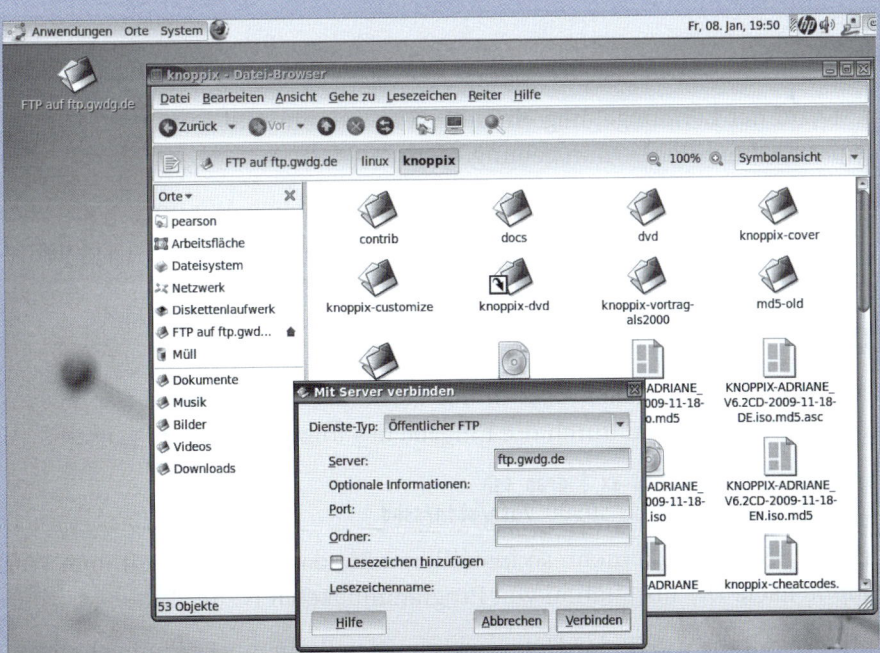

Abbildung 6.20: Über den Systembrowser der Lernumgebung können Sie bequem eine Verbindung zu einem öffentlichen FTP-Server herstellen.

6.4.4 Telnet und SSH

Telnet

Das Protokoll *Telnet* (*Telecommunication Network*) bezeichnet ein im Internet weit verbreitetes Netzwerkprotokoll. Es basiert auf einem zeichenorientierten Datenaustausch zwischen Client und Server über eine TCP-Verbindung. Aufgrund der fehlenden Verschlüsselung wird es jedoch mehr und mehr verdrängt durch SSH.

SSH

Die *Secure Shell* (*SSH*) ermöglicht den Aufbau einer verschlüsselten Terminalverbindung zwischen Client und Server. SSH ist mittlerweile Grundlage einer Vielzahl von Client-Server-Anwendungen, die die Fernsteuerung von Systemen aller Art zum Ziel haben. Die meisten Remote-Desktop-Anwendungen setzen auf dem SSH-Protokoll auf.

Die meisten Server im professionellen Umfeld fristen in dunklen Kellerräumen ihr Dasein. Zur Wartung der Server können die IT-Spezialisten aber in ihren Büros sitzen bleiben: Mithilfe von Telnet- bzw. SSH-Clients ist von jedem Rechner, der per Netzwerk mit dem Server verbunden ist, ein entferntes Login (*Remote Login*) auf dem Server möglich.

Aus Gründen der Sicherheit verwendet man mittlerweile fast ausschließlich SSH. Die folgende Übung zeigt Ihnen den prinzipiellen Umgang mit der Secure Shell.

Übung

Richten Sie auf der Lernumgebung einen SSH-Server ein und verbinden Sie sich vom Host aus per SSH mit der Lernumgebung.

Hinweis: Wenn Sie als Hostsystem für die Lernumgebung Windows verwenden, so können Sie zum Aufbau einer SSH-Verbindung den Client *PuTTY* verwenden (Download unter *http://www.chiark.greenend.org.uk/~sgtatham/putty*).

ANLEITUNG

1. Stellen Sie zunächst sicher, dass in der Lernumgebung der SSH-Server läuft. Das kann in einem Terminal durch die Eingabe des folgenden Befehls geschehen:

```
pearson@pearson:~$ ps ax | grep ssh
  2010 ?        Ss     0:00 /usr/sbin/sshd
```

Läuft der SSH-Daemon nicht, so installieren Sie das Paket ssh mit dem Werkzeug *Synaptic* nach. Die Installation von Programmpaketen ist im *Anhang* beschrieben.

2. Konfigurieren Sie die IP der Netzwerkschnittstelle in der Lernumgebung so, dass sich diese im gleichen Subnetz befindet wie der Clientcomputer, vgl. Abschnitt *Statische Konfiguration*.

3. Loggen Sie sich mit dem SSH-Client in der Lernumgebung ein. Dazu starten Sie das Programm PuTTY durch Anklicken der ausführbaren Datei. Geben Sie in das Programmfenster die IP der Lernumgebung, gefolgt von der Login/Passwort-Kombination des Standardbenutzers (`pearson/pearson`) ein (▶Abbildung 6.21).

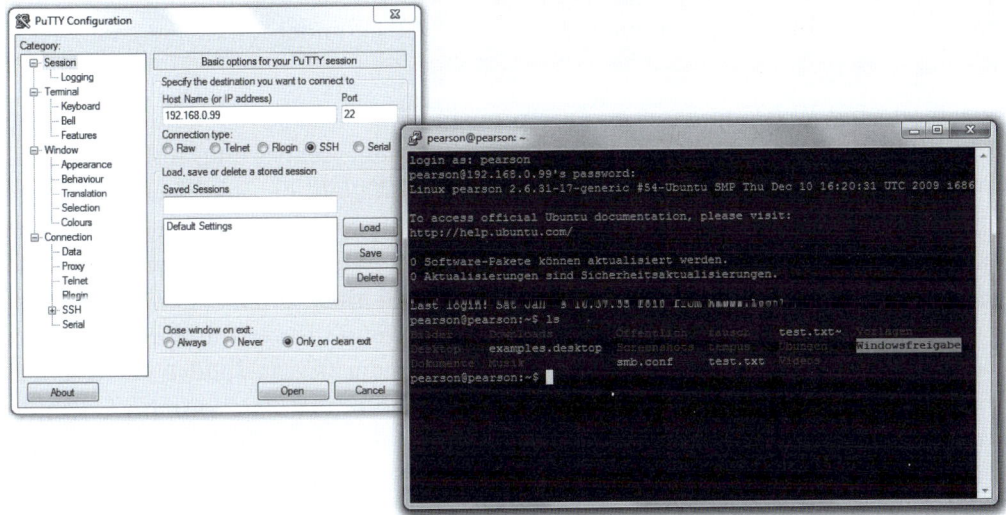

Abbildung 6.21: Remote-Login über PuTTY: Der Benutzer kann nun über das Terminal das System mit Unix-/Linux-Konsolenbefehlen bedienen.

Die Secure Shell bietet außer dem reinen Bedienen ferner Rechner auch die Möglichkeit, Dateien zwischen Client und Server zu kopieren. Dazu verwendet man den Befehl `scp`.

6.4.5 Suchmaschinen

Aufgrund der fast unbegrenzten Anzahl von Dokumenten und Dateien, die das Internet beherbergt, nehmen Suchmaschinen eine Schlüsselrolle bei der Bändigung der Informationsfluten ein. Allen voran steht Google als mittlerweile marktbeherrschender Suchanbieter: Über 90 % der Suchanfragen werden von Google bearbeitet. Die Anzahl der vom Google-Suchindex erfassten Seiten überschritt im Jahr 2008 die magische Grenze von einer Billion (10^{12}), sodass die Suchmaschinenbetreiber fortan darauf verzichteten, die Anzahl der indizierten Seiten unter dem Suchfeld bekannt zu geben.

Eine Suchmaschine liefert deshalb schnell ein Ergebnis auf eine Suchabfrage, weil der Begriff in einem vorher aufgebauten sortierten *Katalog* bzw. *Index* gesucht wird. Je nach Art und Weise, wie dieser Katalog erstellt wird, unterscheidet man zwei Arten von Indizes:

- **Crawler-basierter Index**: Mithilfe eines Suchprogramms (*Crawler*, *Searchbot* oder *Spider*) wird das Web automatisch durchkämmt und die Ergebnisse der Suche werden im Katalog abgespeichert. Nach dieser Methode wird der Google-Index erstellt.
- **Redaktionell gepflegter Index**: Neben dem Einsatz eines Crawlers bemühen einige Suchanbieter auch Angestellte, die die Suchergebnisse noch aus menschlicher Perspektive sichten, sortieren und in einem Katalog festhalten. Dieses Verfahren wurde früher unter anderem bei Yahoo! eingesetzt.

Exkurs	**Googles PageRank**

Wie kann ein vollautomatisches Indizierungssystem, wie es bei Google eingesetzt wird, eigentlich die Qualität von Internetseiten beurteilen? Die Antwort ist unter anderem in *Googles PageRank*-System zu finden, das Google Mitbegründer LARRY PAGE entwickelt hat.

Danach ist eine Webseite dann qualitativ hochwertig, wenn viele andere qualitativ hochwertige Seiten auf diese Seite verweisen. Hinter der Auswertung verbirgt sich der komplexe mathematische Formalismus der *Markov-Ketten*, den man vereinfacht folgendermaßen beschreiben kann: Ausgehend von einem Startzustand, bei dem alle bislang indizierten Seiten qualitativ gleichwertig sind, wird das Verweisverhalten der Seiten analysiert. Auf Seiten, die gut sind, wird nach einer gewissen Zeit häufig verwiesen. Ein Verweis wiegt dann besonders schwer, wenn die verweisende Seite ebenfalls wichtig bzw. gut ist. Der PageRank kann mithilfe der *Google Toolbar* für jede Seite eingesehen werden, sodass man beim Browsen einen unmittelbaren Eindruck von der Qualität der Seite erhält.

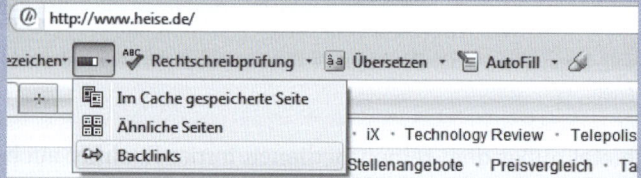

Abbildung 6.22: Googles PageRank lässt sich als grüner Balken in der Google Toolbar ablesen. Über den Kontextmenüpunkt *Backlinks* kann man sich die Seiten anzeigen lassen, die auf die aktuell dargestellte Webseite verweisen.

Tipps zur Suche mit Google

Google verfügt über eine Marktabdeckung von ca. 90 %, sodass im Folgenden hauptsächlich der Branchenprimus als Werkzeug für konkrete Suchanfragen beleuchtet wird. Folgende Tipps und Strategien haben sich bei der Suche mit Google bewährt:

1. Die *Kombination von Schlüsselwörtern* ist die Grundregel, der Datenflut Herr zu werden. Suchen Sie beispielsweise nach einem Begriff aus seriöser Quelle, so führt die Suchabfrage über Eingabe des Suchbegriffs, gefolgt vom Wort *wiki*, sofort auf die entsprechende Wikipedia-Seite.

   Ein Beispiel: *evolution wiki* führt Sie auf die Seite über Evolution in der Wikipedia.

   Ein häufiges Problem bei Google-Recherchen ist die Vermischung von wichtigen und unwichtigen Ergebnissen infolge unscharfer Suchanfragen. Diese lassen sich allerdings weiter filtern.

2. Filtern Sie unerwünschte Treffer mit einem vorangestellten Minuszeichen heraus.

   Beispiel: Die Suchabfrage *homer -simpson* liefert hauptsächlich Informationen zum griechischen Dichter und filtert den bekannten Protagonisten einer Fernsehserie heraus.

   Etliche wissenschaftliche Aufsätze sind in den Tiefen des Web in Form von *PDF-Dokumenten* verborgen: Diese werden zwar von Google indiziert und bei einer Suche berücksichtigt, gehen aber meist im Rauschen der Informationsflut unter. Auch Handbücher von technischen Geräten, die meist als PDF-Dateien daherkommen, sind im Labyrinth der Supportbereiche versteckt.

3. Zum Beschränken der Suche auf bestimmte Dokumenttypen geben Sie am Schluss der Suchabfrage *ext:»Typkürzel«* ein. Im Falle von PDF-Dokumenten also: *ext:pdf.* »ext« steht hierbei für *Extension.*

Ein Handbuch zu einem Gerät lässt sich beispielsweise über *handbuch <Gerätename> ext:pdf* aufspüren.

4. Google kann auch hervorragend zum Durchsuchen einzelner Websites genutzt werden: Geben Sie dazu nach der Suchabfrage den Begriff *site:»Domainname«* ein.

Möchten Sie z.B. die Mailserver von T-Online in Erfahrung bringen, so geben Sie folgende Suchabfrage ein: *mailserver site:t-online.de.*

Die Qualität der Treffer steht und fällt oft mit dem sachgerechten Einsatz von Anführungszeichen.

5. Geben Sie zusammenhängende Phrasen in *Anführungszeichen* ein.

Wer z.B. nach dem Ursprung des Zitats „*Durch diese hohle Gasse muss er kommen*" fahndet, tut gut daran, die Phrase in Anführungszeichen zu setzen. Apropos Deutschunterricht: Google erkennt bereits während der Suchanfrage Rechtschreibfehler und weist den Suchenden per „*Meinten Sie ...*" auf korrekte Alternativen hin. Klicken Sie den zugehörigen Link an, so wird eine alternative Suche mit korrigierter Rechtschreibung bzw. des von Google als bekannter angesehenen Begriffs gestartet.

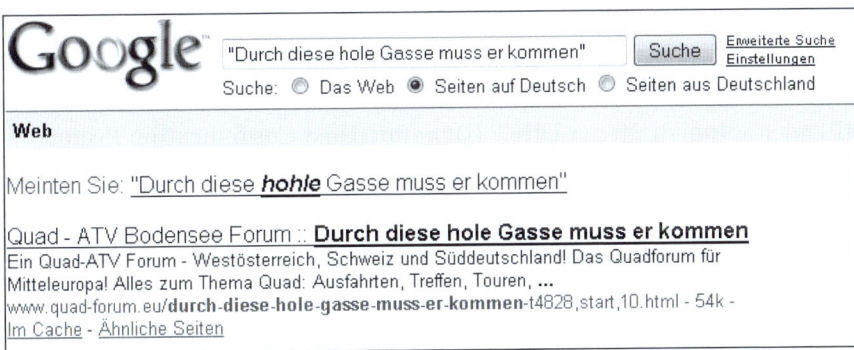

Abbildung 6.23: Google analysiert Suchanfragen auch nach deren Häufigkeit. Das führt dazu, dass Rechtschreibfehler sofort entlarvt werden.

Schließlich noch ein letzter Tipp zur Suchlogik:

6. Google verwendet standardmäßig das logische *UND* (engl.: *AND*) zur Suche von Seiten, die alle eingegebenen Begriffe enthalten. Wenn Sie alle Seiten, die entweder das eine oder das andere Wort enthalten, finden möchten, so geben Sie *»Begriff 1« OR »Begriff 2«* ein.

Zusätzlich können Klammern und die AND-Verknüpfung genutzt werden. Ein Beispiel: Sie möchten sich über Shops, die Akkus für mobile Computer anbieten, möglichst umfassend informieren. Geben Sie bei einer derartigen Suche *(laptop OR notebook) AND akku* ein.

Z U S A M M E N F A S S U N G

■ Netzwerke werden abhängig von ihrer physikalischen Ausdehnung in **LAN** (Local Area Network), **MAN** (Medium Area Network) und **WAN** (Wide Area Network) eingeteilt. Kabelgebundene Netzwerke werden in der Regel mit Ethernet-Technik realisiert.

■ Im Bereich der Netzwerkkomponenten unterscheidet man **passive und aktive Komponenten**. Letztere erfordern eine aktive Energieversorgung. Zu den passiven Komponenten werden **Netzwerkkabel und Verteilerdosen** gezählt, zu den aktiven Komponenten gehören **Router und Switches**.

■ In Netzwerken findet man folgende Kommunikationsmodelle: Bei der **Client-Server-Technik** stellt ein spezialisierter Server seine Dienste den am Netz angeschlossenen Clients zur Verfügung. In einem **Peer-to-Peer-Netzwerk** ist jeder angeschlossene Client gleichzeitig auch Server. Beispiel für ein Peer-to-Peer-Netz ist das **BitTorrent-Netz** zum Austausch beliebiger Dateien. Dagegen ist der **Apache-Webserver** ein Beispiel für eine Serveranwendung. In verteilten Systemen übernehmen mehrere spezialisierte Server unterschiedliche Aufgaben.

■ In einem Computernetz können sowohl **Ressourcen** (Speicherplatz, Rechenleistung, gemeinsam genutzte Hardware) als auch **Dienste** (Internetzugang, Kommunikation, Multimediastreaming) verteilt werden.

■ Jedes am Netzwerk angeschlossene Gerät wird im Netz über eine eindeutige Adresse, die **IP-Adresse**, angesprochen. Bislang üblich war die Verwendung der **ipv4**-Notation (z.B. **192.168.0.98**), mittlerweile setzt sich aber mehr und mehr die **ipv6**-Adressierung durch (z.B. **2001:471:1f11:251:290:27ff:fee0:2093**). Letztere bietet einen größeren Adressraum an und ist dadurch für zukünftige Anwendungen besser gerüstet. Hardwaretechnisch ist jedes Netzwerkgerät mit einer eindeutigen **MAC-Adresse** versehen. Die Zuordnung der IP-Adressen von Netzwerkdevices erfolgt entweder manuell (**statische IP**) oder automatisch per **DHCP (Dynamic Host Configuration Protocol)**.

■ Eine Netzwerkfreigabe lässt sich in Unix-artigen Betriebssystemumgebungen mit einem **NFS-Server** einrichten. In heterogenen Netzwerken, die auch Windows-Rechner beinhalten, verwendet man die Samba-Software, die auf das **SMB-Protokoll** zurückgreift.

■ Die Einrichtung drahtloser Netzwerke mit **WLAN(Wireless LAN)**-Technik erfordert die Verschlüsselung der Daten. Als Verfahren zur Verschlüsselung hat sich das unsichere **WEP**- sowie das **WPA/WPA2**-Verfahren etabliert.

■ Im Mobilfunkbereich wird zur Übertragung von Daten das schnelle **UMTS**-Netz verwendet. Damit lassen sich derzeit Bruttoübertragungsraten von bis zu 7 Mbps erzielen.

■ Die wichtigsten **Internetdienste** sind **WWW** (Nutzung von Hypertextstrukturen), **FTP** (Datenübertragung), **E-Mail** (elektronische Kommunikation) sowie **Telnet/SSH** (Remote-Login auf entfernten Rechnern).

■ **Suchmaschinen** haben infolge des exponentiell gewachsenen und noch weiter wachsenden Datenbestands im Internet eine Schlüsselrolle zur Klassifizierung, Sortierung und Katalogisierung von vernetzten Informationen eingenommen. Abfragen lassen sich unter Verwendung von Ausdrücken, die aus der formalen Logik abgeleitet werden, präzisieren.

Z U S A M M E N F A S S U N G

Grundlagen der Programmierung

7

ÜBERBLICK

> » Die Möglichkeit, einen Computer programmieren zu können und mit beliebiger Funktionalität zu versehen, ist nicht nur für Softwarearchitekten, sondern auch für Computereinsteiger sehr reizvoll. Die Programmierung ist allerdings ein Handwerk, das gelernt sein will: Ein zu lösendes Problem muss zunächst analysiert und strukturiert werden, bevor man sich anschickt, es in der Programmiersprache der Wahl in ein Programm umzusetzen. Das folgende Kapitel beschreibt die Methoden und Werkzeuge, die dazu notwendig sind. «

7.1   Vom Problem zum Programm

Viele in der Industrie tätige Informatiker schreiben auch bei großen Softwareprojekten keine einzige Zeile Programmquellcode selbst. Ihre Hauptaufgabe besteht in der Problemanalyse und der Konzeption von Softwarestrukturen. Dabei werden folgende Punkte berücksichtigt:

- **Lösbarkeit**: Ist das Problem *mit den Methoden der Informatik lösbar*?

- **Strukturierung**: Kann das Problem *in Teilprobleme zerlegt werden*, sodass im Team daran gearbeitet werden kann?

- **Modellierung**: Bieten sich bestimmte *Datentypen- und -strukturen* an, die die Programmierung vereinfachen?

- **Schnittstellendefinition**: Wie müssen die Daten und Softwaremodule einzelner Arbeitsgruppen zur *Gesamtlösung* des Problems *verknüpft werden*?

Meist herrscht gerade bei Anfängern die Meinung vor, dass die Analyse eines Problems leicht im Kopf stattfinden kann und man sich danach einfach an den Computer setzt und das Programm in einer beliebigen Programmiersprache eingibt. Während ca. 90 % aller Anfänger meist so vorgehen, gibt es unter den professionellen Softwareentwicklern wahrscheinlich weniger als 10 %, die auf die beschriebene Weise wirklich effektiv arbeiten können.

Sie können sich leicht selbst davon überzeugen, dass ein Problem, das im täglichen Leben recht einfach aussieht, äußert verzwickt werden kann, wenn man versucht, es mit einem Computer zu lösen:

Ziehen Sie einige Karten aus einem Kartenspiel und legen Sie diese aufgedeckt auf den Tisch. Sortieren Sie diese Karten nach ihrem Wert. Was für Sie aufgrund Ihrer Erfahrung mit Spielkarten sehr leicht erscheint, muss dem Computer mit großem Aufwand erst mühsam beigebracht werden. Das Kernproblem der Fragestellung ist: Wie bringt man einem Computer das Sortieren bei, wenn dieser die Bedeutung der Kartenwerte nicht kennt?[1]

---

1   Wir gehen an dieser Stelle vereinfachend davon aus, dass der Computer die Karten nicht physikalisch (z.B. per Roboterarm und Kamera) sortieren muss, sondern der Mensch ihm die gezogenen Kartenwerte mitteilt.

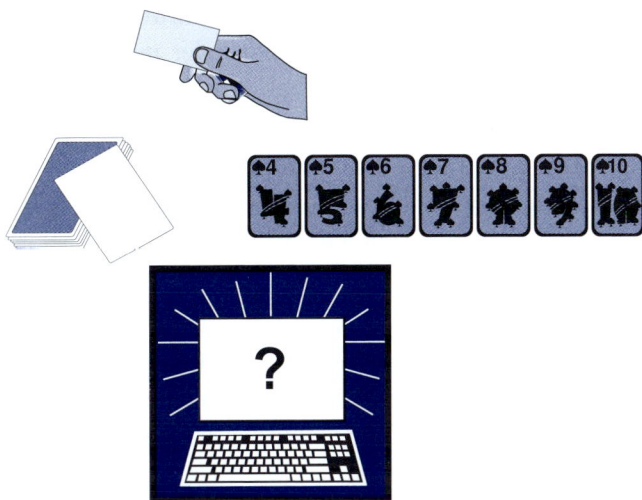

Abbildung 7.1: Einfache, für den Menschen oft selbstverständliche Aufgaben müssen dem Computer mühsam beigebracht werden. Die Kunst der Programmierung besteht darin, umgangssprachlich formulierte Probleme in eine dem Computer geläufige Programmiersprache umzusetzen.

EVA-Prinzip und Top-down-Entwurf

Wie bereits in *Kapitel 3* ausgeführt wurde, gilt sowohl im Software- als auch im Hardwarebereich das Prinzip von *Eingabe – Verarbeitung – Ausgabe*, kurz: *EVA*. Dieses wird zur Lösung von kleinen bis mittelgroßen Softwareprojekten in der *Top-down-Lösungsstrategie* umgesetzt, die das Problem von einer groben Formulierung ausgehend schrittweise verfeinert:

- **Präzisieren der Ein- und Ausgabe**: Hier interessiert man sich dafür, welche Datentypen man für Ein- und Ausgabe verwendet. Bei dem oben beschriebenen Spielkartenproblem bietet sich eine Codierung in Form von Buchstaben und Zahlen an, die auf einen Bereich der natürlichen Zahlen abgebildet werden. Die rangniedrigste Karte wäre (wenn man z.B. an die Skatregeln und ein Skatspiel mit 32 Karten denkt) die Karo 7, sie entspricht der 1. Die ranghöchste Karte wäre der Kreuz Bube, er entspricht der 32.

- **Entwickeln einer Lösungsidee**: Das Entwickeln der Lösungsidee soll vor allen Dingen Folgendes sicherstellen: Die Lösung soll *korrekt* sein, d.h., sie soll genau das leisten, was man von ihr erwartet. In unserem Beispiel wäre das die richtige Sortierung der Karten. Weiterhin soll die Lösung *effizient* sein, d.h. nicht unnötig viele Systemressourcen (Speicher, CPU-Zeit) verbrauchen. Die Lösungsideen, die man zum Sortieren von Daten benötigt, werden Sie in *Kapitel 8* noch ausführlich kennenlernen.

- **Entwurf des groben Programmgerüsts**: Um von der umgangssprachlich formulierten Lösungsidee zum konkreten Programm zu gelangen, formuliert man den Lösungsweg als Algorithmus in Form eines *Programmablaufplans* (*PAP*) oder *Struktogramms*, nach den Erfindern auch NASSI-SHNEIDERMAN-*Diagramm* genannt. Als Übergangsform eignet sich vor der eigentlichen Programmierung auch die Verwendung von *Pseudocode*.

- **Schrittweise Verfeinerung**: Nachdem man das grobe Gerüst des Programms in Form eines Struktogramms oder PAPs formuliert hat, prüft man, ob alle beschriebenen Schritte direkt in die Programmiersprache der Wahl übernommen werden können. Ist das nicht der Fall, so muss an den betreffenden Stellen, an denen Probleme zu erwarten sind, noch nachgearbeitet werden. Die Formulierungen müssen so verfeinert werden (*stepwise refinement*), dass sie direkt in Code umgesetzt werden können.

- **Umsetzung in eine Programmiersprache**: Der letzte Schritt zum Programm ist die eigentliche Programmierung, die letztlich auch von Laien oder mit entsprechenden Tools sogar vollautomatisch vorgenommen werden kann (vgl. *Kapitel 9*). Zur Programmierung sind die Inhalte des Struktogramms/PAPs eins zu eins in eine Programmiersprache umzusetzen.

- **Testen und Korrigieren von Fehlern**: Nicht zu unterschätzen ist die Zeit, die man dafür aufwenden muss, um ein Programm auf Herz und Nieren zu prüfen. Dabei sollte man verschiedene Szenarien von Eingabedaten durchspielen und bei fehlerhaften Berechnungen die verursachenden Fehler aufspüren. Diesen Prozess nennt man *Debugging*.

Abschließend sei noch bemerkt: Das genaue Gegenteil des Top-down-Programmierparadigmas findet man in der *Bottom-up*-Programmierung: Hier wird das Problem in kleine Bestandteile zerlegt, die schlussendlich zur Lösung des Gesamtproblems zusammengefügt werden. Insbesondere für Informatikeinsteiger ist diese Vorgehensweise allerdings nicht zu empfehlen.

7.2 Programmiersprachen

Eine Programmiersprache ist das Bindeglied zwischen der menschlichen Denk- und Arbeitsweise und der Welt des Computers, die ja bekanntlich nur aus Nullen und Einsen besteht. Betrachten Sie also die Programmiersprache als eine Art Dolmetscher oder Vermittler zwischen Ihnen und dem Computer.

Das folgende Diagramm zeigt in Form einer Vererbungsgrafik (einer sogenannten *Mindmap*) die Grundklassen von Programmiersprachen.

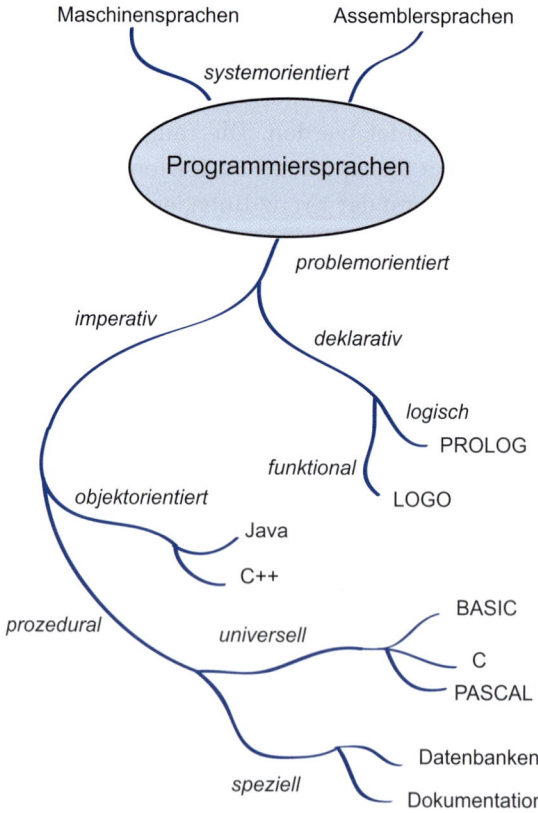

Abbildung 7.2: Der Stammbaum der Programmiersprachen mit Beispielen

Die einzelnen Sprachklassen haben folgende Bedeutungen:

■ **Systemorientierte Sprachen**: Diese Sprachtypen arbeiten direkt auf der Befehlssatzebene des Prozessors und sind gefragt, wenn es darum geht, einfache Berechnungen auf Hardwareebene zeitlich zu optimieren. Die systemnahen Sprachen sind für Anfänger weniger geeignet. Beispiele für systemnahe Sprachen sind *Assembler* und die *Maschinensprache*.

■ Die **problemorientierten Sprachen** sind die *Hochsprachen* der Programmierung. Im Bereich der problemorientierten Sprachen werden folgende Klassen unterschieden:

– Die **imperativen Sprachen**: Mit ihnen werden Lösungen als Folgen von Anweisungen formuliert, was der Top-down-Technik sehr entgegenkommt. Im Bereich der imperativen Sprachen unterscheidet man

– *objektorientierte Sprachen*: Beispiele wären *Java, C#* und *C++*.

– *prozedurale Sprachen*: Zu diesem Bereich gehören *universelle* (*BASIC, C, PASCAL*) und *spezielle Sprachen* (z.B. *SQL* zur Abfrage von Datenbanken).

– Die **deklarativen Sprachen** basieren auf der Beschreibung von Objekten und deren Beziehungen zueinander. Zu diesen Sprachen zählen einige Vertreter, die zur Realisierung von Systemen mit *künstlicher Intelligenz (KI)* verwendet werden. Beispiele sind *Prolog, LISP*, aber auch *LOGO* wird zur Gattung der deklarativen Sprachen gezählt.

Alle Sprachen können, bezogen auf den Ablauf zum Erhalt eines lauffähigen Programms, in die folgenden Kategorien aufgeteilt werden:

■ **Interpretersprachen**: Ein Interpreter übersetzt die Befehle eines Programmquellcodes während der Abarbeitung des Codes, er führt den Code somit direkt aus. Die vom Computer durchgeführten Rechnungen müssen schließlich zurückinterpretiert werden. Das kostet Zeit, hat aber den Vorteil, dass man ein eingegebenes Programm nicht bei jeder Änderung neu übersetzen muss. Zu den Interpretersprachen zählen *BASIC, Perl, Python* und *Ruby*. Auch *Skriptsprachen* wie *JavaScript* werden zur Laufzeit interpretiert.

■ **Compilersprachen**: Ein Compiler (zu Deutsch: *Übersetzer*) ist ein Computerprogramm, das einen vorgegebenen Quellcode in eine maschinennahe Sprache übersetzt. Das bedeutet zwar, dass im Gegensatz zu Interpretersprachen bei jeder Änderung am Quellcode das Programm neu übersetzt werden muss, das ausführbare Programm ist allerdings im Vergleich zu Interpreterprogrammen um Größenordnungen schneller und oft auch schlanker. Eine wahre Kunst und eigenständiges Gebiet der praktischen Informatik ist der *Compilerbau*: Hier werden Programme konzipiert, die den Quellcode analysieren und übersetzen. Beispiele für Compilersprachen sind *Java, C, C++* und *C#*.

7.3 Erste Schritte

Jeder Programmierprofi wurde im Laufe seiner Lehrjahre mit einem Programm konfrontiert, das unter dem Namen *Hello World* bekannt ist. Dieses Programm tut nichts anderes, als den simplen Text „Hello World" auf dem Bildschirm oder im Terminal auszugeben.

Welchen Sinn hat solch ein einfaches Programm? Es stellt sicher, dass der Anwender in der Lage ist, alle Schritte im System vorzunehmen, um zu einem lauffähigen Programm zu gelangen, er somit die zur Programmierung notwendige Infrastruktur auf seinem speziellen System kennt. Die folgenden Beispiele führen die Umsetzung des *Hello World*-Programms in verschiedenen Programmierumgebungen vor. Dabei werden wichtige, zum größten Teil auch im vorliegenden Buch behandelte Programmiersprachen vorgestellt.

7.3.1 BASIC-Interpreter

Der Urvater der Heimcomputersprachen ist sicherlich *BASIC*, der *Beginner's All-purpose Symbolic Instruction Code*, zu Deutsch: „symbolischer Allzweck-Programmiercode für Anfänger". Wer einen Ausflug in die Vergangenheit der Programmierung unternehmen möchte, der starte den *bwBasic*(*Bywater BASIC*)-Interpreter in der Lernumgebung durch Eingabe des Befehls `bwbasic` in einem Terminal:

```
pearson@pearson:~$ bwbasic
Bywater BASIC Interpreter/Shell, version 2.20 patch level 2
Copyright (c) 1993, Ted A. Campbell
Copyright (c) 1995-1997, Jon B. Volkoff

bwBASIC: 10 PRINT "Hello World!"
bwBASIC: 20 END
bwBASIC: LIST
    10: PRINT "Hello World!"
    20: END
bwBASIC: RUN
Hello World!
bwBASIC: SYSTEM

pearson@pearson:~$
```

Listing 7.1: Der Urvater aller Interpretersprachen ist BASIC, hier in Form von bwbasic. Typisch sind die vorangestellten Zeilennummern, die bei modernen BASIC-Dialekten allerdings weggelassen werden können. Mit dem Befehl SYSTEM wird die Interpreterumgebung wieder verlassen.

7.3.2 Perl Interpreter

Die Interpretersprache Perl ist eine Art Schweizer Taschenmesser[2] für die Linux-Kommandozeile (Shell). In Perl wird *Hello World* folgendermaßen programmiert:

1. Erstellen Sie eine Textdatei mit dem Namen *hello.pl*, die folgenden Inhalt hat:

```
print "Hello World\n";
```

Die Zeichenfolge \n ist das Steuerzeichen für einen Zeilenvorschub.

2. Starten Sie das Programm in einer Kommandozeile mit folgendem Befehl:

```
pearson@pearson:~$ perl hello.pl
Hello World
```

Die Skriptsprache Perl eignet sich insbesondere zur Programmierung von serverseitigen Skripten per *CGI* (*Common Gateway Interface*).

---

2   Bösartige Zungen sprechen in Verbindung mit Perl auch von der Schweizer Kettensäge. ;-)

7.3.3 Skriptsprache: JavaScript

Mit JavaScript können Sie ein in eine HTML-Seite eingebettetes Skript erstellen, das von Ihrem lokalen Browser interpretiert werden kann.

1. Erstellen Sie eine HTML-Datei mit dem Namen *hello.html*, die folgenden Inhalt hat:

```
<TITLE>
Hello World in JavaScript
</TITLE>
<SCRIPT type="text/javascript">
    document.write ("Hello, world!")
</SCRIPT>
```

2. Rufen Sie die Seite *hello.html* in Ihrem Browser auf (▶Abbildung 7.3).

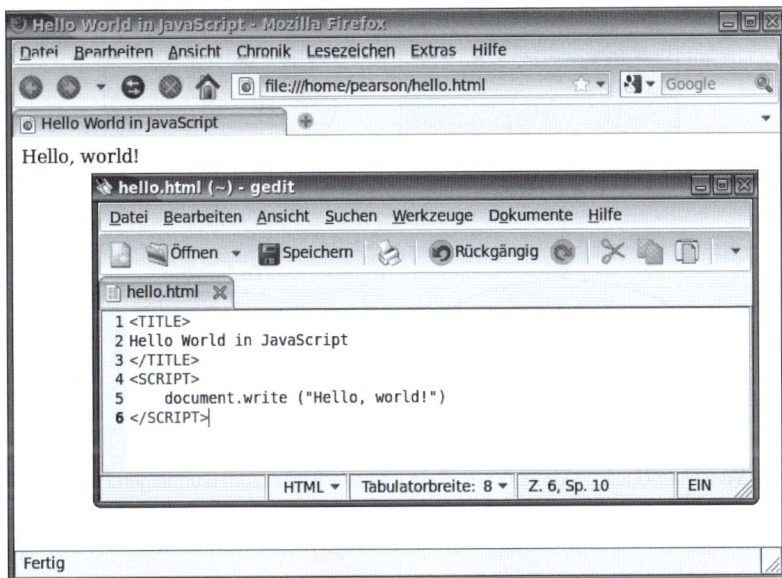

Abbildung 7.3: Mit JavaScript steht eine leistungsfähige Skriptsprache für die Programmierung in Verbindung mit HTML-Seiten zur Verfügung. Damit lassen sich anspruchsvolle Erweiterungen für Webseiten programmieren. Voraussetzung ist, dass die Ausführung von JavaScript dem Browser explizit erlaubt wird. Im Firefox finden Sie die entsprechende Einstellung im Menü *Extras/Einstellungen* bzw. *Bearbeiten/Einstellungen* unter dem Tab *Inhalt*.

7.3.4 C-Compiler

Grundlegend bei der Verwendung eines *Compilers* ist der Vorgang des Übersetzens von Quellcode (engl.: *source code*) in Maschinencode. Der Compiler erzeugt aus dem Quellcode eine maschineninterpretierbare, lauffähige Programmdatei. Dazu analysiert er den Quellcode auf dessen Syntax und verbindet (linkt) ggf. benötigte Bibliotheken mithilfe eines integrierten *Linkers* mit dem Code. Das fertig übersetzte Programm kann getestet und bei Auftreten von Laufzeit- oder logischen Fehlern mithilfe eines *Debuggers* analysiert und korrigiert werden.

▶Abbildung 7.4 zeigt den Arbeitsfluss bei der Verwendung eines Compilers.

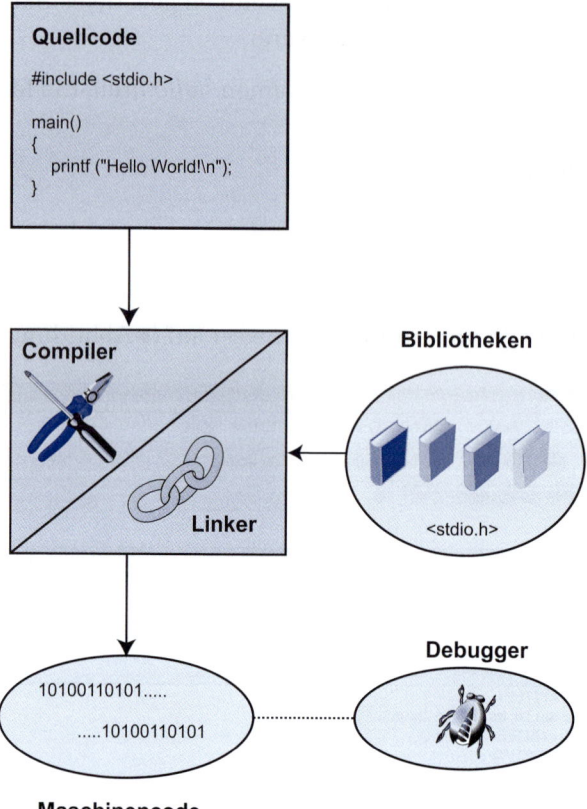

Abbildung 7.4: Der Weg einer Quellcodedatei durch einen Compiler/Linker zum lauffähigen Programm

Praktisch läuft die Übersetzung eines C-Quellcodeprogramms in der Lernumgebung folgendermaßen ab:

1. Man erstellt mit dem Editor eine Quellcode-Textdatei mit dem Namen *hello.c*, die folgenden Inhalt hat:

```c
#include <stdio.h>

main()
{
  printf("Hello World!\n");
}
```

2. Die Quellcodedatei wird auf der Kommandozeile mithilfe des GNU-C-Compilers übersetzt:

```
pearson@pearson:~$ gcc hello.c
```

Treten bei der Übersetzung Fehler auf, so überprüfen Sie Ihre Quellcodedatei auf Tippfehler.

3. Durch den Compiler wird eine ausführbare Datei mit dem Namen *a.out* erzeugt. Diese wird wie folgt gestartet:

```
pearson@pearson:~$ ./a.out
Hello World!
```

Die Zeichenfolge ./ ist wichtig, damit der Kommandozeileninterpreter (die *bash*) in der Lernumgebung weiß, dass sich die ausführbare Datei im aktuellen Verzeichnis befindet. Soll das Programm einen selbst definierten Namen haben, dann muss es mit dem Compilerschalter -o kompiliert werden:

```
pearson@pearson:~$ gcc -o <Programmname> hello.c
```

7.3.5 C++-Compiler

C++ ist die objektorientierte Erweiterung der Programmiersprache C. Der Quellcode von *Hello World* sieht in C++ folgendermaßen aus:

```
#include <iostream>

int main()
{
    std::cout << "Hello, world!\n";
}
```

Speichern Sie den Code als *hello.cpp* ab und übersetzen Sie das Programm wie folgt:

```
pearson@pearson:~$ g++ hello.cpp
```

Gestartet wird das Programm wieder durch Eingabe von ./a.out auf der Kommandozeile.

7.3.6 Java-Compiler

Die Programmiersprache Java ist der Programmiersprache C++ vom Basisbefehlssatz her recht ähnlich. Der Quellcode eines *Hello World*-Java-Programms sieht folgendermaßen aus:

```
class hello {
        public static void main (String args[]) {
                System.out.print("Hello World!");
        }
}
```

Wichtig: Die Datei muss unter dem Namen der Hauptklasse gespeichert werden, im vorliegenden Fall also *hello.java*. Die Hauptklasse class hello ist quasi das Hauptprogramm, in welchem weitere Unterklassen definiert werden. Mehr zum Konzept der Klassen im Besonderen und der objektorientierten Programmierung im Allgemeinen erfahren Sie später in *Kapitel 9*.

Die Übersetzung erfolgt durch

```
pearson@pearson:~$ javac hello.java
```

Zum Ausführen stellt man der ausführbaren Klassendatei hello.class den Befehl java voran:

```
pearson@pearson:~$ java hello
Hello World!
```

Im Buch werden auch einige Beispiele als Java-Applet realisiert. Diese sind in einer Browserumgebung lauffähig und bieten Zugriff auf eine Vielzahl von Grafikbibliotheken. Zur Erstellung eines *Hello World*-Applets gehen Sie folgendermaßen vor:

1. Erstellen Sie eine Datei *HelloApplet.java* mit folgendem Inhalt:

```java
import java.applet.*;
import java.awt.*;
public class HelloApplet extends Applet {
  public HelloApplet() {
    Label schriftzug = new Label("Hello World!");
    schriftzug.setBackground(Color.red);
    add(schriftzug);
  }
}
```

2. Übersetzen Sie die Datei mittels `javac HelloApplet.java`.

Erstellen Sie eine HTML-Datei *test.html* mit folgendem Inhalt:

```html
<HTML>
<HEAD>
  <TITLE> Java Hello World! </TITLE>
</HEAD>
<BODY>
  <APPLET code="HelloApplet.class" width=400 height=200>
  </APPLET>
</BODY>
</HTML>
```

Öffnen Sie die Datei *test.html* im Browser (▶Abbildung 7.5).

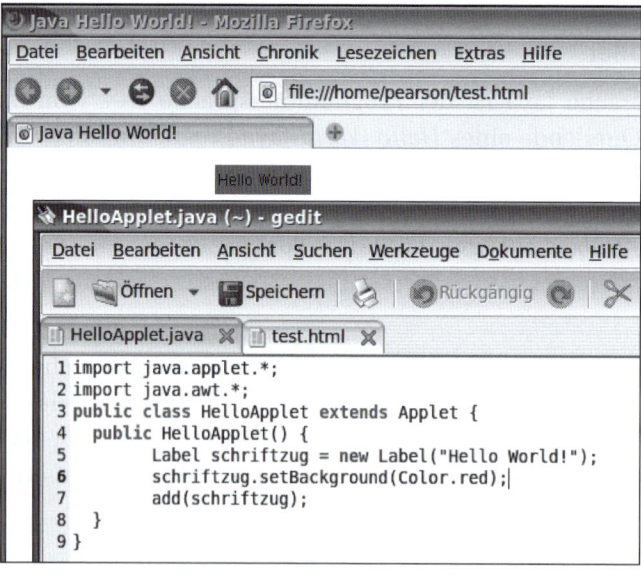

Abbildung 7.5: Java-Applets werden direkt im Browser ausgeführt. Dadurch können Java-Programme in nahezu beliebigen Systemumgebungen verwendet werden.

| Exkurs | **Die Java Virtual Machine** |

Der kompilierte Java-Code wird nicht direkt vom Prozessor abgearbeitet, sondern an eine virtuelle Instanz, die sogenannte *Java Virtual Machine* (*JVM*), weitergereicht. Die JVM setzt den kompilierten Java-Bytecode um und agiert als Vermittler zwischen Programm und Prozessor. Durch die JVM wird per Software ein virtueller Prozessor realisiert, der in vielen Umgebungen durch die *Java Runtime Environment* (JRE) verwendet werden kann. Der gleiche Programmcode kann damit auf Windows, Mac OS und Linux gleichermaßen verwendet werden, sofern dort eine JRE installiert ist. Mit einigen Anpassungen können Java-Programme auch auf Handys oder sogar in intelligenten Haushaltsgeräten eingesetzt werden.

7.3.7 Deklarative Sprache: Prolog

Für die Lösung logischer Probleme eignet sich eine deklarative Sprache wie Prolog. Man täte dieser wunderbaren Sprache unrecht, wenn man sie nur dazu verwenden würde, den Text „Hello World" auszugeben. Unser Programmbeispiel in Prolog ist daher eine Demonstration der logischen Fähigkeiten dieser Sprache. Betrachten Sie dazu folgendes Beispiel logischer Zusammenhänge in einer Familie, die mit dem Editor erstellt und in einer Datei *helloprolog.pl*[3] abgespeichert werden:

```
% Frank ist der Bruder von Christina.
bruder(frank,christina).
% Christina ist die Schwester von Frank.
schwester(christina,frank).
% Frank ist ein Junge, Christina ein Mädchen
geschlecht(frank,maennlich).
geschlecht(christina,weiblich).
% Frank und Christina sind Kinder der Familie.
familie(frank,kind).
familie(christina,kind).
```

Die Ausführungen hinter den Zeichen % dienen lediglich als Kommentare und werden vom Interpreter/Compiler ignoriert. Beachten Sie, dass hinter jedem Befehl ein Punkt (.) steht.

Die Beziehungen werden in der Prolog-Umgebung näher untersucht:

Starten Sie in der Lernumgebung den SWI Prolog Interpreter durch Eingabe von swipl und laden Sie das Programm *helloprolog.pl* in den Speicher mithilfe des Befehls consult:

```
pearson@pearson:~$ swipl
Welcome to SWI-Prolog (Multi-threaded, 32 bits, Version 5.6.64)
Copyright (c) 1990-2008 University of Amsterdam.
SWI-Prolog comes with ABSOLUTELY NO WARRANTY. This is free software,
and you are welcome to redistribute it under certain conditions.
Please visit http://www.swi-prolog.org for details.
```

---

3   Unglücklicherweise verwendet Prolog die gleiche Dateiendung wie Perl, nämlich *.pl*.

```
For help, use ?- help(Topic). or ?- apropos(Word).

?- consult(helloprolog).
% helloprolog compiled 0.00 sec, 1,576 bytes
true.
```

Nun können Sie die logischen Fähigkeiten von Prolog testen. Die folgenden Abfragen geben jeweils Wahrheitswerte aus (true = wahr, false = falsch).

```
?- bruder(frank,christina).
true.

?- bruder(klaus,christina).
false.

?- geschlecht(frank,maennlich).
true.
```

Interessant wird es, wenn das System selbst Schlüsse ziehen soll:

```
?- bruder(X,christina).
X = frank.
?- geschlecht(christina,Y).
Y = weiblich.
```

Auch komplexere Fragestellungen lassen sich lösen:

```
?- familie(X,kind).
X = frank ;
X = christina.
```

Um die zweite Antwort anzeigen zu lassen, muss zunächst ein Semikolon hinter die erste Antwort eingegeben werden.

Sie können die Programmierumgebung jederzeit durch Eingabe von `halt.` wieder verlassen.

```
?- halt.
pearson@pearson:~$
```

Zum Weiterarbeiten

 Sehen Sie sich auf der Seite *http://www2.latech.edu/~acm/helloworld* Beispiele zu *Hello World* in weiteren Programmiersprachen an.

2. Versuchen Sie, einige ausgewählte *Hello World*-Beispiele in der Lernumgebung zu kompilieren und zu interpretieren. Die meisten dort angewendeten Programmiersprachen lassen sich mit dem Paketmanager *Synaptic* in der Lernumgebung installieren.

7.4 Entwicklerwerkzeuge

Nachdem Sie nun mit den grundlegenden Programmierwerkzeugen in Berührung gekommen sind, beleuchtet der folgende Abschnitt einige Hilfsmittel näher und gibt Tipps zum effektiven Arbeiten.

7.4.1 Der Editor

Die Eingabe des Quellcodes erfolgt mithilfe eines Editors. In der Lernumgebung bietet sich der GNOME-Editor *gedit* an. Folgende Funktionen des Editors unterstützen die Arbeit bei der Programmierung:

- **Syntaxhighlighting**: Schlüsselwörter der verwendeten Programmiersprache werden farblich hervorgehoben (▶Abbildung 7.6).

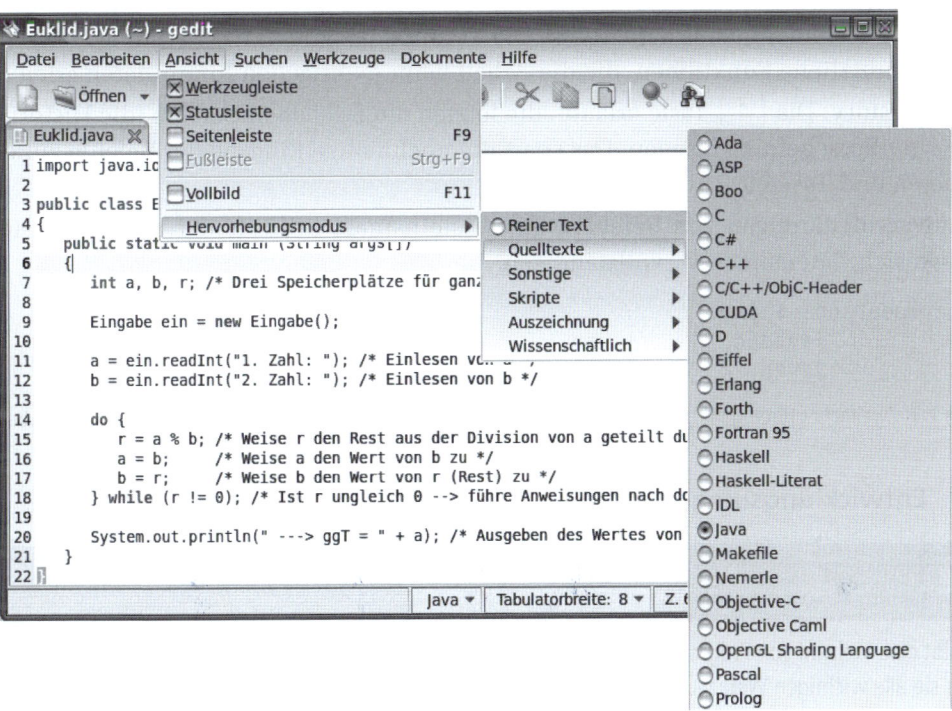

Abbildung 7.6: Die meisten modernen Editoren beherbergen eine Vielzahl von Hilfsmitteln für den Programmierer. Die Schlüsselwörter der gängigen Programmiersprachen werden erkannt und farblich hervorgehoben.

- **Automatischer Zeileneinzug**: Zur Strukturierung von Programmquellcode wird dieser eingerückt, um besondere Elemente wie Schleifen oder Verzweigungen kenntlich zu machen. Das erhöht die Lesbarkeit des Programms.

- **Zeilennummerierung**: Beim Übersetzen des Programms werden Fehler mit Bezug auf die Zeile im Quelltext, in der der Fehler auftaucht, angezeigt. Daher ist es wichtig, die Zeilennummern im Editor anzeigen zu lassen.

```
pearson@pearson:~$ javac Euklid.java
Euklid.java:9: ';' expected
        Eingabe ein = new Eingabe()
                                   ^
1 error
```

Listing 7.2: In der Kommandozeile werden beim Übersetzen der Programme Fehler unter Angabe der Zeilennummer ange-zeigt. Der vorliegende Fehler im Java-Programm ist offensichtlich: Das den Befehl abschließende Semikolon in Zeile 9 fehlt.

- **Copy&Paste**: Man glaubt gar nicht, wie viel Code sich recyceln lässt. Dieser wird per Copy&Paste in den Editor eingefügt bzw. verschoben und kann dort beliebig abgeändert werden.

7.4.2 Die Kommandozeile

Zum Übersetzen der Programmquelltexte wird der Compiler von einer Kommandozeile bzw. einem Terminal heraus aufgerufen. Die Kommandozeile in der Lernumgebung verfügt über zwei nützliche Funktionen, die die Arbeit beim mehrfachen Kompilieren erleichtern:

- **Bash-History**: Die ⬆-Taste erlaubt, die letzten eingegebenen Befehle (die History) wieder zum Vorschein zu bringen. Das spart die nochmalige Eingabe der Befehle zum Kompilieren und Testen.

- **Autovervollständigen** von Befehlen bzw. Dateinamen: Mithilfe der Tabulatortaste ⭾ lassen sich Dateinamen vervollständigen.

```
pearson@pearson:~$ java
java            javadoc         javap          java_vm
javac           javah           java-rmi.cgi   javaws
```

Listing 7.3: Zweifaches Betätigen der Tabulatortaste zeigt alle Befehle, die mit der eingegebenen Zeichenfolge beginnen.

7.4.3 Entwicklungsumgebungen

> ## IDE
>
> Es gibt eine Vielzahl von Programmierumgebungen, die das Erstellen von Programmen dadurch erleichtern, dass sie alle wichtigen Werkzeuge (Editor, Compiler/Linker, Programmausführung) in eine zentrale Oberfläche integrieren. Derartige Oberflächen werden *IDE* (*Integrated Development Environment*) genannt.

Im vorliegenden Buch wird die Mehrzahl der Programmbeispiele in Java erstellt. Hierfür bietet sich die IDE *BlueJ* an, die eigens dafür konzipiert wurde, die Programmiersprache Java zu erlernen. In Lernumgebung finden Sie BlueJ nach der Installation im Menü *Anwendungen/Entwicklung*. BlueJ. Die Anwendung und Installation von BlueJ wird im *Anhang* ausführlicher vorgestellt.

In der Regel arbeiten die meisten Programmierer mit IDEs, die auch die einfache Gestaltung von Formularen und deren Verknüpfung mit Programmcode unterstützen. Beliebt für Einsteiger ist im Windows-Bereich *Visual Studio*, hier insbesondere in Form der Programmiersprache *Visual Basic*. Das Äquivalent zu *Visual Basic* im Open-Source-Bereich heißt *Gambas 2*. Gambas 2 ist eine IDE für die Programmiersprache Basic, die die Gestaltung von formularbasierten Programmen erlaubt.

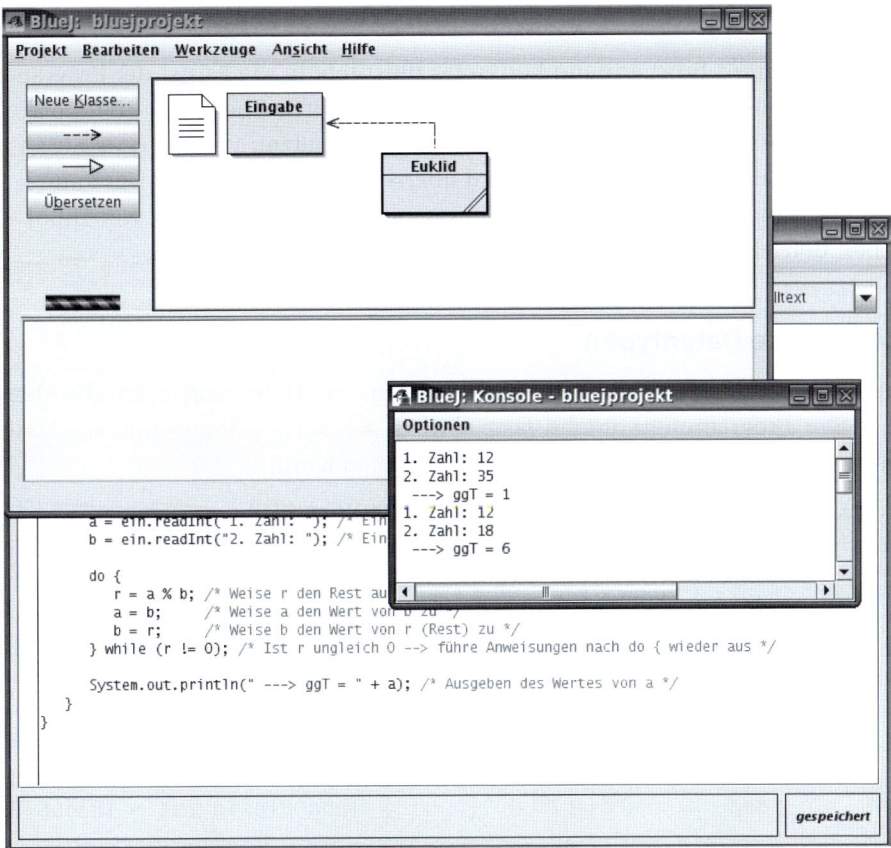

Abbildung 7.7: Die Java-Lernumgebung BlueJ ist besonders für Einsteiger gut geeignet. Editor, Compiler und Programmausführung sind aus dem Hauptprogramm heraus zugänglich. Auch ein symbolischer Debugger ist im Paket enthalten.

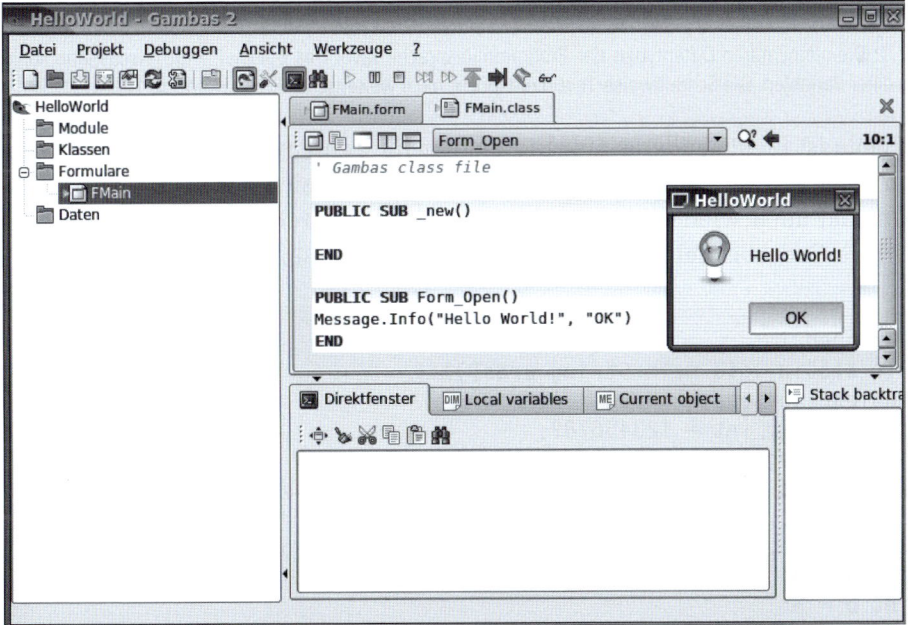

Abbildung 7.8: Grafische IDEs erlauben das Gestalten von Formularen und Menüs, die an die Optik des Betriebssystems angepasst sind. Gambas 2 ist unter Linux eine freie Alternative zu *Visual Basic* unter Microsoft Windows.

7.5 Datentypen

Der folgende Abschnitt führt anhand konkreter Beispiele in die Kunst der Programmierung ein. Die wichtigsten Programmstrukturen werden erläutert, nebenbei wird eine Einführung in die Programmiersprache Java gegeben. Die Beispiele setzen voraus, dass Sie in der Lage sind, einen vorgegebenen Java-Quellcode zu übersetzen und zu testen. Das kann z.B. in der Lernumgebung BlueJ erfolgen. Die Installation und die Verwendung von BlueJ in unterschiedlichen Betriebssystemumgebungen werden im *Anhang* erläutert.

7.5.1 Elementare Datentypen

Der Computer verarbeitet Informationen, die in Form von Daten vorliegen. Die elementaren Datentypen der Programmiersprache Java sind in ▶Tabelle 7.1 zusammengefasst. Datentypen beschreiben Bereiche, die die Variable abdecken kann.

Kategorie	Name	Wertebereich	Codebeispiel
Wahrheitswert	boolean	true, false	boolean aussage = true;
Ganzzahl	byte	-128 bis 127	byte klein_int = 5;
	short	-32.768 bis 32.767	short mittel_int = 32000;
	int	-2^{32} bis 2^{32} -1	int gross_int = 123456;
	long	-2^{64} bis 2^{64} -1	long riesig_int = 123456789;
Fließkomma	float	$-3{,}403^{38}$ bis $3{,}403^{38}$	float dezimal =7.145;
	double	$-1{,}797^{308}$ bis $1{,}797^{308}$	double googol = 1e100;
Zeichen	char	alle Unicode-Zeichen	char zeichen = 'A';

Tabelle 7.1: Die elementaren Datentypen der Programmiersprache Java. Das Beispiel zeigt jeweils eine konkrete Wertzuweisung einer Variablen. Die Schreibweise 1e100 entspricht nach wissenschaftlicher Notation 10^{100}.

Eine Variable ist nichts anderes als ein Behälter für Zahlenwerte oder andere Datentypen. In diesen Behälter kann man beliebige Inhalte, die im Bereich des deklarierten Typs liegen, hineintun und auch wieder herausnehmen und/oder durch andere Inhalte ersetzen. Das folgende Java-Codebeispiel zeigt den Umgang mit einigen in der Tabelle aufgeführten Variablen.

```java
class VarTypen {
    public static void main(String args[]) {
        boolean aussage = true;
        long riesig_int = 123456789;
        double googol = 1e100;
        System.out.println("Wert von aussage = " + aussage);
        System.out.println("Wert von riesig_int = " + riesig_int);
        System.out.println("Wert von googol = " + googol);
        int a = 3;
        int b = 5;
        System.out.println("a + b = " + (a+b));
        System.out.println("a - b = " + (a-b));
```

Listing 7.4: Java Codebeispiel zu Variablen

```
        float x = 3;
        float y = 7;
        System.out.println("x / y = " + (x/y));
        double pi = 3.14159;
        double r = 5;
        System.out.println("Kreisfläche = " + (pi*r*r));
    }
}
```

Listing 7.4: Java Codebeispiel zu Variablen (Forts.)

Das Ergebnis der Berechnung sieht folgendermaßen aus:

```
Wert von aussage = true
Wert von riesig_int = 123456789
Wert von googol = 1.0E100
a + b = 8
a - b = -2
x / y = 0.42857143
Kreisfläche = 78.53975
```

Im Codebeispiel findet man schon einige Rechnungen. Diese verwenden die Operatoren + (Addition), - (Subtraktion), * (Multiplikation) und / (Division). Für mathematisch anspruchsvollere Funktionen benötigt man eine Bibliothek, die diese Funktionen zur Verfügung stellt. Diese wird in einer der nächsten Übungen vorgestellt.

7.5.2 Spezielle Datentypen

Mit den in Tabelle 7.1 aufgeführten Datentypen lassen sich zwar schon viele Programmieraufgaben lösen; für manche Aufgaben wünscht man sich allerdings speziellere Variablentypen. Beliebt ist hier der Variablentyp der Zeichenkette (engl.: *String*), die in Java durch eine eigene Klasse zur Verfügung gestellt wird. Die Anwendung der String-Klasse zeigt das folgende Beispiel:

```
class StringTest {
    public static void main(String args[]){
        String objekt = "Der Apfel";
        String farbe = "rot";

        System.out.println(objekt + " ist " + farbe);
    }
}
```

Strings können somit über das +-Zeichen zusammengefügt werden.

7.5.3 Ein- und Ausgabeklassen

Gemäß dem EVA-Prinzip wünscht man sich eine einfache Möglichkeit, einem Java-Programm Zahlen von einem Benutzer zu übergeben, die zur weiteren Berechnung verwendet werden. Dazu wird die Klasse Eingabe.class verwendet, die im Begleitmaterial enthalten ist. Sie finden die im Buch besprochenen Programmbeispiele in Form von BlueJ-Projekten auf der Begleit-DVD bzw. direkt in der virtuellen Lernumgebung im Ordner *uebungen*, vgl. *Anhang*.

Übung

Erstellen Sie ein Programm, das zu den gegebenen drei Seitenlängen a, b und c eines Quaders dessen Volumen V, die Oberfläche O und die Länge d einer Raumdiagonale berechnet.

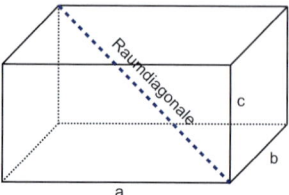

Hinweis: Es gelten folgende Formeln:

Quadervolumen: $V = a \cdot b \cdot c$

Quaderoberfläche: $O = 2 \cdot (a \cdot b + a \cdot c + b \cdot c)$

Raumdiagonale: $d = \sqrt{a^2 + b^2 + c^2}$

LÖSUNG

```
01 import java.math.*;
02
03 public class Quader
04 {
05    public static void main (String args[])
06    {
07       double a, b, c;
08
09       Eingabe ein = new Eingabe();
10
11       a = ein.readDouble("Kantenlänge a: ");
12       b = ein.readDouble("Kantenlänge b: ");
13       c = ein.readDouble("Kantenlänge c: ");
14
15       double V = a*b*c;
16       double O = 2*(a*b+a*c+b*c);
17       double d = Math.sqrt(a*a+b*b+c*c);
18
19       System.out.println(" Volumen = " + V);
20       System.out.println(" Oberfläche = " + O);
21       System.out.println(" Raumdiagonale = " + d);
22
23    }
24 }
```

Listing 7.5: Berechnungen an einem Quader

Die Ein-/Ausgabe des Programms sieht folgendermaßen aus:

```
Kantenlänge a: 12
Kantenlänge b: 5
Kantenlänge c: 6
 Volumen = 360.0
 Oberfläche = 324.0
 Raumdiagonale = 14.317821063276353
```

Erläuterung des Listings

- In Zeile 1 wird die zur Berechnung der Wurzel notwendige mathematische Klassenbibliothek `java.math.*` importiert.

- In Zeile 3 wird die Hauptklasse `Quader` definiert.

- In Zeile 5 wird die für ein eigenständig lauffähiges Konsolenprogramm notwendige `void main` eingeleitet.

- Die Variable `ein` wird in Zeile 9 aus der Eingabeklasse (`Eingabe.class`) abgeleitet. Diese Klasse gestattet die vereinfachte Eingabe von Zahlen und Zeichen. Sie finden sie im Begleitmaterial auf der DVD.

- In den Zeilen 11 bis 13 werden die Kantenlängen des Quaders eingelesen.

- Die Berechnung von Volumen, Oberfläche und Raumdiagonale erfolgt in den Zeilen 15 bis 17. Dort wird die Wurzelfunktion `Math.sqrt` aus der mathematischen Bibliothek verwendet.

- In den Zeilen 19 bis 21 werden die berechneten Werte schließlich ausgegeben.

Dem Listing sind einige strukturelle Besonderheiten von Java zu entnehmen:

- Befehle werden mit einem *Semikolon* abgeschlossen.
- Logische Blöcke wie z.B. Klassen werden mit *geschweiften Klammern* eingeschlossen.
- *Groß- und Kleinschreibung* wird in Java *unterschieden*.

Zum Weiterarbeiten

1. Bauen Sie bewusst einige Fehler in den lauffähigen Quellcode ein und schauen Sie sich die Fehlermeldungen an, die der Compiler darauf ausgibt.

2. Schreiben Sie ein Programm, das den Umfang und die Oberfläche und das Volumen einer Kugel bei vorgegebenem Radius berechnet. Recherchieren Sie ggf. die dafür notwendigen Formeln in der Wikipedia (*www.wikipedia.de*).

7.6 Programmstrukturen

Nassi-Shneiderman-Diagramme

Zur übersichtlichen, strukturierten Darstellung von Algorithmen oder Handlungsabläufen verwendet man in der Informatik *Nassi-Shneiderman-Diagramme*, die nach ihren Erfindern ISAAC NASSI und BEN SHNEIDERMAN benannt wurden. Diese werden auch *Struktogramme* genannt. Ein Struktogramm setzt das Top-down-Programmierparadigma grafisch um. Ein Beispiel zeigt ▶Abbildung 7.9. Darin wird die Handlungsfolge zum Flicken eines Fahrradschlauchs formuliert.

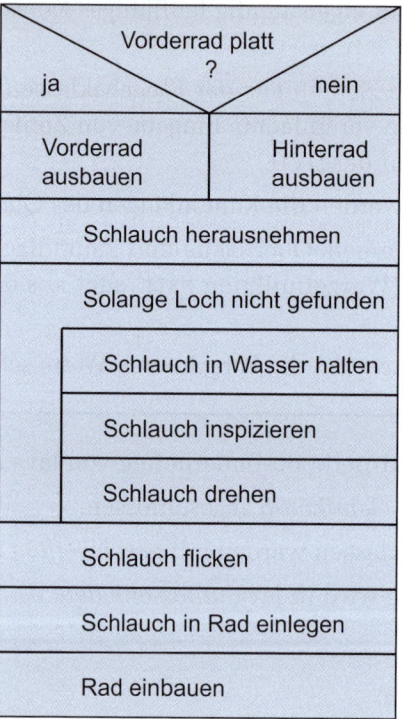

Abbildung 7.9: Auch alltägliche Handlungen kann man in Struktogrammform formulieren. Im vorliegenden Struktogramm zum Flicken eines Fahrradschlauchs sind bereits alle Elemente zu finden, die man auch in der Programmierung benötigt: die Verzweigung, die Schleife und die Anweisung bzw. die Folge von Anweisungen.

Programmablaufplan (PAP)

Ein Programmablaufplan (PAP) ist ähnlich wie ein Nassi-Shneiderman-Diagramm die grafische Darstellung des Ablaufs eines Computerprogramms. Im Gegensatz zum Struktogramm wird der Fluss des Programms nicht durch aneinandergrenzende Blöcke, sondern durch Verbindungslinien, die zwischen Symbolen verlaufen, hergestellt. Das folgende Beispiel zeigt einen PAP zu einem Programm, das alle Quadratzahlen von 1 bis 100 ausgibt.

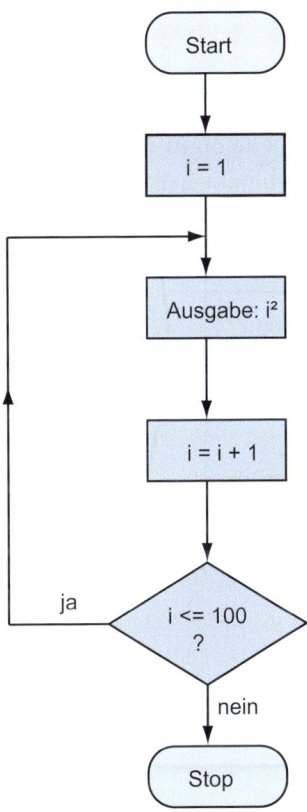

Abbildung 7.10: Der Programmablaufplan zeigt ein Programm, das alle Quadratzahlen von 1 bis 100 ausgibt. Die einzelnen Knotenpunkte werden abhängig von deren Funktion mit genormten Symbolen dargestellt: Für Ein- und Austrittspunkte des Algorithmus verwendet man abgerundete Rechtecke. Anweisungen sowie Ein- und Ausgaben werden in Rechteckform dargestellt, Verzweigungen haben die Form einer Raute. Diese wenigen Symbole genügen, um beispielsweise auch Schleifen darzustellen.

Programmablaufpläne werden in abgewandelter Form als *Aktivitätsdiagramme* bei objektorientieren Programmieransätzen, die in UML formuliert werden, verwendet. Ein PAP gehört zur Klasse der *Graphen* (vgl. *Kapitel 9*): Die Symbole heißen *Knoten*, die Verbindungslinien *Kanten*.

Die strukturellen Elemente, die man zur Programmierung beliebiger Fragestellungen benötigt, sind überschaubar. Sie lassen sich in drei Hauptkategorien einteilen:

- **Anweisung bzw. Anweisungsfolge**
- **Verzweigung**
- **Wiederholung/Schleife**

Nachfolgend werden die wichtigsten Programmstrukturen besprochen. Dabei wird der allgemeinen Beschreibungsform in Form eines Nassi-Shneiderman-Diagramms der Java-Code eines speziellen Beispiels gegenübergestellt.

7.6.1 Anweisungsfolge

Viele Algorithmen sind zumindest in Teilen linear aufgebaut: Durch eine Folge von einzelnen Rechenschritten werden Eingabedaten in Ausgabedaten überführt. Das zugehörige Struktogrammelement eines Anweisungsblocks hat folgende Gestalt:

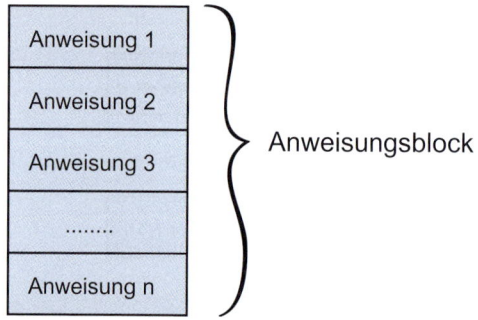

Abbildung 7.11: Mehrere Anweisungen bilden einen Anweisungsblock.

Programmbeispiel

Beispiel für einen linearen Algorithmus ist Listing 7.5 zu Berechnungen am Quader. Das Programm besteht nur aus einer Abfolge von Anweisungen.

Zum Weiterarbeiten

1. Erstellen Sie ein Java-Programm, das einen in Euro eingegebenen Geldbetrag in Dollar umrechnet.

2. Erstellen Sie ein Programm, das zu einem vorgegebenen Nettopreis die Mehrwertsteuer ausrechnet und sowohl den Bruttopreis (Preis inkl. Mehrwertsteuer) als auch die im Preis enthaltene Mehrwertsteuer ausgibt.

Orientieren Sie sich bei der Lösung an Listing 7.5.

7.6.2 Verzweigungen

Nicht nur das Leben verlangt von Zeit zu Zeit nach Entscheidungen: Auch Computerprogramme müssen zuweilen Entscheidungen treffen, die hier Verzweigungen genannt werden. Man unterscheidet einseitige, zweiseitige und mehrfache Verzweigungen. Die Darstellung dieser Elemente in Struktogrammform zeigt ▶Abbildung 7.12.

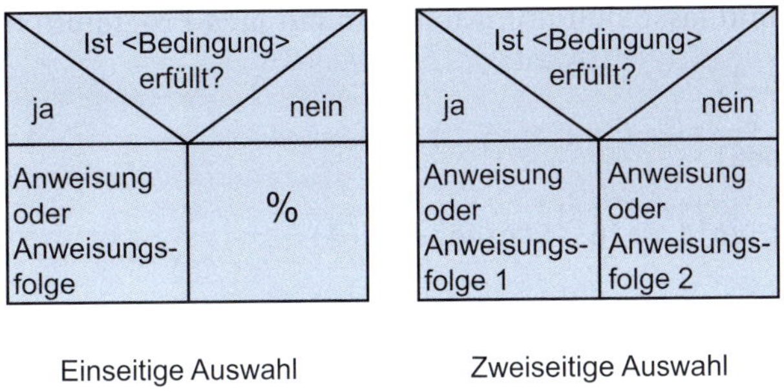

Ist <Bedingung> erfüllt?	
ja	nein
Anweisung oder Anweisungsfolge	%

Einseitige Auswahl

Ist <Bedingung> erfüllt?	
ja	nein
Anweisung oder Anweisungsfolge 1	Anweisung oder Anweisungsfolge 2

Zweiseitige Auswahl

Abbildung 7.12: Einseitige und zweiseitige Auswahl im Struktogramm. Das %-Zeichen besagt, dass im zugehörigen Zweig kein Befehl ausgeführt wird.

Programmbeispiel

Eine quadratische Gleichung hat die Form $ax^2 + bx + c = 0$. Die Lösungen der quadratischen Gleichung hängen von der sogenannten Diskriminanten D ab, die sich nach der Formel $D = b^2 - 4 \cdot a \cdot c$ berechnet. In Abhängigkeit von D erhält man folgende Lösungen:

D > 0: Man erhält zwei Lösungen: $x_1 = \dfrac{-b + \sqrt{D}}{2 \cdot a}$, $x_2 = \dfrac{-b - \sqrt{D}}{2 \cdot a}$.

D = 0: Man erhält eine Lösung: $x_1 = \dfrac{-b + \sqrt{D}}{2 \cdot a} = -\dfrac{b}{2 \cdot a}$

D < 0: Die Gleichung ist nicht lösbar.

Zur Verdeutlichung ein Zahlenbeispiel: Die quadratische Gleichung $2x^2 + 8x + 6 = 0$ hat die Diskriminante $D = 8^2 - 4 \cdot 2 \cdot 6 = 16$. Die Diskriminante D ist größer als null, die Gleichung hat somit zwei Lösungen:

$$x_1 = \frac{-8 + \sqrt{16}}{2 \cdot 2} = -1, \ x_2 = \frac{-8 - \sqrt{16}}{2 \cdot 2} = -3.$$

Das Struktogramm zur Lösung einer quadratischen Gleichung zeigt ▶Abbildung 7.13.

Quadratische Gleichung

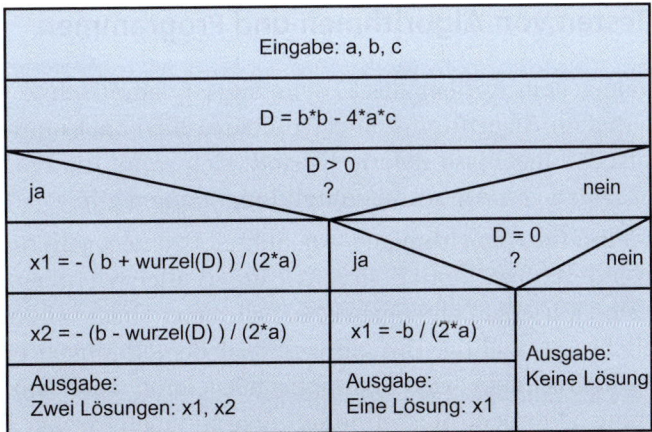

Abbildung 7.13: Struktogramm zum Lösen einer quadratischen Gleichung

Das obige Struktogramm lässt sich unmittelbar in ein Java-Programm umsetzen:

```
01  import java.math.*;
02
03  public class QuadGl
04  {
05      public static void main (String args[])
06      {
07          double a, b, c; /* Parameter der Gleichung */
08          double D, x1, x2; /* Hilfsvariablen */
09
10          Eingabe ein = new Eingabe();
11
12          a = ein.readDouble("a: ");
13          b = ein.readDouble("b: ");
14          c = ein.readDouble("c: ");
15
16          D = b*b-4*a*c;
17          if (D > 0){
18              x1 = (-b + Math.sqrt(D))/(2*a);
19              x2 = (-b - Math.sqrt(D))/(2*a);
20              System.out.println(" Zwei Lösungen: x1 = " + x1 + ", x2 = " + x2);
21          }
22          else{
23              if (D == 0){
24              x1 = -b/(2*a);
25              System.out.println(" Eine Lösung: x1 = " + x1);
26              }
27              else System.out.println("Es gibt keine Lösung");
28          }
29      }
30  }
```

Listing 7.6: Lösen einer quadratischen Gleichung: Die Verzweigungen wurden fett markiert. Beachten Sie, dass sich alle Blöcke innerhalb einer Verzweigung in geschweiften Klammern befinden. Der Test, ob D = 0 ist, erfolgt in Zeile 23 mit einem doppelten Gleichheitszeichen (==).

Exkurs   **Testen von Algorithmen und Programmen**

Bereits ein Programm vom Kaliber des Lösens einer quadratischen Gleichung kann durch einen fehlerhaften Algorithmus oder Tippfehler, die vom Compiler nicht identifiziert werden, falsche Ergebnisse liefern. Es stellt sich somit die Frage, welche Möglichkeiten es zum Testen von Algorithmen und Programmen gibt.

- **Der Schreibtischtest für Algorithmen**: Beim Schreibtischtest geht man den Algorithmus schrittweise durch und notiert sich den Inhalt aller wichtigen Variablen nach jedem Schritt. Sind Variablen einzugeben, so wählt man diese willkürlich, repräsentativ und möglichst ganzzahlig. Die notwendigen Berechnungen erfolgen ggf. mithilfe eines Taschenrechners. Der Schreibtischtest kann auch am Programmcode selbst vorgenommen werden, hierbei notiert man in tabellarischer Form den Inhalt aller wichtigen Variablen.

Zeile	a	b	c	D	x1	x2	Bemerkung
15	2	8	6	%	%	%	Eingabe a,b,c
16	2	8	6	16	%	%	
17	2	8	6	16	%	%	D > 0
19	2	8	6	16	-1	-3	Berechnung x1, x2

■ **Der integrierte Debugger**: Wesentlich bequemer kann die Entwicklung der Variablen allerdings mithilfe des integrierten Debuggers der Programmierumgebung erfolgen (►Abbildung 7.14). Über die Verwendung des BlueJ-Debuggers können Sie sich im *Anhang* informieren.

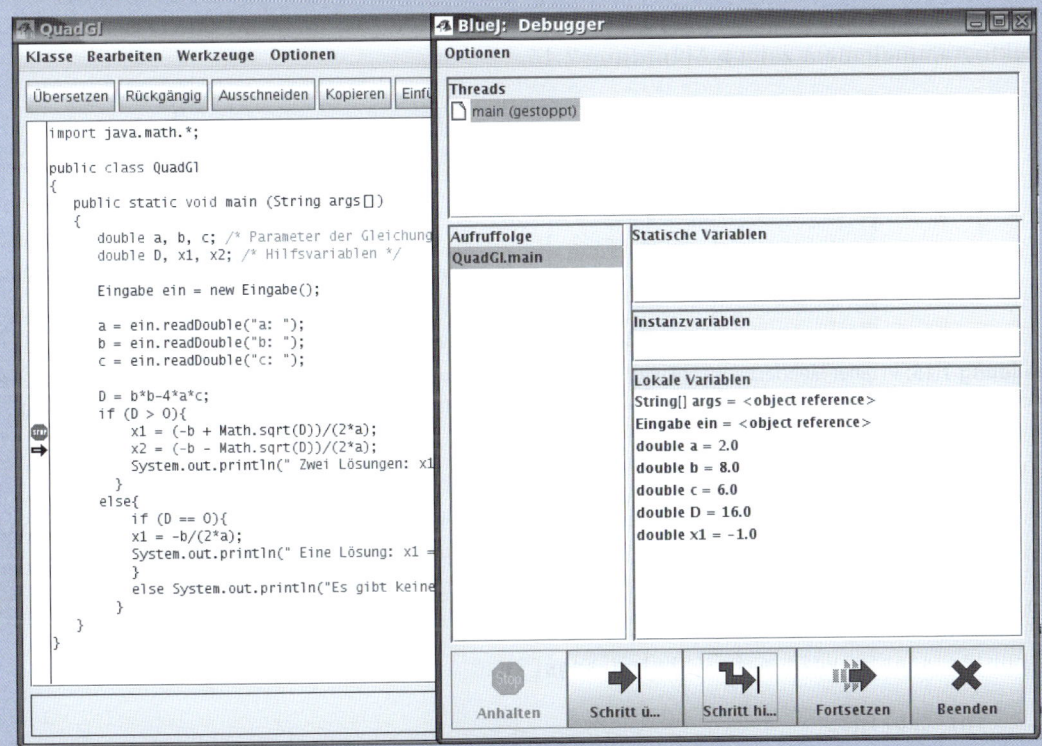

Abbildung 7.14: Mithilfe eines Debuggers kann man ein Programm schrittweise durchlaufen und den Inhalt der Variablen verfolgen. Dazu setzt man zunächst einen Haltepunkt an die Stelle, an der ein Programmfehler vermutet wird, und bewegt sich anschließend mithilfe der Step-Tasten durch das Programm.

Zum Weiterarbeiten

1. Bauen Sie in das Programm aus Listing 7.6 folgenden Fehler ein: Ergänzen Sie in Zeile 16 ein Multiplikationszeichen hinter der Variablen b, sodass die Zeile nunmehr lautet:

```
16        D = b*b*-4*a*c;
```

2. Was für Auswirkungen hat diese Ergänzung auf den Programmablauf?

3. Bauen Sie selbst Fehler in das Programm ein und verfolgen Sie die Ausgaben des Compilers.

7.6.3 Mehrfachauswahl

Möchte man, basierend auf einem Verzweigungskriterium, mehr als zwei Verzweigungen in einem Programm realisieren, so bietet sich die *Mehrfachauswahl* an. Das zugehörige Struktogrammelement zeigt ▶Abbildung 7.15.

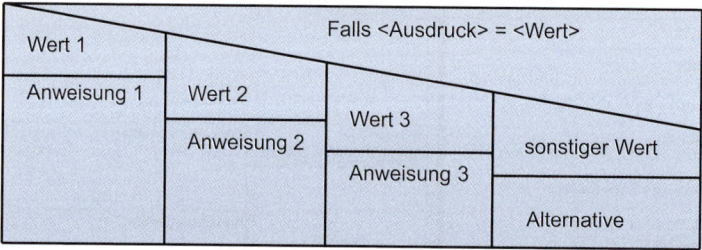

Abbildung 7.15: In einer Mehrfachauswahl wird zwischen mehr als zwei Alternativen gewählt. Genügt der Ausdruck keiner der vorgegebenen Bedingungen, so wird die Alternativanweisung (im vorliegenden Fall: sonstiger Wert) ausgeführt.

Programmbeispiel

Das folgende Listing zeigt die Umsetzung einer Mehrfachauswahl mithilfe des `switch`-Konstrukts. Dabei wird ein Wochentag anhand einer vom Benutzer eingegebenen Zahl ermittelt.

```
public class SwitchTest
{
    public static void main (String args[])
    {
        int tag_int;

        Eingabe ein = new Eingabe();

        System.out.println("Geben Sie einen Wochentag als Zahl ein!");
        tag_int = ein.readInt("Wochentag (1-7): ");
        switch(tag_int)
                {
                case 1:
                        System.out.println("Montag"); break;
                case 2:
                        System.out.println("Dienstag"); break;
                case 3:
                        System.out.println("Mittwoch"); break;
                case 4:
                        System.out.println("Donnerstag"); break;
```

```
            case 5:
                        System.out.println("Freitag"); break;
            case 6:
                        System.out.println("Samstag"); break;
            case 7:
                        System.out.println("Sonntag"); break;
            default:
                        System.out.println("Die Eingabe ist falsch.");
            }

      }
}
```

Listing 7.7: Programmbeispiel zur `switch`-Anweisung

■ Zum Weiterarbeiten

Schreiben Sie ein Java-Programm, das das Notenpunktesystem der gymnasialen Oberstufe (Noten von 00 bis 15) in verbalisierte Form („ungenügend" bis „sehr gut") umwandelt (siehe *www.wikipedia.de/ Punktesystem der gymnasialen Oberstufe*).

Seine eigentliche Leistungsfähigkeit zeigt ein Computer bei der stupiden Wiederholung ständig wiederkehrender Anweisungsfolgen. Im Computerjargon werden derartige Wiederholungen *Schleifen* genannt. Die drei Grundtypen der Schleife werden nachfolgend besprochen.

7.6.4 Gezählte Wiederholung

Eine gezählte Wiederholung läuft nach der im folgenden Struktogramm beschriebenen Form ab:

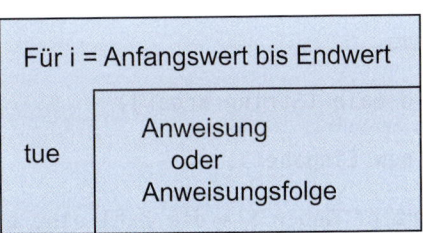

Abbildung 7.16: Gezählte Wiederholung

Ein klassisches Beispiel zur gezählten Wiederholung lieferte der 9-jährige CARL FRIEDRICH GAUSS: Dessen Mathematiklehrer gab der Klasse die Aufgabe, die Summe aller Zahlen von 1 bis 100 zu bilden. Kaum war die Aufgabe formuliert, hatte Gauß die Summe schon berechnet: Er hatte auf die Schnelle eine Formel zur Summation der Zahlen im Kopf entwickelt, mit der sich das Problem im Handumdrehen lösen ließ.

Der Computer besitzt freilich derlei menschliche Kombinationsgabe nicht, sodass man hier eine Schleife zur Bewältigung des Problems verwendet. Das folgende Beispiel enthält eine etwas allgemeiner formulierte Aufgabenstellung.

Übung

Schreiben Sie ein Programm, das alle natürlichen Zahlen von 1 beginnend bis zu einer vorgegebenen Zahl n summiert. Eine derartige Summe nennt man auch *(endliche) Reihe*.

LÖSUNG

Die folgende Abbildung zeigt das zum Problem gehörige Struktogramm.

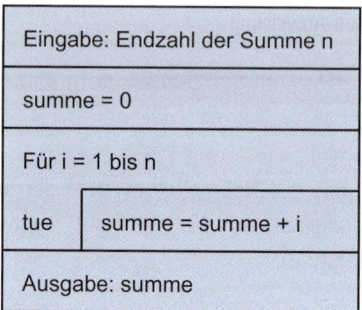

Endliche Reihe

Eingabe: Endzahl der Summe n
summe = 0
Für i = 1 bis n
tue	summe = summe + i
Ausgabe: summe

Abbildung 7.17: Die Summation einer endlichen Reihe zeigt einige typische Programmiertechniken. Die Hilfsvariable summe wird zunächst auf null gesetzt (initialisiert). Bei jedem Schleifendurchlauf wird der Inhalt von summe um den aktuellen Wert der Schleifenzählvariablen erhöht.

Beachten Sie die Variablenzuweisung summe = summe + i: Als mathematische Aussage nicht brauchbar (Beispiel: 5 = 5 + 2 ist eine falsche Aussage), ist ein derartiges Konstrukt typisch für eine Programmieranweisung: Der Inhalt der Variablen, der auf der linken Seite steht, wird mit dem Ergebnis der Anweisung auf der rechten Seite überschrieben.

Die Umsetzung in Java-Code zeigt folgendes Listing:

```
01 public class endlSumme
02 {
03    public static void main (String args[])
04    {
05      Eingabe ein = new Eingabe();
06
07     System.out.println("Geben Sie die Zahl ein, bis zu welcher summiert
wird:");
08      int n = ein.readInt("Zahl n: ");
09
10      int summe = 0;
11      for (int i=1; i<=n; i=i+1) summe = summe + i;
12
13      System.out.println("Die Reihe hat den Wert: "+ summe);
14
15    }
16 }
```

Listing 7.8: Umsetzung der Berechnung einer endlichen Reihe

Erläuterung des Listings

In Zeile 8 wird die Zahl eingelesen, bis zu der summiert werden soll. In Zeile 10 wird die Hilfsvariable `summe` zunächst auf null gesetzt. In dieser werden dann die Werte, die sich durch den Schleifendurchlauf ergeben, aufsummiert. Die eigentliche `for`-Schleife in Zeile 11 hat folgende Bedeutung: Die Schleife wird über die Zählvariable i (`int i`) so lange hochgezählt, wie der Wert von i kleiner oder gleich n ist (`i<=n`). Von Schritt zu Schritt wird der Wert von i um einen Zähler erhöht (`i = i +1`). Den letzten Befehl hätte man auch kürzer in Form von `i++` schreiben können. Mehr zu dieser verkürzten Schreibweise finden Sie im weiteren Verlauf des Kapitels.

Zum Weiterarbeiten

CARL FRIEDRICH GAUSS hat in der oben beschriebenen Anekdote eine Formel entwickelt, mit der sich die Summation einer endlichen Reihe stark vereinfacht. Für die Summe aller natürlichen Zahlen bis zu einer Zahl n gilt:

$$\sum_{i=1}^{n} i = 1 + 2 + 3 + \ldots + n = \frac{n \cdot (n+1)}{2}$$

 1. Beweisen Sie (unterstützt durch eine Wikipedia-Recherche) die Richtigkeit dieser Formel.

2. Ändern Sie das Programm aus Listing 7.8 so ab, dass die Gaußformel zur Berechnung der Reihe verwendet wird.

3. Welchen Vorteil könnte die Anwendung der Gaußformel im Programm bringen?

7.6.5 Schleife mit Einstiegsbedingung

Nicht alle Probleme der Informatik lassen sich mit einfach strukturierten, gezählten Wiederholungen lösen. Viele Algorithmen verlangen nach Schleifen, deren Fortsetzung von komplexen Bedingungen abhängen.

Eine Schleife mit explizit formulierter Einstiegsbedingung zeigt ▶Abbildung 7.18.

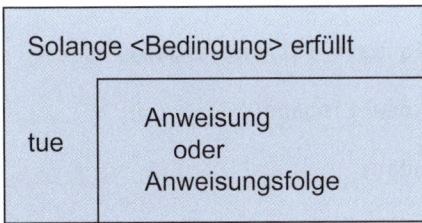

Abbildung 7.18: Schleife mit Einstiegsbedingung

Zu beachten ist, dass eine Schleife mit Einstiegsbedingung im Extremfall gar nicht durchlaufen wird, und zwar genau dann, wenn die Schleifenbedingung vor dem allerersten Durchlauf nicht erfüllt ist. Ein typisches Beispiel für eine Schleife mit Einstiegsbedingung finden Sie in der folgenden Übung.

Übung

Erstellen Sie ein Programm, das zu einem vorgegebenen Zinssatz und einem vorgegebenen Kapital die Zeitspanne berechnet, nach der sich das Kapital verdoppelt hat. Stellen Sie auch die zeitliche Entwicklung des Kapitals (sinnvoll gerundet) dar.

LÖSUNG

Der Kern des Struktogramms ist eine Schleife mit Eintrittsbedingung (▶Abbildung 7.19).

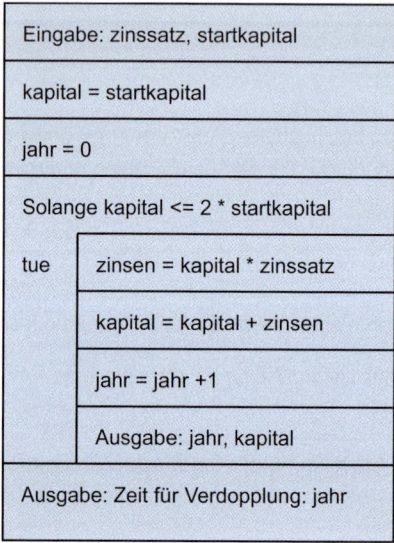

Abbildung 7.19: Um die zeitliche Entwicklung des Kapitals mit dem Anfangskapital vergleichen zu können, wird die Variable startkapital eingeführt. Die abgelaufene Zeit wird in der Variablen jahr gespeichert. Feinheiten wie die Rundung des Kapitalwerts für die Ausgabe werden im Struktogramm noch nicht berücksichtigt.

Die Umsetzung des Struktogramms in Programmcode zeigt das folgende Listing.

```
01 import java.math.*;
02
03 public class kapital
04 {
05    public static void main (String args[])
06    {
07       Eingabe ein = new Eingabe();
08       double zinsen;
09       double k_gerundet;
10
11       double startkapital = ein.readDouble("Startkapital: ");
12       double zinssatz = ein.readDouble("Zinssatz in Prozent: ");
13
14       double kapital = startkapital;
15       int jahr = 0;
```

```
16        while (kapital <= 2*startkapital){
17            zinsen = kapital * zinssatz / 100;
18            kapital = kapital + zinsen;
19            jahr = jahr + 1;
20            k_gerundet = Math.rint(kapital*100)/100;
21            System.out.println("Nach "+jahr +" Jahren hat das Kapital den
Wert " +k_gerundet);
22        }
23
24        System.out.println("Das Kapital hat sich nach " +jahr +" Jahren
verdoppelt.");
25
26    }
}
```

Listing 7.9: Programm zur Kapitalverdopplung: Gibt der Benutzer den Zinssatz direkt in Prozent ein, so muss der Programmcode für die richtige Umwandlung sorgen (Zeile 17). Das Runden auf zwei Nachkommastellen übernimmt der Befehl `Math.rint` in Zeile 20. Dort wird eine Integer-Rundungsfunktion aus der mathematischen Bibliothek übernommen.

Zum Weiterarbeiten

Was geschieht, wenn Sie in Zeile 16 des Listings die Bedingung zum Abbruch der Schleife wie folgt ändern?

```
16        while (kapital == 2*startkapital){
```

Hinweis: Das doppelte Gleichheitszeichen in der Bedingung überprüft die Identität der Werte.

7.6.6 Schleife mit Ausstiegsbedingung

Eine Schleife mit Austrittsbedingung wird mindestens einmal durchlaufen. Das zugehörige Struktogrammelement zeigt ▶Abbildung 7.20.

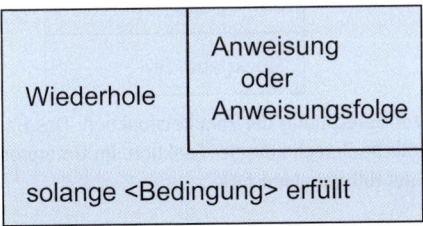

Abbildung 7.20: Schleife mit Ausstiegsbedingung

Die Schleife mit Ausstiegsbedingung wird z.B. dann eingesetzt, wenn ein Programmsegment bis zur Eingabe eines speziellen Zeichens durchlaufen werden soll. Typisch dafür ist die fortgesetzte Berechnung von Funktionswerten.

Aufgabe

In der Stochastik/Kombinatorik spielt die sogenannte Fakultätsfunktion eine wichtige Rolle. Diese ist wie folgt definiert:

$$n! = 1 \cdot 2 \cdot 3 \cdot \ldots \cdot n = \prod_{i=1}^{n} i$$

Dazu ein Beispiel: 4 verschiedene Personen sollen sich auf 4 Stühle setzen. Um die Anzahl der Verteilungsmöglichkeiten zu berechnen, geht man folgendermaßen vor: Die erste Person kann aus 4 Stühlen wählen, die zweite Person nur noch aus 3 usw. Die Gesamtanzahl der Kombinationsmöglichkeiten Personen/Stühle wäre dann $4! = 4 \cdot 3 \cdot 2 \cdot 1 = 24$.

Gesucht ist ein Programm, das die Fakultätsfunktion zu vorgegebenen natürlichen Zahlen fortlaufend berechnet, bis der Anwender die Zahl 0 eingibt. Die Berechnung der Fakultät soll in einem Unterprogramm erfolgen.

Eingabeschleife Fakultät

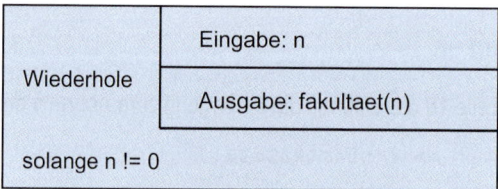

fakultaet(n)

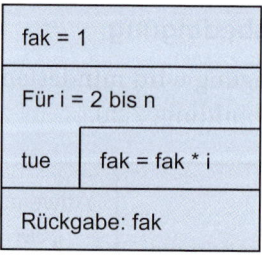

Abbildung 7.21: Struktogramm zur Berechnung der Fakultätsfunktion. Das Hauptprogramm übernimmt die Eingabe, das Unterprogramm die eigentliche Berechnung der Funktion. Im Unterprogramm erfolgt die Berechnung der Fakultät iterativ unter Verwendung der Hilfsvariablen `fak`.

Die Umsetzung in Java-Code zeigt Listing 7.10.

```
01 import java.math.*;
02
03 public class fakult
04 {
05     public static void main (String args[])
06     {
07         Eingabe ein = new Eingabe();
08         int n;
09
10         do {
```

```
11          n = ein.readInt("n: ");
12          System.out.println("Fakultät(" +n +"): "+fakultaet(n));
13       } while (n!=0);
14       System.out.println("Programm beendet.");
15    }
16    // Unterprogramm zur Berechnung der Fakultät
17    static long fakultaet(int n){
18       long fak=1;
19       for(int i=2; i<=n; ++i)
20          fak *= i;     // verkürzt für: fak = fak * i
21          return fak;
22    }
23 }
```

Listing 7.10: Berechnung der Fakultätsfunktion. Die eigentliche Funktionsberechnung erfolgt in Form einer Unterroutine ab Zeile 17. In Zeile 20 wird ein neues Programmierelement verwendet: die Operation *=.

Exkurs　　　**Verkürzte Schreibweise**

Im obigen Listing wird erstmalig die verkürzte Schreibweise (Präfix-/Postfix-Notation) eingesetzt. Dadurch spart man ein wenig Tipparbeit, reduziert aber mitunter die Lesbarkeit. Die verkürzte Schreibweise findet man unter anderem bei Java, C und C++. Die folgende Tabelle gibt die Bedeutung einiger wichtiger Konstrukte wieder.

Befehl	Typ	Langschreibweise
i++;	Postfix	i = i+1;
i--;	Postfix	i = i-1;
x=++i;	Präfix	i = i+1; x = i;
x=--i;	Präfix	i = i-1; x = i;
y=i++;	Postfix	y = i; i = i+1;
y=i--;	Postfix	y = i; i = i-1;

Tabelle 7.2: Verkürzte Schreibweise und Präfix-/Postfix-Notation

Bei der Präfix-Notation wird somit zuerst die Inkrement-/Dekrementvariable geändert und anschließend die Variablenzuweisung vorgenommen, bei der Postfix-Operation erfolgt die Variablenzuordnung zuerst.

Zum Weiterarbeiten

Analysieren Sie folgendes Listing und erläutern Sie, was ausgegeben wird:

```java
public class Praefix_Postfix {

  public static void main(String[] args) {
    int i;
    i = 23;
    i++;
    i--;
    System.out.println(i);
    System.out.println(i++);
    System.out.println(++i); //
  }

}
```

Z U S A M M E N F A S S U N G

- Vor der eigentlichen Programmierung muss ein informatisches Problem zunächst strukturell erfasst und in einen **Algorithmus** umgesetzt werden. Bei allen Problemen, die sich mit einem Computer lösen lassen, gilt das Prinzip **Eingabe – Verarbeitung – Ausgabe** (kurz **EVA**).

- **Programmiersprachen werden in folgenden Hauptkategorien eingeteilt:**

  – **Systemorientierte Sprachen**: Dazu zählen Assembler und Maschinensprache.

  – **Problemorientierte Sprachen:** Es wird zwischen **imperativen** (z.B. C, C++, PASCAL) und **deklarativen** Sprachen (z.B. LISP, PROLOG) unterschieden.

- Die Umsetzung des Programmcodes in maschineninterpretierbaren Code erfolgt durch einen **Interpreter** oder einen **Compiler.** Der Interpreter wandelt die Programmbefehle zur Laufzeit um, der Compiler übersetzt das komplette Programm zu einer ausführbaren Binärdatei. Ein kompiliertes Programm arbeitet in der Regel schneller als ein interpretiertes Programm.

- Zum Test einer neuen Programmierumgebung erstellt man ein Programm, anhand dessen die einzelnen Arbeitsschritte zur Programmierung geprüft werden. Dies ist in der Regel das Programm **Hello World**.

- Wesentliche Werkzeuge für Entwickler sind der **Editor** zum Erstellen des Programmcodes, der **Interpreter** bzw. **Compiler/Linker** zum Übersetzen/Erstellen des Maschinencodes sowie der **Debugger** zum Testen des Programms. Oft findet man alle Werkzeuge vereint in einer **integrierten Entwicklungsumgebung (IDE)** vor.

- Ein **Algorithmus** ist eine eindeutige ausführbare Folge von Anweisungen zur Herleitung bestimmter Ausgabedaten aus bestimmten Eingabedaten.

- Algorithmen werden als **Struktogramme** (NASSI-SHNEIDERMAN-Diagramm) oder **PAP** (Programmablaufplan) formuliert.

- In nahezu jeder Programmiersprache stehen folgende **elementare Datentypen** zur Verfügung: **Ganzzahl** (**integer**), **Fließzahl** (**float**), Fließzahl mit doppelter Genauigkeit (**double**) sowie der **boolesche Datentyp** (**boolean**).

- **Spezielle Datentypen** wie z.B. **Zeichenketten** (**Strings**) werden in Java über **Klassen** realisiert.

- **Variablen** werden beim Programmablauf **Werte zugewiesen** und **entnommen**. Die Operation zum Lesen und Schreiben von Variablenwerten wird durch ein Gleichheitszeichen eingeleitet. So bedeutet die Anweisung x=x+1, dass der alte Wert der Variablen x um einen Zähler erhöht wird.

- Die wichtigsten **Programm-** bzw. **Algorithmusstrukturen** sind

  - **Anweisung** bzw. **Anweisungsfolge**

  - **Verzweigung**

  - **Wiederholung** bzw. **Schleife**

- Der Test eines Algorithmus erfolgt durch einen **Schreibtischtest**, der Test eines Programms mit einem **Debugger**.

- In diversen Programmiersprachen (z.B. C, C++, Java) bedient man sich der **verkürzten** Notation durch **Präfix-** und **Postfix-Anweisung**. So bedeutet i++ eine Erhöhung der Variablen i um einen Zähler. x=--i besagt, dass zunächst die Variable i um einen Zähler erhöht und das Ergebnis anschließend der Variablen x zugewiesen wird.

Z U S A M M E N F A S S U N G

Algorithmen

8

ÜBERBLICK

» Die Kunst des Programmierens besteht in der Formulierung korrekter, effektiver Algorithmen. Das Umsetzen eines Algorithmus in eine Programmiersprache ist Nebensache und wird von einigen Programmierwerkzeugen quasi per Knopfdruck erledigt. Der folgende Teilabschnitt gibt eine Einführung in die Welt der Algorithmen und stellt einige prominente Vertreter vor. Der Fokus liegt dabei auf dem algorithmischen Kern, den der Leser als Übung zu einem kompletten Struktogramm und/oder Programm vervollständigen soll. «

8.1 Klassische Algorithmen

In diesem Abschnitt werden einige „Klassiker" vorgestellt, die jeder Informatikschüler bzw. -student kennen muss.

Algorithmus und Programm

Ein Algorithmus ist eine Folge eindeutiger ausführbarer Anweisungen zur Herleitung bestimmter Ausgabedaten aus bestimmten Eingabedaten. Ein Programm ist die Umsetzung eines Algorithmus in eine Programmiersprache. Namensgeber für den Begriff Algorithmus ist der arabische Mathematiker MUHAMMED AL-CHWARIZMI (etwa 783 – 850 n. Chr.).

8.1.1 Bestimmung von Quadratwurzeln nach Heron

Der griechische Mathematiker HERON entwickelte ein Verfahren zur Bestimmung der Quadratwurzel einer Zahl x, das sich folgendermaßen beschreiben lässt:

- Suche eine Zahl a_1, deren Quadrat in der Nähe der Zahl x liegt.
- Bilde eine zweite Näherung der Wurzel, indem du x durch die erste Näherung dividierst: $a_2 = x/a_1$. Das Produkt aus a_1 und a_2 entspricht dann einem Rechteck mit dem Flächeninhalt x.
- Eine bessere Näherung erhält man durch den Mittelwert von a_1 und a_2: $a_3 = \dfrac{a_1 + a_2}{2}$
- Das Verfahren wird nun ab Schritt 2 wiederholt, bis man die gewünschte Genauigkeit erreicht hat.

▶Abbildung 8.1 zeigt den Heron-Algorithmus am Beispiel der Bestimmung der Wurzel von 6.

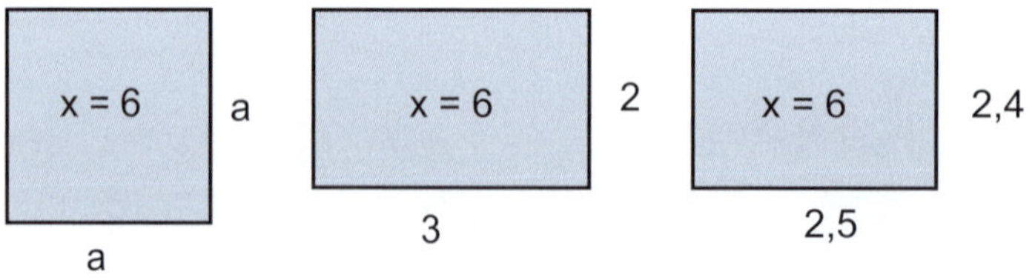

Abbildung 8.1: Beim Heron-Algorithmus wird ein Quadrat durch eine Folge von Rechtecken angenähert.

Der Algorithmus lässt sich in einer einzigen Formel zusammenfassen: Ist a_n eine Näherung von $\sqrt{x}$, dann ist

$$a_{n+1} = \frac{1}{2}\left(a_n + \frac{x}{a_n}\right)$$

eine bessere Näherung von $\sqrt{x}$.

Das folgende Struktogramm gibt den Heron-Algorithmus wieder. Dabei wird die n-te Näherung der Wurzel einer Zahl x nach Heron berechnet.

Heron-Verfahren

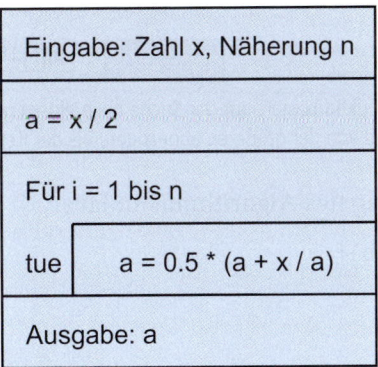

Abbildung 8.2: Struktogramm des Heron-Verfahrens. Als eine erste Näherung wird die Hälfte der zu radizierenden Zahl x verwendet. Eine Indizierung der Näherungswerte a ist nicht notwendig.

Zum Weiterarbeiten

1. Erstellen Sie ein Java-Programm zum Struktogramm in ▶Abbildung 8.2.

2. Ersetzt man im Quellcode den Ausdruck a = 0.5 * (a + x / a) durch a = 1 / 2 * (a + x / a), so berechnet das Programm die Wurzel nicht richtig. Analysieren Sie den Fehler mithilfe des integrierten Debuggers in der BlueJ-Umgebung. Verfolgen Sie dazu den Inhalt der Variablen a.

8.1.2 ggT nach Euklid

Der größte gemeinsame Teiler (ggT) zweier Zahlen kann nach dem griechischen Mathematiker EUKLID durch folgenden Algorithmus bestimmt werden:

- Ziehe die kleinere der beiden Zahlen von der größeren so lange ab, bis du einen kleineren Rest als die Zahl, die du abgezogen hast, erhältst.
- Ziehe nun den Rest von der ursprünglich kleineren Zahl ab.
- Wiederhole das Verfahren, bis der Rest null ist. Der ggT ist die letzte Zahl, die abgezogen wurde.

▶Abbildung 8.3 verdeutlicht den Algorithmus für die Zahlen 12 und 18.

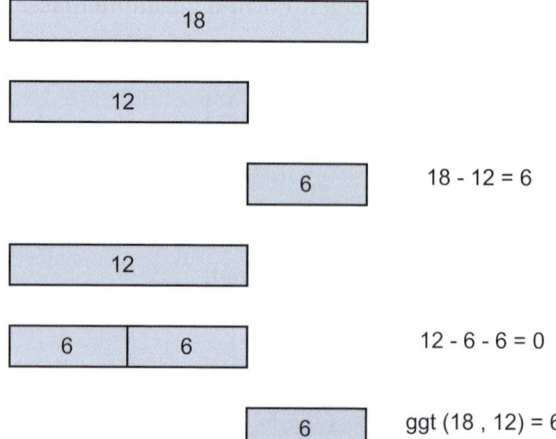

Abbildung 8.3: Der Algorithmus von Euklid basiert auf der Suche nach einem gemeinsamen Längenmaß zweier Zahlen. Die jeweils kleinere Zahl wird fortlaufend von der größeren abgezogen, bis der Rest null ist.

Listing 8.1 zeigt die Umsetzung des Algorithmus in Java.

```
static int ggt(int a, int b){
    if (a==0) return b;
    else
     while (b!=0){
        if (a>b) a=a-b;
        else b=b-a;
    }
    return a;
}
```

Listing 8.1: Algorithmus zur Bestimmung des ggT nach Euklid

Zum Weiterarbeiten

1. Erstellen Sie das Struktogramm zum Algorithmus aus Listing 8.1.

2. Binden Sie den Algorithmus in ein geeignetes Rahmenprogramm ein und testen Sie den Algorithmus.

8.1.3 Sieb des ERATOSTHENES/Primzahlen

Primzahlen spielen in der Mathematik und in der Informatik eine wichtige Rolle. In der Informatik beispielsweise basieren einige Verschlüsselungsverfahren auf der Theorie der Primzahlen. Eine Primzahl ist eine Zahl, die durch genau zwei Zahlen teilbar ist. Nach dieser Definition ist die Zahl 1 keine Primzahl, denn die Zahl 1 ist nur durch sich selbst teilbar. Die Zahl 2 ist hingegen eine Primzahl, denn sie besitzt genau zwei Teiler: Die 1 und die 2. Weitere Primzahlen sind 3, 5, 7, 11, 13, …

Nach dem griechischen Mathematiker ERATOSTHENES kann man alle Primzahlen bis zu einer vorgegebenen Maximalzahl `max` folgendermaßen herausfinden:

■ Schreibe alle Zahlen von 2 bis `max` in tabellarischer Form auf.

Die Zahlen, die nicht als Primzahlen infrage kommen, werden nach folgendem Verfahren aus der Matrix gestrichen:

■ Die kleinste ungestrichene Zahl ist immer eine Primzahl. Markiere alle Vielfachen dieser Primzahl. Dabei genügt es, mit der Markierung beim Quadrat der Primzahl zu beginnen, da alle niedrigeren Vielfachen schon durch Vielfache kleinerer Primzahlen erfasst wurden.

■ Das Verfahren wird so lange wiederholt, bis man die vorgegebene Grenze `max` erreicht hat.

Die folgende Abbildung zeigt das Prinzip des Verfahrens, das der griechische Mathematiker ERATOSTHENES (273 – 194 v. Chr.) entwickelt hat.

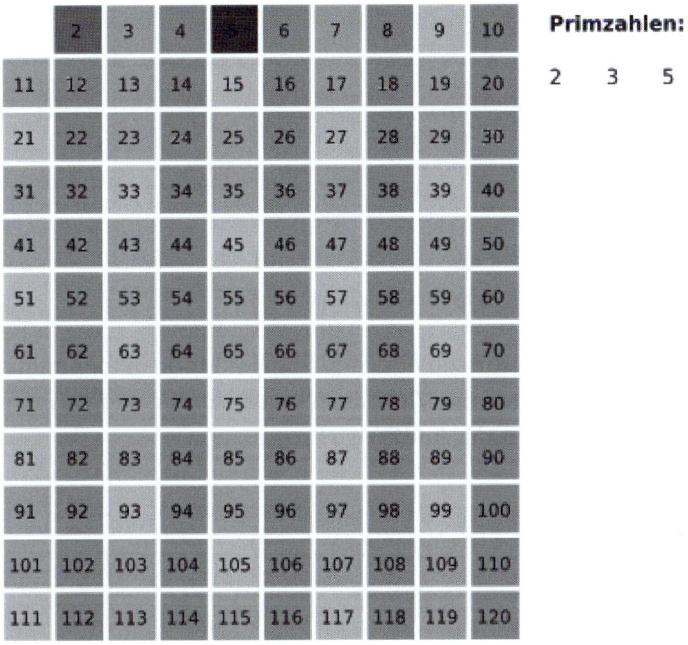

Abbildung 8.4: Veranschaulichung des Siebs des Eratosthenes: Die Vielfachen der Primzahlen 2 und 3 wurden bereits gestrichen bzw. markiert. Nun sind die Vielfachen der nächsten ungestrichenen Zahl (5) an der Reihe. Es genügt, mit dem Streichen bei $5^2 = 25$ zu beginnen, da kleinere Vielfache von 5 bereits gestrichen wurden.

Die Umsetzung des Algorithmus in ein Java-Programm geschieht wie folgt:

■ Es wird ein Feld (*Array*) von booleschen Zahlen verwendet, das von 1 bis `max` läuft. Dieser Array wird zunächst mit `false` gefüllt. Ist die Zahl `n` Vielfaches einer Primzahl, so wird dem entsprechenden Array-Element der Wert `true` zugeordnet.

■ Die Primzahlen sind nach Durchführung des Algorithmus die Positionen derjenigen Array-Elemente, deren Inhalt noch auf `false` gesetzt ist.

Übung

Erstelle ein Struktogramm und ein Java-Programm zum Sieb des Eratosthenes.

LÖSUNG

Das Struktogramm hat folgende Gestalt:

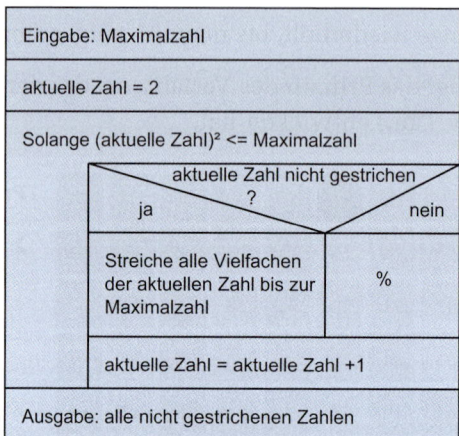

Abbildung 8.5: Vereinfachte Form des Siebs des Eratosthenes

Zur Umsetzung in Java-Code müssen einige Elemente des Struktogramms verfeinert werden. Insbesondere das Streichen der Vielfachen wurde im Struktogramm nur vage formuliert. Das folgende Listing zeigt das lauffähige Programm:

```
01 public class sieb
02 {
03    public static void main (String args[])
04    {
05        Eingabe ein = new Eingabe();
06        int i,j,max;
07        max = ein.readInt("Bis Zahl: ");
08        boolean[] gestrichen = new boolean[max+1];
09        for (i=2; i<=max; ++i)
10          gestrichen[i]=false; //Initialisierung des Arrays
11        i=2;
12        while (i*i<=max){
13            if (!gestrichen[i]){
14                // i ist Primzahl, streiche seine Vielfachen
15                for (j=i*i;j<=max;j=j+i)
16                  gestrichen[j]=true;
17            }
18            i++;
19        }
20        for (i=2;i<=max; ++i) // Ausgabe der Primzahlen
21          if (!gestrichen[i])
22            System.out.print(i+" ");
23    }
24 }
```

Listing 8.2: Java-Implementierung des Siebs von Eratosthenes

Erläuterung des Listings

■ In Zeile 07 wird die Maximalzahl eingegeben, bis zu welcher „gesiebt" werden soll.

■ In den Zeilen 08 bis 10 wird der boolesche Array `gestrichen` definiert und initialisiert. Da Arrays in Java beim Index 0 beginnen, muss das Feld um ein Element erweitert werden, um bei der natürlichen Zählweise zu bleiben. Mehr zu Arrays erfahren Sie im weiteren Verlauf des vorliegenden Kapitels sowie in *Kapitel 9*.

■ Das eigentliche Sieb beginnt in Zeile 11: Beginnend mit der Zahl 2 werden über den Index i alle Vielfachen der jeweils niedrigsten Primzahl gestrichen, indem der Feldinhalt von `gestrichen` an der entsprechenden Stelle auf `true` gesetzt wird.

■ Ab Zeile 20 werden schließlich nach Durchlaufen des Siebs alle Indizes ausgegeben, deren Feldinhalt auf `false` verblieben ist.

Zum Weiterarbeiten

1. Informieren Sie sich über die Bedeutung von Primzahlen in der Informatik.

2. Erstellen Sie ein Programm, das eine vorgegebene Zahl darauf testet, ob sie eine Primzahl ist.

8.2 Iteration und Rekursion

To iterate is human, to recurse divine (L. Peter Deutsch)

Frei übersetzt lautet das obige Zitat: „Iteration ist menschlich, Rekursion ist göttlich." In der Tat hat die Programmiertechnik der Rekursion etwas Geniales. Der folgende Abschnitt zeigt die fundamentalen Prinzipien.

Iteration

Ein Programm arbeitet iterativ, wenn eine Folge von Anweisungen, die zur Lösung des Problems führen, schrittweise in einer Schleife abgearbeitet wird. Beispiele für Iterationen sind Lösungen, die sich in Form von `for`-Schleifen formulieren lassen.

Rekursion

Der Begriff Rekursion (lat.: *recurrere* = zurücklaufen) entstammt ursprünglich der Mathematik und bedeutet *Selbstbezug*: Rekursiv definierte Funktionen und Folgen beziehen sich durch ihre Definition auf sich selbst. In der Informatik verwendet man die Technik der Rekursion, um Problemstellungen durch Selbstaufruf rekursiver Prozeduren zu lösen. Der Programmcode gestaltet sich dadurch meist knapper als bei der iterativen Umsetzung.

8.2.1 Iteration

Ein typisches Beispiel für ein iterativ arbeitendes Programm haben Sie bereits in *Kapitel 7* zur Berechnung der Fakultätsfunktion kennengelernt. Die Funktion hatte die Gestalt:

```
static long fakultaet(int n){
      long fak=1;
      for(int i=2; i<=n; ++i)
         fak = fak * i
         return fak;
   }
```

Die obige Berechnung der Funktion mithilfe einer `for`-Schleife ist typisch für eine iterative Programmstruktur. Der Vorteil von Iterationen ist deren Geschwindigkeit, der Nachteil ein etwas unübersichtlicher und schlechter lesbarer Code im Vergleich zum rekursiven Verfahren.

8.2.2 Rekursion

Dasselbe Beispiel nimmt rekursiv programmiert folgende Gestalt an:

```
static long fakultaet(int n){
     if (n==1) return 1;
     else return n*fakultaet(n-1);
   }
```

Die Funktion `fakultaet` ruft sich zur Berechnung der Fakultät einer Zahl somit selbst auf. Der Selbstaufruf erfolgt so lange, bis ein direkt lösbarer Fall erreicht ist, im vorliegenden Beispiel wäre das 1! = 1. Die folgende Abbildung zeigt am Beispiel der Fakultätsfunktion den prinzipiellen Aufbau einer rekursiven Programmstruktur.

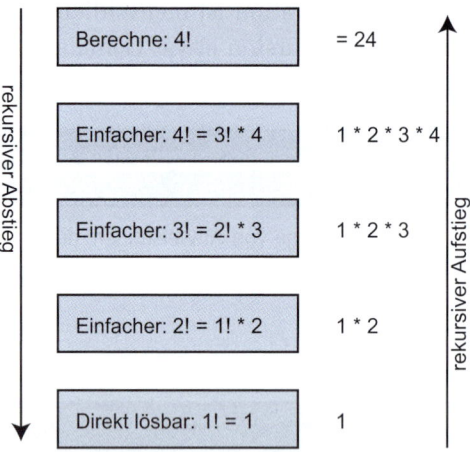

Abbildung 8.6: Prinzip der Rekursion am Beispiel der Fakultätsfunktion

Die Rekursion lässt sich mit folgenden Fragestellungen umsetzen:

- Lässt sich das Problem auf ein bereits bekanntes gelöstes Problem zurückführen (*rekursiver Abstieg*)?
- Wie lautet die Lösung des einfachsten Problems (*direkt lösbarer Fall*)?
- Wie gewinnt man aus der Lösung eines einfacheren Problems die Lösung des schwierigeren Problems (*rekursiver Aufstieg*)?

Übung

Die sogenannte FIBONACCI-Folge basiert der Legende nach auf dem Problem der Vermehrung von Kaninchen. Zu Beginn der Folge existiert ein Kaninchen. Nach einem Monat gesellt sich eine Häsin dazu. Die Tragzeit sei 1 Monat, sodass nach 2 Monaten 3 Kaninchen das Gehege bevölkern, nach 3 Monaten 5 usw. Daraus ergibt sich die folgende Reihung von Zahlen, die die Entwicklung der Population wiedergibt: 1, 1, 2, 3, 5, 8, 13, 21, 34, ... Die jeweils nächste Zahl der Folge erhält man aus der Summe der beiden vorangehenden Zahlen.

Die FIBONACCI-Folge lässt sich am einfachsten rekursiv definieren Es gilt:

$$a_0 = 1; \ a_1 = 1; \ a_n = a_{n-1} + a_{n-2}$$

Erstellen Sie ein Programm, das nach Eingabe einer Zahl n die Glieder der FIBONACCI-Folge bis zum Glied n ausgibt.

LÖSUNG

Das folgende Programm zeigt die Umsetzung des Problems:

```
01 public class fibonacci
02 {
03     public static void main (String args[])
04     {
05        Eingabe ein = new Eingabe();
06        int N;
07        N = ein.readInt("N: ");
08        for (int i=0; i<=N; ++i){
09           System.out.println("a("+i+")="+fib(i));
10        }
11     }
12
13     static int fib(int n){
14         if (n<=1) return 1;
15         else return fib(n-1)+fib(n-2);
16     }
17 }
```

Listing 8.3: Berechnung der FIBONACCI-Folge

Wichtig ist, dass in der rekursiv definierten Funktion `fib` eine Abfrage enthalten ist, die den direkt lösbaren Fall behandelt (Zeile 14). Ist das nicht der Fall, so kommt es zu einem Pufferüberlauf (*Stack Overflow Error*), da die Ergebnisse der Zwischenschritte auf dem Stack (Stapelspeicher) zwischengelagert werden, vgl. *Kapitel 11* und *Kapitel 12*.

Das obige Beispiel gehört bereits zur Kategorie der nicht linearen Rekursion, da die Ausführung der Funktion `fib` (im Gegensatz zur Berechnung der Fakultätsfunktion) mehr als einen Rekursionsaufruf enthält.

Zum Weiterarbeiten

1. Testen Sie, was geschieht, wenn die `if/else`-Abfrage in Zeile 14/15 in Listing 8.3 entfernt wird.

2. Erstellen Sie ein Programm, das das n-te Glied der FIBONACCI-Folge berechnet. Wie weit kommen Sie bei der Berechnung der Folge? Welchen Einfluss haben die Variablentypen, die zur Berechnung der Folgenglieder verwendet werden?

3. In dem Programm zur Berechnung des n-ten Glieds der Folge werden die einzelnen FIBONACCI-Glieder ständig neu berechnet. Es besteht aber die Möglichkeit, die Folgeglieder in einem Array abzuspeichern und auf die bereits berechneten Werte zurückzugreifen. Dieses Verfahren nennt man *Memoization*. Recherchieren Sie nach diesem Verfahren und verbessern Sie Ihren Algorithmus.

4. Erstellen Sie ein Programm, das den größten gemeinsamen Teiler (ggT) zweier Zahlen (vgl. S. 213) rekursiv berechnet.

8.2.3 Nicht lineare Rekursion: Die Türme von Hanoi

Ein typisches Beispiel für eine nicht lineare Rekursionsstruktur, in der die rekursive Funktion mehrere Rekursionsaufrufe beinhaltet, sind *Die Türme von Hanoi*. Dieses mathematische Knobelspiel, das 1883 von dem französischen Mathematiker ÉDOUARD LUCAS erfunden wurde, zeigt ▶Abbildung 8.7.

Abbildung 8.7: Das Knobelspiel *Die Türme von Hanoi* ist neben der FIBONACCI-Folge ein Musterbeispiel für eine nicht lineare Rekursion.

LUCAS dachte sich zum Spiel die folgende Geschichte aus: Indische Mönche sollen im großen Tempel zu Benares, der sich im Mittelpunkt der Welt befindet, einen Turm aus 64 goldenen Scheiben unterschiedlicher Größe versetzen. Haben sie ihre Aufgabe vollendet, so ist das Ende der Welt gekommen.[1]

Für das Versetzen der Scheiben in Abbildung 8.7 sollen folgende Regeln gelten:

Der Stapel von gelochten Scheiben unterschiedlicher Größe soll von einem Startplatz auf einen Zielplatz unter Benutzung eines Hilfsplatzes umgeschichtet werden. Die Plätze sind Stangen, auf die die gelochten Scheiben platziert werden. Für das Umsetzen der Scheiben gelten die folgenden Einschränkungen:

- Bei jedem Schritt darf *nur eine Scheibe bewegt werden*.
- Es darf *keine größere Scheibe auf eine kleinere Scheibe gelegt werden*.

Die Lösung des Problems lässt sich leicht rekursiv formulieren:

- Anstatt einen Turm von n Scheiben vom Startplatz über den Hilfsplatz zum Zielplatz zu bewegen, reduziert man das Problem auf die Bewegung eines Turms von $n-1$ Scheiben. Dieser Turm wird jedoch nicht real, sondern im Sinne der Rekursion „in Gedanken" bewegt.

- Hat man sich per Rekursion bis auf eine einzige Scheibe heruntergearbeitet, so darf diese direkt unter Beachtung der Vorschrift (keine größere auf eine kleinere Scheibe!) versetzt werden.

Das vereinfachte Struktogramm der Problemlösung zeigt ▶Abbildung 8.8.

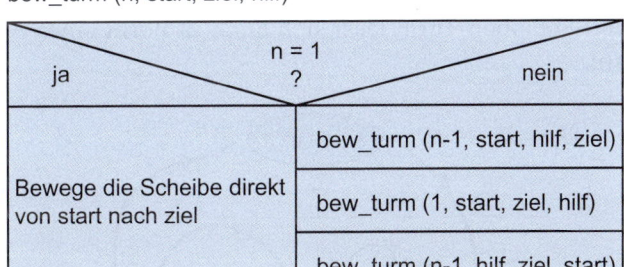

Abbildung 8.8: Zur Lösung des Problems definiert man eine rekursive Prozedur, die drei Rekursionsaufrufe enthält und somit nicht linear ist. Ein direkter Zug findet nur dann statt, wenn man bei der Bewegung einer einzigen Scheibe angelangt ist.

Zur Verdeutlichung der Wirkungsweise zeigt die folgende Abbildung die Bewegung eines Turms, der aus drei Scheiben besteht, vom Startplatz Start zum Zielplatz Ziel unter Verwendung des Hilfsplatzes Hilf:

---

1 Die vollständige Geschichte können Sie auf *http://de.wikipedia.org/wiki/Türme_von_Hanoi* nachlesen.

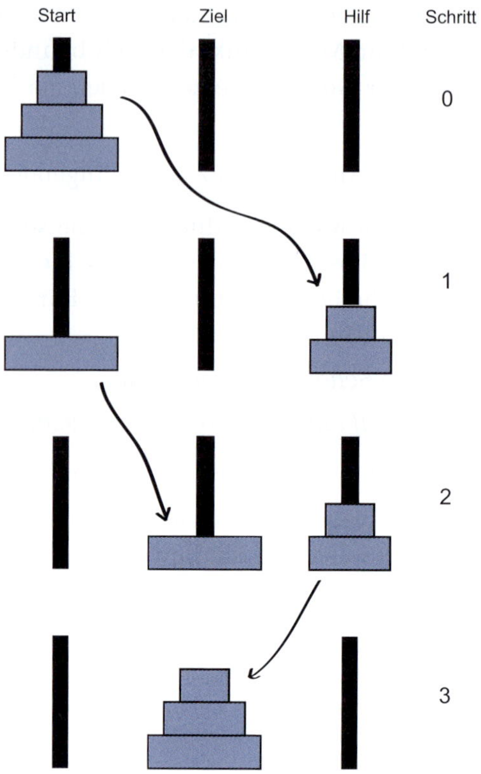

Start Ziel Hilf Schritt

0

1

2

3

Abbildung 8.9: Prinzip des Algorithmus, demonstriert für $n = 3$ Scheiben. Die Bewegung der zwei Scheiben wird weiter rekursiv behandelt, sodass in der Realität immer nur eine einzelne Scheibe bewegt wird.

Die Zugfolge für den 3-Scheiben-Turm lässt sich auch in Form eines Aufrufbaums darstellen (▶Abbildung 8.10).

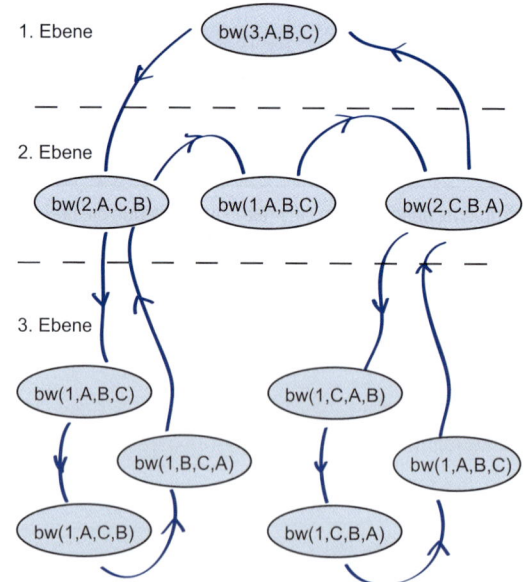

Abbildung 8.10: Aufrufbaum für den 3-Scheiben-Turm: Der Startplatz wurde mit A, der Zielplatz mit B und der Hilfsplatz mit C bezeichnet. Die Prozedur `bew_turm` wurde mit `bw` abgekürzt. Deutlich zu sehen sind die drei verschiedenen Rekursionsebenen: Die Ebenen 1 und 2 entsprechen der Bewegungsfolge aus Abbildung 8.9. Der Aufrufbaum lässt sich auch als Graph interpretieren. Da alle Knoten des Graphen während des Algorithmus durchlaufen werden, spricht man auch von einem Tiefendurchlauf.

Übung

Schreiben Sie ein Programm, das die Schrittfolge für das Versetzen eines Turms für eine beliebige Anzahl von Scheiben errechnet.

LÖSUNG

Das folgende Listing zeigt die Umsetzung des oben beschriebenen Algorithmus in ein Java-Programm:

```java
public class tuerme_hanoi
{
   public static void main (String args[])
   {
      Eingabe ein = new Eingabe();
      int anz = ein.readInt("Anzahl der Scheiben: ");
      bew_turm(anz, 'A', 'B', 'C');
   }

   static void bew_turm(int n, char start, char ziel, char hilf){
      if (n==1){
         System.out.println(start + " --> " + ziel);
      }
      else {
         bew_turm(n-1, start, hilf, ziel);
         bew_turm(1, start, ziel, hilf);
         bew_turm(n-1, hilf, ziel, start);
      }
   }
}
```

Listing 8.4: Java-Code zum Algorithmus *Türme von Hanoi*

Zum Weiterarbeiten

1. Bauen Sie einen „Schrittzähler" in das Programm ein, der Ihnen die Anzahl der benötigten Züge für das Versetzen von n Scheiben ausgibt.

2. Finden Sie eine Formel für die Anzahl der Züge, die für das Versetzen von n Scheiben notwendig ist. (*Hinweis*: Ist die Anzahl der Züge proportional, quadratisch oder exponentiell abhängig von der Anzahl der Scheiben?)

3. Angenommen, die Mönche aus dem Einstiegsbeispiel würden für das Versetzen einer goldenen Scheibe eine Sekunde benötigen. Wie lange würde dann die Welt bestehen, bis ihr Ende gekommen ist? *Tipp*: Wenn Sie die mathematische Formel aus Teilaufgabe 2 in die Suchmaschine *Wolfram Alpha* (*http://www.wolframalpha.com*) eingeben und mit der Maßeinheit „sec" versehen, erhalten Sie als Antwort die Zeit in Vielfachen des Alters unseres Universums.

8.3 Sortieralgorithmen

Die Karten auf der Hand beim Kartenspiel, die MP3-Sammlung auf dem PC oder Googles riesige gesammelte Datensätze: Alles will sortiert werden …

Bubblesort

Der Urvater der klassischen Sortieralgorithmen arbeitet nach dem Prinzip aufsteigender Gasblasen in einer Flüssigkeit: Zahlen unterschiedlicher Größe steigen während des Sortiervorgangs unterschiedlich schnell auf.

Quicksort

Der von C. A. R. HOARE im Jahr 1960 entwickelte Algorithmus basiert auf dem Prinzip *Teile und herrsche* und lässt sich leicht rekursiv realisieren. Wie der Name schon andeutet, arbeitet Quicksort im Vergleich zu den klassischen Sortieralgorithmen schneller und effektiver.

8.3.1 Klassische Sortierverfahren

Allen klassischen Sortierverfahren liegt das folgende Modell zugrunde: Es liegt ein *sortierter* und ein *unsortierter Datenbereich* vor. Beide Datenbereiche werden durch ein *Grenzelement* voneinander getrennt. Zu Beginn des Sortiervorgangs besteht der sortierte Haufen aus einem einzigen Element, dem *Grenzelement*. Zur Verdeutlichung des Modells betrachten wir das folgende Zahlenbeispiel (▶Abbildung 8.11).

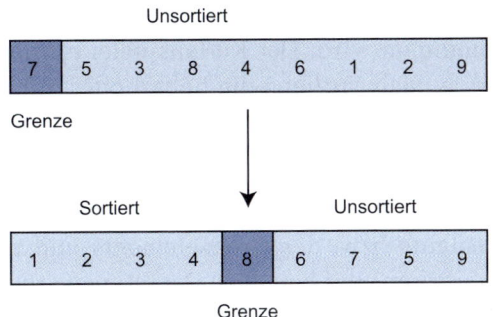

Abbildung 8.11: Modellbildung bei klassischen Sortieralgorithmen: Ein Zahlenfeld wird in einen sortierten und einen unsortierten Bereich unterteilt. Das Grenzelement wird während des Sortiervorgangs von links nach rechts geschoben, bis es das ganze Zahlenfeld durchlaufen hat und somit ein vollständig sortierter Zahlenbereich vorliegt.

In Abhängigkeit vom verwendeten Sortieralgorithmus wird der unsortierte Bereich in unterschiedlicher Weise behandelt.

Wir gehen im Folgenden zunächst davon aus, dass die zu sortierenden Elemente (das sind der Einfachheit halber Zahlen) in einem indizierten Feld namens `feld[i]` abgespeichert sind.[2] Dabei läuft der Index `i` von null bis zur Maximalzahl der zu sortierenden Elemente. Weiterhin benötigt man für jeden Sortiervorgang eine Routine, die zwei Elemente des Felds miteinander vertauscht. Der naive Ansatz `feld[i]=feld[j]`, `feld[j]=feld[i]` führt dazu, dass eines der beiden Feldelemente verloren geht, da es bei diesem doppelten Tauschvorgang schlicht und einfach überschrieben wird. Ein Ausweg ist die Verwendung einer Hilfsvariablen `hilf`, die den Inhalt der ersten Feldgröße sichert (▶Abbildung 8.12).

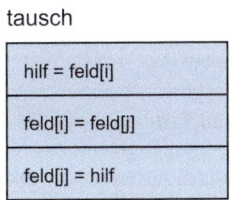

Abbildung 8.12: Tauschroutine für Feldelemente. Durch die Verwendung der Hilfsvariablen `hilf` wird verhindert, dass der Inhalt von `feld[i]` verloren geht.

Sortieren durch Auswahl (Selection Sort)

Beim Sortieren durch Auswahl wird das kleinste Element des unsortierten Bereichs gesucht, ausgewählt und schließlich mit dem Grenzelement vertauscht. Nach dem Tausch wird die Grenze einen Schritt weitergeschoben, bis sie das Ende des Felds erreicht hat (▶Abbildung 8.13).

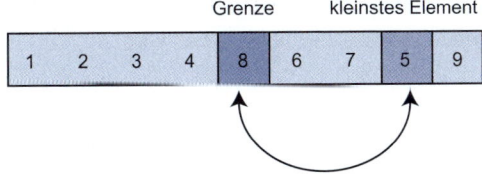

Abbildung 8.13: Sortieren durch Auswahl: Das kleinste Element des unsortierten Bereichs wird mit dem Grenzelement getauscht.

---

2   Mehr zum Thema Felder bzw. Arrays erfahren Sie in *Kapitel 9*.

Zu vergleichen ist diese Form des Sortierens mit einem Kartenblatt, das nach dem Austeilen mit einem Griff aufgenommen wird. Der Kartenspieler ordnet den kompletten Haufen auf der Hand und platziert je nach Vorliebe die höher- oder minderwertigen Karten nacheinander auf eine Seite des Blatts.

Das zugehörige Struktogramm zeigt ▶Abbildung 8.14. Dort wird eine variable Anzahl von `max-1`[3] Feldelementen sortiert. Die Variablen `kleinstes` und `grenze` beschreiben dabei die Position des kleinsten Elements bzw. des Grenzelements und nicht etwa dessen Inhalt. Dadurch lässt sich der Algorithmus auf beliebige Datentypen anwenden, die in einem Feld gespeichert sind und in irgendeiner Weise mit den Mitteln der verwendeten Programmiersprache verglichen werden können. Zeichenketten können dadurch ebenso gut sortiert werden wie Zahlen.

Sortieren durch Auswahl

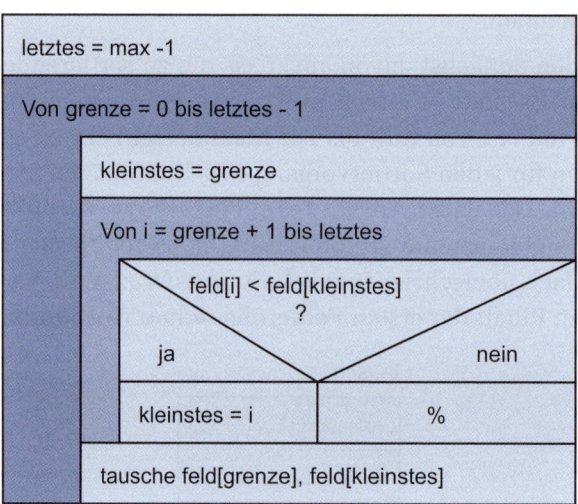

Abbildung 8.14: Struktogramm zum Sortieren durch Auswahl. Man erkennt, dass der Algorithmus aus zwei ineinandergeschachtelten Schleifen besteht: Die innere Schleife sucht im unsortierten Bereich das kleinste Element, die äußere Schleife schiebt die Grenze nach Austausch mit dem kleinsten Element um eine Position weiter. Der erste Befehl `letztes = max - 1` hat einen technischen Hintergrund: Die Feldelemente eines Arrays werden beginnend von null gezählt.

Zum Weiterarbeiten

1. Sortieren Sie die Zahlen 7, 5, 3, 8, 4, 6, 1, 2, 9 auf einem Blatt Papier nach dem Auswahlverfahren.

2. Setzen Sie den Algorithmus aus Abbildung 8.14 in ein Java-Programm um und testen Sie das Programm zunächst mit einem kleinen Zahlenfeld. Erweitern Sie das Programm derart, dass ein großes Feld mit Zufallszahlen gefüllt und anschließend sortiert wird.

---

3   Dass die Maximalanzahl der Elemente zu `max - 1` festgelegt wird, liegt an der speziellen Indizierung eines Arrays in Java: Diese beginnt bei null.

Lösung

Das nachfolgende Listing zeigt die Realisierung des Algorithmus *Sortieren durch Auswahl* in der Programmiersprache Java.

```
01 public class sortieren_durch_auswahl
02 {
03     static int max = 10;
04     static int[] feld = new int[max];
05
06     public static void main (String args[])
07     {
08         feld_fuellen();
09         System.out.println("Unsortiertes Feld:");
10         feld_ausgeben();
11         auswahl_sortiere();
12         System.out.println("Sortiertes Feld:");
13         feld_ausgeben();
14     }
15
16     static void feld_fuellen(){
17         for (int i=0;i<max;i++){
18             feld[i]=(int)(Math.random()*100+1);
19         }
20     }
21
22     static void feld_ausgeben(){
23         for (int i=0;i<max;i++){
24             System.out.print(feld[i]+" ");
25         }
26         System.out.println();
27     }
28
29     static void auswahl_sortiere() {
30         int grenze, letztes;
31         letztes = max-1;
32         for (grenze=0; grenze<letztes; grenze++){
33             int kleinstes = letztes;
34             for (int i=grenze+1; i<=letztes; i++)
35                 if (feld[i]<feld[kleinstes]) kleinstes=i;
36             tausche(grenze,kleinstes);
37         }
38     }
39
40     static void tausche(int a, int b){
41         int hilf;
42         hilf=feld[a];
43         feld[a]=feld[b];
44         feld[b]=hilf;
45     }
46 }
```

Listing 8.5: Sortieren durch Auswahl: Das Programm bildet zugleich das Gerüst für die Umsetzung aller folgenden Sortieralgorithmen.

Sortieren durch Einfügen (Insertion Sort)

Sie erinnern sich an den Kartenspieler, der sein Kartenblatt nach Werten sortieren möchte? Nun geht er nach einer anderen Strategie vor: Er nimmt die Karten bereits während des Austeilens nacheinander auf und steckt jede aufgenommene Karte an die „richtige" Position (▶Abbildung 8.15).

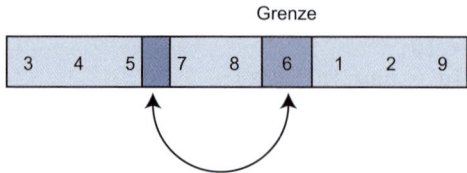

Abbildung 8.15: Beim Sortieren durch Einfügen wird das Grenzelement an die richtige Stelle im sortierten Feldbereich eingefügt.

Das beschriebene Verfahren ist in einer Hinsicht problematisch: Durch das Einfügen des Grenzelements wird der bereits sortierte Bereich hinter dem eingefügten Element um einen Platz nach rechts verschoben, sodass das gesamte Feld ziemlich schnell durcheinandergerät. Geschickter ist es, das Grenzelement von rechts kommend durch den sortierten Haufen wandern zu lassen, bis es an der richtigen Position ist. Das folgende Struktogramm zeigt, wie dies realisiert werden kann:

Sortieren durch Einfügen

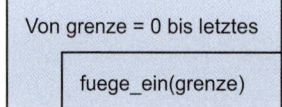

fuege_ein(j)

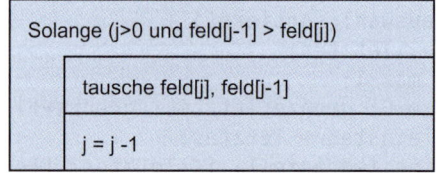

Abbildung 8.16: Das Sortieren durch Einfügen wird in zwei Teilprobleme zerlegt. Das Unterprogramm `fuege_ein` schaufelt das Grenzelement so lange durch den sortierten Haufen, bis es sich an der richtigen Position befindet. Die `und`-Verknüpfung in der `Solange`-Schleife wird unter Java mit dem Operator `&&` realisiert.

Zum Weiterarbeiten

1. Sortieren Sie die Zahlen 7, 5, 3, 8, 4, 6, 1, 2, 9 auf einem Blatt Papier nach dem Prinzip des Sortierens durch Einfügen.

2. Setzen Sie den Algorithmus aus ▶Abbildung 8.16 in ein Java-Programm um. Wandeln Sie dazu das Programm aus Listing 8.5 so um, dass der Algorithmus *Sortieren durch Einfügen* zum Einsatz kommt.

Sortieren durch Austausch (Bubblesort)

Sicher haben Sie schon einmal vor einem Aquarium gestanden und das Aufsteigen der Blasen aus dem Luftschlauch der Umwälzpumpe beobachtet. Dabei stellt man fest, dass größere Luftblasen schneller aufsteigen als kleinere Luftblasen (▶Abbildung 8.17)[4]. Nach einem ähnlichen Prinzip arbeitet das *Sortieren durch Austausch*: Benachbarte Elemente werden miteinander verglichen. Ist das Vorgängerelement größer als das aktuelle Element, so werden beide getauscht. Auf diese Weise wandern die großen Elemente schnell an das Ende des Zahlenfelds, vergleichbar mit den Luftblasen im Wasser.

Abbildung 8.17: Beim Bubblesort-Algorithmus steigen große Zahlen während des Sortiervorgangs im Feld schneller auf als kleine Zahlen.

Das zugehörige Struktogramm zeigt ▶Abbildung 8.18. Auch hier findet man wieder zwei ineinandergeschachtelte Schleifen vor. Im ungünstigsten Fall werden während des Sortiervorgangs n Elemente mit weiteren n Elementen verglichen. Die benötigte Zeit für diesen Sortiervorgang ist also proportional zu n^2.

Sortieren durch Austausch

Von grenze = 0 bis letztes - 1		
j = letztes		
Solange j > grenze		
feld[j-1] > feld[j] ?		
ja		nein
tausche feld[j], feld[j-1]		%
j = j - 1		

Abbildung 8.18: Struktogramm des Bubblesort-Algorithmus

---

4   Die Aufstiegsgeschwindigkeit von Luftblasen im Wasser ist proportional zum Quadrat des Radius. Nicht berücksichtigt wird hierbei allerdings der Effekt, dass sich der Radius von Luftblasen beim Aufstieg vergrößert.

Zum Weiterarbeiten

1. Sortieren Sie die Zahlen 7, 5, 3, 8, 4, 6, 1, 2, 9 auf einem Blatt Papier nach dem Prinzip des Bubble-sort-Algorithmus.

2. Setzen Sie den Algorithmus aus Abbildung 8.18 in ein Java-Programm um.

3. Recherchieren Sie im Internet nach weiteren elementaren Sortieralgorithmen und finden Sie Unterschiede und Gemeinsamkeiten zu den besprochenen Algorithmen heraus.

4. Integrieren Sie in Ihr Sortierprogramm eine Stoppuhr und bestätigen Sie durch Messung, dass der Zeitbedarf der klassischen Sortieralgorithmen proportional zu n^2 (n = Anzahl der zu sortierenden Elemente) ist (vgl. Exkurs *Zeitbedarf von Algorithmen*).

Exkurs   Zeitbedarf von Algorithmen

Zeit ist Geld – das gilt umso mehr bei der Programmierung: Das Optimieren von Algorithmen bezüglicher ihrer Laufzeit ist stets sinnvoll, denn dadurch wird wertvolle Rechenzeit und somit auch Energie und Geld gespart. Wie aber misst man die Zeit, die ein Algorithmus benötigt, am einfachsten?

Moderne Programmiersprachen bieten die Möglichkeit, die Systemzeit abzufragen. Dadurch kann man leicht eine Stoppuhr realisieren, die im Millisekundenbereich misst. Unter Java ist das mit folgenden Befehlen schnell erledigt:

```
01 long startzeit = System.currentTimeMillis();
02 <Auszuführender Algorithmus>
03 long endzeit = System.currentTimeMillis();
04 long zeitbedarf = endzeit - startzeit;
```

Die Laufzeit des Algorithmus wird in diesem Fall in der Variablen `zeitbedarf` (Zeile 04) abgelegt. Führt man die Messung bei Sortieralgorithmen durch, dann stellt man fest, dass die klassischen Sortieralgorithmen einen Zeitbedarf haben, der proportional zum Quadrat der Anzahl der zu sortierenden Elemente steigt. Für Quicksort (s.u.) gestaltet sich die zeitliche Prognose etwas günstiger: Der Zeitbedarf ist proportional zu $n \cdot \log(n)$, wobei $\log(n)$ die sogenannte *Logarithmusfunktion* ist. Dies gilt allerdings nur, wenn die zu sortierenden Daten nicht zu ungünstig verteilt sind. In diesem Fall spricht man vom *worst case*. Für diesen gilt auch bei Quicksort das n^2-Zeitverhalten.

8.3.2 Höhere Sortierverfahren

„Den Bubble hab ich im Kopf, den Quicksort schreibe ich ab."

(unbekannter Programmierer)

Um Sortierverfahren zu optimieren, gilt es, die Anzahl der Vergleiche während des Sortierens so weit wie möglich zu reduzieren. Das klassische Beispiel eines optimierten höheren Sortieralgorithmus ist der *Quicksort-Algorithmus*, den der britische Informatiker C. A. R. HOARE um 1960 entwickelte. Grundlegendes Prinzip ist die Aufteilung des zu sortierenden Zahlenfelds in Teilbereiche, die relativ zueinander geordnet sind. Das eigentliche Sortierverfahren wird dann rekursiv für jeden der Teilbereiche weitergeführt. Das zugrunde liegende Prinzip wird *Teile und herrsche* genannt (engl.: *divide and conquer*). Zum Verständnis des Prinzips dient ▶Abbildung 8.19.

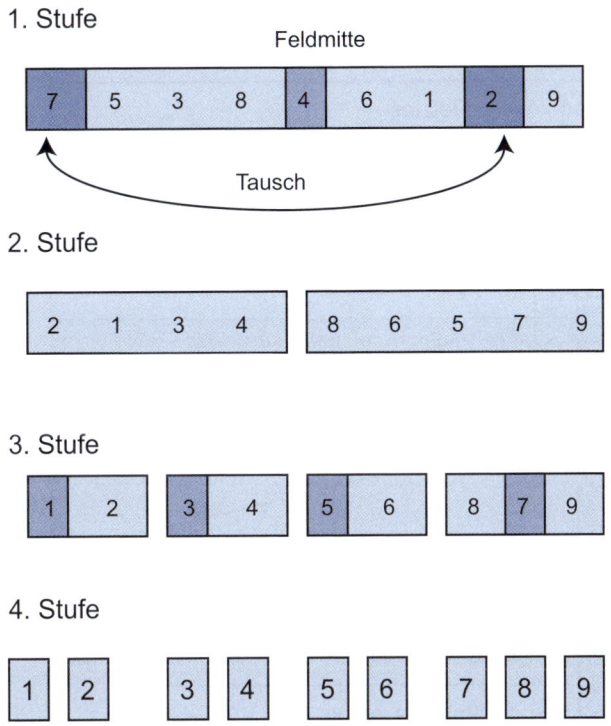

Abbildung 8.19: Quicksort kurz und bündig: Aus Gründen der Übersichtlichkeit wurden nur die wesentlichen Schritte abgebildet. Der gesamte Haufen wird durch die Feldmitte in zwei Teilbereiche aufgeteilt, die relativ zueinander geordnet werden. Auf jeden der beiden Teilbereiche wird Quicksort rekursiv angewendet.

Erläuterung der Funktionsweise des Algorithmus

■ Das zu sortierende Feld wird zunächst in *zwei Hälften* geteilt. In der linken Hälfte wird, von links kommend, das erste Element gesucht, das größer als das Element in der Feldmitte ist. Dieses Element wird als *Test-* bzw. *Pivotelement* bezeichnet.

■ In der rechten Hälfte wird, von rechts kommend, das erste Element gesucht, das kleiner als die Feldmitte ist. Beide Elemente werden getauscht.

■ So wird weiter verfahren, bis die Mitte erreicht ist. Nun hat man *zwei Teilhaufen, die relativ zueinander geordnet sind*: Jedes Element des linken Teilhaufens ist kleiner als jedes Element des rechten Teilhaufens.

- Das Verfahren wird nun *rekursiv* auf die verbleibenden Teilhaufen angewendet.

- Zum Schluss erhält man Teilhaufen, die nur noch aus einem einzigen Element bestehen. Die Zusammenführung aller Einzelelemente ergibt ein komplett sortiertes Feld.

Das Struktogramm des Algorithmus zeigt ▶Abbildung 8.20.

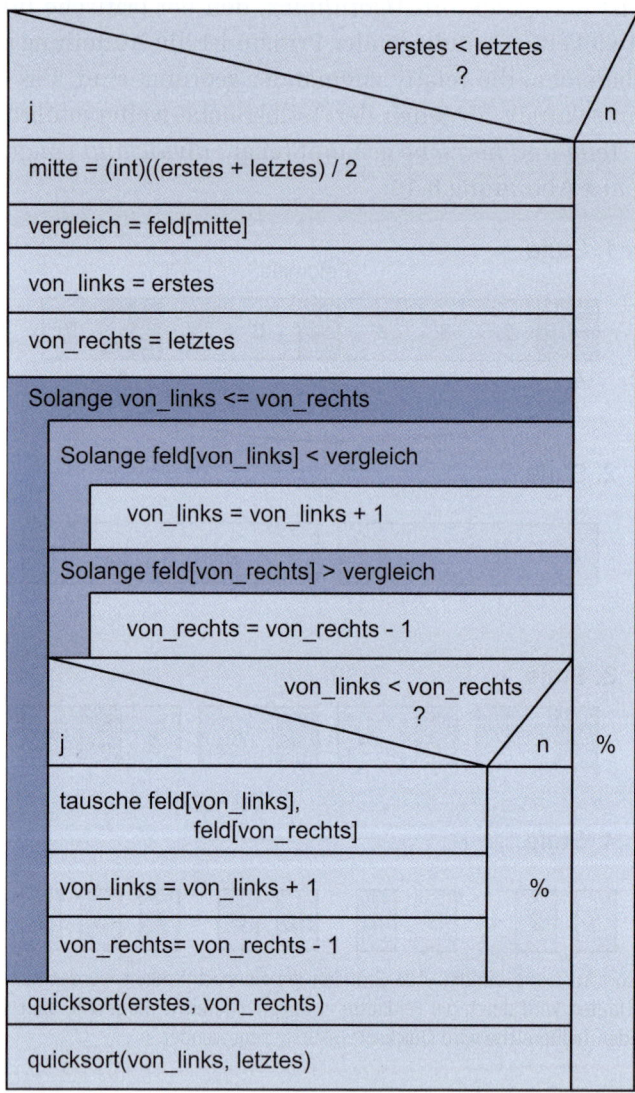

Abbildung 8.20: Eine Variante des Quicksort-Algorithmus. Die äußere Schleife stellt sicher, dass die Suche nach dem kleinsten Element nicht über die Mitte des aktuellen Zahlenfelds hinausläuft. Die inneren Schleifen durchmustern die Teilhaufen nach den Elementen, die größer bzw. kleiner als das Pivotelement sind.

Zum Weiterarbeiten

1. Setzen Sie den Algorithmus aus Abbildung 8.20 in ein Java-Programm um.

2. Recherchieren Sie im Internet nach weiteren schnellen Sortieralgorithmen und stellen Sie Unterschiede bzw. Gemeinsamkeiten zu Quicksort heraus.

3. Analysieren Sie das Zeitverhalten des Quicksort-Algorithmus und bestätigen Sie experimentell, dass die benötigte Zeit zum Sortieren von n Daten proportional zum Produkt $n \cdot \log(n)$ ist (vgl. Exkurs *Zeitverhalten von Algorithmen*).

8.4 Suchalgorithmen

In der rasant anwachsenden Informationsflut des Internetzeitalters gerät die Suche nach Daten zur Schlüsseltechnologie, was nicht zuletzt der Aufstieg des Suchmaschinengiganten Google zeigt. Das folgende Teilkapitel zeigt die Prinzipien, die den Suchalgorithmen zugrunde liegen. Man unterscheidet beim Suchen zwischen folgenden Situationen:

- Die zu durchsuchenden Daten sind *nicht vorsortiert*. In diesem Fall muss der Datenbereich von vorn nach hinten Schritt für Schritt durchkämmt werden, um den gesuchten Eintrag zu finden. Das zugehörige Verfahren wird *sequentielle Suche* genannt.

- Der Datenpool liegt *sortiert* vor. In diesem Fall wäre eine Schritt-für-Schritt-Suche, die beim ersten Element beginnt, ineffektiv. Interessanter sind in diesem Fall höher entwickelte Verfahren wie die *binäre Suche*.

- Die zu durchsuchenden Daten wurden nicht nur sortiert, sondern auch *indiziert*. Dabei werden konkrete Dateninhalte wie Texte von einem Indexprogramm erfasst. Die *indexbasierte Suche* hat mittlerweile in allen modernen Betriebssystemen Einzug gehalten.

- Besonders einfach gelingt die Suche, wenn die Daten bereits in einer „suchfreundlichen" Form vorliegen. Hier bietet sich die Datenstruktur *Baum* an. Mehr zu dieser Struktur und einem entsprechenden Suchverfahren erfahren Sie in *Kapitel 9*.

Wir beschränken uns bei den folgenden Beispielen auf die sequentielle und die binäre Suche. Zur konkreten Umsetzung der Beispiele wird vereinbart:

- Es existiert ein Bereich (*Array*) von Zahlen, der entweder unsortiert oder vorsortiert ist.

- Es existiert ein Schlüssel (*Key*), auf dessen Vorkommen der Zahlenbereich durchsucht werden soll.

Die vorgestellten Suchverfahren lassen sich leicht auch auf andere Datentypen als Zahlen, z.B. Zeichen oder Zeichenketten, übertragen. Dazu benötigt man lediglich eine Zuordnung der zu sortierenden Daten in den Bereich der natürlichen Zahlen.

8.4.1 Sequentielle Suche

Das Verfahren der sequentiellen Suche gleicht dem bekannten Stecknadel-im-Heuhaufen-Szenario: Um in einem unsortierten Datenhaufen zum Ziel zu kommen, muss der gesamte Haufen Element für Element durchmustert werden (▶Abbildung 8.21).

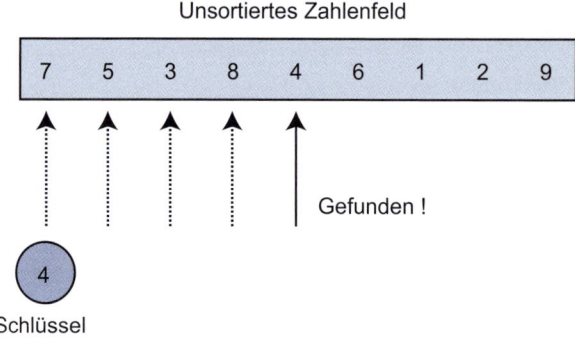

Abbildung 8.21: Prinzip der sequentiellen Suche

Die Umsetzung der sequentiellen Suche in einen Algorithmus ist relativ einfach:

Sequentielle Suche

Eingabe: schluessel
gefunden = falsch
i = 1

Solange (nicht gefunden und i <= n)

	feld[i] = schluessel ?	
ja		nein
gefunden = wahr		%
position = i		

i = i +1

	Element gefunden ?	
ja		nein
Ausgabe: Position des Elements		Ausgabe: Element nicht gefunden

Abbildung 8.22: Struktogramm der sequentiellen Suche

Das Struktogramm lässt sich folgendermaßen in Java-Code umsetzen:

```
01   int schluessel = ein.readInt("Suchschlüssel: ");
02   boolean gefunden = false;
03   int position = -1;
04   int n=max-1;
05   int i=0;
06   while (!gefunden && i<=n){
07       if (feld[i]==schluessel){
08           gefunden = true;
09           position = i;
10       }
11       i++;
12   }
13   if (gefunden)
14     System.out.println("Element gefunden an Position "+(position+1));
15   else
16     System.out.println("Element nicht gefunden.");
```

Listing 8.6: Sequentielle Suche: In der `while`-Schleife in Zeile 06 werden zwei Bedingungen mit dem logischen Operator `&&` verknüpft. Beachten Sie, dass das Feld wieder beim Index i=0 beginnt.

Zum Weiterarbeiten

1. Erstellen Sie ein vollständiges Java-Programm, das eine Zahl in einem unsortierten Zahlenhaufen sucht. Dazu wird zunächst ein zufälliger Zahlenhaufen, der aus 10 Zahlen besteht, erzeugt und ausgegeben. Anschließend soll nach der zu suchenden Zahl gefragt werden. Befindet sich diese im Haufen, so soll die Position der Zahl ausgegeben werden. Orientieren Sie sich zum Erzeugen des Zahlenfelds an Listing 8.5. Integrieren Sie den Suchalgorithmus zunächst in das Hauptprogramm.

2. Versuchen Sie, den Suchalgorithmus in eine `static void`-Prozedur auszulagern. Welche Probleme treten dabei auf? *Lösungshinweis*: Erstellen Sie eine Funktion, die beim Auffinden des Elements die Position zurückgibt. Im Fall, dass sich das Element nicht im Array befindet, soll `-1` zurückgegeben werden.

8.4.2 Binäre Suche

Die binäre Suche setzt ein vorsortiertes Feld voraus und arbeitet nach folgendem Prinzip:

- Man wählt das Element *in der Mitte des vorsortierten Felds* aus und testet, ob dieses größer oder kleiner als der Suchschlüssel ist. Ist das Element größer, so wählt man das *mittlere Element* des *linken Teilshaufens*. Ist es hingegen kleiner, so wählt man das *mittlere Element* des *rechten Teilhaufens* als neues Vergleichselement.

- Die Suche ist erfolgreich, wenn das *Vergleichselement identisch mit dem Suchschlüssel* ist.

▶Abbildung 8.23 zeigt den binären Suchalgorithmus an einem konkreten Beispiel.

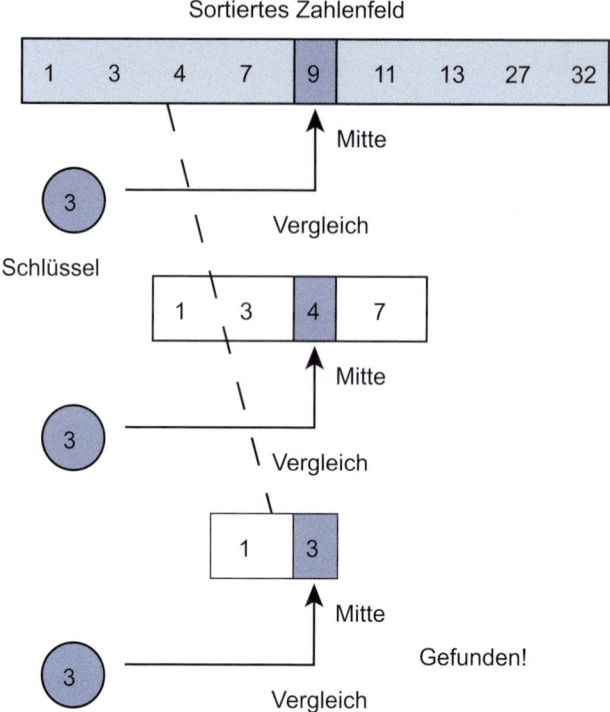

Abbildung 8.23: Prinzip der binären Suche: Der Begriff „Mitte" ist nicht allzu wörtlich zu nehmen: Im zweiten Suchschritt stellt beispielsweise das dritte der vier Elemente die Mitte dar.

Zur Umsetzung des binären Suchalgorithmus bietet sich ein rekursives Verfahren an. Das folgende Listing zeigt eine mögliche Realisierung:

```
01 static int binSucheRekursiv(int schluessel, int unten, int oben){
02      if (unten <= oben){
03        int mitte = (unten + oben)/2;
04        if (feld[mitte]==schluessel)
05                return mitte;
06        else
07          if (feld[mitte]>schluessel) // links weiter
08              return binSucheRekursiv(schluessel, unten, mitte-1);
09          else return binSucheRekursiv(schluessel, mitte+1, oben);
10        }
11      else return -1; // nicht gefunden
12   }
```

Listing 8.7: Binäre Suche

Zum Weiterarbeiten

1. Binden Sie die binäre Suche aus Listing 8.7 in ein vollständiges Programm ein.

2. Erstellen Sie ein Programm, in welchem der Computer eine Zahl errät, die Sie sich ausgedacht haben. Die gedachte Zahl soll zwischen 0 und 1000 liegen. Gehen Sie zum Finden der erdachten Zahl ähnlich vor wie bei der binären Suche.

8.5 Verschlüsselung

Verschlüsselungstechniken nehmen in der modernen Informatik eine zentrale Rolle ein: sei es zur Absicherung von Transaktionen im Rahmen des Onlinebankings, zum Schutz der eigenen E-Mails vor neugierigen Mitlesern oder zur Verschlüsselung des hauseigenen WLAN-Datenflusses.

Die Wissenschaft von der Verschlüsselung wird *Kryptografie* genannt. Verschlüsselungsalgorithmen gibt es, seit die Menschen Geheimnisse voreinander haben. Das grundsätzliche Verfahren zum Verschlüsseln (*Chiffrieren*) und Entschlüsseln (*Dechiffrieren*) eines einfachen Textes gibt die folgende Abbildung wieder.

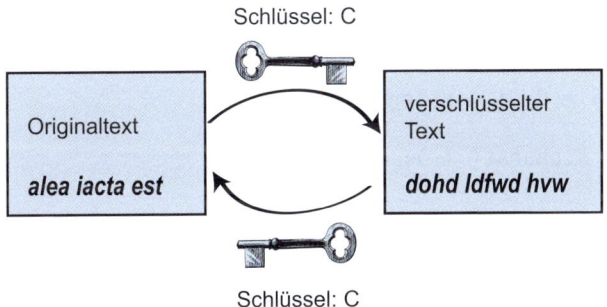

Abbildung 8.24: Prinzip der Verschlüsselung: Anhand eines beiden Seiten bekannten Schlüssels wird ein Originaltext vom Sender der Botschaft chiffriert und vom Empfänger dechiffriert. Im vorliegenden Fall wurde die monoalphabetische Substitution nach Cäsar verwendet.

8.5.1 Cäsar-Verschlüsselung

Eine der einfachsten Verschlüsselungsarten ist die monoalphabetische Substitution nach dem bekannten römischen Feldherrn GAIUS JULIUS CÄSAR. Dabei werden zwei Alphabete gegeneinander um die Länge eines Buchstabenschlüssels verschoben (siehe ▶Tabelle 8.1).

Klartext	a	b	c	d	e	f	g	h	i	j	k	l	m	n	o	p	q	r	s	t	u	v	w	x	y	z
Geheimtext	d	e	f	g	h	i	j	k	l	m	n	o	p	q	r	s	t	u	v	w	x	y	z	a	b	c

Tabelle 8.1: Verschlüsselung nach Cäsar: Das Geheimtextalphabet wurde um die Länge des Schlüssels (in diesem Fall um 3 Plätze, denn der verwendete Buchstabenschlüssel C befindet sich an der 3. Position des Grundalphabets) verschoben.

Übung

Setzen Sie den Verschlüsselungsalgorithmus nach Cäsar in ein Java-Programm um.

LÖSUNG

Die Programmierung des Cäsar-Algorithmus bedingt grundlegende Kenntnisse im Umgang mit Zeichenketten (Strings). Das folgende Listing zeigt das Prinzip, wie ein vorgegebener Satz (der Quelltext) in seine Bestandteile zerlegt, chiffriert und wieder dechiffriert wird.

```
01 public class Caesar
02 {
03    public static void main(String[] args) {
04          String quelltext = "Meine geheime Botschaft";
05          String verschluesselt = caesar_krypt(quelltext);
06          String entschluesselt = caesar_dekrypt(verschluesselt);
07          System.out.println("Quelltext:     " + quelltext);
08          System.out.println("Verschlüsselt: " + verschluesselt);
09        System.out.println("Entschlüsselt: " + entschluesselt);
10      }
11
12    public static String caesar_krypt( String s )
13    {
14      StringBuffer ergebnis = new StringBuffer();
15
16      for( int i = 0; i < s.length(); i++ )
17      {
18        int c = s.charAt( i );
19
20        if ( (c >= 'A') && (c <= 'z') ) {
21          c = c + 3;
22          if( c > 'z' )
23            c = 'a' + c % 'z' -1;
24          if( (c > 'Z') && (c < 'a') )
25            c = 'A' + c % 'Z' - 1;
26        }
27        ergebnis.append( (char) c );
28      }
29
30      return ergebnis.toString();
31    }
32
33    public static String caesar_dekrypt( String s )
34    {
35      StringBuffer ergebnis = new StringBuffer();
```

```
36
37    for( int i = 0; i < s.length(); i++ )
38    {
39      int c = s.charAt( i );
40
41      if ( (c >= 'A') && (c <= 'z') ) {
42        c = c - 3;
43        if( (c < 'a') && (c > 'Z') )
44          c = 'a' + ('z' - c % 'a') - 1;
45        if( c < 'A' )
46          c = 'A' + ('Z' - c % 'A') - 1;
47      }
48      ergebnis.append( (char) c );
49    }
50
51    return ergebnis.toString();
52  }
53 }
```

Listing 8.8: Umsetzung der monoalphabetischen Substitution nach Cäsar. In den Zeilen 21 und 42 findet die Ver- bzw. Entschlüsselung statt, indem der ASCII-Code des aktuellen Zeichens um 3 Einheiten erhöht bzw. vermindert wird.

Erläuterung des Listings

Die Methode (vgl. *Kapitel 9*) `caesar_krypt` wandelt einen String s nach folgendem Verfahren in einen verschlüsselten String um: In der Schleife ab Zeile 16 wird der String Zeichen für Zeichen mit der String-Methode `charAt` eingelesen. Diese ermittelt den ASCII-Code (vgl. *Kapitel 3*) des aktuell eingelesenen Zeichens. Befindet sich das Zeichen im Bereich von A (ASCII-Code 65) bis z (ASCII-Code 122), so wird der ASCII-Code des Zeichens um 3 Zähler erhöht. Das entspricht einer Verschlüsselung mit dem Schlüsselbuchstaben C. Über die String-Methode `append` wird das chiffrierte Zeichen an den Ergebnisstring `ergebnis` angehängt. Dieser wird von der Methode an das aufrufende Programm zurückgegeben.

Die Methode `caesar_dekrypt` verfährt in umgekehrter Weise: Hier wird der ASCII-Code des eingelesenen Zeichens um 3 Zähler vermindert.

Zum Weiterarbeiten

Verändern Sie das Programm aus Listing 8.8 so, dass zum Chiffrieren des Quelltextes ein variabler Schlüsselbuchstabe verwendet wird, der ebenso wie der zu verschlüsselnde Text vom Benutzer eingegeben werden muss.

8.5.2 Das RSA-Verfahren

Die Problematik bei allen klassischen Chiffrierverfahren, die sich eines gemeinsamen Schlüssels für Sender und Empfänger bedienen, ist die Tatsache, dass der Schlüssel beiden Seiten gleichermaßen bekannt sein muss, die Kommunikationspartner den Schlüssel also auf irgendeinem Weg miteinander austauschen müssen. Je länger die Distanz zwischen den Kommunikationspartnern ist, desto größer ist auch die Gefahr, dass Dritte den Schlüssel bei der Übermittlung abfangen können.

Somit war es eine Revolution in der Kryptografie, als DIFFIE und HELLMAN im Jahr 1976 ein Verfahren beschrieben, mit welchem Nachrichten zwischen zwei Kommunikationspartnern chiffriert übermitteln werden können, ohne dass ein gemeinsamer Schlüssel vorliegt: Sender und Empfänger verwenden unterschiedliche Schlüssel.

Wesentlicher Kern ist die Existenz einer Operation, die leicht zu berechnen ist, aber sehr schwer umgekehrt werden kann. Stellen Sie sich dazu z.B. ein Blatt Papier vor, das mit verschiedenen Farben eingefärbt wird. Das Prinzip der *asymmetrischen Verschlüsselung* ohne Austausch des gemeinsamen Schlüssels soll durch ▶Abbildung 8.25 verdeutlicht werden:

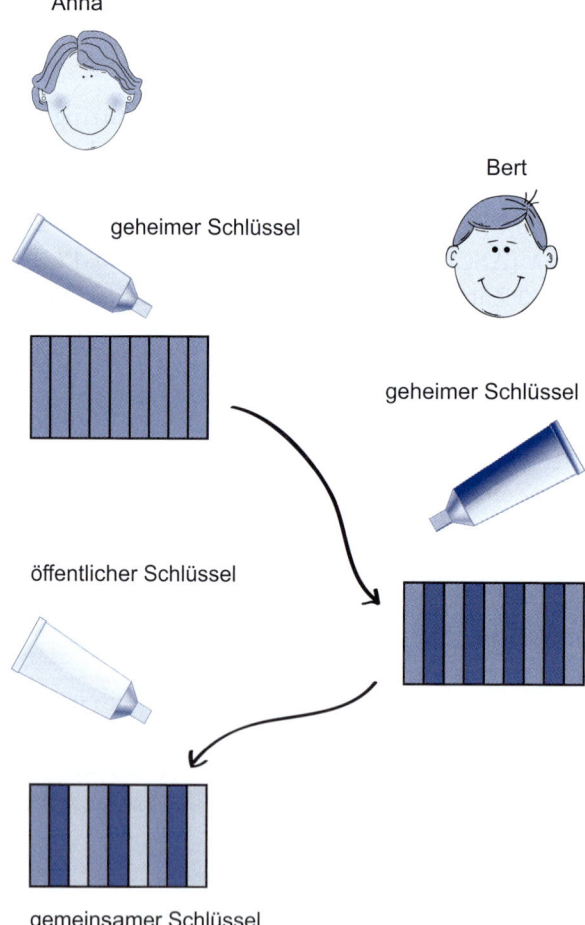

Abbildung 8.25: Prinzip der asymmetrischen Verschlüsselung: Anna und Bert signieren ihre Nachricht jeweils mit ihrem privaten (geheimen) und einem öffentlichen Schlüssel. Als Resultat entsteht ein gemeinsamer Schlüssel, der zur Erzeugung chiffrierter Nachrichten verwendet wird.

In der Mathematik findet man Funktionen, die leicht zu berechnen, aber sehr schwer umzukehren sind. Derartige Funktionen werden *Einwegfunktionen* genannt und leisten genau das, was die im praktischen Beispiel besprochene irreversible Einfärbung bewirkt. Ein Vertreter einer derartigen Einwegfunktion ist die Modulo-Division, d.h. die Division mit Rest. Dazu ein Zahlenbeispiel:

Wir teilen eine unbekannte Zahl x durch 10 und erhalten als Rest 7. Für die unbekannte Zahl x kommen vielfältige Möglichkeiten infrage: 7, 17, 27, ... D.h., anhand des Ergebnisses der Division lässt sich nur äußerst schwer auf die Quellzahl schließen.

Im Jahr 1977 beschrieben RIVEST, SHAMIR und ADLEMAN erstmalig ein Verfahren, welches die oben beschriebenen Techniken zur asymmetrischen Verschlüsselung in Form eines Algorithmus praktikabel machte. Wesentliches Element des Verfahrens ist die Konstruktion eines öffentlichen Schlüssels, der aus dem Produkt zweier Primzahlen[5] besteht. Mithilfe dieses öffentlichen Schlüssels, der beiden privaten Schlüssel und der Modulo-Division lässt sich die Verschlüsselung einer Botschaft mit einem recht komplexen Algorithmus vornehmen, ohne dass der gemeinsame Schlüssel direkt ausgetauscht werden muss.[6]

Zum Weiterarbeiten

1. Informieren Sie sich über den RSA-Algorithmus anhand entsprechender Quellen im Internet (Wikipedia, Google ...).

2. Recherchieren Sie nach einem Java-Programm, das den RSA-Algorithmus umsetzt.

8.6 Datenkompression

In *Kapitel 4* wurden wesentliche Techniken zur Kompression von Daten vorgestellt. Nun soll die Theorie in die Praxis umgesetzt werden.

8.6.1 Lauflängencodierung

Die einfachste Möglichkeit, eine Datei zu komprimieren, ist durch das Verfahren der Lauflängencodierung (engl. *RLE = run length encoding*) gegeben. Am Beispiel der Codierung einer Zeichenkette lässt sich das Verfahren folgendermaßen erklären:

---

5   Bis zu diesem Zeitpunkt war die Beschäftigung mit den Primzahlen in der Mathematik eher von akademischem Interesse.
6   Aufgrund der Komplexität des Algorithmus wird der an der Theorie interessierte Leser auf Sekundärliteratur weiterverwiesen, die zum RSA-Algorithmus im Internet veröffentlicht wurde.

Treten mehr als zwei identische Zeichen nacheinander auf, so speichert man lediglich das erste mehrfach vorkommende Zeichen nebst der Häufigkeit seines Vorkommens ab. Beispiel: Der Text AAAABBCCCCCDDDEFFFFF würde nach Verwendung der Lauflängencodierung die Gestalt A4BBC5D3EF5 annehmen. Das entspricht einer Reduktion des Datenaufkommens um ca. 50 %. Die Lauflängencodierung wird unter anderem zum platzsparenden Speichern von Bildinformationen eingesetzt, da bei Bildern in der Regel nächstbenachbarte Bildpunkte (Pixel) gleiche Farbwerte aufweisen.

Übung

Erstellen Sie ein Programm, das eine beliebige vorgegebene Zeichenkette nach dem Lauflängenverfahren codiert. Gehen Sie vereinfachend davon aus, dass zunächst nur die Häufigkeit der Buchstaben gezählt und nach dem RLE-Verfahren ausgegeben wird. Ein doppelt vorkommender Buchstabe XX erhält (im Gegensatz zum Originalverfahren) die Codierung X2.

LÖSUNG

Das folgende Listing zeigt ein Programm zur Lauflängencodierung:

```
01 public class RLE
02 {
03    public static void main (String args[])
04    {
05       Eingabe ein = new Eingabe();
06       int i,j,l;
07       int count[]=new int[50];
08       char anfchar, aktchar;
09       String quelle;
10       quelle = ein.readLine("Originaltext: ");
11       System.out.print("Komprimierter Text: ");
12       int laenge = quelle.length();
13       for (i=0; i<laenge; i*=1){
14          j=0;
15          count[i]=1;
16          do{
17             j++;
18             anfchar = quelle.charAt(i);
19             if (i+j<laenge)
20                aktchar = quelle.charAt(i+j);
21             else aktchar = '.';
22             if (aktchar == anfchar)
23                count[i]++;
24          }while (aktchar==anfchar);
25          if (count[i]==1){
26             System.out.print((char)quelle.charAt(i));
27             i++;
28          }
```

```
29            else {
30                System.out.print((char)quelle.charAt(i));
31                System.out.print(count[i]);
32                i+=count[i];
33            }
34        }
35        System.out.println();
36    }
37 }
```

Listing 8.9: Lauflängencodierung nach einem vereinfachten RLE-Verfahren

Programmausgabe:

```
Originaltext: aaaabbccccdddeeeeefghhhhh
Komprimierter Text: a4b2c4d3e5fgh5
```

Erläuterung des Listings

In Zeile 10 wird zunächst der zu codierende Text in die String-Variable `quelle` eingelesen. Zeile 13 enthält eine Blindschleife: Die Schleifenvariable i ändert sich zunächst
nicht über die Schleifenbedingung: Diese lautet i = i * 1, kurz: i*=1. Das erste Vorkommen eines bestimmten Buchstabens wird in der Variablen `anfchar` gespeichert.
Diese wird nun sukzessive mit den nachfolgenden Buchstaben verglichen: Für jedes
weitere Vorkommen wird der Zähler des entsprechenden Buchstabens in der Feldvari-
ablen `count` um eins erhöht (Zeile 23). Folgt ein unterschiedlicher Buchstabe, so wird
der Zählvorgang abgebrochen und das Zeichen, gefolgt von seiner Häufigkeit, ausgegeben. Vorsicht ist in der Do-Schleife ab Zeile 16 geboten: Hier kann es vorkommen, dass
die Summe der Hilfsvariablen i und j die Feldlänge überschreitet. Dies wird durch die
Abfrage in Zeile 19 verhindert: Ist das Ende des Strings erreicht, so wird dies durch
das Zeichen „." angezeigt.

Vereinfachte Variante mit String-Iterator

Glücklicherweise bietet Java eine Vielzahl von Klassen an, die eine vereinfachte String-
Behandlung erlaubt. Das obige Beispiel lässt sich geschickter lösen, indem man die Java-
Klasse `StringCharacterIterator` zu Hilfe nimmt. Ein derartiger Iterator erlaubt das schritt-
weise Abtasten eines Strings:

```
01 public class RLE_simple
02 {
03    public static void main (String args[])
04    {
05        char letzter = '\u0000';
06        int zaehler = 1;
07        String original = "aaaabbbbccddefggggh";
08        System.out.println("Originaltext: "+original);
09        System.out.print("Komprimierter Text: ");
10        java.text.StringCharacterIterator iterator = new java.text.
          StringCharacterIterator(original);
11        letzter = iterator.first();
12        while(iterator.next() != iterator.DONE){
13            if(iterator.current() == letzter){
14                zaehler++;
```

```
15             }
16         else
17         {
18           System.out.print(letzter +""+ zaehler);
19           letzter = iterator.current();
20           zaehler = 1;
21         }
22       }
23     System.out.println(letzter +""+ zaehler);
24   }
25 }
```

Listing 8.10: Das RLE-Verfahren lässt sich mit der `StringIterator`-Klasse unter Java schnell realisieren.

Erläuterung des Listings

Mithilfe eines String-Iterators wird der vorgegebene String in der Schleife ab Zeile 12 Schritt für Schritt abgetastet. Dazu werden die Methoden `current`, `next` und `first` der `String-iterator`-Klasse verwendet. Für jeden mehrfach vorkommenden Buchstaben wird die Variable `zaehler` um eine Einheit erhöht. Zum Schluss wird der zuletzt gescannte Buchstabe `letzter`, sowie ggf. dessen Häufigkeit ausgegeben.

Zum Weiterarbeiten

1. Ändern Sie eines der RLE-Programme dahingehend ab, dass Zeichen, die nur zweifach hintereinander vorkommen, nicht codiert werden.

2. Erstellen Sie ein Programm, das einen RLE-encodierten String decodiert.

8.6.2   Das ZIP-Format

Wesentlich komplexer ist die Komprimierung von Dateien in das beliebte *ZIP*-Format. Beim *ZIP*-Format handelt es sich zunächst einmal um einen Datencontainer mit frei wählbarem Kompressionsalgorithmus. Für die Kompression der Daten wird beispielsweise der *Deflate*-Algorithmus oder *bzip2* eingesetzt. Die theoretischen Grundlagen zur Erläuterung dieser Algorithmen würden den Rahmen des vorliegenden Buchs sprengen. Interessant ist aber die Möglichkeit, zur Erstellung von *ZIP*-Dateien die Methoden und Datentypen der Java-Bibliothek `java.util.zip.*` zu verwenden.

Das klassische gzip-Kompressionswerkzeug, das Sie auch in Ihrer Lernumgebung finden, kann unter Java mit wenigen Zeilen Code realisiert werden:

```
01 import java.util.zip.*;
02 import java.io.*;
03
04 public class GZip {
05     public static void main(String args[]) {
06       int read = 0;
07       byte[] data = new byte[1024];
08        try {
09          File f = new File(args[0]);
10          FileInputStream in = new FileInputStream(f);
11          GZIPOutputStream out = new GZIPOutputStream(
12              new FileOutputStream(args[0]+".gz"));
13          while((read = in.read(data, 0, 1024)) != -1)
14            out.write(data, 0, read);
15          in.close();
16          out.close();
17        }
18        catch(Exception e) {
19          e.printStackTrace();
20        }
21     }
22 }
```

Listing 8.11: Programm eines einfachen Kompressionstools unter Java. Die eigentliche Kompression wird durch die Zuweisung des Variablentyps `GZIPOutputstream` zur Variablen `out` in Zeile 11/12 erledigt. Mehr zum Lesen und Schreiben in Dateien finden Sie in *Kapitel 9*.

Die Komprimierung einer Datei erfolgt in der Kommandozeile mittels

`java GZip <Dateiname>`

In der Lernumgebung können Sie die komprimierte Datei mit dem folgenden Befehl wieder dekomprimieren:

`gunzip <Dateiname>`

Zum Weiterarbeiten

Testen Sie das Java-Programm aus Listing 8.11 wie folgt: Erstellen Sie in der Lernumgebung einen Screenshot mithilfe des Grafikprogramms Gimp. Speichern Sie den Screenshot als unkomprimierte *.tif*-Datei ab. Wenden Sie das Java-Programm wie beschrieben auf die Datei an. Beurteilen Sie den Kompressionsgrad.

ZUSAMMENFASSUNG

- Die **Umsetzung eines Problems in einen Algorithmus** gehört zu den fundamentalen Aufgaben des Programmierers.

- Ein Programm arbeitet **iterativ**, wenn die Berechnung der Lösung in Form einer Schleife realisiert wird, die entsprechende Anweisungen beinhaltet. Iterative Lösungen arbeiten meist schneller als rekursive Lösungen.

- Ein Programm arbeitet **rekursiv**, wenn es einen Programmteil bzw. eine Funktion enthält, die sich selbst aufruft. Rekursive Lösungen lassen sich meist eleganter, verständlicher und mit weniger Programmcode realisieren.

- Man unterscheidet zwischen **linearer** und **nicht linearer Rekursion**. Eine lineare Rekursionsprozedur enthält im Gegensatz zu nicht linearen Strukturen lediglich einen einzigen Selbstaufruf. Die **Baumrekursion** ist ein Spezialfall der nicht linearen Rekursion: Der Rekursionsweg lässt sich hier in Form eines Aufrufbaums darstellen.

- Ein wesentliches Problem in der Informatik ist das **Sortieren von Daten**. Man unterscheidet:

  - **Klassische Sortieralgorithmen**: Sortieren durch **Einfügen** (Insertion Sort), **Sortieren durch Austausch** (Bubblesort), **Sortieren durch Auswahl** (Selection Sort).

  - **Höhere Sortieralgorithmen**: Ein Beispiel ist der **Quicksort**-Algorithmus, der auf dem Prinzip **Divide and conquer** („Teile und herrsche") basiert und rekursiv realisiert werden kann.

- **Suchalgorithmen** werden in folgende Kategorien unterteilt:

  - **Sequentielle Suche**: Es liegt ein unsortiertes Feld von Objekten vor, das von vorn nach hinten durchmustert wird.

  - **Binäre Suche**: Es liegt ein vorsortiertes Feld von Objekten vor. Das gesuchte Objekt wird durch rekursive Halbierung des zu durchsuchenden Bereichs eingekreist.

  - **Suche mit Index**: Vor der ersten Suche wird ein Index des zu durchsuchenden Felds angelegt, der bestimmte Eigenschaften erfasst. Nach Indizierung erfolgt die eigentliche Suche durch Zugriff auf den Index.

- Die Wissenschaft der Verschlüsselung von Daten wird **Kryptografie** genannt. In der Informatik spielt die Datenverschlüsselung insbesondere bei der **gesicherten Datenübertragung** oder dem Schutz vor unbefugtem Zugriff auf **gespeicherte Daten** eine wichtige Rolle.

- Zu den einfachen **Verschlüsselungsverfahren** gehört die **monoalphabetische Substitution** (z.B. die Verschlüsselung nach Cäsar), eine komplexere Methode ist der **RSA-Algorithmus**. Dieser basiert auf dem Prinzip der **asymmetrischen Verschlüsselung** und verwendet zur Verschlüsselung einen **öffentlichen** und einen **privaten Schlüssel**. Vorteil dieser Methode ist, dass kein gemeinsamer Schlüssel kommuniziert werden muss.

- Zur **Kompression von Daten** kann die **Lauflängencodierung** (RLE) verwendet werden, die bei Textstrings relativ einfach zu realisieren ist. Moderne Verfahren bedienen sich komplexer Algorithmen, um beliebige Daten auf einen Bruchteil ihrer ursprünglichen Größe ohne Informationsverlust zu komprimieren.

ZUSAMMENFASSUNG

Fortgeschrittene Programmierung

9

ÜBERBLICK

» Das folgende Kapitel stellt Techniken vor, die aus der modernen Programmierung nicht mehr wegzudenken sind. Die ersten beiden Teilkapitel befassen sich damit, wie mithilfe angepasster Datenstrukturen möglichst effizienter, ressourcenschonender Code erstellt und die Realität mit geeigneten Datenmodellen im Programm abgebildet werden kann. Anschließend steht der Umgang mit Dateien und Datenströmen im Fokus. Den Abschluss bildet ein kleiner Ausflug in die Welt der Computergrafik: Mithilfe einfacher Java-Applets lernen Sie, wie man die grafische Schnittstelle von Java nutzt. «

9.1 Dynamische Datenstrukturen

Zeiger

Unter einem Zeiger (engl.: *pointer*) versteht man in der Informatik eine Variable, die die *Adresse einer Speicherzelle* enthält. Stellen Sie sich einen Zeiger wie die Adresse eines Postfachs vor: Folgen Sie der Adressierung, gelangen Sie zum Inhalt des Fachs.

Knoten

Ein Knoten enthält ein gespeichertes Datum.[1] Mehrere Knoten lassen sich mit Zeigern verknüpfen zu einer Liste.

Liste

Im Gegensatz zu einem Array ist eine Liste ein *dynamischer Datenspeicher,* der zur Laufzeit erweitert und reduziert werden kann. Listen dienen der effizienten, ressourcenschonenden Speicherung von Daten.

```
class Knoten
{
    public Knoten naechster;
    public Object inhalt;
    public Knoten(Object obj)
    {
        inhalt = obj;
    }
}
```

---

1 Datum ist der Singular von Daten.

9.1.1 Grundlagen: Arrays, Listen, Bäume

In den Pionierzeiten der Programmierung wurden große Datenmengen in statischen Bereichen, sogenannten *Arrays*, abgespeichert. Sie haben Datenarrays in den vorangegangenen Kapiteln als Mittel zum geordneten Speichern von Zahlenlisten bereits kennengelernt. Ein Array hat den Nachteil, dass der Platz unabhängig zum erwarteten Datenaufkommen reserviert wird und während der Laufzeit auch nicht mehr geändert bzw. freigegeben werden kann.

Das kann sich zum Problem auswirken, wenn der vordimensionierte Speicherplatz zu großzügig angesetzt wurde: Ein zweidimensionaler Array, der z.B. Positionen auf einem Schachbrett abspeichern soll, beansprucht bei der folgenden Reservierung

```
int schachbrett[][] = new int[8][8];
```

64 x *<Speicherbedarf der verwendeten Variablen>* an Speicherplatz. Verwendet man eine Integer-Variable zum Abspeichern der Positionen der Figuren, fallen hier 64 x 16 Bit = 1024 Bit an zu reservierendem Speicher an.

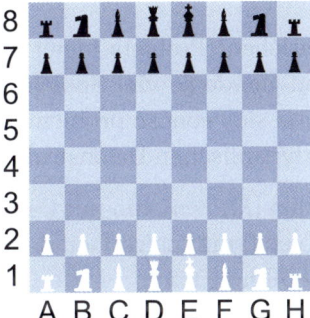

Abbildung 9.1: Das Schachbrett ist ein klassisches Beispiel für einen zweidimensionalen Array.

Ein dreidimensionales Feld, z.B. die Messwerte der aktuellen Temperaturen über Europa (▶Abbildung 9.2), ließe sich über die folgende Deklaration vornehmen:

```
int temperatur[][][] = new int[1000][1000][40];
```

In diesem Fall wird die Temperatur in 40 Feinabstufungen registriert, die Positionen der Orte werden auf einem Raster von 1000 x 1000 Punkten festgelegt. Dabei wächst der Speicherbedarf auf 1000 x 1000 x 40 = 40.000.000 Speicherplätze an.

Man beachte: Eine unangepasst große statische Speicherreservierung kann schon vor dem Start des eigentlichen Programms zum Speicherüberlauf führen.

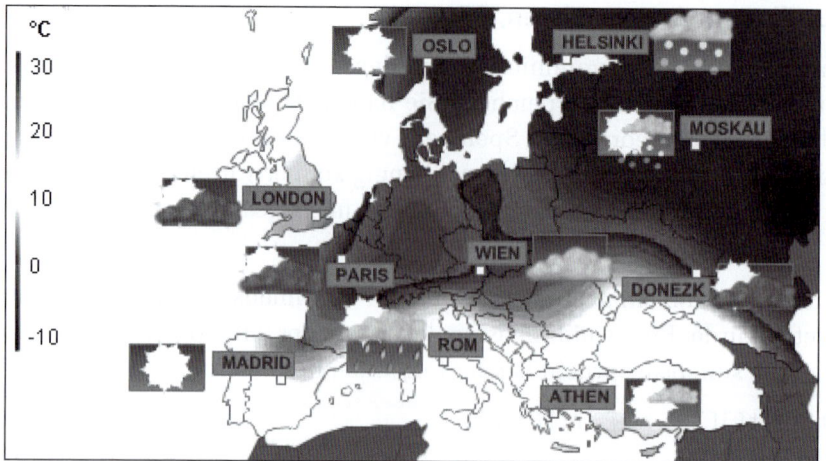

Abbildung 9.2: Die Temperaturverteilung einer Wetterkarte wird in einem dreidimensionalen Array abgespeichert: Zwei Array-Koordinaten speichern die geografische Position, die dritte Koordinate speichert die Temperatur. © *wetter.de*

Dynamische Datenstrukturen

Einen Ausweg für das oben beschriebene Problem bietet die Verwendung von dynamischen Datenstrukturen. Diese reservieren gerade so viel Speicher zur Laufzeit, wie benötigt wird. Nicht mehr benötigter Speicher lässt sich ebenso problemlos während der Laufzeit freigeben. Dies soll anhand der klassischen dynamischen Datenstruktur der Liste erläutert werden:

Eine Liste besteht aus Speicherzellen (*Knoten*), die mit Daten gefüllt werden. Jeder Datenknoten verweist mit einer Zeigervariablen (kurz: *Zeiger*) auf den nächsten Knoten, sodass eine verkettete Datenstruktur entsteht (▶Abbildung 9.3).

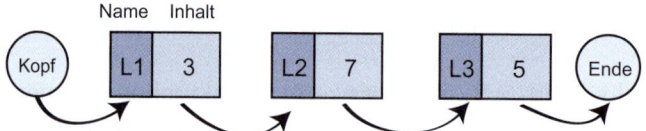

Abbildung 9.3: In einer verketteten Liste beinhalten die Listenelemente (Knoten) Daten und sind über Verweise (Zeiger) miteinander verknüpft. Am Anfang und am Ende der Liste stehen die Pseudoknoten „Kopf" bzw. „Ende". Die Knoten der Liste wurden mit L1, L2 und L3 bezeichnet.

Sollen der Liste Daten hinzugefügt werden, erstellt man einen neuen Knoten, der dann mit der bestehenden Liste verkettet wird (▶Abbildung 9.4).

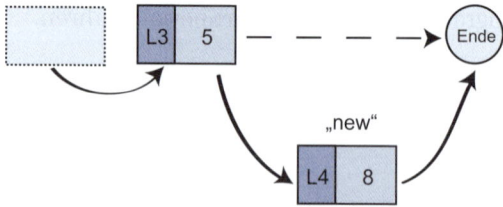

Abbildung 9.4: Ein neues Element wird einer Liste angefügt, indem der Zeiger des bisherigen letzten Elements auf das neue Element „umgebogen" wird. Das neue Element zeigt nun seinerseits auf das Ende der Liste. Dieses Verfahren funktioniert an jeder beliebigen Stelle der Liste.

Ein Knoten in der Liste wird gelöscht, indem der Zeiger des auf den entsprechenden Knoten verweisenden Elements „umgebogen" wird:

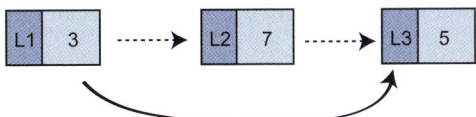

Abbildung 9.5: Löschen eines Knotens durch Umleiten des auf ihn verweisenden Zeigers

Listen sind nicht die einzigen Datenstrukturen, die aus Knoten und Zeigern realisiert werden können: Ein weiterer bekannter Datentyp ist der *Baum*. Dieser unterscheidet sich von der Liste dadurch, dass ein Knoten auf mehr als ein Folgeelement verweisen kann. Prominentester Vertreter ist der Binärbaum, bei dem ein Knoten auf maximal zwei Folgeelemente verweist (▶Abbildung 9.6).

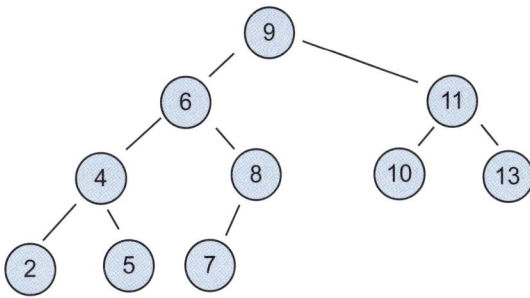

Abbildung 9.6: In einem Binärbaum kann ein Knoten auf maximal zwei Nachfolger verweisen. Im vorliegenden Fall besteht der Baum aus natürlichen Zahlen, die bereits während des Baumaufbaus in geordneter Form zur Datenstruktur hinzugefügt wurden. Man spricht hier auch von einem binären Suchbaum, vgl. Abschnitt *Binärbäume*.

Schließlich findet man bei einigen informatischen Problemen die Datenstruktur *Graph* wieder: Auf den Knoten eines Graphen kann von verschiedenen Knoten aus verwiesen werden. Ein Knoten kann selbst ebenfalls auf mehrere andere Knoten verweisen. Der Graph ist somit die allgemeinste Form einer dynamischen Datenstruktur. Ein typisches Anwendungsbeispiel eines Graphen ist das Erfassen von Entfernungsrelationen zwischen verschiedenen Orten, z.B. im Rahmen einer Routenplanersoftware. ▶Abbildung 9.7 verdeutlicht dieses Problem.

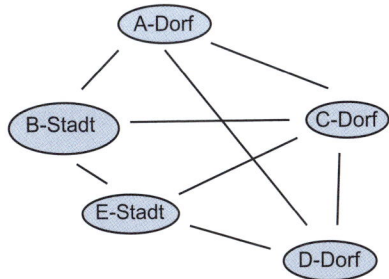

Abbildung 9.7: Datenstruktur eines Graphen: Die Strecken entsprechen Verbindungen zwischen den verschiedenen Orten. Die Entfernungen zwischen den Orten können durch unterschiedliche Gewichtungen der Verbindungen in die Datenstruktur integriert werden.

9.1.2 Arbeiten mit Listen

Das folgende Beispiel demonstriert die Realisierung einer verketteten Liste in Java. Zunächst wird als grundlegender Bestandteil der Liste die Klasse knoten definiert:

```
class Knoten
{
  public Knoten naechster;
  public Object inhalt;
  public Knoten(Object obj)
  {
    inhalt = obj;
  }
}
```

Listing 9.1: Die Klasse Knoten beinhaltet zunächst ein Datenobjekt obj, das mit beliebigem Inhalt versehen werden kann. Ein Knoten verweist über den Zeiger naechster auf einen weiteren Knoten. Auf diese Weise entsteht eine einfach verkettete Liste.

Nachdem das Datenobjekt Knoten definiert wurde, wird die neue Java-Klasse Liste erstellt. Zunächst werden die Variablen kopf und ende der Liste sowie der Konstruktor[2] Liste() der neuen Klasse festgelegt. Letzterer sorgt dafür, dass beim Anlegen eines neuen Listenobjekts dieses mit einem Kopf und einem Ende versehen wird. Der Kopf verweist bei einer neu generierten Liste auf das Ende, das Ende verweist ins Leere (gekennzeichnet durch die Variable null).

```
class Liste
{
  public Knoten kopf = new Knoten("Kopf");
  public Knoten ende = new Knoten("Ende");

  public Liste()
  {
    kopf.naechster = ende;
    ende.naechster = null;
  }

...
```

Listing 9.2: Konstruktor und Kopf/Ende der Liste

Nun gilt es, für die Klasse Liste Methoden zu implementieren, die den konkreten Aufbau einer verketteten Liste gestattet. Wir beginnen mit einer Methode fuegeEinNach, die es erlaubt, der Liste einen neuen Knoten hinzuzufügen. Dieser soll nach seinem künftigen Vorgänger vorgaenger in die Liste eingefügt werden.

---

2 Mehr zu Konstruktoren und weiteren grundlegenden Prinzipien der objektorientierten Programmierung erfahren Sie in Teilkapitel *Objektorientierte Programmierung*.

```
public void fuegeEinNach(Knoten vorgaenger, Object neuObj)
  {
    if ((vorgaenger != null) && (vorgaenger != ende))
    {
      Knoten neuerKnoten = new Knoten(neuObj);
      neuerKnoten.naechster  = vorgaenger.naechster;
      vorgaenger.naechster = neuerKnoten;
    }
  }
```

Listing 9.3: Ergänzung eines neuen Knotens in eine bestehende Liste: Als Parameter werden der Methode fuege-EinNach die geplante Position sowie der Inhalt des neuen Knotens übergeben. Der Zeiger des Vorgängerobjekts wird auf den neuen Knoten umgebogen, der neue Knoten zeigt auf den Nachfolger des Vorgängerobjekts.

Das Löschen eines Knotens erfolgt über die Methode entferneNach:

```
public void entferneNach(Knoten vorgaenger)
  {
    if ((vorgaenger != null) && (vorgaenger != ende))
    {
      Knoten loescheKnoten = vorgaenger.naechster;
      if (loescheKnoten != null)
        vorgaenger.naechster = loescheKnoten.naechster;
    }
  }
```

Listing 9.4: Der Folgeknoten des Knotens vorgaenger wird gelöscht, indem der Zeiger um den zu löschenden Knoten umgeleitet wird. Nach der Operation verweist der Zeiger des Elements vorgaenger auf den Nachfolger des zu löschenden Knotens.

Es fehlt schließlich noch eine Methode, die es gestattet, die aktuelle Liste auszugeben:

```
public void ausgeben()
  {
    Knoten aktuellerKnoten = kopf;
    while (aktuellerKnoten != null)
    {
      System.out.println(aktuellerKnoten.inhalt);
      aktuellerKnoten = aktuellerKnoten.naechster;
    }
  }
```

Listing 9.5: Die Liste wird ausgegeben, indem deren Inhalte, beginnend beim Listenkopf, in einer Schleife so lange ausgegeben werden, bis das Ende der Liste (gekennzeichnet durch die Konstante null) erreicht wurde.

Konkret wird folgendermaßen mit der Listenklasse gearbeitet: Die folgenden Befehle erstellen eine neue Liste und hängen an diese zwei Elemente:

```
Liste liste = new Liste ();

    liste.fuegeEinNach (liste.kopf, "Listenelement Nr.1");
    liste.fuegeEinNach (liste.kopf.naechster, "Listenelement Nr.2");
```

Ein Element wird folgendermaßen aus der Liste gelöscht:

```
liste.entferneNach (liste.kopf.naechster);
```

Zur Kontrolle kann die Liste ausgegeben werden:

```
liste.ausgeben ();
```

Zum Weiterarbeiten

1. Erstellen Sie auf der Basis der Klassen Knoten und Liste ein Programm, das eine Liste, die aus drei Elementen besteht, anlegt, diese ausgibt, ein Element aus der Liste löscht und die Liste erneut ausgibt. Das Programm soll dabei folgende Ausgaben produzieren:

```
Ursprüngliche Liste:
Kopf
Listenelement Nr.1
Listenelement Nr.2
Listenelement Nr.3
Ende
Das zweite Listenelement wird entfernt. Neue Liste:
Kopf
Listenelement Nr.1
Listenelement Nr.3
Ende
An das Ende wird ein weiteres Element angehängt. Neue Liste:
Kopf
Listenelement Nr.1
Listenelement Nr.3
Listenelement Nr.4
Ende
```

2. Schreiben Sie eine Methode, die den Knoten *vor* einem Listenelement löscht.

3. Nennen Sie Vor- und Nachteile des Abspeicherns von Daten in verketteten Listen.

Exkurs   ## Java-Klassen für den Umgang mit Listen

Die Programmiersprache Java bringt bereits Klassen für den Umgang mit der Datenstruktur *Liste* mit. Diese findet man in Form der Schnittstelle java.util.List. Der folgende Programmcode demonstriert den Umgang mit der Klasse ArrayList:

```
01 import java.util.*;
02 public class JavaListeDemo
03 {
04   public static void main( String[] args )
05   {
06     List<String> ersteListe = new ArrayList<String>();
07     ersteListe.add("Listenelement Nr.1");
08     ersteListe.add("Listenelement Nr.2");
09     ersteListe.add("Listenelement Nr.3");
10     for (String str : ersteListe) {
11       System.out.println(str);
12     }
13     List<String> zweiteListe = new ArrayList<String>();
14     zweiteListe.addAll(ersteListe);
15     zweiteListe.remove("Listenelement Nr.1");
16     zweiteListe.remove(1);
```

Listing 9.6: Verwendung der Java Listen-Klasse

```
17      for (String str : zweiteListe) {
18        System.out.println(str);
19      }
20      System.out.println(ersteListe.get(0));
21   }
22 }
```

Listing 9.6: Verwendung der Java Listen-Klasse (Forts.)

Erläuterung des Quellcodes

- In Zeile 6 wird zunächst eine Liste mit dem Namen `ersteListe` erstellt.

- Über die Methode `add` wird die Liste in den Zeilen 7 bis 9 mit Inhalt gefüllt.

- Die erste Liste wird in den Zeilen 10 bis 12 ausgegeben.

- In Zeile 13 wird eine neue Liste `zweiteListe` erstellt, die mithilfe der Methode `addAll` mit dem Inhalt der ersten Liste gefüllt wird (Zeile 14).

- In Zeile 15 wird ein Listenelement aus Liste 2 durch Bezug auf den Inhalt gelöscht.

- In Zeile 16 wird ein Listenelement aus Liste 2 durch Bezug auf seine Position gelöscht.

- In den Zeilen 18 bis 20 wird das in der zweiten Liste verbliebene Element ausgegeben.

- Zeile 20 zeigt schließlich, dass auf die Listenelemente auch über deren Position zugegriffen werden kann.

Das Programm liefert somit folgenden Output:

```
Listenelement Nr.1
Listenelement Nr.2
Listenelement Nr.3
Listenelement Nr.2
Listenelement Nr.1
```

9.1.3 Binärbäume

Eine interessante Anwendung der Datenstruktur *Baum* ist der *binäre Suchbaum*. Dieser ist durch folgende Kriterien definiert:

- Von jedem Knoten des Baums verzweigen *maximal zwei Äste* zu weiteren Knoten.

- Die Knoten des *linken Teilbaums* eines Knotens enthalten nur *kleinere Elemente* als der aktuell betrachtete Knoten.

- Die Knoten des *rechten Teilbaums* eines Knotens enthalten nur *größere Elemente* als der aktuell betrachtete Knoten.

Ein Beispiel für einen binären Suchbaum zeigt ▶Abbildung 9.6 auf Seite 251. Im folgenden Programmbeispiel soll das Zahlenfeld der Abbildung in Form eines binären Suchbaums abgespeichert werden. Anschließend wird ein Tiefendurchlauf durchgeführt: Dabei werden alle Inhalte des Baums in geordneter Form ausgegeben. Eine zweckmäßige Suchfunktion soll schließlich die spezielle Datenstruktur zur beschleunigten Suche nutzen.

Erzeugen eines binären Suchbaums

Ähnlich wie bei der verketteten Liste wird zunächst die Datenstruktur *Knoten* als eigene Klasse definiert (Listing 9.7):

```
static class Knoten {
    Knoten links;
    Knoten rechts;
    int inhalt;

    public Knoten(int inhalt) {
      this.inhalt = inhalt;
    }
}
```

Listing 9.7: Die Klasse `Knoten` eines binären Suchbaums enthält zwei Verzweigungen links bzw. rechts, die wieder vom Typ Knoten sind. Der Inhalt eines Knotens wird nachfolgend vereinfachend als ganze Zahl (`int`) angenommen. Mit dem Schlüsselwort `this` wird auf das aktuell behandelte Element der Klasse verwiesen. Mehr zu diesen Prinzipien der objektorientierten Programmierung erfahren Sie in Abschnitt *Objektorientierte Programmierung*.

Um einem bestehenden Baum einen Knoten anzufügen, wird eine Methode `fuegeEin` definiert, die folgende Gestalt hat:

```
01 public static void fuegeEin(Knoten knoten, int inhalt) {
02     if (inhalt < knoten.inhalt) {
03         if (knoten.links != null) {
04             fuegeEin(knoten.links, inhalt);
05         } else {
06             System.out.println("Eingefügt: " + inhalt + " links von "
07                 + knoten.inhalt);
08             knoten.links = new Knoten(inhalt);
09         }
10     } else if (inhalt > knoten.inhalt) {
11         if (knoten.rechts != null) {
12             fuegeEin(knoten.rechts, inhalt);
13         } else {
14             System.out.println("Eingefügt: " + inhalt + " rechts von "
15                 + knoten.inhalt);
16             knoten.rechts = new Knoten(inhalt);
17         }
18     }
19 }
```

Listing 9.8: Code der Methode `fuegeEin`

Erläuterung des Listings

Mithilfe der Methode `fuegeEin` wird ein neues Element an den binären Suchbaum gehängt. Dabei wird zunächst in Zeile 2 getestet, ob das Element größer bzw. kleiner als der Inhalt des aktuellen Knotens ist. Dementsprechend wird der neue Knoten rechts bzw. links vom aktuellen Knoten angehängt. Sollte sich an der entsprechenden Stelle ein weiterer Knoten befinden, so wird das Verfahren rekursiv fortgesetzt (Zeile 4 bzw. Zeile 12). Der neue Knoten wird schließlich an einer Stelle ergänzt, an der sich noch kein Element befindet (Zeile 6/7 bzw. Zeile 14/15).

Nachdem der binäre Suchbaum aufgebaut ist, lässt sich dessen Inhalt in Form eines Tiefendurchlaufs geordnet ausgeben. Die zugehörige Methode sieht folgendermaßen aus:

```
public static void derReiheNach(Knoten knoten) {
    if (knoten != null) {
        derReiheNach(knoten.links);
        System.out.println("Element: " + knoten.inhalt);
        derReiheNach(knoten.rechts);
    }
}
```

Listing 9.9: Code der Methode `derReiheNach`

Erläuterung des Listings

Der Baum wird mit der Methode `derReiheNach` so durchlaufen, dass die Zahlen, beginnend bei der kleinsten Zahl, der Größe nach ausgegeben werden. Die Methode wurde ebenfalls rekursiv programmiert.

Zum Weiterarbeiten

Setzen Sie die Programmfragmente zum binären Suchbaum in ein lauffähiges Hauptprogramm um, welches das folgende Zahlenfeld in den Baum integriert und sortiert ausgibt: 9, 6, 8, 4, 7, 11, 2, 5, 10, 13. Die Zahl 9 ist dabei die Wurzel des Binärbaums, vgl. Abbildung 9.6. Die Programmausgabe soll folgende Form haben:

```
Ein Binärbaum:
Inhalt der Wurzel: 9
Eingefügt: 6 links von 9
Eingefügt: 8 rechts von 6
Eingefügt: 4 links von 6
Eingefügt: 7 links von 8
Eingefügt: 11 rechts von 9
Eingefügt: 2 links von 4
Eingefügt: 5 rechts von 4
Eingefügt: 10 links von 11
Eingefügt: 13 rechts von 11
Durchlauf des Baums:
Element: 2
Element: 4
Element: 5
Element: 6
Element: 7
Element: 8
Element: 9
Element: 10
Element: 11
Element: 13
```

Suchen im binären Baum

Aufgrund seiner geordneten Struktur eignet sich ein binärer Suchbaum ideal zum Auffinden von Objekten, die in ihm gespeichert sind. Das Prinzip ist ähnlich der in Abschnitt *Binärbäume* besprochenen binären Suche. Die Suche lässt sich dementsprechend schnell in Code umsetzen:

```java
public static boolean gefundenInBaum(Knoten knoten, int schluessel) {
    if (knoten == null)
        return false; // Element nicht gefunden
    if (knoten.inhalt == schluessel)
        return true; // Element gefunden
    if (schluessel < knoten.inhalt)
        return gefundenInBaum(knoten.links, schluessel);
    else
        return gefundenInBaum(knoten.rechts, schluessel);
}
```

Listing 9.10: Implementierung der Suche im binären Baum: Die boolesche Methode gibt den Wert `true` an das Hauptprogramm zurück, wenn der Suchschlüssel gefunden wurde. Die Methode wurde erneut rekursiv realisiert.

Zum Weiterarbeiten

 1. Binden Sie die Methode zum Suchen im binären Baum aus Listing 9.10 in das Hauptprogramm ein.

2. Die Suche im binären Suchbaum muss nicht immer schnell zum Erfolg führen. Unter welchen Umständen kann das der Fall sein? In welcher Form liegen in einem solchen Fall die Daten vor?

9.2 Objektorientierte Programmierung

Kennzeichen moderner Programmiersprachen ist die Fähigkeit, Strukturen und Abläufe informatischer Probleme möglichst realitätsgetreu zu modellieren. Einen leichten Einstieg in die Abbildung komplexer Probleme bietet dabei die *objektorientierte Programmierung (OOP)*.

Die Programmiersprache Java ist objektorientiert konzeptioniert. In etlichen vorangegangenen Beispielen haben Sie *Klassen* verwendet und selbst erstellt. Im vorliegenden Teilabschnitt sollen die Konzepte der objektorientierten Programmierung näher erläutert werden.

9.2.1 Klassen und Objekte

Im Sinne der objektorientierten Programmierung sind Klassen Baupläne. Anhand dieser Baupläne können konkrete Objekte erstellt werden. Zur Verdeutlichung dürfen Sie im folgenden Beispiel einmal Schöpfer spielen und Menschen erschaffen.[3]

Wir beginnen mit dem Bauplan für die Gattung Mensch. Das folgende Listing zeigt die Definition einer entsprechenden Klasse:

---

3   Dieses schöne anschauliche Beispiel entstammt einer Vorlesungsreihe der Uni Karlsruhe. Dank gilt an dieser Stelle Thomas Stirner für die Freigabe des Materials.

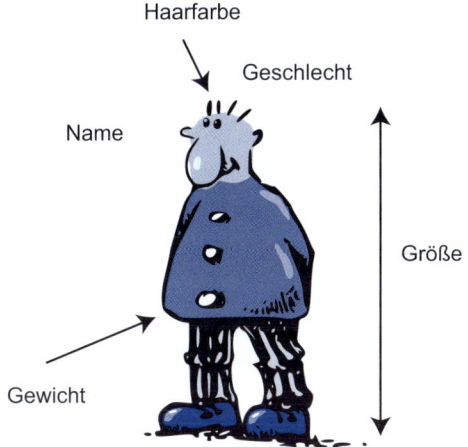

Haarfarbe

Geschlecht

Name

Größe

Gewicht

Abbildung 9.8: Objekte besitzen Eigenschaften.

```
class Mensch {
    char geschlecht;
    double groesse;
    double gewicht;
    String name;
    String haarfarbe;
}
```

Listing 9.11: Bauplan eines Menschen, formuliert als Klasse.
Es wurden nur einige wenige signifikante Eigenschaften integriert.

Dabei werden die wesentlichen Unterschiede zur bislang verwendeten Datenstruktur des Arrays erkennbar: Während ein Array in Java stets nur die Aneinanderreihung identischer Datentypen (z.B. integer) ist, kann die Klasse mehrere Datentypen bereitstellen. Nun können Sie bereits einen Menschen virtuell erschaffen: Erstellen Sie dazu die Klasse Genesis, die auf die Klasse Mensch zurückgreift. Lassen Sie sich zwei Eigenschaften des neu erschaffenen Menschen anzeigen:

```
public class Genesis
{
    public static void main( String[] args )
    {
        Mensch Adam = new Mensch(); // Erschaffung des Objekts
        System.out.println("Adam: Mein Name ist "+Adam.name+".");
        System.out.println("Ich wiege "+Adam.gewicht+" kg.");
    }
}
```

Listing 9.12: Der Zugriff auf spezielle Eigenschaften eines Objekts erfolgt durch Angabe des Objektnamens, gefolgt von einem Punkt und der betreffenden Eigenschaft.

Das Programm liefert beim Ablauf folgende Ausgaben:

```
Adam: Mein Name ist null.
Ich wiege 0.0 kg.
```

Es wird ersichtlich, dass unser erster Mensch schon mit Attributen versehen ist. Diese sind allerdings nicht besonders sinnvoll. Besser wäre es, wenn man dem Objekt bereits beim Erschaffen („Konstruieren") die gewünschten Eigenschaften mit auf den Weg gibt. Das erledigt man mit einem speziell angepassten *Konstruktor*[4]:

```
//Konstruktor der Klasse Mensch:
public Mensch(char sex, double height, double weight,
              String name, String haircolour) {
    geschlecht=sex;
    groesse=height;
    gewicht=weight;
    this.name=name;
    haarfarbe=haircolour;
    }
```

Listing 9.13: Konstruktor der Klasse `Mensch`: Bereits beim Erzeugen des Objekts werden diesem wesentliche Eigenschaften übergeben. Beachten Sie, dass sich die Variablennamen, die dem Konstruktor übergeben werden, von den Eigenschaftsnamen unterscheiden müssen. Ist das nicht zu vermeiden (in diesem Beispiel bei der Variablen `name`), so verwendet man das Schlüsselwort `this`, welches den Bezug zur entsprechenden Eigenschaft der aktuellen Klasse herstellt.

Um nun einen neuen Menschen mit spezifischen Eigenschaften zu erschaffen, wird das Objekt folgendermaßen im Hauptprogramm generiert:

```
Mensch Adam = new Mensch('m',1.83,79.5,"Adam","braun");
```

Das Programm liefert nun folgende Ausgabe:

```
Adam: Mein Name ist Adam.
Ich wiege 79.5 kg.
```

Zum Weiterarbeiten

Erschaffen Sie für Ihren Adam eine Eva mit folgenden Eigenschaften: Geschlecht: w, Größe = 1,70 m, Gewicht: 65 kg, Name: Eva, Haarfarbe: blond.

9.2.2 Methoden

Nun wollen wir den neu erschaffenen Menschen etwas mehr Möglichkeiten mit auf den Weg geben bzw. Methoden definieren, um die Objekte zu verändern oder sie mit neuen Funktionen zu versehen. Derartige Methoden werden im Rahmen der Klasse implementiert.

---

4 Jede Klasse wird automatisch mit dem sogenannten Standardkonstruktor ausgestattet, der die verwendeten Variablen auf Standardwerte setzt. Die obige Ausgabe gibt die Standard(*Default*)werte wieder.

Kommunizieren

Laufen

Hallo!

Hören

Ruhen

Abbildung 9.9: Methoden erweitern die Funktionalität von Objekten.

Den Anfang macht die Methode `vorstellen`. Wird diese aufgerufen, so stellt sich das entsprechende Objekt (der Mensch) vor. Das sieht dann folgendermaßen aus:

```
void vorstellen() {
  System.out.println("Hallo. Ich heiße "+name+".");
  System.out.println("Ich bin "+groesse+" m groß.");
  System.out.println("Meine Haarfarbe ist "+haarfarbe+".");
  }
```

Diese Methode wird folgendermaßen aus dem Hauptprogramm aufgerufen:

```
Adam.vorstellen();
```

Die Methode ist eine sogenannte *void* (engl.: Leerstelle), d. h., sie besitzt keinen Rückgabewert. Zudem wird der Methode kein Parameter übergeben.

Schließlich ein Beispiel für die Parameterübergabe: Unsere Eva möchte sich die Haare färben lassen. Somit muss eine Methode `haareFaerben` programmiert werden:

```
void haareFaerben (String neueHaarfarbe) {
haarfarbe = neueHaarfarbe;
  }
```

Damit gelangt die junge Dame schnell zu einem neuen Outfit:

```
Eva.haareFaerben("rot");
```

 Zum Weiterarbeiten

Ergänzen Sie, dem obigen Beispiel folgend, die Klasse `Mensch` durch folgende Methoden:

- `haareFaerben( String neueHaarfarbe)`: siehe obiges Beispiel.
- `gewichtsZunahme(double zunahme)`: Das Gewicht des Objekts soll nach Anwendung der Methode um den Betrag `zunahme` erhöht werden.
- `nameAendern(String neuerName)`: Der Name des Objekts soll geändert werden.

Testen Sie die Methoden mit einem geeigneten Hauptprogramm.

Das Beispiel zeigt ein wesentliches Prinzip von objektorientierten Programmiersprachen auf: Die Eigenschaften von Objekten der Klasse lassen sich nicht direkt durch Zuweisung, sondern nur mithilfe entsprechender Methoden ändern. Was „unter der Haube" der Klasse geschieht, entzieht sich dem Blick des Anwenders. Man spricht daher auch von *Kapselung*.

9.2.3 Vererbung

Ein wesentlicher Vorteil objektorientierter Programmierung ist die Möglichkeit, zu einer bereits bestehenden Klasse eine Unterklasse zu definieren, die die Eigenschaften und Methoden der Oberklasse erbt und ggf. über weitere spezielle Eigenschaften und Methoden verfügt. Betrachten wir zur Verdeutlichung die folgenden Klassen:

Die Klasse `Person` ist die Oberklasse einiger unterschiedlicher Berufsbilder, die in Form von Unterklassen näher beschrieben werden sollen.

```
public class Person {

  private String name = "";
  public Person(String einName) {
  this.name = einName;
  }

  public String getName() {
    return this.name;
  }
}
```

Listing 9.14: Die Elternklasse `Person` besitzt als Eigenschaft den Namen der betreffenden Person und als Methode die Übermittlung des Namens (`getName`).

Im Folgenden sollen zwei spezielle Berufsgruppen von der Klasse `Person` abgeleitet werden: der Programmierer, dessen Spezifikum die bevorzugte Programmiersprache ist, sowie der Banker, der an seinem Jahreseinkommen gemessen werden soll. Beginnen wir mit dem Programmierer:

```
public class Programmierer extends Person {

  private String progSprache = "";
  public Programmierer(String einName, String eineSprache) {
  super(einName);
  this.progSprache = eineSprache;
  }

  public String getProgSprache() {
  return this.progSprache;
  }
}
```

Listing 9.15: Die Klasse `Programmierer` erbt über das Schlüsselwort `extends` alle Methoden und Eigenschaften der Elternklasse. Der Konstruktor der Elternklasse wird über das Schlüsselwort `super` aufgerufen. Als neue Eigenschaft wird die bevorzugte Programmiersprache in der Variablen `progSprache` definiert. Diese kann über die Methode `getProgSprache` abgerufen werden.

Die entsprechende Klasse für Banker sieht folgendermaßen aus:

```
public class Banker extends Person {
  private int gehalt;
  public Banker(String einName, int jahresGehalt) {
  super(einName);
  this.gehalt = jahresGehalt;
  }
  public int getGehalt() {
  return this.gehalt;
  }
}
```

Listing 9.16: Die Klasse `Banker` wird zusätzlich mit der Eigenschaft `jahresGehalt` ausgestattet.

Nun können alle Klassen in einem Hauptprogramm genutzt werden:

```
public class Vererbung
{
  public static void main(String[] args) {
  Person erwin = new Person("Erwin Lottemann");
  Programmierer james = new Programmierer("James Gosling", "Java");
  Banker dagobert = new Banker("Dagobert Duck", 50000000);

  System.out.println("Ich heiße "+erwin.getName()+".");
  System.out.println("Ich heiße "+james.getName()+" und bin Programmierer.");
  System.out.println("Meine Lieblingssprache ist " +james.getProgSprache()+".");
  System.out.println("Ich heiße "+dagobert.getName()+" und bin Banker.");
  System.out.println("Meine Jahreseinkommen beträgt " +dagobert.getGehalt()+"
Euro.");
  }
}
```

Listing 9.17: Im Hauptprogramm werden die verschiedenen Eigenschaften der Personen abgefragt.

In der Programmierumgebung BlueJ werden die verwandtschaftlichen Beziehungen anschaulich in Form von Pfeilrelationen dargestellt (▶Abbildung 9.10).

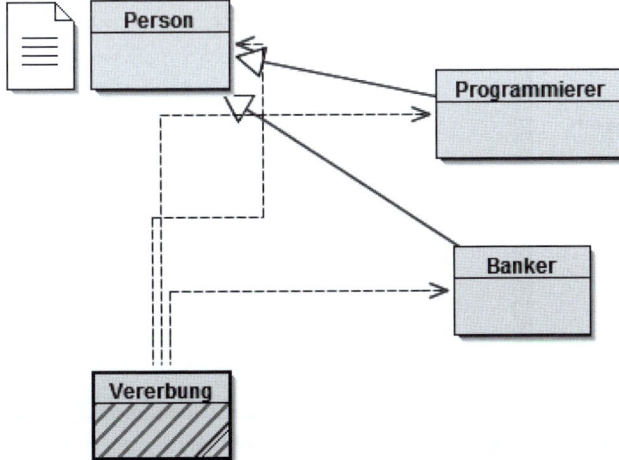

Abbildung 9.10: Darstellung von Klassenhierarchien in der integrierten Entwicklungsumgebung BlueJ: Die Relationen zwischen den Klassen werden mit durchgezogenen Pfeilen dargestellt. Das Hauptprogramm bzw. die Hauptklasse `Vererbung` greift auf die Methoden und Eigenschaften der drei übrigen Klassen zu. Das wird durch gestrichelte Verbindungen dargestellt.

Kurz gesagt: Mithilfe des Konzepts der Vererbung muss das Rad nicht ständig neu erfunden werden. In der Tat ist die Programmiersprache Java komplett als Vererbungsstruktur konzipiert: Alle erstellten Programme sind direkte Abkömmlinge der Klasse `Object` aus dem Paket `java.lang`.

Zum Weiterarbeiten

Erstellen Sie die Klasse `Säugetier` und entwerfen Sie dazu Unterklassen (Zweibeiner, Vierbeiner, Land-, Wasserbewohner). Denken Sie sich spezielle Methoden für die Gattungen aus und testen Sie diese in einem Hauptprogramm.

9.2.4   UML und Klassendiagramme

Die Modellierungssprache *UML* (*Unified Modeling Language*) ist das Mittel der Wahl, wenn es darum geht, Objektorientierung von Grund auf anzuwenden und in Form von Diagrammen anschaulich darzustellen. Es wird dabei unterschieden zwischen:

- **Strukturdiagrammen**: Mit ihnen lassen sich Beziehungen zwischen Klassen in Form von *Klassendiagrammen* und Objekten in Form von *Objektdiagrammen* visualisieren.

- **Verhaltensdiagrammen**: Diese werden beispielsweise zur Darstellung von Abläufen und Verzweigungen in Form von *Aktivitätsdiagrammen* eingesetzt.

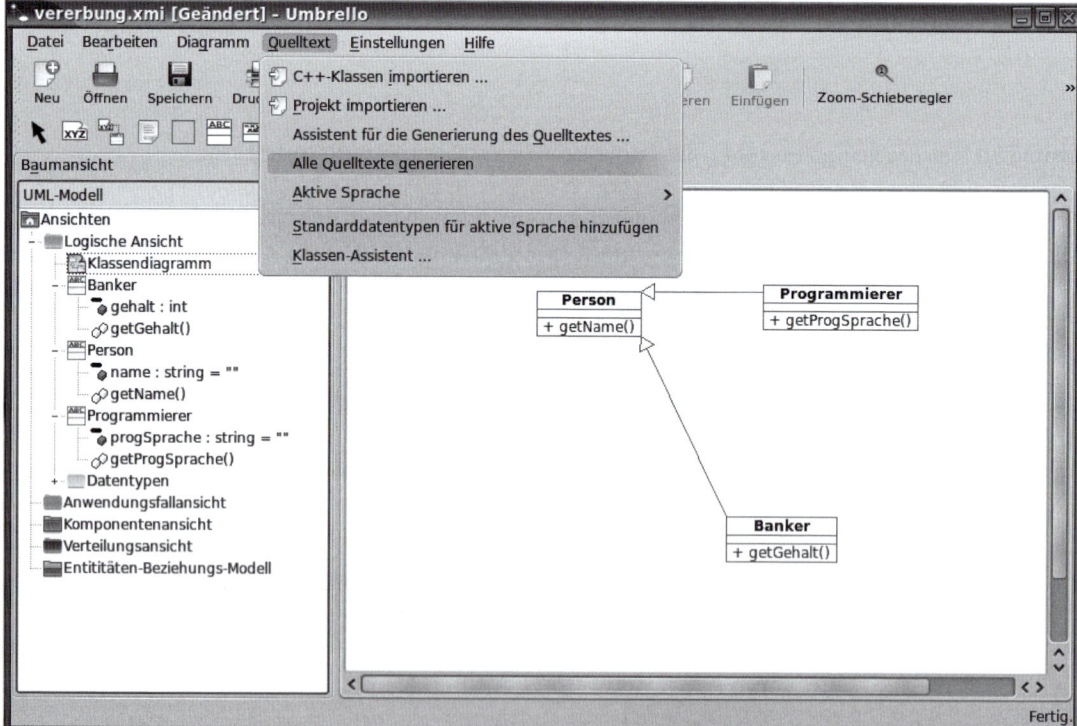

Abbildung 9.11: Objektorientierte Modellierung mit dem UML-Tool Umbrello: Nach der Konzeption der Klassen wird quasi per Knopfdruck lauffähiger Code in der Programmiersprache der eigenen Wahl produziert.

Mithilfe eines UML-Werkzeugs wie z.B. *Umbrello* oder *Fujaba* gerät die Erstellung von objektorientiertem Code nach einer gewissen Einarbeitungsphase zum Kinderspiel: Ähnlich wie in einem Zeichenprogramm werden die Klassen nebst Eigenschaften und Methoden auf die Arbeitsfläche gezeichnet und per Knopfdruck in ein Codegerüst umgesetzt. Dieses Gerüst kann dann entweder in der UML-Umgebung oder in einem einfachen Editor konkretisiert werden, sodass ein lauffähiges Programm entsteht.

Zum Weiterarbeiten

 1. Informieren Sie sich über die Möglichkeiten, welche die Modellierung eines Softwareprojekts mit einem UML-Tool bietet. Das UML-Werkzeug *Umbrello* finden Sie nach der Installation in der Lernumgebung unter *Anwendungen/Entwicklung*. Versuchen Sie, das Beispiel des Abschnitts *Vererbung* mit Umbrello nachzuvollziehen. *Hinweis*: Achten Sie bei der Erzeugung des Quellcodes über *Quelltext/Alle Quelltexte generieren* darauf, dass als Programmiersprache Java ausgewählt wurde. Außerdem muss in den Einstellungen des Programms die Option *Neue C++/Java/Ruby-Quelltextgeneratoren verwenden* markiert sein. Die Ergänzung des fehlenden Codes nehmen Sie mit dem Standardeditor direkt an den erzeugten Quelltexten vor. Diese finden Sie im Umbrella-Exportverzeichnis.

2. Ein sehr schönes Beispiel zur objektorientierten Programmierung in Verbindung mit dem UML-Tool *Fujaba* finden Sie in folgendem Dokument: *http://www.dbg-metzingen.de/Menschen/Lehrer/Q-T/Rittershofer/Informatik/Objektorientierung/hundedressur.pdf*. Darin wird die „objektorientierte" Dressur eines Hundes simuliert. Versuchen Sie, dieses Beispiel mit Fujaba nachzuvollziehen.

9.3 Datenströme und Dateien

Datei

Eine Datei (engl.: *file*) ist eine Sammlung von Daten, die auf einem beliebigen Datenträger oder Speichermedium abgelegt bzw. gespeichert werden. Die Daten existieren über die Lebensdauer eines Programms hinaus und werden als *nicht flüchtig* oder *persistent* bezeichnet. Das Wort *Datei* ist ein Verbund aus den Worten *Dat*en und Kart*ei*.

In der EDV besteht eine Datei zunächst aus einer eindimensionalen Aneinanderreihung von Bits, die in der Regel zu Byteblöcken zusammengefasst werden. Ein Anwendungsprogramm oder das Betriebssystem interpretieren die Bit- bzw. Bytefolge als Text, ausführbares Programm oder multimedialen Inhalt.

Das Speichern von Daten und Programmen im flüchtigen Hauptspeicher (RAM) des Computers hat einen großen Nachteil: Schaltet man den Computer aus, so verschwinden die Daten auf Nimmerwiedersehen. Es ist folglich wichtig, eine Möglichkeit zu finden, die Daten permanent abzuspeichern. Hier bieten sich nicht flüchtige Speicher wie Festplatte, CD/DVD oder Flash-Speicher an.

Von großer Bedeutung ist beim permanenten Abspeichern von Daten und Programmen das Objekt *Datei*. Die folgenden Beispiele machen Sie mit einigen grundlegenden Dateioperationen vertraut. Dabei werden die entsprechenden Java-Klassen zur Dateibehandlung eingesetzt.

9.3.1 Dateianalyse und Manipulation

Wir beginnen mit den Möglichkeiten, die auch das Betriebssystem zur Verfügung stellt: dem Einholen von Informationen über eine bestehende Datei. Legen Sie zunächst eine Datei mit dem Namen *datei.txt* in der Lernumgebung an, und zwar in dem Arbeitsverzeichnis, in welchem sich auch der folgende Quellcode befindet. Erstellen Sie eine Quellcodedatei mit folgendem Inhalt:

```
01 import java.io.*;
02 public class Datei_Info {
03   public static void main (String args[]) {
04     File datei = new File("datei.txt");
05     String arbeits_verz = System.getProperty("user.dir");
06     System.out.println("Aktuelles Arbeitsverzeichnis: "+ arbeits_verz);
07     if (datei.exists() && !datei.isDirectory()) {
08       System.out.println("Datei "+datei.getName()+" existiert.");
09       System.out.println("Ist die Datei lesbar? "+datei.canRead());
10       System.out.println("Ist die Datei beschreibbar? "+datei.canWrite());
11       System.out.println("Dateigröße in Bytes: "+datei.length());
12     }
13     else {
14       System.out.println("Datei "+datei.getName()+" nicht gefunden!");
15     }
16   }
17 }
```

Listing 9.18: Einholen von Informationen über eine im aktuellen Arbeitsverzeichnis vorhandene Datei

Erläuterung des Listings

In Zeile 4 wird zunächst eine Variable vom Typ `File` erstellt. Als Parameter für den Konstruktor wird der Name der Datei, auf die zugegriffen werden soll, als String übergeben. Anschließend wird in Zeile 5 der Pfad des aktuellen Arbeitsverzeichnisses ermittelt. Stellen Sie sicher, dass die Datei mit dem Namen *datei.txt* unter eben diesem Pfad zu finden ist. Wurde die Datei gefunden, so werden in den Zeilen 8 bis 11 Name, Lesbarkeits-/Schreibbarkeitsstatus sowie die Größe der Datei ausgegeben.

Übung

Erstellen Sie ein Java-Programm, das eine bestehende Datei in eine zweite Datei kopiert und die Originaldatei anschließend löscht.

LÖSUNG

Verwenden Sie die File-Class-Methoden renameTo und delete:

```java
import java.io.*;
public class Datei_manip {
  public static void main (String args[]) {
    File datei = new File("datei.txt");
    File datei2 = new File("datei2.txt");
    if (datei.exists() && !datei.isDirectory()) {
      System.out.println("Benenne "+datei.getName()+" um.");
      datei.renameTo(datei2);
      System.out.println("Lösche "+datei2.getName()+" .");
      datei2.delete();
    }
    else {
      System.out.println("Datei "+datei.getName()+" nicht gefunden!");
    }
  }
}
```

9.3.2 Dateien auslesen und beschreiben

Das folgende Beispiel demonstriert das Auslesen und Beschreiben von Dateien über Zeichenströme. In einer Datei *eingabe.txt* befindet sich ein beliebiger Text, der in eine bestehende Datei *ausgabe.txt*, die zunächst leer ist, geschrieben werden soll. Legen Sie zu diesem Zweck zwei entsprechende Dateien in Ihrem Arbeitsverzeichnis an und erstellen Sie folgendes Programm:

```java
01 import java.io.*;
02 class dateiStroemeTest {
03     public static void main(String[] args) {
04         try {
05             File eingabeDatei = new File("eingabe.txt");
06             File ausgabeDatei = new File("ausgabe.txt");
07
08             FileInputStream fis = new FileInputStream(eingabeDatei);
09             FileOutputStream fos = new FileOutputStream(ausgabeDatei);
10             int zeichen;
11
12             while ((zeichen = fis.read()) != -1) {
13                 fos.write(zeichen);
14             }
15
16             fis.close();
17             fos.close();
18         } catch (FileNotFoundException e) {
19             System.err.println("dateiStroemeTest: " + e);
```

```
20        } catch (IOException e) {
21            System.err.println("dateiStroemeTest: " + e);
22        }
23    }
24 }
```

Listing 9.19: Daten werden aus einer Datei *eingabe.txt* zeichenweise gelesen und in eine zweite Datei *ausgabe.txt* geschrieben. Neu ist das Abfangen der Ausnahme in den Zeilen 18 bis 21, falls die Dateien nicht existieren.

Der Inhalt der Eingabedatei wird in einen Datenstrom (*FileInputStream*) eingelesen und über einem weiteren Datenstrom (*FileOutputStream*) in die Ausgabedatei umgeleitet.

Zum Weiterarbeiten

Informieren Sie sich über weitere Beispiele der Dateibehandlung in Java.

9.4 Computergrafik mit Java

Die Programmiersprache Java bietet einfache Möglichkeiten, grafische Ausgaben zu generieren. Der folgende Abschnitt führt Sie an die grundlegenden Techniken zur Erstellung von Java-Programmen mit grafischen Elementen heran.

9.4.1 Java Applets mit grafischen Elementen

Eine einfache Möglichkeit, eine grafische Anwendung zu erstellen, bieten Java-Applets: Diese laufen direkt im Browser und nutzen das Browserfenster als Zeichenfläche. Nachfolgend verwenden wir zur Erstellung von Java-Applets die BlueJ-GUI: Diese erspart die Programmierung einer HTML-Seite, die das Applet aufruft.[5] Beginnen wir mit einigen einfachen Elementen, die im Browserfenster dargestellt werden sollen:

Erstellen Sie zunächst ein Java-Programm in BlueJ durch Umsetzen des folgenden Listings:

```
01 import java.applet.*;
02 import java.awt.*;
03 public class grafikdemo extends Applet{
04    public grafikdemo(){
05        setBackground(Color.blue);
06    }
07    public void paint(Graphics g){
08        g.setColor(Color.red);
09        g.fillRect(10,50,100,100);
10        g.setColor(Color.green);
11        g.fillOval(10,50,100,100);
12        g.setColor(Color.black);
13        g.drawString("Das ist ein String",15,100);
14    }
15 }
```

Listing 9.20: Demonstration einfacher grafischer Methoden

---

5   Genauere Hinweise zum Erstellen von Java-Applets in der BlueJ-Umgebung finden Sie im *Anhang*.

Erläuterung des Listings

Zunächst werden die Java-Bibliotheken `java.applet.*` und `java.awt.*` (das *Abstract Window Toolkit,* kurz: *AWT*) in den Zeilen 1 bis 2 eingebunden. Die Klasse `grafikdemo` wird von der Java-Klasse `Applet` abgeleitet (Zeile 3). Im Konstruktor der Klasse wird die Hintergrundfarbe der Leinwand (engl.: *canvas*) auf die Farbe Blau gesetzt (Zeile 5). Das Zeichnen der Objekte wird in der `void paint` beschrieben: Zunächst wird ein rotes Quadrat mit einer Kantenlänge von 100 Bildpunkten gezeichnet (Zeilen 8 bis 9). In das Quadrat wird ein grüner Kreis einbeschrieben, und über beide Objekte wird schließlich ein schwarzer Schriftzug gelegt (▶Abbildung 9.12). Die Methode `paint` sorgt dafür, dass der Inhalt des Applets automatisch neu gezeichnet wird, falls das Anwendungsfenster einmal durch andere Anwendungen verdeckt sein sollte.

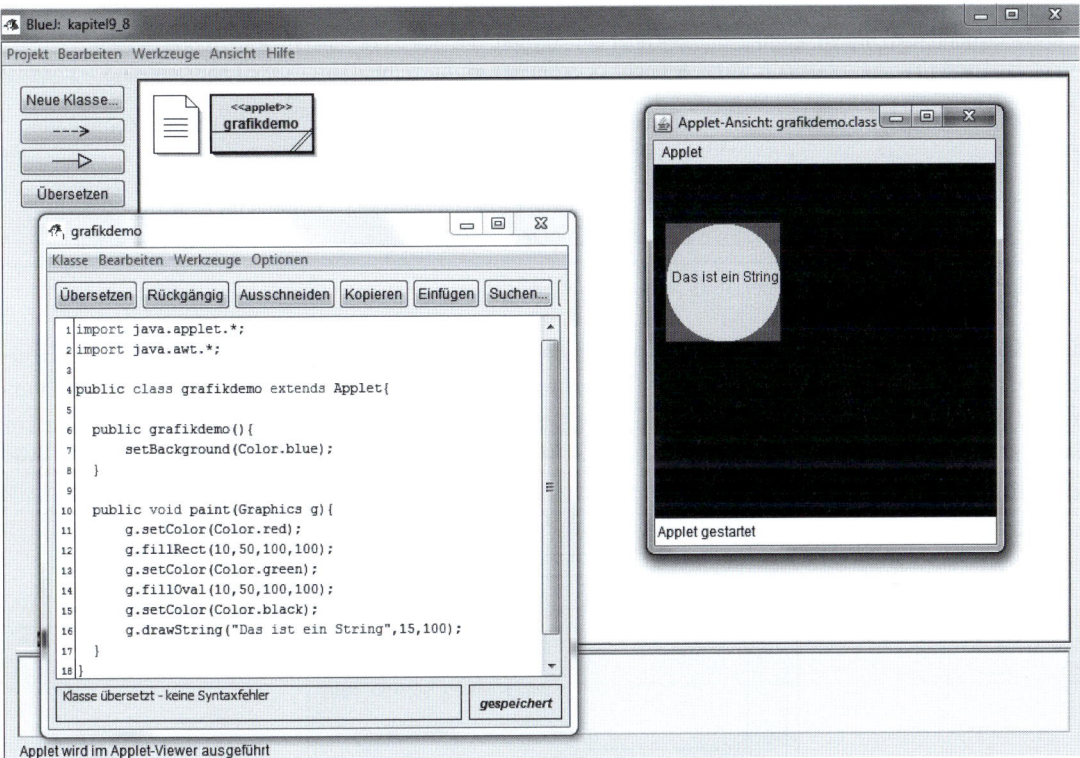

Abbildung 9.12: Erstellen eines Java-Applets in der BlueJ-Umgebung. Die Grundgröße der Zeichenfläche wird dem Applet als Parameterpaar übergeben.

▶Tabelle 9.1 stellt einige grundlegende Methoden zum Zeichnen zusammen.

Methode	Bedeutung
drawRect(int x, int y, int a, int b)	zeichnet ein Rechteck der Länge a und Breite b an der Position (x, y).
fillRect(int x, int y, int a, int b)	zeichnet ein ausgefülltes Rechteck der Länge a und Breite b an der Position (x, y).
drawOval(int x, int y, int a, int b)	zeichnet ein Oval innerhalb eines rechteckigen Bereichs der Länge a und Breite b an der Position (x, y).
clearRect(int x, int y, int a, int b)	löscht den Rechteckbereich und füllt diesen mit der Hintergrundfarbe.
drawLine(int x1, int y1, int x2, int y2)	zeichnet eine Linie vom Punkt (x_1, y_1) zum Punkt (x_2, y_2).
drawPolygon(int x[], int y[], int n)	zeichnet ein Polygon, das aus n Eckpunkten besteht und dessen Eckpunktkoordinaten im Array int x[] bzw. int y[] abgelegt sind.
drawString(String s, int x, int y)	schreibt den String s an die Position (x, y). x und y sind die Koordinaten des ersten Buchstabens der Zeichenkette s.
setColor(Color f)	setzt die aktuelle Farbe auf den Wert f. Beispiel für eine Farbe: f = Color.red.

Tabelle 9.1: Methoden der Bibliothek `java.awt.Graphics`

Das Koordinatensystem eines Java-Applets unterscheidet sich von dem Standardkoordinatensystem der Mathematik dadurch, dass nur positive, ganzzahlige Koordinatenwerte verwendet werden und sich der Ursprung in der linken oberen Ecke der Zeichenfläche im Appletviewer bzw. im `<applet>`-Bereich im Browser befindet. Die folgende Abbildung verdeutlicht dies.

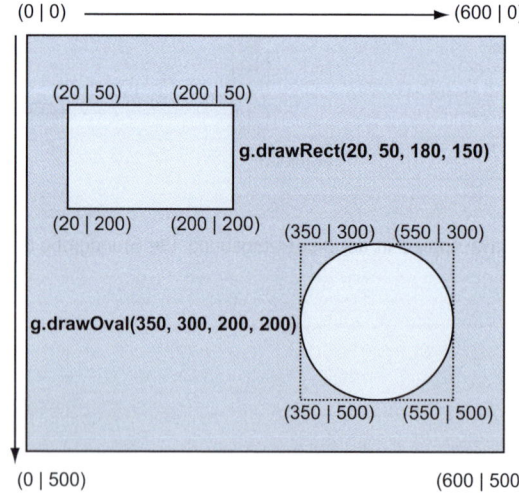

Abbildung 9.13: Das Koordinatensystem eines Java-Applets hat seinen Ursprung in der linken oberen Bildbereichsecke. Zum Zeichnen eines Kreises wählt man für das umschließende Rechteck identische Werte für Länge und Breite.

Zum Weiterarbeiten

Die folgenden Übungen sollen Sie mit dem Koordinatensystem der Klasse `java.awt.Graphics` vertraut machen. Zeichnen Sie die Objekte am besten zunächst einmal auf ein Blatt Papier und überlegen Sie sich die Koordinaten der beschreibenden Punkte.

1. Zeichnen Sie drei Kreise mit unterschiedlichen Radien, die einen gemeinsamen Mittelpunkt besitzen (sogenannte konzentrische Kreise).

2. Zeichen Sie eine Treppe, die aus gefüllten Rechtecken zusammengesetzt ist.

3. Zeichnen Sie das „Haus vom Nikolaus" (▶Abbildung 9.14) als Polygonzug.

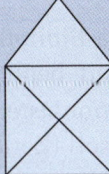

Abbildung 9.14: Der Retter in langweiligen Schulstunden: das Haus vom Nikolaus

GUI-Elemente und Ereignisse

Das Zeichnen von einfachen grafischen Objekten ist zwar recht vergnüglich, konkrete Problemstellungen lassen sich damit aber nicht lösen. Das folgende Beispiel greift auf GUI(*Graphical User Interface*)-Elemente wie *Knöpfe* (*Buttons*) und Eingabefelder (*TextField*) zurück, um einen sehr einfachen Taschenrechner in Form eines Java-Applets zu realisieren. Das Applet lässt sich schließlich auf beliebige andere Fragestellungen erweitern.

Unser einfacher Taschenrechner soll folgende Eigenschaften haben:

■ Auf der grafischen Oberfläche gibt es zwei Eingabefelder für zwei Zahlen, die miteinander über eine Rechenvorschrift verknüpft werden sollen.

■ Es gibt ein Ausgabelabel, in welchem das Ergebnis der Rechenoperation erscheint.

■ Die Rechenoperation selbst wird durch Betätigen eines Knopfes (Buttons) gestartet.

Das folgende Listing zeigt den Code für einen Rechner, der zunächst nur die Addition zweier Zahlen beherrscht. Darin sind etliche neue Programmierelemente zu finden.

```
01 import java.applet.*;
02 import java.awt.*;
03 import java.awt.event.*;
04 public class rechner extends Applet implements ActionListener{
05    double zahl1, zahl2, ergebnis;
06    String s;
07    TextField eing1 = new TextField(" ", 8);
08    TextField eing2 = new TextField(" ", 8);
09    Label resultat = new Label ("            ");
10    public void init(){
11       add(eing1);
12       add(eing2);
13       Button b = new Button("+");
14       b.addActionListener(this);
15       add(b);
```

```
16        add(resultat);
17    }
18  public void actionPerformed(ActionEvent e){
19        s = eing1.getText();
20        zahl1 = Double.valueOf(s).doubleValue();
21        s = eing2.getText();
22        zahl2 = Double.valueOf(s).doubleValue();
23        ergebnis = zahl1 + zahl2;
24        resultat.setText("Ergebnis: "+ergebnis);
25    }
26 }
```

Listing 9.21: Ereignisgesteuerte Addition zweier Zahlen

Erläuterung des Listings

Zunächst wird in Zeile 3 eine neue Java-Bibliothek importiert: die Klasse(n) `java.awt.event.*`. Diese bieten Methoden, die auf benutzerausgelöste Ereignisse reagieren. Die Hauptklasse `rechner` wird mit einem *ActionListener* (deutsch: *Aktionslauscher*) versehen, der auf eben solche Ereignisse reagieren soll (Zeile 4). In der Initialisierungsmethode wird die grafische Oberfläche mit den beschriebenen Elementen versehen (Zeilen 10 bis 17). Wird der Knopf `b` betätigt, so werden die Inhalte der Eingabefelder ausgelesen und in `double`-Variablen umgewandelt (Zeilen 19 bis 22). Das Ergebnis der Addition wird schließlich im Label `resultat` mithilfe der Methode `setText` ausgegeben (Zeile 24).

Abbildung 9.15: Der Java-Rechner wird zunächst mit dem voreingestellten *FlowLayout* realisiert. Dieses hat den Nachteil, dass sich die relative Anordnung der Elemente bei Veränderung des Fensters verschieben kann.

Zum Weiterarbeiten

1. Ergänzen Sie den Rechner um weitere Berechnungsknöpfe und Funktionen (Subtraktion, Multiplikation, Division). *Hinweis:* Zu diesem Zweck ist eine Unterscheidung des jeweils gedrückten Knopfes erforderlich. Das geschieht über eine Abfrage der folgenden Gestalt:

```
public void actionPerformed(ActionEvent e){
...
        String knopf=e.getActionCommand();
        if (knopf.equals("+"))ergebnis = zahl1 + zahl2;
        if (knopf.equals("-"))ergebnis = zahl1 - zahl2;
...
        resultat.setText("Ergebnis: "+ergebnis);
    }
```

2. Informieren Sie sich per Google über Layoutmöglichkeiten in Applets. Recherchieren Sie dabei nach den Begriffen *FlowLayout*, *BorderLayout* und *GridLayout*.

9.4.2 Turtle-Grafik

Um Kindern oder unbedarften Anfängern Grundbegriffe der Programmierung beizubringen, wird gern die funktionale Programmiersprache LOGO eingesetzt. In der Programmierumgebung wird ein kleiner Zeiger, die Schildkröte (engl.: *turtle*), mit einfachen Befehlen über die Zeichenfläche bewegt.

In der Lernumgebung finden Sie einen LOGO-Interpreter nach der Installation im Menü *Anwendungen/Bildung/KTurtle*. Durch Eingabe einfach strukturierter Befehle lässt sich die stilisierte Schildkröte über das Blatt bewegen. Nachfolgend wird zunächst eine Funktion *Quadrat* definiert, die anschließend dreimal nacheinander aufgerufen wird. Das Ergebnis zeigt ▶Abbildung 9.16.

```
reset
learn Quadrat{
  forward 40
  turnleft 90
  forward 40
  turnleft 90
  forward 40
  turnleft 90
  forward 40
}
Quadrat
Quadrat
Quadrat
```

Listing 9.22: Einfaches LOGO-Programm, das drei angrenzende Quadrate erzeugt

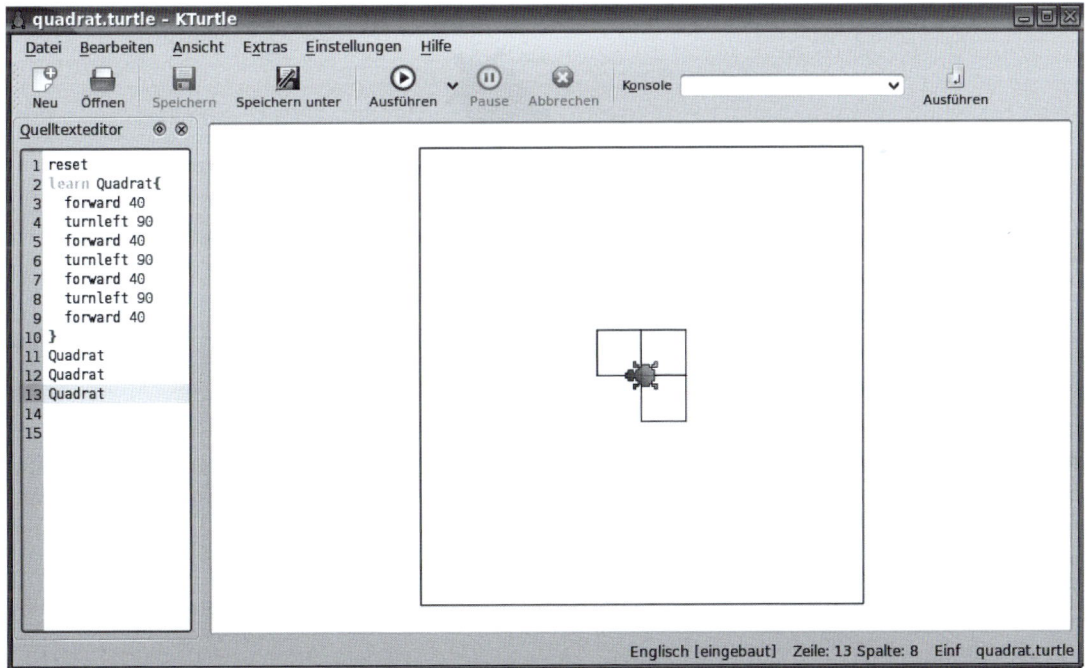

Abbildung 9.16: Bewegung der Schildkröte in KTurtle

Die Funktion der obigen LOGO-Schildkröte soll im folgenden Beispiel in Java umgesetzt werden.

Dazu sind einige Vorüberlegungen notwendig:

■ Die Schildkröte soll in der Lage sein, eine angegebene Strecke der Länge `schritte` in eine beliebige Richtung zu gehen.

■ Bei einer Drehung um einen Winkel muss sich die Schildkröte die neue Ausrichtung merken. Die Richtungsangabe erfolgt über die Variable `winkel`.

■ Nach der Fortbewegung muss die neue Position als Ausgangspunkt für die nächsten Bewegungen festgehalten werden.

■ Java rechnet intern nicht mit dem üblichen Gradmaß für Winkel, sondern dem in der Mathematik üblichen Bogenmaß.

Die folgende Abbildung verdeutlicht die durchzuführenden Berechnungen.

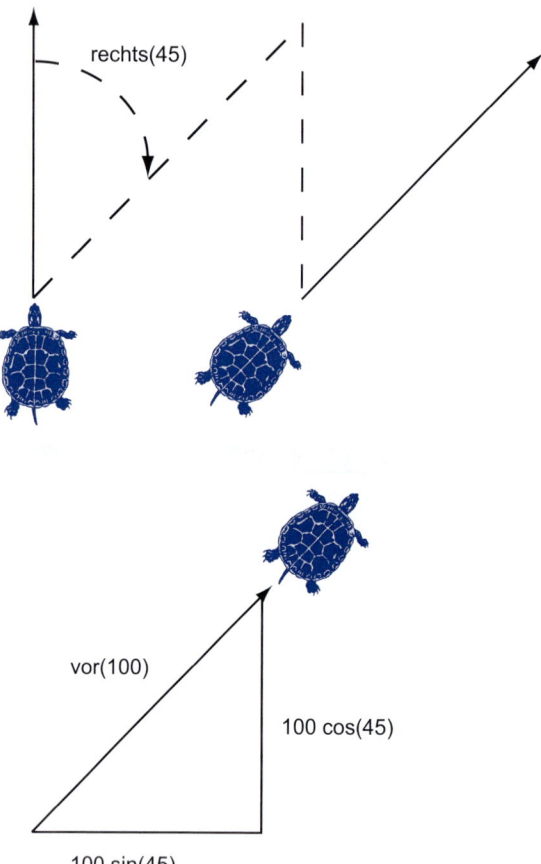

Abbildung 9.17: Mathematische Analyse der Schildkrötenbewegung: Jede Drehung definiert eine neue Richtung. Geht es dann wieder vorwärts, müssen die Bewegungsanteile in x- und y-Richtung separat berechnet werden. Das geschieht unter Zuhilfenahme der Sinus- bzw. Kosinusfunktion.

Aus den Vorüberlegungen entwickeln wir die Klasse `Turtle` wie folgt:

```
import java.applet.*;
import java.awt.*;
public class Turtle extends Canvas{
  int xanf=200; int yanf=200;
  int winkel=0;
  double bogen=0;
  public void vor(int schritte){
    Graphics Zeichner=getGraphics();
    int deltax=(int)(schritte*Math.sin(bogen));
    int deltay=(int)(schritte*Math.cos(bogen));
    int xende=xanf+deltax;
    int yende=yanf-deltay;
    Zeichner.drawLine(xanf,yanf,xende,yende);
    xanf=xende;
    yanf=yende;
    }
  public void rechts(int alpha){
      winkel=winkel+alpha;
      bogen=2*Math.PI*winkel/360;
    }
   public void links(int alpha){
      winkel=winkel-alpha;
      bogen=2*Math.PI*winkel/360;
    }
}
```

Listing 9.23: Die Klasse `Turtle` stellt die Methoden `vor(int schritte)`, `links(int alpha)` und `rechts (int alpha)` zur Verfügung. Damit kann die Schildkröte in beliebige Richtungen bewegt werden. Die aktuelle Richtung wird in der Variablen `bogen` gespeichert, die den aktuellen Orientierungswinkel relativ zur Nordrichtung im Bogenmaß enthält.

Ein Hauptprogramm, das ein einfaches Quadrat zeichnet, könnte folgende Gestalt haben:

```
import java.applet.*;
import java.awt.*;
import java.awt.event.*;
public class turtleTest extends Applet implements ActionListener{
  Turtle T = new Turtle();
  public turtleTest(){
    T.setSize(400,400);
    T.setBackground(Color.white);
    add(T);
    Button Knopf = new Button("Los!");
    add(Knopf);
    Knopf.addActionListener(this);
  }
  public void actionPerformed(ActionEvent e){
     T.vor(40);
     T.links(90);
     T.vor(40);
     T.links(90);
     T.vor(40);
     T.links(90);
     T.vor(40);
     T.links(90);
    }
}
```

Listing 9.24: Hauptprogramm zum Testen der Turtle-Grafik. Nach Betätigen des Knopfes „Los!" wird die Figur gezeichnet.

> ### Zum Weiterarbeiten
>
> **1.** Setzen Sie das LOGO-Programm aus Listing 9.22 mithilfe der Java-Klasse `Turtle` in ein Java-Programm um.
>
> **2.** Das folgende LOGO-Programm demonstriert, wie man Kreise in der LOGO-Umgebung zeichnet:
>
> ```
> reset
> learn kreis $X{
>   repeat 36{
>     forward $X
>     turnleft 10
>   }
> }
>
> go 200,200
> kreis 10
>
> go 240,180
> kreis 20
> ```
>
> Testen Sie das Programm in der LOGO-Umgebung der Lernumgebung und implementieren Sie nach dem obigen Vorbild eine Methode `Kreis` in der Java-Klasse `Turtle`.

9.4.3 Java-Swing-Applikationen

Die Java-Swing-Grafikschnittstelle bietet eine Vielzahl von GUI-Elementen zur direkten Verwendung an. Im Gegensatz zu Applets sind Programme, die mit Java Swing programmiert wurden, eigenständig (d. h. ohne Browser) lauffähig.

Die folgende Abbildung zeigt die explizite Anwendung der Swing-Grafikschnittstelle. Es handelt sich um einen Temperaturumrechner, der Temperaturen von Grad Celsius in Grad Fahrenheit umrechnet. Den Quellcode dieses Programms und weitere Swing-Beispiele finden Sie unter *http://java.sun.com/docs/books/tutorial/ui/index.html*.

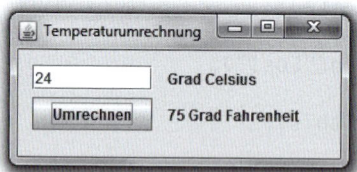

Abbildung 9.18: Java-Swing-Applikationen sind eigenständig lauffähige Programme. Sie integrieren sich nahtlos in die grafische Oberfläche des verwendeten Betriebssystems.

9.4.4 Java-3D-Grafik

Sun bietet für Java ein Paket an, welches Klassen für die Erstellung dreidimensionaler Grafikobjekte bereithält. Sie können die benötigte Java-3D-API als installierbares Paket von *http://java.sun.com/javase/technologies/desktop/java3d/* für die üblichen Plattformen herunterladen. Damit lassen sich (entsprechendes Programmier-Know-how vorausgesetzt) ansprechende 3D-Animationen und Anwendungen realisieren (▶Abbildung 9.19).

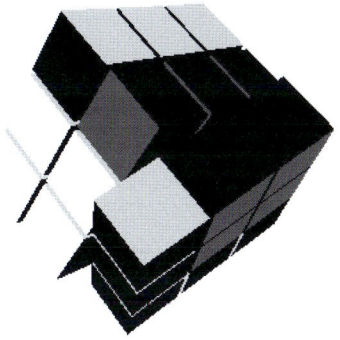

Abbildung 9.19: Der bekannte Rubik-Würfel, realisiert als Java-3D-Objekt. Die einzelnen Segmente sowie der Würfel selbst können mithilfe der Maus gedreht und verändert werden. Fundstelle: *http://www.fungames.org/cubeapplet.html*

ZUSAMMENFASSUNG

- **Dynamische Datenstrukturen** bieten die Möglichkeit, zur Laufzeit eines Programms Speicher anzufordern und wieder freizugeben.

- Man unterscheidet bei dynamischen Datenstrukturen zwischen **Listen, Bäumen und Graphen**. Ein Graph ist die allgemeinste dynamische Datenstruktur: Die **Knoten** (Datenzellen) eines Graphen können beliebig untereinander durch **Zeiger** verbunden werden.

- Eine **Liste** ist eine **lineare Anordnung** einer dynamischen Datenstruktur. Jedes Element einer Liste ist mit seinem Vorgänger und seinem Nachfolger durch einen Zeiger verknüpft. Das **Löschen** eines Listenelements geschieht durch Umleiten des Zeigers vom Vorgängerelement zum Nachfolgerelement.

- Die Datenstruktur des **binären Suchbaums** eignet sich sehr gut zur Realisierung einer rekursiven binären Suchfunktion.

- Java ist eine **objektorientierte Programmiersprache (OOP)**. **Klassen** stellen in der OOP die Baupläne für **Objekte** dar. Die **Eigenschaften** der Objekte werden über **Methoden** manipuliert. Dadurch erhält man eine vollständige Kapselung des Codes.

- Ein Vorteil der objektorientierten Programmierung ist die Möglichkeit, Eigenschaften einer Mutterklasse an Kindklassen **weiterzuvererben**.

- Die Modellierungssprache **UML** eignet sich in besonderer Weise zur Umsetzung von Projekten, die dem Prinzip der Objektorientierung folgen. Mithilfe von **Klassen-** und **Aktivitätsdiagrammen** wird das Projekt zunächst skizziert. Der Quellcode wird per Knopfdruck erzeugt.

- Eine **Datei** dient dem **persistenten** (d.h. nicht flüchtigen) **Abspeichern von Daten**. Java stellt Klassen zur Dateimanipulation zur Verfügung. Das Beschreiben und Lesen einer Datei erfolgt in der Regel über die **Datenstromklasse**.

- Java verfügt über eine reichhaltige Klassenbibliothek zur Darstellung zweidimensionaler **Grafiken**. Grafische Programme werden in der Regel in Form von **Java-Applets** realisiert.

- Eigenständige Java-Programme, die GUI-Elemente wie Knöpfe, Textfelder oder Listenfelder enthalten, werden mithilfe der **Java Swing**-Klasse realisiert.

- Zur Erstellung **dreidimensionaler Objekte** greift man auf die **Java-3D-API** zurück.

ZUSAMMENFASSUNG

Datenbanksysteme

10

ÜBERBLICK

» Im Informationszeitalter gilt es, den zunehmenden Fluss von Informationen zu bändigen. Das strukturierte Erfassen von Daten und deren benutzergerechte Weiterverarbeitung in Datenbanksystemen stehen im Fokus des folgenden Kapitels. «

10.1 Grundlagen

Datenbanksystem (DBS)

Ein Datenbanksystem (nachfolgend kurz *Datenbank* oder *DBS* genannt) verwaltet große Datenmengen effizient und konsistent. Konsistent bedeutet in diesem Fall, dass die Daten frei von Widersprüchen sind: Herr Meier, dessen Wohnort in einer Adresstabelle mit München angegeben ist, darf nicht in der Tabelle der Bestellungen mit dem Wohnort Hamburg verknüpft sein.

Das DBS besteht einerseits aus der Verwaltungssoftware, dem Datenbank-Managementsystem (DBMS), und andererseits aus dem eigentlichen Datenspeicher, der Datenbank. Die Verwaltungssoftware zeichnet für das Abspeichern der Daten verantwortlich und kontrolliert alle lesenden und schreibenden Zugriffe auf die Datenbank. Die Abfrage und Verwaltung der Daten erfolgt über die Abfragesprache des DBMS.

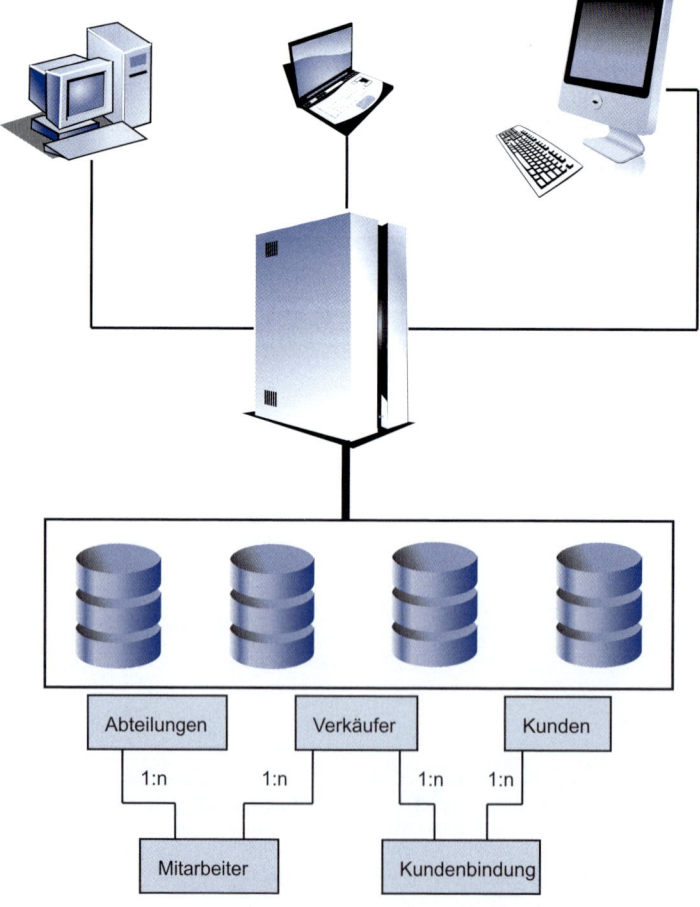

10.1.1 Die Aufgabe von Datenbanksystemen

Den ersten Kontakt zu Datenbanken haben Sie bereits in *Kapitel 4* geknüpft: Dort wurde mithilfe eines Datenbankfrontends (in dem Fall *OpenOffice.org Base*) eine erste Übung zur Erstellung von (verknüpften) Tabellen durchgeführt. Wozu aber macht man sich die Mühe, Daten strukturiert und effizient zu speichern, wo doch im heutigen Zeitalter der Terabyte-Festplatten nahezu unbegrenzte Speichermengen zur Verfügung stehen?

Blindes Sammeln von Daten führt in kürzester Zeit zu den folgenden Problemen:

- **Datenredundanz**: Daten werden vielfach an mehreren Stellen gespeichert. Sie kennen das Problem sicher aus der alltäglichen Praxis, wenn Sie eine Adressbuchanwendung auf dem PC verwenden, eine Adressanwendung auf dem Handy und zusätzlich noch einen Taschenkalender.[1] Die Datensammlungen werden in der Regel nicht synchronisiert, was dazu führt, dass identische Informationen an verschiedenen Orten vorliegen.

- **Dateninkonsistenz**: Werden Daten wie oben beschrieben an verschiedenen Orten gespeichert, so kann es schnell zu Unstimmigkeiten kommen: Eine Adresse, die im Taschenadressbuch schnell per Stift geändert wurde, findet nur selten sofort Eingang in die beiden elektronischen Sammlungen. Durch die Notwendigkeit, Datensätze an mehreren Orten synchron zu halten, schleichen sich schnell Fehler ein, die zu unterschiedlichen Datensammlungen an verschiedenen Orten führen.

Das obige Beispiel lässt sich auch auf eine einfach konzipierte Datenbank auf einem Endgerät ausweiten: Stellen Sie sich vor, in einem kleinen Betrieb wird eine Auftragsliste in Form einer einfachen Tabelle (z.B. einer Excel- bzw. OpenOffice.org Calc-Datei) auf verschiedenen PCs abgelegt. Jeder, der etwas an der Datei ändert, tut dies nur lokal, ohne die anderen Kopien zu beeinflussen.

Durch Dateninkonsistenzen können bei der Abfrage der Datenbankdaten *Anomalien* auftreten, die zu Fehlinformationen führen können. *Die Aufgabe eines Datenbanksystems ist es, Redundanzen zu minimieren und Inkonsistenzen zu vermeiden.*

So, wie ein guter Programmierer sich nicht einfach an den Rechner setzt und drauflosprogrammiert (vgl. *Kapitel 7*), muss der Datenbankentwickler zunächst Stift und Papier zur Hand nehmen und ein Modell der geplanten Datenbank skizzieren. Bei der Umsetzung komplexer Strukturen helfen ihm moderne DBMS.

Eine weitere Aufgabe des DBMS ist die Verwaltung mehrerer Anwender: In der Regel wird in einem Unternehmen von verschiedenen Stellen aus auf die Datenbank zugegriffen. Dabei ist unter anderem ein ausgefeiltes Rechtesystem von Bedeutung, denn nicht jeder Datenbanknutzer sollte Einsicht in alle Daten haben.

---

1 Natürlich sollten moderne Menschen ihr Handy mit den entsprechenden PIM-Anwendungen wie z.B. Microsoft Outlook auf dem PC synchronisieren. Das Ganze erfolgt heute meist bequem per Bluetooth. Aus Bequemlichkeit bleibt es jedoch oft nur bei guten Vorsätzen.

10.1.2 Grundbegriffe

Zum tiefergehenden Verständnis von Datenbanksystemen sind folgende Begriffe von Bedeutung:

- **Entität**: Entitäten sind *Objekte des realen Lebens*, die in Form von beschreibenden Eigenschaften in einer Datenbank gespeichert werden. Ein Beispiel für eine Entität ist ein Kunde, der in einer Kundendatei erfasst wurde. Der Entität des Kunden können dessen Adresse sowie bislang betätigte Bestellungen zugeordnet werden. Eine weitere Entität wäre ein vom Kunden bestellter Artikel.

- **Daten**: Das *atomare Element einer Datenbank* sind die Fakten, die in ihr gespeichert werden. Diese können in Form der aus der Programmierung bekannten Typen (ganze Zahlen und Fließkommazahlen, Zeichenketten) vorliegen. Die Straße, in welcher ein Kunde wohnt, ist ein Datum vom Typ Zeichenkette, die Hausnummer ein Datum vom Typ Integer.

- **Datenfeld**: Ein Datenfeld enthält ein bestimmtes zu speicherndes *Attribut*. Beispiel wäre die Telefonnummer eines Kunden in einer Tabelle, die Kontaktinformationen enthält.

- **Datensatz**: Zu einem Kunden gehört ein Datensatz, der die bekannten Informationen (Wohnort, Postleitzahl, Straße, Hausnummer, Telefon) zusammenfasst. Der Datensatz wird als *Zeile in einer Tabelle* gespeichert.

- **Tabelle**: In einer Tabelle werden mehrere *Datensätze* zu einer bestimmten Thematik *zusammengefasst*. Im vorliegenden Beispiel wäre dies die Tabelle der Kundendaten.

- **Datenbank**: Eine Datenbank fasst *mehrere Tabellen* zu einem Gesamtsystem zusammen. Die Tabelle der Kundendaten, die Tabelle der Bestellungen sowie die Tabelle der vorrätigen Artikel können in Form einer Datenbank zusammengefasst werden.

- **Relationen**: Zwischen den Tabellen liegen Relationen vor. So können jedem Kunden über die entsprechende Relation zur Tabelle der Bestellungen bislang getätigte Bestellungen zugeordnet werden. Aktuelle Bestellungen können mit der Tabelle des Lagerbestands verknüpft und dadurch Aussagen zur Lieferzeit getätigt werden.

10.1.3 Datenbankmodelle

Im Wesentlichen werden folgende Datenbankmodelle unterschieden:

- **Hierarchische Datenbanken**: Dieses Modell zählt zu den ältesten Datenbankmodellen: Es wurde im Rahmen des Apollo-Weltraumprogramms entwickelt. Die Struktur einer hierarchischen Datenbank entspricht der eines umgekehrten Baums. Die Darstellung von Daten in Baumstruktur haben Sie bereits in *Kapitel 9* in Gestalt des binären Suchbaums kennengelernt. Dabei werden größere Datenbankeinheiten im Modell gemäß der Datenstruktur eines Baums in Untereinheiten zerlegt. Folgende ▶Abbildung 10.1 zeigt eine hierarchische Datenbankstruktur anhand des Aufbaus eines Autos.

Ähnlich der aus *Kapitel 9* bekannten Datenstruktur *Baum* bezeichnet man die konkreten Datenobjekte als Knoten, die Verbindungslinien als Kanten. Kanten werden als Zeiger realisiert. Die übergeordneten Knoten werden als *Elternknoten*, untergeordnete als *Kindknoten* bezeichnet. Hierarchische Datenbanken haben den Nachteil, dass sie relativ schwer einzurichten und zu pflegen sind. Zudem können hierarchische Datenbanken keine *n:m*-Beziehungen abbilden, mehr dazu später.

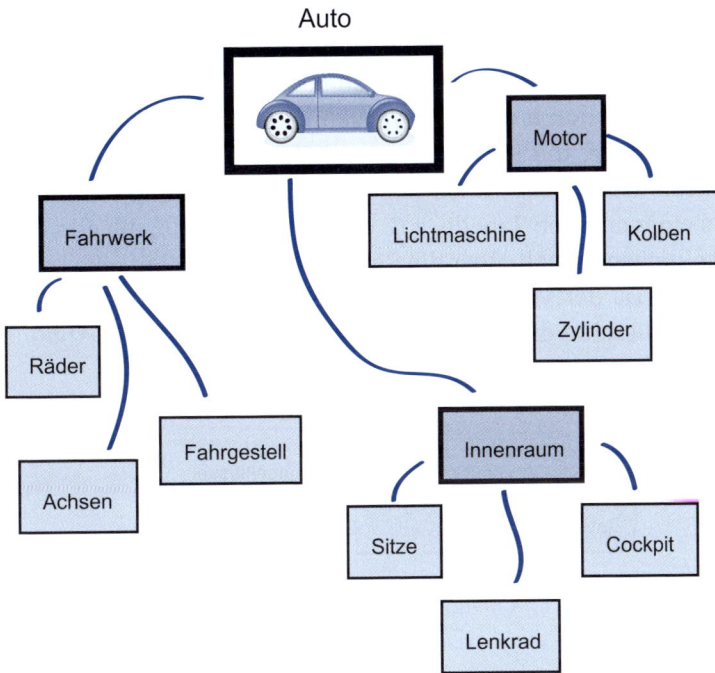

Abbildung 10.1: Im hierarchischen Datenbankmodell werden die Datenobjekte in weitere Untereinheiten zerlegt, die die Struktur feiner beschreiben.

■ **Netzwerk-Datenbanken**: Das Netzwerk-Datenbankmodell erlaubt im Gegensatz zum hierarchischen Datenbankmodell die Zuordnung mehrerer Elternknoten zu einem Kindknoten. Ein Beispiel zeigt ▶Abbildung 10.2:

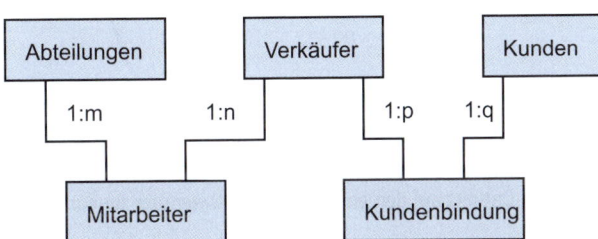

Abbildung 10.2: In einem Netzwerk-Datenbankmodell können Kindknoten mehrere Elternknoten haben. In einem Kaufhaus gehören beispielsweise mehrere Mitarbeiter zu einer Abteilung. Einige Mitarbeiter gehören zur Elternklasse „Verkäufer". Weiter können sich Kunden von mehreren Verkäufern bedienen lassen bzw. kann auch ein und derselbe Verkäufer verschiedene Kunden bedienen. Vermittelndes Datenbankobjekt ist dabei die Kundenbindung. Derartige Beziehungen werden 1:m- bzw. m:n-Beziehungen genannt.

Ein Nachteil der Netzwerk-Datenbank ist die mangelhafte strukturelle Unabhängigkeit. Eine kleine Änderung an der Struktur der Datenbank verlangt eine Anpassung der auf sie zugreifenden Programme, der *Clients*. Ideal wäre ein System, das auch bei umfassenden Änderungen in der Datenbankstruktur keine Veränderungen in der „Außenwelt" erforderlich macht. Diese Bedingung erfüllen relationale Datenbanken.

■ **Relationale Datenbanken**: Eine relationale Datenbank besteht im Wesentlichen aus *Tabellen*, die über *Beziehungen* miteinander verknüpft werden. Die Tabellen sind im mathematischen Sinn zweidimensionale Felder, bestehen also aus Zeilen und Spalten. Jede Tabelle enthält Datensätze, die durch einen *Primärschlüssel*[2] gekennzeichnet werden. Typisches Beispiel ist eine Tabelle, die Rechnungen enthält. Die Rechnungsnummer ist in diesem Fall der Primärschlüssel: Über diesen lässt sich eine Rechnung ausfindig machen. Umgekehrt kann aus einer anderen Tabelle, z.B. der Kundentabelle, die alle Kundendaten nebst getätigten Bestellungen enthält, über die Rechnungsnummer auf eine bestimmte Rechnung verwiesen werden. Da der Verweis nun in einer fremden Tabelle (der Rechnungstabelle) liegt, wird der Schlüssel in diesem Fall *Fremdschlüssel* genannt (▶Abbildung 10.3).

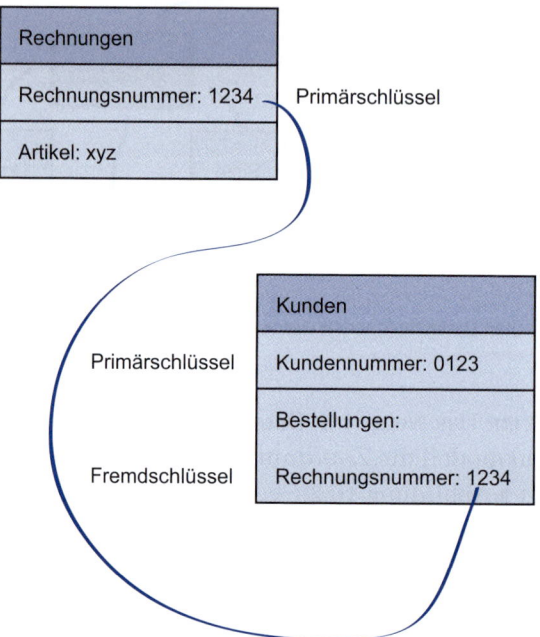

Abbildung 10.3: In einer relationalen Datenbank werden Fremdschlüssel und Primärschlüssel unterschieden. Der Primärschlüssel ist das eindeutige Kennzeichen eines Datensatzes der Tabelle. Aus einer anderen Tabelle kann dann mithilfe des dort als Fremdschlüssel vorhandenen Datums auf den entsprechenden Datensatz zugegriffen werden.

■ **ER-Datenbankmodelle**: Das *Entity-Relationship*-Datenbankmodell (kurz *ER* genannt) erweitert das relationale Datenbankmodell insofern, als dass sich der Entwickler der Datenbank letztendlich nur um die konzeptionelle Beschreibung der Datenbank kümmern muss. In diesem Modell werden Objekte (Entitäten) und deren Beziehungen grafisch dargestellt und mithilfe einer entsprechenden Software in eine funktionsfähige Datenbank umgesetzt. Prinzipiell basieren alle derzeit im Endnutzerbereich verbreiteten Datenbanken (Microsoft Access, OpenOffice.org Base und MySQL) auf dem ER-Modell. Der Datenbankentwickler erstellt mithilfe der Software ein *Entity-Relationship-Diagramm* (*ERD*). Beispiele zu den Beziehungen zeigt folgende Abbildung (▶Abbildung 10.4):

---

2   Es gibt auch *zusammengesetzte Primärschlüssel*: Dabei handelt es sich um eine Verknüpfung von mehreren Schlüsseln. Ein Beispiel dazu (Zuordnung von Ländern zu in den Ländern gesprochenen Sprachen) finden Sie im OpenOffice.org-Wiki (*http://www.ooowiki.de/ZusammengesetzterPrimärschlüssel/*).

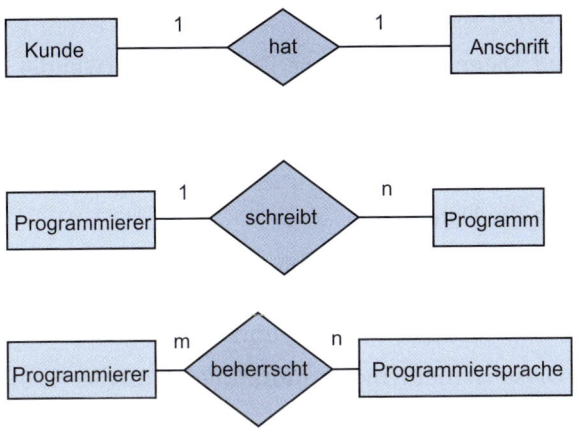

Abbildung 10.4: Im ER-Diagramm werden unterschiedliche Verbindungstypen dargestellt: Die Verbindung „Kunde hat Anschrift" ist vom Typ 1:1, denn jeder Kunde hat normalerweise nur eine Anschrift. Die Verbindung „Programmierer schreibt Programm" ist vom Typ 1:n[3], denn ein Programmierer kann mehrere Programme schreiben. Die Beziehung „Programmierer beherrscht Programmiersprache" ist vom Typ m:n, denn ein Programmierer kann einerseits mehrere Programmiersprachen beherrschen; andererseits wird es auch eine Vielzahl von Programmierern geben, die für ein Projekt, das in einer bestimmten Sprache zu realisieren ist, zur Verfügung stehen.

- **objektorientierte Datenbanken**: Objektorientierte Datenbanken setzen die Prinzipien der Objektorientierung (vgl. *Kapitel 9*) auf Datenbanksystemen um. Dabei spielt das Prinzip der Vererbung eine wesentliche Rolle: Entitäten werden als Objekte einer Klasse angesehen, die ihre Eigenschaften auf abgeleitete Klassen/Objekte übertragen können. Ein Beispiel zeigt ▶Abbildung 10.5.

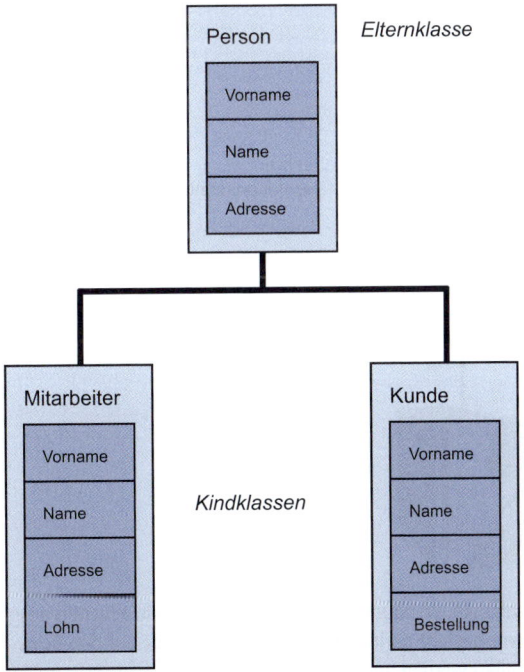

Abbildung 10.5: Prinzip einer objektorientierten Datenbankstruktur: Die Elternklasse „Person" vererbt die Eigenschaften Vorname, Name und Adresse an die Kindklassen „Mitarbeiter" und „Kunde". Diese werden mit weiteren, speziellen Attributen (Lohn, Bestellung) versehen.

---

3 Der Buchstabe „n" wurde der Mathematik entliehen und steht für „beliebig viele".

10.1.4 Datenbankanwendungen

Für den Zugriff auf den Datenbestand einer Datenbank verwendet man eine Datenbankanwendung. Diese verbindet drei unterschiedliche Schichten:

- **Präsentationsschicht**: Mit dieser Schicht kommt der Endanwender in Kontakt. Sie bietet Funktionen zur Erstellung von Berichten und Darstellung von Daten und ermöglicht das Eingeben von Daten in die Datenbank.

- **Geschäftsschicht**: Die Geschäftsschicht legt die sogenannten Geschäftsregeln fest, welche beispielsweise die Gültigkeit von eingegebenen Daten prüft. Die Geschäftsschicht stellt zudem Funktionen für Berechnungen und Abfragen bereit.

- **Datenbankschicht**: Diese Schicht bietet Funktionen für das Speichern von Daten und Algorithmen zur Datensuche.

Die beschriebenen Schichten der Datenbankanwendung lassen sich physikalisch auf unterschiedliche Hardwarebereiche auslagern bzw. aufteilen. Je nach Anzahl der beteiligten Hardwarebausteine spricht man von einschichtigen, zweischichtigen oder n-schichtigen Datenbankanwendungen. Im Falle einer einschichtigen Datenbankanwendung laufen Präsentationsschicht, Geschäftsschicht und Datenbankschicht auf einer einzelnen Maschine. Diese Situation findet man beim Einsatz von Access oder OpenOffice.org Base auf einem Rechner im heimischen Bereich vor.

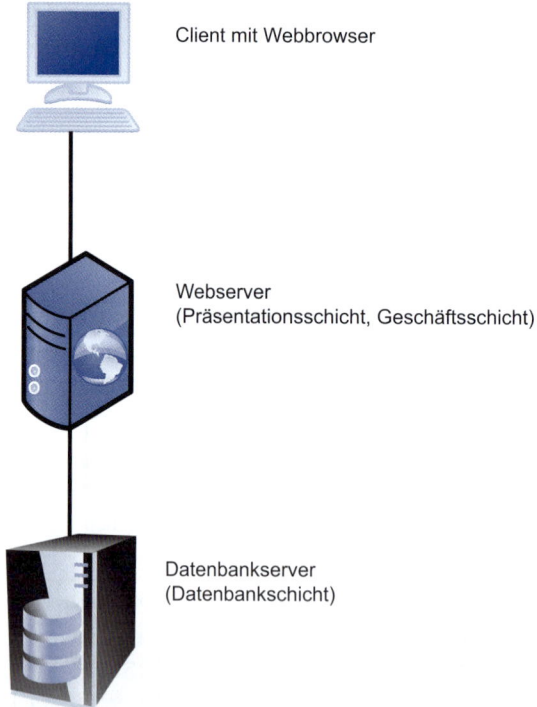

Client mit Webbrowser

Webserver
(Präsentationsschicht, Geschäftsschicht)

Datenbankserver
(Datenbankschicht)

Abbildung 10.6: Internet-Datenbankanwendungen sind in der Regel mehrschichtig ausgelegt. Der Vorteil der Anbindung der Datenbank an einen Webserver besteht darin, dass auf den Clients bis auf den Browser keine eigenständige Software zur Nutzung der Datenbank installiert werden muss.

Im Fall einer zweischichtigen Datenbankanwendung läuft z.B. die Präsentationsschicht auf einem Client-PC, die Geschäfts- und Datenbankschicht hingegen auf einem dedizierten Server. Diese Konstellation trifft man in kleineren Betrieben an, die einen kleinen Server als Datenbankserver einsetzen.

Bei einer n-schichtigen Datenbankanwendung werden Präsentationsschicht, Geschäftsschicht und Datenbankschicht auf mehrere Systeme verteilt. Typisch ist hier die Konstellation mit Client (Präsentationsschicht), Anwendungsserver (Geschäftsschicht) und Datenbankserver (Geschäftsschicht).

Eine typische Internet-Datenbankanwendung zeigt ▶Abbildung 10.6.

Middleware

Die Middleware ist die Schnittstelle zwischen der Datenbankanwendung und dem Datenbankserver. Sie stellt dem Anwender bzw. dem Anwendungsprogramm einfache, datenbankunabhängige Schnittstellen zur Verfügung, um unkompliziert auf die Inhalte der Datenbank zuzugreifen. Bei Veränderungen an der Datenbank muss lediglich die Middleware und nicht jeder Client angepasst werden.

Ein Beispiel für eine Middlewareschnittstelle ist der von Microsoft entwickelte *ODBC* (*Open Database Connectivity*)-Standard. Mithilfe dieser Programmierschnittstelle können Programmierer auf eine Vielzahl von Datenbanken zugreifen. Unter Java greift man auf die *JDBC* (*Java Database Connectivity*)-Schnittstelle zurück. Mehr zu diesem Thema erfahren Sie in Abschnitt *Zugriff aus einem Java-Programm per JDBC*.

10.2 Datenbankpraxis

SQL

Die Datenbanksprache *SQL* (*Structured Query Language*) wird zur Definition, Abfrage und Manipulation von Daten in relationalen Datenbanken eingesetzt. Im folgenden Abschnitt wird SQL in Verbindung mit dem Frontend des MySQL-Datenbankservers eingesetzt.

Im folgenden Abschnitt werden Sie praktische Übungen in einem Datenbankmodellsystem vornehmen. Dabei verwenden wir das Open-Source-Datenbanksystem *MySQL*, das für alle gängigen Plattformen zur Verfügung steht. Das System finden Sie vorkonfiguriert in unserer virtuellen Lernumgebung vor, Sie können aber auch den verwendeten MySQL Community Server für Windows oder Mac OS X von *www.mysql.de* herunterladen und installieren. Informationen zur Installation des DBS finden Sie ebenda.

10.2.1   Das LAMP-Modellsystem

Das vorkonfigurierte MySQL-DBS in der virtuellen Lernumgebung ist Bestandteil einer vollwertigen *LAMP(Linux-Apache-MySQL-PHP)*-Installation, d.h., es ist in folgende Komponenten integriert:

- **Linux**: Das freie Betriebssystem bildet die Grundlage der Installation.

- **Apache**: Der *Apache-Webserver* gestattet einen bequemen Zugriff auf das Datenbanksystem per Browser. Der Apache-Webserver wird in der virtuellen Lernumgebung über das Paket *apache2* installiert. Zusätzlich muss das Apache-Modul *libapache2mod-php5* eingebunden werden.

- **MySQL**: Das eigentliche Datenbanksystem wird über die Serveranwendung *mysql-server* installiert.

- **PHP und phpMyAdmin**: Die Skriptsprache *PHP* (*PHP Hypertext Preprocessor*) ermöglicht in Verbindung mit dem bekannten Tool *phpMyAdmin* die bequeme Administration der MySQL-Datenbank via Browser. Dazu müssen die Pakete *php5-common* sowie *phpmyadmin* installiert werden.

Testen Sie zunächst die installierten Module auf Funktionsfähigkeit:[4]

- Rufen Sie im Browser die Adresse *localhost* auf. Daraufhin sollte sich der Apache-Webserver melden.

- Testen Sie, ob Sie vom Browser aus das Verwaltungstool phpMyAdmin aufrufen können. Das geschieht durch Eingabe der Adresse *localhost/phpmyadmin* in der Adresszeile des Browsers.

- Loggen Sie sich als Benutzer `root` in phpMyAdmin ein. Das Passwort für sämtliche Administrationsaufgaben in der virtuellen Lernumgebung lautet `pearson`.

- Kontrollieren Sie im Bereich Datenbanken, ob eine Datenbank namens *mysql* existiert. In dieser werden die Metadaten des MySQL-Systems abgelegt.

- Stellen Sie sicher, dass der MySQL-Server läuft. Dazu begeben Sie sich auf eine Kommandozeile und geben folgenden Befehl ein:

```
ps ax | grep mysql
```

Darauf sollten einige Prozesse, die den SQL-Server betreffen, aufgelistet werden.

Nach dieser Vorarbeit können Sie die ersten Schritte in der Welt der Datenbanken unternehmen.

10.2.2   Erste Schritte

Anlegen eines Benutzers

Obwohl die Datenbank stets über den Administratoraccount namens *root* verwaltet werden kann, empfiehlt es sich, für die folgenden Übungen einen weiteren Benutzer anzulegen. Dies geschieht mithilfe von *phpMyAdmin*:

---

4   Windows- oder Mac OS-Anwender können alternativ das XAMPP-Paket installieren, siehe dazu *http://www.apachefriends.org/de/xampp.html*.

1. Öffnen Sie die Adresse *localhost/phpmyadmin* im Browser und loggen Sie sich dort als Benutzer *root* ein.

In einem jungfräulichen, d.h. selbst installierten System besitzt der Administrator zunächst noch ein leeres Passwort. Das sollte in Produktivsystemen selbstverständlich geändert werden (*Startmenü/Passwort ändern*). Das Administratorpasswort für das das im Folgenden beschriebene Modellsystem lautet *pearson*.

2. Begeben Sie sich in das Menü *Rechte* und folgen Sie dort dem Link *Neuen Benutzer hinzufügen*. Wählen Sie als Benutzername *nutzer* oder einen anderen Namen und definieren Sie ein Passwort für den neuen Benutzer (▶Abbildung 10.7).

Sie können an dieser Stelle auch bereits eine Datenbank erstellen, die mit dem Namen des soeben generierten Benutzers versehen wird. Das unterlassen wir zunächst.

3. Gewähren Sie dem neu erstellten Benutzer über den Link *Globale Rechte/Alle auswählen* desn Vollzugriff auf das Datenbanksystem.

Die dem Benutzer zugewiesenen Rechte können im vorliegenden Menü später nach Belieben angepasst werden.

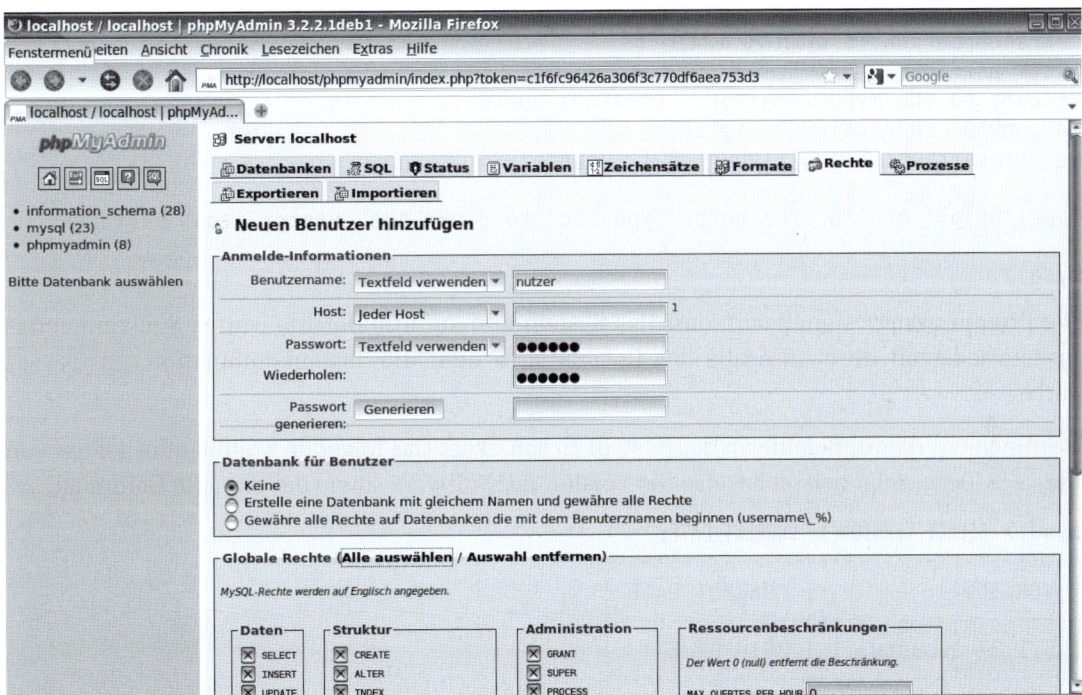

Abbildung 10.7: Mithilfe des phpMyAdmin-Tools wird ein neuer Datenbankbenutzer angelegt, dem zunächst alle globalen Rechte gewährt werden.

4. Bestätigen Sie alle vorgenommenen Änderungen durch Anklicken des Knopfes *OK*. Darauf erscheint die Bestätigungsmeldung, dass der neue Benutzer angelegt wurde. Zusätzlich werden die dafür an das Datenbanksystem geschickten Befehle gezeigt:

```
CREATE USER 'nutzer'@'%' IDENTIFIED BY '***';
GRANT ALL PRIVILEGES ON * . * TO 'nutzer'@'%' IDENTIFIED BY '***' WITH GRANT
OPTION MAX_QUERIES_PER_HOUR 0 MAX_CONNECTIONS_PER_HOUR 0
MAX_UPDATES_PER_HOUR 0 MAX_USER_CONNECTIONS 0 ;
```

Insgesamt wurden somit zwei Befehle, die jeweils mit einem Semikolon abgeschlossen wurden, an das System geschickt: In der ersten Zeile wird mithilfe des Befehls CREATE der neue Benutzer erzeugt. Dessen Passwort wird durch *** maskiert. Die nächsten Zeilen enthalten den Befehl zur Rechtevergabe: Dem Benutzer werden über GRANT ALL PRIVILEGES alle Rechte zugewiesen. Zudem ist die Benutzung der Datenbank nicht limitiert: Die Zahl 0 bei den folgenden Optionen steht für unbegrenzten Zugriff, der Benutzer darf beispielsweise beliebig viele Abfragen pro Stunde durchführen (GRANT OPTION MAX_QUERIES_PER_HOUR 0).

Mit dem neu angelegten Benutzer kann nun praktisch gearbeitet werden. Alle nachfolgend vorgestellten Aktionen in der Datenbank können zwar auch bequem mit dem Tool phpMy-Admin durchgeführt werden, zum tieferen Verständnis begeben wir uns aber zunächst auf die Kommandozeile.

Kontakt zur Datenbank herstellen

Zur Herstellung der Verbindung mit dem MySQL-Server verwenden Sie nachfolgend das mysql-Clientprogramm. Öffnen Sie eine Konsole und geben Sie den Befehl mysql <Benutzer-name> -p ein. Sie werden aufgefordert, Ihr Passwort einzugeben, und sind anschließend im System eingeloggt.

```
pearson@pearson:~$ mysql -u nutzer -p
Enter password:
Welcome to the MySQL monitor.  Commands end with ; or \g.
Your MySQL connection id is 122
Server version: 5.1.37-1ubuntu5.1 (Ubuntu)

Type 'help;' or '\h' for help. Type '\c' to clear the current input statement.

mysql>
```

Der Prompt mysql> signalisiert, dass das System nun auf Ihre Befehle wartet. Sie können das System jederzeit durch Eingabe des Befehls quit oder die Tastenkombination [Strg]+[D] verlassen.

Beginnen wir damit, Befehle an das System zu schicken. Das folgende Kommando, gefolgt von der [↵]-Taste, zeigt beispielsweise die Version der Software sowie das aktuelle Datum an:

```
mysql> SELECT VERSION(), CURRENT_DATE;
+-------------------+--------------+
| VERSION()         | CURRENT_DATE |
+-------------------+--------------+
| 5.1.37-1ubuntu5.1 | 2010-02-27   |
+-------------------+--------------+
1 row in set (0,00 sec)
```

An dieser Stelle werden bereits einige Spezifika von MySQL (bzw. auch SQL) ersichtlich: Befehle müssen in der Regel mit einem *Semikolon* abgeschlossen werden[5], die Ausgabe der Abfrageergebnisse erfolgt in der Regel in tabellarischer Form. Sollten Sie das Semikolon einmal vergessen, so beginnt der Client eine neue Zeile und wartet auf die Eingabe weiterer Befehle. Sie haben dann die Gelegenheit, das Semikolon nachträglich einzugeben. Beispiel:

---

5   Es gibt einige Ausnahmen, z.B. den Befehl quit.

```
mysql> select user()
    -> ;
+------------------+
| user()           |
+------------------+
| nutzer@localhost |
+------------------+
1 row in set (0,00 sec)
```

Hier wird zudem ersichtlich, dass das System bei der Eingabe von Befehlen nicht zwischen Groß- und Kleinschreibung unterscheidet.

Die folgende Tabelle fasst die wichtigsten `mysql`-Prompts und ihre Bedeutung zusammen:

Eingabe-aufforderung	Bedeutung
mysql>	Bereit für einen neuen Befehl.
->	Erwartet die nächste Zeile einer mehrzeiligen Befehlseingabe.
'>	Erwartet die nächste Zeile und die Vervollständigung eines Strings, der mit einem einfachen Anführungszeichen (''') begonnen wurde.
">	Erwartet die nächste Zeile und die Vervollständigung eines Strings, der mit einem doppelten Anführungszeichen ('"') begonnen wurde.
`>	Erwartet die nächste Zeile und die Vervollständigung eines Bezeichners, der mit einem Backtick (") begonnen wurde.
/*>	Erwartet die nächste Zeile und die Vervollständigung eines Kommentars, der mit /* begonnen wurde.

Tabelle 10.1: Die typischen Prompts des mysql-Clients. Quelle: *http://dev.mysql.com*

Anlegen einer Datenbank

Sie können nun leicht eine eigene Datenbank im System anlegen. Zunächst schauen wir einmal mithilfe des Befehls SHOW DATABASES nach, welche Datenbanken bereits zu finden sind:

```
mysql> SHOW DATABASES;
+--------------------+
| Database           |
+--------------------+
| information_schema |
| mysql              |
| phpmyadmin         |
+--------------------+
3 rows in set (0,00 sec)
```

Bei den obigen Datenbanken handelt es sich zunächst nur um Systemdatenbanken. Um eine neue Datenbank anzulegen, verwendet man den Befehl CREATE DATABASE. Im Hinblick auf das Beispiel des folgenden Abschnitts legen wir die Datenbank für eine Arztpraxis an:

```
mysql> CREATE DATABASE arztpraxis;
Query OK, 1 row affected (0,00 sec)

mysql> SHOW DATABASES;
+--------------------+
| Database           |
+--------------------+
| information_schema |
| arztpraxis         |
| mysql              |
| phpmyadmin         |
+--------------------+
...
```

Zum Weiterarbeiten

1. Suchen Sie die neu erstellte Datenbank mithilfe des Werkzeugs phpMyAdmin.

2. Erstellen Sie mit phpMyAdmin einen weiteren Benutzer, der auf die neu erstellte Datenbank zugreifen kann.

3. Finden Sie heraus, wie man mit phpMyAdmin Benutzer löschen kann.

10.2.3 Arbeiten mit Tabellen

Betrachten wir nun ein konkretes Beispiel: Ein Arzt möchte seinen Patientenstamm in Form zweier Tabellen verwalten.[6] Die erste Tabelle *Patienten* enthält den Kundenstamm, in der zweiten Tabelle *Indikationen* werden Diagnosen und Behandlungen zu den Patienten gespeichert. Folgende Abbildung zeigt die benötigte Struktur der Datenbank im Rahmen eines relationalen Datenbankmodells.

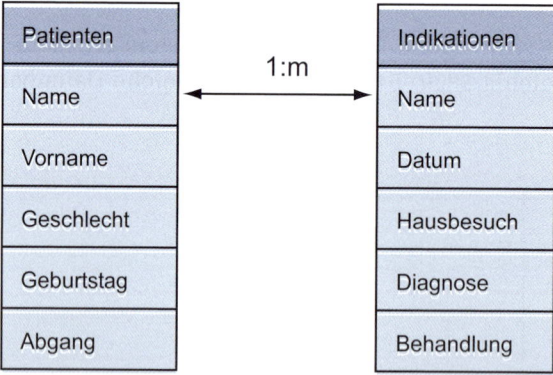

Abbildung 10.8: Modell einer einfachen Patientendatenbank: Die Tabellen *Patienten* und *Indikationen* stehen über eine 1:m-Relation zueinander in Beziehung.

---

6 Ein reales System ist mit Sicherheit um einiges komplexer. Zum prinzipiellen Verständnis genügt an dieser Stelle aber das vorliegende Beispiel.

Im letzten Abschnitt wurde bereits die Modelldatenbank *arztpraxis* erstellt. Nun muss dem System mitgeteilt werden, dass diese für die künftigen Aktionen zu verwenden ist. Das geschieht mithilfe des Befehls USE[7]:

```
mysql> USE arztpraxis;
Database changed
```

Zu Beginn ist die Datenbank leer, d.h., es existieren noch keine Tabellen in der Datenbank:

```
mysql> SHOW TABLES;
Empty set (0,00 sec)
```

Legen Sie also zunächst die zwei benötigten Tabellen an (vgl. ▶Abbildung 10.8):

```
mysql> CREATE TABLE patienten (name VARCHAR(20),
    -> vorname VARCHAR(20), geschlecht CHAR(1),
    -> geburtstag DATE, abgang DATE);
Query OK, 0 rows affected (0,01 sec)
mysql> CREATE TABLE indikationen (name VARCHAR(20),
    -> datum DATE, hausbesuch BOOL, diagnose VARCHAR(20),
    -> behandlung VARCHAR(20));
Query OK, 0 rows affected (0,00 sec)
```

Prüfen Sie anschließend, ob die Tabellen korrekt erstellt wurden:

```
mysql> SHOW TABLES;
+---------------------+
| Tables_in_arztpraxis |
+---------------------+
| indikationen        |
| patienten           |
+---------------------+
2 rows in set (0,00 sec)
```

```
mysql> DESCRIBE patienten;
+------------+-------------+------+-----+---------+-------+
| Field      | Type        | Null | Key | Default | Extra |
+------------+-------------+------+-----+---------+-------+
| name       | varchar(20) | YES  |     | NULL    |       |
| vorname    | varchar(20) | YES  |     | NULL    |       |
| geschlecht | char(1)     | YES  |     | NULL    |       |
| geburtstag | date        | YES  |     | NULL    |       |
| abgang     | date        | YES  |     | NULL    |       |
+------------+-------------+------+-----+---------+-------+
5 rows in set (0,00 sec)
```

```
mysql> DESCRIBE indikationen;
+------------+-------------+------+-----+---------+-------+
| Field      | Type        | Null | Key | Default | Extra |
+------------+-------------+------+-----+---------+-------+
| name       | varchar(20) | YES  |     | NULL    |       |
| datum      | date        | YES  |     | NULL    |       |
| hausbesuch | tinyint(1)  | YES  |     | NULL    |       |
| diagnose   | varchar(20) | YES  |     | NULL    |       |
| behandlung | varchar(20) | YES  |     | NULL    |       |
+------------+-------------+------+-----+---------+-------+
5 rows in set (0,01 sec)
```

---

7 Nach jedem Verlassen des Systems muss erneut durch den Befehl USE festgelegt werden, welche Datenbank aktuell zu verwenden ist.

Mithilfe des Befehls DESCRIBE können Sie folglich prüfen, ob die Datenfelder der Tabellen das gewünschte Format aufweisen.[8] Nicht gesetzte Werte werden automatisch mit dem Schlüsselwort NULL gekennzeichnet.

Nun gilt es die Tabellen mit Daten zu füllen. Das kann manuell aus der MySQL-Umgebung heraus erfolgen, bequemer geht es aber, wenn man die Daten zuvor in Form einer Textdatei erfasst.

Erstellen Sie im Heimverzeichnis des Standardbenutzers eine Textdatei mit dem Namen *patienten.txt*, die zunächst nur eine Zeile enthält:

```
Mayer    Herbert      m    1973-02-11    \N
```

Die einzelnen Daten sind durch Tabulatorzeichen voneinander getrennt. Die Zeichenkombination \N bedeutet den Wert NULL, d.h., es stehen zu diesem Datenfeld noch keine Informationen zur Verfügung. Das Datum muss die oben gezeigte spezielle Form aufweisen. Der Inhalt der Textdatei wird dann folgendermaßen in die Tabelle geladen:

```
mysql> LOAD DATA LOCAL INFILE 'patienten.txt' INTO TABLE patienten; Query OK, 1 row affected
(0,00 sec)
Records: 1  Deleted: 0  Skipped: 0  Warnings: 0
```

Möglicherweise ist der Pfad zur Datei *patienten.txt* anzupassen, in der virtuellen Lernumgebung genügt es, die Datei im Heimverzeichnis des Standardbenutzers abzulegen. Überzeugen Sie sich davon, dass der Inhalt übernommen wurde:

```
mysql> SELECT * FROM patienten;
+-------+---------+------------+------------+--------+
| name  | vorname | geschlecht | geburtstag | abgang |
+-------+---------+------------+------------+--------+
| Mayer | Herbert | m          | 1973-02-11 | NULL   |
+-------+---------+------------+------------+--------+
1 row in set (0,00 sec)
```

Um nun neue Datensätze in die Tabelle einzufügen, ergänzen Sie einfach die Textdatei *patienten.txt* um weitere Zeilen. Bevor Sie die geänderte Datei erneut importieren, sollten Sie zunächst den Testdatensatz löschen:

```
mysql> DELETE FROM patienten;
Query OK, 1 row affected (0,00 sec)
```

Entsprechende Testtabellen finden Sie im Begleitmaterial. Sie können Datensätze auch direkt im mysql-System anlegen:

```
mysql> INSERT INTO patienten
    -> VALUES ('Wartmann','Peter','m','1947-07-12',NULL);
Query OK, 1 row affected (0,00 sec)
```

Auf ähnliche Weise lassen sich auch Datensätze ändern:

```
mysql> UPDATE patienten SET geburtstag='1948-07-12' WHERE name='Wartmann';
Query OK, 1 row affected (0,00 sec)
Rows matched: 1  Changed: 1  Warnings: 0
```

---

8 Der Variablentyp BOOL (boolean) wird in der Datenbank als tinyint (tiny Integer) umgesetzt.

Zum Weiterarbeiten

Importieren Sie die Beispieltabellen des Begleitmaterials in Ihre Datenbank.

10.2.4 Abfragen durchführen

Nachdem Sie die Datenbank mit einigen Werten gefüllt haben, ist es an der Zeit, mit den Daten zu arbeiten, sprich: einige Abfragen durchzuführen. Dies geschieht mit der SELECT-Anweisung. Die Syntax des Befehls stellt sich folgendermaßen dar:

```
SELECT <Was soll abgefragt werden?>
FROM <Aus welcher Tabelle?>
WHERE <Welche Bedingungen sollen erfüllt werden?>;
```

SELECT und FROM sind zwingend erforderlich, die WHERE Bedingung ist optional.

Schauen wir uns zunächst einmal alle weiblichen Patienten in der Stammdatei an:

```
mysql> SELECT * FROM patienten WHERE geschlecht='w';
+-----------+---------+------------+------------+--------+
| name      | vorname | geschlecht | geburtstag | abgang |
+-----------+---------+------------+------------+--------+
| Menzinger | Elvira  | w          | 1962-07-04 | NULL   |
| Zach      | Petra   | w          | 1976-11-07 | NULL   |
+-----------+---------+------------+------------+--------+
2 rows in set (0,00 sec)
```

Möchte man alle Patienten ausfindig machen, die nach 1959 geboren wurden, so ist folgendermaßen vorzugehen:

```
mysql> SELECT * FROM patienten WHERE geburtstag>='1960-01-01';
+-----------+---------+------------+------------+--------+
| name      | vorname | geschlecht | geburtstag | abgang |
+-----------+---------+------------+------------+--------+
| Abraham   | Peter   | m          | 1984-01-03 | NULL   |
| Mayer     | Herbert | m          | 1973-02-11 | NULL   |
| Menzinger | Elvira  | w          | 1962-07-04 | NULL   |
| Zach      | Petra   | w          | 1976-11-07 | NULL   |
+-----------+---------+------------+------------+--------+
4 rows in set (0,00 sec)
```

Beachten Sie, dass Werte bzw. Zeichenketten stets in Ticks (') eingeschlossen werden. Die Suche kann mithilfe der logischen Befehle AND bzw. OR eingeschränkt oder erweitert werden:

```
mysql> SELECT * FROM patienten WHERE geburtstag>='1960-01-01'
    -> AND geschlecht='w';
+-----------+---------+------------+------------+--------+
| name      | vorname | geschlecht | geburtstag | abgang |
+-----------+---------+------------+------------+--------+
| Menzinger | Elvira  | w          | 1962-07-04 | NULL   |
| Zach      | Petra   | w          | 1976-11-07 | NULL   |
+-----------+---------+------------+------------+--------+
2 rows in set (0,00 sec)
```

Die Abfrage bestimmter Eigenschaften einer Tabelle geschieht folgendermaßen:

```
mysql> SELECT name,geburtstag FROM patienten;
```

Der obige Befehl generiert die Geburtstagsliste aller Patienten. Sollen nur die Geburtstage der männlichen Patienten ausgegeben werden, so geschieht das über folgenden Befehl:

```
mysql> SELECT name,geburtstag FROM patienten WHERE geschlecht='m';
```

Die Ausgaben der Befehle können auch geordnet erfolgen. Dies geschieht durch Verwendung der Schlüsselwörter ORDER BY:

```
mysql> SELECT name,geburtstag FROM patienten
    -> ORDER BY geburtstag;
```

Funktionen verwenden

MySQL bietet eine Vielzahl von integrierten Funktionen. Ein Beispiel ist die nachfolgend durchgeführte Berechnung des Alters der Patienten. Dabei wird über die Funktion CURDATE() zunächst das aktuelle Jahr bestimmt. Mithilfe der Funktion YEAR() wird die Differenz zwischen aktuellem Jahr und Geburtsjahr ermittelt. Das Schlüsselwort AS ordnet dabei das Funktionsergebnis dem sogenannten Alias jahre für die Ausgabe zu.

```
mysql> SELECT name, geburtstag, CURDATE(),
    -> YEAR(CURDATE())-YEAR(geburtstag)
    -> AS jahre FROM patienten;
+------------+------------+------------+-------+
| name       | geburtstag | CURDATE()  | jahre |
+------------+------------+------------+-------+
| Abraham    | 1984-01-03 | 2010-02-28 |    26 |
| Mayer      | 1973-02-11 | 2010-02-28 |    37 |
| Menzinger  | 1962-07-04 | 2010-02-28 |    48 |
| Habelah    | 1935-06-06 | 2010-02-28 |    75 |
| Zach       | 1976-11-07 | 2010-02-28 |    34 |
| Wartmann   | 1948-07-12 | 2010-02-28 |    62 |
+------------+------------+------------+-------+
6 rows in set (0,00 sec)
```

Die obige Bestimmung des Alters ist zunächst grob, da die genauen Geburtsdaten nicht berücksichtigt werden.

Zum Weiterarbeiten

Finden Sie heraus, wie man das exakte Alter eines Patienten unter der Berücksichtigung seines Geburtsdatums errechnen kann.

10.2.5 Tabellen und Relationen

Eine relationale Datenbank ist, wie bereits in Abschnitt *Grundbegriffe* erläutert, durch Verknüpfungen zwischen einzelnen Tabellen gekennzeichnet. Sehen wir uns zunächst einmal an, wie man Informationen aus zwei Tabellen gleichzeitig nutzt. Dazu verwenden wir wieder die beiden Beispieltabellen *patienten* und *indikationen*.

Wir interessieren uns dafür, welche Patienten bereits diagnostiziert wurden. Dazu wird eine Abfrage über beide Tabellen durchgeführt:

```
mysql> SELECT patienten.name, indikationen.diagnose
    -> FROM patienten, indikationen
    -> WHERE patienten.name=indikationen.name;
+-----------+-----------+
| name      | diagnose  |
+-----------+-----------+
| Abraham   | Grippe    |
| Abraham   | Mittelohr |
| Menzinger | Fraktur   |
| Menzinger | Fraktur   |
| Zach      | Rheuma    |
+-----------+-----------+
```

Auf die Attribute der unterschiedlichen Tabellen wird durch Anhängen der Ergänzung .<Tabellenname> zurückgegriffen. Die Schreibweise erinnert an die Verfahrensweise bei der objektorientierten Programmierung, vgl. *Kapitel 9*. Was mit den obigen Befehlen de facto durchgeführt wurde, ist eine Verknüpfung (ein sogenannter *Join*). Dies lässt sich auch mit dem gleichnamigen Schlüsselwort erledigen: Wenn Sie sich für eine komplette Übersicht über alle Patienten nebst den an ihnen vorgenommenen Behandlungen interessieren, dann geschieht dies gemäß des Befehls:

```
mysql> SELECT * FROM patienten
    -> LEFT JOIN indikationen ON
    -> patienten.name=indikationen.name;
```

Das Ergebnis des Befehls zeigt ▶Abbildung 10.9.

```
mysql> select * FROM patienten LEFT JOIN indikationen ON patienten.name=indikationen.name;
+-----------+---------+-----------+------------+------------+-----------+------------+------------+-----------+--------------+
| name      | vorname | geschlecht| geburtstag | abgang     | name      | datum      | hausbesuch | diagnose  | behandlung   |
+-----------+---------+-----------+------------+------------+-----------+------------+------------+-----------+--------------+
| Abraham   | Peter   | m         | 1984-01-03 | NULL       | Abraham   | 2010-07-11 |          1 | Grippe    | Aspirin      |
| Abraham   | Peter   | m         | 1984-01-03 | NULL       | Abraham   | 2010-09-12 |          0 | Mittelohr | Antibiotika  |
| Mayer     | Herbert | m         | 1973-02-11 | NULL       | NULL      | NULL       | NULL       | NULL      | NULL         |
| Menzinger | Elvira  | w         | 1962-07-04 | NULL       | Menzinger | 2010-08-01 |          0 | Fraktur   | Gips         |
| Menzinger | Elvira  | w         | 1962-07-04 | NULL       | Menzinger | 2010-08-09 |          0 | Fraktur   | Gips abnehmen|
| Habelah   | Heinz   | m         | 1935-06-06 | 2010-06-07 | NULL      | NULL       | NULL       | NULL      | NULL         |
| Zach      | Petra   | w         | 1976-11-07 | NULL       | Zach      | 2010-09-10 |          0 | Rheuma    | Katzenfell   |
| Wartmann  | Peter   | m         | 1948-07-12 | NULL       | NULL      | NULL       | NULL       | NULL      | NULL         |
+-----------+---------+-----------+------------+------------+-----------+------------+------------+-----------+--------------+
```

Abbildung 10.9: Ergebnis eines JOIN-Befehls: Die Inhalte zweier Tabellen werden verknüpft ausgegeben.

Mit dem LEFT JOIN-Befehl wird eine sogenannte linke Inklusionsverknüpfung erstellt. Linke Inklusionsverknüpfungen schließen alle Datensätze aus der ersten (linken) Tabelle ein, auch wenn keine entsprechenden Werte für Datensätze in der zweiten Tabelle existieren. Im vorliegenden Beispiel ist dieses Verhalten an den Zeilen der Patienten Mayer, Habelah und Wartmann ersichtlich.

Zum Weiterarbeiten

1. Informieren Sie sich über die verschiedenen Möglichkeiten, Tabellen mittels JOIN-Befehl zusammenzuführen.

2. Weitere relationale Operatoren sind die Befehle DIFFERENCE, DIVIDE, INTERSECT, PRODUCT, PROJECT und UNION. Ergründen Sie anhand einer Internetrecherche, was diese Befehle bewirken.

10.3 Schnittstellen zur Datenbank

Der Zugang zu einer Datenbank über das Kommandozeilentool mysql ist kompliziert und fehleranfällig, insbesondere dann, wenn die Anzahl der einzupflegenden Daten und Tabellen unüberschaubar wird. Der folgende Abschnitt stellt einige Werkzeuge und Schnittstellen vor, die den Umgang mit einer Datenbank erleichtern. Das Beispiel des folgenden Teilkapitels basiert auf dem Datenmaterial eines Tutorials zu relationalen Datenbanken auf *http://de.wikibooks.org/wiki/SQL*. Dank gebührt an dieser Stelle den Autoren, die sowohl das Tutorial als auch das Beispielmaterial zur freien Weiterverwendung unter GNU FDL/ Creative Commons License zur Verfügung gestellt haben. Bei der Beispieldatenbank handelt es sich um die Strukturierung der Abläufe in einer Autoversicherung. Nähere Informationen finden Sie auf der genannten Internetseite. Im vorliegenden Abschnitt geht es einzig und allein um den Zugriff auf die Daten und deren Manipulation und Verarbeitung mit verschiedenen Werkzeugen.

10.3.1 phpMyAdmin

Zur Administration der MySQL-Datenbank der virtuellen Lernumgebung haben Sie phpMyAdmin bereits beim Anlegen eines neuen Benutzers in Abschnitt *Erste Schritte* kennengelernt. Das Tool kann aber weit mehr: Mit seiner Hilfe lassen sich neue Datenbanken erstellen, einsehen und auch per SQL abfragen. Die dafür notwendigen Befehle haben Sie im vorangegangenen Abschnitt kennengelernt.

Skriptunterstützte Erstellung von Datenbanken

Zunächst soll eine neue Datenbank vorbereitet werden. Loggen Sie sich per Browser über den Link *localhost/phpmyadmin* in das phpMyAdmin-Frontend ein. Erstellen Sie eine neue Datenbank mit dem Namen *Versicherung*. Wählen Sie als Typ *Kollation*. Betätigen Sie anschließend den Knopf *Anlegen* (▶Abbildung 10.10).

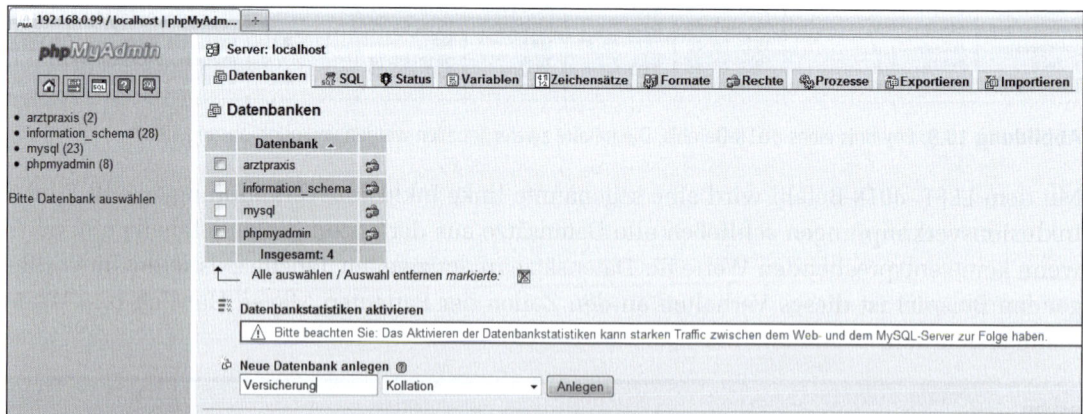

Abbildung 10.10: Der Zugriff auf die Datenbank in der virtuellen Lernumgebung kann auch per Browser aus dem Hostsystem heraus erfolgen, wenn Ihnen die IP-Adresse der virtuellen Netzwerkkarte bekannt ist, vgl. *Kapitel 6*. Im vorliegenden Fall wird die neue Datenbank *Versicherung* angelegt.

Das Erzeugen der Datentabellen sowie das Einpflegen der Stammdaten werden bequem per SQL-Skript erledigt. Das entsprechende Skript namens *versicherung.sql* finden Sie im Begleitmaterial. Die Tabellen der Datenbank werden am Anfang des Skripts angelegt:

```
/* Tabellen */
CREATE TABLE Versicherungsvertrag
    (ID                     INTEGER     NOT NULL AUTO_INCREMENT,
     Vertragsnummer         VARCHAR(20) NOT NULL,
     Abschlussdatum         DATE        NOT NULL,
     Art                    CHAR(2)     NOT NULL,
     Mitarbeiter_ID         INTEGER     NOT NULL,
     Fahrzeug_ID            INTEGER     NOT NULL,
     Versicherungsnehmer_ID INTEGER     NOT NULL,
     CONSTRAINT Versicherungsvertrag_PK  PRIMARY KEY (ID)
    );
...
```

Listing 10.1: Erzeugen der Tabellen durch das Skript *versicherung.sql*. Die vorliegende Tabelle wird mit einem Primärschlüssel (ID) versehen. Das Schlüsselwort CONSTRAINT sorgt dafür, dass ein Benutzer der Datenbank den angegebenen Schlüssel (ID) nicht verändern kann.

Nach der Definition der Tabellen folgen die eigentlichen Daten, die in folgender Form Eingang in das Skript finden:

```
/* Basisdaten */
INSERT INTO Fahrzeughersteller (NAME, LAND) VALUES ('Volkswagen', 'Deutsch-
land');
INSERT INTO Fahrzeughersteller (NAME, LAND) VALUES ('Opel', 'Deutschland');
INSERT INTO Fahrzeughersteller (NAME, LAND) VALUES ('Ford', 'Deutschland');
...
INSERT INTO Fahrzeugtyp (BEZEICHNUNG, HERSTELLER_ID) VALUES ('Polo', 1);
INSERT INTO Fahrzeugtyp (BEZEICHNUNG, HERSTELLER_ID) VALUES ('Golf', 1);
INSERT INTO Fahrzeugtyp (BEZEICHNUNG, HERSTELLER_ID) VALUES ('Passat', 1);
INSERT INTO Fahrzeugtyp (BEZEICHNUNG, HERSTELLER_ID) VALUES ('Kadett', 2);
...
```

Listing 10.2: Mit dem SQL-Befehl INSERT INTO werden die Daten über das Skript in die bestehenden Tabellen eingefügt.

Hinter dem Skript verbergen sich somit gewöhnliche SQL-Befehle, die Sie bereits in Abschnitt *Datenbankpraxis* kennengelernt haben.

Das Skript kann nun aus der phpMyAdmin-Oberfläche heraus aufgerufen werden. Dazu wählen Sie die neu angelegte Datenbank *Versicherung* aus und begeben sich zum Untermenü *Importieren*. Hier wird der Pfad zum Skript *versicherung.sql* angegeben. Die Skriptdatei muss in einem zugänglichen Bereich, also z.B. im Heimverzeichnis des Standardbenutzers der Lernumgebung, liegen. Durch Betätigen der Schaltfläche *OK* wird der Importvorgang schließlich gestartet.

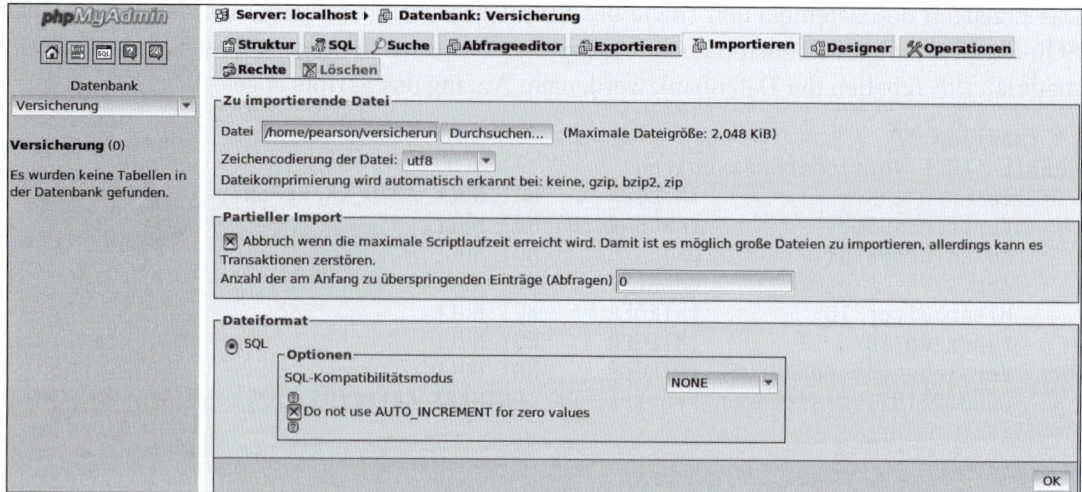

Abbildung 10.11: Importieren von Datentabellen über ein SQL-Skript

Abfragen durchführen

Nach dem Import stehen Ihnen die Daten zur Weiterverarbeitung zur Verfügung (▶Abbildung 10.12).

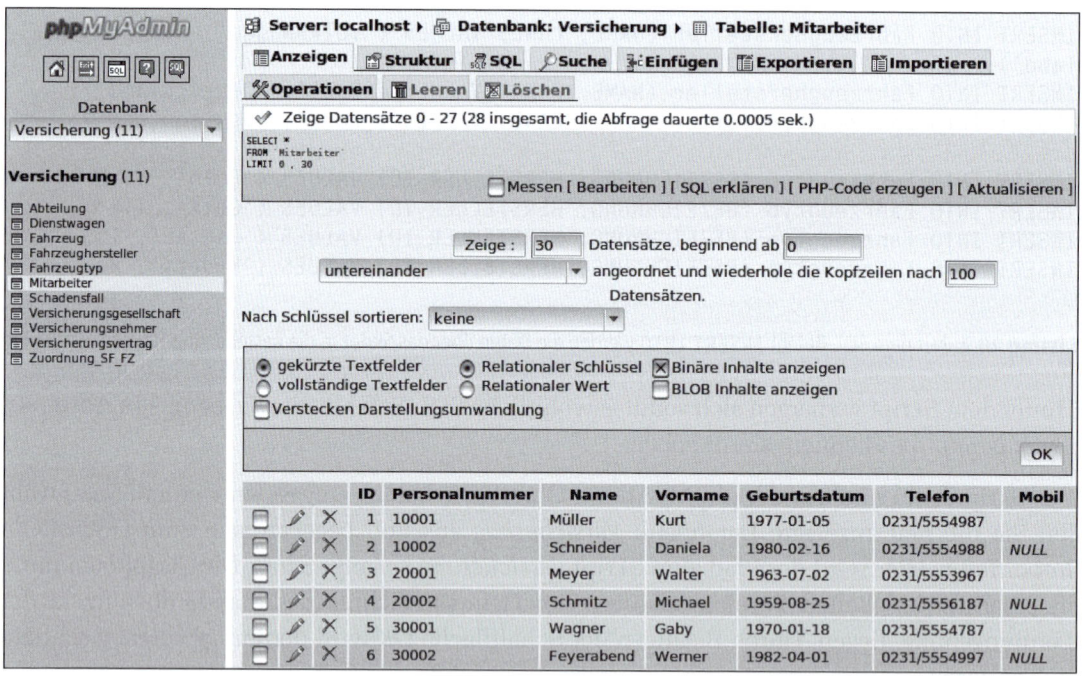

Abbildung 10.12: Aus der phpMyAdmin-Umgebung kann bequem auf die Daten der Datenbank zugegriffen werden.

Über den Reiter *SQL* gelangen Sie zu einem Frontend, das die direkte Eingabe von SQL-Befehlen gestattet. Testen Sie das Frontend durch die folgende komplexe Abfrage: Gesucht werden die Adresse, die Höhe des Gesamtschadens und die Anzahl der Schadensfälle von Versicherungsnehmern der Versicherung im Jahr 2008, die Unfälle über die Versicherung abgerechnet haben. Die zugehörige SQL-Abfrage innerhalb der Modelldatenbank lautet:

```
01 SELECT vn.Name,
02        vn.Vorname,
03        vn.Strasse,
04        vn.Hausnummer AS HNR,
05        vn.PLZ,
06        vn.Ort,
07        SUM(sf.Schadenshoehe) AS Gesamtschaden,
08        COUNT(sf.ID) AS Anzahl
09   FROM Versicherungsnehmer vn
10        JOIN Versicherungsvertrag vv
11          ON vv.Versicherungsnehmer_ID = vn.ID
12        JOIN Fahrzeug fz
13          ON fz.ID = vv.Fahrzeug_ID
14        JOIN Zuordnung_SF_FZ zu
15          ON zu.Fahrzeug_ID = fz.ID
16        JOIN Schadensfall sf
17          ON sf.ID = zu.Schadensfall_ID
18 WHERE EXTRACT(YEAR FROM sf.Datum) = 2008
19 GROUP BY vn.Name, vn.Vorname, vn.Strasse, vn.Hausnummer, vn.PLZ, vn.Ort
20 ORDER BY Gesamtschaden, Anzahl;
```

Listing 10.3: Komplexe SQL-Abfrage zu Schadensfällen: Das Beispiel demonstriert die Mächtigkeit der Sprache.

Erläuterung der Abfrage

In den Zeilen 1 bis 6 wird zunächst die Anschrift der Kunden aus der Tabelle *Versicherungsnehmer* (Kürzel: *vn*) entnommen. In Zeile 7 wird die Summe der eingereichten Schäden, in Zeile 8 die Anzahl der Schäden ermittelt. Über mehrere JOIN-Anweisungen werden in den Zeilen 10 bis 17 die notwendigen Verknüpfungen zu den für die Berechnung der Schadenshöhe und Schadensnummer relevanten Tabellen hergestellt. Das Ergebnis der Abfrage wird gruppiert nach Name, Vorname, Adresse und sortiert nach Gesamtschaden und Anzahl der Schäden ausgegeben (▶Abbildung 10.13).

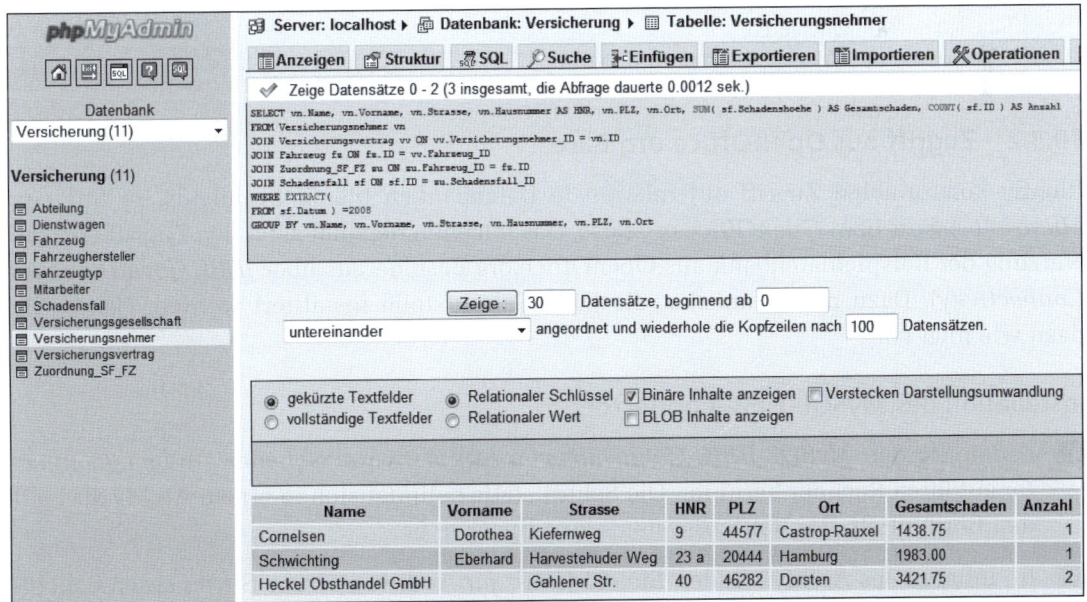

Abbildung 10.13: Ergebnis der SQL-Abfrage aus phpMyAdmin

Relationen herstellen

Im vorliegenden Beispiel lassen sich die Beziehungen zwischen den Tabellen über die mächtige Abfragesprache SQL auflösen. Wer die explizite Definition von Beziehungen im Stil moderner Werkzeuge bevorzugt, findet Hilfe in Form des *Designer-Tools* in der phpMyAdmin-Umgebung: Damit lassen sich Beziehungen zwischen Tabellen komfortabel her- und darstellen (▶Abbildung 10.14).

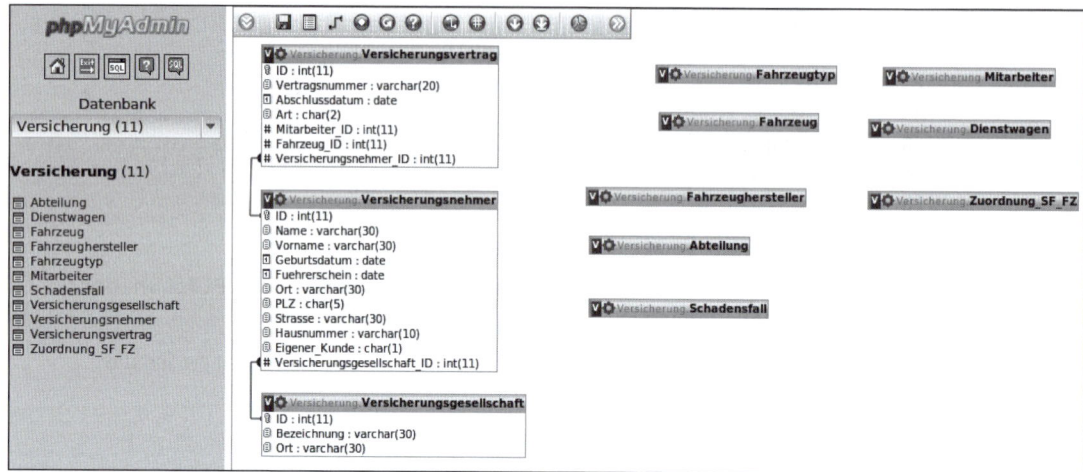

Abbildung 10.14: phpMyAdmin bietet in Form des Designer-Tools ein grafisches Werkzeug zur Erstellung von Relationen zwischen Tabellen.

Zum Weiterarbeiten

Arbeiten Sie das Tutorial zu SQL auf *http://de.wikibooks.org/wiki/SQL* durch und testen Sie die dort vorgestellten Abfragen in der Lernumgebung. Versuchen Sie insbesondere auch, die Relationen zwischen den Tabellen nachzumodellieren.

10.3.2   Zugriff aus OpenOffice.org Base

Richtig komfortablen Zugriff auf relationale Datenbanken bieten Frontends im Stil von *Microsoft Access* bzw. *OpenOffice.org Base*. Das folgende Beispiel zeigt den Zugriff und die Nutzung der Beispieldatenbank aus OpenOffice.org Base heraus über *JDBC* (*Java Database Connectivity*). Dazu muss zunächst die JDBC-Schnittstelle installiert werden. Gehen Sie dazu wie folgt vor:

Installation des MySQL-JDBC-Connectors

1. Laden Sie den *MySQL-JDBC Connector* von *http://www.mysql.com/products/connector* auf Ihren Rechner herunter. Die Schnittstelle befindet sich in einem Archiv, das mit den Bordmitteln des Betriebssystems zu entpacken ist.

2. Im Inneren des Archivs finden Sie ein Java-*.jar* Archiv, welches Sie an einen beliebigen Ort im System (am besten in einen Unterordner *jdbc* in Ihr Heimverzeichnis) kopieren.

3. Die Java-Bibliothek muss nun in OpenOffice.org angemeldet werden. Begeben Sie sich dazu in das Menü *Extras/Optionen/OpenOffice.org/Java*. Über den Link *Class Path* muss nun der Pfad zur *.jar*-Datei definiert werden (▶Abbildung 10.15). Bestätigen Sie die Eingabe mit *OK* und starten Sie OpenOffice neu.

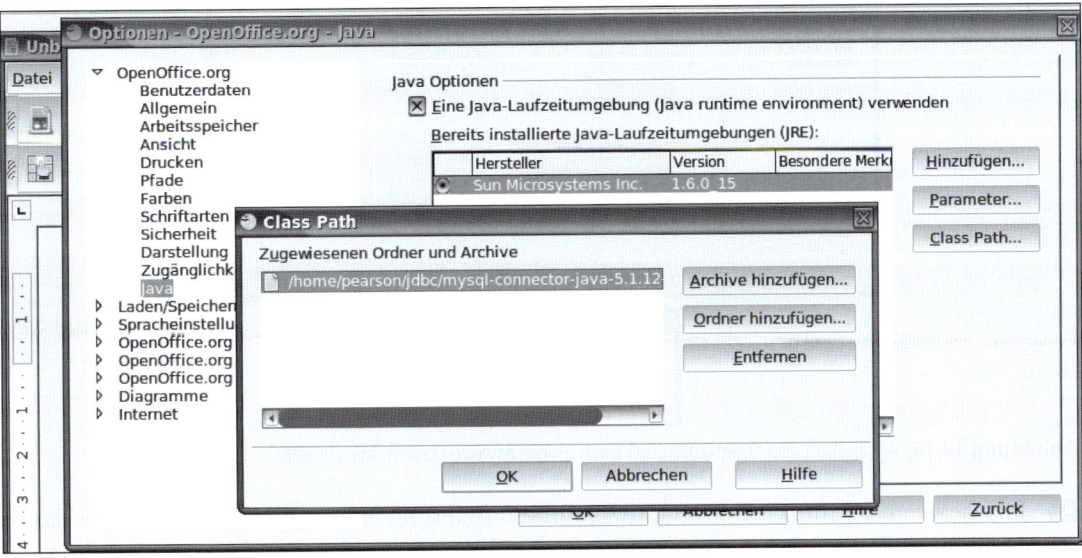

Abbildung 10.15: Einbinden des MySQL-JDBC-Connectors in OpenOffice.org

Zugriff auf eine MySQL-Datenbank

Nun kann der Zugriff auf die Beispieldatenbank mit dem Base-Frontend erfolgen. Gehen Sie dazu folgendermaßen vor:

1. Starten Sie OpenOffice.org Base über das Menü *Anwendungen/Büro/OpenOffice.org Datenbank*.

2. Wählen Sie den Punkt *Verbindung zu einer Datenbank herstellen* und dort als Typ *MySQL*.

3. Im nächsten Schritt wird der Schnittstellentyp ausgewählt. Wählen Sie an dieser Stelle *JDBC* aus.[9]

4. Nun wird die Verbindung zur Datenbank getestet. Geben Sie im folgenden Dialog den Namen der Datenbank sowie des Rechners ein, auf welchem sich die Datenbank befindet. Dies sollte in der Regel *localhost* sein. Testen Sie die Anbindung an den Treiber durch Betätigen der Schaltfläche *Klasse testen* (▶Abbildung 10.16).

---

9 Auf Windows-Systemen wird an dieser Stelle in der Regel *ODBC* (Open Database Connectivity) ausgewählt.

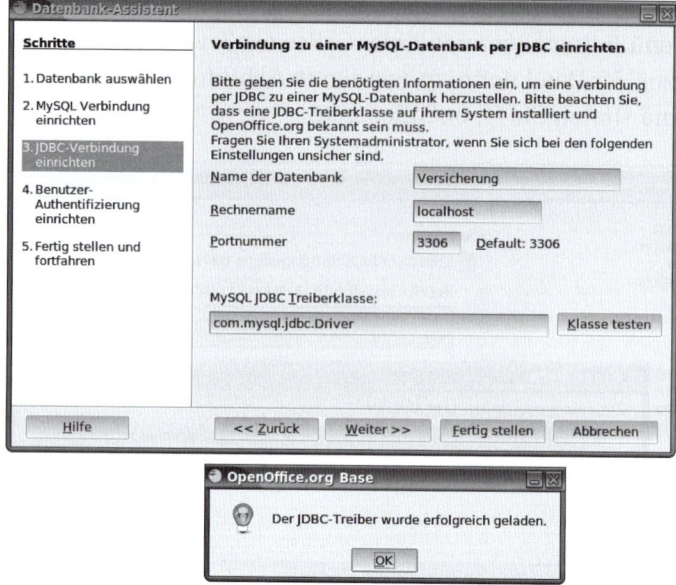

Abbildung 10.16: Anbindung von OpenOffice.org Base an die MySQL-Datenbank via JDBC

5. Im nächsten Schritt wird die Benutzerauthentifizierung eingerichtet. Geben Sie an dieser Stelle Ihren Benutzernamen ein und markieren Sie das Feld *Kennwort erforderlich*. Auch an dieser Stelle haben Sie die Gelegenheit, die Verbindung zur Datenbank zu testen.

6. Schließlich haben Sie noch die Gelegenheit, die bestehende Datenbank permanent im OpenOffice.org-System anzumelden. Ganz zum Schluss wird die Datenbankverbindung als OpenOffice.org Base-Dokument abgespeichert.

Nach dem Speichern stehen die Tabellen der Datenbank in der OpenOffice.org Base-Umgebung zur weiteren Bearbeitung bereit. Sie haben nun Gelegenheit, weitere Datensätze in die Datenbank einzupflegen (▶Abbildung 10.17).

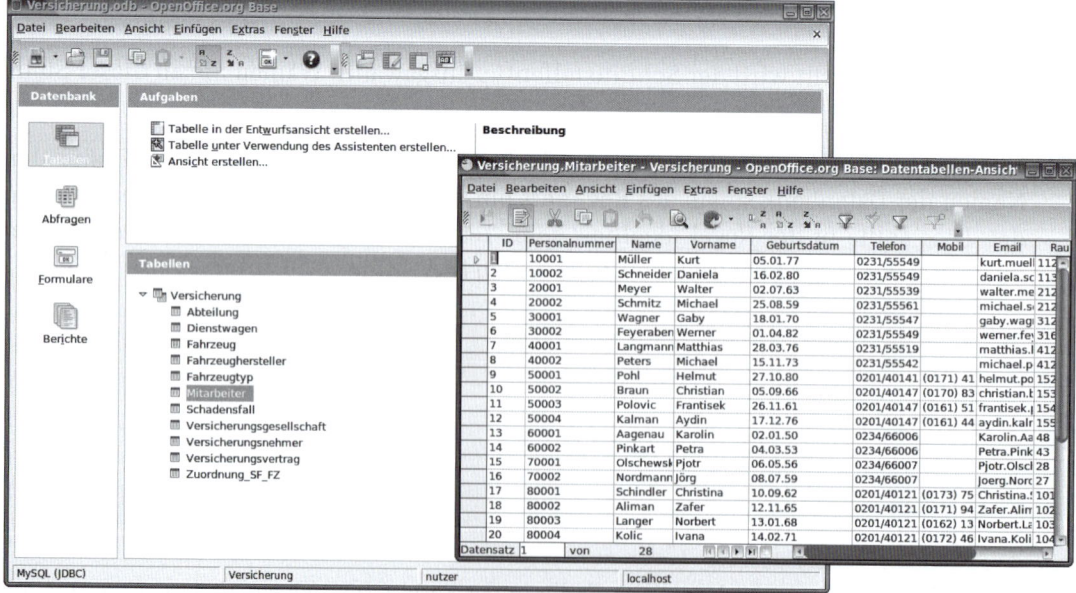

Abbildung 10.17: In der OpenOffice.org Base-Umgebung kann bequem auf die MySQL-Datenbank zugegriffen werden.

Schließlich noch ein Wort zu den Relationen zwischen den Tabellen: In der Modelldatenbank sind zunächst noch keine Relationen vorhanden, da diese prinzipiell über die SQL-Abfrage hergestellt werden. Sollen Relationen in der OpenOffice.org Base-Umgebung hergestellt werden, so gelingt das bei der Anbindung an MySQL nicht mithilfe des Base-Werkzeugs (Menüpunkt *Extras/Relationen*). Die Definition von Relationen muss vielmehr über die phpMyAdmin-Schnittstelle durch Direktzugriff auf die Datenbank erfolgen. Dies lässt sich aber leicht mit dem integrierten Designer erledigen, vgl. Abschnitt *phpMyAdmin*.

10.3.3 Zugriff aus einem Java-Programm per JDBC

Abschließend sehen wir uns noch an, wie man mit ein paar Zeilen Java-Code spielend leicht auf eine MySQL-Datenbank zugreifen und Abfragen durchführen kann. Dazu bedient man sich des *JDBC-Connectors*, den Sie bereits aus dem letzten Abschnitt kennen. Kopieren Sie zunächst das *.jar*-Archiv, in welchem der Connector enthalten ist, in das entsprechende Unterverzeichnis im Java-Klassenpfad. Dieses liegt in der Lernumgebung im Verzeichnis */usr/lib/jvm/<Javaversion>/jre/lib/ext*:[10]

```
sudo cp mysql-connector-java-<Version>-bin.jar
/usr/lib/jvm/<Javaversion>/jre/lib/ext
```

Mithilfe des folgenden Java-Programms können Sie nun den Zugriff auf eine bestehende MySQL-Datenbank testen:

```
01 import java.sql.*;
02 public class MySQLAbfrage {
03   public static void main(String args[]){
04     Connection con = null;
05     Statement stmt = null;
06     ResultSet rs = null;
07     try {
08       Class.forName( "com.mysql.jdbc.Driver" );
09     }
10     catch ( ClassNotFoundException e ) {
11       e.printStackTrace();
12       System.exit(1);
13     }
14     try{
15     con = DriverManager.getConnection("jdbc:mysql://localhost/
       Versicherung","<Benutzername>","<Passwort>" );
16       stmt = con.createStatement();
17       rs = stmt.executeQuery("SELECT Name, Vorname FROM Mitarbeiter
         ORDER BY Name");
18       while ( rs.next() ){
19         System.out.println("Name: "+rs.getString(1)+", Vorname:
           "+rs.getString(2));
20       }
21       rs.close();
22       stmt.close();
23       con.close();
24     }
25     catch ( SQLException e ){
```

---

10 Der Unterpfad kann in Abhängigkeit von der verwendeten Java Virtual Machine unterschiedlich heißen.

```
26        e.printStackTrace();
27         System.exit(1);
28      }
29    }
30 }
```

Listing 10.4: Abfrage einer MySQL-Datenbank aus einem Java-Programm heraus. Die Kombination Datenbankname/Benutzer/Passwort (Zeile 15) ist den vorliegenden Gegebenheiten anzupassen.

Erläuterung des Listings

Zu Beginn des Programms werden die Java-Bibliotheken *java.sql.** importiert (Zeile 1). In der `main`-Klasse werden in den Zeilen 4 bis 6 verschiedene Variablen der Klassentypen `Connection`, `Statement` und `ResultSet` festgelegt. Die Variable `con` (Typ: `Connection`) wird in Zeile 15 dafür verwendet, eine Verbindung zum MySQL-Server aufzubauen. Dabei sind Servername sowie Benutzername und Passwort (im Modellsystem: „nutzer/nutzer") zu übergeben. Mithilfe der Variablen `stmt` (Typ: `Statement`) wird die eigentliche SQL-Abfrage übergeben (Zeile 17). Deren Ergebnis wird in der Variablen `rs` (Typ: `ResultSet`) abgelegt. In den Zeilen 18 bis 20 werden die Ergebnisse der Datenbankabfrage, die in der Variablen `rs` enthalten sind, mithilfe der `getString`-Methode ausgelesen und ausgegeben. Alle offenen Verbindungen werden in den Zeilen 21 bis 23 wieder geschlossen. Das Ergebnis der Abfrage zeigt ▶Abbildung 10.18.

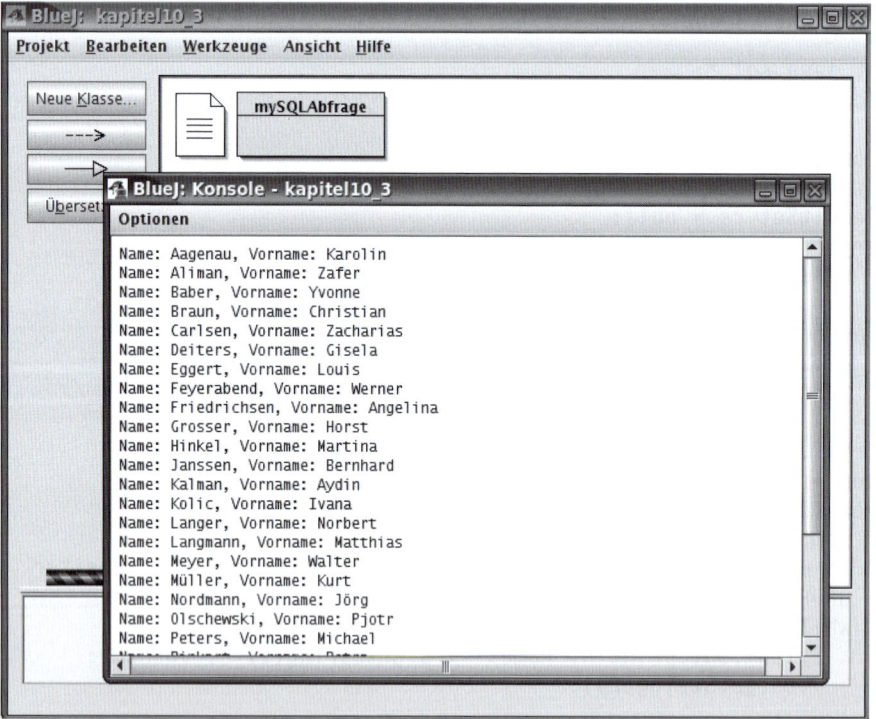

Abbildung 10.18: Mithilfe der JDBC-Schnittstelle lassen sich bequem SQL-Abfragen aus vorhandenen Datenbanken durchführen.

Zum Weiterarbeiten

Testen Sie die JDBC-Schnittstelle anhand weiterer Abfragen in Verbindung mit den vorgestellten Beispieldatenbanken.

Z U S A M M E N F A S S U N G

- In **Datenbanksystemen (DBS)** werden Informationen **konsistent** und mit **minimaler Redundanz** abgespeichert. Die Verwaltung einer Datenbank erfolgt in einem Datenbankmanagementsystem.

- Eine Datenbank bildet **Entitäten** (Objekte des realen Lebens) in Form einer Datenstruktur ab. Die **Datensätze** werden in **Tabellen** zusammengefasst, die zur Redundanzminimierung über **Relationen** miteinander verknüpft sind.

- Die wichtigsten Datenbanktypen bzw. -modelle sind: **hierarchische Datenbank**, **Netzwerk-Datenbank**, **relationale Datenbank**, **Entity-Relationship(ER)-Datenbank** sowie **objektorientierte Datenbank**. Moderne Datenbanken werden meist als Kombination aus ER- und objektorientiertem Modell realisiert.

- Eine Datenbank besteht aus drei Schichten: der **Präsentationsschicht**, der **Geschäftsschicht** und der **Datenbankschicht**. In modernen Datenbanksystemen werden die drei Schichten auf unterschiedliche Hardwarebereiche verteilt. Im Falle der **webbasierten Datenbank** lässt sich die Datenbank per Browser administrieren und nutzen.

- Die **Middleware** ist eine standardisierte Schnittstelle zwischen Datenbankanwendung und Datenbank. Prominente Vertreter sind **ODBC (Open Database Connectivity** und **JDBC (Java Database Connectivity)**.

- Die Datenbanksprache SQL (Structured Query Language) erlaubt die gezielte Bearbeitung und Abfrage von SQL-basierten Datenbanken. Sie lässt sich in Verbindung mit einer Vielzahl moderner Datenbankfrontends einsetzen.

- Das **LAMP(Linux-Apache-MySQL-PHP)**-System ist ein weit verbreitetes webbasiertes Datenbanksystem. Damit lassen sich browsergestützt relationale Datenbanken anlegen, verwalten und abfragen.

- Eine **SQL-Abfrage** erfolgt in der Form **SELECT <Tabelle> FROM <Datenbank> WHERE <Bedingungen>**. Die **WHERE**-Klausel ist dabei optional.

- **Relationen** zwischen Tabellen werden bei SQL in der Regel durch die Abfrage selbst hergestellt. Ein wesentlicher Befehl zur Herstellung von Relationen ist der Befehl **JOIN**.

- Als **Schnittstellen** zur MySQL-Datenbank bieten sich phpMyAdmin sowie das OpenOffice.org Base-Programm an. Java-Programmierer können mithilfe der JDBC-Schnittstelle auf die MySQL-Datenbank zugreifen.

Z U S A M M E N F A S S U N G

Hardware

11

ÜBERBLICK

>> Es ist an der Zeit, den Dingen auf den Grund zu gehen: Was geschieht im Inneren einer CPU? Aus welchen Bausteinen sind die Schaltungen zusammengesetzt, die das Herz eines Computers ausmachen? In diesem Kapitel lernen Sie die inneren, strukturellen Elemente eines Computers und deren Funktionsweise kennen. Schritt für Schritt wird aus den kleinsten Einheiten, den Transistoren, das Rechenwerk eines modernen PC entwickelt.

Damit es nicht bei der trockenen Theorie bleibt, werden Sie den Großteil der besprochenen Schaltungen mit entsprechender Software virtuell ausprobieren. Dabei werden die Programme *KTechlab* und *KSimus* eingesetzt, die Sie auch im der virtuellen Lernumgebung im Anwendungsmenü *Wissenschaft* finden. Die Bedienungsanleitung zu den Programmen finden Sie im *Anhang*. <<

11.1 Grundlagen der Hardwaretechnik

Transistor

Der Transistor ist ein elektronisches Bauelement, das als Schalter oder Verstärker eingesetzt wird. Der Begriff *Transistor* ist dabei die Abkürzung aus *Transfer* und *Resistor*, was sinngemäß *veränderlicher Widerstand* bedeutet: Mithilfe eines kleinen Stroms lässt sich der elektrische Widerstand des Bauteils präzise steuern.

Der Transistor wurde in seiner Urform 1925 von JULIUS EDGAR LILIENFELD entwickelt und patentiert und später von den amerikanischen Wissenschaftlern W. SHOCKLEY, J. BARDEEN und W. BRATTAIN als *Bipolar-Transistor* weiterentwickelt. Die drei Wissenschaftler erhielten für ihre Entwicklung im Jahr 1956 den Nobelpreis. Auf dem Bipolar-Transistor basiert auch heute noch die Mehrzahl aller im Computerbereich eingesetzten Transistortypen.

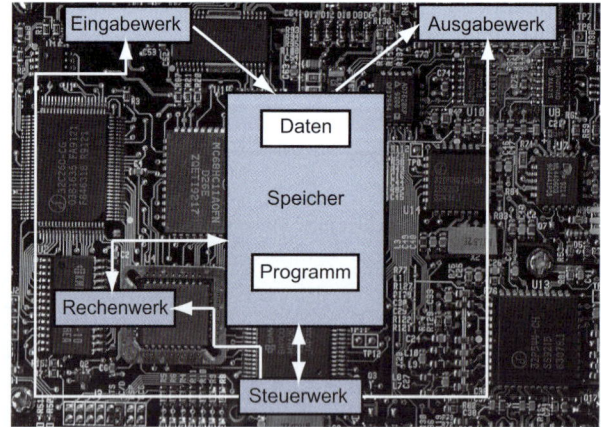

11.1.1 Die Physik des Transistors

Der Siegeszug des Computers in Wissenschaft, Technik und im heimischen Bereich gründet auf der Erfindung eines einzigen Bauteils: Durch die Entwicklung des Transistors gelang es, die Schaltelemente *Relais* und *Elektronenröhre* vollständig zu ersetzen und die Anzahl der Schaltzyklen pro Sekunde sowie die Integrationsdichte von Computerschaltkreisen in schwindelerregende Höhen zu treiben. Der Vorteil des Transistors liegt auf der Hand: Er besitzt im Gegensatz zum Relais keine beweglichen, mechanischen Teile und entwickelt im Vergleich zur Elektronenröhre deutlich weniger Abwärme. Dazu kommt eine lange Lebensdauer. Wie aber ist ein Transistor aufgebaut, und was geschieht in seinem Inneren? Betrachten Sie dazu die folgende ▶Abbildung 11.1.

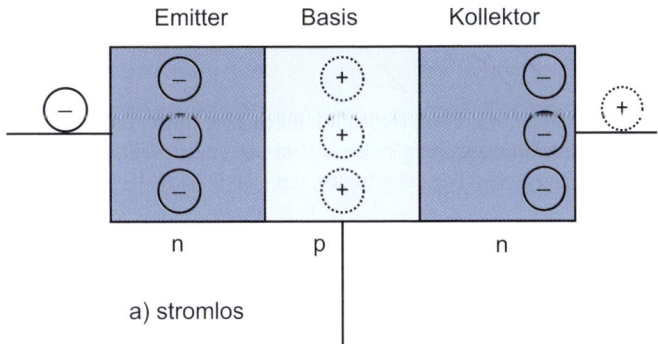

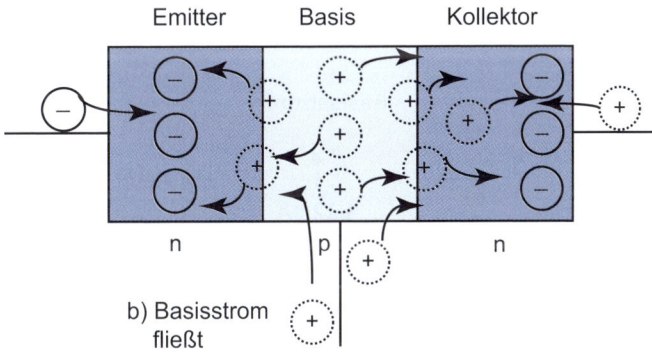

Abbildung 11.1: Physikalische Vorgänge im Inneren eines npn-Transistors

Ein Transistor besteht aus drei Halbleiterschichten, die aneinandergrenzen. Die n-Schicht enthält überwiegend negative Ladungsträger, die *Elektronen*. In der p-Schicht herrscht Elektronenmangel. Es bilden sich dort positive Raumladungsbereiche, sogenannte *Löcher*, aus. Im stromlosen Zustand gleichen sich die Ladungen an der Grenzschicht *Emitter/Basis* und *Basis/Kollektor* aus, sodass zwei ladungsträgerfreie Zonen entstehen, die einen sehr hohen elektrischen Widerstand besitzen. Dadurch kann kein Strom zwischen Emitter und Kollektor fließen (Abbildung 11.1, Teil a).

Legt man nun einen (positiven) Strom an der Basis an, so wird diese mit positiven Löchern überschwemmt. Der Emitter-Basis- bzw. Kollektor-Basis-Übergang wird leitend, und ein Strom kann vom Emitter zum Kollektor fließen (Abbildung 11.1, Teil b).

Stellen Sie sich das Ganze so vor, als würde man mit einem kleinen Bächlein über einen ausgeklügelten Mechanismus einen großen Fluss steuern. Die kleinste Änderung im Bächlein ruft simultan eine große Änderung im Fluss hervor (▶Abbildung 11.2).

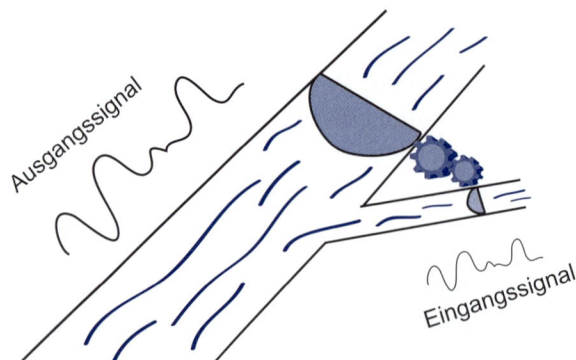

Abbildung 11.2: Signalverstärkung am Transistor, verdeutlich durch zwei Flüsse: Das Wehr im kleinen Bach ist mit dem Wehr im Fluss gekoppelt. Jede kleine Stromänderung im Bach wirkt sich um ein Vielfaches im Fluss aus. Dadurch wird das Verhalten des Stroms im Bach auf den großen Fluss übertragen, das ursprüngliche (Eingangs-)Signal wird verstärkt.

In der Praxis lässt sich eine einfache Transistorverstärkerschaltung mithilfe des KTechlab-Simulators in der virtuellen Lernumgebung folgendermaßen realisieren (▶Abbildung 11.3):

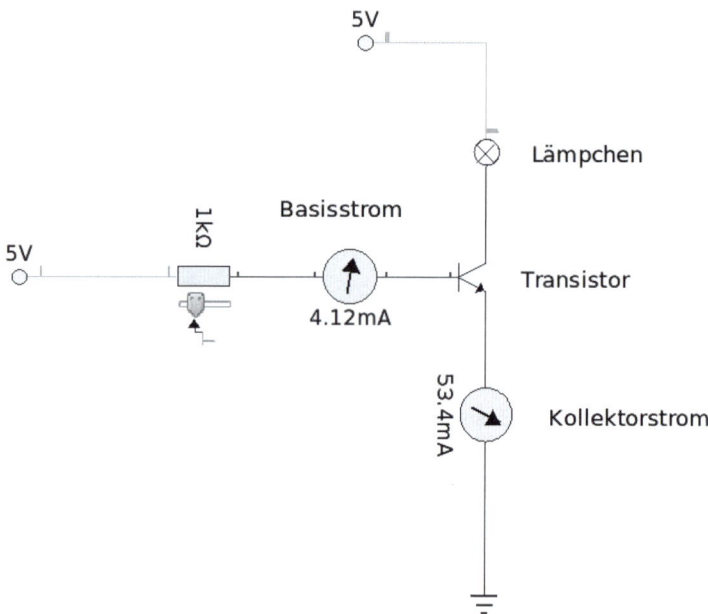

Abbildung 11.3: Einfache Transistorschaltung, simuliert mit KTechlab

Über den variablen Widerstand wird der *Basisstrom* des Transistors gesteuert. Das Lämpchen im Kollektor-/Emitterkreis beginnt dann zu leuchten, wenn der Basisstrom eine Grenze, die in der Größenordnung von wenigen Milliampere liegt, überschreitet. Dann fließt im Kollektorkreis ein Strom, der ca. um den Faktor 10 größer ist als der Basisstrom.

Übungen

1. Bauen Sie die Transistorschaltung aus Abbildung 11.3 mithilfe von KTechlab nach.

2. Könnte man die Schaltung auch mit einer einzigen Spannungsquelle realisieren? Entwickeln Sie ggf. eine entsprechende Schaltung.

Mit den beschriebenen Eigenschaften eines Transistors lassen sich nun in einfacher Weise masselose Schalter realisieren, die sich mit sehr kleinen Strömen steuern lassen.

11.1.2 Logische Gatter

Für den Informatiker von besonderem Interesse sind Schaltungen, mit deren Hilfe man die logischen Grundfunktionen AND[1] (UND), OR (ODER) und NOT (NICHT) realisieren kann. Der folgende Abschnitt zeigt, wie diese mithilfe von Transistorschaltungen realisiert werden.

AND- und NAND-Gatter

Das logische AND wird durch die folgende Wertetabelle beschrieben:

Eingang a	Eingang b	Ausgang A
0	0	0
1	0	0
0	1	0
1	1	1

Tabelle 11.1: Logiktabelle der AND-Funktion: Nur wenn beide Eingänge wahr sind, ist auch das Ergebnis am Ausgang wahr.

Praktisch kann man sich die AND-Funktion (in der Fachsprache auch *Konjunktion* genannt) durch zwei hintereinanderliegende Schalter realisiert vorstellen. Die Lampe in ▶Abbildung 11.4 brennt nur dann, wenn beide Schalter geschlossen sind.

Abbildung 11.4: Realisierung der AND-Schaltung mit einfachen Schaltern

---

1 Der Einfachheit halber und dem internationalen Standard entsprechend werden nachfolgend alle Gatter in der englischen Bezeichnung beschrieben.

Zur Umsetzung der Schaltung mithilfe von Transistoren geht man folgendermaßen vor:

Es ist zunächst einfacher, ein NAND-Gatter zu realisieren. Betrachten Sie dazu folgende Schaltung:

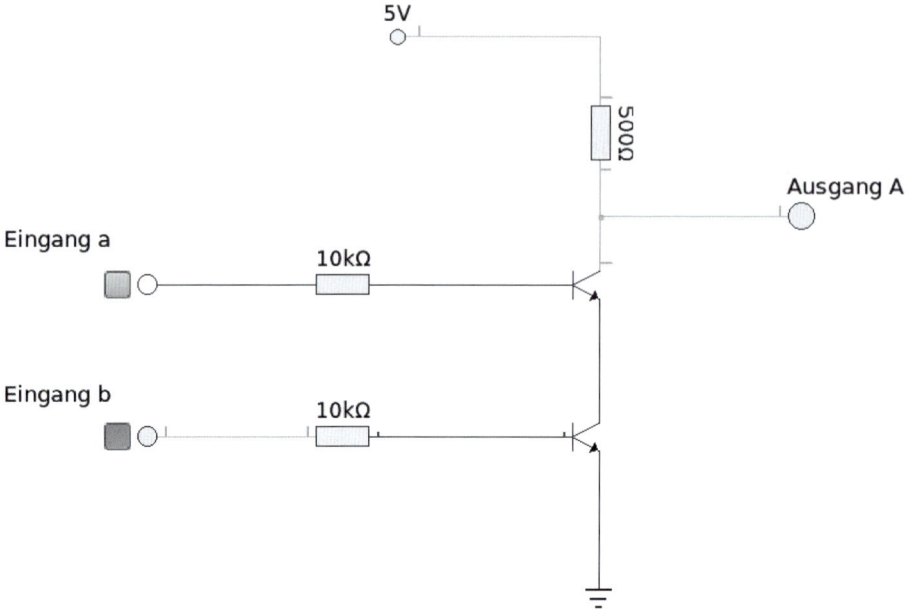

Abbildung 11.5: Umsetzung der NAND-Schaltung: Am Ausgang A liegt dann kein Signal an, wenn sowohl am Eingang a als auch am Eingang b eine Spannung anliegt.

Die Logiktabelle des NAND-Bausteins sieht folgendermaßen aus:

Eingang a	Eingang b	Ausgang A
0	0	1
1	0	1
0	1	1
1	1	0

Tabelle 11.2: Logiktabelle des NAND-Gatters

Das NAND-Gatter bietet somit genau die inverse Funktionalität des AND-Gatters. Um zu einen AND-Gatter zu gelangen, wendet man folgenden Trick an: Man schaltet zwei NAND-Gatter hintereinander und koppelt den Ausgang des ersten Gatters in beide Eingänge des zweiten Gatters. Folgende Abbildung zeigt die Umsetzung mittels KSimus:

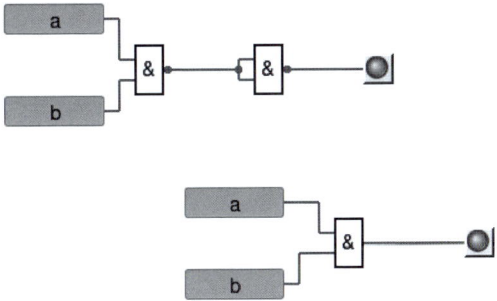

Abbildung 11.6: Umsetzung eines AND-Gatters mit zwei hintereinandergeschalteten NAND-Bausteinen. Als Schaltsymbol wird das „&"-Zeichen verwendet, die Invertierung des Ausgangssignals wird durch einen Punkt am Ausgang des NAND-Bausteins symbolisiert. Der untere Teil zeigt die gleiche Schaltung, realisiert mit einem AND-Baustein.

Übungen

1. Testen Sie die vorgestellten Schaltungen sowohl in KTechlab als auch in KSimus.

2. Entwickeln Sie eine Schaltung, die die NOT-Funktion umsetzt. Die NOT-Funktion wird durch die folgende Logiktabelle beschrieben:

Eingang a	Ausgang A
0	1
1	0

OR-Gatter

Die OR-Funktion, auch *Disjunktion* genannt, entspricht der parallelen Anordnung zweier Schalter:

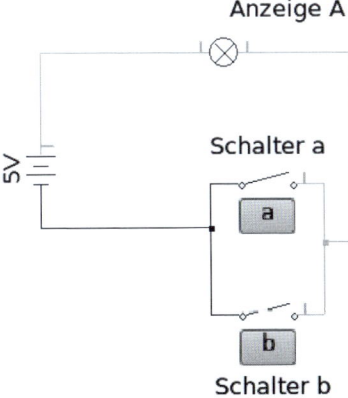

Abbildung 11.7: Die OR-Funktion, realisiert über Schalter: An der Lampe liegt eine Spannung an, wenn einer der beiden Schalter oder beide Schalter gleichzeitig geschlossen sind.

Die OR-Funktion wird durch die folgende Logiktabelle beschrieben:

Eingang a	Eingang b	Ausgang A
0	0	0
1	0	1
0	1	1
1	1	1

Tabelle 11.3: Logiktabelle der OR-Funktion: Das Signal am Ausgang ist wahr, wenn entweder der eine, der andere oder auch beide Eingänge auf „wahr" gesetzt sind. Die Funktion unterscheidet sich somit vom umgangssprachlichen Oder, das mehr im Sinne von „Entweder-oder" zu verstehen ist.

Auch die OR-Funktion lässt sich mit NAND-Bausteinen realisieren. Dazu bedient man sich eines Satzes aus der Logik, den DE MORGANschen Regeln. Wird die AND-Funktion mit dem Symbol ∧, die OR-Funktion mit dem Symbol ∨ und die Negation mit einem Strich symbolisiert, so gilt:

$$\overline{a \vee b} = \overline{a} \wedge \overline{b} \qquad \text{(DE MORGAN I)}$$

$$\overline{a \wedge b} = \overline{a} \vee \overline{b} \qquad \text{(DE MORGAN II)}$$

Wie man sieht, entspricht die linke Seite der zweiten DE MORGANschen Regel gerade der Funktion des NAND-Bausteins. Koppelt man statt der Signale a und b deren Negation in den NAND-Baustein, so erhält man die Funktion des OR-Gatters. Die Umsetzung zeigt ▶Abbildung 11.8:

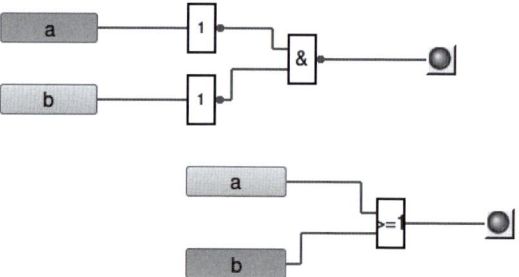

Abbildung 11.8: Umsetzung der OR-Schaltung mit NOT- und NAND-Bausteinen. Im unteren Bildteil wurde die gleiche Schaltung unter Verwendung eines OR-Bausteins (Schaltsymbol: > = 1) realisiert.

Übungen

1. Testen Sie die vorgestellten Schaltungen zur Realisierung der OR-Funktion mit der Simulationssoftware.

2. Beweisen Sie die DE MORGAN-Regeln mithilfe einer booleschen Tabelle. Die Tabelle sollte folgende Struktur haben:

a	b	$\bar{a}$	$\bar{b}$	$\overline{a \wedge b}$	$\overline{a \vee b}$
1	0	0	1	1	0
…	…	…	…	…	…

3. Entwickeln Sie die Schaltung für einen *Komparator*: Dieser vergleicht zwei Bits und liefert am Ausgang das Signal 1, falls beide Bits den gleichen Wert haben.

11.2 Schaltnetze

Schaltnetz

Ein *Schaltnetz* ist ein Verbund logischer Gatter, mit dessen Hilfe boolesche Funktionen realisiert werden können. Das Ergebnis der Berechnung liegt im Gegensatz zu *Schaltwerken* unmittelbar nach Eingabe der Eingangssignale am Ausgang an. Man spricht in diesem Fall auch von *paralleler Signalverarbeitung*.

Mit den im letzten Abschnitt vorgestellten Logikbausteinen können nun erste Schaltungen realisiert werden. Wir beginnen mit einer einfachen Rechenschaltung, dem *Halbaddierer*. Zur Erstellung der Logikfunktionen werden die Zeichen $\wedge$ (Konjunktion, „UND/AND") und $\vee$ (Disjunktion, „ODER/OR") verwendet.

11.2.1 Halbaddierer

Der Halbaddierer kann zwei Bits addieren und darüber hinaus einen eventuell bei der Addition auftretenden Übertrag anzeigen. Wenn man so will, ist der Halbaddierer ein um einen Übertragsausgang ergänztes AND-Gatter.

Die Logiktabelle eines Halbaddierers sieht folgendermaßen aus:

Eingang a	Eingang b	Summe s	Übertrag ü
0	0	0	0
1	0	1	0
0	1	1	0
1	1	0	1

Tabelle 11.4: Logiktabelle des Halbaddierers: Lediglich bei der Addition von 1 und 1 wird ein Übertrag erzeugt.

Die Zeilen der Tabelle werden bezüglich ihrer logischen Struktur analysiert.

■ Ein Übertrag tritt auf, wenn *a und b* auf 1 gesetzt sind. In der Schreibweise der Logik lautet die Bedingung $ü = a \wedge b$. Der Übertrag wird folglich mit einem AND-Gatter umgesetzt.

■ Der Ausgang Summe *s* erhält dann ein Signal, wenn entweder der Eingang *a* oder der Eingang *b* (nicht gleichzeitig) auf 1 gesetzt ist. Der logische Term hat somit die Gestalt $s = \left(\overline{a} \wedge b\right) \vee \left(a \wedge \overline{b}\right)$. Diese Funktion wird auch als *Exklusiv OR*, kurz *EXOR*, bezeichnet. Das EXOR entspricht somit dem umgangssprachlichen „Entweder-oder".

Die Umsetzung der logischen Funktion des Halbaddierers in ein Schaltnetz zeigt folgende Abbildung:

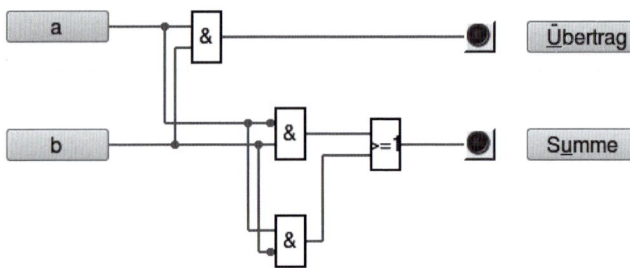

Abbildung 11.9: Schaltung des Halbaddierers: Zu beachten sind die beiden durch einen Punkt gekennzeichneten invertierten Eingänge der AND-Bausteine. In KSimus lässt sich die Invertierung der Eingänge im Kontextmenü des Logikbausteins einstellen.

11.2.2   Volladdierer

Zur Umsetzung einer vollständigen Additionsschaltung für binäre Zahlen genügt ein Halbaddierer noch nicht: Tritt bei der Addition ein Übertrag auf, so sind drei Bits parallel zu behandeln. Das verdeutlicht die folgende Additionsaufgabe (▶Abbildung 11.10):

	Dualsystem:						
16	8	4	2	1		Dezimalsystem:	
	1	0	1	1		11	
+	1	1	0	1	+	13	
	1	1	1 Übertrag				
1	1	0	0	0		24	

Abbildung 11.10: Addition im Dualsystem: Die Dualzahlen werden aus Anteilen der Potenzen von 2 (also $1 = 2^0$, $2 = 2^1$, $4 = 2^2$, $16 = 2^3$) dargestellt. Bei der Addition zweier Dualzahlen müssen bis zu drei Bits verarbeitet werden, und zwar immer dann, wenn ein Übertrag gesetzt ist.

Die Schaltung, die die gewünschte Addition von drei Bits leistet, nennt man *Volladdierer*. Die Schaltfunktion ist durch die folgende Wertetabelle gekennzeichnet:

a	b	c	s	ü
0	0	0	0	0
1	0	0	1	0
0	1	0	1	0
0	0	1	1	0
1	1	0	0	1
1	0	1	0	1
0	1	1	0	1
1	1	1	1	1

Tabelle 11.5: Logiktabelle des Volladdierers: Den Eingängen a, b und c stehen die Ausgänge für Summe s und Übertrag ü gegenüber.

Der Volladdierer kann in einfacher Weise aus zwei Halbaddierern und einem OR-Baustein zusammengesetzt werden.

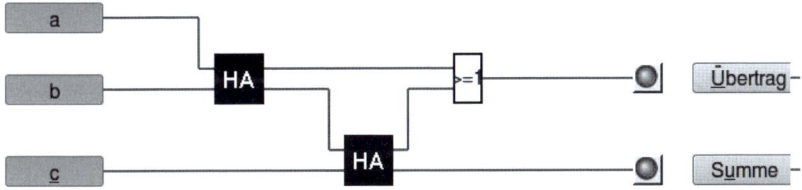

Abbildung 11.11: Schaltnetz des Volladdierers: Die eingesetzten Halbaddierer wurden als Module realisiert. Im vorliegenden Fall sind alle Eingangsbits auf 1 gesetzt. Sowohl Summe als auch Übertrag ergeben in diesem Fall 1.

Übungen

1. Bauen Sie mithilfe der Simulationssoftware KSimus den Halbaddierer aus ▶Abbildung 11.9 und testen Sie diesen.

2. Wandeln Sie die Schaltung aus Aufgabenteil 1 in ein Modul um (vgl. Anhang).

3. Konstruieren Sie aus dem Modul aus Aufgabenteil 2 einen Volladdierer.

4. Wandeln Sie auch den Volladdierer in ein Modul um.

11.2.3 Paralleladdierer

Nun können wir darangehen, richtige Rechenaufgaben mit den Gattern zu lösen. Es soll ein 4-Bit-Paralleladdierwerk gebaut werden, das in der Lage ist, zwei 4-Bit-Dualzahlen zu addieren. Als Test soll die in Abbildung 11.10 dargestellte Aufgabe dienen. Zur Umsetzung des Addierers werden vier Bausteine benötigt: ein Halbaddierer sowie drei Volladdierer. ▶Abbildung 11.12 zeigt die Umsetzung der Schaltung mit KSimus.

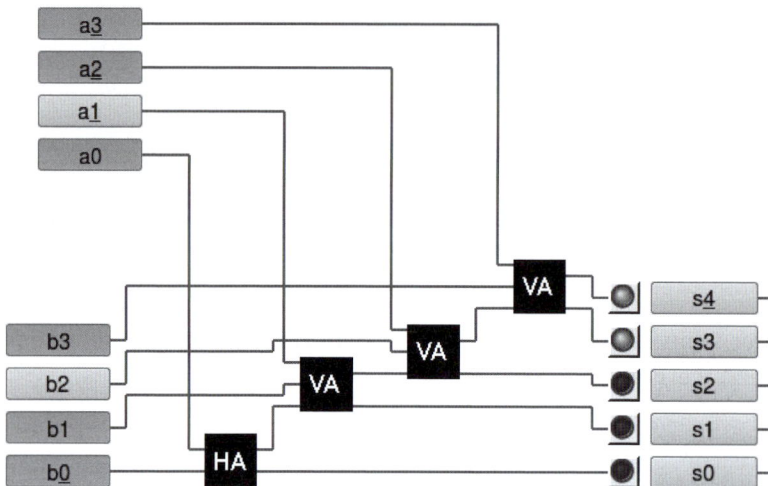

Abbildung 11.12: Mithilfe des 4-Bit-Paralleladdierers lassen sich schon einfache Rechenaufgaben lösen. Die zu addierenden Dualzahlen a und b werden über die Schalter a0, a1,…, b0, b1,…, b3 eingegeben. Das Ergebnis der Addition liest man an den Ausgängen s0 bis s4 ab.

Zum Weiterarbeiten

1. Testen Sie den 4-Bit-Volladdierer in der KSimus-Umgebung.

2. Mit einem *Multiplexer* werden mithilfe von einigen wenigen Adressleitungen Datenleitungen gezielt auf einen einzigen Ausgang geschaltet. Nehmen Sie an, es stehen Ihnen zwei Adressleitungen a0 und a1 zur Verfügung, mit deren Hilfe Sie eine von vier Datenleitungen d0, d1, d2 bzw. d3 auf den Ausgang eines Schaltnetzes schalten möchten. Entwickeln Sie ein Schaltnetz, das folgende Schaltfunktion bietet:

a0	a1	Datenleitung am Ausgang
0	0	d0
1	0	d1
0	1	d2
1	1	d3

11.3 Speicherbausteine

Nachdem der Modellcomputer das Rechnen gelernt hat, gilt es, Möglichkeiten zu finden, Ergebnisse bzw. Zwischenergebnisse zu speichern. Dadurch ergeben sich auch neue Ansätze zur Realisierung von Rechenwerken: Die Verarbeitung von Informationen kann nun im Gegensatz zum im letzten Abschnitt vorgestellten Paralleladdierer auch Schritt für Schritt, also seriell, erfolgen.

11.3.1 RS-Flipflop

> **Das Flipflop**
>
> Der Urvater aller elektronischen Speicherbausteine ist das Flipflop: Mit diesem lassen sich digitale Zustände, genauer gesagt, *der Zustand eines Bits*, konservieren. In der technischen Sprache wird das Flipflop auch als *bistabile Kippstufe* bezeichnet, d.h., man kann den Baustein über ein externes Signal in zwei verschiedene stabile Zustände versetzen. Der Name Flipflop deutet dabei lautmalerisch das Wechseln zwischen den Zuständen an.

Die Arbeitsweise eines Flipflops lässt sich am einfachsten über das Bild zweier Kinder, die eine Wippe benutzen, erklären:

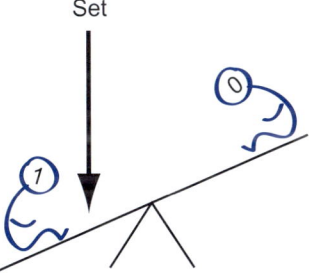

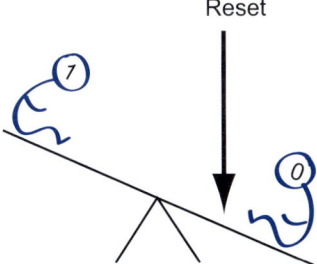

Abbildung 11.13: Mit dem Impuls *Set* wird das Flipflop in den Zustand 1 gebracht, mit dem Impuls *Reset* in den Zustand 0.

Wie aber lässt sich diese Funktionalität mit Elektronikbausteinen realisieren, die sich keinen Zustand „merken" können, deren innerer Zustand ja lediglich von den Eingangssignalen abhängt? Die Lösung lautet in diesem Fall: durch *Rückkopplung*: Das Ausgangssignal wird wieder zurück in den Eingang des Bausteins geführt.

Betrachten Sie dazu die folgende Transistorschaltung:

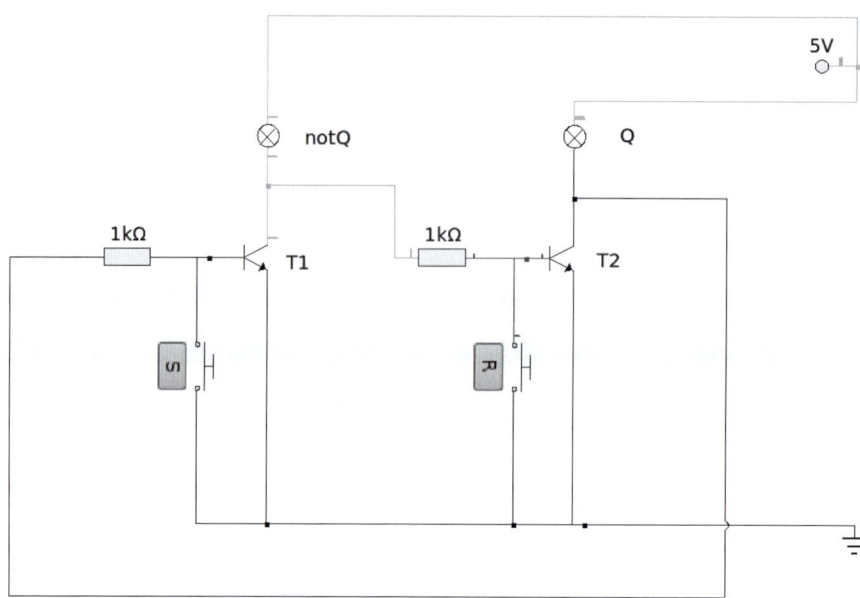

Abbildung 11.14: Aufbau eines Flipflops aus Transistoren

Das Flipflop besteht aus zwei Transistoren T1 und T2, deren Basen (Eingänge) wechselseitig mit dem Kollektor-/Emitterkreis des jeweils anderen Transistors verbunden sind. Die Taster S und R ermöglichen ein Setzen bzw. Rücksetzen der gespeicherten Information. Diese wird durch die Lampe Q angezeigt. Ist die Information nicht gesetzt, so leuchtet die Lampe notQ auf.

Erläuterung der Funktionsweise

- Wird der Taster S betätigt, so fließt der Strom an der Basis des Transistors T1 vorbei. T1 wird folglich gesperrt, d.h., es fließt kein Strom mehr über die Verbindung Emitter/Kollektor.

- Der Strom fließt nun vor dem Emitter-/Kollektorkreis von T1 zur Basis von T2. Der Transistor T2 wird leitend, und über den Kollektor-/Emitterkreis von T2 fließt Strom, sodass die Lampe Q leuchtet: Das Signal ist gesetzt.

- Lässt man den Taster S wieder los, so bleibt der Zustand Q dennoch bestehen, da der Strom nun nicht mehr über den Widerstand vor T1 fließt: Es ist für den Strom einfacher, direkt zur Erdung abzufließen.

- Bei Betätigen des Tasters R wiederholt sich der Vorgang in umgekehrter Richtung: Nun sperrt T2, und der Strom fließt wieder über den Vorwiderstand zur Basis von T1. T1 öffnet, und die Lampe notQ leuchtet auf. Auch dieser Zustand wird so lange konserviert, bis S erneut betätigt wird.

Ein Flipflop lässt sich auch mit einfachen Logikgattern aufbauen. Dazu verwendet man zwei NAND-Bausteine:

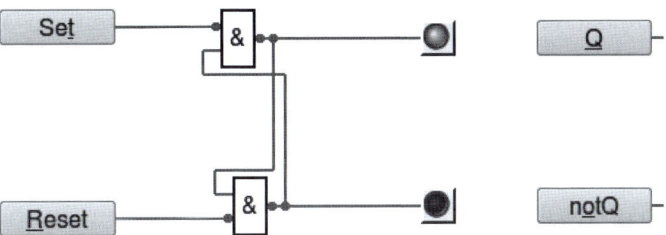

Abbildung 11.15: Aufbau eines RS-Flipflops aus zwei NAND-Bausteinen: Die Eingänge für das Set- bzw. Reset-Signal sind jeweils invertiert (gekennzeichnet durch einen Kringel am Eingang). Nach der Inbetriebnahme der Schaltung flackern die Lämpchen zunächst, da sich das System in einem undefinierten Zustand befindet. Nach Betätigen des Set- bzw. Reset-Tasters wird ein eindeutiger Zustand eingenommen. Q bezeichnet den Speicherzustand, notQ bzw. $\overline{Q}$ dessen Invertierung.

Die Schaltabelle eines RS-Flipflops hat schließlich folgende Gestalt:

S	R	Q	$\overline{Q}$
0	0	alter Wert	alter Wert
1	0	1	0
0	1	0	1
1	1	nicht erlaubt	nicht erlaubt

Tabelle 11.6: Schaltwerttabelle eines RS-Flipflops

Aus der Tabelle ist ersichtlich, dass es einen Zustand gibt, der vermieden werden muss: Sind sowohl S als auch R auf 1 gesetzt, so geht das Flipflop in einen undefinierten Zustand über.

Zum Weiterarbeiten

1. Testen Sie die vorgestellten Flipflopschaltungen mithilfe der Ihnen zur Verfügung stehenden Simulationssoftware.

2. Die Simulationssoftware bietet fertige Flipflopbausteine an. Finden Sie heraus, welcher Baustein dem im vorliegenden Kapitel vorgestellten RS-Flipflop entspricht, und testen Sie seine Funktionsweise im Simulator.

11.3.2 Taktgesteuerte Flipflops

Ein Flipflop allein bietet lediglich Platz für ein Bit an Information. In der Regel werden bei Schaltwerken viele Flipflops im Verbund verwendet. Dabei tritt ein Problem auf: Sind mehrere Flipflops hintereinandergeschaltet, so rutschen beim gleichzeitigen Aktivieren des Set-Signals die Daten einfach durch das System durch. Eine Lösung des Problems besteht darin, die Flipflops zur Datenübernahme so zu synchronisieren, dass die Information schrittweise die einzelnen Stationen der Schaltung durchlaufen kann.

Technisch wird die Synchronisation durch einen Systemtakt realisiert: Immer dann, wenn ein Flipflop den Takt erhält, wird das Signal am Eingang ausgewertet. Dadurch lässt sich ein zeitverzögertes Durchschieben von Informationen realisieren: Das Grundgerüst für eine seriell arbeitende Rechenmaschine ist gelegt.

Ein typischer Vertreter eines taktgesteuerten Flipflops ist das JK-Flipflop. Durch die Beschaltung der Eingänge J und K bestimmt man das Verhalten des Flipflops beim Eintreffen des nächsten Takts. Ist J = 1, so wird das Ausgangssignal Q unabhängig vom aktuellen Wert auf 1 gesetzt. Ist K = 1, so wird Q auf null gesetzt. Sind beide Eingänge auf 1 gesetzt, so wechselt das Ausgangssignal bei jedem Takt in den jeweils umgekehrten Zustand. Dadurch wird der indifferente Zustand des RS-Flipflops vermieden.

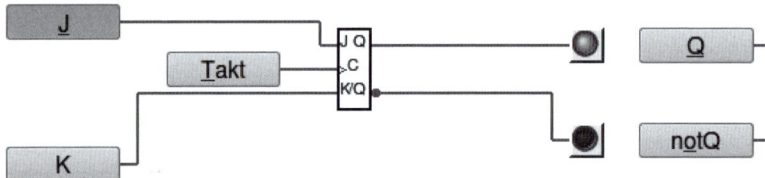

Abbildung 11.16: Das JK-Flipflop ist eines der am häufigsten verwendeten Speichergatter.

11.4 Schaltwerke

Schaltwerk

Ein Schaltwerk unterscheidet sich von einem Schaltnetz dadurch, dass *Rückkopplungen* vorliegen. Unter einer Rückkopplung versteht man die Rückführung eines Ausgangssignals in einen Eingang der Schaltung. Durch die Rückkopplung wird das Speichern von Informationen ermöglicht.

Im vorliegenden Teilabschnitt werden Schaltungen vorgestellt, die in der Informatik große praktische Bedeutung haben.

11.4.1 Schieberegister

Gesucht ist die Schaltung für ein Speicherelement, das mehr als ein Bit speichern kann. Hier greift man auf ein sogenanntes *Schieberegister* zurück, dessen prinzipielle Funktion die folgende Abbildung verdeutlicht:

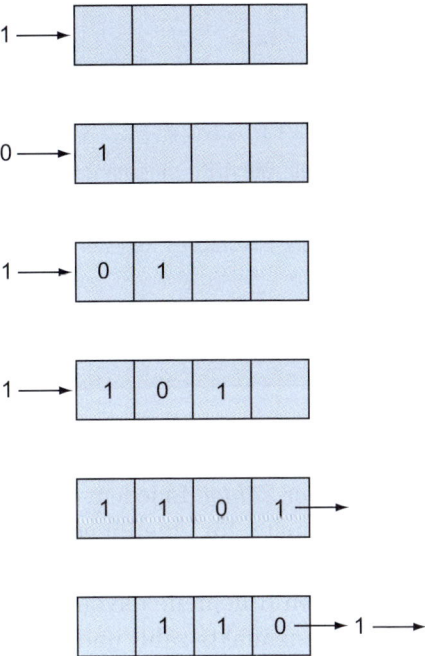

Abbildung 11.17: Funktion eines Schieberegisters: Die Daten werden, von links kommend, in das Register hineingeschrieben und verlassen das Register wieder auf der rechten Seite. Da das erste Element, mit dem das Register beschrieben wird, dieses auch wieder als Erstes verlässt, nennt man diesen Speichertyp FIFO-Speicher (FIFO = First In, First Out).

Das Umsetzen eines Schieberegisters mithilfe von Flipflops ist eine leichte Übung:

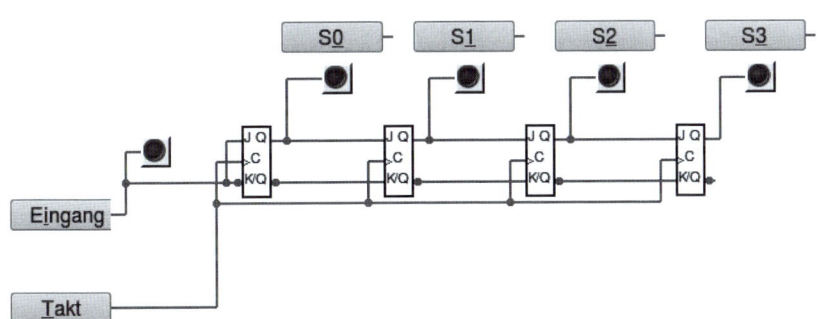

Abbildung 11.18: Ein einfaches 4-Bit-Schieberegister. Zu beachten ist der invertierte K-Eingang des ersten Flipflops in der Kette.

Erläuterung der Schaltung

Vier taktgesteuerte JK-Flipflops werden hintereinandergeschaltet: Die Eingänge der Flipflops sind mit den Ausgängen des jeweils vorangehenden Flipflops verbunden. Am Eingang der Schaltung stellt man über den Knopf *Eingang* den Zustand ein, der als Nächster in das Register geschrieben werden soll. Durch Betätigen des Takt-Knopfes wird die Information am Eingang der Flipflops an den Ausgang weitergereicht. So können in dem gesamten Schaltungskomplex 4-Bit-Informationen gespeichert werden.

Zum Weiterarbeiten

1. Testen Sie die Schaltung aus ▶Abbildung 11.18 im Simulator der virtuellen Lernumgebung.

2. Die obige Schaltung hat einen Nachteil: Die 4 Bit müssen nacheinander in das Register eingelesen werden, was Zeit kostet. Ändern Sie die Schaltung derart ab, dass 4 Bit simultan (d.h. parallel) in die einzelnen Flipflops eingetragen werden. Ein solches Register nennt man *parallel ladendes Schieberegister*.

3. Entwickeln Sie ein Modul für das 4-Bit-Schieberegister.

11.4.2 4-Bit-Zähler

Ein weiteres wichtiges Schaltwerk ist der *Zähler*. In jedem digitalen Rechenwerk sorgt ein Frequenzgeber, in der Regel ein Schwingquarz, für eine im gesamten System zur Verfügung stehende Frequenz. Diese Frequenz wird von den meisten Schaltwerken aber nicht in der vorgegebenen Höhe genutzt: Vielmehr werden Bruchteile davon benötigt. Diese erhält man, indem man die eintreffenden Impulse des Systemtakts zählt und z.B. nur jeden vierten Impuls zur Steuerung einer Schaltung verwendet (▶Abbildung 11.19).

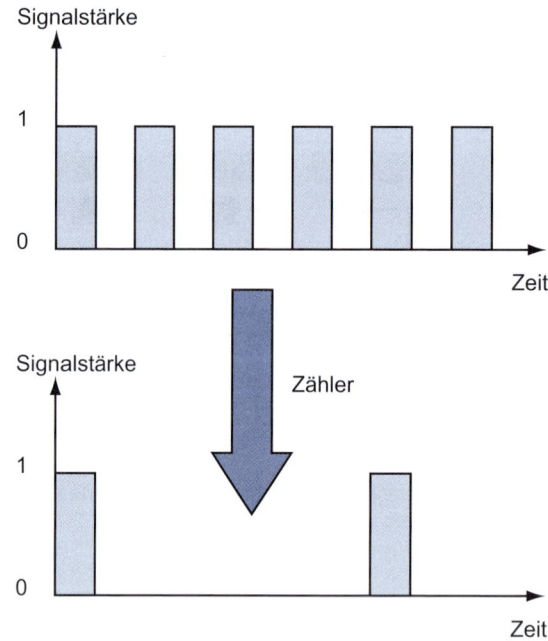

Abbildung 11.19: Ein Zähler wird z.B. dafür verwendet, eine vorgegebene Taktfrequenz zu reduzieren. Im vorliegenden Fall wird nur jeder vierte Impuls des Frequenzgebers verwendet. Dazu zählt das Schaltwerk die Impulse ab.

Einen einfachen 4-Bit-Zähler zeigt ▶Abbildung 11.20.

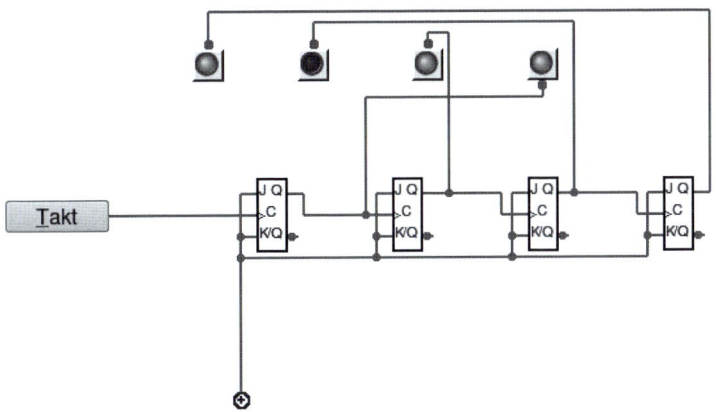

Abbildung 11.20: Eine Kaskade von JK-Flipflops kann als Zähler eingesetzt werden. Die Eingänge der LEDs wurden invertiert, die Lampen vertauscht, um in der richtigen Zahlenfolge zu zählen.

Erläuterung der Schaltung

Die JK-Flipflops werden durch das gleichzeitige Setzen auf 1 im *Toggle-Modus* betrieben, d.h., bei jedem eintreffenden Taktsignal ändert sich der Zustand am Ausgang. Die Ausgänge der Flipflops werden mit dem Takteingang des folgenden Flipflops verbunden. Die Eingänge der Indikatorlampen wurden invertiert, die Lampen in umgekehrter Reihenfolge angeordnet. Das Schaltwerk startet bei 1111, wechselt beim ersten Takt zu 0000 und zählt dann hoch bis 1111. Danach beginnt der Zählvorgang erneut.

11.4.3 Serielles Addierwerk

Mithilfe der Schieberegisterbausteine lässt sich ein *serielles Addierwerk* aufbauen. Dazu verwendet man vier Hauptkomponenten: zwei Register für die Speicherung der zu addierenden Zahlen, ein Register für das Speichern des Ergebnisses sowie einen Volladdierer, der die eigentliche Addition durchführt. ▶Abbildung 11.21 zeigt den prinzipiellen Aufbau einer solchen Schaltung:

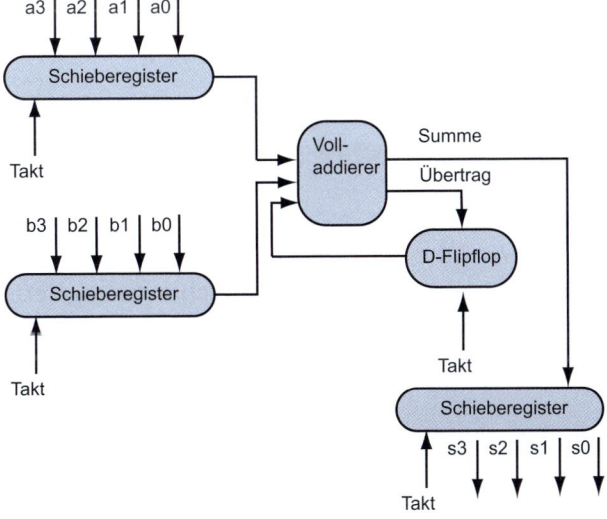

Abbildung 11.21: Prinzip eines seriellen Addierwerks

Erläuterung

Die zu summierenden Binärzahlen werden in den linken beiden Registern abgelegt (Zahlenwerte a0 bis a3 bzw. b0 bis b3). Bei jedem Taktimpuls werden die einzelnen Bits der beiden Register in den Volladdierer überführt. Tritt ein Übertrag auf, so wird dieser in einem Delay-Flipflop zwischengespeichert und bei der nachfolgenden Addition dem dritten Eingang des Volladdierers übergeben. Die Bits der resultierenden Summe werden in das rechte, untere Schieberegister überführt und darin gespeichert.

Zum Weiterarbeiten

Überführen Sie die Schaltung aus Abbildung 11.21 in eine funktionsfähige KSimus-Simulation.

11.4.4   Subtraktion von Dualzahlen

Die Subtraktion zweier Dualzahlen lässt sich auf eine Additionsaufgabe zurückführen. Dies soll am Beispiel der beiden Zahlen 1101 (dezimal 13) und 1000 (dezimal 8) verdeutlicht werden:

- Zunächst bildet man das *Einserkomplement* der zu subtrahierenden Zahl, in diesem Fall von 1000. Man tauscht dazu einfach die Bits durch deren Komplement und erhält 0111.

- Zum Einserkomplement wird die Zahl 1 addiert. Im vorliegenden Fall erhält man 0111 + 0001 = 1000. Dieser Wert wird Zweierkomplement genannt.

- Schließlich addiert man das *Zweierkomplement* zur ersten Zahl. Ein ggf. auftretender Schlussübertrag wird nicht berücksichtigt. Das Ergebnis ist die Differenz beider Zahlen: 1101 + 1000 = 10101. Der führende Übertrag wird weggelassen, somit lautet das Ergebnis: 0101 (dezimal: 5).

Zum Weiterarbeiten

1. Konzipieren Sie eine Schaltung, die zwei 4-Bit-Zahlen voneinander subtrahiert.

2. Informieren Sie sich darüber, wie man Dualzahlen multipliziert und dividiert. Wie setzt man Multiplikation und Division hardwaretechnisch um?

11.5   Mikrocomputersysteme

Nachdem Sie in den vorangehenden Abschnitten die wichtigsten Bauelemente zum Rechnen, Speichern und Steuern im binären Zahlenbereich kennengelernt haben, gilt es nun, die gewonnenen Erkenntnisse zu nutzen und sich mit der Struktur von Mikrocomputersystemen zu beschäftigen.

11.5.1 Aufbau eines Mikrocomputersystems

Um die Anforderungen an ein Mikrocomputersystem besser zu erfassen, wollen wir ein einfaches Beispiel aus der Programmierung analysieren.

Betrachten Sie die folgende Anweisung in einem Java-Programm:

$$a = b + 5;$$

Folgende Voraussetzungen sind hardwareseitig notwendig, um die vorgegebene Berechnung durchzuführen:

- Es wird ein *Speicher* für die Variablen a und b sowie die Zahl 5 benötigt.
- Es ist ein *Rechenwerk* erforderlich, das die Berechnung durchführt.
- Die Daten müssen von Speicher zum Rechenwerk und von dort aus wieder zurück in den Speicher transportiert werden. Dazu werden *Transportwege für die Daten* benötigt.
- Der obige Java-Code muss in eine Steuersequenz für das Rechenwerk umgewandelt werden. Die Steuerfolge wird dem Rechenwerk über *Steuerleitungen* übermittelt.

Die Abbildung zeigt die erforderliche Infrastruktur:

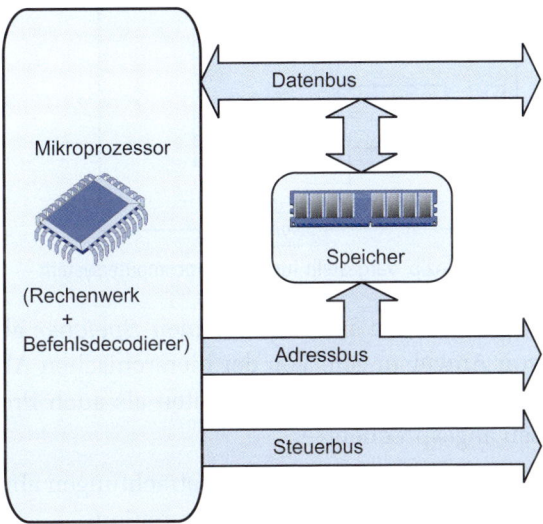

Abbildung 11.22: Grundsätzlicher Aufbau eines Mikrocomputersystems

Der Mikroprozessor (bzw. die CPU) ist in folgende funktionale Gruppen unterteilt (▶Abbildung 11.23):

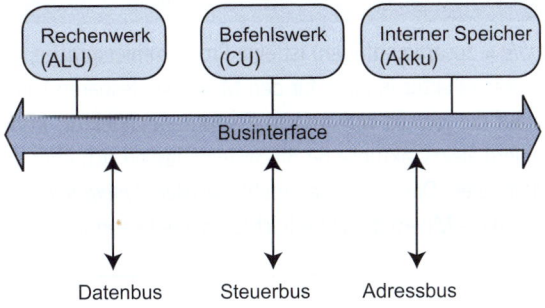

Abbildung 11.23: Innerer Aufbau der CPU

- Das *Rechenwerk* (*ALU = Arithmetic Logic Unit*) führt Berechnungen mit Daten durch. Im Rechenwerk sind Schaltungen enthalten, die Sie im vorherigen Teilabschnitt kennengelernt haben: Die ALU beherrscht mindestens die Operationen Addition (ADD), Negation (NOT) und Konjunktion (AND). „Bessere" Prozessoren beherrschen darüber hinaus auch Subtraktion (SUB), Multiplikation (MUL), Vergleich (CMP) und Disjunktion (OR).

- Das *Befehlswerk* (*CU = Control Unit*, oft auch *Steuerwerk* oder *Leitwerk* genannt) übersetzt die Befehle an das Rechenwerk und steuert den Rechenablauf.

- Der *interne Speicher* (*Akku = Akkumulator*) dient als Zwischenspeicher für die Daten bei den Rechnungen. Diese werden zunächst über den Datenbus vom RAM in die Register der CPU geladen.

Bei der Realisierung eines derartigen Mikrocomputersystems greift das VON NEUMANN-Prinzip, das Sie schon in *Kapitel 3* kennengelernt haben. Die oben genannten Komponenten sind danach folgendermaßen miteinander verknüpft (▶Abbildung 11.24):

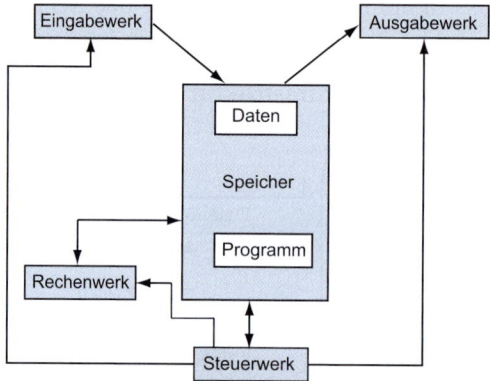

Abbildung 11.24: Das VON NEUMANN-Prinzip, dargestellt für ein Mikrocomputersystem

Programm- und Zahlendaten werden im *gemeinsamen Speicher* abgelegt. Das Programm besteht aus einer Folge von Anweisungen. Von der hierarchischen Abfolge der Befehle kann über Sprungbefehle abgewichen werden. Sowohl Daten als auch Programmbefehle werden durch eindeutige Adressen angesprochen.

Schließen wir an dieser Stelle die theoretischen Vorbetrachtungen ab: Im nächsten Abschnitt werden Sie lernen, wie man auf Prozessorebene programmiert.

11.5.2 Maschinenprogrammierung

Assembler

Assembler (engl.: *to assemble* = zusammenfügen) ist eine Programmiersprache, welche die Maschinensprache einer speziellen Prozessorarchitektur in einer für den Menschen lesbaren Form darstellt. Die Assemblersprache bezieht sich dabei auf die jeweils verwendete Computerarchitektur: In der 32-Bit-PC-Welt bedient man sich des 80x86-Assemblerdialekts, aktuelle 64-Bit-Systeme lassen sich über den erweiterten Befehlssatz des x64-Assemblers programmieren. Die Assemblerbefehle werden *Mnemonics* genannt. Der Name gründet auf der Tatsache, dass man sich die Mnemobefehle[2] leichter merken kann als reine Maschinenbefehle.

---

2   Die Mnemotechnik bezeichnet die Kunst der Gedächtnissteigerung mithilfe von „Eselsbrücken".

Nachdem wir uns in den *Kapiteln 7* bis *9* mit der Programmierung des Computers in einer Hochsprache beschäftigt haben, wollen wir im Folgenden tiefer in das System eintauchen und maschinennah programmieren. Die Darstellung orientiert sich am Wikibook *Assembler (80x86 Prozessor)-Programmierung* (*http://de.wikibooks.org/wiki/Assembler*). Das Dokument wurde unter der GNU FDL veröffentlicht und kann dort auch als PDF heruntergeladen werden.

Die direkte Programmierung auf Maschinenebene, die sogenannte *Maschinensprache*, ist für durchschnittliche Menschen zu komplex: Befehle und Daten müssen in das Binärsystem umgewandelt werden (▶Abbildung 11.25). Den prinzipiellen Ablauf zur Steuerung der Hardware mit binären Daten haben Sie ja in den vorangehenden Abschnitten ausführlich kennengelernt.

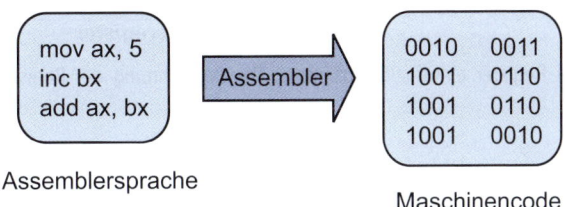

Assemblersprache   Maschinencode

Abbildung 11.25: Mithilfe der Assemblersprache kann man maschinennah programmieren. Assemblerprogramme sind auf die entsprechende Hardwareplattform optimiert und bieten gegenüber Hochsprachenprogrammen einen Geschwindigkeitsvorteil.

Anstelle der direkten Maschinensprache bedient man sich der Assemblerprogrammierung. Die Frage, die sich stellt, ist die nach der Existenzberechtigung einer maschinennahen Sprache gegenüber den Hochsprachen. Hierfür sind mehrere Gründe zu nennen:

- *Treiber für Hardwarekomponenten* werden weitgehend in Maschinensprache geschrieben.

- Komplexe Programme wie z.B. Spiele werden zunächst in einer Hochsprache vorkonzipiert, laufen dadurch allerdings sehr langsam. Der Trick besteht darin, *zeitkritische, häufig verwendete Programmsegmente* in Assembler zu programmieren. Dadurch lässt sich die Ablaufgeschwindigkeit eines Programms um mehrere Größenordnungen steigern.

- In industriellen Steuerungsprogrammen, die in *Echtzeit* ablaufen sollen (d.h. die verzögerungsfrei arbeiten), greift man häufig auf Maschinensprache bzw. Assembler zurück.

- Betriebssysteme werden heute zwar in der Regel in einer Hochsprache geschrieben (Linux wird beispielsweise in C programmiert), die *Anpassung auf verschiedene Hardwareplattformen* erfordert aber zwingend die Programmierung auf Maschinenebene.

Die CPU und ihre Register

Gemäß des VON NEUMANN-Prinzips werden Daten und Programme gleichermaßen in einem Speicher vorgehalten. Im Fall eines Standard-PC befinden sich beide Komponenten im flüchtigen Hauptspeicher, dem RAM des Rechners. Von dort aus werden sie zur Programmausführung und Berechnung über das Bussystem in die CPU geladen. Die CPU verfügt nun ihrerseits über spezielle Speicherbereiche, sogenannte Register (vgl. Abschnitt *Schieberegister*), die für verschiedene Aufgaben vorgesehen sind. Den prinzipiellen Aufbau der Registerstruktur am Beispiel eines x86-Systems zeigt ▶Abbildung 11.26:

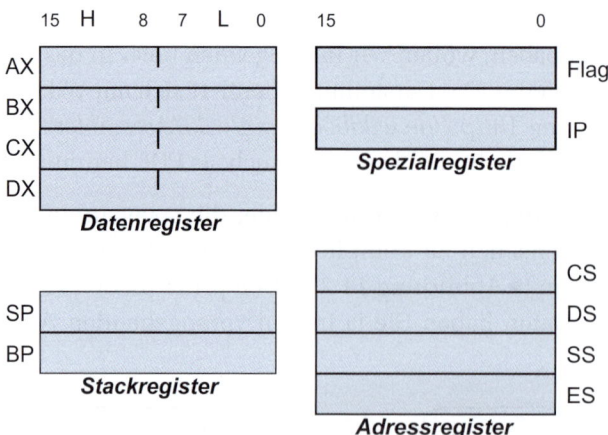

Abbildung 11.26: Wichtige Register eines x86-Prozessors. Die Bezeichnung der Register kann bei unterschiedlichen Prozessortypen differieren.

Folgende Registergruppen und Unterregister werden unterschieden:

- Die **Datenregister**: Dazu zählen das *AX*-, *BX*-, *CX*- und *DX*-Register. Das *AX*-Register ist der *Akkumulator*. Mit ihm werden die meisten Rechenoperationen abgewickelt. Die unteren 8 Bit der Datenregister (L = Low Bereich) lassen sich separat ansprechen.

- Die **Adressregister**: Die Adressregister *CS*, *DS*, *SS* und *ES* enthalten keine Daten, sondern die Adressen von Speicherzellen, in denen sich die gewünschten Daten befinden.

- Das **Stackregister**: Dieses dient zur Verwaltung des Stapel- bzw. Kellerspeichers, des sogenannten *Stack*. Auf dem Stack kann der Inhalt einzelner Register zwischengespeichert werden. Dies geschieht z.B. bei Berechnungen, die rekursiv erfolgen (vgl. *Kapitel 8*).

- Die **Spezialregister**: Das *Flag-Register* stellt über bestimmte Signale (*Flags = Flaggen*) die Kommunikation zwischen Programm und Prozessor sicher. Ein solches Signal kann beispielsweise dann gesetzt und ausgewertet werden, wenn ein Prozess auf weitere Abarbeitung durch den Prozessor wartet. Ein solches Interruptflag (Interrupt = Unterbrechung) zwingt den Prozessor, seine aktuelle Tätigkeit zu beenden und zunächst die angeforderte Aufgabe zu erledigen.

   Das *IP-Register* (IP = *Instruction Pointer*) enthält immer die Adresse desjenigen Speicherplatzes, in welchem der nächste auszuführende Befehl gespeichert wird.

Die Abarbeitung eines Maschinenprogrammzyklus muss man sich folgendermaßen vorstellen (▶Abbildung 11.27):

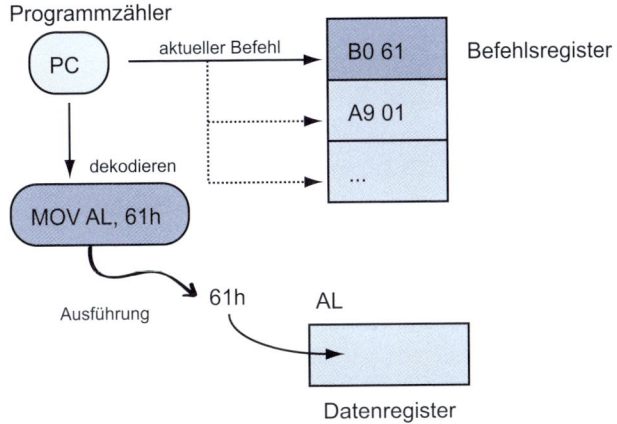

Abbildung 11.27: Abarbeitung eines Maschinenprogramms

1. Der Programmzähler wird auf die Adresse desjenigen Speicherplatzes gesetzt, der den Code für den nächsten Befehl (in diesem Fall B0 61) beinhaltet.

2. Der Befehlscode für den Befehl wird aus dem Arbeitsspeicher geholt.

3. Der Code wird decodiert (MOV AL, 61h).

4. Der Code wird ausgeführt, d.h., im vorliegenden Fall wird die Hexadezimalzahl 61h in das Register AL geschrieben.

5. Der Programmzähler wird weitergezählt und zeigt auf den nächsten Befehl.

In der Regel treten jedoch Ausnahmen auf, die die Programmausführung zeitweilig unterbrechen:

■ Zur Ausführung des Maschinenbefehls werden zusätzliche Daten benötigt, die über einen Lesezyklus aus dem Speicher geholt werden müssen.

■ Das Maschinenprogramm verzweigt über einen Sprungbefehl in ein Unterprogramm.

■ Der Prozessor erhält ein Interruptsignal. Die Programmausführung wird zunächst „auf Eis" gelegt, bis die Interruptroutine abgearbeitet wurde.

Ein Interrupt kann z.B. ausgelöst werden, wenn ein Hardwarebauteil vom Prozessor „behandelt" werden muss. Ein Beispiel wäre das Anstöpseln eines USB-Speichersticks am PC.

Das erste Assemblerprogramm

... ist traditionell natürlich das beliebte „Hello World"-Programm. Dabei lernen Sie alle Werkzeuge kennen, die für die Programmierung in Assembler benötigt werden. Die folgenden Komponenten sind in der virtuellen Lernumgebung bereits vorinstalliert:

■ ein Editor zum Eingeben des Quellcodes, in unserem Fall *gedit*.

■ ein Assembler: Wir verwenden *nasm*, den frei verfügbaren *Netwide Assembler*.

■ ein *Linker*, der das assemblierte Programm in ein lauffähiges Programm umwandelt. Der Linker verbindet dabei das Programm mit den für die Ausführung benötigten Systembibliotheken. Der Linker in der virtuellen Lernumgebung heißt *ld*.

■ Zur Untersuchung des produzierten Maschinencodes greifen wir auf den GNU-Debugger *gdb* zurück.

Der Quellcode des „Hello World"-Programms sieht in Assembler folgendermaßen aus:

```
01 section .text
02 global _start
03 _start:
04     mov ecx, hello
05     mov edx, length
06     mov ebx, 1        ; Dateinummer der Standardausgabe
07     mov eax, 4        ; Funktionsnummer: Ausgabe
08     int 80h
09     mov ebx, 0
10     mov eax, 1        ; Funktionsnummer: Programm beenden
11     int 80h
12
13 section .data
14     hello  db 'Hello World!', 10
15     length equ $ - hello;
```

Listing 11.1: "Hello World", programmiert in Assembler. Die Bezeichnungen der Datenregister unterscheiden sich von denen in Abbildung 11.26 durch ein vorangestelltes „e". Das Listing wurde um Kommentare ergänzt, die mit einem Semikolon vom eigentlichen Code abgetrennt wurden.

Erläuterung des Listings

Das Programm enthält sowohl zu übersetzenden Assemblercode als auch Steueranweisungen für das Assemblerprogramm. Der eigentliche Code beginnt in Zeile 4: Zunächst wird mithilfe des Befehls `mov` (Kurzform von *move*, „bewegen") die Adresse einer Speicherzelle, die mit dem Bezeichner `hello` in der Sektion `.data` in Zeile 14 versehen wurde, in das Register `ecx` geladen. In das Register `edx` wird die Länge des auszugebenden Strings, die in Zeile 15 bestimmt wurde, geladen. Der Systembefehl zur Ausgabe der Zeichenkette wird in den Zeilen 5 und 7 in die Register `ebx` bzw. `eax` geladen. Hierbei wird zunächst die Dateinummer für die Standardausgabe (1) und anschließend die spezielle Funktionsnummer (4, Ausgabe) übergeben. Das Ende der Zeichenkette wird über den Interrupt 80h in Zeile 8 registriert. Die Befehle in Zeile 9 bis 11 sorgen für eine ordnungsgemäße Beendigung des Programms.

Zum Übersetzen des Programms ist folgendermaßen vorzugehen:

1. Speichern Sie den Quellcode aus Listing 11.1 in eine Datei mit dem Namen *hello.asm* ab.

2. Wechseln Sie in einer Kommandozeile in das Verzeichnis, in dem sich der Quellcode befindet, und übersetzen Sie das Programm:

```
nasm -g -f elf32 hello.asm
```

Durch den Schalter `-g` werden Debuggersymbole erzeugt, sodass man das Programm später schrittweise im Debugger analysieren kann. Das Format der Datei wird über den Schalter `-f` gesetzt.

3. Linken Sie das Programm mithilfe des Linkers zu einer lauffähigen Datei:

```
ld hello.o -o hello
```

4. Testen Sie schließlich das Programm:

```
pearson@pearson:~/assembler$ ./hello
Hello World!
```

Verwenden des Debuggers

Bei der Programmierung in Assembler ist es wichtig, dass die Möglichkeit gegeben ist, das übersetzte Programm schrittweise auszuführen und sich in jedem Moment des Programmablaufs ein Bild von der Belegung der Register machen zu können. Das dafür notwendige Werkzeug ist ein *Debugger*.

1. Starten Sie den GNU-Debugger zur Analyse des Programms über `gdb hello`:

```
pearson@pearson:~$ gdb hello
GNU gdb (GDB) 7.0-ubuntu
Copyright (C) 2009 Free Software Foundation, Inc.
License GPLv3+: GNU GPL version 3 or later <http://gnu.org/licenses/
gpl.html>
This is free software: you are free to change and redistribute it.
There is NO WARRANTY, to the extent permitted by law.  Type "show copying"
and "show warranty" for details.
This GDB was configured as "i40C linux gnu".
For bug reporting instructions, please see:
<http://www.gnu.org/software/gdb/bugs/>...
Reading symbols from /home/pearson/hello...done.
(gdb)
```

2. Der geladene Code lässt sich zunächst mit dem Befehl `list` anzeigen:

```
(gdb) list
1       section .text
2       global _start
3       _start:
4           mov ecx, hello
5           mov edx, length
6           mov ebx, 1       ; Dateinummer der Standardausgabe
7           mov eax, 4       ; Funktionsnummer: Ausgabe
8           int 80h
9           mov ebx, 0
10           mov eax, 1       ; Funktionsnummer: Programm beenden
```

3. Nun setzen wir zunächst mit dem Debugger-Befehl `break 5` einen Breakpoint (Unterbrechung) in Zeile 5 des Programms und starten dieses anschließend mit `run`:

```
(gdb) break 5
Breakpoint 1 at 0x8048085: file hello.asm, line 5.
(gdb) run
Starting program: /home/pearson/hello

Breakpoint 1, _start () at hello.asm:5
5           mov edx, length
```

Das Programm wurde in Folge des Breakpoints in Zeile 5 angehalten.

4. Nun haben Sie die Gelegenheit, sich die Inhalte der Register genauer anzusehen. Das geschieht mit dem Befehl `info registers`:

```
(gdb) info registers
eax             0x0     0
ecx             0x80490a4       134516900
edx             0x0     0
ebx             0x0     0
esp             0xbffff530      0xbffff530
```

```
ebp             0x0     0x0
esi             0x0     0
edi             0x0     0
eip             0x8048085      0x8048085 <_start+5>
eflags          0x212    [ AF IF ]
cs              0x73    115
ss              0x7b    123
ds              0x7b    123
es              0x7b    123
fs              0x0     0
gs              0x0     0
```

5. Mit dem Befehl `stepi` (*step in*) können Sie nun das Programm Schritt für Schritt ablaufen lassen und die Veränderung in den Datenregistern beobachten.

6. Sie verlassen den Debugger mit dem Befehl `quit`.

Die Darstellung der Speicheradressen bzw. Speicherinhalte erfolgt dabei in hexadezimaler Schreibweise: Diese hat den Vorteil, wesentlich platzsparender als die duale Zahlendarstellung zu sein (vgl. Exkurs: *Die hexadezimale Notation*). Nun haben Sie die notwendigen Werkzeuge zur Hand, um dem Prozessor beim Rechnen „über die Schulter" zu schauen.

Exkurs **Die hexadezimale Notation**

Die duale Schreibweise ist sehr speicherintensiv und für das menschliche Auge schwer zu entziffern. Zur kompakteren Darstellung verwendet man daher die hexadezimale Notation, vgl. Tabelle 3.1 in *Kapitel 3*. Die folgende Tabelle zeigt eine Sequenz von 8 Byte.

```
0000    11111010
0001    00110011
0002    11000000
0003    10001110
0004    11010000
0005    00000000
0006    01111100
0007    10001101
```

Dabei bezeichnet die erste Spalte die Speicheradresse in hexadezimaler Form, die zweite Spalte zeigt den Inhalt des Speicherplatzes in binärer Notation. Die Kolonnen aus Nullen und Einsen sind für das menschliche Auge schlecht zu erfassen und nehmen darüber hinaus viel Platz ein. Deshalb geht man dazu über, die Informationen in hexadezimaler Schreibweise zu notieren. Eine Sequenz von 32 Byte, die die oben dargestellten 8 Byte am Anfang enthält, sieht dann folgendermaßen aus:

```
0000    FA 33 C0 8E D0 00 7C 8D F4 50 07 50 1F FB FC 0E
0010    BF 00 06 B9 00 01 F2 A5 EA 1D 06 00 00 BE BE 07
```

Die 8 Byte wurden im Listing fett markiert. In der hexadezimalen Schreibweise wird der Inhalt von jeweils 16 Speicherplätzen in eine Zeile geschrieben. Die Zeilennummerierung erfolgt wiederum hexadezimal, die zweite Zeile beginnt somit mit dem 17. Speicherplatz (hexadezimal: 10, die Zählung der Speicherzellen beginnt bei 0).

Rechnen auf CPU-Ebene

Unser Prozessor soll nun zwei Zahlen addieren. Die Addition erfolgt wieder im hexadezimalen Zahlenraum, die Rechenaufgabe lautet in dezimaler Form:

42 + 19 = 61

und in hexadezimaler Form:

2ah + 13h = 3dh

Das Kürzel h steht dabei für die Hexadezimalform. Das Assemblerprogramm zur Addition der beiden Zahlen hat folgende Gestalt:

```
01  section .text
02   global _start
03   _start:
04     mov ebx,2ah
05     add ebx,[summand2]
06     mov [ergebnis],ebx
07     ; Programm ordnungsgemäß beenden
08     mov eax,1
09     mov ebx,0
10     int 80h
11   section .data
12     summand2 dd 13h
13     ergebnis dd 0h
```

Listing 11.2: Addition der Hexadezimalzahlen 2ah (Dezimal: 42) und 13h (Dezimal 19). Das Ergebnis wird im Register ebx abgelegt und beträgt 3dh (Dezimal: 61).

Erläuterung des Listings

Mit dem Befehl mov wird der erste Summand 2ah im Register ebx abgelegt (Zeile 4). Anschließend wird der Wert des zweiten Summanden, der sich in der Datensektion befindet, mithilfe des Befehls add zum aktuellen Inhalt des Registers ebx addiert (Zeile 5). Der Inhalt des Registers ebx wird in Zeile 6 schließlich in der Variablen ergebnis gesichert.

Folgendes ist bei den Zuweisungen zu beachten: Steht der Name einer Variablen in eckigen Klammern (Zeile 5 und Zeile 6), so wird auf den Inhalt der Speicherzelle zugegriffen. Steht eine Referenz nicht in Klammern, so ist stets die Adresse der Variablen im Sinne des Zeigerformalismus gemeint, vgl. dazu auch *Kapitel 9*.

Sie können sich nun mit dem Debugger von der Funktionstüchtigkeit des Programms überzeugen:

1. Übersetzen und linken Sie das Programm und starten Sie anschließend den Debugger.

2. Setzen Sie zunächst einen Breakpoint in Zeile 5 des Programms:

```
(gdb) break 5
Breakpoint 1 at 0x8048085: file add.asm, line 5.
```

3. Starten Sie das Programm und inspizieren Sie den Inhalt der Register:

```
(gdb) run
Starting program: /home/pearson/add
Breakpoint 1, _start () at add.asm:5
5        add ebx,[summand2]
```

```
(gdb) info registers
eax            0x0      0
ecx            0x0      0
edx            0x0      0
ebx            0x2a     42
esp            0xbffff550    0xbffff550
ebp            0x0      0x0
esi            0x0      0
edi            0x0      0
eip            0x8048085     0x8048085 <_start+5>
eflags         0x212    [ AF IF ]
cs             0x73     115
ss             0x7b     123
ds             0x7b     123
es             0x7b     123
fs             0x0      0
gs             0x0      0
```

4. Im Register ebx befindet sich der erste Summand 2ah. Nun gehen Sie mit dem Befehl stepi einen Schritt weiter und inspizieren erneut die Register:

```
(gdb) stepi
6        mov [ergebnis],ebx
(gdb) info registers
eax            0x0      0
ecx            0x0      0
edx            0x0      0
ebx            0x3d     61
esp            0xbffff550    0xbffff550
ebp            0x0      0x0
esi            0x0      0
edi            0x0      0
eip            0x804808b     0x804808b <_start+11>
eflags         0x202    [ IF ]
cs             0x73     115
ss             0x7b     123
ds             0x7b     123
es             0x7b     123
fs             0x0      0
gs             0x0      0
```

5. Das Ergebnis der Addition finden Sie, wie oben beschrieben, im Register ebx.

Damit hätten Sie Ihre erste Assemblerrechenaufgabe gelöst.

Zum Weiterarbeiten

1. Informieren Sie sich über weitere Rechenbefehle des Assemblers (Subtraktion, Multiplikation …).

2. Recherchieren Sie nach einer tabellarischen Übersicht zu Befehlen des x86-Assemblers.

3. Wandeln Sie das Programm aus Listing 11.2 so ab, dass die zweite Zahl von der ersten subtrahiert wird. Überprüfen Sie das Ergebnis anhand einer Rechnung.

Z U S A M M E N F A S S U N G

- Grundlegendes Bauelement eines Mikrocomputersystems ist der **Transistor**. Das Halbleiterbauelement arbeitet als **digitaler Schalter**.

- Mithilfe von **logischen Gattern** kann man Boolesche Funktionen abbilden. Boolesche Funktionen bilden **Wahrheitstabellen** ab. Standardgatter sind **AND** (UND, Konjunktion), **OR** (ODER, Disjunktion) und **NOT** (NICHT, Negation).

- **Schaltnetze** sind Schaltungen, die mithilfe logischer Gatter duale Funktionen realisieren. Bekannte Schaltnetze sind der **Halbaddierer**, der **Volladdierer** und der **Multiplexer**. Mithilfe von einem und drei Volladdierern lässt sich ein **4-Bit-Paralleladdierer** bauen.

- Zum Speichern von binären Daten greift man auf **Flipflops** zurück. Durch **Rückkopplung** von Ausgangs- und Eingangsanschluss zweier NAND-Bausteine lassen sich binäre Informationen konservieren. Die meistverwendeten Flipfloptypen sind das **RS-Flipflop** und das **JK-Flipflop**.

- **Schaltwerke** bieten als Erweiterung von Schaltnetzen die Möglichkeit, digitale Informationen **verzögert** zu verarbeiten. Zur Realisierung verwendet man in Schaltnetzen Speicherelemente.

- **Register** sind die klassischen Datenspeicher im Prozessorbereich. Ein einfaches **Schieberegister** lässt sich durch die Serienschaltung von Flipflops realisieren.

- In **taktgesteuerten Schaltnetzen** koordiniert und synchronisiert ein **zentraler Systemtakt** die verwendeten Bauteile.

- Ein **serielles Addierwerk** nutzt lediglich einen Volladdierer zur Berechnung der Summe von Dualzahlen. Dazu speichert man die Summanden sowie das Ergebnis in Schieberegistern ab.

- Ein **Mikrocomputersystem** besteht aus einem **Mikroprozessor (CPU)**, der das **Steuer- und Rechenwerk** enthält, und einem **Speicher**. Die Kommunikation zwischen Prozessor, Speicher und Peripherie erfolgt über ein **Bussystem**. Dieses besteht aus **Datenbus**, **Adressbus** und **Steuerbus**. Gemäß des VON NEUMANN-Prinzips befinden sich Daten und Programm im Speicher.

- Die CPU selbst besteht aus den Gruppen **Rechenwerk (ALU)**, **Befehlswerk (CU)** und **internem Speicher (Akku)**.

- Die **hardwarenahe Programmierung** eines Mikrocomputersystems erfolgt mithilfe der Programmiersprache **Assembler**. Damit kann man gezielt auf die Register der CPU zugreifen und Programmsegmente erstellen, die um ein Vielfaches schneller sind als kompilierte Hochsprachenprogramme.

Z U S A M M E N F A S S U N G

Theoretische Informatik

12

ÜBERBLICK

>> Die theoretische Informatik ermöglicht ein tieferes Verständnis der Vorgänge, die in einem Informatiksystem ablaufen. Dazu benötigt man nicht unbedingt einen Computer: Die Erkenntnisse lassen sich auf eine Vielzahl von technischen Geräten übertragen. Im vorliegenden Kapitel werden Sie zunächst mit den Grundlagen der Automatentheorie vertraut gemacht. Daran anschließend werden wir uns mit den Grundlagen der Interpretation von Befehlen, die in Form einer Computersprache dargestellt wurden, beschäftigen. Das Kapitel schließt mit Betrachtungen zur Berechenbarkeit: Welche Probleme lassen sich algorithmisch lösen, welche nicht?

Zur praktischen Umsetzung der theoretischen Konzepte steht Ihnen die Simulationsumgebung *JFLAP* zur Verfügung. Eine Einführung in die Umgebung finden Sie im *Anhang*. <<

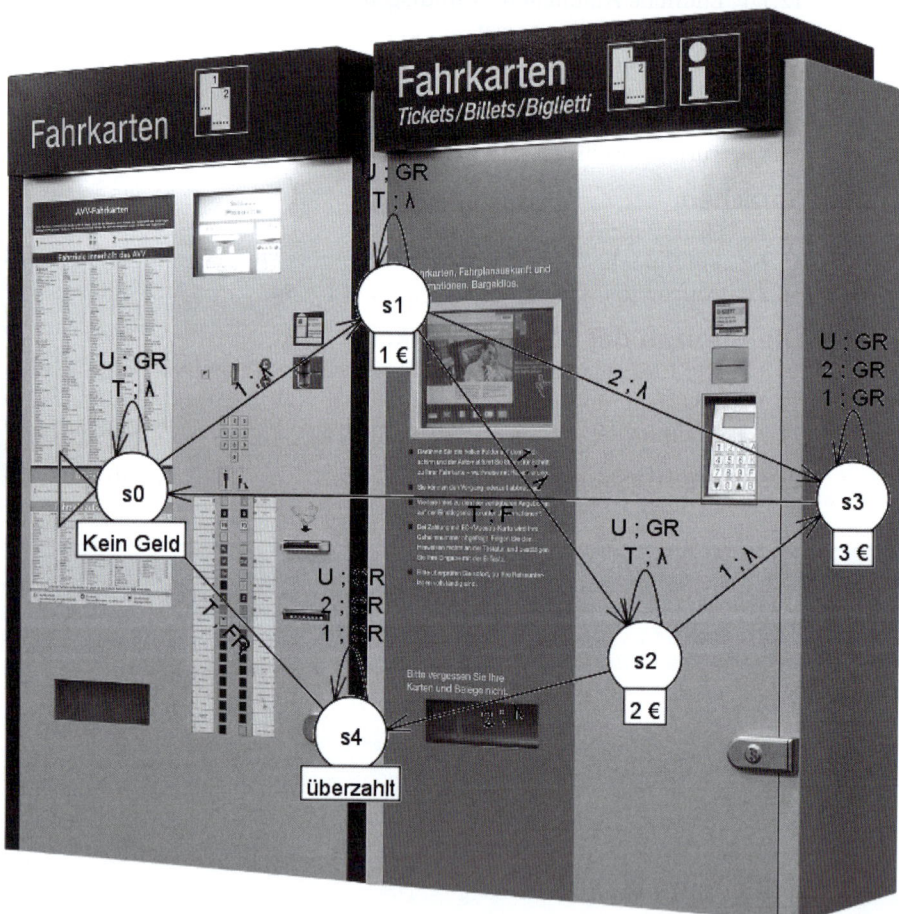

12.1 Automatentheorie

Automat

Der Begriff *Automat* entstammt der griechischen Sprache und bedeutet sinngemäß „von selbst tun" bzw. „sich selbst bewegend". Das Modell des Automaten wird in der Informatik eingesetzt, um *Zustandsübergänge von technischen Systemen* zu erfassen und zu beschreiben. Der Übergang von einem Zustand in einen anderen erfolgt durch Eingabe von Zeichen, Befehlen oder Aktionen, die dem *Eingabealphabet* des Automaten entstammen. Beim Übergang in einen anderen Zustand kann der Automat als Reaktion ebenfalls ein Zeichen ausgeben oder eine Aktion ausführen, diese entstammt dem *Ausgabealphabet*. Konkrete Beispiele für Automaten finden Sie im vorliegenden Kapitel. In erster Linie wird dabei der *Mealy-Automat bzw. Transduktor* behandelt, ein endlicher Automat mit Ausgabefunktion.

Der DVD-/Blu-ray-Player, ein Getränkeautomat, die Parkuhr oder der Fahrkartenautomat: Technische Geräte, die nach Eingabe von Befehlen bzw. durch Betätigen von Knöpfen ihren Zustand wechseln und ggf. auch etwas ausgeben, lassen sich mit dem Modell des (endlichen) Automaten beschreiben. Das folgende Teilkapitel führt Sie in die Grundlagen der Automatentheorie ein.

12.1.1 Endliche Automaten: Grundlagen

Modelle für endliche Automaten finden Sie überall in Ihrer alltäglichen Umgebung: Betrachten Sie doch einmal Ihre Haustür aus Sicht der theoretischen Informatik (▶Abbildung 12.1):

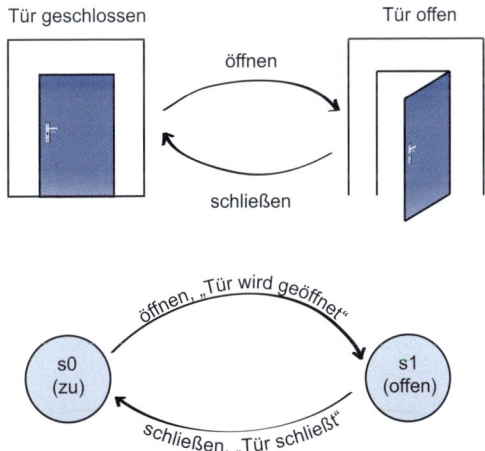

Abbildung 12.1: Eine Tür, betrachtet als einfacher endlicher Automat

- Die Tür kann sich in zwei Zuständen befinden: Sie ist offen oder geschlossen. Die beiden Zustände werden vereinfachend *s0* und *s1* genannt und bilden die *Zustandsmenge S*.

- Zwischen den beiden Zuständen wird durch Eingabe eines Befehls bzw. das Ausführen einer Aktion gewechselt. Im vorliegenden Fall führen die Befehle „Öffnen" bzw. „Schließen" in den jeweils anderen Zustand. Die Befehle sind mögliche Eingaben für den endlichen Automaten und werden in der Regel durch einzelne Zeichen realisiert, z.B. *o* für „Öffnen" und *s* für „Schließen". Die Menge aller Eingabezeichen wird *Eingabemenge oder Eingabealphabet E* genannt.

- Beim Übergang von einem Zustand in einen anderen besteht die Möglichkeit, dem Anwender Rückmeldungen über die Zustandsänderung zukommen zu lassen oder sogar etwas Konkretes auszugeben: Man denke hier an einen Fahrkartenautomat, der bei Eingabe eines festgelegten Geldbetrags eine Fahrkarte ausgibt. Die Menge aller möglichen Ausgaben bilden die *Ausgabemenge* bzw. das *Ausgabealphabet A*.

Man spricht dann von einem endlichen Automaten, wenn Eingabe-, Ausgabe- und Zustandsmengen endlich sind, d.h. endlich viele Elemente besitzen.

In der Regel werden Automaten in der Informatik durch Zustandsdiagramme bzw. Graphen beschrieben. Der zum Türproblem gehörige Graph ist im unteren Teil der Abbildung 12.1 skizziert. Alternativ kann man die *Zustandsübergangsfunktion* durch eine Tabelle beschreiben:

Aktueller Zustand	Eingabe	Folgezustand	Ausgabe
s0	o	s1	„Tür wird geöffnet"
s0	s	s0	λ
s0	λ	s0	λ
s1	s	s0	„Tür wird geschlossen"
s1	o	s1	λ
s1	λ	s1	λ

Tabelle 12.1: Darstellung der Zustandsübergangsfunktion des Türbeispiels als Tabelle. In der Codierung des Eingabealphabets bedeutet o = „Öffnen", s = „Schließen". Das Symbol λ steht für eine leere Ein- bzw. Ausgabe. Im vorliegenden Fall verharrt der Automat bei leerer Eingabe in seinem aktuellen Zustand.

Zum Weiterarbeiten

Setzen Sie das Beispiel der Tür im JFLAP-System um (▶Abbildung 12.2). Eine Anleitung und eine erste Übung zur Bedienung des Systems finden Sie im *Anhang. Hinweis:* Realisieren Sie das Projekt als Mealy-Automat (*Mealy Machine*): Dieser Automatentyp ermöglicht es, die Übergänge mit Ausgaben zu versehen.

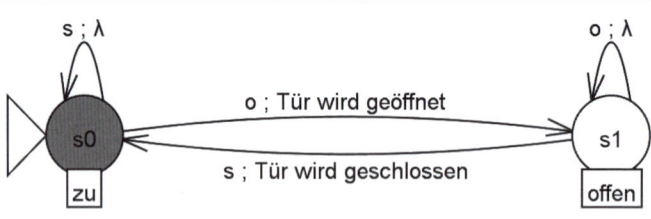

Abbildung 12.2: Umsetzung des Türautomaten mit JFLAP

Betrachten wir nun ein komplexeres Beispiel.

12.1.2 Der Fahrkartenautomat

Ein äußerst beliebtes Modell zur Verdeutlichung des Modells des endlichen Automaten ist ein Fahrkartenautomat, wie man ihn allenthalben auf Bahnhöfen finden kann. Ein derartiger Fahrkartenautomat nimmt Geldstücke an und gibt nach Erreichen des passenden Betrags und dem Betätigen einer Taste die Fahrkarte aus, bei Überzahlung auch das Rückgeld. Um die Modellierung so einfach wie möglich zu gestalten, soll unser Automat folgende Eigenschaften besitzen:

- Der Automat akzeptiert die folgenden Eingaben bzw. Aktionen seitens des Benutzers:
  - Einwurf einer 1-Euro-Münze, Aktion „*1*"
  - Einwurf einer 2-Euro-Münze, Aktion „*2*"
  - Einwurf einer ungültigen Münze, Aktion „*U*"
  - Betätigen der Fahrkartentaste, Aktion „*T*"

Das Eingabealphabet hat somit folgende Gestalt: $E = \{1, 2, U, T\}$.

- Eine Fahrkarte kostet 3 Euro und wird erst nach Einwerfen dieses Betrags und Betätigen der Fahrkartentaste ausgegeben. Dadurch ergeben sich folgende Zustände des Automaten:
  - Ausgangszustand *s0*: Es wurde noch kein Geld eingeworfen. Dieser Zustand ist auch der Startzustand des Automaten.
  - Zustand *s1*: Es wurde 1 Euro eingeworfen.
  - Zustand *s2*: Es befinden sich 2 Euro im Automaten.
  - Zustand *s3*: Es wurden insgesamt 3 Euro eingeworfen.
  - Zustand *s4*: Es wurden mehr als 3 Euro eingeworfen, d.h., der Automat befindet sich in einem überzahlten Zustand.

Die Zustandsmenge wird somit beschrieben durch $S = \{s0, s1, s2, s3, s4\}$.

- In Abhängigkeit von den Eingaben und Zuständen, in denen sich der Automat aktuell befindet, ergeben sich folgende Ausgaben:
  - Die Fahrkarte wird ausgegeben, Aktion „*F*" (Fahrkarte).
  - Im Fall einer Überzahlung werden bei Betätigung der Taste sowohl die Fahrkarte als auch das Rückgeld ausgegeben, Aktion „*FR*" (Fahrkarte + Rückgeld).
  - Wird eine falsche Münze eingeworfen, so wird diese sofort zurückgegeben, Aktion „*GR*" (Geldrückgabe). Das Gleiche soll geschehen, wenn im Zustand des passenden Geldbetrags (*s3*) anstelle der Betätigung der Ausgabetaste weitere Münzen eingeworfen werden.
  - Solange der Zahlbetrag noch nicht erreicht ist, kann der Automat bei Einwurf einer gültigen Münze auch keine Reaktion zeigen, Aktion „λ".

Das Symbol λ gibt dabei die leere Ausgabe wieder.

Durch die beschriebenen Bedingungen ist auch das Ausgabealphabet definiert: $A = \{F, FR, GR, \lambda\}$.

Übungen

1. Stellen Sie die Tabelle der Zustandsübergangsfunktion des Fahrkartenautomats auf.

2. Setzen Sie den Fahrkartenautomat in Form einer JFLAP-Simulation als Mealy-Automat um.

3. Testen Sie den Fahrkartenautomat durch schrittweise Simulation.

LÖSUNGEN

1. Die Zustandsübergangsfunktion hat folgende Gestalt:

	Eingabe			
Ausgangszustand	**1**	**2**	**U**	**T**
s0	s1/λ	s2/λ	s0/GR	s0/λ
s1	s2/λ	s3/λ	s1/GR	s1/λ
s2	s3/λ	s4/λ	s2/GR	s2/λ
s3	s3/GR	s3/GR	s3/GR	s0/F
s4	s4/GR	s4/GR	s4/GR	s0/FR

Tabelle 12.2: Zustandsübergangsfunktion des Fahrkartenautomaten: In den Zellen der Tabellen werden der Folgezustand sowie die Ausgabe/Reaktion notiert.

2. Das Zustandsdiagramm des Automaten sieht folgendermaßen in JFLAP aus:

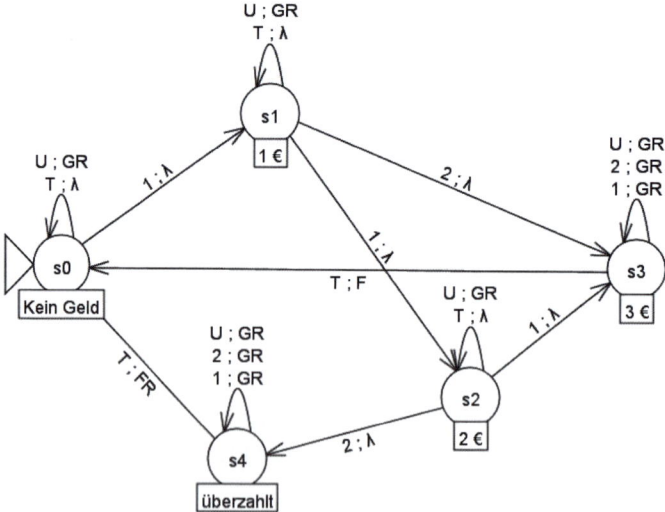

Abbildung 12.3: Realisierung des Fahrkartenautomaten in JFLAP

3. Der Test des Automaten kann nun durch Eingabe verschiedener Eingabesequenzen im Step-Modus erfolgen (vgl. *Anhang*). Beispiele für Eingabesequenzen wären 11U1T oder 12T.

12.1.3 Erkennende Automaten

Oft sind die Aufgaben, die Automaten erledigen müssen, von wesentlich einfacherer Natur als der im vorangegangenen Abschnitt beschriebene Fahrkartenautomat. Meist besteht die Aufgabe von Automaten nur darin, zu prüfen, ob eine Eingabe gültig oder ungültig ist. Das kann z.B. ein Münzprüfmechanismus oder aber auch ein EC Kartenautomat sein, der eine eingegebene PIN-Kombination annimmt oder ablehnt. Derartige Automaten benötigen keine explizite Ausgabefunktion. Ihre Aufgabe besteht darin, anzuzeigen, ob eine Eingabe akzeptiert wird.

Automaten, die lediglich entscheiden müssen, ob eine Eingabe(sequenz) richtig oder falsch ist, heißen *erkennende Automaten* oder *Akzeptoren*.

Betrachten wir noch einmal den Fahrkartenautomaten aus dem letzten Teilkapitel: Wir reduzieren die Aufgabe der Maschine darauf, die Ausgabetaste für die Fahrkarten in Abhängigkeit von den eingegebenen Münzen zu aktivieren bzw. zu deaktivieren. Das ist genau dann der Fall, wenn die Münzfolge 111, 12 oder 21 eingeworfen wurde. Den zugehörigen endlichen Automaten zeigt ▶Abbildung 12.4. Ein derartiger Automat wird *Akzeptor* genannt.

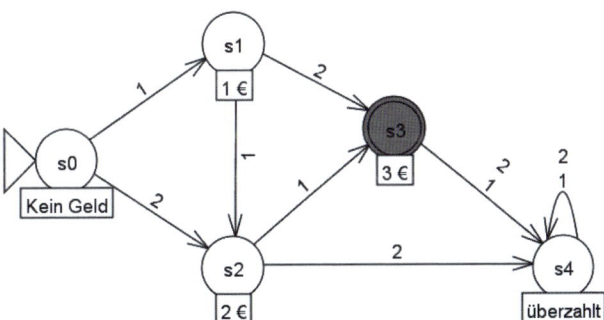

Abbildung 12.4: Der Akzeptor ist einfacher strukturiert als der Transduktor: Hier geht es lediglich darum, zu entscheiden, ob eine Eingabefolge gültig oder ungültig ist. Der akzeptierende Zustand s3 wird durch einen Doppelkreis gekennzeichnet.

Die korrekten Zeichenfolgen 111, 12 und 21, bei denen der Automat die Fahrkarte nach Betätigen der Taste ausgibt, werden auch *Sprache des Automaten* genannt.

Die Sprache eines Automaten ist somit definiert als die Menge aller Eingabesequenzen, die in einen akzeptierenden Zustand führen.

Zum Weiterarbeiten

1. Realisieren Sie den Akzeptor aus Abbildung 12.4 mit JFLAP.

2. Konzipieren Sie einen erkennenden Automaten, der aus einer beliebigen Zeichenfolge der Buchstaben O und S die Sequenz SOS identifiziert und darauf in einen Alarmzustand wechselt.

3. Der Funker eines Ozeanriesen übermittelt gelegentlich auch einmal das Wort „BratenSOSse", z.B. dann, wenn dem Koch des Vergnügungsschiffes die Zutaten ausgehen. Wie kann man verhindern, dass bei Übermittlung dieses Wortes mithilfe der Maschine aus Aufgabenteil 1 versehentlich ein Alarm ausgelöst wird?

12.1.4 Nicht deterministische Automaten

In einer Übung des letzten Abschnitts haben Sie sich mit dem Problem beschäftigt, eine bestimmte Zeichenfolge innerhalb einer beliebigen Zeichenkette zu identifizieren. Wir wollen das Beispiel verallgemeinern.

Nehmen wir an, in einer Botschaft, die aus Zahlen besteht, soll überprüft werden, ob die Ziffernfolge 137 enthalten ist. Ein endlicher Automat, der das realisieren kann, ist in ▶Abbildung 12.5 dargestellt.

Übungen

1. Realisieren Sie den Automaten in der JFLAP-Umgebung als einfachen endlichen Automaten (Typ *Finite Automaton*).

2. Testen Sie den Automaten mit der Ziffernfolge 1231372 in der JFLAP-Umgebung.

Sie werden feststellen, dass sich der Automat in zwei Zuständen befinden kann: Einerseits wird bei Eingabe der Ziffer 1 vom Ausgangszustand *s0* in den Zustand *s1* verzweigt, da die Ziffer 1 ja Bestandteil der gesuchten Zahlenfolge ist. Folgt auf die 1 aber nicht die 3, dann wird der Zustand *s1* wieder verworfen und zurück in den Zustand *s0* gewechselt. Das Verfahren wird bis zum Eintreffen der richtigen Zahlenfolge wiederholt.

Ein erkennender Automat heißt *nicht deterministisch*, wenn die Zustandsfunktion an mindestens einer Position nicht eindeutig ist, d.h. wenn aus einem Zustand nach Eingabe eines Zeichens mehrere Möglichkeiten für den Folgezustand existieren.

Zum Weiterarbeiten

1. Führen Sie die Simulation mit weiteren Zahlenfolgen durch.

2. Versuchen Sie, den Automaten ohne nicht deterministische Knoten zu realisieren. Vergleichen Sie das Ergebnis mit Abbildung 12.5.

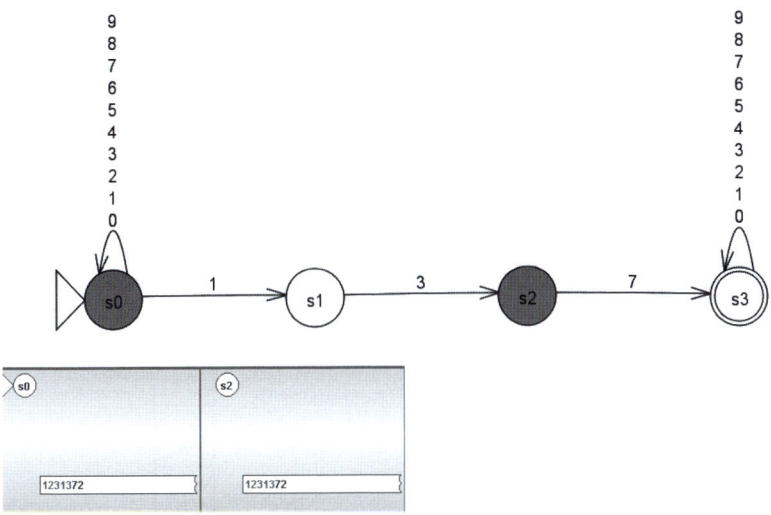

Abbildung 12.5: Der endliche Automat zum Problem der Ziffernfolgenerkennung kann sich in zwei Zuständen gleichzeitig befinden. Im vorliegenden Fall wurde der Automat im STEP-Modus von JFLAP durchlaufen. Dabei splittet sich der Verlauf der Zustandsfolge nach Eingabe der Zahl 1 bzw. 3 in zwei Möglichkeiten auf.

12.1.5 Kellerautomaten

> ## Keller
>
> Mit dem Begriff *Keller, Stapelspeicher* oder *Stack* bezeichnet man in der Informatik einen Speichertyp, bei dem die Daten wie auf einem Stapel Bierdeckel gesammelt werden: Das zuerst in den Speicher bewegte Element liegt an unterster Stelle und verlässt beim Auslesen des Speichers diesen als Letztes. Umgekehrt wird das Element, das als Letztes in den Speicher geschrieben wurde, als Erstes wieder entfernt. Dieses Speicherprinzip wird *LIFO* (*Last In, First Out*) genannt.

Die im vorangegangenen Abschnitt vorgestellten Automaten kommen rasch an ihre Grenzen, wenn man folgendes Problem betrachtet:

Ein mathematischer Term mit Klammern soll auf seine Gültigkeit hin analysiert werden. Betrachten Sie als Beispiel folgenden Term:

$$\big(3\cdot(5-3)+7\big)\div\big(2+(7-4)\big)$$

Wir beschränken uns auf die elementare Analyse, die Ihnen aus dem Mathematikunterricht geläufig ist: Die Anzahl der öffnenden Klammern muss mit der Anzahl der geschlossenen Klammern übereinstimmen. Das ist bei dem vorliegenden Ausdruck offenbar der Fall, die Klammerstruktur

$$(( ))(( ))$$

erfüllt die Anforderung, denn sie besteht aus vier öffnenden und vier schließenden Klammern. Möchte man die Prüfung von einem endlichen Automaten erledigen lassen, so steht man vor einem Problem: Wie bringt man dem Automaten das Zählen bei, insbesondere vor dem Hintergrund, dass die Anzahl der zu untersuchenden Klammern von vornherein nicht festgelegt ist?

Die Lösung findet man in Gestalt des Kellerautomaten (engl.: *PDA = pushdown automaton*), dessen prinzipielle Funktionsweise in ▶Abbildung 12.6 dargestellt wurde.

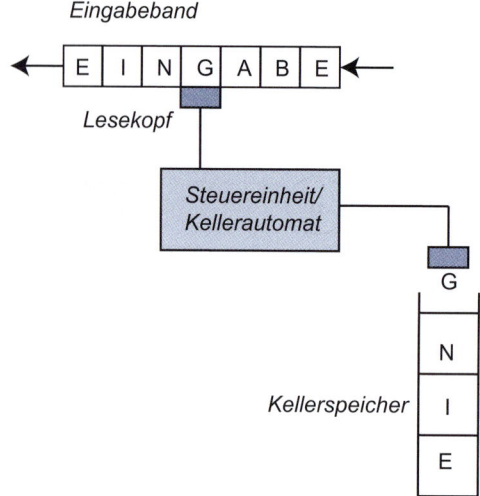

Abbildung 12.6: Prinzip eines Kellerautomaten: Die Daten werden über ein Eingabeband geliefert, vom Lesekopf der Steuereinheit eingelesen und anschließend im Kellerspeicher abgelegt. Das zuletzt abgelegte Element kann dem Kellerspeicher als Erstes entnommen werden (LIFO-Prinzip).

Der Kellerautomat kann nun folgendermaßen für das Problem der Klammerpaaranalyse verwendet werden:

Der Automat legt, beginnend am Anfang des Bandes, jede öffnende Klammer im Kellerspeicher ab (Operation *push*). Wird eine geschlossene Klammer eingelesen, so wird zunächst geprüft, ob noch eine öffnende Klammer im Keller liegt. Ist das der Fall, so wird diese aus dem Keller entfernt (Operation *pop*). Ist das nicht der Fall, so kann bereits an dieser Stelle entschieden werden, dass der Klammerausdruck ungültig ist. Ist andererseits der Keller nach dem Einlesen sämtlicher Klammern vom Band leer, so ist der Klammerausdruck gültig. Beachten Sie, dass die Limitierung des Automaten nunmehr nur noch durch die Größe des Kellerspeichers bestimmt ist.

Der entsprechende Automat kann leicht mit JFLAP realisiert werden.

Übung

Implementieren Sie den Klammersyntaxanalyse-Automaten in JFLAP.

LÖSUNG

Der besseren Lesbarkeit wegen ersetzen wir im Folgenden die öffnende Klammer „(" durch den Buchstaben a, die schließende Klammer „)" durch den Buchstaben b. Eine korrekte Klammersequenz wäre in dieser Notation beispielsweise aaababbb, eine nicht akzeptierte Sequenz aabbb.

1. Starten Sie JFLAP und wählen Sie als Simulationstyp den Kellerautomaten (*pushdown automaton*).

2. Erstellen Sie den Automaten nach ▶Abbildung 12.7:

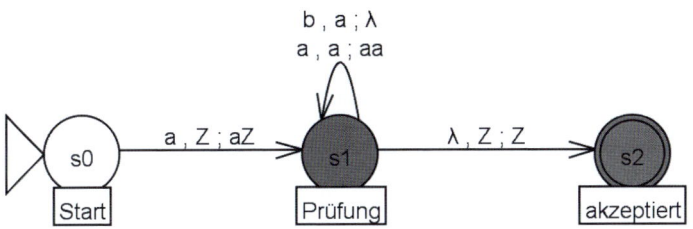

Abbildung 12.7: Kellerautomat zur Klammersyntaxprüfung

Wie Sie sehen, sind Übergänge beim Kellerautomaten durch drei Parameter gekennzeichnet. Das Parametertripel (p, q; r) hat folgende Bedeutung: Die erste Variable p entspricht dem Eingabezeichen, die zweite Variable q dem Wert, der nach Eingabe von q vom Stapel genommen werden soll (*pop*-Operation). Die dritte Variable r, die durch ein Semikolon abgetrennt wird, wird schließlich auf den Speicher abgelegt (*push*-Operation). Das Zeichen Z hat eine besondere Bedeutung: Es markiert das Ende des Stapelspeichers.

Erläuterung des Automaten am konkreten Beispiel

Testen wir unseren Automaten einmal anhand der gültigen Zeichenfolge aabb. Folgendes passiert beim Durchlauf des Testmodus (Modus *Input/Step with Closure*):

- Der Automat befindet sich zu Beginn der Simulation im Zustand *s0*. Im Keller befindet sich das Terminierungszeichen Z.

- Nach Einlesen des Zeichens a im Zustand *s0* holt der Automat das Kellerendzeichen Z aus dem Keller und schreibt die Folge aZ in den Keller. Der Automat wechselt in den Zustand *s1*.

- Das folgende Zeichen a wird gelesen: Das erste a wird aus dem Keller geholt, die Zeichenfolge aa in den Keller geschrieben. Im Keller befindet sich nun die Zeichenfolge aaZ.

- Das erste b-Zeichen wird eingelesen. Das obere a wird aus dem Keller geholt, es wird aber nichts weiter im Keller abgelegt, erkennbar am Zeichen λ. Im Keller befindet sich nun die Zeichenfolge aZ.

- Das nächste Zeichen b wird eingelesen, der Vorgang des letzten Schritts wiederholt sich. Es befindet sich nun bis auf das Terminierungssymbol Z kein Zeichen mehr im Keller.

- Im letzten Schritt steht kein Zeichen mehr auf dem Eingabeband bereit, die Eingabe ist leer (λ). Da sich nur noch das Zeichen Z im Keller befindet, wechselt der Automat in den finalen Zustand *s2*.

Zum Weiterarbeiten

1. Skizzieren Sie den beschriebenen Speicherablauf im Kellerspeicher auf Papier.

2. Der Automat aus Abbildung 12.7 setzt voraus, dass die Zeichenfolge mit dem Buchstaben a beginnt. Ergänzen Sie den Automaten um eine Prüfung, die eine Zeichenkette verwirft, die mit b beginnt.

12.1.6 Turingmaschinen

Ein universelles einfaches Modell zur Beschreibung der prinzipiellen Funktionsweise eines Rechenautomaten lieferte ALAN M. TURING im Jahr 1936. Die folgende Abbildung zeigt die prinzipielle Struktur einer Turingmaschine:

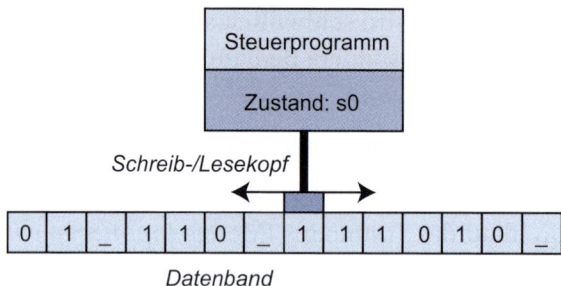

Abbildung 12.8: Prinzip der Turingmaschine

Die Funktionsweise der Maschine lässt sich folgendermaßen beschreiben:

- Der Schreib-/Lesekopf des Turingautomaten wird durch ein Steuerprogramm entlang eines Datenbandes bewegt.

- Im Gegensatz zum Eingabeband eines Kellerspeichers kann sich der Schreib-/Lesekopf der Turingmaschine in beide Richtungen bewegen. Die entsprechenden Befehle dafür lauten *R* (wie *rechts*) und *L* (wie *links*).

- Der Automat kann Daten vom Band lesen und Daten auf das Band schreiben. Ein leeres Datenfeld ist durch einen Unterstrich (_) gekennzeichnet.

- Der Automat kann nach jeder Bewegung seinen Zustand wechseln.

- Das Programm wird durch den Befehl *H* (wie *halt*) beendet.

Der Aufbau bzw. die Möglichkeiten der Turingmaschine erscheinen so primitiv, dass ein Laie die folgende Behauptung von ALONZO CHURCH und ALAN TURING kaum zu glauben vermag:

Alles, was überhaupt berechenbar ist,

ist schon mit der Turingmaschine berechenbar!

(CHURCH-TURING-THESE)

Mit anderen Worten: Vergessen Sie für komplexe Rechenaufgaben Ihren modernen Mehrkernrechner, ein primitiver Turingautomat tut's genauso – sofern Sie genug Zeit und Leidensfähigkeit besitzen!

Bevor wir uns aber in Abschnitt *Die Grenzen der Berechenbarkeit* mit der Theorie der Berechenbarkeit beschäftigen werden, wollen wir uns anhand eines einfachen Beispiels mit der Funktion einer Turingmaschine vertraut machen. Das Beispiel sowie eine ausführliche Abhandlung zur interaktiven Beschäftigung mit der Theorie der Turingmaschine finden Sie auf *http://www.matheprisma.uni-wuppertal.de/*. Dort können Sie die vorgestellte Übung auch interaktiv nachvollziehen.

Übung

Schreiben Sie ein Turingmaschinen-Programm, das die Addition zweier Zahlenkolonnen, die aus Einsen bestehen, nach folgendem Muster vornimmt:

Die Additionsaufgabe 11111 + 111 = wird nach folgenden Vorschriften erledigt:

- Bewege den Kopf der Turingmaschine nach rechts, bis du das Zeichen + erreichst.
- Ersetze das Zeichen + durch eine 1.
- Bewege den Kopf weiter nach rechts, bis du das Gleichheitszeichen erreichst.
- Lösche das =-Zeichen und die davor befindliche 1.
- Stoppe das Programm.

Das Ergebnis der „Rechnung" ist schließlich 1111111, eine Folge aus acht Einsen.

LÖSUNGEN

Ein allgemeiner Programmierbefehl der Turingmaschine hat folgende Gestalt:

(*Ausgangszustand, Eingabezeichen*) $\rightarrow$ (*Folgezustand, Ausgabezeichen; Bewegung*)

Die Turingmaschine benötigt zwei unterschiedliche Zustände: z1 und z2. Daraus ergibt sich folgendes Programm:

(z1 ,+) ---> (z1 ,1,R) [Ersetzt + durch 1]

(z1 ,1) ---> (z1 ,1,R) [Nach rechts laufen bis zu einem Zeichen, das nicht die Eins ist]

(z1 ,=) ---> (z2 ,_,L) [= löschen und ein Feld nach links gehen]

(z2 ,1) ---> (z2 ,_,H) [Eins löschen, _ auf das Band schreiben und Bearbeitung beenden]

In den eckigen Klammern sind die Befehle noch einmal versprachlicht worden.

Mithilfe der Simulation von MathePrisma lässt sich die Richtigkeit des Programms prüfen (▶Abbildung 12.9).

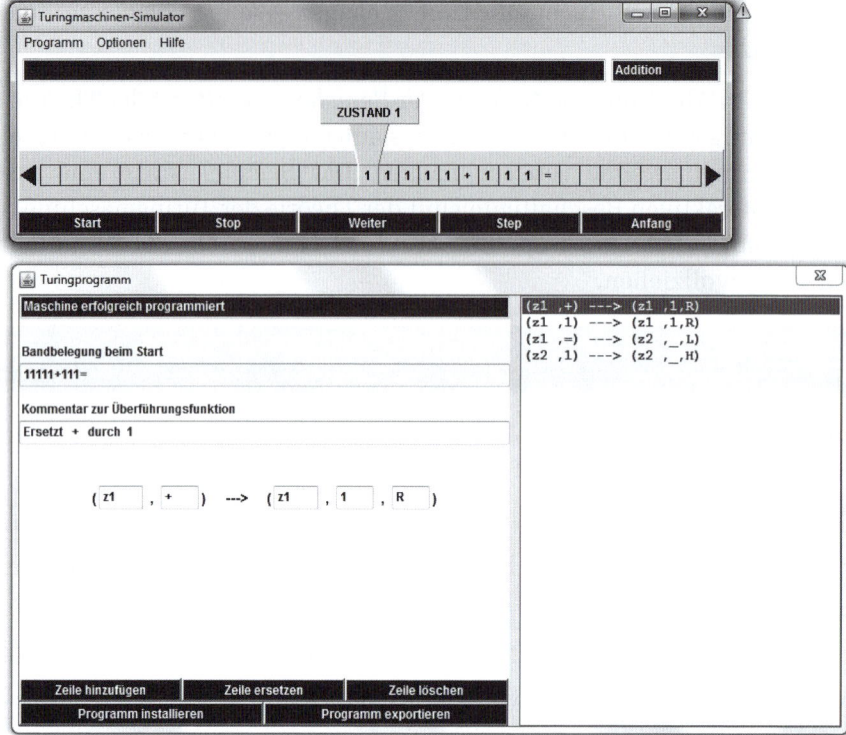

Abbildung 12.9: Simulation der Turing-Additionsmaschine. Quelle: *http://www.matheprisma.uni-wuppertal.de/*

Zum Weiterarbeiten

Setzen Sie das beschriebene Problem auch mit JFLAP um und simulieren Sie den obigen Durchlauf. Sie müssen dazu die Vorlage des Turingautomaten (engl.: *Turing Machine*) verwenden.

Lösungshinweis

Sie benötigen für die Simulation mit JFLAP einen weiteren, expliziten Endzustand. Die Maschine könnte folgende Gestalt haben:

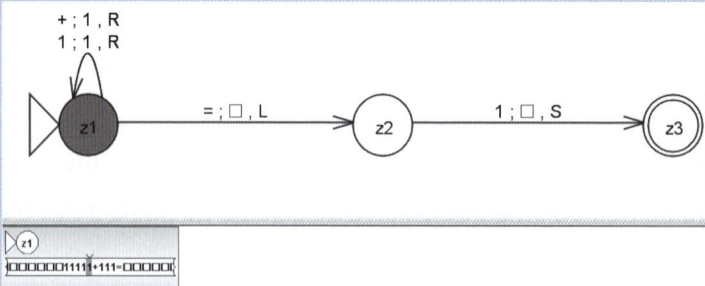

Abbildung 12.10: Simulation einer Turing-Additionsmaschine mit JFLAP: Am linken unteren Bildrand ist die Position des Lesekopfs auf dem Datenband zu erkennen. Die Syntax für die Übergänge in JFLAP lautet: Eingabezeichen, Ausgabezeichen, Kopfbewegung. Die Kopfbewegung kann nach rechts (R) oder links (L) erfolgen bzw. auf der Stelle verharren (S). Ein leeres Zeichen wird durch das Symbol eines leeren Kästchens dargestellt.

12.2 Sprachen

Programmiersprache

Mithilfe einer Programmiersprache werden Computerprogramme beschrieben. Die Programmiersprache beschreibt dabei die logischen Schritte, die ein Computer durchlaufen muss, um aus den vorgegebenen Eingabedaten die Ausgabedaten zu generieren. Ein Programm, das in einer Hochsprache geschrieben wurde, muss in geeigneter Form analysiert und in Maschinensprache umgewandelt werden, da das Computersystem nur diese versteht.

Eine babylonische Vielfalt herrscht unter den Computersprachen: Mehrere Tausend Sprachformen und Dialekte bevölkern das Computeruniversum. Im Kern bauen alle Sprachen aber auf einem Prinzip auf: der Analyse von Zeichenfolgen und der Umsetzung von Befehlen in dem Computer verständliche Anweisungen. Das folgende Teilkapitel beleuchtet die informatischen Aspekte, die hinter den Computersprachen stecken.

12.2.1 Grundlagen

Sicher haben Sie bereits die eine oder andere Fremdsprache selbst erlernen müssen und sind dabei auf ähnliche Probleme und Fragestellungen gestoßen, die auch ein Computersystem lösen muss, wenn es den Quelltext eines Programms in maschinenverständliche Form übersetzen soll. Eine natürliche Sprache ist durch folgende Eigenschaften gekennzeichnet:

- **Alphabet**: Der Grundstamm aller Zeichen, aus denen Wörter einer bestimmten Sprache gebildet werden können. Die griechische Sprache oder die japanische Sprache verwenden beispielsweise andere Alphabete als die deutsche Sprache.

  Durch ein Alphabet allein lassen sich noch keine sinnvollen, verständlichen Begriffe bilden. Beispiel: *qwertz* ist zwar eine konkrete Zeichenfolge, nicht aber Bestandteil vom

- **Wortschatz**: Die Worte, die aus dem zur Sprache gehörigen Alphabet gebildet werden können, machen den Wortschatz der Sprache aus.

  Nur mit dem Wortschatz kann man noch nicht sinnvoll kommunizieren, da noch keine Regeln zur Abfolge der Wörter festgelegt wurden. Beispiel: *Hund laufen Tür grün* ergibt keine sinnvolle Information.

- **Syntax und Grammatik**: Erst durch die Festlegung von speziellen Regeln, wie Wörter des Wortschatzes zu verknüpfen sind, ergeben sich korrekte Sätze im Kontext der verwendeten Sprache.

  Obwohl nun die Bauform von Informationen, die mit der entsprechenden Sprache ausgedrückt werden sollen, festgelegt ist, gibt es immer noch keine Garantie dafür, ob nach den Regeln gebildete Sätze sinnvolle, verwertbare Informationen darstellen. Beispiel: Der Satz *Der blaue Hund fliegt über kluges Wasser.* ist syntaktisch und grammatikalisch korrekt, ergibt aber im Rahmen unseres Verständnisses keinen Sinn. Um zu verwertbaren Aussagen zu gelangen, muss ein weiterer Punkt beachtet werden.

■ **Semantik**: Die Semantik definiert die Sinnzusammenhänge, nach deren Regeln die Bausteine der Sprache verknüpft werden müssen, um verwertbare Informationen zu beschreiben.

Erst jetzt lassen sich Sätze wie *Der schwarze Hund läuft über den grünen Rasen.* bilden, die vom Gegenüber auch interpretiert werden können. Aber Vorsicht: Wer nun der Meinung ist, bei der zwischenmenschlichen Kommunikation könne nun nichts mehr schiefgehen, berücksichtigt ein weiteres Phänomen der menschlichen Sprache nicht:

■ **Kontext und Mehrdeutigkeit**: Die Mehrzahl aller Witze basiert darauf, dass syntaktisch und semantisch korrekte Formulierungen auf unterschiedliche Weise ausgelegt werden können.

Betrachten Sie als Beispiel den folgenden Kurzwitz: *Treffen sich zwei Jäger. Beide tot.* Der Witz bedient sich dabei offensichtlich der Mehrdeutigkeit des Verbs *treffen* in der deutschen Sprache und würde im englischen Sprachbereich nicht funktionieren.

In der Tat scheiterten die Übersetzungsprogramme der Anfangsphase an derartigen sprachlichen Feinheiten. Mittlerweile sind aber die Übersetzungsalgorithmen so perfekt geworden, dass man mit deren Hilfe problemlos und sinnvoll mit einem Gegenüber aus einer anderen Sprachheimat kommunizieren kann (▶Abbildung 12.11). Insbesondere wird heute durch die Berücksichtigung der *Morphologie*, der inneren Struktur von Wörtern bzw. Ausdrücken, die Übersetzungsleistung derartiger Software gesteigert.

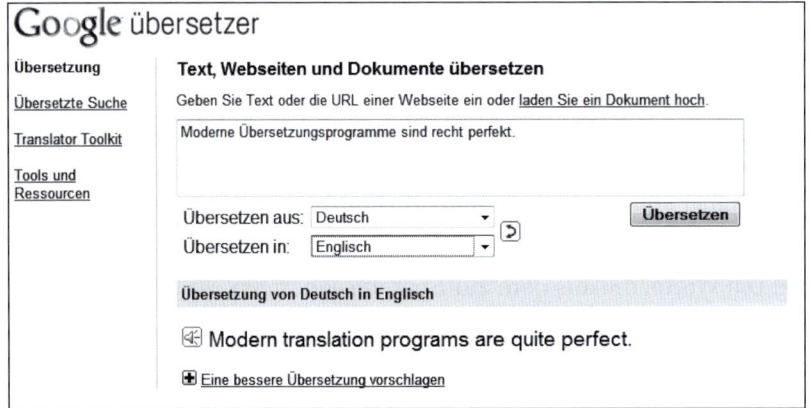

Abbildung 12.11: Mithilfe von Google Translate (*http://translate.google.de/*) lassen sich Sprachbarrieren überwinden. Durch Betätigen der Lautsprecherschaltfläche kann der übersetzte Ausdruck sogar vorgelesen werden.

Zum Weiterarbeiten

Testen Sie den Google Translator anhand einiger Floskeln aus der Umgangssprache. Welche Begriffe bzw. Sätze werden korrekt übersetzt, wo gibt es Schwierigkeiten, welche Übersetzungen sind schlicht unbrauchbar?

12.2.2 Ein Spracherkennungsautomat

Übertragen wir nun die im vorangegangenen Abschnitt gewonnenen Erkenntnisse auf den Bereich der Programmiersprachen: Welche Voraussetzungen müssen erfüllt sein, damit die Befehlsfolge, die ein Mensch als Programmquellcode eingibt, von einem Compiler bzw. Interpreter zu einer sinnvollen Folge von Maschinenbefehlen umgesetzt werden kann?

- **Alphabet**: Die Menge aller gültigen Eingabezeichen, die der Automat interpretieren kann, bildet das Alphabet der Programmiersprache. Im Falle des Klammersyntaxautomaten (Abschnitt *Kellerautomaten*) bestand das Alphabet aus der öffnenden Klammer „(" und der schließenden Klammer „)" bzw. bei der Umsetzung des Beispiels aus den Buchstaben *a* und *b*.

- **Wortschatz bzw. Sprache**: Alle Zeichenfolgen bzw. Wörter, die den Automaten in einen akzeptierenden Zustand überführen, bilden die *Sprache des Automaten*. Beispiel: Die Sequenz „*(())*" gehört zur Sprache des Klammersyntaxautomaten, die Sequenz „*())()*" hingegen nicht.

Formale Sprache

Eine formale Sprache beschreibt in der Informatik eine Menge von Wörtern, die aus einem vorgegebenen Alphabet gebildet werden können. Eine Teilmenge der formalen Sprachen lässt sich mithilfe einer *formalen Grammatik* beschreiben: Diese gibt einen Bauplan an, wie die Wörter der Sprache zu konstruieren sind.

Zum Weiterarbeiten

Ein bekanntes Beispiel einer formalen Sprache ist die Sprache der *Palindrome*: Ein Palindrom ist ein spiegelsymmetrisches Wort, das sich von vorn wie von hinten gleichermaßen liest. Beispiele sind: Anna, Otto, Reliefpfeiler[1] ...

Entwickeln Sie unter JFLAP einen Automaten, der ein Palindrom erkennt und nach dessen Eingabe in einen akzeptierenden Zustand wechselt.

- **Syntax**: In einer Programmiersprache wird die Syntax bestimmter Befehls- oder Anweisungsfolgen in der Regel durch Syntaxdiagramme dargestellt.

Die folgende Abbildung zeigt das Syntaxdiagramm einer gezählten Wiederholung (for-Schleife).

---

1   Das Wort „Reliefpfeiler" gilt aktuell als längstes Palindrom der deutschen Sprache und fand diesbezüglich Eingang in das Guinnessbuch der Rekorde. Vielleicht finden Sie ja ein längeres Palindrom?

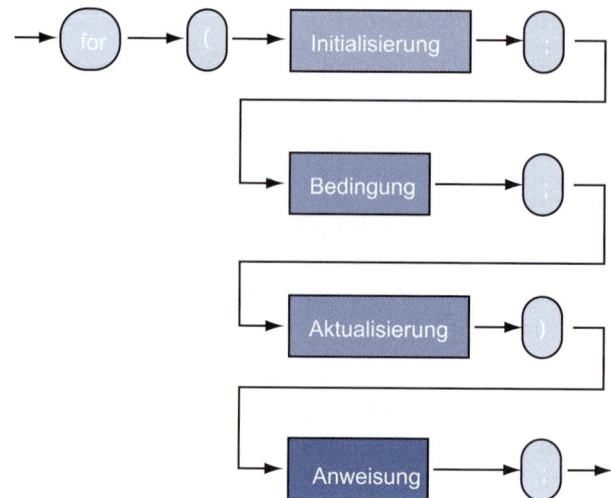

Abbildung 12.12: Syntaxdiagramm einer `for`-Schleife

Die hell unterlegten Elemente der ▶Abbildung 12.12 sind von der Syntax der Sprache vorgegeben, die dunkel unterlegten Elemente sind variabel und gehorchen ihrerseits einer eigenen Syntaxregel. So lässt sich der Anweisungsblock in Abbildung 12.12 durch folgende Syntaxregel beschreiben (▶Abbildung 12.13):

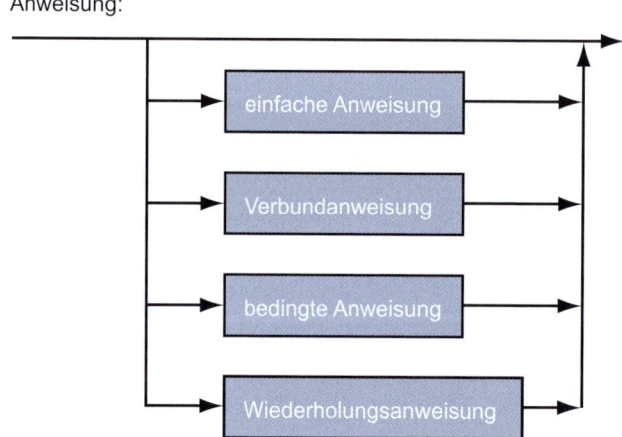

Abbildung 12.13: Strukturelemente wie die Anweisung lassen sich noch feiner beschreiben.

Zum Weiterarbeiten

Erstellen Sie ein Syntaxdiagramm für folgende Sprachelemente in Java:

- *Bezeichner einer Variablen*
- *Schleife mit Eintrittsbedingung*
- *Schleife mit Austrittsbedingung*

- **Semantik**: Die Semantik der Programmiersprache legt schließlich fest, wie der Syntaxblock konkret zu interpretieren ist.

  Der `for`-Schleife aus Abbildung 12.12 wird folgende Semantik zugeordnet:

  – Beim Eintritt in die Schleife wird zunächst die Initialisierung der Zählvariablen vorgenommen, Beispiel: `i=1`.

  – Anschließend wird die Schleifenbedingung definiert, Beispiel: `i<=5`.

  – Es folgt die Festlegung der Aktualisierungsanweisung für die Schleife: Beispiel: `i = i + 1;` (Kurzform: `i++;`).

  – Das letzte Element des Syntaxblocks ist schließlich die Angabe der Anweisung, die bei jedem Schleifendurchlauf durchgeführt werden soll, Beispiel: `summe = summe +i;`.

  Die Semantik der Sprache findet in der Regel Anwendung bei der Darstellung von Algorithmen in Struktogrammform, vgl. *Kapitel 7* und *Kapitel 8*.

- **Kontext und Mehrdeutigkeit**: Im Gegensatz zu natürlichen Sprachen darf eine Computersprache keinerlei Mehrdeutigkeiten enthalten.

Der endliche Automat als Parser

> **Lexer**
>
> Ein Lexer (Kurzform für *lexikalischer Scanner*) ist ein Computerprogramm, das eine Folge von Zeichen in logisch zusammengehörige Einheiten, sogenannte *Token*, zerlegt. Im Bereich der Programmierung erkennen Lexer die Schlüsselwörter einer Programmiersprache.

> **Parser**
>
> Ein Parser (engl.: *to parse* = analysieren, zergliedern) ist ein Computerprogramm, das eine Folge von Tokens für die Weiterverarbeitung aufbereitet. Parser erschließen im Anschluss an den lexikalischen Analysevorgang einer Zeichenfolge die Semantik und führen daraufhin Aktionen/Befehle durch.

Genug der Theorie, es ist an der Zeit für ein einfaches, praktisches Beispiel. Es soll ein endlicher Automat konzipiert werden, der anhand einer vorgegebenen Zeichenkette analysiert, ob es sich um einen gültigen Java-Bezeichner[2] handelt. Vereinfachend soll dabei Folgendes vorausgesetzt werden:

- Ein Java-Bezeichner darf nur mit einem Buchstaben beginnen.

- Nach dem ersten Zeichen kann eine beliebige Folge von Buchstaben bzw. Ziffern angehängt werden.

- Die Eingabe eines Sonderzeichens führt in einen ungültigen Zustand.

- Zur Vereinfachung des Problems werden lediglich der Buchstabe a, die Ziffer 1 und das Sonderzeichen + als Zeichensatz verwendet.

---

2 Ein Java-Bezeichner ist ein Variablen-, Klassen- oder Methodenname, z.B. *zahl1*.

Das Syntaxdiagramm für einen nach der obigen Vorschrift gültigen Java-Bezeichner hat folgende Gestalt:

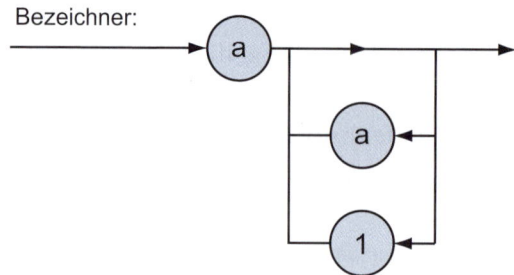

Abbildung 12.14: Syntaxdiagramm eines vereinfachten Java-Bezeichners

Nach den Vorgaben wäre die folgende Zeichenfolge gültig: `a11aaa1`. Ungültig wäre hingegen `1aaa` oder `aa1a+`.

Übung

Erstellen Sie mit JFLAP einen endlichen Automaten, der als Bezeichner-Parser arbeitet.

LÖSUNG

Der gesuchte Parser wird als endlicher Automat realisiert und hat folgende Gestalt:

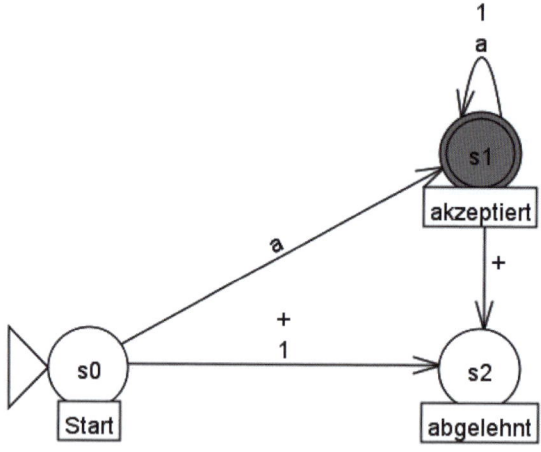

Abbildung 12.15: Einfacher Parser, umgesetzt in JFLAP

Zum Weiterarbeiten

Informieren Sie sich ausführlich über den Begriff der Grammatik im Bereich der Informatik und testen Sie verschiedene Grammatiken mit der JFLAP-Umgebung. *Hinweis*: Zum Testen von Grammatiken sollten Sie einen Blick auf das JFLAP-Tutorial werfen (*http://www.cs.duke.edu/csed/jflap/tutorial/*).

Funktionsparser

In *Kapitel 4* wurde im Bereich Mathematiksoftware mit *Maxima* ein Computeralgebrasystem (CAS) vorgestellt. Interessant ist die Frage, wie es dem Programm gelingt, einen arithmetischen Ausdruck so zu zerlegen, dass der Computer in der Lage ist, diesen im Kontext der symbolischen Mathematik zu verarbeiten. Herzstück eines derartigen Systems ist ein Parser, der die eingegebenen Ausdrücke analysiert.

Ein Funktionsparser zerlegt einen arithmetischen Ausdruck in Form eines *Parse-Baums*. Betrachten wir als Beispiel folgenden Term:

$$\sin\left(3x + 5\pi \cdot e^x\right).$$

Der Funktionsparser gliedert den Ausdruck gemäß der folgenden Abbildung:

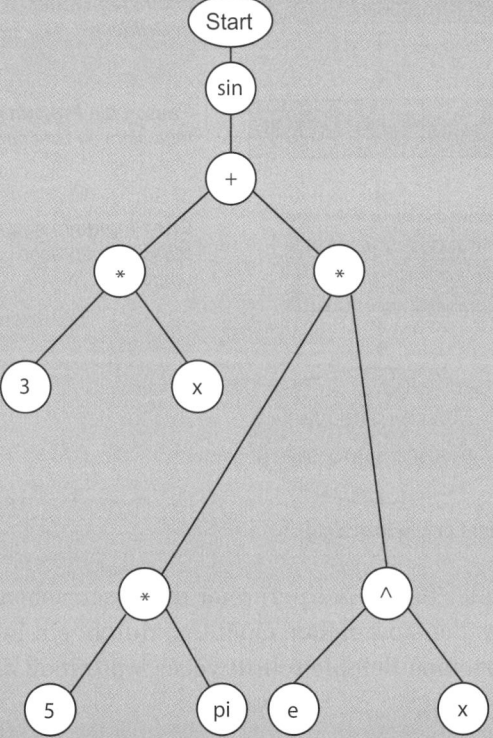

Abbildung 12.16: Parse-Baum des Funktionsparsers

Aus der Abbildung wird ersichtlich, dass es vorteilhaft ist, die Token, die den Term bilden, auf einem Stack abzulegen, um die Korrektheit des Gesamtausdrucks sicherzustellen. Das Problem ist somit eine Weiterentwicklung des Klammersyntaxanalyse-Automaten, vgl. Abschnitt *Kellerautomaten*.

Möchten Sie sich intensiver mit dem strukturellen Aufbau eines Funktionsparsers beschäftigen, so finden Sie im Internet eine Vielzahl von Realisierungen durch Eingabe des Begriffs *funktionsparser* in die Suchmaschine Ihrer Wahl.

12.2.3 Aufbau eines Compilers

Abschließend soll noch ein Blick auf die Software geworfen werden, die die praktische Umsetzung der behandelten Theorie gestattet: den Compiler einer Programmiersprache. Bei der Übersetzung eines Quellcodes werden folgende Stationen durchlaufen:

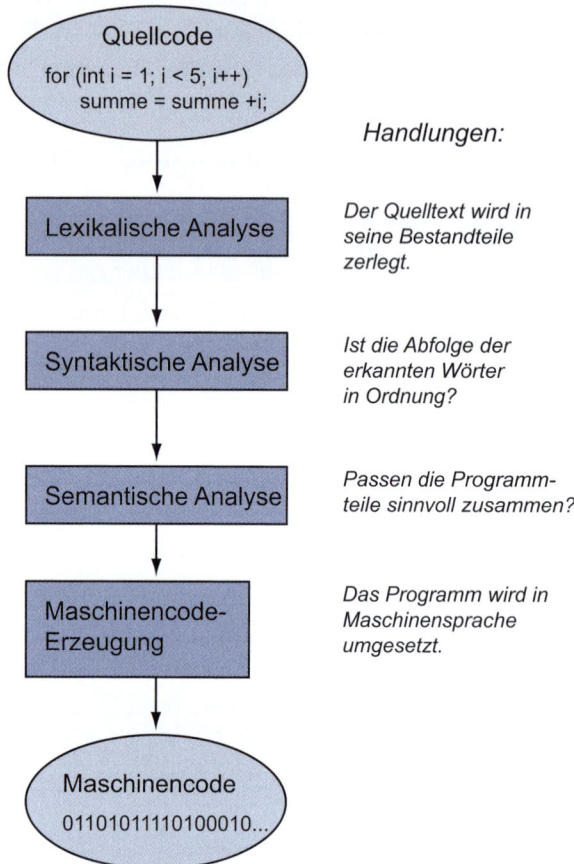

Abbildung 12.17: Stationen beim Compilerdurchlauf

Im Gegensatz zum Compiler führt ein Interpreter die beschriebenen Schritte nicht für das komplette Programm bzw. den kompletten Quelltext durch; ein Interpreter übersetzt (interpretiert) vielmehr die einzelnen Befehle schrittweise, was einen deutlich langsameren Programmablauf zur Folge hat.

12.3 Die Grenzen der Berechenbarkeit

Eventuell kennen Sie den Auszug aus DOUGLAS ADAMS' berühmtem Werk *Per Anhalter durch die Galaxis*, in welchem die Menschheit einen gigantischen Computer baut, der die Antwort auf alle noch offenen Fragen der Menschheit liefern soll, im englischen Original *the answer to life, the universe and everything*. Die verblüffende Antwort auf diese Frage können Sie mittlerweile auch bei Google recherchieren (▶Abbildung 12.18).

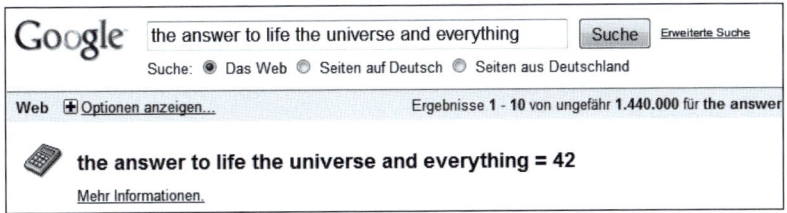

Abbildung 12.18: Der Google-Rechner liefert Antworten auf nahezu alle Fragen.

Der tiefere Sinn des Beispiels besteht darin, dass nicht die Antwort, sondern die Frage selbst kritisch betrachtet werden muss: Wie muss ein Problem formuliert werden, damit es sinnvoll und in endlicher Zeit von einem Computersystem gelöst werden kann? Gibt es Fragestellungen, die der Computer nicht in endlicher Zeit lösen kann? Im vorliegenden Abschnitt beschäftigen wir uns daher mit maschinell lösbaren und nicht lösbaren Problemen.

12.3.1 Die Turingmaschine als Modell für beliebige Computer

In Abschnitt *Turingmaschinen* haben Sie das Modell der Turingmaschine kennengelernt. Man kann zeigen, dass sich jedes beliebige Computersystem als Turingmaschine darstellen lässt, und somit die Analyse der Berechenbarkeit eines Problems in den Bereich der in der Theorie leichter handhabbaren Turingmaschinen verlegen.

In der Theorie der Turingmaschinen gilt ein Problem dann als lös- bzw. berechenbar, wenn die Maschine nach Eingabe einer Zeichenfolge nach endlicher Zeit hält. Die Zeichenfolgen, die die Maschine in einen akzeptierenden Zustand überführen, bilden die Sprache der Turingmaschine. Ein Beispiel für eine Sprache, die mit einer Turingmaschine realisiert werden kann, ist die Sprache der *Palindrome*, vgl. die Übung in Abschnitt *Ein Spracherkennungsautomat*.

12.3.2 Das Halteproblem

Sicher kennen Sie das Problem: Sie arbeiten gerade mit einem rechenintensiven Programm, als der Computer plötzlich auf keine Eingabe Ihrerseits mehr reagiert.[3] Die Frage ist, ob dieses Verhalten dem besonders hohen Rechenaufwand des Programms zuzuschreiben ist oder ob der Programmierer schlechte Arbeit geleistet hat und das Programm in einer Endlosschleife hängen geblieben, also schlicht abgestürzt ist.

In der Mathematik hat man sich lange damit beschäftigt, einen Algorithmus bzw. einen Automatismus zu finden, der in der Lage ist, zu berechnen, ob ein Problem in endlicher Zeit gelöst werden kann.

---

3 Trotz moderner Betriebssysteme treten derartige Probleme auch heute noch von Zeit zu Zeit auf. Ein Beispiel gefällig? Versuchen Sie mal, mit einem aktuellen Windows-System (z.B. Windows 7) eine unkomprimierte Grafikdatei per Drucker auf Papier zu bringen. In der Zeit, in der die Datei für den Ausdruck vorbereitet wird, reagiert das System äußerst träge.

Mithilfe der Theorie der Turingmaschinen aus der Informatik ist es schließlich gelungen, zu zeigen, dass es in der Tat keine Möglichkeit gibt, für einen *beliebigen* Automaten von vornherein zu entscheiden, ob dieser bei Eingabe eines beliebigen (endlichen) Worts einen Haltezustand erreicht oder nicht.

Man kann allerdings in einigen Fällen zeigen, dass eine Maschine nebst ihrer Sprache zur Menge der Maschinen gehört, die nach endlich vielen Schritten in einen Haltezustand wechseln. Derartige Maschinen bezeichnet man als *zur Menge H des Halteproblems gehörig*, in Mengenschreibweise:

$H :=$ {Turingmaschinen, die nach Eingabe einer Zeichenfolge w halten}

Ein Beispiel für eine Turingmaschine, die zu H gehört, ist der im letzten Absatz erwähnte Automat, der die Sprache der Palindrome realisiert. Derartige Sprachen bzw. zur Menge H gehörige Probleme nennt man auch *entscheidbar*.

Wie muss man sich ein Problem vorstellen, das nicht entscheidbar ist? Betrachten Sie dazu folgende logische Denksportaufgabe:

Ein *Barbier* (heute würde man den Mann *Friseur* nennen) hatte in früheren Zeiten die Aufgabe, seine (männlichen) Kunden zu rasieren. Es gelte folgende Kernaussage:

- Der bartlose Barbier des Dorfes rasiert genau die Männer des Orts, die sich nicht selbst rasieren.

Die Frage, die sich nun stellt, ist: Rasiert der Barbier auch sich selbst? In jedem Fall trifft man auf einen Widerspruch:

- Rasiert der Barbier sich nicht selbst, so rasiert er *nicht* alle Männer des Orts, die sich nicht selbst rasieren, da er selbst auch Mitglied der Ortsgemeinschaft ist.

- Rasiert der Barbier sich selbst, so rasiert er mindestens einen Mann, der sich selbst rasiert.

Wie man sieht, führt die Kernaussage in jedem Fall zu einem Widerspruch.

Zum Weiterarbeiten

Recherchieren Sie im Internet nach weiteren Problemen, die im Sinne des Halteproblems nicht lösbar sind.

12.3.3 Komplexität

Nachdem wir uns im vorangegangenen Abschnitt mit der Lösbarkeit von Problemen beschäftigt haben, soll nun analysiert werden, wie schnell man zur Lösung eines *lösbaren Problems* gelangen kann. Dabei spielt der Begriff der Komplexität des Problems eine entscheidende Rolle. Aber wie definiert man „komplex" im Sinne der Automatentheorie? Ein Problem, das einem Menschen äußerst komplex erscheint (z.B.: Multipliziere zwei zehnstellige Zahlen), hat ein Computer in wenigen Nanosekunden erledigt. Es muss also ein Maß für die Komplexität von Berechnungen auf Grundlage der Automatentheorie her.

Laufzeit eines Algorithmus

Ein Maß für die Komplexität eines Problems ist sicherlich die Anzahl der Rechenschritte, die zu seiner Lösung benötigt werden. In *Kapitel 8* wurde das Prinzip der Laufzeitmessung von Algorithmen ja bereits behandelt. Es ist anschaulich klar, dass die Laufzeit direkt proportional zur Anzahl der Rechenschritte ist, die zur Lösung des Problems erforderlich sind.

Klassifizierung des Laufzeitverhaltens

Ist n die Zahl der Rechenschritte, so werden folgende Komplexitätsklassen definiert:

Ist die Laufzeit proportional zu einer beliebigen Potenz von n, z.B. n^2, n^3, ..., so spricht man von einem *polynomiellen Laufzeitverhalten*. Zur Abschätzung der Laufzeit bei einem gemischten Polynom wird immer die höchste Potenz ohne führenden Koeffizienten herangezogen: Ist die Laufzeit proportional zu $3n^4+2n^2$, so spricht man von einem Laufzeitverhalten proportional zu n^4.

Eine andere Laufzeitklasse ist diejenige mit exponentiellem Laufzeitverhalten (Laufzeit $\sim b^n$): Die Laufzeit zugehöriger Algorithmen wächst dramatisch stärker mit wachsendem n als diejenige von Algorithmen aus der polynomiellen Klasse.

Komplexitätstheorie

In der Komplexitätstheorie beschäftigt man sich unter anderem auf der Basis des Laufzeitverhaltens mit einer Quantifizierung der Komplexitätstheorie von Algorithmen. Besonders interessant sind die Klassen P und NP. P umfasst alle Entscheidungsprobleme, die sich in polynomieller Zeit mit deterministischen Turingmaschinen lösen lassen, NP umfasst dabei alle nicht deterministischen Turingmaschinen.[4] Ein Haken bei Entscheidungsproblemen aus NP ist dadurch gegeben, dass man eine richtige Lösung zunächst raten muss. Bei P lassen sich Lösungen in Polynomialzeit berechnen.

---

4 Möchten Sie auf die Schnelle eine Million Dollar verdienen, so müssen Sie beweisen, dass die Klasse P identisch mit der Klasse NP ist: Bei dieser Aufgabe handelt es sich um ein sogenanntes Millenium-Problem.

Werfen wir einen Blick auf typische Probleme, die in der Komplexitätstheorie eine Rolle spielen:

Unter einem *Hamilton-Kreis* versteht man folgendes logistisches Problem: Eine vorgegebene Anzahl von Städten/Orten soll so durchlaufen werden, dass jeder Ort exakt einmal besucht wird und man schlussendlich am Startpunkt der Reise landet. Dabei sind die Städte durch Straßen miteinander verbunden, aber nicht unbedingt jede Stadt mit jeder anderen.

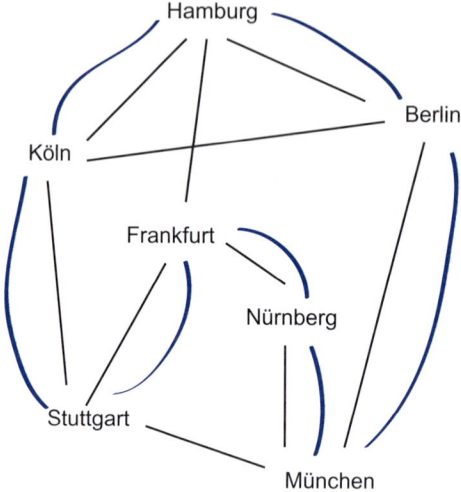

Abbildung 12.19: Hamilton-Kreis zur Berechnung einer Rundreise zwischen Städten

Das Problem ist zu unterscheiden vom *Travelling Salesman Problem*, bei dem der kürzeste Weg zwischen vorgegebenen Orten berechnet werden soll.

Die Aufgabe lässt sich folgendermaßen praktisch lösen, wobei auch die Komplexität des Algorithmus abgeschätzt werden kann: Im Beispiel sei eine Liste von Orten vorgegeben.

- Zunächst wird überprüft, ob jede Stadt genau einmal in der Liste auftritt. Die Prüfung führt zu einem Algorithmus, der proportional zur Anzahl der Städte, also von linearer Komplexität, einem Spezialfall der polynomiellen Komplexität, ist.

- Danach wird geprüft, ob zwischen den Städten der akzeptierten Liste in der vorgegebenen Abfolge jeweils eine Straße existiert. Ist das nicht der Fall, so muss die entsprechende Lösung verworfen werden. Die zugehörige Überprüfung ist ebenfalls von polynomieller Komplexität.

- Abschließend muss noch getestet werden, ob die letzte Stadt der Liste mit der ersten Stadt verbunden ist, um den Hamilton-Kreis schließen zu können.

Zum Weiterarbeiten

Recherchieren Sie im Internet nach dem Begriff der Komplexität im Bereich der Informatik und finden Sie weitere Beispiele zu Komplexitätsanalysen.

- Ein grundlegendes Element der theoretischen Informatik ist das Modell des **endlichen Automaten**. Dabei handelt es sich um eine Maschine, die durch die Eingabe von Zeichen aus einem **Eingabealphabet** zwischen vorgegebenen **Zuständen** wechseln kann.

- Ein endlicher Automat mit Ausgabefunktion wird **Transduktor** oder **Mealy-Automat** genannt.

- Automaten, die lediglich entscheiden müssen, ob eine Eingabe(sequenz) richtig oder falsch ist, heißen **erkennende Automaten** oder **Akzeptoren**.

- Der **Kellerautomat** ist ein besonderer Automatentyp, in welchem die Eingaben auf einem **Stapel** (dem **Stack**) abgelegt werden. Die Daten werden nach dem Prinzip LIFO (Last In/First Out) entnommen. Das Datenband, das den Stack befüllt, läuft in einer Richtung.

- Die **Turingmaschine** ist ein einfaches Automatenmodell, mit dessen Hilfe sich alle Probleme simulieren lassen, die ein Informatiksystem berechnen kann. Sie besteht aus einem **Lese-/Schreibkopf**, der sich entlang eines Bandes in beiden Richtungen bewegen und **sowohl lesend als auch schreibend** auf das Band zugreifen kann.

- Die Interpretation von Befehlen, die in einer **Programmiersprache** formuliert wurden, lässt sich mit einem **endlichen Automaten** durchführen.

- Die **Sprache eines Automaten** besteht aus denjenigen Zeichenfolgen, die den Automaten in einen **akzeptierenden Zustand** überführen.

- Die Syntax des Befehls einer Programmiersprache lässt sich in Form eines **Syntaxdiagramms** definieren. Dieses beschreibt die **korrekte Abfolge der Eingabezeichen**, die zu einem akzeptierten Zustand führt.

- Die **Semantik** eines Befehls beschreibt die **Bedeutung** einer syntaktisch korrekten Zeichenfolge.

- Ein **Compiler** übersetzt einen vorgegebenen Quellcode unter Berücksichtigung von Syntax und Semantik in eine Folge von Maschinenbefehlen.

- Auch einem Computer **sind bei der Problemlösung Grenzen gesetzt**: So gibt es kein Programm, das entscheiden bzw. berechnen kann, ob ein beliebiger vorgegebener Algorithmus nach endlichen Schritten stoppt oder in eine Endlosschleife eintritt (**Halteproblem**).

- Die **Komplexität** eines Algorithmus lässt sich unter anderem über das Laufzeitverhalten analysieren. Man unterscheidet zwischen **polynomieller** und **exponentieller Komplexität**.

Technische Grundlagen des Web

13

ÜBERBLICK

> » Was hält das alles umspannende Internet in seinem Inneren zusammen? Welche Techniken sorgen für den reibungslosen Transfer von Informationen und multimedialen Inhalten? Welche Trends zeichnen sich für die Zukunft ab? Das folgende Kapitel gibt Antworten und erläutert darüber hinaus die Konfiguration eines eigenen Webservers. «

13.1 Das Client-Server-Prinzip

In *Kapitel 6* haben Sie bereits einiges über Computernetzwerke erfahren. Im vorliegenden Kapitel werfen wir einen genaueren Blick auf die technischen Grundlagen des Internets. Zur Veranschaulichung benutzen wir einige Beispiele in der Programmiersprache Java.

13.1.1 Informationsübertragung zwischen Client und Server

Was geschieht eigentlich, wenn wir über einen Browser eine Suchanfrage an Google übermitteln? In *Kapitel 6* haben Sie gelernt, dass der Browser als Client agiert, der seine Anfrage an einen Webserver schickt. Das folgende Beispielprogramm soll die Technik verdeutlichen, die hinter einer Anforderung des Clients und Rückübermittlung durch den Server steckt.

```
01 import java.net.*;
02 import java.io.*;
03 public class googleAbfrage {
04     public static void main(String[] args) throws Exception {
05         URL google = new URL("http://www.google.de/");
06         URLConnection gc = google.openConnection();
07         BufferedReader in = new BufferedReader(
08                             new InputStreamReader(
09                             gc.getInputStream()));
10         String inputLine;
11
12         while ((inputLine = in.readLine()) != null)
13             System.out.println(inputLine);
14         in.close();
15     }
16 }
```

Listing 13.1: Abfrage der URL www.google.de

Als Output erhält man nach Start des Programms den HTML-Code der Google-Seite.

Erläuterung des Listings

In Zeile 5 wird zunächst die URL, die aufgerufen werden soll, in einer URL-String-Variablen abgelegt. Diese wird in Zeile 6 zum Herstellen einer URL-Verbindung in die Variable gc vom Typ *URLConnection* übergeben. Die Antwort, die der Client (im vorliegenden Fall das Java-Programm) vom Server enthält, wird über einen BufferedReader/InputStreamReader ausgelesen (Zeilen 7 bis 13). Wenn keine Zeichen mehr ankommen, wird die Datenübertragung geschlossen (Zeile 14).

Bei der Betrachtung von Webseiten mit einem Browser ist das Prinzip ganz ähnlich: Der Browser arbeitet als Client und führt eine Abfrage durch, der Server liefert die Inhalte zur Abfrage. Die Ergebnisse der Abfrage können Sie wie im obigen Beispiel auch in Textform einsehen. Jeder Browser bietet die Möglichkeit, sich Seiten direkt im Quelltext anzeigen zu lassen. Im Firefox Browser betätigt man hierzu die Tastenkombination `Strg`+`U`.

Zum Weiterarbeiten

Recherchieren Sie nach Möglichkeiten, wie man mit dem Programm aus Listing 13.1 eine Google-Abfrage durchführen kann.

13.1.2 Der Server als Rechenzentrum

Ein Server kann aber noch viel mehr, als statische Daten, die in Form einer HTML-Seiten-struktur abgelegt wurden, zu übermitteln: Man kann ebenso gut Berechnungen auf dem Server durchführen lassen, die dann vom Client angeworfen und ausgelesen werden können. Als Beispiel betrachten wir folgende Übung:

Übung

Programmieren Sie ein Client- und ein Serverprogramm in Java, das die Multiplikation zweier Zahlen durchführt. Dabei soll das Clientprogramm die zu multiplizierenden Zahlen an den Server übergeben, der Server die Multiplikation durchführen und das Ergebnis an den Client rückübermitteln (▶Abbildung 13.1).

LÖSUNG

Wir erstellen zwei unabhängige Java-Programme und beginnen zunächst mit dem Programm für den Client:

Clientprogramm

```
01  import java.io.*;
02  import java.net.*;
03  public class MultiClient {
04    public static void main(String[] args) throws IOException {
05      String host = "localhost";
06      int port = 1234;
07      Socket server = new Socket(host, port);
08      InputStream ein = server.getInputStream();
09      OutputStream aus = server.getOutputStream();
10      int faktor1 = 6;
11      int faktor2 = 7;
12      aus.write(faktor1);
13      System.out.println("1. Zahl: " + faktor1);
14      aus.write(faktor2);
15      System.out.println("2. Zahl: " + faktor2);
16      int produkt = ein.read();
17      System.out.println("Der Server berechnet: " + produkt);
18      ein.close();
19      aus.close();
20      server.close();
21    }
}
```

Listing 13.2: Der Multiplikationsclient

Erläuterung des Listings

Der Server wird in Zeile 5 mit der lokalen IP verknüpft (*localhost*), der Kommunikationsport ist 1234. Die Kommunikation zwischen Client und Server soll über den Port 1234 ablaufen. Dabei wird ein sogenannter *Socket* geöffnet (Zeile 7). Auf der Seite des Clients werden zwei Datenströme definiert: Der Strom aus schickt die zu multiplizierenden Faktoren an den Server (Zeilen 12, 14), das Ergebnis wird dann dem Strom ein über die Methode read entnommen (Zeile 16).

Serverprogramm

Der Server wird mit einem zweiten Programm realisiert, das im Prinzip spiegelbildlich zum Clientprogramm konzipiert ist:

```
01 import java.net.*;
02 import java.io.*;
03 public class MultiServer {
04   public static void main(String[] args) throws IOException  {
05     int port = 1234;
06     ServerSocket server = new ServerSocket(port);
07     System.out.println("Multiplikationsserver an Port " + port + " :
       Bin bereit!");
08     int faktor1;
09     int faktor2;
10     int produkt;
11     while (true) {
12       Socket client = server.accept();
13       InputStream ein = client.getInputStream();
14       OutputStream aus = client.getOutputStream();
15       faktor1 = ein.read();
16       faktor2 = ein.read();
17       produkt = faktor1 * faktor2;
18       aus.write(produkt);
19       ein.close();
20       aus.close();
21       client.close();
22     }
23   }
24 }
```

Listing 13.3: Der Multiplikationsserver

Erläuterung des Listings

In Zeile 6 wird zunächst der Server Socket geöffnet und lauscht auf dem Port 1234. Die Verbindung zum Client wird in den Zeilen 13 bis 16 über den Eingabe- bzw. Ausgabedatenstrom hergestellt. In Zeile 17 wird schließlich das Produkt der Zahlen berechnet und anschließend an den Client zurückgegeben.

Ports, Protokolle und Sockets

In *Kapitel 6* haben Sie den Begriff Port schon im Zusammenhang mit Netzwerkprotokollen bzw. -diensten kennengelernt. Ein Port ist ein Teil einer Adresse, der Datenteile einem Netzwerkprotokoll zuweist. Das Netzwerkprotokoll selbst gibt vor, auf welche Weise die Informationen im Netzwerk zu übertragen sind. Ein Socket (auf Deutsch: Sockel) ist die Softwareschnittstelle, die zwischen Sender und Empfänger vermittelt.

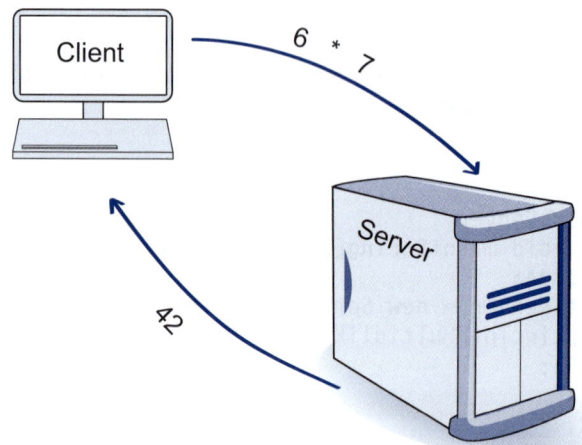

Abbildung 13.1: Ein Multiplikationsserver

Das beschriebene Verfahren lässt sich prinzipiell auf viele Bereiche der modernen Internettechnik übertragen: Die Rechenarbeit, die zur Darstellung von Webinhalten erforderlich ist, läuft im Wesentlichen auf Seiten des Servers ab. Der Browser des Clients agiert als mehr oder minder dummes Terminal. Dadurch ist es möglich, auch verhältnismäßig anspruchsvolle Webinhalte auf wenig leistungsfähiger Hardware darzustellen.

13.2 Aufbau eines Webservers

Ein Webserver ist in der virtuellen Lernumgebung schnell aufgesetzt. Damit lassen sich die nachfolgend aufgeführten Anwendungen realisieren. Den Webserver-Markt teilen sich (Stand 2010, Quelle: *http://news.netcraft.com/*) die folgenden Softwarehersteller bzw. Dienstanbieter: Spitzenreiter ist die Apache-Serversoftware (54 % Marktanteil), gefolgt von Microsoft (25 % Marktanteil), Google (7 %) und nginx (6 %).

13.2.1 Installation und erster Test

Wir verwenden den bewährten Webserver *Apache*. Dieser wird mit dem Installationstool *Synaptic* (vgl. *Anhang*) in der Lernumgebung über folgende Pakete installiert:[1]

■ apache2

sowie optional:

■ apache2-doc

Dieses Paket enthält die Dokumentation des Apache-Systems. Die Dokumentation können Sie nach der Installation unter folgendem Link im Systembrowser der Lernumgebung einsehen:

file:///usr/share/doc/apache2-doc/manual/de/index.html

---

1 Sie können natürlich auch unter Windows einen Apache-Server installieren und konfigurieren. Ein entsprechendes „Rundum-sorglos-Paket" finden Sie auf *http://httpd.apache.org/download.cgi*. Die vorliegende Beschreibung bezieht sich aber ausschließlich auf die Linux-Version.

Nach der Installation läuft der Apache-Server bereits im Hintergrund. Überzeugen Sie sich durch Eingabe des Befehls `ps ax | grep apache` in einer Konsole davon:

```
pearson@pearson:~$ ps ax | grep apache
 2080 ?        Ss     0:00 /usr/sbin/apache2 -k start
 3180 ?        S      0:00 /usr/sbin/apache2 -k start
 3181 ?        S      0:00 /usr/sbin/apache2 -k start
 3182 ?        S      0:00 /usr/sbin/apache2 -k start
 3183 ?        S      0:00 /usr/sbin/apache2 -k start
 3184 ?        S      0:00 /usr/sbin/apache2 -k start
 3199 ?        S      0:00 /usr/sbin/apache2 -k start
```

Wie man erkennen kann, laufen auf dem betrachteten System nicht weniger als sieben Instanzen des Webservers.

Nachdem man sich davon überzeugt hat, dass der Server läuft, kann man versuchen, dessen Dienste per Browser in Anspruch zu nehmen. Dazu wird folgende Adresse im Browser aufgerufen:

http://localhost/

Daraufhin erscheint das Standarddokument des Apache-Servers im Browserfenster (►Abbildung 13.2). Dieses befindet sich nach Installation des Apache-Pakets im Verzeichnis */var/www* der virtuellen Lernumgebung.

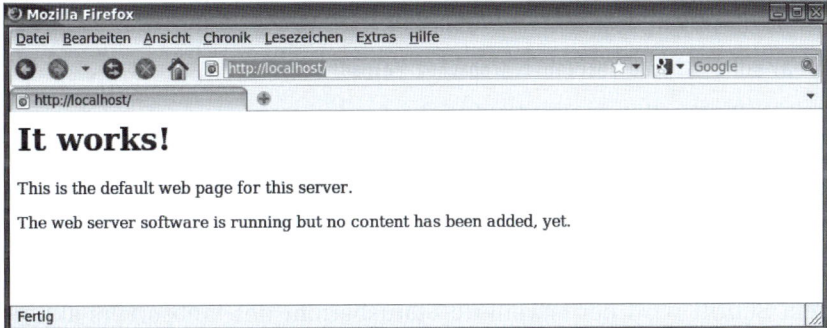

Abbildung 13.2: Die Standardseite des Apache-Webservers signalisiert die Funktionstüchtigkeit.

Nähere Informationen über den Status des Servers erhält man durch Eingabe der Adresse *http://localhost/server-status/* in die Browseradresszeile.

13.2.2 Konfiguration des Webservers

Der Apache-Webserver wird im Wesentlichen über die folgenden Dateien, die Sie im Pfad */etc/apache2* finden, konfiguriert:

> **Achtung**
>
> Vor der Bearbeitung von Systemdateien sollte von diesen ein Backup gemacht werden.

- *apache2.conf*: Diese Datei ist die Hauptkonfigurationsdatei des Apache-Webservers.

- *ports.conf*: In dieser Datei wird festgelegt, auf welche Anfragen der Server reagieren soll. Man kann die Anfragen auf bestimmte Subnetze beschränken oder den Port, auf welchem der Server lauscht, ändern.

Das Bearbeiten beider Dateien erfordert Administratorrechte.

Übung

Beschränken Sie die Anfragen auf den Apache-Webserver auf den Zugriff vom Server selbst und schalten Sie den erweiterten Statusbericht des Servers frei.

LÖSUNG

Die Beschränkung des Zugriffs erfolgt durch Bearbeiten der Datei *ports.conf*:

`pearson@pearson:~$ sudo gedit /etc/apache2/ports.conf`

Im Normalfall steht in der Datei die Anweisung `Listen 80`. Diese bedeutet, dass der Server auf alle Anfragen reagiert, die über den Port 80 erfolgen. Die Einschränkung auf das lokale Netz erhält man, indem man die Anweisung folgendermaßen ergänzt:

`Listen 127.0.0.1:80`

Die neue Konfiguration wird durch folgenden Befehl übernommen:

`pearson@pearson:~$ sudo /etc/init.d/apache2 reload`

Dadurch wird die Konfigurationsdatei im laufenden Serverbetrieb neu eingelesen. Sie können den beschränkten Zugriff testen, indem Sie versuchen, einerseits aus der Lernumgebung, andererseits von einem außen stehenden System auf den Webserver zuzugreifen, z.B. vom Wirtssystem der virtuellen Umgebung: Letzteres dürfte nun nicht mehr gelingen.

Im nächsten Schritt wird der erweiterte Statusbericht des Webservers aktiviert. Dazu editieren Sie die Datei *status.conf* im Apache-Unterverzeichnis *mods-enabled*:

`pearson@pearson:~$ sudo gedit /etc/apache2/mods-enabled/status.conf`

Schreiben Sie folgenden Befehl an den Anfang der Datei:

`ExtendedStatus On`

Anschließend muss der Apache-Server neu gestartet werden:

`pearson@pearson:~$ sudo /etc/init.d/apache2 restart`

Darauf steht Ihnen der vollständige Statusbericht des Servers per Browser zur Verfügung (▶Abbildung 13.3). Dieser zeigt unter anderem an, welche Webseiten über den Apache-Server aufgerufen wurden. Die Analyse ist dann sinnvoll, wenn ein Apache-Prozess eine ungewöhnlich hohe Systemlast produziert: Auf diese Weise lässt sich leicht der Inhalt derjenigen lokalen Webseite identifizieren, welche die Last verursacht.

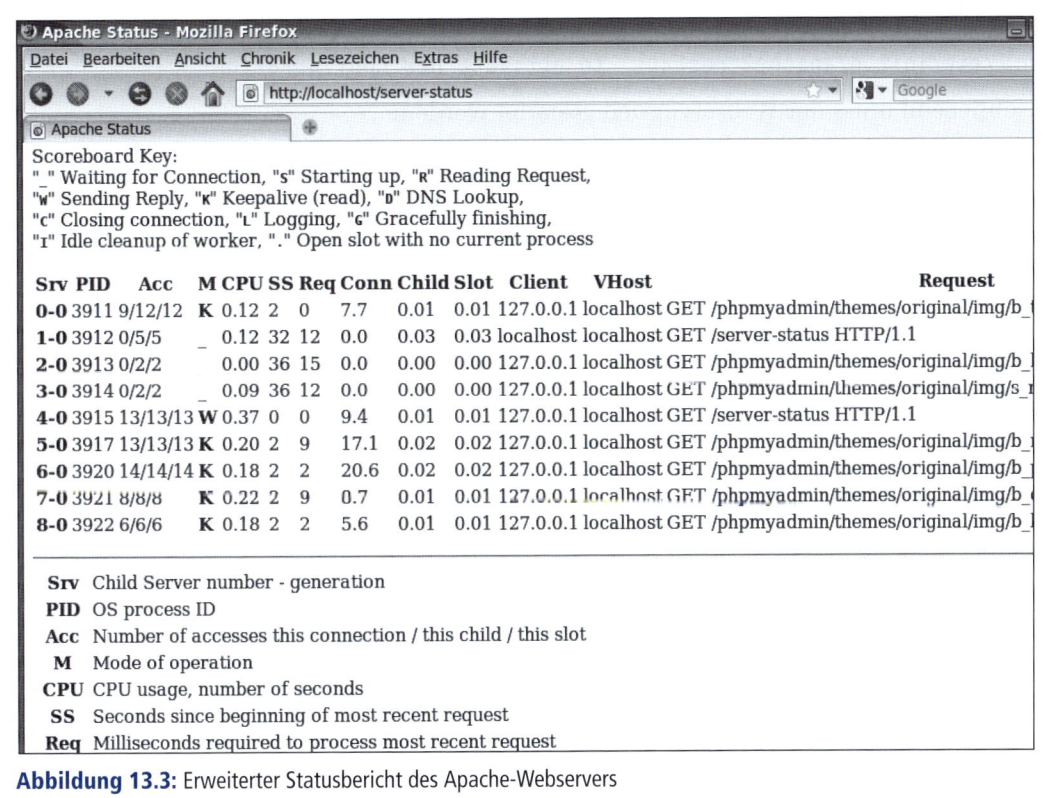

Abbildung 13.3: Erweiterter Statusbericht des Apache-Webservers

13.2.3 Erstellen und Einbinden von Inhalten

Interessant ist ein lokaler Webserver insbesondere zum Testen von Inhalten, die man anschließend im Web auf dem Server eines Webhosting-Anbieters veröffentlichen möchte. Dadurch spart man sich einigen Stress, falls etwas mit den zu veröffentlichenden Inhalten nicht rund laufen sollte.

Root-Server

Ein Root-Server ist umgangssprachlich (oft auch werbetechnisch) die Bezeichnung für den von einem Provider für die Publikation von Webinhalten zur Verfügung gestellten Server. Dabei handelt es sich um einen Webserver, auf dem der Anwender vollen Zugang hat, Programme und Inhalte installieren und spezielle Webdienste starten und kontrollieren kann, also als Administrator *root* arbeiten kann. Der Begriff Root-Server steht aber korrekterweise für einen Nameserver, der für Top-Level-Domains wie z.B. *.de*, *.com* oder *.org* zuständig ist.

Die Dokumente, die der Webserver verteilt, liegen standardmäßig im Verzeichnis */var/www*. Dieses Verzeichnis ist nur vom Administrator root beschreibbar. Geschickt ist es, die Pflege der Dokumente in ein Benutzerverzeichnis zu verlagern, was durch das Apache-Modul *userdir* erreicht werden kann. Das Modul wird folgendermaßen aktiviert:

```
pearson@pearson:~$ sudo a2enmod userdir
Enabling module userdir.
Run '/etc/init.d/apache2 restart' to activate new configuration!
```

Anschließend muss der Webserver neu gestartet werden:

```
pearson@pearson:~$ sudo /etc/init.d/apache2 restart
```

Im eigenen Heimverzeichnis wird nun noch ein Ordner *public_html* benötigt, in welchem die Dokumente abgelegt werden. Dieser soll die Rechtekennung 755[2] erhalten:

```
pearson@pearson:~$ mkdir public_html
pearson@pearson:~$ chmod 755 public_html/
```

Nun können Sie versuchen, ob Sie auf das Verzeichnis via Apache zugreifen können. Dazu rufen Sie folgende Adresse im Browser auf:

```
http://localhost/~pearson/
```

Es erscheint die (noch leere) Dateistruktur des Verzeichnisses im Browser (▶Abbildung 13.4).

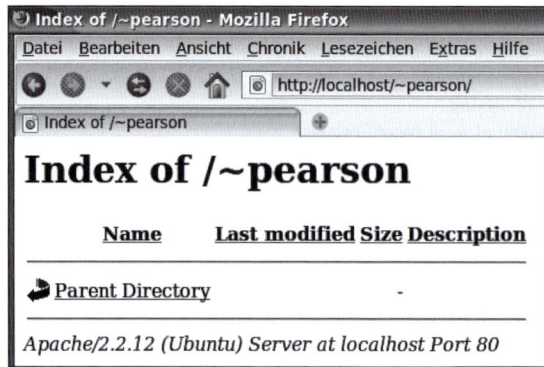

Abbildung 13.4: Zugriff auf das WWW-Verzeichnis im Benutzerordner

Zum Weiterarbeiten

Erstellen Sie im WWW-Verzeichnis einen einfachen HTML-Inhalt (vgl. *Kapitel 7* zu JavaScript oder die Einführung in HTML auf *http://de.selfhtml.org/*) und rufen Sie das Dokument per Browser auf. *Hinweis:* Eine Datei namens *index.html* wird vom Browser stets als Dokumentenbasis erkannt und sofort dargestellt.

---

2   Rechtekennung 755 bedeutet, dass der Eigentümer Vollzugriff, die Gruppe und Sonstige hingegen nur lesenden Zugriff auf die Datei bzw. das Verzeichnis haben.

13.3 Dynamisches Web: PHP, JavaScript, Ajax

Wir „bohren" nun unseren Server auf, um ihm mehr Möglichkeiten zu verschaffen. Dazu wird der Apache-Server um ein Modul erweitert, das die Verwendung von PHP gestattet.

PHP

PHP (für *PHP: Hypertext Preprocessor*) ist eine Skriptsprache, die in erster Linie zur Erstellung dynamischer Webseiten oder Webanwendungen eingesetzt wird. Die Syntax der Sprache PHP orientiert sich an der Programmiersprache C.

PHP bietet Unterstützung für Datenbankabfragen und ist mit einer Vielzahl von Funktionsbibliotheken ausgestattet. Diese werden zumeist für die Erzeugung dynamischer Webinhalte verwendet. PHP-Code kann direkt in HTML-Seiten integriert werden.

Voraussetzung für die Verwendung von PHP ist ein Webserver, der in der Lage ist, die Skripte umzusetzen.

Dynamische Webseiten

Eine Vielzahl von Inhalten, die auf einer Webseite dargestellt werden, sind dynamischer Natur, d.h., sie ändern sich laufend: Die Börsenkurse eines Börsentickers und der Newsticker einer Nachrichtenagentur gehören beispielsweise dazu. Aber auch nutzergesteuerte Formulareingaben oder Berechnungen lassen sich dynamisch realisieren. Dabei greift man auf PHP oder JavaScript zurück.

13.3.1 PHP

Der bestehende Apache-Server wird durch Installation der folgenden Programmpakete um die PHP-Funktionalität erweitert:

- *php5, libapache2-mod-php5*

Zum Testen erstellen Sie nun folgende Seite mit dem Namen *phpinfo.php* in Ihrem Webverzeichnis *public_html*:

```php
<?php
phpinfo();
?>
```

Listing 13.4: Datei zum Testen der PHP-Installation

Überzeugen Sie sich durch das Aufrufen der Seite im Browser von der Funktionsfähigkeit des PHP-Moduls (▶Abbildung 13.5).

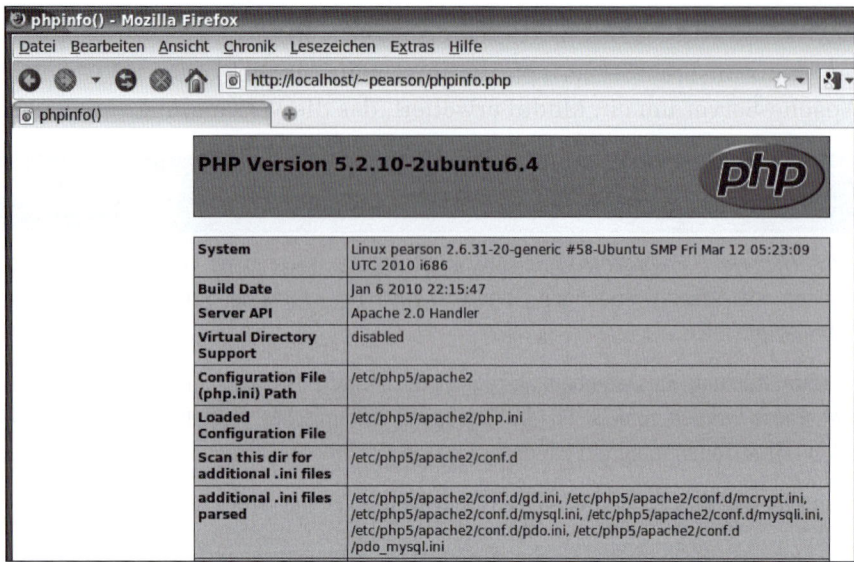

Abbildung 13.5: Die PHP-Funktion `phpinfo()` liefert Informationen über die aktuell installierte PHP-Version.

Formulare auswerten

Eine wichtige Anwendung von PHP ist die serverseitige Auswertung von Formularen. Dabei übergibt der Client, in diesem Fall der Browser des Nutzers, bestimmte Daten an den Server, die dieser weiterverarbeitet. Betrachten Sie dazu folgendes Beispiel:

Der Vorname und das Alter des Benutzers sollen abgefragt und anschließend in Form einer vom Server dynamisch erzeugten HTML-Datei ausgegeben werden. Dazu müssen zwei Dateien auf dem Server erstellt werden:

Die Abfrage selbst wird über ein HTML-Formular mit dem Namen *form.html* realisiert:

```
01 <html>
02 <body>
03 <form action="action.php" method="post">
04   <p>Ihr Name: <input type="text" name="name" /></p>
05   <p>Ihr Alter: <input type="text" name="alter" /></p>
06   <p><input type="submit" value="Daten absenden"/></p>
07 </form>
08 </body>
09 </html>
```

Listing 13.5: HTML-Eingabeformular *form.html.* Es wurde ein vereinfachtes HTML-Gerüst verwendet, das nur die notwendigsten Befehle enthält.

Erläuterung des Codes

In Zeile 3 wird das PHP-Skript *action.php* als Empfänger der Formulardaten angegeben (Methode: *post* = übermitteln). In den Zeilen 4 und 5 werden die Felder für den Vornamen und das Alter des Benutzers festgelegt: Sie tragen die Bezeichnungen `vorname` und `alter`.

Die eingegebenen Daten werden nun von dem PHP-Skript namens *action.php* ausgewertet, das folgende Gestalt hat:

```
Hallo <?php echo $_POST['vorname']; ?>.
<br>
Sie sind <?php echo $_POST['alter']; ?> Jahre alt.
```

Listing 13.6: Die Ausgabe der Inhalte der Variablen `vorname` und `alter` erfolgt mithilfe des PHP-Skripts *action.php*.

PHP greift dabei auf die im HTML-Formular definierten Inhalte von `vorname` und `alter` zurück.

Zum Testen der Datenübergabe zwischen HTML-Formular und PHP-Skript müssen die Datei *form.html* und die Datei *action.php* im Verzeichnis *public_html* abgelegt werden. *form.html* muss anschließend über den Link *http://localhost/pearson/form.html* aufgerufen werden (▶Abbildung 13.6). Dadurch ist sichergestellt, dass der lokale Webserver mit integrierter PHP-Funktionalität verwendet und nicht einfach die HTML-Seite vom Browser direkt interpretiert wird.

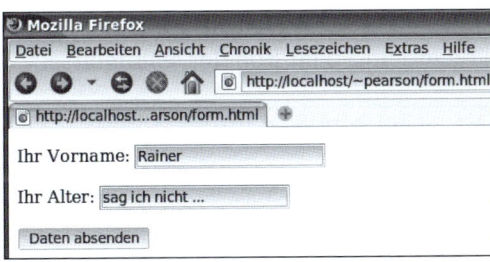

Abbildung 13.6: Eingabe der Daten in das Formular

Durch Betätigen der Schaltfläche *Daten absenden* wird das Skript *action.php* aufgerufen, und es erscheint folgende Ausgabe im Browser:

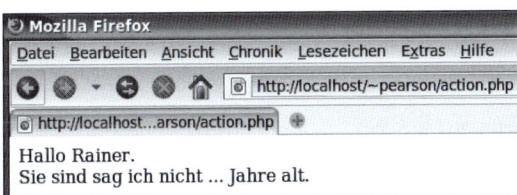

Abbildung 13.7: Ausgabe des dynamischen HTML-Codes durch das Skript *action.php*

Zum Weiterarbeiten

Programmieren Sie eine HTML-Seite und ein PHP-Skript, welches nach Eingabe zweier Zahlen durch den Benutzer das Produkt der beiden Zahlen berechnet und in Form einer dynamischen HTML-Seite ausgibt.

Grafische Elemente

Die Skriptsprache PHP verfügt auch über die Möglichkeit der Ausgabe von Grafiken im Browserfenster. Eine typische Anwendung ist dabei das Generieren einer Grafik, die die E-Mail-Adresse des Urhebers einer Seite enthält: Diese kann nicht von Spam-Robotern erfasst werden.

CAPTCHA

Der Begriff CAPTCHA ist die Abkürzung für *Completely Automated Public Turing test to tell Computers and Humans Apart*. In wörtlicher Übersetzung bedeutet das *Vollautomatischer öffentlicher Turingtest, um Computer und Menschen zu unterscheiden*. CAPTCHAs werden auf sozialen Plattformen eingesetzt, um zu entscheiden, ob ein Benutzer ein Mensch oder ein (Spam-)Roboter ist.

Auch *CAPTCHAs* fallen in diesen Anwendungsbereich: Dabei handelt es sich um kleine grafische Elemente, die eine Zeichenfolge enthalten, welche der Benutzer nach Eingabe von Formulardaten identifizieren muss (▶Abbildung 13.8). Dadurch ist sichergestellt, dass die Formulardaten nicht von einem Spam-Roboter stammen.

Abbildung 13.8: Typisches Captcha, Quelle: *www.ebay.de*

Das folgende Beispiel demonstriert die grafischen Fähigkeiten der Skriptsprache PHP:

In einer HTML-Datei *grafik.html* wird zunächst die Bildquelle definiert:

```
<img src="on-the-fly-grafik.php" width="400" height="300" />
```

Listing 13.7: Auszug aus *grafik.html*

Die Datei *on-the-fly-grafik.php* hat folgende Gestalt:

```
01 <?php
02 header("Content-type: image/png");
03 $bild = imagecreatetruecolor(400, 300);
04 imagecolorallocate($bild, 150, 150, 0);
05 $farbe1 = imagecolorallocate($bild, 255, 255, 0);
06 $farbe2 = imagecolorallocate($bild, 0, 255, 0);
07 $farbe3 = imagecolorallocate($bild, 0, 0, 255);
08 imagefilledrectangle ($bild, 20, 75, 350,250, $farbe1);
09 imagefilledrectangle ($bild, 150, 100, 200, 280, $farbe2);
10 imagefilledrectangle ($bild, 220, 150, 330, 190, $farbe3);
11 imagepng($bild);
12 ?>
```

Listing 13.8: Erzeugen einer dynamischen Grafik mit PHP. Quelle: *http://www.php-kurs.com*

Das Ergebnis nach Aufrufen der Seite *grafik.html* zeigt ▶Abbildung 13.9.

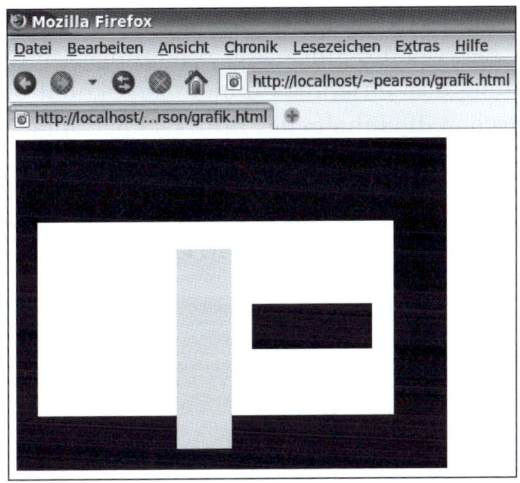

Abbildung 13.9: Grafische Ausgabe des Skripts *on-the-fly-grafik.php*. Quelle: *http://www.php-kurs.com/*

Erläuterung des Listings

In Zeile 3 wird zunächst ein leeres Bild mit den Maßen 400 x 300 Pixeln erstellt. Die Hintergrundfarbe des Bildes wird in Zeile 4, drei weitere Farben werden in den Zeilen 5 bis 7 festgelegt. In den Zeilen 8 bis 10 werden schließlich drei gefüllte Rechtecke gezeichnet. Die Rückgabe des Bildes an die aufrufende HTML-Seite erfolgt schließlich in Zeile 11 in Form einer PNG-Grafik.

 Zum Weiterarbeiten

Auf der Internetseite *http://www.php-kurs.com* von Axel Pratzner finden Sie ein sehr schönes Tutorial, das Ihnen die Feinheiten der Programmierung von PHP-Skripten anhand einer Vielzahl praktischer Beispiele nahebringt. Dort werden unter anderem die Generierung von Captchas mit PHP sowie die Erzeugung dynamischer Webinhalte in Verbindung mit einer MySQL-Datenbank beschrieben.

13.3.2 JavaScript und DOM-Scripting

JavaScript ist eine Skriptsprache, die dynamisches HTML auf der Clientseite erzeugt. Das Verfahren, das vielen aktuellen Anwendungen zugrunde liegt, wird auch als *DOM-Scripting* (*DOM = Document Object Model*) bezeichnet. Die Idee, auf der DOM-Scripting basiert, lässt sich folgendermaßen beschreiben:

Das HTML-Dokument, das der Browser vom Server geliefert bekommt, ist eine einfache, mit Strukturelementen versehene Textdatei. Der Browser wandelt diese Datei zur Darstellung in eine XML-Struktur um und legt sie in geordneter Form in seinem Speicher ab. Die Gesamtheit der Struktur bildet den DOM-Baum, die einzelnen Elemente werden Knoten genannt.

Mithilfe von JavaScript lassen sich nun Veränderungen am DOM-Baum vornehmen. Dieser Prozess wird *DOM-Scripting* genannt. Dabei ist zu beachten, dass der DOM-Baum nur im Speicher des Browsers existiert. Beim Skripten verändert sich somit nicht das auf dem Server befindliche HTML-Quelldokument, sondern lediglich die Inhalte im Browser des Benutzers.

Die Anzeige der Webseite im Browserfenster synchronisiert nun permanent mit dem aktuell im Speicher befindlichen DOM-Baum – alle Änderungen dort werden sofort sichtbar. Eine praktische Anwendung des Verfahrens findet man aktuell bei Software, die blinden bzw. sehschwachen Menschen die Inhalte des Browsers per Sprachausgabe nahebringt.

Ein relativ einfaches Beispiel ist eine Uhr, die in eine Webseite eingebunden ist und sich ständig selbst aktualisiert (▶Abbildung 13.10). Eine Umsetzung des Beispiels finden Sie auf der Seite *http://de.selfhtml.org/* im Bereich DHTML.

Abbildung 13.10: Die oben angezeigte Uhr läuft dynamisch mit. Diese Funktionalität wird clientseitig per JavaScript/DOM-Scripting realisiert. Quelle: *http://de.selfhtml.org/dhtml/beispiele/anzeige/datumuhr.htm*

13.3.3   Ajax

Sicher ist Ihnen auch schon das (mittlerweile nicht mehr ganz so neue) Buzzword *Web 2.0* begegnet. Als dieser Begriff 2006 vom Verleger TIM O'REILLY populär gemacht wurde, meinte er damit insbesondere die Möglichkeiten zur Interaktion und Kommunikation, die mit neuen Techniken und Angeboten einhergingen. Die Plattformen bzw. Dienste *Facebook*, *Twitter*, *Xing* und *Flickr* seien an dieser Stelle als Beispiele genannt.

Die technische Grundlage aktueller Plattformen bildet zumeist *Ajax*.

Ajax

Ajax ist die Abkürzung für *Asynchronous JavaScript and XML*. Der Begriff tauchte erstmalig in dem Aufsatz *Ajax: A New Approach to Web Applications* von JESSE JAMES GARRETT, einem Mitarbeiter der Agentur *Adaptive Path*, im Jahr 2005 auf.

Ajax steht für das Konzept der asynchronen Datenübertragung zwischen Browser und Webserver. Dabei können weitere HTTP-Anfragen, noch während die ursprüngliche HTML-Seite angezeigt wird, durchgeführt werden, Die Seite kann verändert werden, ohne dass sie komplett neu geladen werden muss. Ajax wird heute dahingehend eingesetzt, Anwendungen im Webbrowser ablaufen zu lassen, die ein desktopähnliches Verhalten zeigen. Das kann eine Textverarbeitung oder eine Tabellenkalkulation wie z.B. Google Docs (*docs.google.com*) sein: Dabei handelt es sich um ein brauchbares Office-Paket, das komplett über den Browser bedient wird.

Das Prinzip von Ajax zeigt ▶Abbildung 13.11, die in Anlehnung an das Konzept von Jesse James Garrett erstellt wurde:

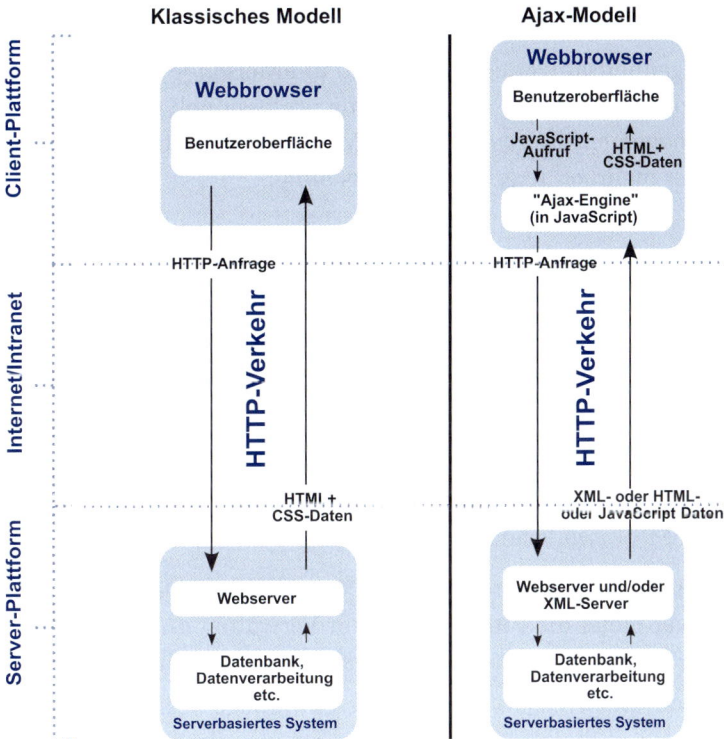

Abbildung 13.11: Gegenüberstellung von Ajax und klassischem Modell einer Webanwendung.

Während im klassischen Modell der Browser lediglich den Strom der HTML-Daten, die vom Server geliefert werden, darstellt, bildet im Ajax-Modell die Ajax-Engine eine Zwischenschicht, die die Inhalte des Servers aufbereitet. Im Hintergrund werden dabei ständig neue Datenpakete nachgeladen. Der Anwender erhält dadurch den Eindruck einer flüssig lokal ablaufenden Anwendung (▶Abbildung 13.12).

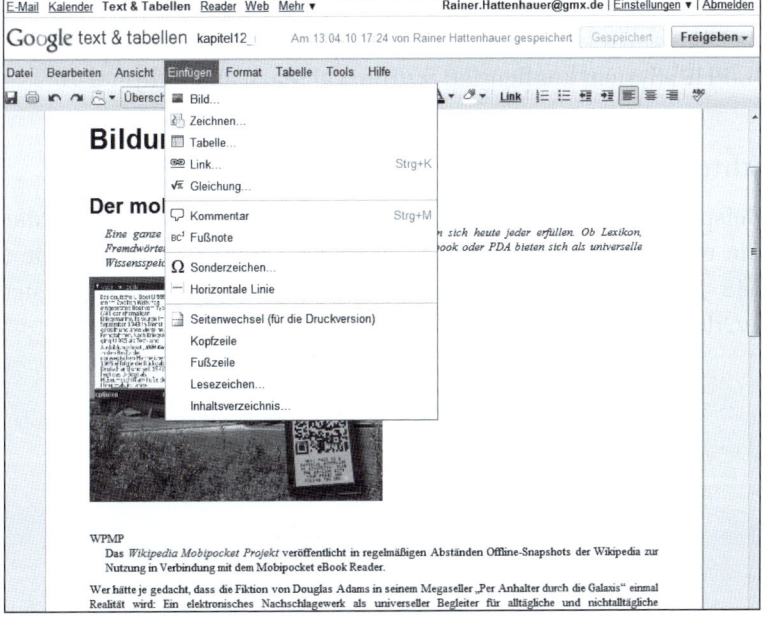

Abbildung 13.12: Google text & tabellen, bekannt als Google Docs, ist eine typische Ajax-Anwendung. Google Docs versetzt Sie in die Lage, auf Ihre Dokumente an jedem Ort der Welt zugreifen und diese obendrein im Browser bearbeiten zu können.

13.4 Content-Management-Systeme (CMS)

Die wenigsten Gelegenheitsanwender coden ihre Internetseiten noch von der Pike auf selbst in HTML. Einen einfachen Zugang zur Erstellung professionell anmutender Internetauftritte bieten *Content-Management-Systeme*, kurz: *CMS*. Diese gestatten das einfache Einpflegen von Inhalten in einer mehrbenutzerfähigen Umgebung.

13.4.1 Beispiele und Voraussetzungen

Typische Content-Management-Systeme sind:

- Joomla!
- TYPO3
- TYPOlight
- Drupal
- WordPress (mit CMS-Erweiterung)

Bei allen genannten Systemen handelt es sich um *serverseitige Content-Management-Systeme*, d.h., der Server bietet die Funktionen zum Verwalten und Bearbeiten der Inhalte an. Diese erfordern die Installation von folgenden Komponenten auf Seiten des Servers:

- **Apache-Webserver**: Der Webserver bildet die Grundlage des Systems.
- **MySQL-Server**: In der MySQL-Datenbank werden die Inhalte des Content-Management-Systems abgelegt.
- **PHP-Modul für den Webserver**: Die Verbindung zur Datenbank wird mithilfe der PHP-Skriptsprache hergestellt.

Zur vereinfachten Pflege der Datenbank für das CMS bietet sich noch folgendes Tool an:

- **phpMyAdmin**: Damit lassen sich die MySQL-Datenbanken des CMS einsehen und, falls notwendig, auch löschen.

Für die folgende Übung wird vorausgesetzt, dass die virtuelle Lernumgebung als LAMP(Linux-Apache-MySQL-PHP)-System konfiguriert wurde, vgl. dazu auch *Kapitel 10*.

13.4.2 Einrichtung des CMS Joomla!

Im folgenden Beispiel gewinnen Sie einen Einblick in die Welt der Content-Management-Systeme, indem Sie ein solches System selbst aufsetzen. Dazu verwenden wir das einsteigerfreundliche CMS *Joomla!*. Sie finden die jeweils aktuelle Version des Systems auf *http://www.joomla.de/*, dort auch in deutscher Lokalisierung.

Übung

Installieren Sie das CMS Joomla in der Lernumgebung und machen Sie sich mit der Funktionsweise eines CMS vertraut.

ANLEITUNG

1. Laden Sie das aktuelle Joomla!-Paket von *http://www.joomla.de/* herunter. Das Paket hat eine Bezeichnung der Form *Joomla-<Version>-Stable-Full_Package_German.zip*.

2. Erstellen Sie in Ihrem HTML-Verzeichnis *public_html* einen Ordner namens *joomla*.

3. Entpacken Sie die Datei in der Lernumgebung und verschieben Sie deren komplette Inhalte in den Ordner *joomla*.

4. Erstellen Sie mit dem Administrationswerkzeug *phpMyAdmin* eine neue Datenbank namens *joomla* (Typ: *Kollation*), vgl. dazu *Kapitel 10*.

5. Rufen Sie die folgende Seite im Browser der Lernumgebung auf: *http://localhost/ ~<Benutzername>/joomla*.

Daraufhin startet das Joomla!-Installationsskript. Hierbei werden folgende Schritte durchlaufen:

– Festlegen der Installationssprache (in unserem Fall *Deutsch*)
– Überprüfung der zur Installation benötigten Komponenten

Eine Fehlermeldung bezüglich der Datei *configuration.php* kann an dieser Stelle ignoriert werden.

– Bestätigen der GPL-Lizenz
– Definition der Verbindungsdaten für die Datenbank (▶Abbildung 13.13)

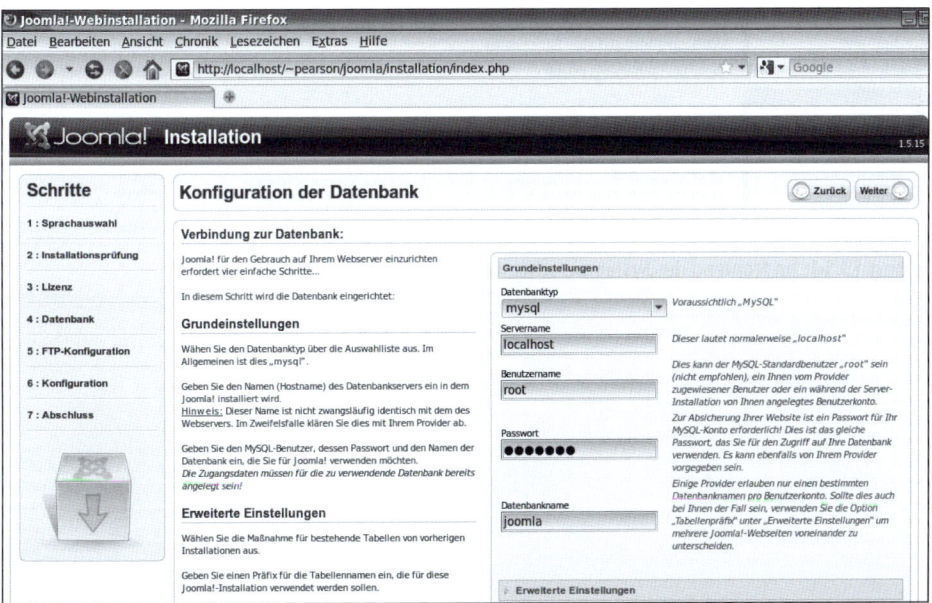

Abbildung 13.13: Ein Assistent führt durch die Konfiguration des Joomla!-Systems. Im vorliegenden Schritt wird die Anbindung an die Datenbank, die zuvor mit phpMyAdmin erstellt wurde, festgelegt.

– Der FTP-Zugriff sollte für das lokale System deaktiviert werden.

6. Im vorletzten Schritt des Assistenten legen Sie schließlich den Namen Ihrer Webpräsenz sowie das Passwort und die E-Mail-Adresse des CMS-Administrators fest. Lassen Sie an dieser Stelle auch die Beispieldateien für das CMS durch Betätigen der entsprechenden Schaltfläche installieren.

7. Im letzten Schritt wird das CMS zur Benutzung vorbereitet. Eventuell müssen Sie an dieser Stelle im Joomla!-Hauptverzeichnis noch die notwendige Datei *configuration.php* selbst erstellen und mit dem vom Installationsprogramm vorgegebenen Text füllen. Löschen Sie außerdem nun das Verzeichnis *Installation*.

Damit haben Sie ein vollständiges CMS installiert. Sie können sich nun die Beispielseite über den Link *http://localhost/~pearson/joomla/* anschauen (▶Abbildung 13.14) und sich als Administrator in das sogenannte Backend über den Link einloggen (▶Abbildung 13.15). Dies geschieht mit dem Loginnamen `admin` und dem während der Installation definierten Passwort.

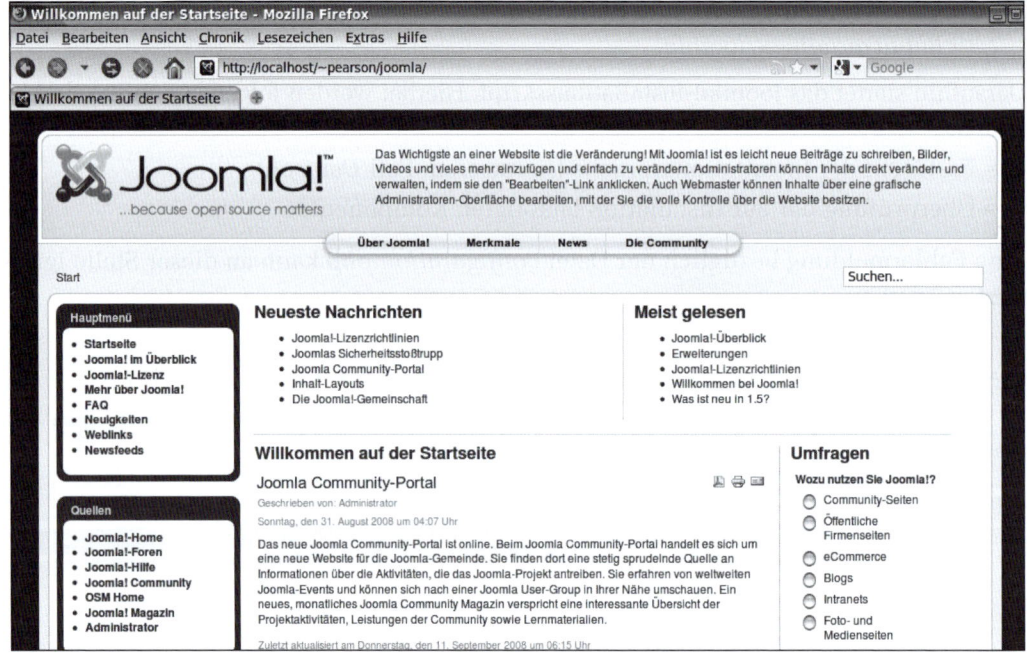

Abbildung 13.14: Im Frontend des Systems erscheinen die eingestellten Artikel.

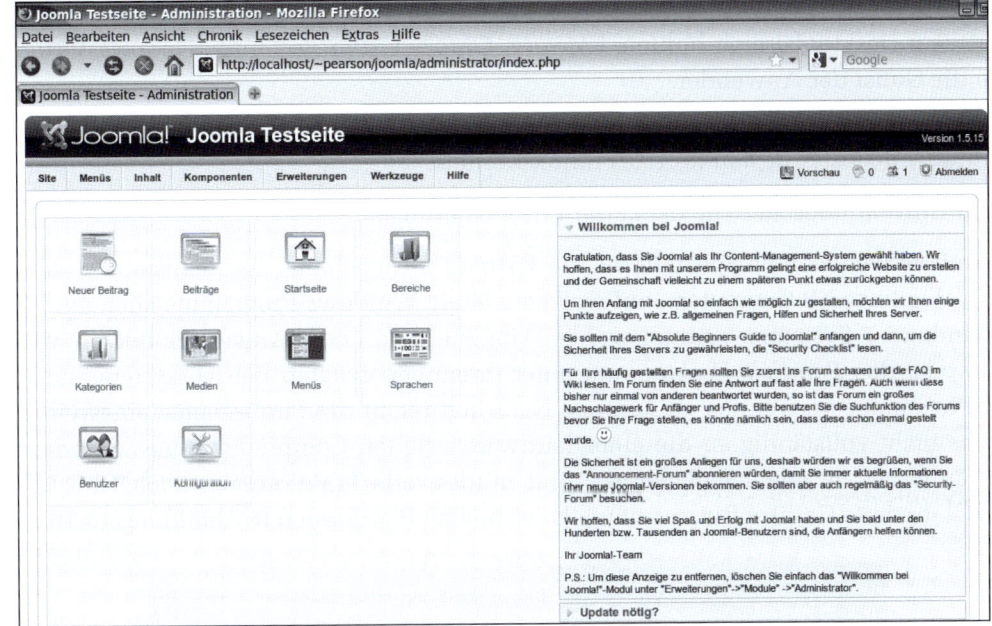

Abbildung 13.15: Im Backend wird das System vom Administrator verwaltet. Hier lassen sich auch weitere Benutzer für das System erstellen bzw. deren Rechte festlegen.

Zum Weiterarbeiten

Erstellen Sie weitere Benutzer und Dokumente im CMS Joomla!. Nutzen Sie zur Einarbeitung in das System die reichhaltigen Onlinedokumentationen, die Sie im Internet finden.

13.5 Virtualisierung und Cloud Computing

Der Trend ist unverkennbar: Immer mehr Hardware wird konsolidiert, d.h., mehrere leistungsschwache Einzelsysteme werden in virtuelle Serverparks ausgelagert. Das Rechnen in der sogenannten *Cloud*, der Wolke, die aus einem Verbund aus spezialisierten Computersystemen besteht, wird in absehbarer Zukunft den hochgerüsteten Desktop-PC ersetzen.

13.5.1 Virtuelle Computer

Das Prinzip eines virtuellen Computers haben Sie während Ihrer Übungen in der Lernumgebung bereits kennengelernt. Per Software wird eine Computerplattform zur Verfügung gestellt, auf der man unterschiedliche Betriebssysteme und Anwenderprogramme installieren kann.

Virtuelles System

Mit dem Begriff „virtuell" wird ein System beschrieben, das nicht real existiert, aber eine entsprechende Funktionalität zur Verfügung stellt..

Folgende Virtualisierungsanwendungen bevölkern derzeit den Markt:

- Auf dem Desktopbereich buhlen *VMware*, *Oracle VirtualBox* und *Windows Virtual PC* um die Gunst der Anwender.

- Im Serverbereich findet man die Virtualisierungslösungen *XEN* und *KVM*. Letztere ist mittlerweile fester Bestandteil des Linux-Kernels.

Welche Anwendungsbereiche deckt die Virtualisierung ab?

Microsoft verwendet eine Spezialform, die *Virtual PC*-Umgebung, zur Realisierung eines virtuellen Windows XP-Computers, auf welchem ältere Windows-Programme auch auf aktuellen Windows 7-Systemen genutzt werden können. Mac OS X-Anwender nutzen *VMware Fusion* oder den *Parallels Desktop*, um unter ihrem bevorzugten Betriebssystem auch Windows-Programme verwenden zu können. Natürlich reicht die Performance eines virtuellen Systems nicht vollständig an die eines hardwarebasierten Computersystems. Standardsoftware läuft aber in jedem Fall perfekt, und mittlerweile funktionieren auch DirectX oder Open-GL-basierte Grafiksoftware auf vielen virtuellen Plattformen (▶Abbildung 13.16).

Abbildung 13.16: Mittlerweile lassen sich auch komplexe 3D-Spiele in virtuellen Umgebungen betreiben: hier das OpenGL-basierte Spiel Tuxracer auf einem Windows 7-Host mit Ubuntu-Client unter Oracle VirtualBox.

Virtualisierung: Host und Client

Im Bereich der Virtualisierung wird das Wirtssystem, das die Virtualisierungsplattform zur Verfügung stellt, *Host* genannt. Die virtuellen Systeme werden als *Clients* bezeichnet.

Im Serverbereich lässt man auf einem physikalischen Server, der über viel RAM und einen leistungsstarken Prozessor verfügt, eine große Anzahl virtueller (Web)Server laufen. Dadurch können den Kunden eigene Root-Server bei minimalem Hardwareeinsatz angeboten werden. Mithilfe der Lernumgebung haben Sie ja bereits einen Apache-Webserver aufgesetzt, der auch vom Gastsystem aus genutzt werden kann (▶Abbildung 13.17).

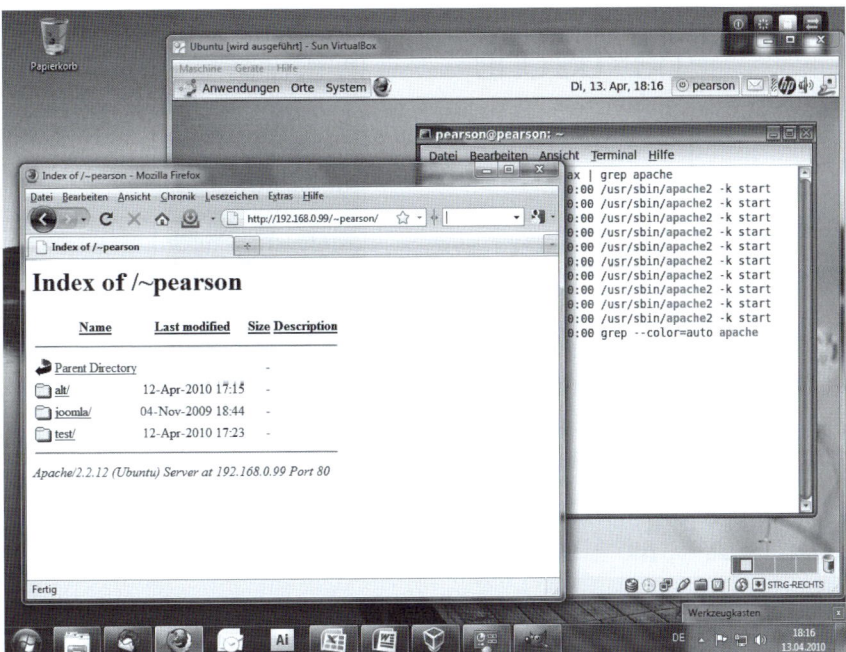

Abbildung 13.17: Das virtuelle Ubuntu-Linux-System auf der Windows 7-Plattform (hinteres Fenster) dient dem Wirtssystem als Apache-Server (Browserfenster im Vordergrund). Dadurch kann man hervorragend Serversysteme testen, bevor man diese online realisiert.

13.5.2 Arbeiten in und mit der Cloud

Ein wichtiger Zukunftstrend wird die Auslagerung von Anwendungen in die Cloud, den Verbund von spezialisierten Rechnern, sein. Das Konzept des Cloud-Computing lässt sich folgendermaßen beschreiben:

Ein Großteil der IT-Infrastruktur, die bislang auf Seiten des Anwenders zu finden war, wird von einem oder mehreren externen Anbietern als Dienst angemietet. Die Anwendungen und Daten werden nicht mehr lokal vorgehalten, sondern befinden sich in der Cloud. Diese wird üblicherweise per Internet, in größeren Betrieben auch per Intranet zur Verfügung gestellt.

Kontakt mit einer Cloud-Struktur haben Google-Anwender bereits heute: Der persönliche Google-Account ist mit der möglichen Nutzung der Google Bürosoftware verknüpft, vgl. Abschnitt *Ajax*. Die eigenen Dokumente werden auf diese Weise auch in der Cloud gelagert – nicht ganz unkritisch vom Standpunkt des Datenschutzes.

Auch Google Wave, der neue Kommunikationsdienst von Google, zählt zu den typischen Cloud-Anwendungen. In Google Wave verschmelzen Kommunikation und Interaktion, d.h. in diesem Fall die Arbeit an gemeinsamen Dokumenten in gemeinsamen Projekten.

Die Möglichkeiten des Cloud-Computing erstrecken sich aber über das Nutzen von Desktopsoftware hinaus auch auf die Verwendung in Verbindung mit mobilen Geräten: So brachte Google mit dem ersten Google-Handy Nexus One eine Spracherkennung mit dem

Namen *Speech to Text* auf den Markt. Die verblüffend gut arbeitende Umsetzung von Sprache in geschriebenen Text basiert auf der Umsetzung der gesprochenen Informationen durch Voiceserver, die sich in der Cloud befinden (▶Abbildung 13.18).

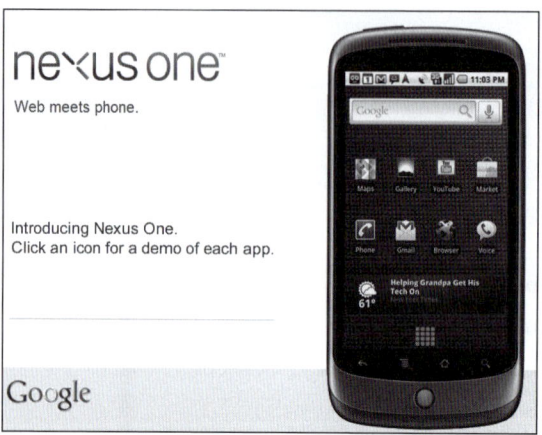

Abbildung 13.18: Internetbasierte Telefone wie Googles Nexus greifen direkt auf Dienste der Cloud zu.

Z U S A M M E N F A S S U N G

- Moderne Webapplikationen nutzen das **Client-Server-Prinzip**: Ein dedizierter (d.h. speziell ausgelegter) Webserver bereitet die Inhalte auf, die per **Browser** abgerufen werden.

- Ein Webserver kann mithilfe der freien **Apache**-Software realisiert werden.

- Die Funktionalität des Apache-Servers lässt sich über **Module** erweitern.

- **Dynamische Webseiten** ändern ihre Inhalte zur Laufzeit.

- Mit der Skriptsprache **PHP** können Webseiten mit dynamischen Inhalten versehen werden. Dabei kann man mit PHP auch auf eine bestehende MySQL-Datenbank zugreifen.

- Mittels **JavaScript/DOM-Skripting** können HTML-Inhalte auf der Clientseite während und nach dem Rendervorgang im Browser manipuliert werden. Dadurch lassen sich Anwendungen für den Browser erstellen, die flüssig ablaufen. Das Verfahren wird auch unter dem Begriff **Ajax** zusammengefasst.

- Ein **Content-Management-System** (**CMS**) ermöglicht das direkte Erstellen von HTML-Inhalten in einer Autorenumgebung und ist dadurch auch von Laien gut zu bedienen. Typische Vertreter eines CMS sind **Joomla!** und **Typo3**.

- Die **Virtualisierung** von Computersystemen wird zur Konsolidierung im Sinne der Verschlankung von Webserverparks oder zum Test neuer Betriebs- oder Serversysteme eingesetzt.

- Beim **Cloud Computing** werden Daten und Applikationen in einen Pool spezialisierter Server ausgelagert. Dadurch reduzieren sich die Hardwareanforderungen auf Seiten des Clients. Auf Smartphones können via Cloud Computing anspruchsvolle Anwendungen wie z.B. die Spracherkennung realisiert werden.

Z U S A M M E N F A S S U N G

Informatik und Gesellschaft

14

ÜBERBLICK

» Spätestens seit Einführung des Web-2.0-Konzepts hat sich das Internet in einen riesigen Konsum- und Kontaktplatz für alle Bevölkerungsschichten verwandelt: Auktionen und Shopping bei eBay und Amazon, kollektive Meetings bei Facebook und das Herausplappern von Neuigkeiten via Twitter gehören zum guten Ton der *Webciety*. Aber wie im realen Leben lauern auch etliche Gefahren in der digitalen Parallelwelt. Das folgende Kapitel gibt einen Überblick über das, was möglich ist, und warnt vor dem, was gefährlich ist. «

Webciety

Die *Webciety* ist ein Kunstwort aus den Begriffen *Web* und *Society* (Gesellschaft) und umschreibt die Gemeinschaft der Internetbürger.

14.1 Soziale und ökonomische Plattformen

Das menschliche Individuum neigt zur Vernetzung. Diese erfolgt im digitalen Zeitalter bevorzugt in den sozialen Netzen des Web 2.0. Einen ersten Ansatz, dem Internetbürger eine Heimat im Netz zu bieten, bot *Yahoo!* mit dem *Geocities*-Projekt. Ein wenig Webspace vom eigenen Kuchen abgezwackt, und die Nutzer konnten sich dort kostenlos eine digitale Wohnung in der „Erdstadt" in Form einer Webpage einrichten. Es folgte das soziale Netz *MySpace*, welches sich schwerpunktmäßig um Musik drehte. In MySpace fand der Anwender bereits typische Web-2.0-Elemente. Mittlerweile wurde das Projekt aber bei den Benutzerzahlen deutlich von Facebook, dem State of the Art des sozialen Netzwerks, überholt.

14.1.1 Facebook

Für manche Zeitgenossen ist der Facebook-Account zum Dreh- und Angelpunkt ihres realen Lebens geworden. Alles, was man im Alltag erlebt, wird haarklein dokumentiert und fotografisch oder auch kinematografisch festgehalten. Verabredungen werden per Kurznachricht oder Chat angebahnt, und durch Erweiterungen in Form von Applikationen, die leicht in die Oberfläche integriert werden können, wird das digitale Heim richtig wohnlich.

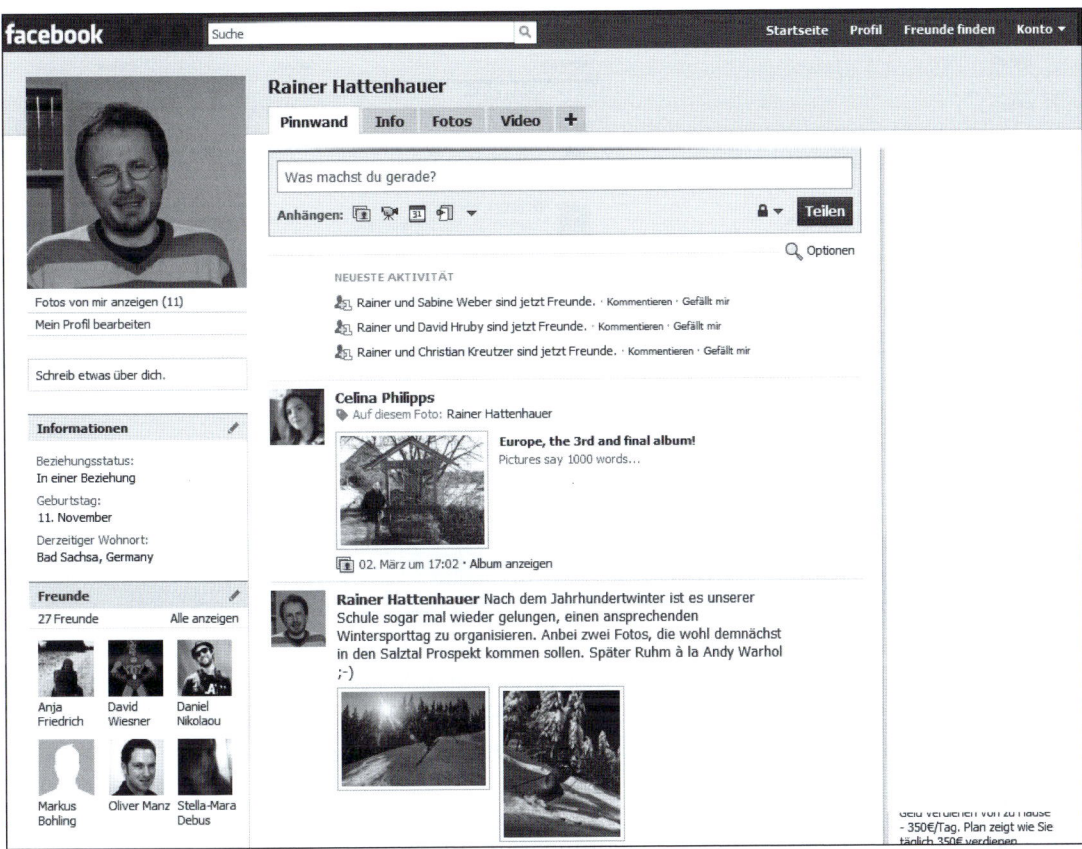

Abbildung 14.1: Die digitale Visitenkarte der Webciety ist der Facebook-Account.

In Deutschland haben sich mittlerweile etliche äquivalente Angebote zu Facebook entwickelt, die bestimmte Altersstrukturen im Fokus haben: *StudiVZ* und *SchülerVZ* seien als Beispiele genannt.

14.1.2 XING

Was für den Freizeitnetzwerker Facebook ist, findet der Geschäftsmann bei *XING*. Über dieses businessorientierte Netz werden Geschäftskontakte angebahnt und Karriereleitern gebastelt. Unter den ca. 8 Millionen Mitgliedern gibt es viele Selbstständige, die einen Großteil ihrer Geschäftskontakte bzw. Aufträge der Existenz von XING zu verdanken haben.

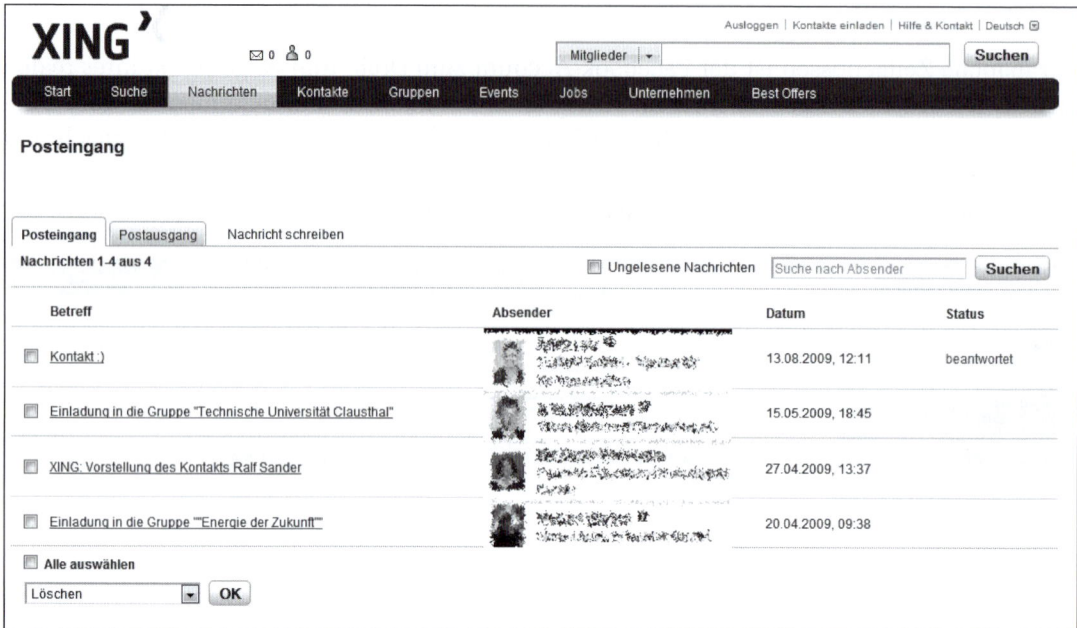

Abbildung 14.2: Über das Businessnetzwerk XING werden Geschäftskontakte hergestellt.

14.1.3   Blogs

> ## Blog
>
> Das Weblog (kurz: *Blog*) ist zum Synonym des Web 2.0 geworden. Mithilfe einer speziellen Software oder eines Accounts in einem Blognetz kann jeder seine persönliche Sicht der Dinge in Form eines Tagebuches im Netz veröffentlichen. Eine besondere Aufmerksamkeit wurde Bloggern im letzten Irakkrieg zuteil, boten Sie doch eine ungefilterte Sicht der Dinge jenseits von CNN.

Weblogs gewinnen zunehmend an Bedeutung: Mit einem Blog erreichen Sie heute ein Millionen-, ja sogar Milliardenpublikum (die Anzahl der Internetanschlüsse weltweit hat die 9-stellige Zahl bereits 2007 überschritten). Die Oberflächen heutiger Blogs sind dabei auch von Einsteigern gut beherrschbar – vorausgesetzt, Sie haben nicht vor, Ihr eigenes Blogsystem à la *Wordpress* online zu stellen und regelmäßig zu warten. Das ist aber auch gar nicht notwendig: Etliche Bloghoster bieten Ihnen kostenlosen Blogspace an – alles, was Sie benötigen, ist ein Account, der sich im Handumdrehen einrichten lässt. Die Hoster arbeiten freilich nicht aus reiner Nächstenliebe heraus: Unter den sorgsam gehüteten Blogschäfchen findet man viele interessante, streckenweise sogar hochliterarische Perlen, die sich durch den entsprechenden Publikumsverkehr vorzüglich als Plattform für Bannerwerbung etc. nutzen lassen.

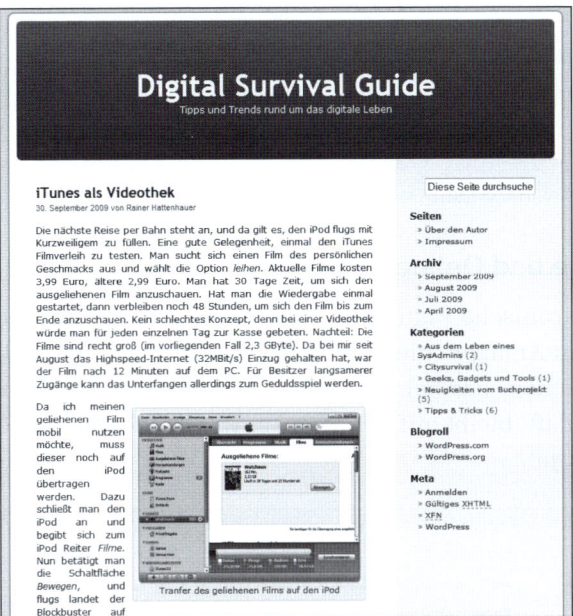

Abbildung 14.3: Ein kostenloses Blog können Sie auf *http://wordpress.com/* einrichten.

14.1.4 Twitter

Microblogging

Twitter hat das Blogging um die Variante des Microbloggings erweitert. Damit kann jeder Anwender ein kurzes, auf 160 Zeichen begrenztes Statement (einen sogenannten Tweet, in etwa vergleichbar mit einer SMS) ins Web schicken

Twitter ist die SMS des Internets: Über den Twitter-Server auf *http://www.twitter.com/* zwitschert man Alltägliches und Nichtalltägliches in die Weiten des Netzes hinaus.

Abbildung 14.4: Dinge, die die Welt (nicht) interessieren, gibt man per Twitter preis.

Zum Weiterarbeiten

Probieren Sie (sofern nicht schon längst geschehen) die vorgestellten Plattformen selbst einmal aus. Dabei sollten Sie es freilich vermeiden, allzu Privates von sich zu geben.

14.1.5   E-Commerce und Onlineauktionen

Der Handel über elektronische Plattformen wächst und gedeiht: sei es der alltägliche Einkauf über die Plattform *Amazon*, die mittlerweile weit mehr als nur Bücher und CDs anbietet, oder das Schnäppchen, das bei der *eBay*-Auktion erstanden wird. Wer den Trend des Onlinehandels verschläft, bleibt auf der Strecke, wie der Fall des altehrwürdigen Versandhauses Quelle gezeigt hat.

Abbildung 14.5: Der Versandhändler Amazon überrascht seine Kunden mit persönlichen Empfehlungen – ein Beweis, dass man sich in einem Onlineshop nicht anonym bewegt. Des Rätsels technische Lösung: Bei jedem Besuch werden im Browser Cookies gesetzt. Löscht man den Browsercache, so verschwinden auch die Empfehlungen.

Wenn Sie einen eigenen Webshop betreiben möchten, so existiert ähnlich der Content-Management-Systeme eine Vielzahl vorkonfigurierter freier Lösungen wie beispielsweise das Open-Source-System *Magento*. Magento setzt wie viele CMS auf der Kombination von PHP und MySQL auf, vgl. *Kapitel 13*.

Die Onlineauktionshäuser sammeln sich um den Marktführer *eBay*. Das Unternehmen wurde 1995 von PIERRE OMIDYAR gegründet. Der Legende zufolge wollte der findige Unternehmer lediglich eine Tauschplattform für seine Frau schaffen, die mit Leidenschaft PEZ-Spender sammelte. Mittlerweile bewegt sich der Umsatz des Unternehmens im Milliardenbereich.

Abbildung 14.6: Solange das nötige Kleingeld vorhanden ist, gibt es bei eBay nichts, was es nicht gibt.

> ### Zum Weiterarbeiten
>
> Recherchieren Sie, was es mit sogenannten *inversen* bzw. *reversen Auktionen* auf sich hat und welches (lukrative) Geschäftsmodell diesen zugrunde liegt.

14.2 Gefahren durch das Internet

Dieser Abschnitt befasst sich mit den sozialen Problemen, die der Kontakt durch bzw. die Nutzung von sozialen Plattformen oder Onlinespielen mit sich bringen. Die Gefahren, die durch die eigentliche Technik des Netzes ausgehen, also z.B. Viren und Trojaner, werden in *Kapitel 15* besprochen.

14.2.1 Der gläserne Mensch

Stellen Sie sich vor, Sie schlagen morgens Ihre Tageszeitung auf und lesen auf der Titelseite Folgendes:

„Lieber ***, heute ist der 11. November 2008. Herzlichen Glückwunsch zum Geburtstag, du wirst heute 28 Jahre alt. Du erlaubst mir doch, dass ich dich duze? Du kennst mich zwar nicht, aber ich kenne dich umso besser."

Es folgt eine Auflistung intimster Details aus dem Privatleben des ***. Seine letzte aufregende Urlaubsbekanntschaft ^^ wird, unterstützt durch pikante Fotos, der Leserschaft vorgestellt. Auch die abschätzigen Äußerungen, die *** seinerzeit in einem Forum über seinen Arbeitgeber von sich gab, bleiben dem Publikum nicht verborgen. Ebenso wie die peinlichen Fotos von der letzten Junggesellenparty ... Als Krönung einer langen Auflistung, welche auch die Hobbys und Vorlieben von *** enthält, werden schließlich noch die Handynummer sowie die Adresse des *** bekanntgegeben.

Eiskalt läuft es Ihnen den Rücken herunter, denn dieser ***, das sind Sie, und die pikanten Details, die preisgegeben wurden, treffen zu 100 % zu.

Unmöglich, denken Sie? Nun, Ähnliches ist Marc L*** aus Frankreich widerfahren: Das französische Magazin „Le Tigre" entwarf mithilfe von Google, Facebook, YouTube und Flickr ein Psychogramm des offenbar sehr mitteilsamen Netzbürgers. Jede einzelne preisgegebene Information war dabei, für sich betrachtet, nicht unbedingt brisant. Besorgniserregend wurde es durch das Zusammenfügen und Vernetzen der erspähten Daten. Marc L*** hatte laut „Le Tigre" einfach das Pech, als Erster für ein derartiges Experiment herhalten zu müssen. Der Link zum Originalartikel lautet: *http://www.le-tigre.net/Marc-L.html*, wenn Sie nicht Französisch sprechen, dann suchen Sie einfach über Google nach *le tigre marc l* und lassen sich die Seite per *Google Translate* übersetzen.

Google Maps Latitude

Der neue Ergänzungsdienst Latitude von Google ermöglicht das Orten von Personen auf den Google-eigenen Karten Google Maps.

Jeder vierte Personalchef begibt sich mittlerweile vor der Auswahl der Kandidaten für eine Vorstellungsrunde mit Google auf die Pirsch. Bevorzugte Reviere sind dabei die sozialen Netzwerke, die nach Informationen zu potenziellen Kandidaten durchkämmt werden. Das dort entdeckte Material zeichnet nicht selten für die x-te Absage des ahnungslosen Bewerbers verantwortlich.

Abbildung 14.7: Durch die Preisgabe sensibler Informationen in sozialen Netzwerken und unbedarfte Verwendung von Tracker-Diensten wie Google Latitude erschließt sich dem Suchenden ein perfektes Bild seines „Opfers".

Andererseits kann man den im Netz zur Verfügung stehenden sozialen Informationsquellen auch positive Aspekte abgewinnen, nämlich dann, wenn man sie für die eigenen Zwecke zu nutzen versteht. So ist die orwellsche Vision der totalen Überwachung durch das Handy-Tracking in Form von Google Maps Latitude bereits Realität geworden. Und sie hat durchaus ihren Charme, wenn es z.B. darum geht, einen greifbaren Partner zum Tennis oder den bei Freunden abgetauchten Sprössling ausfindig zu machen ...

Ego-Googling

Das Suchen nach Informationen zur eigenen Person per Google.

Yasni

Die Automatisierung des Ego-Googling: Yasni führt alle Informationen zu einem bestimmten Namen, die im Internet recherchierbar sind, zusammen und verknüpft diese.

Zum Weiterarbeiten

1. Führen Sie ein Ego-Googling durch, d.h., googeln Sie nach Ihrem eigenen Namen. Welche Informationen hält das Web über Sie bereit?

2. Welche Möglichkeiten gibt es, alte Webseiten und damit längst verschollen geglaubte Informationen wiederzufinden? Informieren Sie sich in diesem Zusammenhang über die Cachefunktion von Google und die Suchmaschine *Wayback Machine*.

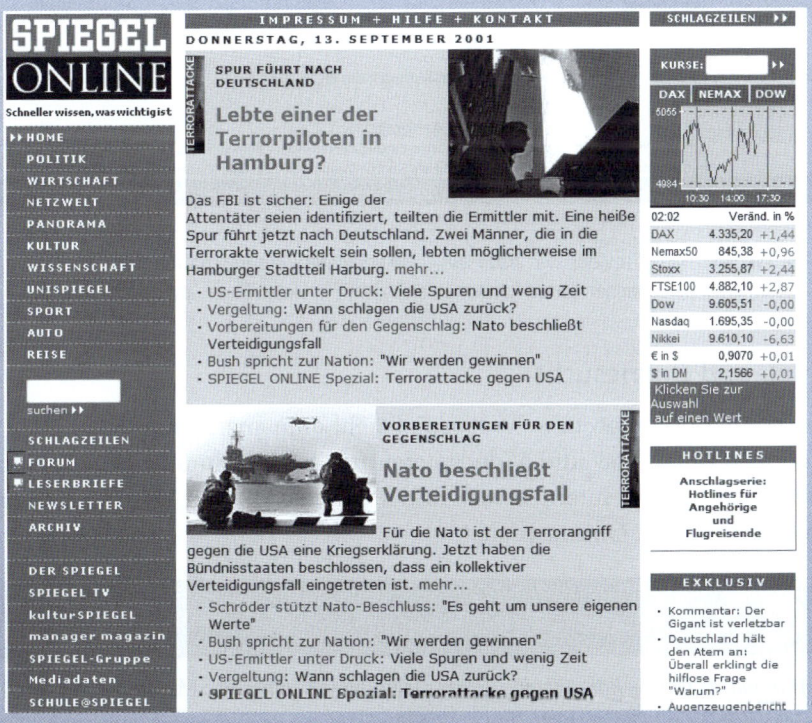

Abbildung 14.8: Das Web vergisst nichts – hier die Originalberichterstattung des Magazins *Der Spiegel* nach den Ereignissen vom 11. September 2001. Quelle: *http://www.spiegel.de/* via *http://web.archive.org/*

14.2.2 Identitätsdiebstahl

Nach dem Ausspähen der persönlichen Daten von Mitmenschen können diese dazu verwendet werden, im Netz die Identität des Opfers anzunehmen. In der Tat wird es Kriminellen im Internet leicht gemacht, aus der Kenntnis von persönlichen Daten Kapital zu schlagen. So genügt bei vielen Angeboten im Netz die Angabe einer gültigen Adresse und einer Kontonummer, um rechtskräftige Bestellungen oder Abbuchungen durchzuführen. Wer seinen Kontostand nicht regelmäßig im Blick hat, erlebt in solch einem Fall oft eine böse Überraschung: Unberechtigte Abbuchungen können nach Ablauf einer Rückbuchungsfrist (in der Regel sechs Wochen) nicht mehr rückgängig gemacht werden.

Auch in Internetforen bewegen sich die Forenteilnehmer zunehmend mit gefälschter Identität. Es ist leicht, sich die zur Forenanmeldung benötigte (gefälschte) E-Mail-Adresse bei einem sogenannten Wegwerf-Mail-Provider wie *trashmail.com* zu besorgen, vgl. ▶Abbildung 14.9.

Abbildung 14.9: Wegwerf-Mail-Provider *wie trash-mail.com* erleichtern die Beschaffung einer gefälschten Mailadresse. Zusammen mit gestohlenen persönlichen Daten kann man sich damit in vielen Foren anonym bewegen.

14.2.3 Spiel- und Onlinesucht

Mittlerweile ist die Computer- bzw. Videospielsucht eine anerkannte Krankheit. Die zwanghafte Nutzung von Computer- und Videospielen tritt nicht selten in Kombination mit einer exzessiven Verwendung des Internets auf, findet man auf diesem Weg doch seine Mitspieler für die allseits verbreiteten Onlinespiele.

> ## MMORPG
>
> *Massively Multiplayer Online Role Playing Games* (sinngemäß: massives Multiplayer-Online-Rollenspiel, Abkürzung MMORPG) sind Onlinespiele, bei denen ein Spieler gemeinsam mit anderen Mitstreitern Aufgaben (*Quests*) in Fantasiewelten lösen muss.

MMORPGs im Stile von *World of Warcraft* werden zunehmend zur Gefahr: Immer mehr Spieler verlieren sich in der virtuellen Welt. Der Teufelskreis der Abhängigkeit entwickelt sich in etwa wie folgt: Um in der Spielwelt aufzusteigen, schließt man sich Mitstreitern an. Die zu absolvierenden Quests erfordern immer mehr (Online-)Zeit, sodass man sich nicht mehr vom Computer lösen möchte, um seine Mitstreiter nicht zu enttäuschen. Dadurch verschwimmen zunehmend Spiel und Realität bzw. die Nacht- und Tagaktivitäten des Spielers.

Abbildung 14.10: Es muss nicht immer *World of Warcraft* sein: Auch das kostenlose MMORPG Rappelz besitzt einen hohen Suchtfaktor. Quelle: *http://de.rappelz.gpotato.eu*

14.2.4 Cyber-Mobbing

Insbesondere unter Schülern findet man auf Plattformen wie z.B. *schülerVZ* etliche Beispiele des Mobbings unter Ausnutzung des Mediums. Dabei werden die Opfer beispielsweise in Chats massiv bedrängt und belästigt. Die Betreiber ahnden zwar derartige Auswüchse durch Verweis der Täter von der Plattform, für die Opfer kommt (psychologische) Hilfe nicht selten zu spät. Auch Lehrer werden zunehmend zum Opfer: Videos aus dem Unterrichtsgeschehen werden mit versteckten Handykameras aufgezeichnet und auf Videoplattformen wie YouTube publiziert. Überflüssig zu erwähnen, dass derartige Aktionen massiv das Persönlichkeitsrecht der Opfer verletzen.

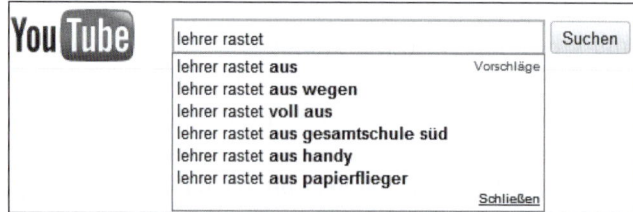

Abbildung 14.11: Die Plattform YouTube ist voll von Verstößen gegen das Persönlichkeitsrecht.

■ **Zum Weiterarbeiten**

Recherchieren Sie, unter welchen Bedingungen Sie Bildmaterial von Dritten im Internet publizieren dürfen.

14.3 Perspektiven der Netzgesellschaft

Welche Trends werden in der nächsten Dekade das digitale Miteinander bestimmen? Der folgende Abschnitt versucht, einen kleinen Ausblick zu geben.

14.3.1 Die Always-on-Gesellschaft

In ähnlicher Weise, wie das Internet selbst seinen Siegeszug durch die Verfügbarkeit immer günstigerer Onlineanschluss-Angebote seitens der Provider angetreten hat, wird das kommende Jahrzehnt geprägt sein durch die Omnipräsenz des mobilen Internets. Die günstigste mobile Datenflatrate bei einem der gängigen Mobilfunkprovider ist derzeit für weniger als 10 Euro zu haben, Tendenz fallend. Dadurch ergeben sich auch neue Anwendungsbereiche des zunehmend mobil werdenden Internets:

■ Der Kontakt zu den sozialen Netzen kann in Echtzeit von jedem Ort der Welt aus erfolgen.

Abbildung 14.12: Moderne Onlinehandys bieten kompakte Zusammenfassungen der sozialen Kanäle, denen man angehört bzw. die Meldungen von Interesse liefern. Hier demonstriert am Beispiel eines Android-Handys. Quelle: *http://www.derstandard.at/*

- Das gesammelte Wissen einer unüberschaubaren Anzahl von Wissensspeichern à la Wikipedia steht auf Knopfdruck zur Verfügung.

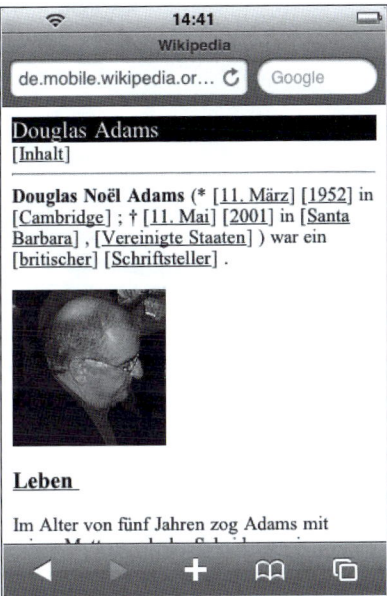

Abbildung 14.13: Das gesamte Wissen der Welt steht Ihnen auf modernen Smartphones online zur Verfügung, hier ein Auszug aus der Wikipedia für mobile Geräte (*http://de.mobile.wikipedia.org/*).

14.3.2 Neue Schnittstellen zwischen Mensch und Maschine

Als in den 1980er-Jahren die Computermaus ihren Weg in die Arbeitszimmer und Büros der Durchschnittsanwender fand, bedeutete dies eine enorme Verbesserung in Bezug auf die Bedienbarkeit eines Computers. Wie wichtig neue Benutzerschnittstellen für den Erfolg oder Misserfolg eines technischen Sysstems sein können, zeigte der Siegeszug der Nintendo-Spielkonsole *Wii*: Trotz technischer Unterlegenheit der Spielkonsole im Hinblick auf die Leistungsdaten gegenüber Konkurrenzprodukten vermochten es die neuartigen bewegungsgesteuerten Controller namens *Wii-Remote* und *Nunchuk*, die computerspielenden Massen mit ihren neuen Möglichkeiten zu begeistern.

Apples iPhone ist ein weiteres prominentes Beispiel dafür, dass neuartige Bedienkonzepte, die der menschlichen Natur entgegenkommen, den Absatz eines Geräts enorm steigern können.

Was ist für die Zukunft zu erwarten? Mit fortschreitenden Erkenntnissen in der neuronalen Forschung sind hirnstrom- und somit gedankengesteuerte Benutzerschnittstellen denkbar. Erste Ansätze findet man bereits im Internet (vgl. ▶Abbildung 14.14), wenngleich derartige Geräte derzeit noch fernab von alltäglichen, praktischen Arbeiten stehen.

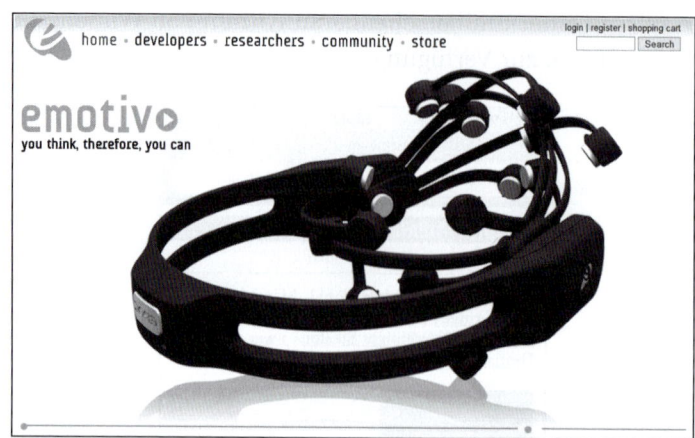

Abbildung 14.14: Mittels Hirnströmen lassen sich mit diesem Controller einfache Anwendungen steuern. Quelle: *http://www.emotiv.com/*

Durch das Trainieren der Software lassen sich aber schon erste Erfolge in Verbindung mit der Steuerung einfacher Spiele erzielen. Derartige Techniken werden insbesondere auch behinderten Menschen eine Steigerung der Lebensqualität bieten.

Eine interessante Entwicklung auf dem Gebiet der Mensch/Maschine-Schnittstellen ist das von Microsoft und der Firma PrimeSense für die Xbox 360 entwickelte Steuerungssystem *Project Natal.* Der Benutzer der Schnittstelle, die durch eine Kombination von Tiefensensor-Kamera, 3D-Mikrofon, Farbkameras und Software realisiert wird, kann angepasste Software allein durch Körperbewegungen bedienen.

14.3.3 Augmented Reality

Das Verschmelzen von Realität und Virtualität verspricht die Technik der *Augmented Reality*: Hier wird das Abbild der Realität, das z.B. durch die integrierte Kamera eines Smartphones auf das Display befördert wird, mit zusätzlichen Informationen aus dem Internet oder einer lokalen Datenbank überlagert – ein Beispiel dazu haben Sie bereits in *Kapitel 2* kennengelernt.

Ein weiteres schönes Anwendungsbeispiel sind die *Semapedia*-Tags (siehe *http://de.semapedia.org/*): An etlichen Orten oder Sehenswürdigkeiten findet man mittlerweile kleine Sticker mit 2D-Barcode. Scannt man diesen mit einer Smartphone-Kamera, so führt eine entsprechende Anwendung direkt zu einer zugehörigen Wikipedia-Seite, auf der man sich Hintergrundinformationen über die Sehenswürdigkeit beschaffen kann (▶Abbildung 14.15).

Abbildung 14.15: Semapedia-Tags findet man mittlerweile an vielen Sehenswürdigkeiten. Der oben abgebildete Tag am Eingang des U-Boots U995 bei Laboe nahe Kiel führt nach Einscannen auf dem Smartphone zur entsprechenden Wikipedia-Seite.

14.3.4 Künstliche Intelligenz (KI)

Die künstliche Intelligenz beflügelte seit jeher die Fantasie etlicher Science-Fiction-Autoren. ISAAC ASIMOV beschrieb in seinem Roman *I, Robot* (deutsch: *Ich, der Robot*) eine Generation von Androiden, die über ein eigenes Bewusstsein verfügt. Legendär war das Programm Eliza von JOSEPH WEIZENBAUM, welches bereits im Jahr 1996 die Kommunikation mit einem virtuellen Gegenüber simulierte. Die WACHOWSKI-Brüder schufen mit ihrer *Matrix*-Filmtrilogie eine digitale Welt, in der das Bewusstsein der Menschen in einer künstlichen, virtuellen Welt mit intelligent handelnden Programmen verknüpft wird.

Aktuelle Entwicklungen befassen sich mit der Erforschung neuronaler Netze, die geeignet sind, menschliche Denkstrukturen nachzubilden. Aber auch Übersetzungsprogramme oder Spracherkennung nutzen Erkenntnisse aus der KI, um ihre Leistungsfähigkeit zu steigern. Schließlich findet man in der modernen Computerspiellandschaft etliche Spiele, die aufgrund einer intelligenten KI-Programmierung den Kampf gegen den Computergegner zunehmend aussichtslos erscheinen lassen. Beim Schachspiel steht der Sieger bereits fest. Im Jahr 1996 gelang es *Deep Blue* als erstem Computer der Welt, einen amtierenden Schachweltmeister, GARRI KASPAROW, in einer regulären Partie zu schlagen. Mittlerweile gibt es freie Schachprogramme, die auf handelsüblichen PCs den Großmeistern ebenbürtig sind.

Die Frage, die sich abschließend stellt, ist die nach der Selbstorganisation von Computerprogrammen. Wird es einmal KI-Programme geben, die sich selbst durch Eigenprogrammierung ständig verbessern, wie es das menschliche Gehirn von Geburt an tut? Ein Blick auf die Grenzen der Berechenbarkeit, die in *Kapitel 12* erläutert wurden, stellt diese Prognose jedenfalls zum jetzigen Zeitpunkt infrage.

Zum Weiterarbeiten

1. Recherchieren Sie im Zusammenhang mit Schachprogrammen, was es mit der Levy-Wette auf sich hat.

2. Was versteht man unter dem Turingtest? Erläutern Sie, wie sich dadurch entscheiden lässt, ob man mit einem Menschen oder einer Maschine kommuniziert.

Z U S A M M E N F A S S U N G

- Das **Web 2.0** zeichnet sich insbesondere durch die Vielzahl der sozialen Plattformen aus. **Facebook**, **Xing** und **Twitter** ermöglichen Kommunikation und Austausch von persönlichen Informationen.

- **Weblogs** (kurz: **Blogs**) sind die Nachrichtenkanäle des 21. Jahrhunderts. Gewöhnliche Nutzer schildern in diesen Onlinetagebüchern ihre persönliche Sicht der Dinge.

- Der **Onlinehandel (E-Commerce)** wird in puncto Umsatz in absehbarer Zeit den klassischen Einzelhandel überflügeln. Typische Vertreter sind virtuelle Shops wie Amazon, aber auch Auktionsplattformen wie eBay.

- Durch die **unbedachte Preisgabe persönlicher Informationen** im Netz wird der Netzbürger zunehmend transparent und dadurch sozial angreifbar. Daten sind oft über Jahre noch einsehbar, obwohl die betreffenden Seiten schon längst vom Netz genommen wurden.

- Die **Spiel- und Onlinesucht** ist eine anerkannte Krankheit, die insbesondere durch die beliebten Online-Multiplayerspiele begünstigt wird.

- Das **mobile Internet** wird zunehmend die stationären Internetzugänge, z.B. über Desktop-PCs, ablösen.

- **Augmented Reality** beschreibt das Einbetten virtueller Informationen in eine reale Situation.

- **Neue Benutzerschnittstellen**, z.B. die Steuerung von Computern durch **Gehirnströme**, werden in der Zukunft auch behinderten Menschen die Möglichkeit geben, aktiv am Netzleben teilzunehmen.

Z U S A M M E N F A S S U N G

Datenschutz, Recht und Sicherheit

>> Während wir uns gern per Google umfassend über unsere Mitmenschen informieren, möchten wir selbst möglichst unerkannt bleiben. Im letzten Kapitel haben Sie ja bereits erfahren, welch tiefe Spuren ein arglos handelnder Anwender gemeinhin im Netz hinterlassen kann. Vor diesem Hintergrund stellt sich die Frage, welche Daten Dritte legal über uns speichern dürfen und wie es mit der Weitergabe derselben aussieht. Entsprechende Rahmenbedingungen legt das Datenschutzgesetz fest.

Bevor das Kind in den Brunnen fällt, sollte man aber selbst aktiv werden: Ist mein Computer sicher genug, sodass ich nicht ausgespäht werden kann? Ein weiteres Thema im vorliegenden Kapitel ist somit die Computersicherheit. <<

15.1 Datenschutz

„Meine persönlichen Daten sind nicht geheim – jeder darf über mich Bescheid wissen!" – eine naive, ja fahrlässige Auffassung im Informationszeitalter. Die folgenden Beispiele sollen verdeutlichen, in welch missliche Situationen man unverschuldet geraten kann, wenn die persönlichen Daten nicht sachgemäß behandelt werden.

Datenschutz

Unter dem Begriff Datenschutz versteht man die Gesamtheit aller – in der Regel juristischen – Maßnahmen zum Schutze personenbezogener Daten vor unbefugtem Zugriff, der Manipulation oder der Zerstörung durch Dritte.

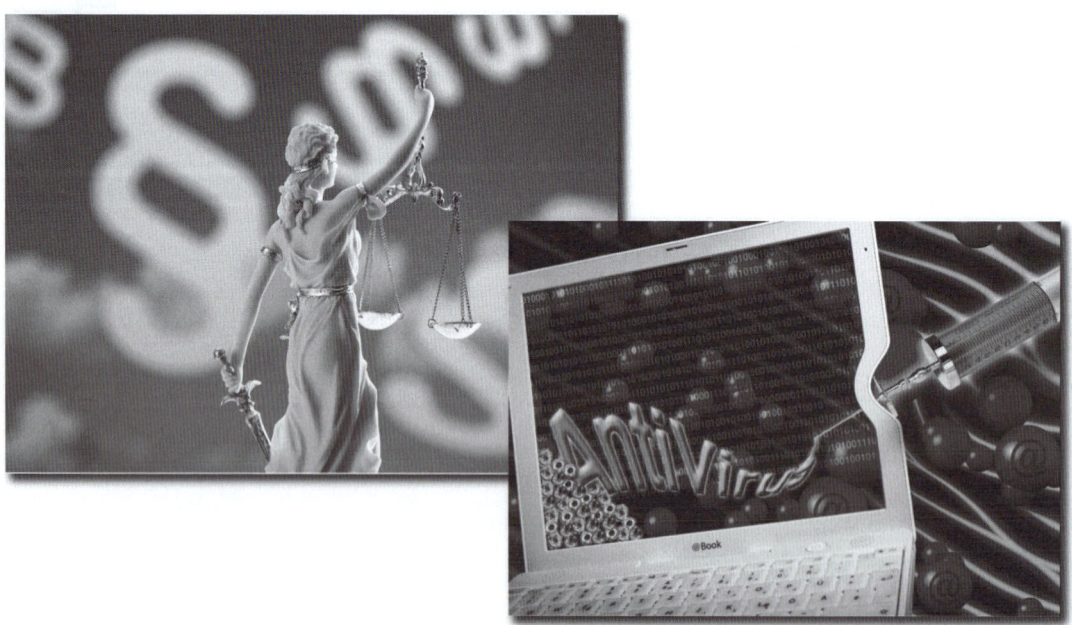

15.1.1 Beispiele aus der Praxis

Herr S. macht mit seinem Müll kurzen Prozess: Alles kommt in die große Tonne. Unter anderem auch ein Schreiben, das seine Bankverbindung und Adresse enthält. So wundert er sich eines Tages, dass ein großer Onlinehändler auf seinen Kontoauszügen erscheint: Dort wurde ein großer Posten durch Lastschriftverfahren abgebucht. Herr S. lässt den Betrag zurückbuchen und schreibt eine formlose E-Mail an den Onlinehändler, dass er die betreffende Bestellung nicht veranlasst hat. Nach einiger Zeit erhält er Zahlungsaufforderungen des Händlers, die ihn aber nicht mehr interessieren: Er hat den Händler ja per Mail über die falsche Bestellung informiert. Unglücklicherweise ist das Schreiben aus der Reklamationsabteilung aber nie an die Buchhaltung weitergeleitet worden. Die Überraschung folgt, als Herr S. einige Zeit später bei seiner Bank für einen Kredit vorstellig wird: Dieser wird abgelehnt, weil Herr S. einen Eintrag bei der *Schutzgemeinschaft für Allgemeine Kreditsicherung*, kurz SCHUFA (▶Abbildung 15.1), hat: Er wird dort als unwilliger Zahler aufgeführt – eine direkte Folge der abgewiesenen Bestellung.

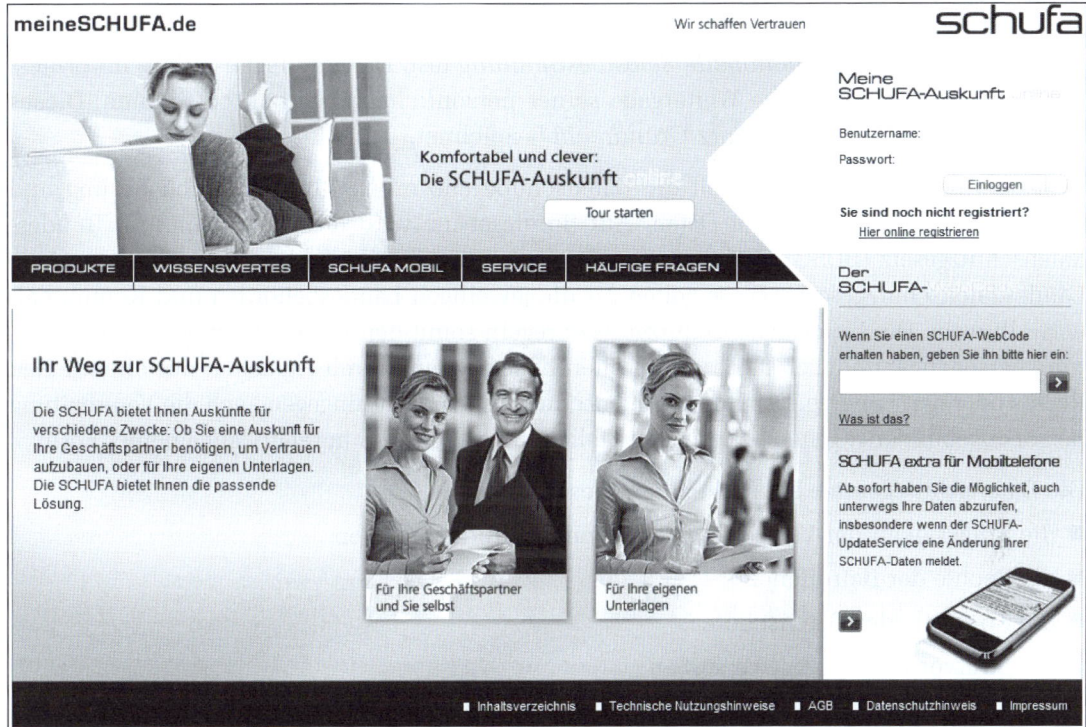

Abbildung 15.1: Mittlerweile bietet die SCHUFA ein Onlineportal an, auf welchem Sie sich über etwaige Einträge zu Ihrer Person informieren können.

Der Mann von Frau K. ist unerwartet gestorben. Sie macht sich Gedanken um die finanzielle Sicherung der Zukunft ihrer Kinder für den Fall, dass auch sie ein ähnliches Schicksal ereilt. Daraufhin kontaktiert sie etliche Versicherungsunternehmen mit der Bitte, ihr ein Angebot für eine Lebensversicherung zu unterbreiten. Alle angeschriebenen Versicherungen verschleppen den Vorgang unter fadenscheinigen Ausreden. Einige Monate später passiert das Unfassbare: Frau K. verunglückt tödlich bei einem Autounfall. Da keine Lebensversicherung abgeschlossen wurde, stehen ihre Kinder nahezu mittellos da. Wie sich später herausstellen wird, hatte die Krankenversicherung von Frau S. die Eintragung zu einer Krebserkrankung, die Jahre zurücklag und komplett ausgeheilt war, aus dem Datenbestand zu löschen vergessen. Auf Nachfrage der von Frau S. kontaktierten Versicherungsgesellschaften wurde die Information über die Krebserkrankung weitergegeben.

 Zum Weiterarbeiten

Diskutieren Sie die beiden Beispiele im Hinblick auf die Definition des Begriffs Datenschutz:

1. Wer hat sich in den Fällen Ihrer Ansicht nach strafbar gemacht?

2. Wer hat Ihrer Ansicht nach fahrlässig gehandelt?

3. Hätte man die beschriebenen Probleme vermeiden können, wenn ja, wie?

15.1.2 Datenschutzgesetze

Datenschutzgesetze legen den Umfang und die Grenzen des Datenschutzes sowie das Recht des Einzelnen auf *informationelle Selbstbestimmung* fest. Danach liegt es allein im Ermessen des Einzelnen, über die Weitergabe seiner persönlichen Daten zu bestimmen. Dieses Recht wird auch als *Datenschutz-Grundrecht* bezeichnet.

In der Europäischen Union regelt die Datenschutzrichtlinie 95/46/EG die Behandlung und Weitergabe personenbezogener Daten. Auf Bundesebene wird der Datenschutz im Bundesdatenschutzgesetz (BDSG) festgelegt, daneben existieren in einigen Bundesländern spezielle Landesdatenschutzgesetze. Diese gelten für die jeweiligen Landesbehörden und Kommunalverwaltungen. Die Landesdatenschutzgesetze regeln somit den Datenschutz bei der Verarbeitung personengebundener Daten durch öffentliche Stellen, durch Anstalten des öffentlichen Rechts oder den Landtag. Das Bundesdatenschutzgesetz regelt hingegen auch die Verarbeitung personengebundener Daten bei privaten Stellen, dies allerdings in relativ allgemeiner Form.

Die Datenschutzgesetze beinhalten bzw. beschreiben:

■ die Zulässigkeit der Verarbeitung personengebundener Daten

■ die Rechte der Betroffenen

■ die Kontrolle des Datenschutzes

■ die Strafvorschriften bei Verstößen

Im § 3 des BDSG definiert man die folgenden Varianten des Umgangs mit Daten:

■ **Erheben**: Darunter versteht man das Beschaffen von Daten über eine Person.

■ **Verarbeiten**: Datenverarbeitung bedeutet das Speichern, Verändern, Übermitteln, Sperren und Löschen von personenbezogenen Daten.

■ **Nutzen**: Die Nutzung umfasst jegliche Verwendung personenbezogener Daten, die über die reine Verarbeitung hinausgeht.

Nach dem BDSG ist die Verarbeitung und Nutzung personenbezogener Daten nur dann zulässig, wenn eine Rechtsvorschrift dies explizit erlaubt oder der Bürger der Verarbeitung/Nutzung zustimmt. Die Einwilligung muss in schriftlicher Form vorliegen, der Bürger muss auf den Zweck der Verarbeitung hingewiesen werden.

Personenbezogene Daten dürfen nach dem BDSG wie folgt genutzt werden:

- im Rahmen eines *Vertragsverhältnisses*: D.h., ein Arbeitgeber darf die Daten seines Angestellten z.B. dazu nutzen, um Meldungen an die Krankenkasse oder das Finanzamt weiterzugeben.

- soweit die Verarbeitung oder Nutzung *zur Wahrung berechtigter Interessen der speichernden Stelle* oder eines Dritten (z.B. des Empfängers) erforderlich ist. Ein Beispiel: Sie hatten einen Verkehrsunfall und stellen Regressansprüche an die Versicherung Ihres Kontrahenten. Beide Versicherungen dürfen daraufhin Daten über ihre Versicherungsnehmer austauschen.

- wenn die Daten aus *allgemein zugänglichen Quellen* entnommen werden können (z.B. Zeitungen, Telefonbüchern …).

- wenn es sich um *zusammengefasste Grunddaten* über Angehörige einer Personengruppe handelt (z.B. Abonnenten einer Zeitschrift). Zu den Grunddaten rechnet man Namen, Anschrift, Geburtsjahr, Berufs-, Branchen- oder Geschäftsbezeichnungen und eine Angabe über die Zugehörigkeit zu der Personengruppe.

Die Verarbeitung oder Nutzung von Daten ist unzulässig, wenn schutzwürdige Interessen des Betroffenen dies ausschließen. Dies kann vor allem bei besonders sensiblen Daten, etwa bei gesundheitlichen oder finanziellen Angaben, politischen oder religiösen Anschauungen, der Fall sein.

Zum Weiterarbeiten

1. Recherchieren Sie, was man unter dem Bundestrojaner versteht.

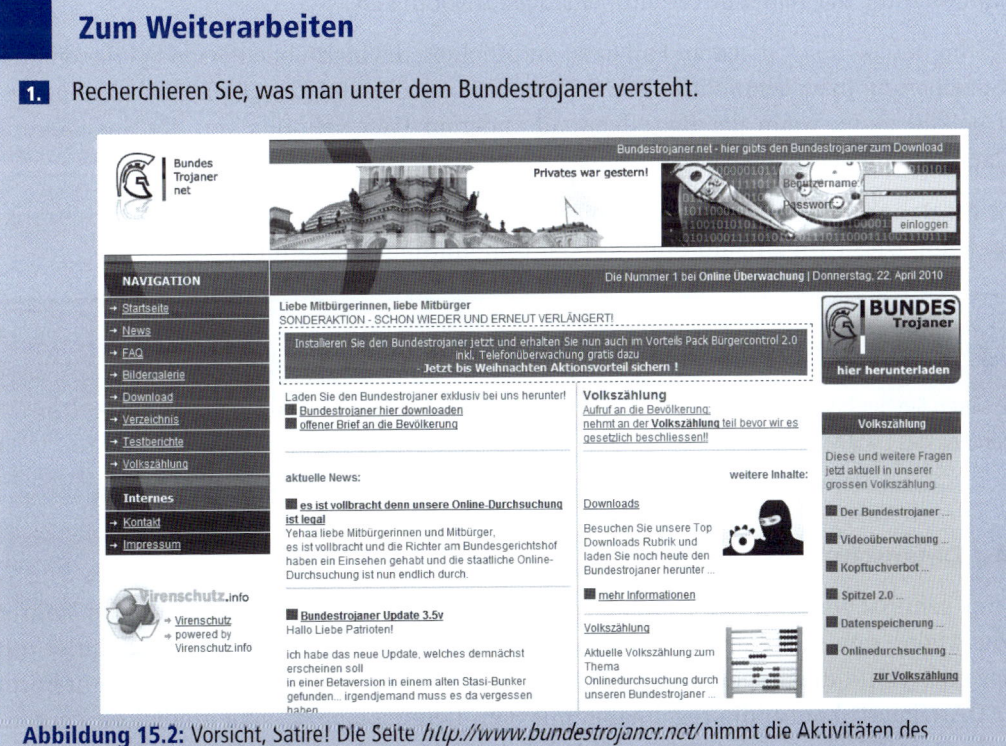

Abbildung 15.2: Vorsicht, Satire! Die Seite *http://www.bundestrojaner.net/* nimmt die Aktivitäten des Innenministeriums aufs Korn.

2. Der Nutzer einer Musik- bzw. Filmtauschbörse wird anhand seiner IP ermittelt und von einem Medienunternehmen verklagt. Durfte der Provider des Angeklagten dessen IP herausgeben? Informieren Sie sich über die aktuelle Rechtsprechung.

15.1.3　Rechte des Einzelnen

Der einzelne Bürger kann im Rahmen der Datenschutzgesetze folgende Auskünfte von einer speichernden Stelle einholen:

1. Daten, die zur eigenen Person gespeichert wurden

2. die Herkunft der Daten sowie den Empfänger der Daten, falls diese weitergegeben wurden

3. den Zweck der Datenspeicherung

4. die Personen und Institutionen, an die die gespeicherten Daten im Falle einer automatischen Verarbeitung regelmäßig übermittelt werden

Darüber hinaus kann die Person darauf bestehen, dass

1. gespeicherte Daten berichtigt werden, falls diese unrichtig sind.

2. Daten gelöscht werden, falls ihre Speicherung unzulässig war oder deren Speicherung nicht mehr erforderlich ist, insbesondere wenn sie nicht mehr zur Erfüllung ihres ursprünglichen Zwecks benötigt werden.

3. Daten gesperrt werden, wenn sich deren Wahrheitsgehalt nicht eindeutig feststellen lässt. Die Möglichkeit der Sperrung kann auch in Betracht gezogen werden, wenn eine alternative Löschung der Daten unverhältnismäßig aufwendig ist.

Die speichernde Stelle ist in jedem Fall dazu verpflichtet, die betroffene Person bei der erstmaligen Speicherung bzw. Übermittlung von Daten zu benachrichtigen. Die Benachrichtigungspflicht entfällt dann, wenn der Betroffene auf anderem Weg Kenntnis von der Speicherung oder Übermittlung der Daten genommen hat.

Es gibt gesetzlich festgelegte Ausnahmefälle, in denen das Auskunftsrecht eingeschränkt werden kann. Dies trifft z.B. auf Polizei- oder Geheimdienstoperationen zu.

Zum Weiterarbeiten

Analysieren Sie die beiden Beispiele aus Abschnitt im Hinblick auf die Rechte der betroffenen Personen im Rahmen des Datenschutzes.

15.1.4　Datenschutz in der Schule

Auch im schulischen Umfeld werden Daten gespeichert. Trägt der altmodische Lehrer noch das kleine rote Büchlein mit den Aufzeichnungen zu den Leistungen der Schüler mit sich herum, so sind die jungen Kollegen schon längst auf die digitale Buchführung in Form eines PDAs/Smartphones, die regelmäßig mit dem heimischen PC synchronisiert werden, umgeschwenkt. Die Frage ist, inwieweit eine elektronische Datenverarbeitung von Schülerdaten zulässig ist.

Durch Änderungen im Schulgesetz etlicher Länder erhielten Lehrkräfte die offizielle Erlaubnis, personenbezogene Daten auch am heimischen PC zu verarbeiten. In jedem Fall ist aber sicherzustellen, dass diese Daten nicht in die Hände unautorisierter Dritter gelangen dürfen. Die Lehrkräfte müssen das durch die Einhaltung entsprechender Sicherheitsvorschriften am PC (z.B. Virenscanner, Firewall) sicherstellen. Nach Abgabe von Schülergruppen am Ende eines Schuljahres sind die zugehörigen Daten zu löschen.

Ausführliche Informationen zum Datenschutz in der Schule findet man im *Praxishandbuch Schuldatenschutz* des unabhängigen Landeszentrums für Schuldatenschutz, Schleswig Holstein, welches unter *https://www.datenschutzzentrum.de/* zum kostenlosen Download bereitgehalten wird.

15.2 Sicherheit am PC

Datensicherheit

Datensicherheit ist die Gesamtheit aller technischen und organisatorischen Maßnahmen zum Schutz von Daten vor unberechtigtem Zugriff, Verfälschung oder Verlust.

Jeder Anwender, der auf seinem Computer sensible Daten beherbergt, ist verpflichtet, diesen gegenüber möglichen Angriffen durch Dritte abzusichern. Der folgende Abschnitt gibt einen Überblick über notwendige und sinnvolle Schutzmaßnahmen.

15.2.1 Benutzerkonten

Moderne Betriebssysteme sind bestrebt, dem Anwender ein Maximum an Bequemlichkeit zu bieten. Leider steht diese Bequemlichkeit meist in krassem Gegensatz zur Systemsicherheit. Unter Windows wird beispielsweise das Standardkonto des ersten Anwenders im Rahmen einer regulären Installation mit Administratorrechten ausgestattet. Das ist für den Anwender bequem, da er von diesem Konto aus auf die Schnelle Programme oder Utilities installieren kann. Der Nachteil: Oft nickt man die Nachfrage, ob ein Programm oder Tool wirklich installiert werden soll, schnell durch Anklicken der Bestätigungsschaltfläche ab, und ebenso schnell findet dadurch auch Schadsoftware ihren Weg auf den Rechner.

Während unter Windows XP und seinen Vorgängern die Lage dadurch kritisch war, dass derartige Installationsvorgänge meist unbemerkt erfolgen konnten, wird der Anwender seit Windows Vista durch die *Benutzerkontensteuerung* gewarnt: Der Bildschirm verdunkelt sich, und die Installation startet erst nach dem Abnicken bzw. Anklicken des Warnhinweises. Ein Passwort ist hierzu von einem Administratorkonto aus nicht erforderlich. Vor diesem Hintergrund empfiehlt es sich, zusätzlich zum Administratorkonto ein Benutzerkonto mit geringstmöglichen Rechten zu erstellen und bei der Erledigung von alltäglichen Aufgaben ausschließlich mit diesem Konto zu arbeiten.

Bei Linux-Systemen besitzt der Administrator-Account *root* alle Rechte. Dieser wurde im speziellen Fall des Ubuntu-Linux-Systems, welches Grundlage unserer Lernumgebung ist, komplett deaktiviert. Administrative Tätigkeiten erfolgen hier über das sudo-Kommando.

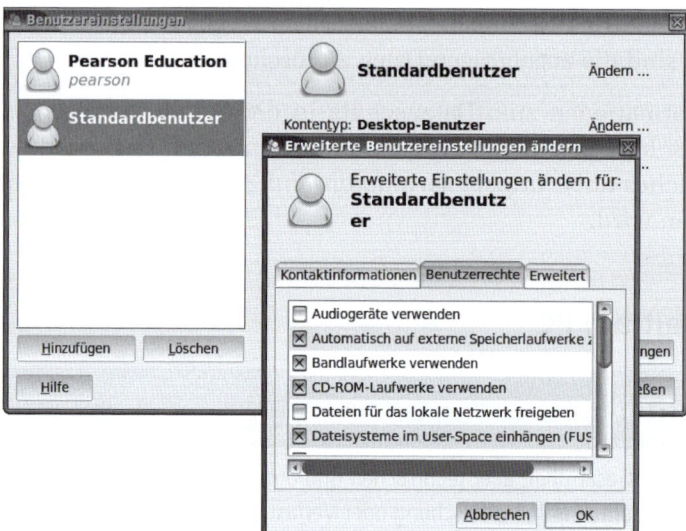

Abbildung 15.3: In modernen Betriebssystemen sollte stets ein zusätzliches Benutzerkonto eingerichtet werden, das mit eingeschränkten Rechten ausgestattet wird. Dieses Benutzerkonto verwendet man für alltägliche Arbeiten am Computer, insbesondere auch für das Surfen im Internet. Dadurch wird die Gefahr gebannt, dass Schadprogramme durch einen unbedachten Mausklick ihren Weg auf den PC finden.

15.2.2   Bedrohung durch Computerviren

> ## Computervirus
>
> Ein Computervirus ist ein sich selbst verbreitendes Computerprogramm, dessen Code zu Fehlfunktionen auf Betriebssystemebene, Programmebene oder sogar in der Hardware führen kann. Ähnlich seinem namensähnlichen Verwandten, dem biologischen Virus, nutzt ein Computervirus dazu die Ressourcen des Wirts.

Derzeit sind ca. 60 000 Windows-Viren bekannt, bei Mac OS X und Linux beläuft sich die Zahl der ernsthaften Schädlinge auf ca. 10. Umso unverständlicher ist es, dass ausgerechnet das virenanfälligste Betriebssystem Windows in der Standardkonfiguration ohne integrierten Virenscanner ausgeliefert wird. Mittlerweile bietet aber Microsoft immerhin ein kostenloses Produkt zum nachträglichen Download an: die *Microsoft Security Essentials* (*http://www.microsoft.com/security_essentials/*).

Wichtig ist, dass der Virenscanner durch einen eingebauten Automatismus selbstständig aktualisiert wird. Dabei lädt das Programm aktuelle Virendefinitionsdateien: Dies sind Beschreibungen von neu aufgetauchten Parasiten, die vom Scanner erkannt und anschließend entfernt werden.

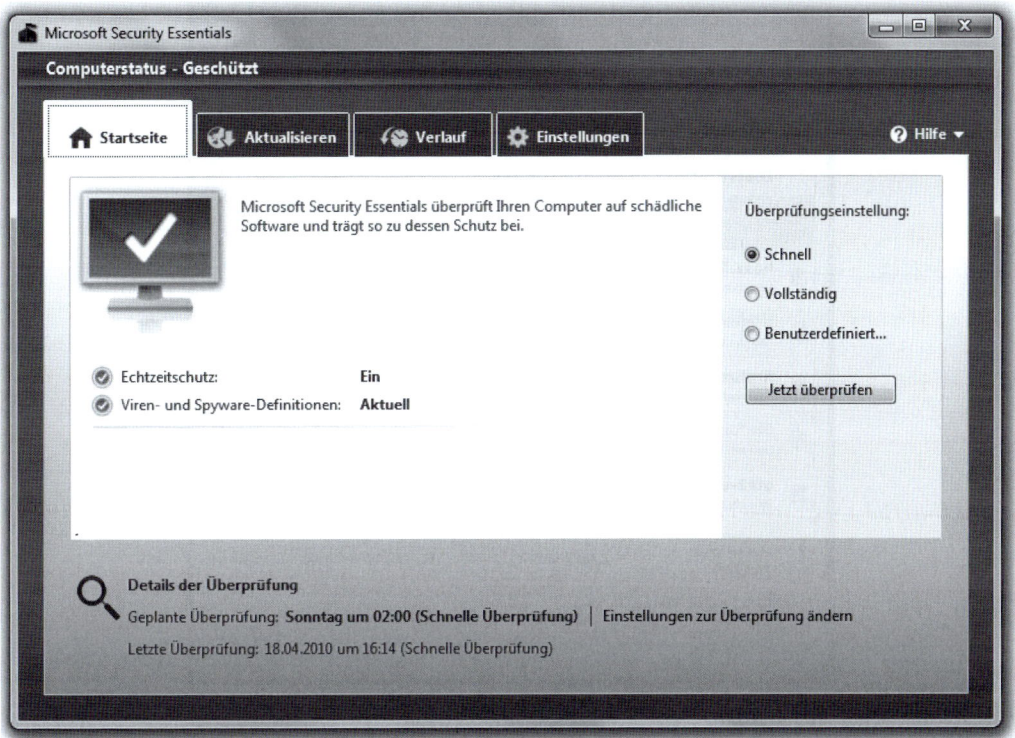

Abbildung 15.4: Neben den kommerziellen Anbietern liefert Microsoft seit Windows 7 die Microsoft Security Essentials kostenlos zum Betriebssystem. Der Nachteil: Der Scanner muss manuell nachinstalliert werden.

15.2.3 Sicherheitslücken im Betriebssystem

Durch den Einsatz eines Virenscanners sorgen Sie für aktive Sicherheit. Aber auch die passive Sicherheit des Systems darf nicht vernachlässigt werden: Betriebssysteme müssen regelmäßig mit Updates versehen werden, um gefährliche Sicherheitslücken rechtzeitig zu schließen. Das geschieht am einfachsten mit dem Mechanismus der automatischen Updates, die mittlerweile in jedem System Einzug gehalten haben. Die automatischen Updates werden bei Microsoft Windows bei jeder Basisinstallation als Standard vorgewählt. An einem sogenannten *Patchday* liefert Microsoft dann über zentrale Updateserver Sicherheitsupdates über das Internet aus. Der Anwender nimmt davon oft nur dann Kenntnis, wenn die Updates beim nächsten Herunterfahren des Systems installiert werden.

Auch Ihre virtuelle Lern- und Arbeitsumgebung, das Ubuntu-Linux-System, muss von Zeit zu Zeit mit Sicherheitsupdates versorgt werden. Liegen Updates für das System bereit, so werden Sie über die Aktualisierungsverwaltung darüber informiert. Sie können aber auch selbst nachschauen, ob neue Updates vorliegen. Dies geschieht über das Menü *System/Systemverwaltung/Aktualisierungsverwaltung* (▶Abbildung 15.5). Mittels *Prüfen* wird die Liste der zur Verfügung stehenden aktualisierten Pakete vom Updateserver geladen.

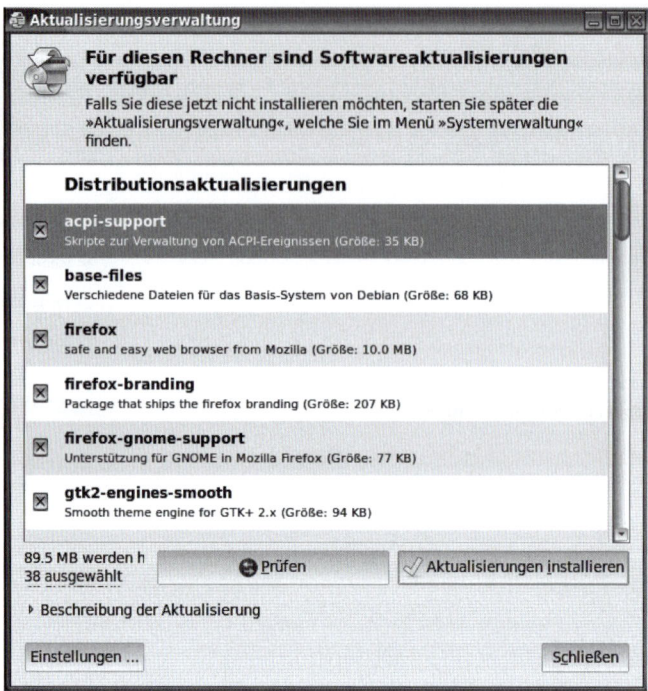

Abbildung 15.5: Die Ubuntu-Linux-Arbeitsumgebung sollte regelmäßig aktualisiert werden, um Sicherheitslücken zu eliminieren.

Der Hersteller eines Betriebssystems hält Systemaktualisierungen nur über einen begrenzten Zeitraum, den sogenannten Supportzeitraum, vor. Dieser ist bei Windows 2000 beispielsweise am 13.07.2010 abgelaufen, das System war zu diesem Zeitpunkt mehr als 10 Jahre auf dem Markt. Ubuntu-Linux-Versionen haben in der Regel einen Supportrahmen von 18 Monaten, LTS(Long Term Support)-Versionen werden 3 Jahre (Serverversionen: 5 Jahre) mit Sicherheitsupdates versorgt. Die Lage ist hier allerdings aus den folgenden Gründen entspannter als unter Windows: Jedes alte System lässt sich nach Erscheinen eines neuen Releases problemlos updaten, und sämtliche Varianten des Systems sind kostenlos.

15.2.4 Firewalls

Über eine *Firewall*, zu Deutsch *Brandmauer*, wird ein Computer gegen aktive Angriffe von außen geschützt. Die Firewall stellt zunächst nur sicher, dass die Kommunikation über die Netzwerkschnittstelle zur Außenwelt, in der Regel also zum Internet, nach definierten Regeln erfolgt. Während der Kommunikation wird dabei die Gültigkeit von Datenpaketen, die zwischen Sender und Empfänger übertragen werden, kontrolliert.

Die *Personal Firewall*, die unter Windows in der Standardinstallation aktiviert wird, hat folgende Aufgaben:

■ Sie blockiert Zugriffe aus dem Internet auf Dienste, die auf dem Rechner laufen.

   Die Ubuntu-Standardinstallation der Lernumgebung bietet im Gegensatz zu Windows keine Dienste, die über das Internet genutzt werden könnten.

- Die Firewall blockiert unerwünschte Zugriffe von Programmen auf das Internet ab. Standardanwendungen wie der Browser sind hiervon ausgenommen, neu installierten Anwendungen, die auf das Internet zugreifen wollen, muss der Zugriff durch die Firewall explizit erlaubt werden.

Dies können unter anderem auch Zugriffe durch Viren oder Trojaner sein. Aber auch Druckertreiber, die Verbrauchsdaten an den Hersteller melden, Medienplayer, die ihre Hersteller über die eigenen Musikvorlieben aufklären, oder versteckte Spionageprogramme werden auf diese Weise wirkungsvoll abgeschirmt.

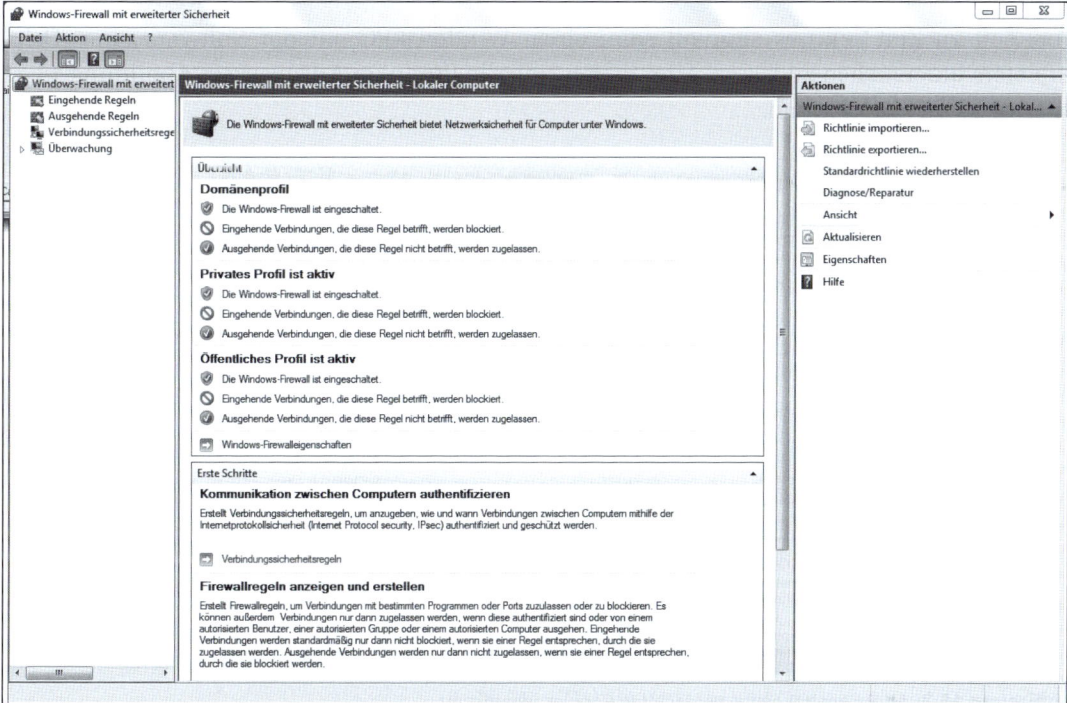

Abbildung 15.6: Eine Personal Firewall läuft in aktuellen Windows-Systemen stets im Hintergrund. Der Benutzer bemerkt ihre Funktion in der Regel erst dann, wenn Programme wie z.B. Medienplayer versuchen, Verbindung mit dem Internet aufzunehmen.

Zum Weiterarbeiten

Kontrollieren Sie, ob auf Ihrem Betriebssystem eine Firewall läuft, und informieren Sie sich darüber, wie diese konfiguriert werden kann.

15.2.5 Spyware

Ein großer Anteil der Schadprogramme (*Malware*) ist nicht unbedingt darauf aus, Ihr System zu schädigen. Vielmehr spionieren etliche Programme Ihr Surf- und Kaufverhalten aus und übermitteln diese Informationen, um Sie gezielt mit Werbung zuzuschütten. Um derartige Spyware kümmert sich unter Microsoft Windows der Windows Defender bzw. die Microsoft Security Essentials. Diese Programme arbeiten ähnlich wie Antivirensoftware mit Signaturen, die fragwürdige Seiten bzw. Schadsoftware listen und den Zugriff auf den Computer unterbindet. Die Überprüfung des Systems auf Spyware erfolgt dabei in regelmäßigen Abständen automatisch im Hintergrund.

Von Zeit zu Zeit kann es sinnvoll sein, einen Windows-PC mit der Software eines Drittanbieters untersuchen zu lassen. Hier bieten sich die Produkte Ad-Aware (▶Abbildung 15.7), SpyBot oder HijackThis an.

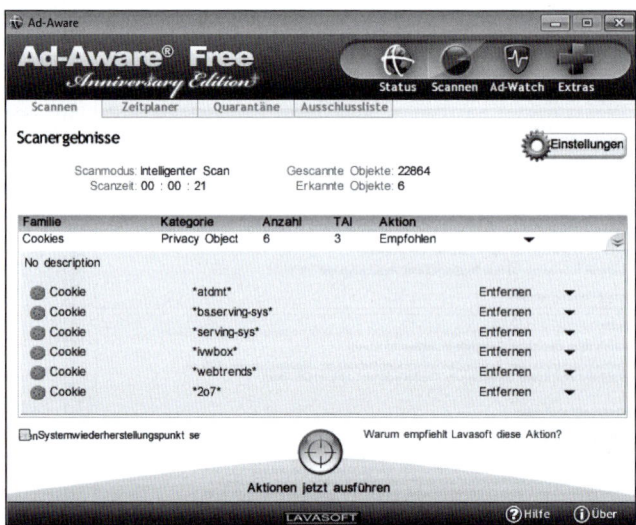

Abbildung 15.7: Ad-Aware hat einige verdächtige Cookies identifiziert.

15.3 Onlinerecht

Nicht alles, was gefällt, ist erlaubt. Das gilt umso mehr auf dem heiklen Gebiet der Online-publikationen. Die folgenden Teilabschnitte geben einen Einblick darin, was zu beachten ist, wenn Sie Daten, Informationen und Bilder im Internet selbst publizieren bzw. weitergeben möchten.

15.3.1 Publikationen im Internet

Was darf ich legal im Internet auf einer eigenen Homepage weiterverbreiten, und wo und wann wird es für mich kritisch?

Generell gilt als Faustregel, dass die Weiterverbreitung selbst erstellten Materials dann unkritisch ist, wenn man sich an einige Spielregeln hält. Folgende Grenzen sollten diesbezüglich tunlichst nicht überschritten werden:

- Nationalsozialistische, faschistische, rassistische, diskriminierende oder volksverhetzende Inhalte sind ebenso tabu wie die Verbreitung von Symbolen, Flaggen oder anderer Kennzeichen verfassungswidriger Organisationen.

- Die publizierten Inhalte dürfen nicht zu Straftaten auffordern, anleiten oder diese verherrlichen.

- Die Darstellungen sollten sich nicht gegen Personen oder gegen Produkte richten bzw. in denunzierender oder beleidigender Form über Personen und Produkte berichten.

In den letzten Bereich fallen auch Foren, in denen sich die Nutzer zu bevorzugten Themen austauschen. Hier ist zu beachten, dass auch der Betreiber eines Forums haftbar gemacht werden kann, wenn Forenteilnehmer von anderen Forenbenutzern beleidigt oder nicht statthafte Inhalte über das Forum publiziert werden. Dazu gehört auch die Weitergabe von Links zu illegalen Bereichen des Internets, z.B. zu Warez-Seiten, auf denen Software-Raubkopien vertrieben werden.

- Bildmaterial, dessen Urheberrecht nicht beim Seitenbetreiber liegt.

Mittlerweile haben sich etliche Juristen darauf spezialisiert, das Netz nach Bildern abzusuchen, deren Copyright unklar ist – ein lukratives Geschäft, an dem selten der Urheber des Materials, häufiger aber die Kanzlei, die die Abmahnung an den Seitenbetreiber verschickt, verdient.

Verständlicherweise völlig tabu ist:

- Die Verbreitung von Gewalt-, Tier- und Kinderpornografie.

Man beachte: Nicht nur die Verbreitung derartigen Materials, sondern auch das Abspeichern und Betrachten kann ernste juristische Folgen nach sich ziehen. So schaltete sich im Jahr 2009 die Staatsanwaltschaft ein, als ein Abgeordneter des Bundestags seinen Angaben gemäß versuchte, einen Kinderpornografie-Ring auf eigene Faust auszuheben und zu diesem Zweck einschlägiges Material auf dem eigenen Rechner speicherte.

Das Impressum

Eine beliebte Legende, die sich rund um die selbst erstellte private Homepage rankt, ist die Pflicht, dort ein Impressum zu platzieren. Darin soll der volle Name sowie die Adresse und eine aktive E-Mail-Adresse des Seitenbetreibers enthalten sein. Diese Impressumspflicht gilt gemäß § 6 des Teledienstegesetzes (TDG) allerdings nur für Anbieter geschäftsmäßiger Teledienste, wenn Sie also beispielsweise Geld mit Ihrem Internetauftritt verdienen wollen.[1] Andererseits kann ein Impressum auf einer privaten Homepage auch nicht schaden.

Links auf fremde Seiten

Kritischer sieht es auch im privaten Bereich mit der Verlinkung auf fremde Internetpräsenzen aus. Hier machen Sie sich dann strafbar, wenn Material, das unter dem Link zu finden ist, gegen geltendes Recht verstößt. Ein Standarddisclaimer der Form

---

[1] Beachten Sie: Schon die Integration von Werbebannern auf Ihrer privaten Homepage stellt eine geschäftsmäßige Nutzung dar.

„Mit Urteil vom 12. Mai 1998 – 312 O 85/98 – 'Haftung für Links' hat das Landgericht (LG) Hamburg entschieden, dass man durch das Setzen eines Links die Inhalte der gelinkten Seite ggf. mit zu verantworten hat. Dies kann – so das LG – nur dadurch verhindert werden, dass man sich ausdrücklich von diesen Inhalten distanziert. Hiermit distanzieren wir uns ausdrücklich von den verlinkten Seiten."

kann den Webseitenbetreiber nicht vor möglichen Konsequenzen schützen, z.B. dann, wenn sich ein verlinkter Inhalt von einem Tag auf den anderen ändert. In der Urteilsbegründung des o.g. Urteils des Landgerichts Hamburg wurde argumentiert, dass ein Webseitenbetreiber für verlinkte Inhalte mit verantwortlich zeichnet.

15.3.2 Urheberrecht vs. Tauschbörsen

Gerade in Schülerkreisen bewegt sich das Rechts- bzw. Unrechtsbewusstsein, welche Inhalte auf welche Weise legal getauscht werden dürfen, in der Grauzone. Zunächst die gute Nachricht: Die Privatkopie einer CD, die *nicht kopiergeschützt* ist, bleibt weiterhin legal. Aber: Bereits bei einer DVD, die in der Regel mit dem CSS(*Content Scrambling System*)-Verfahren kopiergeschützt wird, ist eine Kopie, die zwar technisch mit ein wenig Internetrecherche durchaus auch von einem Laien machbar ist, nach geltendem Recht verboten.

In jedem Fall illegal ist der Tausch von urheberrechtlich geschütztem Material über sogenannte Tauschbörsen oder Dateitauschsysteme. Hier findet man insbesondere zwei Varianten:

1. Auf *Filehostern* wie *Rapidshare* lädt der Anwender Datenmaterial auf einen Serverbereich mithilfe von Clientprogrammen oder auch direkt über einen Browser. Die Datenübertragung bei den Filehostern erfolgt in der Regel über das HTTP- oder FTP-Protokoll, die Dateien selbst lagern nach der Übertragung auf der Festplatte des Servers. Es versteht sich von selbst, dass der Provider, der den Dienst anbietet, dafür Sorge tragen muss, dass kein illegales Material auf seinem System gelagert wird. Das gelingt ihm nicht immer: Mit ausgefeilten Verschlüsselungs- und Kompressionsmechanismen ausgestattet, lagert bei den Hostern trotz aufwendiger Kontrollen terabyteweise illegales Material.

2. Eine andere Alternative zu den großen Filesharing-Hostern sind *Peer-to-Peer(P2P)-Netzwerke* wie das *BitTorrent*-System: Hier laden die Anwender über ein spezielles Programm Dateien von anderen Anwendern, die das gleiche Programm auf ihrem Rechner betreiben, herunter. Da sich die Dateien ausschließlich auf den lokalen Rechnern der Teilnehmer des Tauschnetzes befinden, werden keine Ressourcen von speziellen Providern in Anspruch genommen. Die Datenübertragung erfolgt häppchenweise: Von einer großen Datei werden jeweils kleine Stückchen heruntergeladen und nach dem Download sogleich den anderen Teilnehmern angeboten. Dadurch macht man sich dann strafbar, wenn das angebotene Material illegal ist: In diesem Fall bietet man durch das Bereitstellen der Torrent-Fragmente im Upload selbst Raubkopien an.

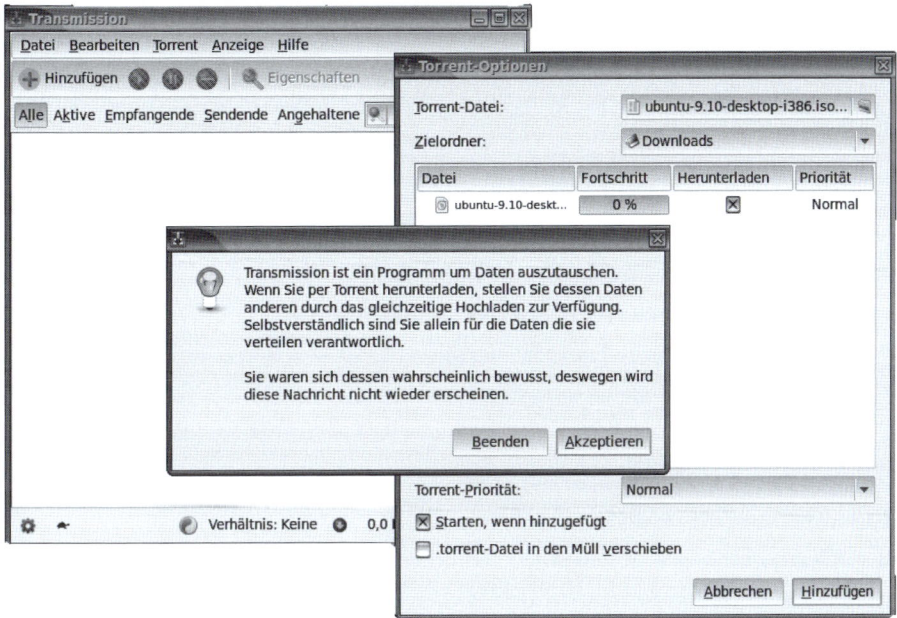

Abbildung 15.8: Es geht auch legal: Beim Download eines Ubuntu-Linux-ISOs, das über das BitTorrent-Netzwerk angeboten wird, macht man sich nicht strafbar. Im vorliegenden Fall wird der Torrent-Client Transmission verwendet.

Z U S A M M E N F A S S U N G

- Ziel des **Datenschutzes** ist die **Absicherung personenbezogener Daten**.

- In Deutschland wird der Datenschutz durch das **Bundesdatenschutzgesetz** (BDSG) geregelt. Einige Länder ergänzen dieses durch spezialisierte Fassungen, die auf der jeweiligen Länderebene gelten.

- Der Einzelne hat das Recht, sich bei Institutionen oder Unternehmen zu erkundigen, welche Daten über ihn gespeichert sind (**Auskunftsrecht**). Darüber hinaus kann er darauf bestehen, dass falsch erhobene Daten berichtigt werden.

- Unter **Datensicherheit** versteht man die technischen und organisatorischen **Maßnahmen zum Schutz von Daten** vor unberechtigtem Zugriff durch Dritte.

- Wichtige Maßnahmen zur Absicherung eines PC gegenüber Angriffen von außen sind: regelmäßiges **Aktualisieren des Betriebssystems durch Updates**, die vom Hersteller des Systems angeboten werden, Verwenden eines **aktuellen Virenscanners** und eines **Spyware-Blockers**.

- Bei Publikationen im Internet ist zu beachten, dass das angebotene Material **nicht gegen das Urheberrecht verstößt** und **keine strafbaren Inhalte enthält**.

- Durch das Setzen eines **Links auf externe Seiten** kann der Betreiber einer Website dann belangt werden, wenn unter dem entsprechenden Link juristisch bedenkliches Material zu finden ist.

- In **Tauschbörsen** findet man häufig Material, das gegen das Urheberrecht verstößt (Software, Kinofilme, Audio-CDs …). Der Austausch urheberrechtlich geschützten Materials in Tauschbörsen ist illegal.

Z U S A M M E N F A S S U N G

Anhang

A

ÜBERBLICK

In der virtuellen Lern- und Arbeitsumgebung können Sie sämtliche Übungen und Beispiele des Lehrbuchs selbst ausprobieren und nachvollziehen. Nachfolgend wird eine Einführung in die Installation und Nutzung der virtuellen Maschine gegeben, die als Basis für die Lernplattform dient. Zusätzlich werden einige Programmierwerkzeuge und Tools erklärt, die im laufenden Text des Lehrbuches etwas zu kurz gekommen sind. Beachten Sie bitte: Einige Pakete, z. B. BlueJ, JFLAP und Pakete aus dem Bereich Multimedia, müssen zum Durchführen von Übungen nachinstalliert werden, da diese nicht mit der Lernumgebung vertrieben werden dürfen bzw. der Vertrieb ungeklärt ist: Die entsprechenden Programme stehen dann nicht bzw. nicht uneingeschränkt unter der GNU General Public License (GNU GPL). Eine vollständige Liste aller im Buch verwendeten Programme finden Sie in Abschnitt *Die Alternative: Ubuntu Linux selbst installieren.*

A.1 Struktur der Begleit-DVD

Die Begleit-DVD ist in folgende Verzeichnisse aufgeteilt:

- **eBook-Kapitel**: Kapitel 5 in Farbe

- **uebungen**: Hier finden Sie alle im Buch explizit besprochenen Quelltexte, Simulationen, Beispiele und Übungen.

- **isos**: Dieses Verzeichnis enthält ISO-Abbilder zur Vollinstallation von Ubuntu Linux auf einer Partition Ihres Rechners. Das ist nicht erforderlich, wenn Sie die virtuelle Lernumgebung nutzen.

- **lernumgebung**: In diesem Verzeichnis ist die virtuelle Lernumgebung in komprimierter Form enthalten. Die Datei heißt *lernumgebung.zip*. Zur Nutzung muss die Datei auf die Festplatte kopiert und dort entpackt werden.

- **vmware**: Dieses Verzeichnis enthält die zum Zeitpunkt der Drucklegung aktuelle Software *VMware Player* für Microsoft Windows, die zum Betrieb der virtuellen Lernumgebung erforderlich ist. Es wird dringend empfohlen, die jeweils aktuelle Version von *www.vmware.com* herunterzuladen und zu installieren, mehr dazu in Abschnitt *Installation des VMware Players.*

- **programme**: Hier finden Sie zusätzliche Programme, die zu installieren sind, falls Sie ein System neu aufsetzen möchten.

A.2 Die virtuelle Lernumgebung

Die virtuelle Maschine, auf der sich die Lernumgebung befindet, lässt sich in Verbindung mit dem VMware Player (*www.vmware.com*) nutzen. Der folgende Abschnitt erläutert die Installation und Inbetriebnahme.

Virtuelle Maschine

Eine virtuelle Maschine (kurz: VM) besteht aus einer Datei, die ein vollständiges Betriebssystem enthält. Dieses wird in Verbindung mit einer Virtualisierungssoftware betrieben. Durch die Anwendung wird ein virtuelles (scheinbar reales) Computersystem geschaffen.

Die virtuelle Lernumgebung erfordert folgende Hardware:

Minimalvoraussetzung:

DualCore-CPU mit 2 GHz Taktfrequenz
2 GByte Hauptspeicher
5 GByte Platz auf der Festplatte
Windows XP/Vista/7

Optimales System:

DualCore-CPU mit 2.6 GHz Taktfrequenz
4 GByte Hauptspeicher
10 GByte Platz auf der Festplatte

Bei Verwendung von VMWare Fusion lässt sich die Lernumgebung auch unter Mac OS X nutzen.

A.2.1 Installation des VMware Players

Auf der Begleit-DVD befindet sich ein Installationspaket des *VMware Players*, mit dem die virtuelle Maschine der Lernumgebung erstellt wurde. Da die Player-Software regelmäßig aktualisiert wird, empfiehlt es sich, zur Installation die jeweils aktuelle Version von VMware zu verwenden:

1. Laden Sie die aktuelle Version des VMware Players von *http://www.vmware.com/de/ products/player/* herunter (▶Abbildung A.1).

Sollten Ihnen kein Internetanschluss zur Verfügung stehen, so können Sie auch das Installationspaket von der Begleit-DVD verwenden. Dieses sollte aber später aktualisiert werden. Mac OS X-Anwender nutzen die Trial-Version von *VMware Fusion*.

Achtung: Für den Download ist eine Registrierung unter Angabe Ihres Namens und Ihrer E-Mail-Adresse erforderlich. Der Download selbst ist kostenlos.

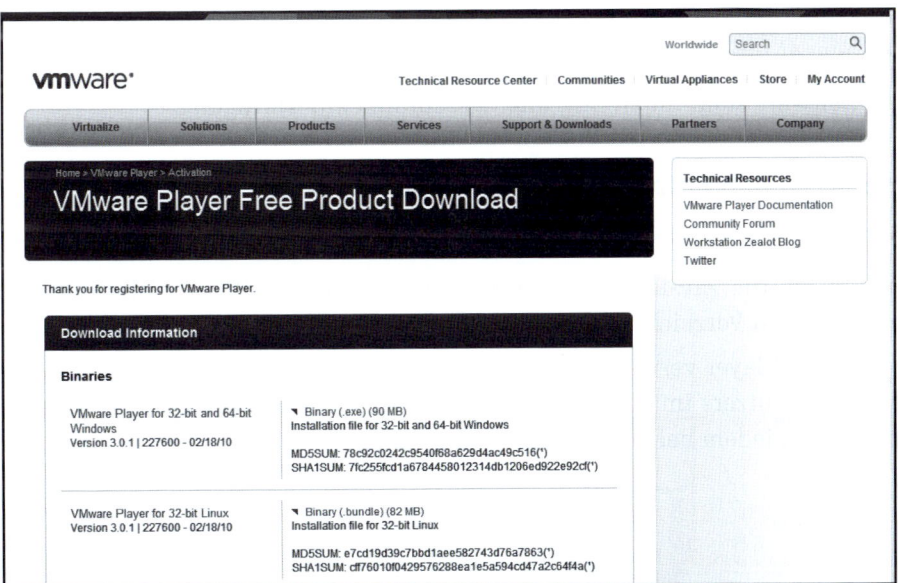

Abbildung A.1: Auf *www.vmware.com* stehen die Installationspakete für den VMware Player zum Download bereit. Wählen Sie hier das Installationspaket für Windows.

2. Starten Sie das Installationsprogramm durch Anklicken der ausführbaren Datei.

3. Bestätigen Sie die Installationsdialoge durch Anklicken der *Next*- bzw. *Continue*-Schaltflächen (▶Abbildung A.2).

Leider ist die Software nicht in deutscher Sprache lokalisiert. Für die spätere Verwendung der Lernumgebung ist das aber unerheblich.

4. Starten Sie das System nach erfolgter Installation neu, indem Sie die Schaltfläche *Restart Now* anklicken.

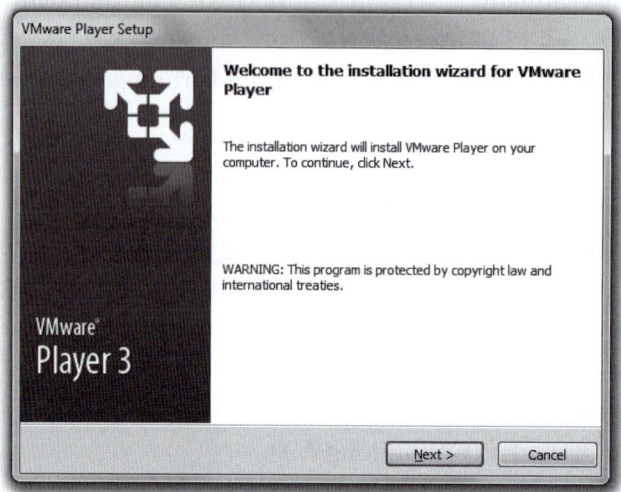

Abbildung A.2: In der Standardinstallation bewegt man sich durch Anklicken der *Next*-Schaltflächen durch die Dialoge.

5. Starten Sie das Programm probeweise durch Anklicken des Icons auf dem Desktop oder durch Auswahl des Startmenüeintrags. Sollte der Start des Players sehr schleppend verlaufen, dann deaktivieren Sie nach dem Start im Konfigurationsmenü des Players (*File/Player Preferences*) die Optionen für Softwareupdates und das *experience improvement program*.

Die Player-Software steht Ihnen nun uneingeschränkt zur Verfügung.

A.2.2 Kopieren und Entpacken der Lernumgebung

Die Lernumgebung befindet sich auf der Begleit-DVD im Unterverzeichnis *lernumgebung*.

1. Kopieren Sie die ZIP-Datei *lernumgebung.zip* von der DVD auf die Festplatte Ihres Rechners in ein Verzeichnis Ihrer Wahl.

Der VMware Player verwaltet die virtuellen Maschinen im Heimverzeichnis des angemeldeten Benutzers im Ordner *Virtual Machines*, Sie können die Lernumgebung aber prinzipiell in jedem beliebigen Verzeichnis ablegen.

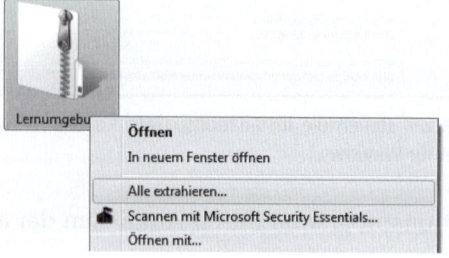

Abbildung A.3: Sie entpacken die Lernumgebung unter Windows mit dem Entpacker des Betriebssystems. Diesen finden Sie im Kontextmenü beim Anklicken der Datei mit der rechten Maustaste.

2. Entpacken Sie die komprimierte Datei der Lernumgebung. Unter Windows geschieht das per rechten Mausklick auf die Datei, Kontextmenü *Alle extrahieren*.

Dieser Vorgang nimmt mehrere Minuten in Anspruch und sollte nach Möglichkeit nicht durch weitere Arbeiten im System gestört werden.

Mac OS X-Anwender nutzen zum Entpacken der Datei das integrierte Archivierungsprogramm Archive Utility oder *The Unarchiver* (*http://wakaba.c3.cx/s/apps/unarchiver.html*).

3. Löschen Sie am Schluss die kopierte *Zip*-Datei, um Platz auf der Festplatte zu sparen.

Die virtuelle Lernumgebung kann nun verwendet werden.

A.2.3 Erste Schritte

Die Lernumgebung wird durch Anklicken der Konfigurationsdatei im Systembrowser (d.h. unter Windows im Explorer) gestartet (▶Abbildung A.4).

Abbildung A.4: Die virtuelle Maschine startet man durch Anklicken der Konfigurationsdatei, erkennbar an den drei einzelnen quadratischen Symbolen.

Beim ersten Start der virtuellen Maschine erscheint eine Nachfrage, ob diese bewegt oder kopiert wurde. Wählen Sie im englischsprachigen Dialog die Option *I copied it* aus (▶Abbildung A.5).

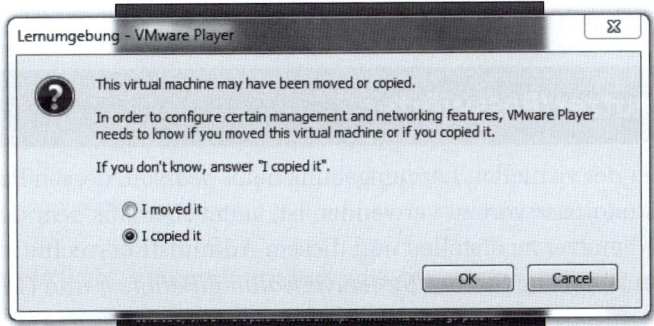

Abbildung A.5: Beim ersten Start muss dem VMware Player mitgeteilt werden, dass die Lernumgebung kopiert wurde.

Nach dem ersten Systemstart, der nach ca. 20 Sekunden abgeschlossen ist, steht Ihnen die Lernumgebung zur Verfügung (▶Abbildung A.6). Es handelt sich hierbei um das freie Betriebssystem *Ubuntu Linux* in der Version *Lucid Lynx*[1].

---

1 Bei Ubuntu Linux Lucid Lynx handelt es sich um eine LTS-Version: *LTS* steht für *Long Term Support*, was bedeutet, dass das System mindestens 3 Jahre lang mit Updates versorgt wird.

Abbildung A.6: Der Desktop der virtuellen Lern- und Arbeitsumgebung

Nun können Sie sich bereits ein wenig in der neuen Umgebung umschauen. Besonders praktisch dabei ist, dass Sie das virtuelle System auf Vollbildgröße ausdehnen können: Klicken Sie dazu auf das Icon *Maximieren* in der rechten oberen Leiste des Player-Fensters.[2] Sie haben nun den Eindruck, als würde ein reales Ubuntu-System auf Ihrem Rechner existieren. *Hinweis*: Die einzelnen Elemente des Ubuntu-Desktops werden Ihnen im Laufe des *Kapitels 4 „Software"* nähergebracht.

Wichtige Benutzer/Passwörter

Der Hauptbenutzer der virtuellen Lernumgebung heißt *pearson*, dessen Passwort, welches auch als Administratorpasswort zu verwenden ist, lautet ebenfalls *pearson*. Es steht Ihnen frei, einen neuen Benutzer zu erstellen und diesem Administratorrechte zuzuweisen. Dies geschieht mit dem Werkzeug *System/Systemverwaltung/Benutzer und Gruppen*.

Arbeiten auf der Konsole

Einige Arbeiten im Buch werden in einem Terminal, auch *Konsole* genannt, durchgeführt. Dieses starten Sie über *Anwendungen/Zubehör/Terminal*. Nach dem Start werden in der Kommandozeile die Kommandos direkt eingegeben und mit der ⏎-Taste bestätigt:

---

2   Ggf. müssen Sie für die Vollbilddarstellung die Auflösung innerhalb der virtuellen Lernumgebung anpassen. Das geschieht über den Menüpunkt *System/Einstellungen/Bildschirme*. Als Standardauflösung wurde zunächst 1024x768 Pixel eingestellt.

```
pearson@pearson:~$ ls
Beispiele  Desktop    Downloads  Musik    public_html  Vorlagen
Bilder     Dokumente  Öffentlich Videos
pearson@pearson:~$
```

Listing A.1: Eingegebene Befehle werden in der Konsole mit ⏎ bestätigt.

Im vorliegenden Fall wird der Inhalt des Benutzerverzeichnisses wiedergegeben, in welchem jeder Benutzer automatisch beim Start einer Konsole landet. Die aktiv einzugebenden Befehle werden im Buch in der Regel etwas **fetter** dargestellt, im obigen Beispiel ist es der Befehl ls.

Programme, die Administratorrechte benötigen, werden mit dem vorangestellten Befehl sudo gestartet. Dazu ist anschließend das Administratorkennwort *pearson* einzugeben:

```
pearson@pearson:~$ apt-get update
E: Lockdatei /var/lib/apt/lists/lock konnte nicht geöffnet werden - open (13:
Permission denied)
E: Das Listenverzeichnis kann nicht gesperrt werden
pearson@pearson:~$ sudo apt-get update
[sudo] password for pearson:
OK   http://de.archive.ubuntu.com lucid Release.gpg
OK   http://de.archive.ubuntu.com/ubuntu/ lucid/main Translation-de
OK   http://security.ubuntu.com lucid-security Release.gpg
...
```

Listing A.2: Für administrative Tätigkeiten ist die Eingabe des Administratorkennworts erforderlich. Im obigen Fall versucht der Benutzer zunächst, mit normalen Rechten das Paketsystem neu einzulesen. Er handelt sich dabei ein „Permission denied" (Erlaubnis verweigert) ein. Erst nach vorangestelltem sudo-Befehl gelingt die Aktion.

Hinweis

Möchten Sie tiefer in das Betriebssystem Ubuntu Linux einsteigen, so finden Sie auf *http://ubuntuusers.de/* in Form des Wikis weiterführende Informationen. Ein guter Einstiegspunkt ist hier die Seite *http://wiki.ubuntuusers.de/Einsteiger*.

Verlassen der Lernumgebung

Nach dem Sie Ihre Arbeiten in der Lernumgebung beendet haben, haben Sie folgende Möglichkeiten, das System wieder zu verlassen:

- **Herunterfahren der virtuellen Maschine**: Das geschieht über den (Aus)-Schaltkopf auf der rechten Seite der oberen Taskleiste. In diesem Fall wird das System sauber heruntergefahren. Ein erneuter Start nimmt danach wieder ca. 20 Sekunden in Anspruch.

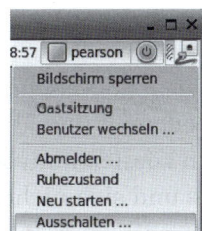

Abbildung A.7: Die virtuelle Maschine wird sauber durch Betätigen des Ausschaltknopfes und anschließender Auswahl des Menüpunkts *Ausschalten* heruntergefahren. Eine Alternative ist das Überführen des Systems in den Standby-Modus durch Anklicken des Kreuzes rechts oben im Player-Fenster.

Es besteht an dieser Stelle auch die Möglichkeit, das System neu zu starten. Das kann z. B. nach einem Kernelupdate in der virtuellen Lernumgebung erforderlich sein.

- **Standby**: Hierzu verwendet man die Möglichkeit der Player-Software: Klicken Sie für das Einnehmen des Standby-Zustands einfach auf das „Fenster schließen"-Kreuz im rechten oberen Bereich des Fensters.

Im Standby-Modus wird ein momentanes Abbild der virtuellen Maschine (ein sogenannter *Snapshot*) auf der Festplatte gespeichert. Beim nächsten Start der Maschine ist das System in wenigen Sekunden einsatzbereit. Diese Variante ist in der Regel dem Herunterfahren vorzuziehen, da sie viel Zeit spart. Sollte die VM beim Betätigen des Schließen-Knopfes nicht den Standby-Zustand einnehmen, sondern vollständig herunterfahren, so kontrollieren Sie die Optionen der Player-Software unter *File/Preferences*: Hier sollte die *When closing a virtual machine: Suspend the virtual machine* aktiviert sein.

A.2.4 Anpassung und Update der virtuellen Lernumgebung

Nach dem ersten Start erscheint die virtuelle Lernumgebung in der Bibliothek im Hauptfenster des VMware Players.

Anpassung der VM

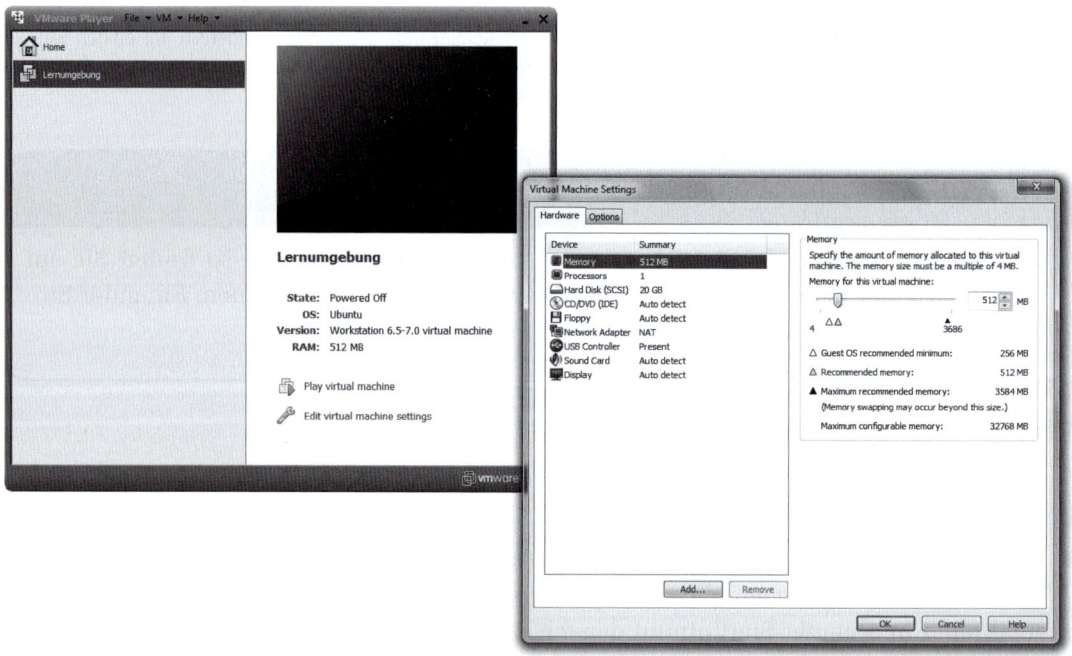

Abbildung A.8: VMware Player-Hauptfenster mit Konfigurationsmenü

Hier haben Sie die Möglichkeit, die virtuelle Maschine besser an Ihr System anzupassen. Die folgenden Eigenschaften können jederzeit über den Link *Edit virtual machine settings* geändert werden. Wichtig: Änderungen können nur vorgenommen werden, wenn die virtuelle Maschine *heruntergefahren* wurde und sich nicht im Standby-Modus befindet.

- **Die Größe des virtuellen Speichers**: Dieser wurde zunächst auf 512 MB voreingestellt. Als Faustregel können Sie hier 1/4 des physikalischen Speichers Ihres Rechners einstellen. Beachten Sie aber: Je größer der virtuelle Hauptspeicher ist, desto länger benötigt die

Maschine, um aus dem Standby wieder hochzufahren, da hierbei ein Abbild des kompletten Speichers geladen wird.

- **Die Anzahl der genutzten Prozessorkerne**: Wenn Sie eine moderne Mehrkern-CPU als Wirtssystem verwenden, so können Sie der virtuellen Maschine mehr als einen Kern zuordnen. Dadurch erhöht sich die Systemleistung spürbar.

- **Das CD/DVD-Laufwerk**: Sollten Sie nicht im Modus der automatischen Erkennung arbeiten, so müssen Sie an dieser Stelle den Laufwerksbuchstaben Ihres CD/DVD-Laufwerks auswählen.

- **Der Netzwerkadapter**: Dieser befindet sich im Normalfall im *NAT* (*Network Address Translation*)-Modus, d.h., über DHCP wird der virtuellen Maschine eine IP-Adresse zugeordnet. Dieses Verhalten kann auch geändert werden: Im *Bridged*-Modus können Sie der virtuellen Maschine eine feste IP-Adresse zuordnen, was z.B. im Serverbetrieb sinnvoll ist. Mehr Informationen dazu finden Sie in *Kapitel 6* bzw. *Kapitel 13*.

- **Gemeinsam genutzte Ordner**: Obwohl es problemlos möglich ist, Dateien via Drag&Drop zwischen Host und Gast auszutauschen, empfiehlt es sich, ein spezielles Tauschverzeichnis zwischen den beiden Systemen anzulegen. Dies geschieht im *Options*-Menü. Wählen Sie dazu einen beliebigen Ordner im Tauschsystem aus. Das Verzeichnis taucht dann in der Lernumgebung unter dem Pfad */mnt/hgfs* auf.

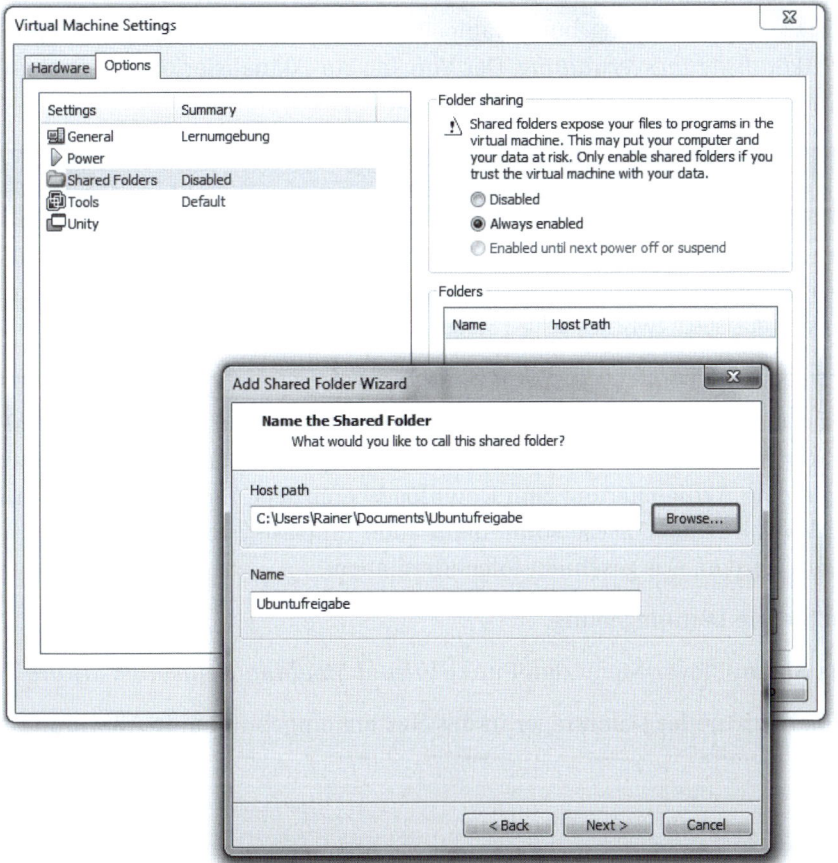

Abbildung A.9: Über das *Options*-Menü kann ein Tauschverzeichnis zwischen Host und virtueller Maschine definiert werden.

Einbinden von Hardware

Am linken unteren Rand des Player-Fensters haben Sie die Möglichkeit, Hardwarekomponenten des Wirtsrechners selektiv mit der VM zu verbinden. Klicken Sie dazu das entsprechende Symbol an (▶Abbildung A.10).

Abbildung A.10: Über die Icons am rechten unteren Fensterrand lässt sich die Hardware des Wirtssystems mit dem Gast verbinden.

Auf diese Weise lässt sich USB-Hardware (Memorysticks, TV-Receiver, ...) im Gastsystem nutzen. Manche Soundhardware muss auf diese Weise extra aktiviert werden, um im Gastsystem genutzt werden zu können.

Update der VM und des Players

Sowohl die Player-Software als auch das virtuelle Ubuntu-Linux-System werden vom jeweiligen Distributor (VMware bzw. Canonical) in regelmäßigen Abständen aktualisiert.

Zur Aktualisierung der Lernumgebung wählen Sie im Systemmenü den Punkt *System/Systemverwaltung/Aktualisierungsverwaltung*. Der Vorgang zur Aktualisierung des Systems wurde in *Kapitel 15* im Abschnitt *„Sicherheit am PC"* beschrieben.

VMware Tools

Die VMware Tools sorgen für eine verbesserte Grafikdarstellung der virtuellen Maschine. Darüber hinaus ermöglichen sie das problemlose Wechseln der Maus aus dem Gastsystem ins Wirtssystem und zurück sowie den Datenaustausch zwischen beiden Systemen per Drag&Drop.

Der Hersteller der Player-Software, VMware, bringt von Zeit zu Zeit auch Aktualisierungen der Player-Software heraus. Im Normalfall werden Sie beim Start des Players darauf hingewiesen, wenn eine Aktualisierung zum Download bereitliegt. Damit einher geht die Aktualisierung der VMware Tools. Diese sollte dann auch im Gastsystem, also der Lernumgebung, vorgenommen werden. Das geschieht folgendermaßen:

1. Starten Sie die Lernumgebung.

2. Wählen Sie im Player-Menü den Punkt *Virtual Machine/Reinstall VMware Tools*.

Darauf wird ein virtueller Datenträger in das System eingebunden (▶Abbildung A.11).

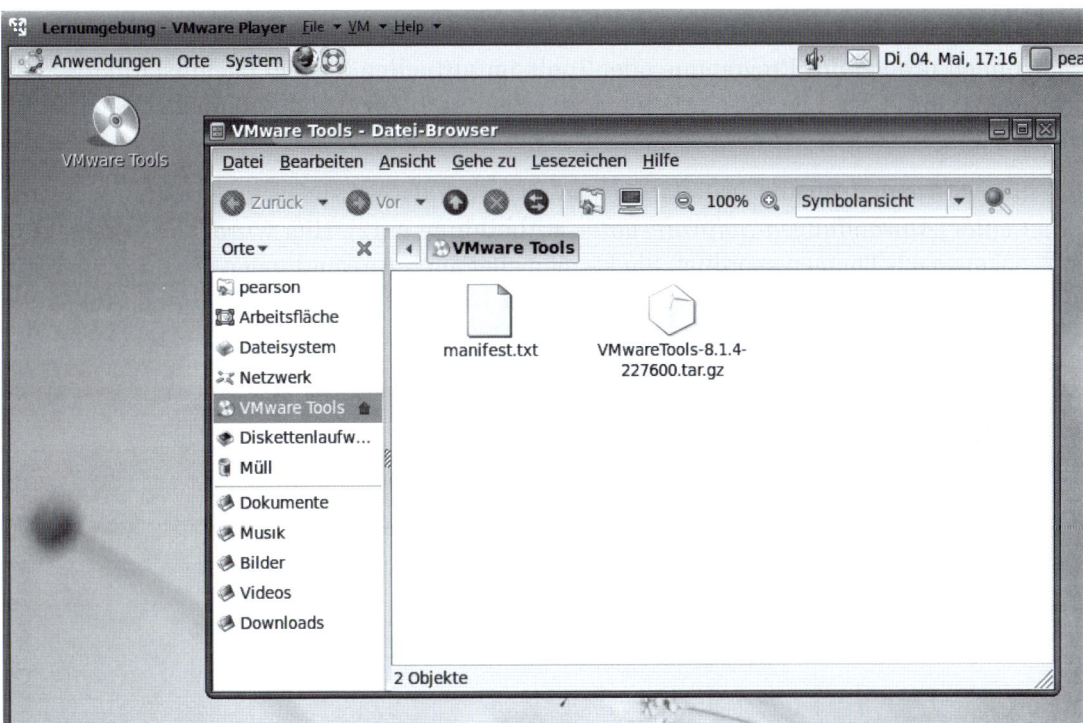

Abbildung A.11: Die Installation der VMware Tools erfolgt im gebooteten System über das Menü *VM* des Players.

3. Kopieren Sie die *.tar.gz*-Datei der Tools mit dem Dateimanager in das Heimverzeichnis der Lernumgebung.

4. Wechseln Sie auf einer Konsole in das Heimverzeichnis und entpacken Sie die Datei wie folgt (die Version der Tools ist ggf. anzupassen):

```
pearson@pearson:~$ tar xfz VMwareTools-8.1.4-227600.tar.gz
```

Alternativ kann auch der Dateimanager zum Entpacken verwendet werden (rechter Mausklick auf die Datei, Kontextmenüpunkt *Hier entpacken*).

5. Wechseln Sie nun in das neu erstellte Verzeichnis *vmware-tools-distrib*:

```
pearson@pearson:~$ cd vmware-tools-distrib/
```

6. Der Installationsvorgang für die Tools wird schließlich mit folgendem Befehl in Gang gesetzt:

```
pearson@pearson:~/vmware-tools-distrib$ sudo vmware-install.pl
```

Dazu ist das Administratorpasswort anzugeben, welches *pearson* lautet.

Nach der Installation sollten Sie das System neu starten und die grafische Auflösung des Systems über *System/Einstellungen/Bildschirme* Ihren Bedürfnissen entsprechend anpassen.

Beachten Sie: Beim Update des Kernels sollten Sie die VMware Tools erneut installieren, um sicherzustellen, dass sie zum aktuellen Kernel passen.

Installation weiterer Software

Sie können problemlos Programme oder Tools im virtuellen System nachinstallieren, vorausgesetzt, Ihr PC verfügt über eine Internetverbindung. Zur Installation haben Sie die folgenden Möglichkeiten:

1. Sie verwenden für die Installation von Software das einsteigerfreundliche *Software-Center* (*Anwendungen/Softwarecenter*, ▶Abbildung A.12). Hier wurden die Programmpakete nach Themen geordnet, Sie können aber auch Anwendungen über das Suchfeld suchen lassen. Die Installation erfolgt nach Auswahl der Software durch Anklicken der Schaltfläche *Installieren*.

Abbildung A.12: Im Software-Center werden alle für Ubuntu Linux verfügbaren Anwendungen übersichtlich nach Themen geordnet dargestellt. Über das Suchfeld in der rechten oberen Ecke können Sie auch gezielt nach Anwendungen suchen.

2. Eine Alternative ist die Verwendung des Paketmanagers *Synaptic* (*System/Systemverwaltung/Synaptic-Paketverwaltung*), ▶Abbildung A.13. Nachdem man ein Paket, dessen Name bekannt ist, gesucht und gefunden hat, wählt man dieses durch Anklicken der Auswahlbox und Auswählen des Menüpunkts *Zum Installieren vormerken* aus. Das Paket wird anschließend durch Betätigen der Schaltfläche *Anwenden* auf dem System installiert.

In beiden Fällen ist zur Installation eines Programms die Eingabe des Administratorpassworts (*pearson*) erforderlich.

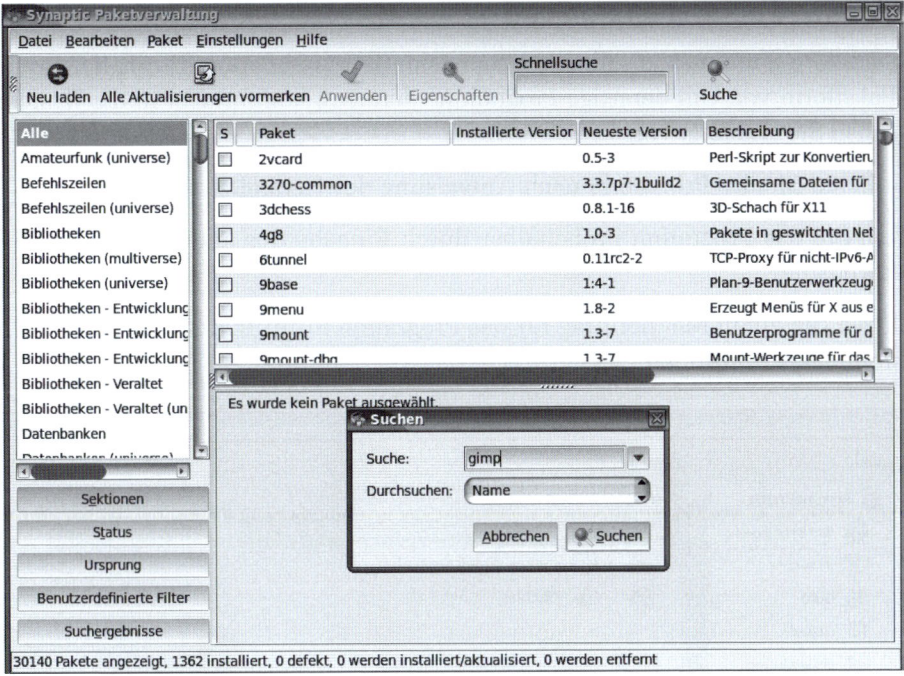

Abbildung A.13: Der Paketmanager Synaptic bietet für Experten mehr Möglichkeiten bei der Softwareinstallation.

Verwaltung der Software-Paketquellen

Die Softwarepakete für Ubuntu Linux werden im Internet in sogenannten *Repositories* vorgehalten. Software, die nicht von Canonical, dem Distributor von Ubuntu, selbst gepflegt und gewartet wird, befindet sich in den Repositories von Drittanbietern, Diese müssen zur Verwendung zunächst freigeschaltet werden. Das geschieht über das Menü *System/Systemverwaltung/Software-Paketquellen*.

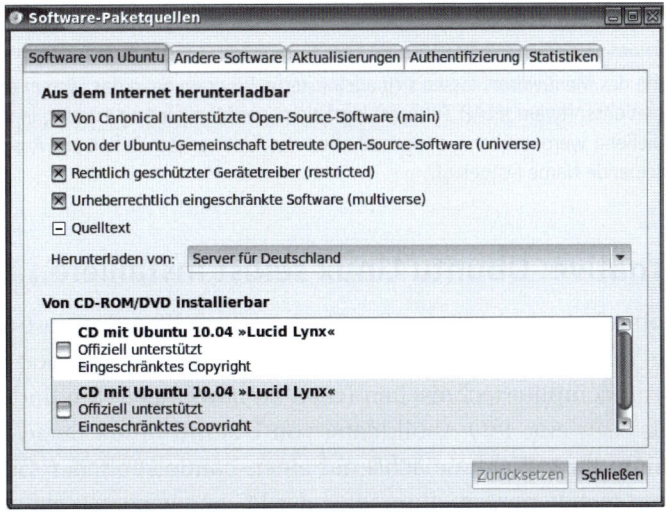

Abbildung A.14: Im Menü *Software-Paketquellen* definieren Sie die zu verwendenden Repositories. Die Verzeichnisse der Drittanbieter werden im Untermenü *Andere Software* festgelegt.

Beachten Sie, dass insbesondere zur Verwendung von Multimediasoftware der Zweig *Urheberrechtlich eingeschränkte Software (multiverse)* aktiviert sein muss.

Externe Software ins System einbinden

Einige externe Programme, z. B. die Automatensimulationssoftware JFLAP, liegt nicht in der Ubuntu-Paketform vor. Um derartige Programme dennoch komfortabel in das System einzubinden, gehen Sie wie folgt vor:

1. Installieren Sie das Programm nach Anweisung des Herstellers/Vertreibers.

2. Starten Sie das Programm probehalber durch Eingabe des entsprechenden Befehls in einer Konsole.

3. Ergänzen Sie einen Menüeintrag für das Programm mithilfe des Menüeditors (*System/ Einstellungen/Hauptmenü*).

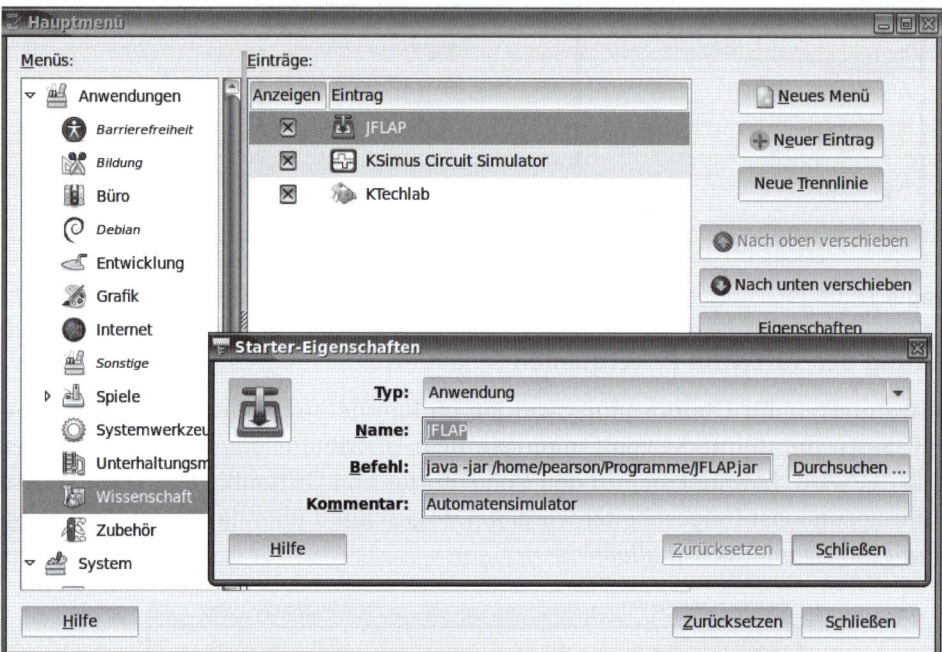

Abbildung A.15: Mithilfe des Menüeditors lassen sich auch externe Programme in das System einbinden. Das geschieht hier am Beispiel der Simulationssoftware JFLAP. Zunächst wird ein neuer Menüeintrag erzeugt, in diesem Fall im Menüordner *Wissenschaft*. Anschließend werden über die Eigenschaften des Eintrags der Befehl zur Ausführung des Programms sowie der im Menü erscheinende Name festgelegt.

A.3   Die Alternative: Ubuntu Linux selbst installieren

Wenn Sie richtig flott mit der im vorliegenden Buch vorgestellten Software arbeiten wollen, so empfiehlt sich eine Vollinstallation von Ubuntu Linux auf einer Partition Ihres PCs. Dies ist mittlerweile auch von computertechnischen Laien zu bewältigen. Sie finden auf der Begleit-DVD im Verzeichnis */isos* eine ISO-Abbilddatei von Ubuntu Linux Lucid Lynx[3], die Sie mit einem Brennprogramm Ihrer Wahl zunächst auf einen handelsüblichen CD-Rohling brennen können.[4] Von diesem Installationsmedium wird der PC neu gebootet, ggf. ist durch Betätigen

---

3   Weitere systemspezifische und aktuelle Ubuntu-Linux-ISO-Abbilder finden Sie auf
    http://www.ubuntu.com/ im Bereich *Download Ubuntu*.

4   Unter Windows 7 geht das recht einfach mit einem rechten Mausklick über der ISO-Datei und der Auswahl des Kontextmenüpunkts *Datenträgerabbild brennen*.

der Bootmenü-Taste des BIOS (meist F8, bitte Handbuch konsultieren) die DVD als Bootmedium auszuwählen. Sie haben nun Gelegenheit, das Ubuntu-Linux-System in einer geführten Installation auf die Festplatte Ihres PCs zu befördern. Mehr zu diesem Thema finden Sie auf *http://wiki.ubuntuusers.de/Installation*.

Sollten Sie eine eigene Ubuntu-Installation planen, so sind weitere Pakete mit dem Paketmanager Synaptic (*System/Systemverwaltung/Synaptic Paketverwaltung*) nachzuinstallieren.

Das Grundsystem der Lernumgebung ist Ubuntu Linux Lucid Lynx. Der Standardbenutzer ist *pearson*, dessen Passwort lautet ebenfalls *pearson*. Als Oberfläche/Thema wurde *Sphere Crystal* aus dem Paket *gnome-themes-more* gewählt, der Hintergrund (Schmetterling) ist enthalten im Paket *ubuntu-wallpapers-extra*. Das *Sphere Crystal*-Thema hat den Vorteil, dass sich Windows-Umsteiger bezüglich der Lage der Fensterschaltflächen nicht umgewöhnen müssen.

Die folgenden weiteren Pakete werden zum Nachvollziehen aller Beispiele im Buch benötigt:

- *gstreamer-plugins* (Multimediapakete)
- *Flash Player* (Paket *flashplugin-installer*)
- *OpenOffice.org Base* (eine Datenbank, Office-Komponente)
- *Mozilla Thunderbird/Lightning* (E-Mail und Terminplaner)
- *wxmaxima* (Computeralgebra-System)
- *Scribus* (Desktop-Publishing-Programm)
- TeX-System: *texlive, texlive-latex-extra, latex-ucs, texlive-math-extra*
- Java SDK (Paket: *openjdk*, Alternative: *sun-java6-jdk*) und Java JRE
- *GeoGebra* (erhältlich auf *http://www.geogebra.org/*)
- *vorbis-tools* für das Encodieren von Audiodateien
- *The Gimp* zur Bildbearbeitung
- *Audacity* zur Audiobearbeitung
- Zur Videowiedergabe und Bearbeitung: *ffmpeg* und *libavcodec-unstripped-52*
- Videoeditor: *Kino*
- *mjpegtools* für den DVD-Export
- *dvdauthor* und *qdvdauthor* für DVD-Authoring
- *KToon*
- *tightvnc*-Server
- BitTorrent-Client/GUI (Pakete: *bittorrent, bittorrent-gui*)
- *traceroute*
- *samba*
- *ssh*
- *bwbasic*
- *gambas2*
- SWI Prolog (Paket: *swi-prolog*)

- *BlueJ*: Hier gibt es auf *http://www.bluej.org/* ein `deb`-Paket, das auch einen Startmenüeintrag erstellt. Im Pfad */usr/bin/bluejlib* befindet sich die Datei *bluej.defs*, hier ist die Sprache anzupassen.

- *Umbrello* und *Fujaba* für UML-Diagramme

- *KTurtle* (Einsteiger-Programmiersprache LOGO)

- *LAMP*-System für einen Webserver: Zu installieren sind die Pakete *apache2*, *php5*, *mysql-server*, *phpmyadmin*, *libapache2mod-php5*. Als Standardnutzer ist *pearson* einzurichten. Eine einfache Installation kann auch über die Kommandozeile mit dem Befehl `sudo tasksel` mit anschließender Auswahl der LAMP-Software erfolgen. Achtung: Zur Nutzung von PHP-Skripten, die sich im Verzeichnis */home/pearson/public_html* befinden, ist die Datei */etc/apache2/mods-available/php5.conf* anzupassen.

- *KSimus* und *KTechlab* für die Simulation von Schaltungen

- *nasm*-Assembler

- *JFLAP* für die Simulation von Automaten. Die aktuelle Version der Software finden Sie auf *http://www.cs.duke.edu/csed/jflap/*, indem Sie dem Link *Get JFLAP* folgen.

Kopieren Sie nach der Installation des Betriebssystems schließlich noch die Übungen aus dem Verzeichnis *uebungen* von der DVD in das Heimverzeichnis des Benutzers *pearson*.

A.4   Die Java IDE BlueJ

Die in den vorangegangenen Kapiteln vorgestellten Java-Programme und -Übungen wurden mit der Java-Entwicklungsumgebung *BlueJ*[5] erstellt. Die Umgebung wurde von der Deakin-Universität, Australien, und der Universität Kent in Canterbury, Großbritannien, zu Schulungszwecken entwickelt. Sie können sich jederzeit die aktuelle Version von *www.bluej.org* herunterladen und installieren. Wählen Sie dazu das angebotene *deb*-Paket aus und installieren Sie es durch Doppelklick über der ausführbaren Datei im Dateimanager.

Die Sprache der Umgebung passen Sie an, in dem Sie die Datei `bluej.defs`, die sich nach der Installation im Pfad */usr/bin/bluejlib* befindet, wie folgt ändern: Zunächst editieren Sie die Datei mit Administratorrechten:

```
sudo gedit /usr/bin/bluejlib/bluej.defs
```

ergänzen ein Kommentarzeichen vor dem englischen Eintrag und entfernen das Kommentarzeichen vor dem deutschen Eintrag:

```
#bluej.language=english
bluej.language=german
```

Speichern Sie die Änderungen schließlich ab.

Nach erfolgreicher Installation starten Sie das Programm über das Menü *Anwendungen/Entwicklung/BlueJ starten*.

---

5   Zum Zeitpunkt der Drucklegung waren die Versionen 2.5.3 und 3pre aktuell. Die Programme wurden mit beiden Versionen getestet.

Im Auslieferungszustand wird das Open-Source-Java-Entwicklungspaket *openjdk* verwendet, Sie haben aber jederzeit die Möglichkeit, über Synaptic das *Sun JDK* zu installieren. Stellen Sie dazu sicher, dass über die Anwendung *System/Systemverwaltung/Softwarepaketquellen* im Bereich *Andere Software* die Partnerquellen aktiviert wurden. Das Sun JDK finden Sie in Synaptic unter dem Paketnamen *sun-java6-jdk*.

Erste Schritte

Über *Projekt/Projekt öffnen* können Sie eines der Java-Beispiele aus *Kapitel 7* in der Lernumgebung öffnen: Die Projektdateien befinden sich im Heimverzeichnis des Standardbenutzers *pearson* kapitelweise geordnet im Ordner *uebungen*. Kopien der Beispiele sind auch auf der Begleit-DVD im Ordner *uebungen* zu finden.

Mittels *Übersetzen* wird das Projekt übersetzt, ein rechter Mausklick über dem Klassensymbol bringt das Kontextmenü der Klasse zum Vorschein. Die Programme werden in der Regel über `void main(String[])` gestartet (▶Abbildung A.16). Liegt ein Java-Applet vor, so finden Sie im Kontextmenü einen entsprechenden Punkt zum Starten des Applets. Zusätzlich muss in diesem Fall noch die Auflösung der Appletfläche angegeben werden; hier hat sich ein Wert von 400x400 Pixel bewährt.

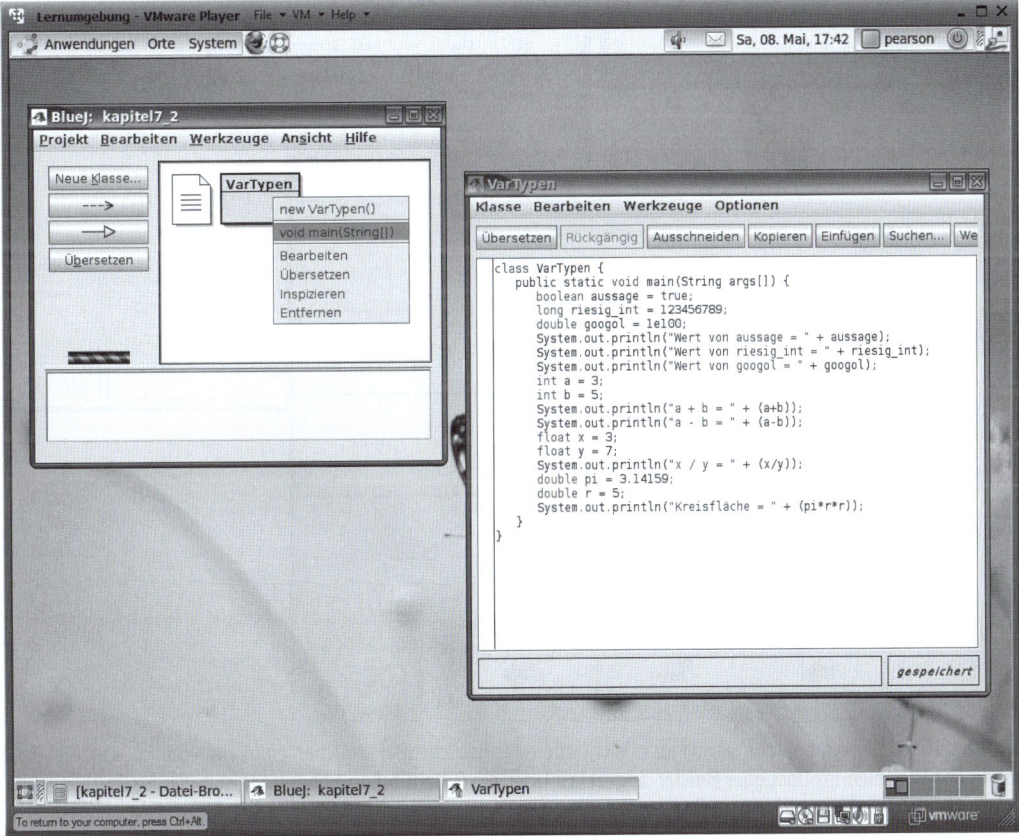

Abbildung A.16: Die Programmierumgebung BlueJ in der virtuellen Umgebung, hier demonstriert an einem Beispiel aus *Kapitel 7*. Die Projektverzeichnisse finden Sie im Ordner *Beispiele* im Heimverzeichnis des Standardbenutzers.

Während des Programmablaufs können Sie die Programmausgaben in einer Konsole beobachten (▶Abbildung A.17).

BlueJ: Konsole - kapitel7_2

Optionen

```
Wert von aussage = true
Wert von riesig_int = 123456789
Wert von googol = 1.0E100
a + b = 8
a - b = -2
x / y = 0.42857143
Kreisfläche = 78.53975
```

Abbildung A.17: Im Konsolenfenster werden die Programmausgaben sichtbar.

Es empfiehlt sich, in den Optionen der Konsole den Punkt *Konsole löschen bei Methoden-aufruf* zu wählen, um bei jedem neuen Programmstart die jeweils aktuellen Programmaus-gaben zu erhalten.

Java-Programme lassen sich in der BlueJ-IDE auch leicht debuggen: Zu diesem Zweck kön-nen Sie Haltepunkte durch Anklicken des linken Quelltextrandes setzen. Beim Programm-ablauf hält das Programm dann an dem vorgegebenen Haltepunkt, und man kann sich die aktuelle Variablenbelegung anschauen, vgl. ▶Abbildung A.18.

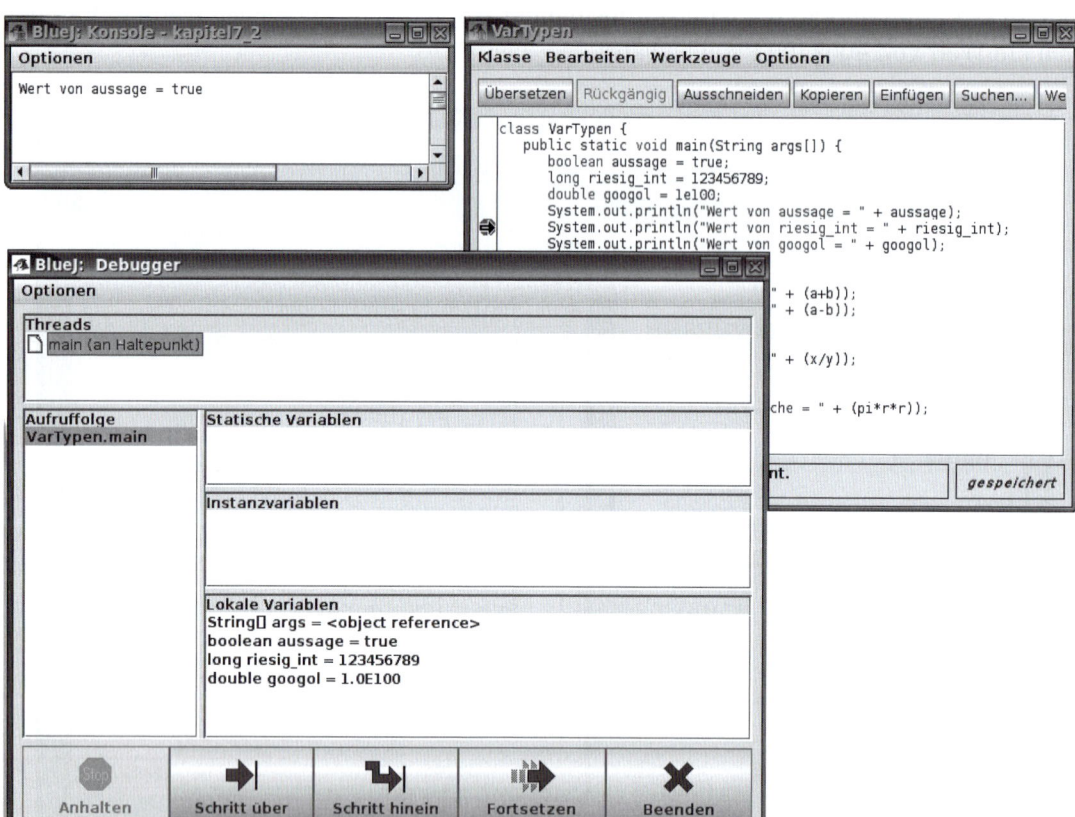

Abbildung A.18: Der symbolische Debugger erleichtert die Fehlersuche. Bei Erreichen eines Haltepunkts wird die aktuelle Belegung der Variablen im Debugger-Fenster angezeigt. Über die Schaltflächen können Sie sich dann schrittweise durch das Programm bewegen.

Bei einigen Programmierbeispielen wird die Java-Klasse `Eingabe.class` verwendet, die zur vereinfachten Eingabe von Java-Zeichenfolgen von Prof. Helmut Herold für das Buch *Grund-lagen der Informatik*, Pearson Studium, entwickelt wurde.

A.5 Simulatoren für digitale Schaltungen

Die Umsetzung physikalischer Schaltungen mithilfe von Simulatoren ist besonders für Einsteiger recht reizvoll, gestattet sie doch den gefahrlosen Umgang[6] mit moderner Digitalelektronik. In den Beispielen wird auf zwei Simulatoren zurückgegriffen:

- *KTechlab* zur Simulation einfacher elektronischer Schaltungen
- *KSimus* zur Simulation von Digitalschaltungen mit logischen Gattern

Beide Programme finden Sie in der virtuellen Lernumgebung im Menü *Anwendungen/Wissenschaft*.

A.5.1 KTechlab

Das Programm dient der Simulation einfacher elektronischer Schaltungen. Starten Sie das Programm über *Anwendungen/Wissenschaft/KTechlab* und laden Sie eine Beispieldatei aus *Kapitel 11* in den Simulator, beispielsweise die *Übung 11_1* (▶Abbildung A.19).

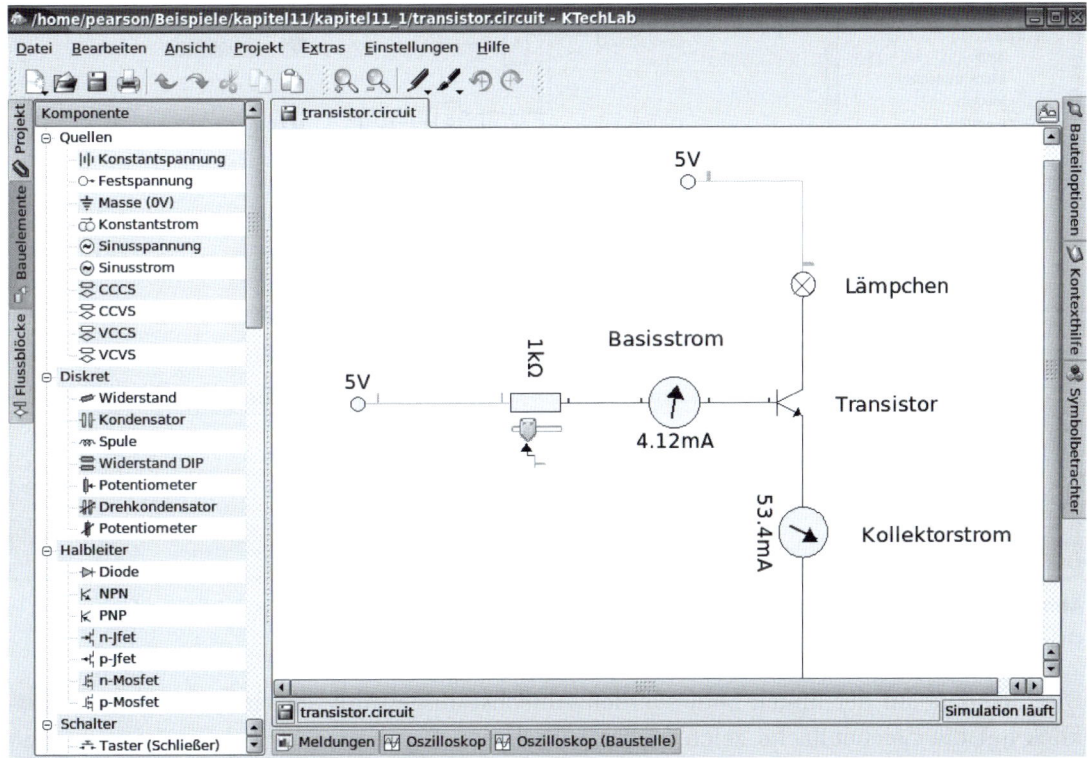

Abbildung A.19: Mit dem Hardwaresimulator KTechlab kann das Verhalten elektronischer Schaltungen simuliert werden. In der vorliegenden Übung kann der Basisstrom des Transistors über den 1kΩ-Schiebewiderstand verändert und das Lämpchen im Kollektor-Emitter-Kreis dadurch zum Leuchten gebracht werden.

Die Bauteilelemente im linken Fensterbereich werden per Drag&Drop in die Zeichenfläche geschoben. Die Verbindungen zwischen den Bauteilen lassen sich mit der Maus durch Festhalten der linken Maustaste zeichnen. Die Simulation wird mit der Taste F10 gestoppt bzw. wieder gestartet.

---

6   „Gefahrlos" bedeutet hier: Es kann nichts kaputtgehen. :-)

Mit KTechlab lassen sich im Prinzip auch sämtliche logischen Schaltungen des *Kapitels 11* in Simulationen umsetzen. Für diese Schaltungen verwenden wir aber das für diese Schaltungsart etwas komfortablere Programm *KSimus*.

A.5.2 KSimus

Starten Sie *KSimus* über *Anwendungen/Wissenschaft/KSimus Circuit Simulator* und öffnen Sie ein Projekt aus *Kapitel 11*, z. B. den Halbaddierer aus der *Übung 11_3* (▶Abbildung A.20). Leider wurden die Menüpunkte des Programms mehr schlecht als recht übersetzt, es tauchen noch einige englische Begriffe auf.

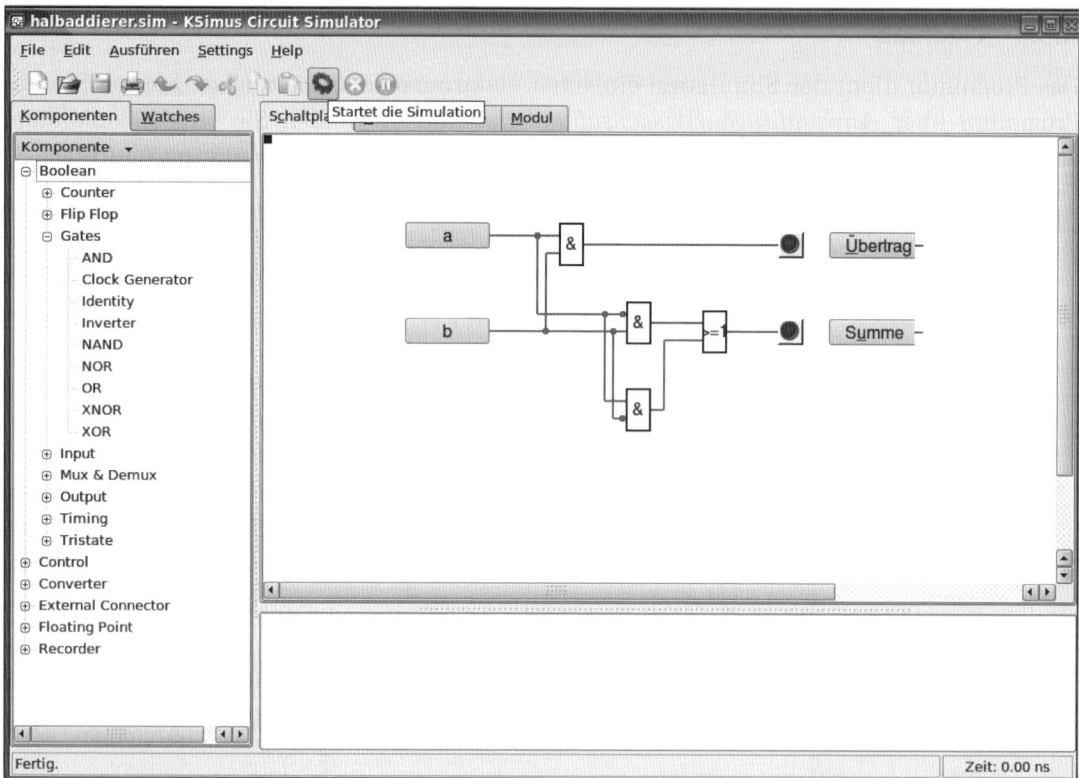

Abbildung A.20: Mit KSimus lassen sich logische Schaltungen einfach umsetzen. Einige Menüpunkte sind leider noch in englischer Sprache lokalisiert.

Die Elemente auf der linken Seite werden zunächst ausgewählt, ein anschließender Mausklick auf die Zeichenfläche zeichnet schließlich den Baustein. Die Verbindungen werden ebenfalls mit der Maus (linke Maustaste gedrückt halten) gezeichnet, dazu darf allerdings kein Bauteil auf der linken Seite aktiviert sein. Im Bereich *Gates* findet man die Standardgatter, im Bereich *Input* Knöpfe und im Bereich *Output* LEDs, die die Ausgangssignale anzeigen.

Die Simulation muss schließlich durch Anklicken des Zahnradsymbols explizit gestartet werden (Abbildung A.20).

Einige Schaltungsteile in *Kapitel 11* wurden als Module umgesetzt. Damit Schaltungen, die auf Module zurückgreifen, die Module finden, muss der Pfad zu den Modulen über das Menü *Settings/Moduldateien* definiert bzw. müssen die verwendeten Module dort explizit angegeben werden. Anschließend ist das Programm neu zu starten, denn die Module werden nur durch einen Neustart des Programms übernommen. Am einfachsten arbeiten Sie aber mit Schaltungen, die Module enthalten, indem Sie alle Komponenten der Schaltung (d.h. Schaltung, Module und Icons der Module) in das Verzeichnis */home/pearson/Dokumente* kopieren und die Schaltung direkt aus diesem Verzeichnis durch Auswahl über das KSimus-Dateimenü *File/Open* starten. Der Pfad *home/pearson/Dokumente* muss dann in KSimus als Modulpfad definiert werden.

Anwender, die das Ubuntu-System selbst aufgesetzt haben, sollten die KSimus-Pakete aus dem Verzeichnis *programme* der Begleit-DVD verwenden: Die Ubuntu 10.4 Lucid Lynx-Systempakete von KSimus funktionierten zum Zeitpunkt der Drucklegung des Buches noch nicht zuverlässig. Die Installation der Pakete erfolgt durch einen Doppelklick über den Paketdateien bzw. mit dem Konsolenbefehl `sudo dpkg -i *.deb`, ausgeführt im Verzeichnis der KSimus-Programmpakete.

A.6 JFLAP: ein Simulator für endliche Automaten und Turingmaschinen

Im Bereich der theoretischen Informatik werden einige Übungen zu endlichen Automaten und Turingmaschinen durchgeführt. Hierzu verwenden wir den Simulator *JFLAP*. Das Programm benötigt eine lauffähige Java Runtime-Umgebung, die in der virtuellen Lernumgebung bereits vorinstalliert ist.

Besorgen Sie sich das Programm über *http://www.cs.duke.edu/csed/jflap/*. Sie finden die Software im Bereich *Get JFLAP*. Der Link zum Download wird Ihnen nach Ausfüllen eines kleinen Formulars zur Verfügung gestellt. Nach der Installation können Sie das Programm mit dem Befehl

```
java -jar jflap.jar
```

starten. Es bietet sich an, mithilfe des Menüeditors einen Link in das Menü *Anwendungen/ Wissenschaft* zu setzen, vgl. Abschnitt *Anpassung und Update der virtuellen Lernumgebung*. Danach starten Sie JFLAP in der Lernumgebung komfortabel über das Menü *Anwendungen/ Wissenschaft/JFLAP*. Nach dem Programmstart öffnet sich das (leider englischsprachige) Programmfenster (▶Abbildung A.21). Eine einfache Übung, die auf dem Einstiegsbeispiel aus *Kapitel 12* basiert (Simulation einer offenen/geschlossenen Tür), soll Ihnen die Funktionsweise des Programms im Folgenden nahebringen.

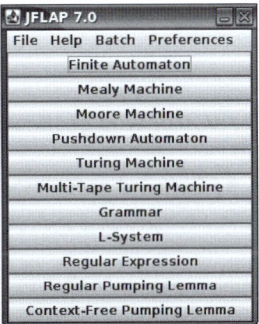

Abbildung A.21: Hauptfenster des Automatensimulators JFLAP: Hier wählen Sie zunächst den Typ des zu simulierenden Automaten aus.

Zur Umsetzung des Türbeispiels aus *Kapitel 12.1.1* wählen Sie die *Mealy Machine* als Simulationstyp. Nach Anklicken des entsprechenden Menüpunkts (vgl. Abbildung A.21) öffnet sich die Zeichenfläche, auf der Sie den Automaten entstehen lassen.

Die Funktionen der Auswahl-Schaltflächen des Editors entnehmen Sie zunächst ▶Abbildung A.22:

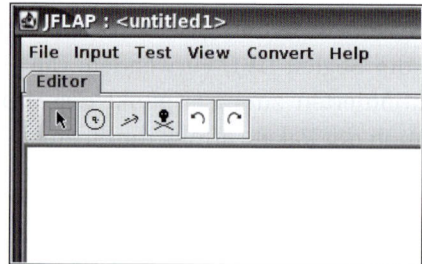

Abbildung A.22: Die Editoricons bewirken (von links nach rechts): Auswählen eines Elements auf der Zeichenfläche/ Änderung seiner Eigenschaften, Erzeugen eines neuen Zustands, Erzeugen eines Übergangspfeils, Löschen eines Elements, Widerrufen einer Aktion, Wiederherstellen einer Aktion.

Erzeugen Sie also zunächst zwei Zustände durch Auswahl des Zustandsicons und Anklicken der Zeichenfläche an zwei verschiedenen Stellen.

Neue Zustände werden vom Programm automatisch q0, q1, ... genannt. Sie haben aber die Möglichkeit, die Zustände jederzeit umzubenennen: Zu diesem Zweck klicken Sie das Auswahlicon (den stilisierten Mauszeiger) an und führen einen rechten Mausklick über dem Zustand durch. Mittels *Set Name* können Sie den Namen der Zustände ändern, z. B. in s0 und s1. Zusätzlich können die Zustände durch Label mit weiteren verdeutlichenden Anmerkungen versehen werden (rechter Mausklick über dem Zustand, *Change Label*).

Definieren Sie nun den Zustand s0 als Ausgangszustand (rechter Mausklick, *Initial*).

Nun werden die Übergänge zwischen den Zuständen hergestellt. Wählen Sie dazu das Übergangspfeil-Werkzeug aus und ziehen Sie je einen Übergangspfeil vom Zustand s0 zum Zustand s1 und umgekehrt. Direkt beim Erstellen eines Pfeils werden die Eingabe- und Ausgabezeichen definiert. Sie können das später aber jederzeit mit dem Eigenschaftswerkzeug nachholen. Leere Ein- bzw. Ausgaben werden mit dem Symbol λ dargestellt. Soll ein Pfeil von einem Zustand wieder auf den gleichen Zustand zurückgehen, so klicken Sie diesen Zustand einfach an. Das Zustandsdiagramm sollte folgendermaßen aussehen:

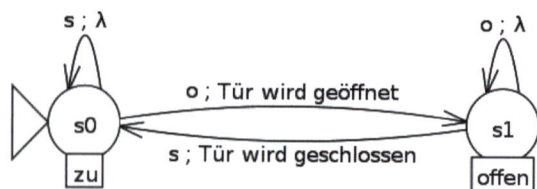

Abbildung A.23: Umsetzung eines endlichen Automaten mit JFLAP

Zum Testen des Automaten verfahren Sie wie folgt: Wählen Sie im Menü *Input* den Punkt *Step* und geben Sie eine Sequenz von Eingabezeichen ein, z. B. ssoso. Bestätigen Sie die Eingabe mit *OK* und Sie gelangen in den Testmodus von JFLAP (▶Abbildung A.24). Über die Schaltfläche *Step* bewegen Sie sich nun durch die Eingabezeichensequenz und können direkt am Automaten beobachten, welche Zustände durchlaufen werden und welche Ausgaben der Automat macht.

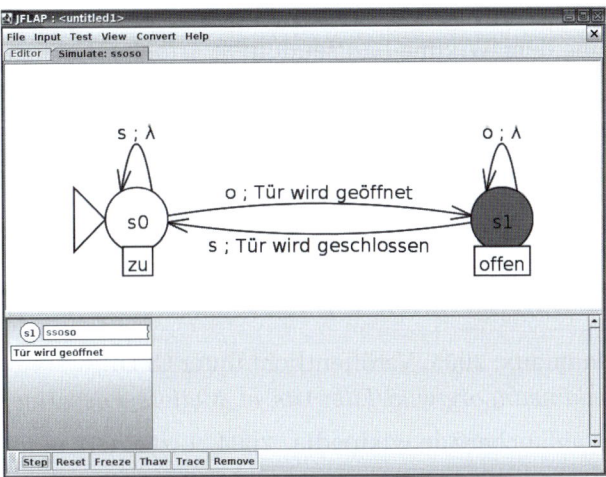

Abbildung A.24: Testmodus von JFLAP. Mittels *Step* bewegt man sich durch die Eingabezeichensequenz.

Auf die beschriebene Art und Weise lassen sich alle Beispiele des *Kapitels 12* simulieren und testen. Die JFLAP-Übungsdateien finden Sie wieder im Beispiel-Verzeichnis der virtuellen Lernumgebung oder auf der DVD. Die Besonderheiten, die bei der Simulation von Turingmaschinen zu beachten sind, werden direkt in *Kapitel 12* erläutert.

A.7 Abbildungsnachweis

Einige der im Buch verwendeten Abbildungen stammen aus Veröffentlichungen im Rahmen des *Wikimedia Commons-Projekt*. Den Anwendern, die dort ihr Bildmaterial unter der GNU FDL (*GNU Free Documentation License*) oder der *Creative Commons* bzw. *Wikimedia Commons-Lizenz* zur freien Weiterverwendung zur Verfügung gestellt haben, sei an dieser Stelle herzlich gedankt. Nicht immer ist es uns gelungen, die Namen der Autoren ausfindig zu machen bzw. die Autoren direkt zu kontaktieren, sodass in derartigen Fällen die Namensnennung unter dem Wikimedia-Pseudonym erfolgt. Die angegebenen Links sind auf dem Stand 06/2010 und können aufgrund der Dynamik des Internets ggf. nicht mehr aktuell sein.

Dank gebührt weiterhin dem Projekt Open Clip Art (*www.openclipart.org*), aus dessen Bibliothek einige Teile grafischer Abbildungen entnommen wurden.

Kapitel 2

- Abb. 2.1: David Monniaux, 2005. Veröffentlicht unter GFDL,
  http://commons.wikimedia.org/wiki/File:Arts_et_Metiers_Pascaline_dsc03869.jpg

- Abb. 2.2: Autor: stahlkocher@de.wikipedia, 2004. Lizenziert unter Creative Commons CC-BY-SA 2.5.
  http://upload.wikimedia.org/wikipedia/commons/6/62/Nachbau_des_ersten_Transistors.jpg

- Abb. 2.3: Boffy B, 2006. Lizenziert unter Creative Commons CC-BY-SA und GNU FDL,
  http://upload.wikimedia.org/wikipedia/commons/6/69/IBM_PC_5150.jpg

- Abb. 2.4: Autor: stahlkocher@de.wikipedia, 2004. Veröffentlicht unter GFDL,
  http://upload.wikimedia.org/wikipedia/commons/e/ed/Apple_512k.jpg

- Abb. 2.5: Anders@commons.wikimedia.org. Veröffentlicht unter GFDL,
  http://upload.wikimedia.org/wikipedia/commons/2/28/Commodore64withdisk.jpg

- Abb. 2.6: coolcaesar@commons.wikimedia.org. Veröffentlicht unter GFDL,
  http://upload.wikimedia.org/wikipedia/de/4/49/Tim_berners_lee_webserver.jpg

- Abb. 2.8: Sam Johnston, commons.wikimedia.org. Veröffentlicht unter GFDL.
  http://upload.wikimedia.org/wikipedia/commons/b/b5/Cloud_computing.svg

- Abb. 2.9: Herold, H; Lurz, B. und Wohlrab, J: Grundlagen der Informatik. München, Pearson Studium, 2009, S. 36.

- Abb. 2.12: Quelle: David.W, commons.wikimedia.org. Veröffentlicht unter Creative Commons-Lizenz. *http://upload.wikimedia.org/wikipedia/commons/d/d0/ GCM_temp_anomalies_3_2000_German.svg*

- Abb. 2.15: Christina Rittchen, *http://www.wikitude.org/*

- *Abb. 2.16:* Quelle: *http://www.gutenberg.org/*

Kapitel 3

- Abb. 3.21: *http://avm.de*

- Abb. 3.23: *http://www.t-mobile.de/funkversorgung/inland*, Tele Atlas NV

- Abb. 3.25: Übernommen und geändert von *http://upload.wikimedia.org/wikipedia/ commons/3/3d/Neural_network.svg*. Lizenziert unter Creative Commons 2.0.

Kapitel 4

- Abb. 4.6: Stefan Hagen, Bichwil, *http://upload.wikimedia.org/wikipedia/de/1/1f/ Filesystem.svg*

Kapitel 6

- Abb. 6.2: en:Usr:Rfl, *http://de.wikipedia.org/w/index.php?title=Datei:4_twisted_pairs.svg*

- Abb. 6.18: Matt Britt, *http://de.wikipedia.org/w/index.php?title=Datei:Internet_map_1024.jpg*

Kapitel 8

- Abb. 8.4: SKopp, *http://de.wikipedia.org/w/index.php?title=Datei:Animation_schnell_- _Sieb_des_Eratosthenes.gif*

Kapitel 9

- Abb. 9.2: Quelle: *http://www.wetter.de*

Kapitel 13

- Abb. 13.11: Daniel Haischt, *http://de.wikipedia.org/w/index.php?title=Datei:Ajax-ver- gleich.svg*, übernommen und geändert. Das Original der Abbildung stammt von Jesse James Garrett und befindet sich auf *http://www.adaptivepath.com/ideas/essays/archives/ 000385.php*.

- Abb. 13.18: *http://www.google.com/phone*

Register